"十三五"江苏省高等学校重点教材(编号：2019-1-018)

江苏省高等学校精品教材

工科数学

（上册）第四版

● 主 编 盛秀兰 杨 军
● 主 审 陶书中

特配电子资源

微信扫码
● 视频学习
● 拓展阅读
● 互动交流

南京大学出版社

图书在版编目(CIP)数据

工科数学 / 盛秀兰,杨军主编. — 4 版. — 南京:南京大学出版社,2019.11(2022.9重印)
ISBN 978 - 7 - 305 - 22649 - 6

Ⅰ.①工… Ⅱ.①盛… ②杨… Ⅲ.①高等数学-高等职业教育-教材 Ⅳ.①O13

中国版本图书馆 CIP 数据核字(2019)第 248948 号

出版发行	南京大学出版社
社　　址	南京市汉口路 22 号　　邮　编　210093
出 版 人	金鑫荣

书　　名	**工科数学(上册)**		
主　　编	盛秀兰　杨　军		
责任编辑	刘　飞	编辑热线	025 - 83592146

照　　排	南京南琳图文制作有限公司
印　　刷	广东虎彩云印刷有限公司
开　　本	787×1092　1/16　印张 15.25　字数 375 千
版　　次	2019 年 11 月第 4 版　2022 年 9 月第 3 次印刷
ISBN	978 - 7 - 305 - 22649 - 6
定　　价	72.00 元(上、下册)

网址:http://www.njupco.com
官方微博:http://weibo.com/njupco
官方微信号:njupress
销售咨询热线:(025) 83594756

* 版权所有,侵权必究
* 凡购买南大版图书,如有印装质量问题,请与所购
　图书销售部门联系调换

第四版前言

本书第一版在2011年7月被评为江苏省高等学校精品教材,第四版在2019年11月被评为"十三五"江苏省高等学校重点教材。随着高职数学课程教学改革的不断深入,针对高职教育工科专业的特点,结合编者多年的教学实践,我们修订了本书。在修订过程中,我们始终遵循"数学为基,工程为用"的原则,力求做到"深化概念、强化运算、淡化理论、加强应用"。

本书的设计理念是"从专业中来,到专业中去"。即从专业课程中的实际问题精选与数学有关的案例或模型,将案例所涉及的数学知识加工整理成若干数学模块,再用案例驱动数学模块内容,最后将所学数学知识应用于解决实际问题。具体做到以下几个方面:

1. 抓住知识点,注意数学知识的深度和广度。基础知识和基本理论以"必需、够用"为度。把重点放在概念、方法和结论的实际应用上。多用图形、图表表达信息,多用有实际应用价值的案例、示例促进对概念、方法的理解。对基础理论不做论证,必要时只作简单的几何解释。

2. 强化系统性,力争从体系、内容、方法上进行改革,有所创新。将教材的结构、体系进一步优化,强调数学思想方法的突出作用,强化与实际应用联系较多的基础知识和基本方法。加强基础知识的案例教学,力求突出在解决实际问题中应用数学思想方法,揭示重要的数学概念和方法的本质,着眼于提高学生的数学素质,培养学生的睿智、细致、创新的品格。

3. 突出实践性,注重数学建模思想、方法的渗透。通过应用实例介绍数学建模过程,从而引入数学概念。在每章的最后一节设计了数学实验,以培养学生运用计算机及相应的数学软件求解数学模型的能力。

4. 注重复合性,采用"案例驱动"的教学模式。教材体系突出与各工科专业紧密结合,体现数学知识专业化,工程问题数学化,尽可能应用数学知识解释工程应用中的现象,并用数学方法解决实际的问题。实现"教、学、做"一体的教学改革精神。

5. 加大训练力度,增加课堂练习的力度。采用"三讲一练"的方式(即按照数学教学规律,采用讲练结合的方式),加强学生应用创新能力的培养。本书针对不同专业的需求,共设计了十二个模块。在每一节前增加了学习目标,每一节后配备了类型合理、深度和广度适中的习题。每一章后增加了小结与复习的内容,帮助学生总结重要的知识点。另还编写了专门与本书配备的案例与习题练习册,方便学生在做课堂练习时使用。

6. 以学生为主体,以教师为主导。在内容处理上要便于组织教学,在保证教学要求的同时，让教师比较容易组织教学内容，学生也比较容易理解，并能让学生积极主动地参与到教学中，从而使学生在知识、能力、素质方面均有大的提高。

本书的修订过程中，对原有的章节进行适当的补充与更新。例如第一章、第五章、第七章、第八章、第九章、第十一章等实验内容进行了修改与补充；增补了一些与知识点对应易于理解的例题和习题，以及完善了很多习题答案等内容。

参与本书编写的有：陆峰（第一章、第七章），杨军（第二章、第六章、第八章、第九章），盛秀兰（第三章、第十章、第十一章），俞金元（第四章、第五章），凌佳（第十二章），秦泽（每章 MATLAB 实验）。全书由盛秀兰、杨军修改，统稿，定稿。江苏食品药品职业技术学院陶书中教授主审。

为了加快实现高职教育与远程开放教育的深度融合，本书增设了若干知识点的教学视频资料，以满足广大读者自学的需求。在此，特别感谢叶惠英副教授、徐薇副教授、张洁副教授等许多教学一线的教师提供高质量的教学视频资料。本书的出版得到江苏城市职业学院教育学院、教务处以及南京大学出版社的大力支持，在此谨表示衷心感谢！

限于编者水平，加上时间仓促，书中难免有不当之处，敬请广大师生和读者批评指正。

编　者
2019 年 10 月

目 录

第一章 函数、极限与连续 ... 1
- 第一节 函数 ... 1
- 第二节 极限及其运算 ... 13
- 第三节 函数的连续性与间断点 ... 26
- 第四节 MATLAB简介与函数运算实验 ... 31
- 本章小结 ... 42

第二章 一元函数微分学及应用 ... 44
- 第一节 导数的概念 ... 44
- 第二节 求导法则 ... 49
- 第三节 隐函数和由参数方程所确定的函数的导数 ... 54
- 第四节 高阶导数 ... 57
- 第五节 函数的微分 ... 58
- 第六节 微分中值定理与洛必达法则 ... 62
- 第七节 函数的单调性与极值 ... 68
- 第八节 曲线的凹凸拐与函数图形描绘 ... 74
- 第九节 导数运算实验 ... 79
- 本章小结 ... 83

第三章 一元函数积分学及应用 ... 85
- 第一节 不定积分的概念与性质 ... 85
- 第二节 换元积分法 ... 89
- 第三节 分部积分法 ... 98
- 第四节 有理函数的积分 ... 102
- 第五节 定积分的概念与性质 ... 105
- 第六节 微积分基本公式 ... 111
- 第七节 定积分的换元法和分部积分法 ... 115
- 第八节 定积分的应用 ... 119
- 第九节 反常积分 ... 127
- 第十节 积分运算实验 ... 130

本章小结 ··· 133

第四章　常微分方程 ··· 135
　　第一节　微分方程的基本概念 ··· 137
　　第二节　一阶常微分方程 ··· 139
　　第三节　二阶常微分方程 ··· 144
　　第四节　微分方程求解实验 ··· 152
　　本章小结 ··· 154

第五章　无穷级数 ··· 156
　　第一节　常数项级数的基本概念和性质 ··· 158
　　第二节　常数项级数的审敛法 ··· 163
　　第三节　幂级数 ··· 169
　　第四节　无穷级数实验 ··· 180
　　本章小结 ··· 184

第六章　傅里叶级数与积分变换 ··· 187
　　第一节　傅里叶级数 ··· 187
　　第二节　傅里叶变换的概念与性质 ··· 197
　　第三节　傅里叶变换的应用 ··· 206
　　第四节　拉普拉斯变换的概念与性质 ··· 208
　　第五节　拉普拉斯变换的应用 ··· 214
　　第六节　积分变换实验 ··· 218
　　本章小结 ··· 220

附录一　初等数学中的常用公式 ··· 222

附录二　常用平面曲线及其方程 ··· 225

习题参考答案与提示 ··· 227

第一章 函数、极限与连续

本章将介绍集合、函数、极限和函数连续性等基本概念以及它们的一些性质,这些内容都是学习本课程必需的基本知识.

第一节 函　　数

学习目标

1. 理解集合概念,掌握集合运算.
2. 理解函数的概念,了解分段函数,能熟练地求函数的定义域和对应法则.
3. 了解函数的主要性质(单调性、奇偶性、周期性和有界性).
4. 熟练掌握基本初等函数的解析表达式、定义域、主要性质和图形.
5. 理解复合函数、初等函数的概念.
6. 会建立实际问题中的函数关系式.

现实世界中,存在着各种各样不断变化着的量,它们之间相互依存,相互联系. 函数就是对各种变量之间的相互依存关系的一种抽象. 微积分学的研究对象是函数. 函数概念是数学中的一个基本而重要的概念. 公元 1837 年,德国数学家狄利克雷(Dirichlet,1805—1859)提出现今通用的函数定义,使函数关系更加明确,从而推动了数学的发展和应用.

一、集合与区间

1. 集合的概念

引例:

① 一个书柜的书;

② 一间教室里的全体学生;

③ 全体实数.

上述几个例子中体现了数学中的一个基本概念——集合.

(1) 集合(简称集)

具有某种共同属性的事物的总体,称为**集合**. 常用大写拉丁字母 $A,B,C,\cdots$ 表示. 组成集合的事物称为集合的**元素**. 常用小写拉丁字母 $a,b,c,\cdots$ 表示. a 是集合 M 的元素表示为 $a \in M$(读作 a 属于 M). a 不是集合 M 的元素表示为 $a \notin M$(读作 a 不属于 M).

一个集合中,若只有有限个元素,称为**有限集**;不是有限集的集合称为**无限集**.

(2) 子集

若 $x \in A$,则必有 $x \in B$,则称 A 是 B 的**子集**,记为 $A \subset B$(读作 A 包含于 B)或 $B \supset A$(读作 B 包含 A).

如果集合 A 与集合 B 互为子集,即 $A\subset B$ 且 $B\subset A$,则称**集合 A 与集合 B 相等**,记作 $A=B$(或 $B=A$).

若 $A\subset B$ 且 $A\neq B$,则称 A 是 B 的**真子集**,记作 $A\subsetneqq B$.

不含任何元素的集合称为**空集**,记作 $\varnothing$. 规定空集是任何集合的子集.

(3) 集合的表示

列举法:把集合的全体元素一一列举出来.

例如 $A=\{a,b,c,d,e,f,g\}$.

描述法:若集合 M 是由具有某种性质 P 的元素 x 的全体所组成,则 M 可表示为
$$M=\{x|x \text{ 具有性质 } P\}.$$

例如 $M=\{(x,y)|x,y \text{ 为实数}, x^2+y^2=1\}$.

对于数集,我们在表示数集的字母的右上角,标上"$*$"来表示该数集内排除 0 的集,标上"$+$"来表示该数集内排除 0 与负数的集.

(4) 几个常用的数集

N 表示所有自然数构成的集合,称为自然数集.

$\mathbf{N}=\{0,1,2,\cdots,n,\cdots\}$;$\mathbf{N}^*=\{1,2,\cdots,n,\cdots\}$.

Z 表示所有整数构成的集合,称为整数集.

$\mathbf{Z}=\{\cdots,-n,\cdots,-2,-1,0,1,2,\cdots,n,\cdots\}$.

Q 表示所有有理数构成的集合,称为有理数集.

$\mathbf{Q}=\left\{\dfrac{p}{q}\,\middle|\,p\in\mathbf{Z}, q\in\mathbf{N}^* \text{ 且 } p \text{ 与 } q \text{ 互质}\right\}$.

R 表示所有实数构成的集合,称为实数集. $\mathbf{R}^*$ 为排除 0 的实数集,$\mathbf{R}^+$ 表示全体正实数.

2. 集合的运算

(1) 集合运算的种类

集合的基本运算有以下几种:并、交、差.

给定两个集合 A,B,可定义下列运算(如图 1.1):

并集:$A\cup B=\{x|x\in A \text{ 或 } x\in B\}$.

交集:$A\cap B=\{x|x\in A \text{ 且 } x\in B\}$.

差集:$A\backslash B=\{x|x\in A \text{ 且 } x\notin B\}$.

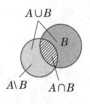

图 1.1

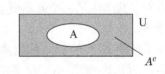

图 1.2

设 A 是一个集合,U 是包含 A 的全集,把 $U\backslash A$ 称为 A 的**余集**或**补集**(如图 1.2),记作 A^c.

(2) 集合运算的法则

设 A、B、C 为任意三个集合,则有下列法则成立:

① 交换律：$A\cup B=B\cup A$，$A\cap B=B\cap A$.
② 结合律：$(A\cup B)\cup C=A\cup(B\cup C)$，$(A\cap B)\cap C=A\cap(B\cap C)$.
③ 分配律：$(A\cup B)\cap C=(A\cap C)\cup(B\cap C)$，$(A\cap B)\cup C=(A\cup C)\cap(B\cup C)$.
④ 对偶律：$(A\cup B)^c=A^c\cap B^c$，$(A\cap B)^c=A^c\cup B^c$.

以上这些法则都可以根据集合相等的定义验证.

3. 区间和邻域

(1) 有限区间

设 a 和 b 都是实数，且 $a<b$，称数集 $\{x\mid a<x<b\}$ 为**开区间**，记为 (a,b)，即
$$(a,b)=\{x\mid a<x<b\}.$$

类似地有

$[a,b]=\{x\mid a\leqslant x\leqslant b\}$ 称为**闭区间**；

$[a,b)=\{x\mid a\leqslant x<b\}$ 和 $(a,b]=\{x\mid a<x\leqslant b\}$ 称为**半开区间**.

其中 a 和 b 称为区间 (a,b)、$[a,b]$、$[a,b)$、$(a,b]$ 的**端点**，$b-a$ 称为**区间的长度**.

从数轴上看，这些有限区间是长度为有限的线段. 闭区间 $[a,b]$ 与开区间 (a,b) 在数轴上表示出来，分别如图 1.3(a) 与图 1.3(b) 所示.

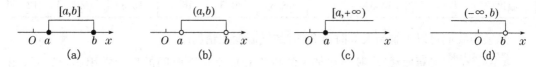

图 1.3

(2) 无限区间

引进记号 $+\infty$（读作正无穷大）及 $-\infty$（读作负无穷大），可类似地表示**无限区间**：
$[a,+\infty)=\{x\mid a\leqslant x\}$；$(-\infty,b)=\{x\mid x<b\}$；$(-\infty,+\infty)=\{x\mid |x|<+\infty\}$.

区间 $[a,+\infty)$ 和 $(-\infty,b)$ 在数轴上的表示分别如图 1.3(c) 与图 1.3(d) 所示.

(3) 邻域

以点 a 为中心的任何开区间称为点 a 的**邻域**，记作 $U(a)$.

设 δ 是一正数，则称开区间 $(a-\delta,a+\delta)$ 为点 a 的 δ 邻域，记作 $U(a,\delta)$，即
$$U(a,\delta)=\{x\mid a-\delta<x<a+\delta\}=\{x\mid |x-a|<\delta\}.$$

其中点 a 称为**邻域的中心**，δ 称为**邻域的半径**，如图 1.4(a).

(4) 去心邻域

点 a 的 δ 邻域去掉中心后，称为点 a 的**去心 δ 邻域**，记作 $\mathring{U}(a,\delta)$，如图 1.4(b)，即
$$\mathring{U}(a,\delta)=\{x\mid 0<|x-a|<\delta\}.$$

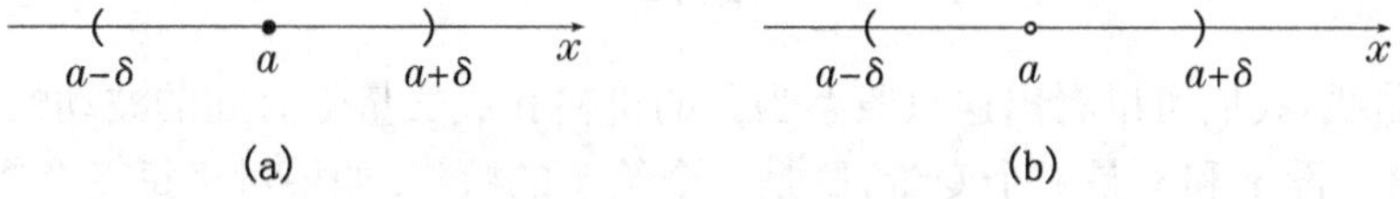

图 1.4

二、函数

1. 函数的概念

在考察某些自然现象或社会现象时,往往会遇到几个变量.这些变量并不是孤立地变化的,而是存在着某种相互依赖关系.

案例 1.1（**自由落体运动方程**） 在自由落体运动中,物体下落的距离 S 随下落时间 t 的变化而变化,下落距离 S 与时间 t 之间的函数关系为

$$S=\frac{1}{2}gt^2,$$

其中 g 为重力加速度,$g=9.8 \text{ m/s}^2$.

案例 1.2（**气温变动**） 某气象站测得某天早上 6 时至晚上 22 时的气温如表 1.1 所示.

表 1.1

时间(h)	6	8	10	12	14	16	18	20	22
温度(℃)	12.1	14.3	17	18.5	20.5	16.8	16.3	15.2	12

从表中我们可以了解当天 6 时至 22 时的气温变化情况.

案例 1.3（**股票曲线**） 股票在某天的价格和成交量随时间的变化常用图形表示,图 1.5 为某一股票在某天的走势图.

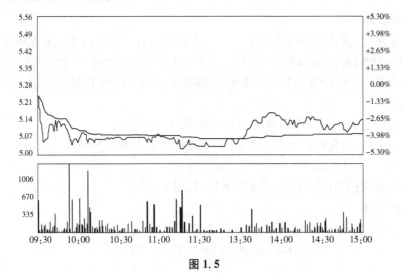

图 1.5

从股票曲线,我们可以看出这只股票当天的价格和成交量随时间的波动情况.

定义 1.1 设 x 和 y 是两个变量,D 是一个给定的数集.如果对于每一个数 $x\in D$,变量 y 按照一定的法则总有确定的数值与之对应,则称 y 是 x 的**函数**,记作 $y=f(x)$,其中 x 为**自变量**,y 为**因变量**.数集 D 称为函数 $f(x)$ 的**定义域**.当 x 取遍 D 内的各个数值时,对应的

函数值的全体组成的数集称为函数 $f(x)$ 的**值域**,记为 $f(D)$.

如果自变量在定义域内任取一个数值,对应的函数值只有唯一的一个,称这种函数为**单值函数**;否则,如果有多个函数值与之对应,就称为**多值函数**. 没有特别说明时,本书讨论的函数都是指单值函数.

从函数定义我们可以看出,构成函数的两要素是定义域和对应法则. 如果两个函数的定义域相同,对应法则也相同,那么这两个函数就是相同的,否则就是不同的.

【例 1.1】 求函数 $y = \dfrac{1}{\ln(x+2)} + \sqrt{4-x^2}$ 的定义域.

解 函数的定义域是满足不等式组
$$\begin{cases} x+2 > 0 \\ x+2 \neq 1 \\ 4-x^2 \geq 0 \end{cases}$$
的 x 值的全体. 解此不等式组,得其定义域为:
$$D = \{x \mid -2 < x \leq 2, \text{且 } x \neq -1\}, \text{或 } D = (-2, -1) \cup (-1, 2]$$

【例 1.2】 已知函数 $f\left(\dfrac{1}{x}-1\right) = \dfrac{1}{x^2} - 1$,求 $f(x)$.

解 令 $\dfrac{1}{x} - 1 = t$,则 $\dfrac{1}{x} = t+1$,代入得
$$f(t) = (t+1)^2 - 1 = t^2 + 2t.$$
所以 $f(x) = x^2 + 2x$.

2. 函数的表示法

表示函数的主要方法有三种:解析法(公式法)、表格法、图形法.

(1) 解析法

用数学式子表示函数的方法叫作**解析法**. 如 $y = f(x)$,其中 y 是因变量,f 为对应法则,x 是自变量. 其优点是便于数学上的分析和计算,本书主要讨论用解析式表示的函数,如案例 1.1 表示自由落体运动的路程与时间的函数关系式 $s = \dfrac{1}{2}gt^2$.

(2) 表格法

用表格形式表示函数的方法叫作**表格法**. 它是将自变量所取的值和对应的函数值列为表格,其优点是直观、精确. 如案例 1.2 气象站测量的某天不同时间的气温.

(3) 图形法

以图形表示函数的方法叫作**图形法**. 其优点是直观形象,且可看到函数的变化趋势,如案例 1.3 某一股票在某天的走势图.

3. 函数的几种特性

(1) 函数的有界性

设函数 $f(x)$ 的定义域为 D,数集 $X \subset D$. 如果存在数 K_1,使对任意 $x \in X$,有 $f(x) \leq K_1$,则称函数 $f(x)$ 在 X 上**有上界**,而称 K_1 为函数 $f(x)$ 在 X 上的一个**上界**. 图形特点是 $y = f(x)$ 的图形在直线 $y = K_1$ 的下方.

如果存在数 K_2,使对任一 $x \in X$,有 $f(x) \geq K_2$,则称函数 $f(x)$ 在 X 上**有下界**,而称 K_2

为函数 $f(x)$ 在 X 上的一个**下界**. 图形特点是函数 $y=f(x)$ 的图形在直线 $y=K_2$ 的上方.

如果存在正数 M, 使对任一 $x \in X$, 有 $|f(x)| \leq M$, 则称函数 $f(x)$ 在 X 上**有界**. 图形特点是函数 $y=f(x)$ 的图形在直线 $y=-M$ 和 $y=M$ 之间.

如果这样的 M 不存在, 则称函数 $f(x)$ 在 X 上**无界**. 函数 $f(x)$ 无界, 就是说对任何正数 M, 总存在 $x_1 \in X$, 使 $|f(x_1)| > M$.

例如:

① 函数 $f(x) = \sin x$ 在 $(-\infty, +\infty)$ 上是有界的, 即 $|\sin x| \leq 1$.

② 函数 $f(x) = \dfrac{1}{x}$ 在开区间 $(0,1)$ 内是无上界的, 或者说它在 $(0,1)$ 内有下界, 无上界, 而它在 $(1,2)$ 内是有界的.

(2) 函数的单调性

设函数 $y=f(x)$ 的定义域为 D, 区间 $I \subset D$. 如果对于区间 I 上任意两点 x_1 及 x_2, 当 $x_1 < x_2$ 时, 恒有

$$f(x_1) < f(x_2) \text{(或 } f(x_1) > f(x_2)\text{)},$$

则称函数 $f(x)$ 在区间 I 上是**单调增加**(或**单调减少**)的.

单调增加和单调减少的函数统称为**单调函数**.

例如: 函数 $y=x^2$ 在区间 $(-\infty, 0]$ 上是单调减少的, 在区间 $[0, +\infty)$ 上是单调增加的, 在 $(-\infty, +\infty)$ 上不是单调的.

(3) 函数的奇偶性

设函数 $f(x)$ 的定义域 D 关于原点对称(即若 $x \in D$, 则 $-x \in D$).

如果对于任一 $x \in D$, 有 $f(-x) = f(x)$, 则称 $f(x)$ 为**偶函数**.

如果对于任一 $x \in D$, 有 $f(-x) = -f(x)$, 则称 $f(x)$ 为**奇函数**.

偶函数的图形关于 y 轴对称, 奇函数的图形关于原点对称.

例如: $y=x^2, y=\cos x$ 都是偶函数, $y=x^3, y=\sin x$ 都是奇函数, $y=\sin x + \cos x$ 是非奇非偶函数.

(4) 函数的周期性

设函数 $f(x)$ 的定义域为 D. 如果存在一个正数 l, 使得对于任意 $x \in D$ 有 $(x \pm l) \in D$, 且 $f(x \pm l) = f(x)$, 则称 $f(x)$ 为**周期函数**, l 称为 $f(x)$ 的**周期**(一般指最小正周期).

周期函数的图形特点: 在函数的定义域内, 每个长度为 l 的区间上, 函数的图形有相同的形状.

4. 分段函数

案例 1.4 (**矩形波的函数表示**) 图 1.6 为一个周期为 2π 矩形波的图形, 它在区间 $[-\pi, \pi)$ 内的解析式为: $f(t) = \begin{cases} 0, & -\pi \leq t < 0, \\ A, & 0 \leq t < \pi. \end{cases}$

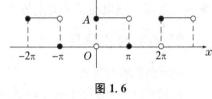

图 1.6

案例 1.5 (**出租车收费标准**) 某城市出租车收费标准为: 5 km 以内收费 10 元, 超过 5 km 至 15 km 的部分每千米加收 1.2 元, 超过 15 km 的部分每千米加收 1.8 元. 这样出租车

载客的收费 f 与行驶千米数 s 的函数关系可表示为：
$$f(s)=\begin{cases}10, & 0<s\leqslant 5,\\ 10+1.2(s-5), & 5<s\leqslant 15,\\ 22+1.8(s-15), & s>15.\end{cases}$$

这两个函数的特点是其由多个表达式构成，在工程实践及日常生活中常常会遇到此类函数．在定义域的不同子集上用不同解析式表示的函数称为**分段函数**．

下面介绍几种特殊的分段函数：

(1) 符号函数（如图 1.7）
$$y=\operatorname{sgn} x=\begin{cases}-1, & x<0,\\ 0, & x=0,\\ 1, & x>0.\end{cases}$$

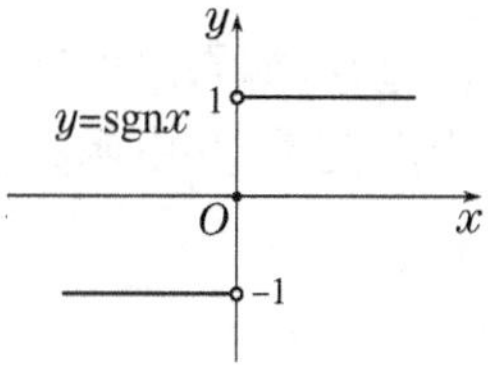

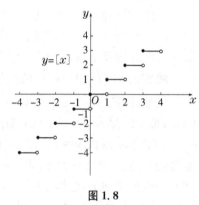

图 1.7

(2) 取整函数（如图 1.8）

设 x 为任意实数，称不超过 x 的最大整数为取整函数，记为 $y=[x]$，即若 $n\leqslant x<n+1$，则 $[x]=n$，其中 n 为整数，因此其数学表达式为：

$$y=\begin{cases}\cdots, & \cdots\\ -2, & -2\leqslant x<-1,\\ -1, & -1\leqslant x<0,\\ 0, & 0\leqslant x<1,\\ 1, & 1\leqslant x<2,\\ 2, & 2\leqslant x<3,\\ \cdots, & \cdots\end{cases}$$

图 1.8

(3) 特征函数
$$y=\chi_A=\begin{cases}1, & x\in A,\\ 0, & x\notin A.\end{cases}$$

其中 A 是数集，此函数常用于计数统计．

注意：分段函数是一个整体，不是几个函数，分段函数的图形应分段作出，求函数值 $f(x_0)$ 要先判断 x_0 所在的范围，再用对应的法则求函数值．

【**例 1.3**】(**旅馆定价**) 一旅馆有 200 间房间，如果定价不超过 100 元/间，则可全部出租．若每间定价每高出 10 元，则会少出租 4 间．设每间房间出租后的服务成本费为 20 元，试建立旅馆一天的利润与房价间的函数关系．

解 设旅馆的房价为 x 元/间，旅馆一天的利润为 y 元．

若 $x\leqslant 100$，则旅馆出租 200 间，利润为：
$$y=200(x-20).$$

若 $x>100$，则旅馆少出租 $4(x-100)/10$ 间，出租了 $200-4(x-100)/10$ 间，利润为：
$$y=[200-4(x-100)/10](x-20).$$

综上分析，旅馆利润与房价之间的函数为：
$$y=\begin{cases}200(x-20), & x\leqslant 100,\\ [200-4(x-100)/10](x-20), & x>100.\end{cases}$$

5. 反函数与复合函数

案例 1.6（商品销售） 在商品销售中,已知某种商品的价格(即单价)为 m,如果要想用该商品的销售量 x 来计算该商品销售总收入 y,那么 x 是自变量,y 是因变量,其函数关系为:

$$y=mx.$$

反过来,如果想以这种商品的销售总收入来计算其销售量,就必须把 y 作为自变量,把 x 作为因变量,并由函数 $y=mx$ 解出 x 关于 y 的函数关系

$$x=\frac{y}{m}.$$

这时称 $x=\frac{y}{m}$ 为 $y=mx$ 的反函数,$y=mx$ 为直接函数.

一般,设函数 $y=f(x)$ 在 D 上是一一对应的,值域为 $f(D)$,对任意的 $y\in f(D)$,有唯一的 $x\in D$,使得 $f(x)=y$,若把 y 看作自变量,x 视为因变量,所得到的一个新的函数,称为函数 $y=f(x)$ 的**反函数**,记为 $x=f^{-1}(y)$.

通常把 $y=f(x),x\in D$ 的反函数记成 $y=f^{-1}(x),x\in f(D)$.

例如,函数 $y=-\sqrt{x-1}(x\geqslant 1)$ 的反函数是 $x=y^2+1(y\leqslant 0)$,习惯上改写为 $y=x^2+1(x\leqslant 0)$.

相对于反函数 $y=f^{-1}(x)$ 来说,原来的函数 $y=f(x)$ 称为**直接函数**. 把函数 $y=f(x)$ 和它的反函数 $y=f^{-1}(x)$ 的图形画在同一坐标平面上,这两个图形关于直线 $y=x$ 是对称的(如图 1.9).这是因为如果 $P(a,b)$ 是 $y=f(x)$ 图形上的点,则有 $b=f(a)$.按反函数的定义,有 $a=f^{-1}(b)$,故 $Q(b,a)$ 是 $y=f^{-1}(x)$ 图形上的点;反之,若 $Q(b,a)$ 是 $y=f^{-1}(x)$ 图形上的点,则 $P(a,b)$ 是 $y=f(x)$ 图形上的点.而 $P(a,b)$ 与 $Q(b,a)$ 是关于直线 $y=x$ 对称的(即直线 $y=x$ 是线段 PQ 的垂直平分线).

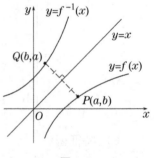

图 1.9

定理 1.1 如果直接函数 $y=f(x),x\in D$ 是单调增加(或减少)的,则存在反函数 $y=f^{-1}(x),x\in f(D)$,且该反函数也是单调增加(或减少)的.

案例 1.7 自由落体运动物体的动能 E 是速度 v 的函数:$E=f(v)=\frac{1}{2}mv^2$(m 为物体的质量),而速度 v 又是时间 t 的函数:$v=\varphi(t)=gt$.

通过中间变量 v 的联系,动能 E 也是时间 t 的函数,即将 $v=\varphi(t)$ 代入 $E=f(v)$ 中得到一个由 $E=f(v)$ 经过中间变量 $v=\varphi(t)$ 复合而成的关于 t 的函数:

$$E=f[\varphi(t)]=\frac{1}{2}m(gt)^2=\frac{1}{2}mg^2t^2.$$

一般,设函数 $y=f(u)$ 的定义域为 D_1,函数 $u=g(x)$ 在 D 上有定义且 $g(D)\subset D_1$,则由下式确定的函数 $y=f[g(x)],x\in D$ 称为由函数 $u=g(x)$ 和函数 $y=f(u)$ 构成的**复合函数**,它的定义域为 D,变量 u 称为**中间变量**.

函数 g 与函数 f 构成的复合函数通常记为 $f\circ g$,即 $(f\circ g)(x)=f[g(x)]$.

函数 g 与 f 能构成复合函数 $f \circ g$ 的条件是：函数 g 在 D 上的值域 $g(D)$ 必须含在 f 的定义域 D_1 内，即 $g(D) \subset D_1$. 否则，不能构成复合函数.

例如，函数 $y = f(u) = \arcsin u$ 的定义域为 $[-1,1]$，函数 $u = g(x) = 2\sqrt{1-x^2}$ 在 $D = \left[-1, -\frac{\sqrt{3}}{2}\right] \cup \left[\frac{\sqrt{3}}{2}, 1\right]$ 上有定义，且 $g(D) \subset [-1,1]$，则函数 g 与 f 可构成复合函数 $y = \arcsin 2\sqrt{1-x^2}, x \in D$；但函数 $y = \arcsin u$ 和函数 $u = 2 + x^2$ 不能构成复合函数，这是因为对任一 $x \in \mathbf{R}, u = 2 + x^2$ 均不在 $y = \arcsin u$ 的定义域 $[-1,1]$ 内.

6. 初等函数

在自然科学与工程技术中，常见的函数大都是初等函数，构成初等函数的元素是常数和基本初等函数.

（1）基本初等函数

幂函数、指数函数、对数函数、三角函数和反三角函数，统称为**基本初等函数**.

① 幂函数

形如 $y = x^\mu$（μ 为常数）的函数叫作**幂函数**. 定义域随 μ 值的不同而不同. 例如 $y = x, y = x^3$ 的定义域为 $(-\infty, +\infty)$；$y = \sqrt{x}$ 的定义域为 $[0, +\infty)$. 常见的幂函数的图像如图 1.10 所示.

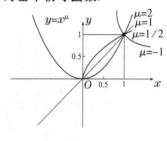

图 1.10

② 指数函数

形如 $y = a^x$（a 为常数且 $a > 0, a \neq 1$）的函数叫作**指数函数**，其定义域为 $(-\infty, +\infty)$，值域为 $(0, +\infty)$.

当 $a > 1$ 时，$y = a^x$ 在 $(-\infty, +\infty)$ 是单调增加的，例如 $y = 2^x$；

当 $0 < a < 1$ 时，$y = a^x$ 在 $(-\infty, +\infty)$ 是单调减少的，例如 $y = \left(\frac{1}{2}\right)^x$，其图像如图 1.11 所示，它们的图形关于 y 轴对称，且都过 $(0,1)$ 点.

以常数 $e = 2.7182818\cdots$ 为底的指数函数 $y = e^x$ 是工程中常用的指数函数.

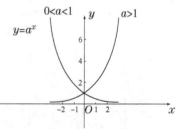

图 1.11

③ 对数函数

形如 $y = \log_a x$（a 为常数且 $a > 0, a \neq 1$）的函数叫作**对数函数**. 其定义域为 $(0, +\infty)$，值域为 $(-\infty, +\infty)$.

当 $a > 1$ 时，$y = \log_a x$ 在 $(0, +\infty)$ 上是单调增加的，如 $y = \log_2 x$；

当 $0 < a < 1$ 时，$y = \log_a x$ 在 $(0, +\infty)$ 上是单调减少的，如 $y = \log_{\frac{1}{2}} x$，其图像如图 1.12 所示，它们的图形关于 x 轴对称，且都过 $(1,0)$ 点.

以常数 e 为底的对数函数，称为**自然对数函数**，记作 $y = \ln x$.

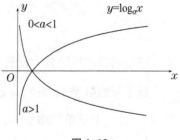

图 1.12

④ 三角函数与反三角函数

三角函数包括：正弦函数 $y=\sin x$、余弦函数 $y=\cos x$、正切函数 $y=\tan x$、余切函数 $y=\cot x$、正割函数 $y=\sec x=\dfrac{1}{\cos x}$、余割函数 $y=\csc x=\dfrac{1}{\sin x}$，如图 1.13 所示. 这些函数大家在中学数学中已很熟悉，这里就不再多作介绍了.

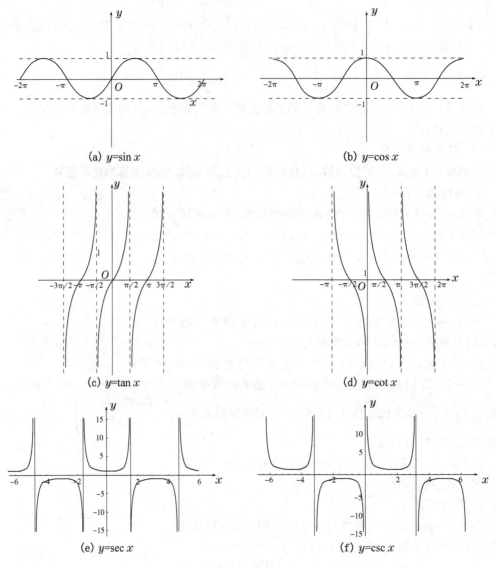

图 1.13

三角函数的反函数为**反三角函数**. 常用的反三角函数有以下四种：

反正弦函数 $y=\arcsin x$，定义域为 $[-1,1]$，值域为 $\left[-\dfrac{\pi}{2},\dfrac{\pi}{2}\right]$，如图 1.14(a)所示，在闭区间 $[-1,1]$ 上是单调增加的，是奇函数.

反余弦函数 $y=\arccos x$，定义域为 $[-1,1]$，值域为 $[0,\pi]$；如图 1.14(b)所示，在闭区间 $[-1,1]$ 上是单调减少的，是非奇非偶函数.

反正切函数 $y=\arctan x$，定义域为 $(-\infty,\infty)$，值域为 $\left(-\dfrac{\pi}{2},\dfrac{\pi}{2}\right)$，如图 1.14(c) 所示，在区间 $(-\infty,\infty)$ 上单调增加的，是奇函数.

反余切函数 $y=\mathrm{arccot}\, x$，定义域为 $(-\infty,\infty)$，值域为 $(0,\pi)$，如图 1.14(d) 所示，在区间 $(-\infty,\infty)$ 上是单调减少的，是非奇非偶函数.

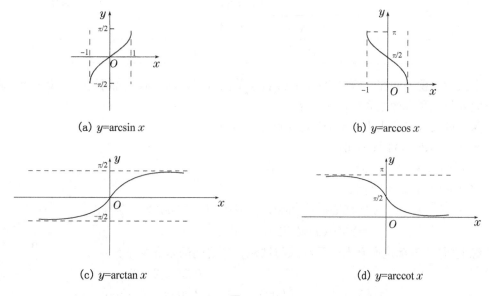

图 1.14

（2）初等函数

由常数和基本初等函数经过有限次的四则运算和有限次的函数复合步骤所构成，并可用一个式子表示的函数，称为**初等函数**.

例如 $y=\sqrt{1-x^2}$，$y=\sin^2 x$，$y=\sqrt{\cot\dfrac{x}{2}}$ 等都是初等函数. 在本课程中所讨论的函数绝大多数都是初等函数.

7. 函数关系式的建立

为解决实际问题，我们常常要把问题量化，找出问题中变量的关系，建立数学模型，即确定目标函数，再利用相关的数学知识解决这些问题.

【例 1.4】 某工厂生产计算机的日生产能力为 0 到 100 台，工厂维持生产的日固定费用为 4 万元，生产一台计算机的直接费用（含材料费和劳务费）是 4 250 元. 试建立该厂日生产 x 台计算机的总费用函数，并指出其定义域.

解 设该厂日生产 x 台计算机的总费用为 y（单位：元），则 y 为日固定费用和生产 x 台计算机所需总费用之和，即
$$y=40\,000+4\,250x,$$
由于该厂每天最多能生产 100 台计算机，所以定义域为 $\{x\mid 0\leqslant x\leqslant 100\}$.

【例 1.5】 我们知道，当个人的月收入超过一定金额时，应向国家交纳个人所得税，收入越高，国家征收的个人所得税的比例也越高，即"高收入，高税收". 我国现行的税收制度是

2007年12月29日通过的《修改〈中华人民共和国个人所得税法〉的决定》,并从2008年3月1日起施行.规定月收入超过2 000元为应纳税所得额(表中仅保留了原表中前2级的税率).

表1.2

级 数	全月应纳税所得额	税率(%)
1	不超过500元部分	5
2	超过500元至2 000元部分	10

个人所得税一般在工资中直接扣发.若某单位所有人的月收入都不超过4 000元,请建立月收入与纳税金额之间的函数关系.

解 设某人月收入为x元,应交纳所得税为y元.

当$0 \leqslant x \leqslant 2\,000$时,$y=0$;

当$2\,000 < x \leqslant 2\,500$时,$y=(x-2\,000) \times 5\%$;

当$2\,500 < x \leqslant 4\,000$时,
$$y=(2\,500-2\,000) \times 5\% + (x-2\,500) \times 10\%$$
$$=25+(x-2\,500) \times 10\%.$$

综上所述,该单位所有人的月收入与纳税金额之间的函数关系为:
$$y=\begin{cases} 0, & 0 \leqslant x \leqslant 2\,000, \\ 0.05 \times (x-2\,000), & 2\,000 < x \leqslant 2\,500, \\ 0.1 \times (x-2\,500)+25, & 2\,500 < x \leqslant 4\,000. \end{cases}$$

【例1.6】 某水渠横截面是等腰梯形,如图1.15所示,底边宽2 m,边坡1∶1(即倾角为45°).$ABCD$称为过水截面.试建立过水截面的面积s与水深h的函数关系式.

解 显然过水截面是一个等腰梯形,其面积随水深h与上底CD而变化.由题意知上底CD与h有关,CD的长度等于$2+2h$,所以过水截面的面积为:

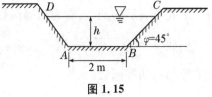

图 1.15

$$s=\frac{1}{2}(2+2+2h) \cdot h=2h+h^2 \ (0<h<+\infty).$$

习题1.1

1. 用区间表示适合下列不等式的变量x的变化范围:

   (1) $|x|<5$; (2) $|x-3| \leqslant \dfrac{1}{6}$;

   (3) $|x|>10$; (4) $0<|x-1|<0.01$.

2. 设$A=\{x | 3<x<5\}$,$B=\{x | x>4\}$,求:(1) $A \cup B$;(2) $A \cap B$.

3. 下列各对函数是否相同,为什么?

   (1) $f(x)=\lg x^2$,$g(x)=2\lg x$;

(2) $f(x)=x, g(x)=\sqrt{x^2}$；

(3) $f(x)=\sqrt[3]{x^4-x^3}, g(x)=x\sqrt[3]{x-1}$；

(4) $f(x)=\sqrt{1-\cos^2 x}, g(x)=\sin x$.

4. 求下列函数的定义域：

(1) $y=\sqrt{3x-x^2}$；

(2) $y=\dfrac{2x}{x^2-3x+2}$；

(3) $y=\lg(5-x)+\arcsin\dfrac{x-1}{6}$；

(4) $y=\begin{cases}-x, & -1\leqslant x\leqslant 0,\\ \sqrt{3-x}, & 0<x<2.\end{cases}$

5. 讨论下列函数的奇偶性：

(1) $y=a^x-a^{-x}(a>0)$；

(2) $y=\lg(x+\sqrt{1+x^2})$；

(3) $y=\sin x-\cos x+1$；

(4) $y=\dfrac{1}{1+x^2}\cos x$.

6. 指出下列函数由哪些函数复合而成？

(1) $y=\ln(\tan x)$；

(2) $y=e^{x^3}$；

(3) $y=\cos(e^{\sqrt{x}})$；

(4) $y=\sqrt{\ln\sqrt{x}}$；

(5) $y=\tan(x^2+1)$；

(6) $y=\arctan\dfrac{x-1}{x+1}$.

7. 设函数 $f(x)=\begin{cases}2x, & 0\leqslant x\leqslant 1,\\ x^2, & 1<x\leqslant 2,\end{cases}$ $g(x)=\ln x$，求 $f[g(x)], g[f(x)]$.

8. 某厂生产某种产品 1 600 吨，定价为 150 元/吨，销售量在不超过 800 吨时，按定价出售；超过 800 吨时，超出部分按定价 8 折出售. 试求销售收入与销售量之间的函数关系.

9. 要设计一个容积为 $V=200\pi(m^3)$ 有盖圆柱形油桶，已知上盖单位面积造价是侧面的一半，而侧面单位面积造价又是底面的一半，设上盖单位面积造价为 a(元$/m^2$)，试将油桶总造价 p 表示为油桶半径 r 的函数.

10. 有一抛物线拱形桥，跨度为 20 m，高为 4 m，选择适当的坐标系，把拱形上点的纵坐标 y 表示成横坐标 x 的函数.

第二节　极限及其运算

学习目标

1. 了解极限的概念，知道函数极限的描述性定义，会求左右极限.

2. 了解无穷小量的概念，了解无穷小量的运算性质及其与无穷大量的关系，以及无穷小量的比较等关系.

3. 掌握极限的四则运算法则.

4. 掌握两个重要极限.

5. 掌握一些常用的求极限的方法.

十九世纪以前，人们用朴素的极限思想计算了圆的面积或某些不规则物体的体积等.

十九世纪之后,柯西以物体运动为背景,结合几何直观,引入了极限概念.后来,维尔斯特拉斯给出了形式化的数学语言描述.极限概念的创立,是微积分严格化的关键,它奠定了微积分学的基础.

一、数列的极限

微课

首先来研究一种特殊的函数,它是以正整数集 $\mathbf{N}^*$ 为定义域的函数,$x_n = f(n), n \in \mathbf{N}^*$,称为**数列**,记作$\{x_n\}$.

案例 1.8(**循环数**) 观察循环数列 $0.9, 0.99, 0.999, 0.9999, \cdots, \sum_{k=1}^{n} 9 \times \frac{1}{10^k}, \cdots$ 的变化趋势,可以看出,随着项数 n 的无限增大,此数列无限接近于 1.

案例 1.9(**弹球模型**) 一只球从 100 m 处掉下,每次弹回的高度为上次高度的 $\frac{2}{3}$.这样下去,用球第 $1, 2, \cdots, n, \cdots$ 次的高度来表示球的运动规律,则得数列 $100, 100 \times \frac{2}{3}, 100 \times \left(\frac{2}{3}\right)^2, \cdots, 100 \times \left(\frac{2}{3}\right)^{n-1}, \cdots$ 研究该数列的变化趋势,可以看出,随着次数 n 的无限增大,数列无限接近于 0.

案例 1.10(**圆面积的计算**) 我国古代魏末晋初的杰出数学家刘徽(约 225—295 年)创造了"割圆术",成功地推算出圆周率和圆的面积.

下面介绍一下"割圆术"求圆面积的作法和思路:

先作圆的内接正三边形,把它的面积记作 A_1,再作内接正六边形,其面积记作 A_2,再作内接正十二边形,其面积记作 $A_3, \cdots$,照此下去,把圆的内接正 $3 \times 2^{n-1} (n = 1, 2, \cdots)$ 边形的面积记作 A_n,这样得到一数列:

$$A_1, A_2, A_3, \cdots, A_n, \cdots$$

当边数 n 无限增大时,正多边形的面积 A_n 就无限接近于圆的面积.

定义 1.2 对于数列 $\{x_n\}$,如果当 n 无限增大时,数列的通项 x_n 无限地接近于某一确定的常数 a,则称常数 a 是数列 $\{x_n\}$ 的**极限**,或称数列 $\{x_n\}$ **收敛**于 a.记为 $\lim_{n \to +\infty} x_n = a$.如果数列没有极限,就说数列是**发散**的.

对无限接近的刻画:x_n 无限接近于 a 等价于 $|x_n - a|$ 无限接近于 0.

数列极限的几何解释:一般地,若 $\lim_{n \to +\infty} x_n = a$,可将常数 a 和数列的通项 x_n 在数轴上用它们的对应点表示出来,对 a 的任一个取定的邻域 $U(a, \varepsilon)$,当 n 无限增大时,数列的项 x_n 最终(从某项 x_N 以后的项)都要落到邻域内(如图 1.16).

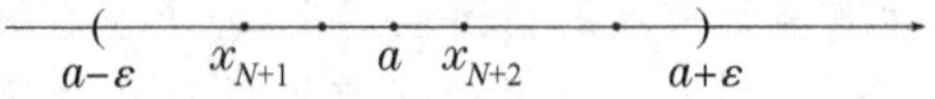

图 1.16

【例 1.7】 利用数列极限的定义,讨论下列数列的极限:

(1) $1, \frac{5}{2}, \frac{5}{3}, \frac{9}{4}, \frac{9}{5}, \cdots, \frac{2n + (-1)^n}{n}, \cdots$

(2) $2, 4, 8, \cdots, 2^n, \cdots$

(3) $1, -1, 1, \cdots, (-1)^{n+1}, \cdots$

解 (1) 该数列的通项 $x_n=\dfrac{2n+(-1)^n}{n}$,通项 x_n 与 2 的距离 $|x_n-2|=\dfrac{1}{n}$,当项数 n 无限增大时,$|x_n-2|$ 无限逼近于零,即通项 x_n 无限逼近于 2,因此 $\lim\limits_{n\to+\infty}\dfrac{2n+(-1)^n}{n}=2$.

(2) 当项数 n 无限增大时,该数列的通项 x_n 也无限增大,不可能逼近一个常数项,从而 $\lim\limits_{n\to+\infty} x_n$ 不存在.

(3) 在数列 $1,-1,1,\cdots,(-1)^{n+1},\cdots$ 中,奇数项总是 1,偶数项总是 -1,因此通项 x_n 不可能逼近一个常数项,从而 $\lim\limits_{n\to+\infty} x_n$ 不存在.

收敛数列的性质:

定理 1.2(极限的唯一性) 收敛数列 $\{x_n\}$ 不能收敛于两个不同的极限.

定理证明从略.

事实上,如果数列 $\{x_n\}$ 有两个极限: $\lim\limits_{n\to+\infty} x_n=a$,$\lim\limits_{n\to+\infty} x_n=b$,且 $a\neq b$,则这时在数轴上看,当通项 x_n 变化到一定"时刻"后,x_n 既要与点 a 无限接近,又要与另外一点 b 无限接近,这显然是不可能的,可见,数列的极限是唯一的.

定理 1.3(收敛数列的有界性) 如果数列 $\{x_n\}$ 收敛,那么数列 $\{x_n\}$ 一定有界.

定理证明从略.

这就是说,数列有界是数列收敛的必要条件,而不是充分条件.有界数列未必收敛,无界数列必发散.

上述数列极限的两个性质对以下函数极限同样成立.

二、函数的极限

如果把数列极限中的函数 $f(n)$ 的定义域(N^*)以及自变量的变化过程($n\to+\infty$)等特殊性撇开,我们就可以得到函数极限的一般概念.

微课

1. $x\to\infty$ 时函数的极限

案例 1.11(水温的变化趋势) 将一盆 80 ℃ 的热水放在一间室温恒为 20 ℃ 的房间里,水的温度 T 将逐渐降低,随着时间 t 的推移,水温会越来越接近室温 20 ℃.

案例 1.12(函数的变化趋势) 考察函数 $y=\dfrac{1}{x}$ 在 $x\to+\infty$ 和 $x\to-\infty$ 时的变化情况(如下表 1.3):

表 1.3

x	1	10	100	1 000	10 000	100 000	1 000 000	⋯
$f(x)=\dfrac{1}{x}$	1	0.1	0.01	0.001	0.000 1	0.000 01	0.000 001	⋯
x	-1	-10	-100	$-1\,000$	$-10\,000$	$-100\,000$	$-1\,000\,000$	⋯
$f(x)=\dfrac{1}{x}$	-1	-0.1	-0.01	-0.001	$-0.000\,1$	$-0.000\,01$	$-0.000\,001$	⋯

可以从表中观察出:当 $x\to+\infty$ 时,$f(x)=\dfrac{1}{x}$ 与 0 无限接近;当 $x\to-\infty$ 时,$f(x)=\dfrac{1}{x}$ 也

与0无限接近.

从上述两个问题中,我们看到:当自变量的绝对值逐渐增大时,相应的函数值接近于某一个常数.

定义 1.3 若函数 $f(x)$ 当自变量 x 的绝对值无限增大时,函数 $f(x)$ 的值无限趋近于某个确定的常数 A,则称 A 为**函数 $f(x)$ 当 $x\to\infty$ 时的极限**,记作 $\lim\limits_{x\to\infty}f(x)=A$ 或 $f(x)\to A$ $(x\to\infty)$.

注意:$x\to\infty$ 表示 x 既取正值且无限增大(记为 $x\to+\infty$),同时又取负值且绝对值无限增大(记为 $x\to-\infty$),故称为双边的.

有时 x 的变化趋向是单边的,即 $x\to+\infty$ 或 $x\to-\infty$.

定义 1.4 设函数 $f(x)$ 在 $(a,+\infty)$ 内有定义,当 x 无限增大时,对应的函数值 $f(x)$ 无限趋近于某个确定的常数 A,则称常数 A 为**函数 $f(x)$ 当 $x\to+\infty$ 时的极限**,记作
$$\lim_{x\to+\infty}f(x)=A \text{ 或 } f(x)\to A(x\to+\infty).$$

类似地,可以给出 $x\to-\infty$ 时的极限的定义.

【例 1.8】 讨论 $f(x)=\arctan x$ 当 $x\to\infty$ 时的极限.

解 由图 1.14(c)反正切函数的图像可知,
$$\lim_{x\to+\infty}\arctan x=\frac{\pi}{2},\ \lim_{x\to-\infty}\arctan x=-\frac{\pi}{2}.$$

由于当 $x\to+\infty$ 和 $x\to-\infty$ 时,$f(x)=\arctan x$ 不是无限趋于同一个确定的常数,所以 $\lim\limits_{x\to\infty}\arctan x$ 不存在.

一般有结论:双边极限存在的充分必要条件是两个单边极限存在且相等,即
$$\lim_{x\to\infty}f(x)=A \Leftrightarrow \lim_{x\to+\infty}f(x)=\lim_{x\to-\infty}f(x)=A. \text{(记号"}\Leftrightarrow\text{"表示等价)}$$

2. $x\to x_0$ 时函数的极限

案例 1.13(**人影长度**) 考虑一个人沿直线走向路灯的正下方时其影子的长度. 若目标总是灯的正下方那一点,灯与地面的垂直高度为 H. 由日常生活知识知道,当此人走向目标时,其影子长度 y 越来越短,当人越来越接近目标(即 $x\to0$)其影子的长度 y 越来越短,逐渐趋于 0(即 $y\to0$)(如图 1.17).

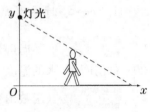

图 1.17

这一案例中,自变量无限接近某一点(即 $x\to0$)时,相应函数也无限地接近某一确定的值 0(即 $y\to0$).

定义 1.5 设函数 $f(x)$ 在点 x_0 的某个去心邻域内有定义,如果在自变量 $x\to x_0$ 的变化过程中,函数值 $f(x)$ 无限接近确定的常数 A,则称 A 是**函数 $f(x)$ 当 $x\to x_0$ 时的极限**,记作 $\lim\limits_{x\to x_0}f(x)=A$ 或 $f(x)\to A(x\to x_0)$.

说明:在定义中,"设函数 $f(x)$ 在点 x_0 的某个去心邻域内有定义"反映我们关心的是函数 $f(x)$ 在 x_0 附近的变化趋势,而不是 $f(x)$ 在 x_0 这一孤立点的情况. $\lim\limits_{x\to x_0}f(x)$ 是否存在,与 $f(x)$ 在点 x_0 有没有定义或函数取什么数值都没有关系.

3. 单侧极限

案例 1.14（**矩形波形曲线分析**）（如图 1.18）
设周期为 2π 的矩形波在区间 $[-\pi,\pi)$ 内的函数为
$$f(x)=\begin{cases}0, & -\pi\leqslant x<0,\\ A, & 0\leqslant x<\pi,\end{cases}(A\neq 0)$$
问函数 $f(x)$ 在 $x=0$ 处的极限是多少?

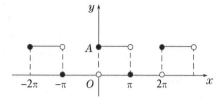

图 1.18

在函数极限的定义中，x 趋近于 x_0 的方式是任意的，此函数为分段函数，在 $x=0$ 的左右两侧，函数 $f(x)$ 的表达式不同，此时只能先对 $x=0$ 左右两侧分别进行讨论.

定义 1.6 设函数 $f(x)$ 在点 x_0 的某个左（右）邻域内有定义，如果 x 从 x_0 的左（右）侧趋于 x_0 时，$f(x)$ 无限地接近确定的常数 A，那么数 A 称为**函数 $f(x)$ 在点 x_0 处的左（右）极限**，记作 $\lim\limits_{x\to x_0^-}f(x)$ 或 $f(x_0^-)$（$\lim\limits_{x\to x_0^+}f(x)$ 或 $f(x_0^+)$）.

根据 $x\to x_0$ 时函数 $f(x)$ 的极限定义和左、右极限的定义，可以证明：函数 $f(x)$ 当 $x\to x_0$ 时极限存在的充要条件是 $f(x)$ 在点 x_0 处的左极限和右极限各自存在且相等，即
$$f(x_0^-)=f(x_0^+)=A \Leftrightarrow \lim\limits_{x\to x_0}f(x)=A.$$

案例 1.14 中函数 $f(x)$ 在 $x=0$ 的左极限为 0，右极限为 A，且 $A\neq 0$，所以函数 $f(x)$ 在 $x=0$ 处极限不存在.

【例 1.9】 求 $\lim\limits_{x\to 1}(2x-1)$.

解 $|f(x)-A|=|(2x-1)-1|=2|x-1|$.

所以，当 $x\to 1$ 时，$(2x-1)$ 以 1 为极限，即 $\lim\limits_{x\to 1}(2x-1)=1$.

在这里，函数 $f(x)=2x-1$ 在点 $x=1$ 处有定义，且当 $x\to 1$ 时，$f(x)$ 的极限值恰好是 $f(x)$ 在 $x=1$ 处的值，即 $\lim\limits_{x\to 1}f(x)=f(1)$.

【例 1.10】 求 $\lim\limits_{x\to 2}\dfrac{x^2-4}{x-2}$.

解 函数 $f(x)=\dfrac{x^2-4}{x-2}$ 其图像是"挖掉"点 $(2,4)$ 的直线 $y=x+2$，如图 1.19，当 $x\neq 2$ 时，$f(x)=x+2$，则
$$\lim\limits_{x\to 2}\dfrac{x^2-4}{x-2}=\lim\limits_{x\to 2}(x+2)=4.$$

极限 $\lim\limits_{x\to 2}f(x)$ 存在，但不等于 $f(x)$ 在点 $x=2$ 处的值（函数在 $x=2$ 处没有定义）.

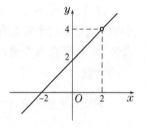

图 1.19

利用函数极限的定义可以考察某个常数 A 是否为 $f(x)$ 在 x_0 处的极限，但不是用来求函数 $f(x)$ 在 x_0 处的极限的常用方法. 但可以验证：基本初等函数在其各自的定义域内每点处的极限都存在，且等于该点处的函数值.

【例 1.11】 设函数 $f(x)=\begin{cases}x+1, & x<0,\\ x^2, & 0\leqslant x\leqslant 1,\\ 1, & x>1,\end{cases}$ 求函数在 $x=0$ 和 $x=1$ 处的极限.

解 因为
$$\lim_{x\to 0^-}f(x)=\lim_{x\to 0^-}(x+1)=1,$$
$$\lim_{x\to 0^+}f(x)=\lim_{x\to 0^+}x^2=0,$$

$\lim_{x\to 0^-}f(x)\ne\lim_{x\to 0^+}f(x)$,所以 $\lim_{x\to 0}f(x)$ 不存在.

因为
$$\lim_{x\to 1^-}f(x)=\lim_{x\to 1^-}x^2=1,$$
$$\lim_{x\to 1^+}f(x)=\lim_{x\to 1^+}1=1,$$

$\lim_{x\to 1^-}f(x)=\lim_{x\to 1^+}f(x)$,所以 $\lim_{x\to 1}f(x)=1$.

三、无穷小与无穷大

1. 无穷小

微课

案例 1.15（**洗涤效果**） 在用洗衣机清洗衣物时,清洗次数越多,衣物上残留的污渍就越少.当洗涤次数无限增大时,衣物上的污渍趋于零.

案例 1.16（**单摆运动**） 单摆离开铅直位置的偏度可以用角 θ 来度量,如图 1.20 所示.这个角可规定当偏到一方（如右方）时为正,而偏到另一方（如左方）为负.如果让单摆自己摆,则由于机械摩擦力和空气阻力,振幅就不断地减小.在这个过程中,角 θ 越来越小,趋向于零.

图 1.20

在对许多事物进行研究时,常遇到事物数量的变化趋势为零.

定义 1.7 在自变量某一变化过程中,变量 X 的极限为零,则称 X 为自变量在此变化过程中的**无穷小量**（简称**无穷小**）,记作 $\lim X=0$,其中,$\lim$ 可表示 $n\to\infty$;$x\to x_0$,$x\to\infty$ 等.

注意:无穷小是个变量（函数）,它在自变量某一变化过程中,其绝对值可以任意小,要多小就多小. 零这个常数作为无穷小是特殊情形,因为如果 $f(x)\equiv 0$,其绝对值可以任意小,或者说,常数零在自变量的任何一个变化过程中,极限总为零,因此零是可以作为无穷小的唯一的常数.

例如:因为 $\lim_{x\to -\infty}\dfrac{1}{\sqrt{1-x}}=0$,故函数 $y=\dfrac{1}{\sqrt{1-x}}$ 是 $x\to -\infty$ 时的无穷小.

又例如:因为 $\lim_{x\to\infty}\dfrac{1}{x}=0$,故函数 $y=\dfrac{1}{x}$ 是 $x\to\infty$ 时的无穷小.

定理 1.4（**无穷小与函数极限的关系**） 在自变量 x 的某一变化过程中,函数 $f(x)$ 具有极限 A 的充要条件是 $f(x)=A+\alpha$,其中 α 是自变量 x 在同一变化过程中的无穷小.

定理证明从略.

例如:因为 $\dfrac{1+x^3}{2x^3}=\dfrac{1}{2}+\dfrac{1}{2x^3}$,而 $\lim_{x\to\infty}\dfrac{1}{2x^3}=0$,所以 $\lim_{x\to\infty}\dfrac{1+x^3}{2x^3}=\dfrac{1}{2}$.

无穷小的代数性质:

性质1.1　有限个无穷小之和仍是无穷小.
性质1.2　有界变量与无穷小之积仍是无穷小.
性质1.3　常数与无穷小之积是无穷小.
性质1.4　有限个无穷小之积仍是无穷小.

【例1.12】　求极限 $\lim\limits_{x\to\infty}\dfrac{\arctan x}{x}$.

解　当 $x\to\infty$ 时,分子和分母的极限都不存在. 若把 $\dfrac{\arctan x}{x}$ 视为 $\arctan x$ 与 $\dfrac{1}{x}$ 的乘积,由于 $\dfrac{1}{x}$ 是当 $x\to\infty$ 时的无穷小,而 $|\arctan x|<\dfrac{\pi}{2}$ 是有界变量,因此根据有界变量与无穷小之积仍是无穷小可得: $\lim\limits_{x\to\infty}\dfrac{\arctan x}{x}=\lim\limits_{x\to\infty}\dfrac{1}{x}\cdot\arctan x=0$.

2. 无穷大

定义1.8　在自变量的某一变化过程中,变量 x 的绝对值 $|X|$ 无限增大,就称 X 为自变量在此变化过程中的**无穷大量**(简称**无穷大**),记为 $\lim X=\infty$,其中,$\lim$ 可表示 $n\to\infty$;$x\to x_0$,$x\to\infty$ 等.

注意:这里 $\lim x=\infty$ 只是沿用了极限符号,并不意味着变量 X 存在极限,无穷大(∞)不是数,不可与绝对值很大的数混为一谈. 无穷大是指绝对值可以任意变大的变量.

例如:因为 $\lim\limits_{x\to 0}\dfrac{1}{x}=\infty$,故函数 $y=\dfrac{1}{x}$ 为当 $x\to 0$ 时的无穷大.

又例如:因为 $\lim\limits_{x\to\frac{\pi}{2}}\tan x=\infty$,故函数 $y=\tan x$ 为当 $x\to\dfrac{\pi}{2}$ 时的无穷大.

3. 无穷小与无穷大的关系

定理1.5　在自变量的同一变化过程中:

(1) 如果 X 为无穷大,则 $\dfrac{1}{X}$ 为无穷小;

(2) 如果 $X\neq 0$ 且 X 为无穷小,则 $\dfrac{1}{X}$ 为无穷大.

定理证明从略.
据此定理,关于无穷大的问题都可转化为无穷小来讨论.

四、极限的运算

1. 极限的四则运算法则

微课

案例1.17　用列表法或图形法讨论较复杂的函数的极限,不仅工作量大,而且还不一定准确,如求 $\lim\limits_{x\to 0}\left(x^2-\dfrac{\cos x}{10\,000}\right)$,下表1.4列出函数 $y=x^2-\dfrac{\cos x}{10\,000}$ 在 $x=0$ 处附近取值时的函数值.

表 1.4

x	± 0.5	± 0.1	± 0.01	→	0
$x^2 - \dfrac{\cos x}{10\,000}$	0.249 91	0.009 90	0.000 000 005	→	?

我们可能会估计 $\lim\limits_{x\to 0}\left(x^2-\dfrac{\cos x}{10\,000}\right)=0$,但这个结果是错误的. 因此,我们需要研究函数极限的运算法则. 以下在同一式子中考虑自变量的同一变化过程,其主要定理如下:

定理 1.6 如果 $\lim f(x)=A, \lim g(x)=B$,那么

(1) $\lim[f(x)\pm g(x)]=\lim f(x)\pm\lim g(x)=A\pm B$;

(2) $\lim[f(x)\cdot g(x)]=\lim f(x)\cdot\lim g(x)=A\cdot B$;

(3) $\lim\dfrac{f(x)}{g(x)}=\dfrac{\lim f(x)}{\lim g(x)}=\dfrac{A}{B}(B\neq 0)$.

定理证明从略.

推论 1 常数可以提到极限号前,即 $\lim[Cf(x)]=C\lim f(x)$

推论 2 若 $\lim f(x)=A$,且 n 为正整数,则 $\lim[f(x)]^n=[\lim f(x)]^n=A^n$.

【例 1.13】 求 $\lim\limits_{x\to 2}\dfrac{x^3-1}{x^2-5x+3}$.

解 运用定理及其推论可得:

$$\lim_{x\to 2}\frac{x^3-1}{x^2-5x+3}=\frac{\lim\limits_{x\to 2}(x^3-1)}{\lim\limits_{x\to 2}(x^2-5x+3)}=\frac{\lim\limits_{x\to 2}x^3-\lim\limits_{x\to 2}1}{\lim\limits_{x\to 2}x^2-5\lim\limits_{x\to 2}x+\lim\limits_{x\to 2}3}$$

$$=\frac{(\lim\limits_{x\to 2}x)^3-1}{(\lim\limits_{x\to 2}x)^2-5\cdot 2+3}=\frac{2^3-1}{2^2-10+3}=-\frac{7}{3}.$$

【例 1.14】 求 $\lim\limits_{x\to 3}\dfrac{x-3}{x^2-9}$.

分析:所给函数的特点是:当 $x\to 3$ 时,分子、分母的极限都为零,但它们都有趋向 0 的公因子 $x-3$;当 $x\to 3$ 时,可约去 $x-3$ 这个为零的公因子.

解 $\lim\limits_{x\to 3}\dfrac{x-3}{x^2-9}=\lim\limits_{x\to 3}\dfrac{x-3}{(x-3)(x+3)}=\lim\limits_{x\to 3}\dfrac{1}{x+3}=\dfrac{\lim\limits_{x\to 3}1}{\lim\limits_{x\to 3}(x+3)}=\dfrac{1}{6}$.

【例 1.15】 求 $\lim\limits_{x\to 1}\dfrac{2x-3}{x^2-5x+4}$.

分析:所给函数的特点是:当 $x\to 1$ 时,分子的极限不为零,分母的极限为零,因此不能直接运用商的极限运算法则. 对于这类题目应先计算其倒数的极限,再运用无穷大与无穷小的关系得出结果.

解 $\lim\limits_{x\to 1}\dfrac{x^2-5x+4}{2x-3}=\dfrac{1^2-5\cdot 1+4}{2\cdot 1+3}=0$,根据无穷大与无穷小的关系得

$$\lim_{x\to 1}\frac{2x-3}{x^2-5x+4}=\infty.$$

【例 1.16】 求 $\lim\limits_{x\to\infty}\dfrac{3x^3+4x^2+2}{7x^3+5x^2-3}$.

解 所给函数的特点是:当 $x\to\infty$ 时,分子和分母都趋于无穷大,因此不能直接运用商

的极限运算法则. 对于这类题目先用 x^3 去除分子及分母,然后求极限:

$$\lim_{x\to\infty}\frac{3x^3+4x^2+2}{7x^3+5x^2-3}=\lim_{x\to\infty}\frac{3+\frac{4}{x}+\frac{2}{x^3}}{7+\frac{5}{x}-\frac{3}{x^3}}=\frac{3}{7}.$$

【例 1.17】 求 $\lim\limits_{x\to\infty}\dfrac{3x^2-2x-1}{2x^3-x^2+5}$.

解 先用 x^3 去除分子及分母,然后求极限:

$$\lim_{x\to\infty}\frac{3x^2-2x-1}{2x^3-x^2+5}=\lim_{x\to\infty}\frac{\frac{3}{x}-\frac{2}{x^2}-\frac{1}{x^3}}{2-\frac{1}{x}+\frac{5}{x^3}}=\frac{0}{2}=0.$$

【例 1.18】 求 $\lim\limits_{x\to\infty}\dfrac{2x^3-x^2+5}{3x^2-2x-1}$.

解 因为 $\lim\limits_{x\to\infty}\dfrac{3x^2-2x-1}{2x^3-x^2+5}=0$,所以

$$\lim_{x\to\infty}\frac{2x^3-x^2+5}{3x^2-2x-1}=\infty.$$

上述三个函数,当自变量趋于无穷大时,其分子、分母都趋于无穷大,这类极限称为 "$\dfrac{\infty}{\infty}$" 型极限,对于它们不能直接运用商的运算法则,而应采用分子分母同除自变量 x 的最高次的方法求极限.

一般,当 $a_n\neq 0, b_n\neq 0, m$ 和 n 为非负整数时,有

$$\lim_{x\to\infty}\frac{a_nx^n+a_{n-1}x^{n-1}+\cdots+a_0}{b_mx^m+b_{m-1}x^{m-1}+\cdots+b_0}=\begin{cases}0, & n<m,\\ \dfrac{a_n}{b_n}, & n=m,\\ \infty, & n>m.\end{cases}$$

此结果可作为公式使用,但要注意只适用于 $x\to+\infty, x\to-\infty$ 和 $x\to\infty$ 的情形.

【例 1.19】 求 $\lim\limits_{x\to 2}\left(\dfrac{x^2}{x^2-4}-\dfrac{1}{x-2}\right)$.

分析:此例也称 "$\infty-\infty$" 型极限,一般处理的方法为通分,再运用前面介绍过的求极限的方法计算.

解 $\lim\limits_{x\to 2}\left(\dfrac{x^2}{x^2-4}-\dfrac{1}{x-2}\right)=\lim\limits_{x\to 2}\dfrac{x^2-x-2}{x^2-4}=\lim\limits_{x\to 2}\dfrac{(x-2)(x+1)}{(x+2)(x-2)}=\lim\limits_{x\to 2}\dfrac{x+1}{x+2}=\dfrac{3}{4}.$

2. 复合函数的极限法则

定理 1.7 设函数 $y=f(u)$ 与 $u=\varphi(x)$ 满足以下两个条件:

(1) $\lim\limits_{u\to a}f(u)=A$;

(2) 当 $x\neq x_0$ 时,$\varphi(x)\neq a$,且 $\lim\limits_{x\to x_0}\varphi(x)=a$,

则 $\lim\limits_{x\to x_0}f[\varphi(x)]=\lim\limits_{u\to a}f(u)=A.$

定理证明从略.

若 $f(u)$ 是基本初等函数，a 又是 $f(u)$ 的定义域内的点，则 $\lim\limits_{x \to x_0} f[\varphi(x)] = f(a)$，即 $\lim\limits_{x \to x_0} f[\varphi(x)] = f[\lim\limits_{x \to x_0} \varphi(x)]$（在第三节有了连续函数的概念后，此式只要 $f(u)$ 在 a 点连续即成立）.

【例 1.20】 求 $\lim\limits_{x \to 3} \sqrt{\dfrac{x^2-9}{x-3}}$.

解 $y = \sqrt{\dfrac{x^2-9}{x-3}}$ 是由 $y = \sqrt{u}$ 与 $u = \dfrac{x^2-9}{x-3}$ 复合而成的.

因为 $\lim\limits_{x \to 3} \dfrac{x^2-9}{x-3} = 6$，所以 $\lim\limits_{x \to 3} \sqrt{\dfrac{x^2-9}{x-3}} = \lim\limits_{u \to 6} \sqrt{u} = \sqrt{6}$.

【例 1.21】 求 $\lim\limits_{x \to 0} \dfrac{x^2}{1-\sqrt{1+x^2}}$.

分析： 根据复合函数的极限运算法则知，分子和分母均为零，因此，需先将分母有理化，约去关于 x 的公因子，再运用前面介绍过的求极限的方法计算.

解 $\lim\limits_{x \to 0} \dfrac{x^2}{1-\sqrt{1+x^2}} = \lim\limits_{x \to 0} \dfrac{x^2(1+\sqrt{1+x^2})}{1-(1+x^2)} = -\lim\limits_{x \to 0}(1+\sqrt{1+x^2}) = -2$.

五、两个重要极限

对这两个重要极限我们不作证明，仅用列表法来给出函数的变化趋势.

微课

1. 第一个重要极限：$\lim\limits_{x \to 0} \dfrac{\sin x}{x} = 1$.

通过列表法（见下表 1.5）可以看出当 $x \to 0$ 时，函数 $y = \dfrac{\sin x}{x} \to 1$.

表 1.5

x	± 1	± 0.5	± 0.1	± 0.01	⋯
$\dfrac{\sin x}{x}$	0.841 471	0.958 85	0.998 33	0.999 98	⋯

【例 1.22】 求 $\lim\limits_{x \to 0} \dfrac{\tan x}{x}$.

解 $\lim\limits_{x \to 0} \dfrac{\tan x}{x} = \lim\limits_{x \to 0} \dfrac{\sin x}{x} \cdot \dfrac{1}{\cos x} = \lim\limits_{x \to 0} \dfrac{\sin x}{x} \cdot \lim\limits_{x \to 0} \dfrac{1}{\cos x} = 1$.

【例 1.23】 求 $\lim\limits_{x \to 3} \dfrac{\sin(x^2-9)}{x-3}$.

解 $\lim\limits_{x \to 3} \dfrac{\sin(x^2-9)}{x-3} = \lim\limits_{x^2-9 \to 0} \dfrac{\sin(x^2-9)}{x^2-9} \lim\limits_{x \to 3}(x+3) = 1 \times 6 = 6$.

【例 1.24】 求 $\lim\limits_{x \to 0} \dfrac{1-\cos x}{x^2}$.

解 $\lim\limits_{x \to 0} \dfrac{1-\cos x}{x^2} = \lim\limits_{x \to 0} \dfrac{2\sin^2 \dfrac{x}{2}}{x^2} = \dfrac{1}{2} \lim\limits_{x \to 0} \dfrac{\sin^2 \dfrac{x}{2}}{\left(\dfrac{x}{2}\right)^2} = \dfrac{1}{2} \lim\limits_{x \to 0} \left(\dfrac{\sin \dfrac{x}{2}}{\dfrac{x}{2}}\right)^2 = \dfrac{1}{2} \cdot 1^2 = \dfrac{1}{2}$.

2. 第二个重要极限: $\lim\limits_{x\to\infty}\left(1+\dfrac{1}{x}\right)^x=e$ (或 $\lim\limits_{x\to 0}(1+x)^{\frac{1}{x}}=e$).

通过列表法(见下表1.6)可以看出当 $x\to\infty$ 时,函数 $y=\left(1+\dfrac{1}{x}\right)^x\to e$.

表 1.6

x	1	2	5	10	100	1 000	10 000	100 000	100 000 000	⋯
$\left(1+\dfrac{1}{x}\right)^x$	2	2.25	2.488	2.594	2.705	2.717	2.718 15	2.718 28	2.718 281 82	⋯

【例 1.25】 求 $\lim\limits_{x\to\infty}\left(1-\dfrac{1}{x}\right)^x$.

解 令 $t=-x$,则 $x\to\infty$ 时,$t\to\infty$. 于是
$$\lim_{x\to\infty}\left(1-\dfrac{1}{x}\right)^x=\lim_{t\to\infty}\left(1+\dfrac{1}{t}\right)^{-t}=\lim_{t\to\infty}\dfrac{1}{\left(1+\dfrac{1}{t}\right)^t}=\dfrac{1}{e}.$$

或 $$\lim_{x\to\infty}\left(1-\dfrac{1}{x}\right)^x=\lim_{x\to\infty}\left(1+\dfrac{1}{-x}\right)^{-x\cdot(-1)}=\left[\lim_{x\to\infty}\left(1+\dfrac{1}{-x}\right)^{-x}\right]^{-1}=e^{-1}=\dfrac{1}{e}.$$

【例 1.26】 求 $\lim\limits_{x\to 0}\dfrac{\ln(1+x)}{x}$.

解 $\lim\limits_{x\to 0}\dfrac{\ln(1+x)}{x}=\lim\limits_{x\to 0}\ln(1+x)^{\frac{1}{x}}=\ln\left[\lim\limits_{x\to 0}(1+x)^{\frac{1}{x}}\right]=\ln e=1.$

【例 1.27】 求 $\lim\limits_{x\to 0}\dfrac{e^x-1}{x}$.

解 令 $u=e^x-1$,则 $x=\ln(1+u)$,当 $x\to 0$ 时 $u\to 0$,所以
$$\lim_{x\to 0}\dfrac{e^x-1}{x}=\lim_{u\to 0}\dfrac{u}{\ln(1+u)}=1.$$

【例 1.28】 设某人以本金 A_0 元进行一项投资,投资的年利率为 r. 如果以年为单位计算复利(即每年计息一次,并把利息加入下年的本金,重复计息),则 t 年后,资金总额将变为 $A_0(1+r)^t$(元);

如以月为单位计算复利(即每月计息一次,并把利息加入下月的本金,重复计息),则 t 年后,资金总额将变为 $A_0\left(1+\dfrac{r}{12}\right)^{12t}$(元);

以此类推,如以天为单位计算复利,则 t 年后,资金总额将变为 $A_0\left(1+\dfrac{r}{365}\right)^{365t}$(元);

一般地,若以 $\dfrac{1}{n}$ 年为单位计算复利,则 t 年后,资金总额将变为 $A_0\left(1+\dfrac{r}{n}\right)^{nt}$(元).

现在让 $n\to\infty$,即每时每刻计算复利(称为**连续复利**),则 t 年后资金总额将变为:
$$\lim_{n\to\infty}A_0\left(1+\dfrac{r}{n}\right)^{nt}=\lim_{n\to\infty}A_0\left[\left(1+\dfrac{r}{n}\right)^{\frac{n}{r}}\right]^{rt}=A_0 e^{rt}(元).$$

六、无穷小的比较

根据无穷小的代数性质,我们知道,在同一过程中的两个无穷小的和差及乘积仍为无穷

微课

小,但它们的商却不一定是无穷小.

例如:当 $x \to 0$ 时,$3x$、x^2、$\sin x$ 都是无穷小,而

$$\lim_{x \to 0} \frac{x^2}{3x} = 0, \quad \lim_{x \to 0} \frac{3x}{x^2} = \infty, \quad \lim_{x \to 0} \frac{\sin x}{3x} = \frac{1}{3}.$$

上述不同情况的出现,是因为不同的无穷小趋向于零的快慢程度的差异所致,就上面例子来说,在 $x \to 0$ 的过程中,$x^2 \to 0$ 比 $3x \to 0$ 要快些,反过来 $3x \to 0$ 比 $x^2 \to 0$ 要慢些,而 $\sin x \to 0$ 与 $3x \to 0$ 则快慢相仿.

为了比较在同一变化过程中两个无穷小趋于零的快慢,我们引进**无穷小的阶**的概念.

定义 1.9 设 $\alpha = \alpha(x), \beta = \beta(x)$ 都是自变量同一变化过程中的无穷小,则

(1) 如果 $\lim \frac{\beta}{\alpha} = c(c \neq 0)$,则称 β 与 α 是**同阶无穷小**,特别地,如果 $\lim \frac{\beta}{\alpha} = 1$,则称 β 与 α 是**等价无穷小**,记作 $\beta \sim \alpha$ 或 $\alpha \sim \beta$.

(2) 如果 $\lim \frac{\beta}{\alpha} = 0$,则称 β 是 α 的**高阶无穷小**,记作 $\beta = o(\alpha)$;

(3) 如果 $\lim \frac{\beta}{\alpha} = \infty$,则称 β 是 α 的**低阶无穷小**.

例如,因为

$$\lim_{x \to 0} \frac{1 - \cos x}{x^2} = \lim_{x \to 0} \frac{1}{2} \left(\frac{\sin(x/2)}{x/2} \right)^2 = \frac{1}{2},$$

所以当 $x \to 0$ 时,$1 - \cos x$ 与 x^2 是同阶无穷小,或者说 $1 - \cos x$ 与 $\frac{1}{2} x^2$ 是等价无穷小,即 $1 - \cos x \sim \frac{1}{2} x^2 \left(因为 \lim_{x \to 0} \frac{1 - \cos x}{x^2/2} = 1 \right)$.

等价无穷小的替换原理:设 $\alpha, \beta, \alpha', \beta'$ 是自变量在同一变化过程中的无穷小,若 $\alpha \sim \alpha'$,$\beta \sim \beta'$ 且 $\lim \frac{\beta'}{\alpha'}$ 存在,则 $\lim \frac{\beta}{\alpha}$ 也存在,且 $\lim \frac{\beta}{\alpha} = \lim \frac{\beta'}{\alpha'}$.

证明 $\lim \frac{\beta'}{\alpha'} = \lim \left(\frac{\beta'}{\beta} \cdot \frac{\beta}{\alpha} \cdot \frac{\alpha}{\alpha'} \right) = \lim \frac{\beta'}{\beta} \cdot \lim \frac{\beta}{\alpha} \cdot \lim \frac{\alpha}{\alpha'} = \lim \frac{\beta}{\alpha}.$

这个性质表明:求两个无穷小之比的极限时,分子及分母都可用等价无穷小来代替,这往往可使计算简化.

【例 1.29】 求 $\lim\limits_{x \to 0} \frac{\tan 2x}{\sin 5x}$.

解 因为当 $x \to 0$ 时,$\tan 2x \sim 2x$,$\sin 5x \sim 5x$,故

$$\lim_{x \to 0} \frac{\tan 2x}{\sin 5x} = \lim_{x \to 0} \frac{2x}{5x} = \frac{2}{5}.$$

【例 1.30】 求 $\lim\limits_{x \to 0} \frac{\tan x}{x^3 - x^2 + 2x}$.

解 因为当 $x \to 0$ 时,$\tan x \sim x$,$x^3 - x^2 + 2x \sim 2x$,故

$$\lim_{x \to 0} \frac{\tan x}{x^3 - x^2 + 2x} = \lim_{x \to 0} \frac{x}{2x} = \frac{1}{2}.$$

【例 1.31】 求 $\lim\limits_{x \to 0} \frac{\tan x - \sin x}{x^3}$.

解 因为当 $x\to 0$ 时,$1-\cos x\sim\dfrac{1}{2}x^2$,$\tan x\sim x$,从而 $(1-\cos x)\tan x\sim\dfrac{1}{2}x^3$,所以

$$\lim_{x\to 0}\dfrac{\tan x-\sin x}{x^3}=\lim_{x\to 0}\dfrac{(1-\cos x)\tan x}{x^3}=\lim_{x\to 0}\dfrac{\dfrac{1}{2}x^3}{x^3}=\dfrac{1}{2}.$$

注意:$\lim\limits_{x\to 0}\dfrac{\tan x-\sin x}{x^3}\neq\lim\limits_{x\to 0}\dfrac{x-x}{x^3}=0$,因为 $\tan x-\sin x$ 与 $x-x$ 不等价.无穷小的替换,必须是两个无穷小之比或无穷小为极限式中的乘积,而且代换后的极限存在,才可以使用.加减项的无穷小不能用等价无穷小代换.

常见的等价无穷小有(当 $x\to 0$ 时):$x\sim\sin x\sim\tan x\sim\arcsin x\sim\arctan x\sim\ln(1+x)\sim e^x-1$;$1-\cos x\sim\dfrac{x^2}{2}$;$(1+x)^\alpha-1\sim\alpha x(\alpha\neq 0)$;$a^x-1\sim x\ln a$.

【例 1.32】 求 $\lim\limits_{x\to 0}\dfrac{(1+x^2)^{\frac{1}{3}}-1}{\cos x-1}$.

解 因为当 $x\to 0$ 时,$(1+x^2)^{\frac{1}{3}}-1\sim\dfrac{1}{3}x^2$,$\cos x-1\sim-\dfrac{1}{2}x^2$,所以

$$\lim_{x\to 0}\dfrac{(1+x^2)^{\frac{1}{3}}-1}{\cos x-1}=\lim_{x\to 0}\dfrac{\dfrac{1}{3}x^2}{-\dfrac{1}{2}x^2}=-\dfrac{2}{3}.$$

习题 1.2

1. 观察如下数列 $\{x_n\}$ 一般项 x_n 的变化趋势,写出它们的极限.

(1) $x_n=\dfrac{1}{3^n}$;   (2) $x_n=(-1)\dfrac{1}{n}$;

(3) $x_n=3+\dfrac{1}{n^2}$;   (4) $x_n=\dfrac{n-1}{n+1}$;

(5) $x_n=n(-1)^n$;   (6) $x_n=n-\dfrac{1}{n}$.

2. 设函数 $f(x)=\begin{cases}x+1, & x<3,\\ 0, & x=3,\\ 2x-3, & x>3,\end{cases}$ 利用函数极限存在的充要条件判断 $\lim\limits_{x\to 3}f(x)$ 是否存在?

3. 设函数 $f(x)=\begin{cases}e^x+1, & x>0,\\ 2x+b, & x\leqslant 0,\end{cases}$ 要使极限 $\lim\limits_{x\to 0}f(x)$ 存在,b 应取何值?

4. 在下列各题中,指出哪些是无穷小?哪些是无穷大?

(1) $\dfrac{1+2x}{x^2}(x\to\infty)$;   (2) $\dfrac{x+1}{x^2-9}(x\to 3)$;

(3) $\dfrac{\sin x}{1+\cos x}(x\to 0)$;   (4) $e^{\frac{1}{x}}(x\to 0)$.

5. 计算下列各极限:

(1) $\lim\limits_{x\to 1}(x-1)\cos\dfrac{1}{x-1}$;

(2) $\lim\limits_{x\to 0}x^2\sin\dfrac{1}{x}$.

6. 计算下列各极限：

(1) $\lim\limits_{x\to -1}\dfrac{3x+1}{x^2+1}$;

(2) $\lim\limits_{x\to 1}\dfrac{x^2-1}{2x^2-x-1}$;

(3) $\lim\limits_{x\to -2}\dfrac{x^3+8}{x+2}$;

(4) $\lim\limits_{x\to \infty}\dfrac{x^2-1}{2x^2-x}$;

(5) $\lim\limits_{x\to \infty}\left(1+\dfrac{1}{x}\right)\left(2-\dfrac{1}{x^2}\right)$;

(6) $\lim\limits_{x\to 1}\left(\dfrac{1}{x-1}-\dfrac{3}{x^3-1}\right)$.

7. 计算下列各极限：

(1) $\lim\limits_{x\to -3}\sqrt{x^2-x+8}$;

(2) $\lim\limits_{x\to \frac{1}{2}}\arcsin\sqrt{x}$;

(3) $\lim\limits_{x\to 0}\ln 2^x$;

(4) $\lim\limits_{x\to 2}\dfrac{\sqrt{5x-8}-\sqrt{x}}{x-2}$.

8. 已知 $\lim\limits_{x\to 1}\dfrac{x^2+ax+b}{1-x}=1$，试求 a 与 b 的值.

9. 计算下列各极限：

(1) $\lim\limits_{x\to 0}\dfrac{\sin 4x}{x}$;

(2) $\lim\limits_{x\to 0}\dfrac{\sin 2x}{\sin 5x}$;

(3) $\lim\limits_{x\to 0}\dfrac{1-\cos 3x}{x\sin x}$;

(4) $\lim\limits_{n\to \infty}3^n\sin\dfrac{x}{3^n}(x\neq 0)$.

10. 计算下列各极限：

(1) $\lim\limits_{x\to 0}(1-3x)^{\frac{1}{x}}$;

(2) $\lim\limits_{x\to \infty}\left(\dfrac{1+x}{x}\right)^{3x}$;

(3) $\lim\limits_{x\to \infty}\left(\dfrac{1+x}{x+2}\right)^{x}$;

(4) $\lim\limits_{x\to \frac{\pi}{2}}(1+\cos x)^{2\sec x}$.

第三节　函数的连续性与间断点

学习目标

1. 理解函数连续性的定义，会求函数的连续区间.
2. 了解函数间断点的概念，会判别函数间断点的类型.
3. 知道闭区间上连续函数的几个性质.

自然界中有很多现象，如气温的变化、河水的流动、植物的生长等等，都是连续变化的. 这些现象在函数关系上的反映，就是函数的连续性. 函数的连续性是与函数的极限密切相关的重要概念，这个概念的建立为进一步深入地研究函数的微分和积分及其应用打下了基础.

一、函数的连续性

案例 1.18（**人体高度的连续变化**）　我们知道，人体的高度 h 是时间 t 的函数 $h(t)$，h 随着 t 的变化而连续变化. 事实上，当 Δt 的变化很微小时，人的高

微课

度 Δh 的变化也很微小,即

$$\Delta t \to 0 \text{ 时}, \Delta h \to 0.$$

下面我们先引入增量的概念,然后来描述连续性,并引入连续性的定义.

设变量 y 从它的一个初值 y_1 变到终值 y_2,终值与初值的差 $y_2 - y_1$ 就叫作**变量 y 的增量**,记作 Δy,即 $\Delta y = y_2 - y_1$.

设函数 $y = f(x)$ 在点 x_0 的某一个邻域内是有定义的,当自变量 x 在该邻域内从 x_0 变到 $x_0 + \Delta x$ 时,函数 y 相应地从 $f(x_0)$ 变到 $f(x_0 + \Delta x)$,因此函数 y 的对应增量为

$$\Delta y = f(x_0 + \Delta x) - f(x_0).$$

定义 1.10 设函数 $y = f(x)$ 在点 x_0 的某一个邻域内有定义,如果当自变量的增量 $\Delta x = x - x_0$ 趋于零时,对应的函数的增量 $\Delta y = f(x_0 + \Delta x) - f(x_0)$ 也趋于零,即

$$\lim_{\Delta x \to 0} \Delta y = 0 \text{ 或 } \lim_{x \to x_0} f(x) = f(x_0),$$

那么就称函数 $y = f(x)$ 在点 x_0 处**连续**.

从定义可以看出函数 $y = f(x)$ 在点 x_0 处连续,则函数 $y = f(x)$ 在点 x_0 处的极限等于函数 $y = f(x)$ 在点 x_0 处的函数值.

定义 1.11 如果 $\lim\limits_{x \to x_0^-} f(x) = f(x_0)$,则称 $y = f(x)$ 在点 x_0 处**左连续**;如果 $\lim\limits_{x \to x_0^+} f(x) = f(x_0)$,则称 $y = f(x)$ 在点 x_0 处**右连续**.

左右连续与连续的关系:

函数 $y = f(x)$ 在点 x_0 处连续 $\Leftrightarrow$ 函数 $y = f(x)$ 在点 x_0 处左连续且右连续.

在区间上每一点都连续的函数,叫作在该区间上的**连续函数**,或者说函数在该区间上连续. 如果区间包括端点,那么函数在右端点连续是指左连续,在左端点连续是指右连续.

【例 1.33】 证明函数 $y = x^2$ 在点 x_0 连续.

证明 当自变量 x 的增量为 Δx 时,函数 $y = x^2$ 对应的增量为:

$$\Delta y = (x_0 + \Delta x)^2 - x_0^2 = 2x_0 \Delta x + (\Delta x)^2,$$

$$\lim_{\Delta x \to 0} \Delta y = \lim_{\Delta x \to 0} [2x_0 \Delta x + (\Delta x)^2] = 0.$$

所以 $y = x^2$ 在点 x_0 连续.

【例 1.34】 试证明 $f(x) = \begin{cases} 2x + 1, & x \leqslant 0, \\ \cos x, & x > 0 \end{cases}$ 在 $x = 0$ 处连续.

证明 因为 $\lim\limits_{x \to 0^+} f(x) = \lim\limits_{x \to 0^+} \cos x = 1$, $\lim\limits_{x \to 0^-} f(x) = \lim\limits_{x \to 0^-} (2x + 1) = 1$ 且 $f(0) = 1$,即

$$\lim_{x \to 0^+} f(x) = \lim_{x \to 0^-} f(x) = f(0).$$

所以 $f(x)$ 在 $x = 0$ 处连续.

注意:一切初等函数在其定义区间内都是连续的.

二、函数的间断点

微课

案例 1.19(**电流的连续性**) 导线中电流通常是连续变化的,但当电流增加到一定的程度,会烧断保险丝,电流就突然为 0,这时连续性被破坏而出现间断.

案例 1.20(**矩形波的连续性**) 无线电技术中会遇到如图 1.21 所示的电压波形(矩形

波),显然电压在 $-2l,-l,0,l,2l$ 等处发生间断.

定义 1.12 函数 $f(x)$ 不连续的点 x_0 称为函数 $f(x)$ 的**间断点**.

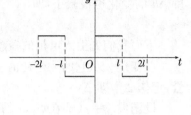

图 1.21

设函数 $f(x)$ 在点 x_0 的某去心邻域内有定义. 由定义 1.11 知,如果函数 $f(x)$ 有下列三种情形之一:

(1) 在 x_0 没有定义;

(2) 虽然在 x_0 有定义,但 $\lim\limits_{x \to x_0} f(x)$ 不存在;

(3) 虽然在 x_0 有定义且 $\lim\limits_{x \to x_0} f(x)$ 存在,但 $\lim\limits_{x \to x_0} f(x) \neq f(x_0)$,

则函数 $f(x)$ 在点 x_0 处间断.

通常把间断点分成两类:

如果 x_0 是函数 $f(x)$ 的间断点,且左极限 $\lim\limits_{x \to x_0^-} f(x)$ 及右极限 $\lim\limits_{x \to x_0^+} f(x)$ 都存在,那么 x_0 称为函数 $f(x)$ 的**第一类间断点**. 在第一类间断点中,左、右极限相等者称为**可去间断点**,不相等者称为**跳跃间断点**.

如果 x_0 是函数 $f(x)$ 的间断点,且左极限 $\lim\limits_{x \to x_0^-} f(x)$ 及右极限 $\lim\limits_{x \to x_0^+} f(x)$ 至少有一个不存在,那么 x_0 称为函数 $f(x)$ 的**第二类间断点**. 在第二类间断点中,函数趋向于无穷称为**无穷间断点**,函数出现振荡,称为**振荡间断点**.

【例 1.35】 考察函数 $y = \tan x$ 在 $x = \dfrac{\pi}{2}$ 处的连续性.

解 正切函数 $y = \tan x$ 在 $x = \dfrac{\pi}{2}$ 处没有定义,则点 $x = \dfrac{\pi}{2}$ 是函数 $\tan x$ 的间断点. 因为 $\lim\limits_{x \to \frac{\pi}{2}} \tan x = \infty$,故称 $x = \dfrac{\pi}{2}$ 为函数 $\tan x$ 的无穷间断点.

【例 1.36】 考察函数 $y = \sin \dfrac{1}{x}$ 在 $x = 0$ 处的连续性.

解 函数 $y = \sin \dfrac{1}{x}$ 在点 $x = 0$ 没有定义,则点 $x = 0$ 是函数 $\sin \dfrac{1}{x}$ 的间断点. 当 $x \to 0$ 时,函数值在 -1 与 $+1$ 之间变动无限多次,所以点 $x = 0$ 称为函数 $\sin \dfrac{1}{x}$ 的振荡间断点.

【例 1.37】 考察函数 $y = \dfrac{x^2 - 1}{x - 1}$ 在 $x = 1$ 处的连续性.

解 函数 $y = \dfrac{x^2 - 1}{x - 1}$ 在 $x = 1$ 没有定义,则点 $x = 1$ 是函数的间断点. 因为 $\lim\limits_{x \to 1} \dfrac{x^2 - 1}{x - 1} = \lim\limits_{x \to 1}(x + 1) = 2$,如果补充定义:令 $x = 1$ 时 $y = 2$,则所给函数在 $x = 1$ 成为连续. 所以 $x = 1$ 称为该函数的可去间断点.

【例 1.38】 考察函数 $f(x) = \begin{cases} x - 1, & x < 0, \\ 0, & x = 0, \\ x + 1, & x > 0 \end{cases}$ 在 $x = 0$ 处的连续性.

解 因为 $\lim\limits_{x \to 0^-} f(x) = \lim\limits_{x \to 0^-}(x - 1) = -1$,

$$\lim_{x \to 0^+} f(x) = \lim_{x \to 0^+} (x+1) = 1,$$
$$\lim_{x \to 0^-} f(x) \neq \lim_{x \to 0^+} f(x),$$

所以极限 $\lim_{x \to 0} f(x)$ 不存在,$x=0$ 是函数 $f(x)$ 的间断点.因函数 $f(x)$ 的图形在 $x=0$ 处产生跳跃现象,我们称 $x=0$ 为函数 $f(x)$ 的跳跃间断点(如图 1.22 所示).

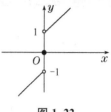

图 1.22

三、闭区间上连续函数的性质

在闭区间上连续函数具有一些重要的性质,下面我们将不加证明予以介绍.

定理 1.8(最大值和最小值定理) 在闭区间上连续的函数在该区间上一定能取得它的最大值和最小值.

定理证明从略.

图 1.23 给出了该定理的几何直观图形.

即设 $f(x) \in [a,b]$,则存在 $\xi_1, \xi_2 \in [a,b]$,使得
$$f(\xi_1) = \min_{a \leqslant x \leqslant b} f(x),$$
$$f(\xi_2) = \max_{a \leqslant x \leqslant b} f(x).$$

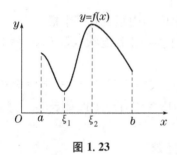

图 1.23   图 1.24

注意:如果函数在开区间内连续,或函数在闭区间上有间断点,那么函数在该区间上就不一定有最大值或最小值.

例如:在开区间 (a,b) 上,连续函数 $y=x$ 无最大值和最小值.

又如,函数 $y=f(x)=\begin{cases} -x+1, & 0 \leqslant x < 1, \\ 1, & x=1, \\ -x+3, & 1 < x \leqslant 2 \end{cases}$ 在闭区间 $[0,2]$ 上无最大值和最小值(如图 1.24).

定理 1.9(有界性定理) 在闭区间上连续的函数一定在该区间上有界.

定理证明从略.

如果有 x_0 使 $f(x_0)=0$,则 x_0 称为函数 $f(x)$ 的**零点**.

定理 1.10(零点定理) 设函数 $f(x)$ 在闭区间 $[a,b]$ 上连续,且 $f(a)$ 与 $f(b)$ 异号,那么在开区间 (a,b) 内至少存在一点 ξ,使得 $f(\xi)=0$.

定理证明从略.

图 1.25 给出了该定理的几何直观图形:如果连续曲线弧 $y=f(x)$ 的两个端点位于 x 轴

的不同侧,那么这段弧与 x 轴至少有一个交点 ξ.

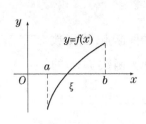

图 1.25

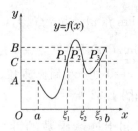

图 1.26

定理 1.11(介值定理) 设函数 $f(x)$ 在闭区间 $[a,b]$ 上连续,且 $f(a)\neq f(b)$,那么,对于 $f(a)$ 与 $f(b)$ 之间的任意一个数 C,在开区间 (a,b) 内至少存在一点 ξ,使得
$$f(\xi)=C.$$

定理证明从略.

图 1.26 给出了该定理的几何直观图形:连续曲线 $y=f(x)$ 与水平直线 $y=C$ 至少相交于一点,图中点 P_1,P_2,P_3 都是曲线 $y=f(x)$ 与直线 $y=C$ 的交点.

推论 在闭区间上连续的函数必取得介于最大值 M 与最小值 m 之间的任何值.

设 $m=f(x_1),M=f(x_2)$,而 $m\neq M$,在闭区间 $[x_1,x_2]$(或 $[x_2,x_1]$)上利用介值定理,就可以得到上述推论.

【例 1.39】 证明方程 $x^3-4x^2+1=0$ 在区间 $(0,1)$ 内至少有一个根.

证明 函数 $f(x)=x^3-4x^2+1$ 在闭区间 $[0,1]$ 上连续,又 $f(0)=1>0$,$f(1)=-2<0$.

根据零点定理,在 $(0,1)$ 内至少存在一点 ξ,使得 $f(\xi)=0$,即 $\xi^3-4\xi^2+1=0(0<\xi<1)$.

此等式说明方程 $x^3-4x^2+1=0$ 在区间 $(0,1)$ 内至少有一个根是 ξ.

习题 1.3

1. 设函数 $f(x)=x^2-2x+5$,求下列条件下函数的增量:
   (1) 当 x 由 2 变到 1;
   (2) 当 x 由 2 变到 $2+\Delta x$;
   (3) 当 x 由 x_0 变到 $x_0+\Delta x$.

2. 如果 $f(x)$ 在 x_0 处连续,那么 $|f(x)|$ 在 x_0 处是否也连续?

3. 设函数 $f(x)=\begin{cases}(1-x)^{\frac{1}{x}}, & x\neq 0, \\ k, & x=0\end{cases}$ 在点 $x=0$ 处连续,求 k 的值.

4. 使函数 $f(x)=\begin{cases}e^x+b, & x<0, \\ a, & x=0, \\ \dfrac{1}{x}\sin x+2, & x>0\end{cases}$ 在定义域内连续,常数 a,b 各应取何值?

5. 设某城市出租车白天的收费 y(单位:元)与路程 x(单位:km)之间的关系为:
$$f(x)=\begin{cases}5+1.2x, & 0\leqslant x\leqslant 7, \\ 13.4+2.1(x-7), & x>7.\end{cases}$$

试问 $f(x)$ 是连续函数吗？并求 $\lim\limits_{x\to 7}f(x)$.

6. 求下列函数的间断点并判断其类型：

(1) $y=\dfrac{x^2-1}{x^2-2x-3}$；　　　　　　(2) $y=\dfrac{1}{\cos x}$；

(3) $y=\dfrac{1}{2+e^{\frac{1}{x-1}}}$.

7. 设 1 g 冰从 $-40\,^\circ\mathrm{C}$ 升到 $x\,^\circ\mathrm{C}$ 所需要的热量（单位:J（焦耳））为：
$$f(x)=\begin{cases}2.1x+84,&-40\leqslant x\leqslant 0,\\ 4.2x+420,&x\geqslant 0.\end{cases}$$
试问当 $x=0$ 时，函数是否连续？并解释其几何意义.

8. 一个停车场第一个小时（或不到一小时）收费 3 元，以后每小时（或不到整时）收费 2 元，每天最多收费 10 元. 讨论此函数的间断点，并说明其实际意义.

9. 研究函数 $f(x)=\begin{cases}x,&-1\leqslant x\leqslant 1,\\ 2-x,&x<-1\text{ 或 }x>1\end{cases}$ 的连续性，并画出函数的图形.

10. 验证方程 $x\cdot 2^x=1$ 至少有一个小于 1 的正根.

第四节　MATLAB 简介与函数运算实验

一、MATLAB 简介

MATLAB 是 Matrix Laboratory 的简写，是三大数学软件之一（另两个为 Mathematica 和 Maple），主要用于算法开发、数据可视化、数据分析以及数值计算的高级技术计算语言和交互式环境. MATLAB 的基本数据单位是矩阵，它的指令表达式与数学、工程中常用的形式十分相近. 作为一个软件，MATLAB 具备高效的数值计算及符号计算功能，能使用户从繁杂的数学运算分析中解脱出来，且它具有完备的图形处理功能，使得计算结果和编程可视化. 同时它还具备功能丰富的应用工具箱，为用户提供了大量方便实用的处理工具. 直观的用户界面以及接近数学表达式的自然化语言受到国内外专家学者的欢迎和重视，并成为工程计算的重要工具.

1. MATLAB 工作环境

MATLAB 是一门高级编程语言，它提供了良好的编程环境. MATLAB 提供了很多方便用户管理变量、输入输出数据以及生成管理 M 文件的工具，下面首先简单介绍 MATLAB 的界面，启动 MATLAB 后对话框如图 1.27 所示，它大致包括以下几个部分：

其中 New Script——新建一个 M 文件；New Live Script——新建一个实时脚本，它能将代码和运行输出分开，方便查看运行过的命令；New——点击后可以新建用户需要的内容，例如脚本、函数甚至是图；Open——点击后可以选择打开需要的文件夹；Import Data——导入数据；Command Windows——（命令窗口），用来输入代码显示计算结果（图 1.28）.

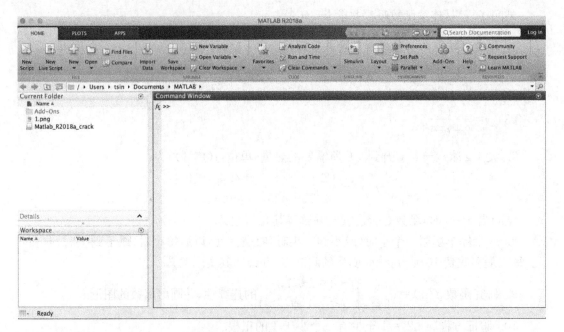

图 1.27

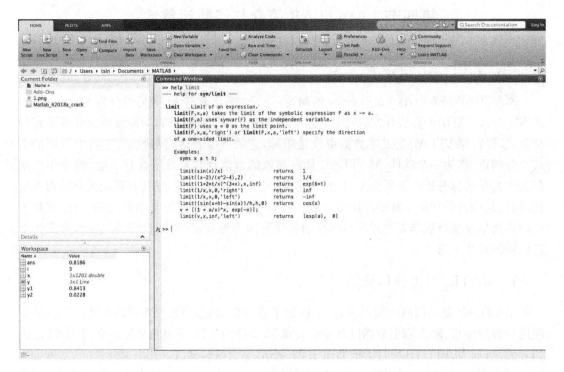

图 1.28

MATLAB它向用户提供帮助命令、帮助窗口等帮助方法,只需要知道所求助的主题词或指令名称,那么就能获得在线帮助.例如要获得关于函数 limit 的使用说明,可直接输入命令

```
>> help limit
```
它显示为

limit – Limit of symbolic expression

    This MATLAB function returns the Bidirectional Limit of the symbolic expression

    f when var approaches a.

    limit(f,var,a)

    limit(f,a)

    limit(f)

    limit(f,var,a,'left')

    limit(f,var,a,'right')

    ％这些都是 limit 函数几种不同的具体用法

    See also diff, poles, taylor

    Reference page for limit

2. MATLAB 语言的基本要素

(1) 变量名的命名规则

① 以字母开头,后面可跟字母、数字和下划线,但不能使用标点.

② 变量要区分大小写字母.

③ 不超过 31 个字符.

例如"abc"、"abc12"都是变量名,数字"123"是常量不是变量.

(2) MATLAB 的常量

MATLAB 语言本身也具有一些预定义的变量,这些特殊的变量称之为常量. 表 1.7 是 MATLAB 中常用的预定义的变量(常量).

表 1.7

ans	用于结果的缺省变量名	i 或 j	-1 的平方根 $=\sqrt{-1}$
pi	圆周率 π	realmin	最小可用正实数 $=2.2251\times10^{-308}$
eps	计算机的最小数 $=2.2204\times10^{-16}$	realmax	最大可用正实数 $=1.7977\times10^{308}$
inf	无穷大 ∞	2.2204e-16	2.2204×10^{-16}
NaN	不定值		

(3) 数值

MATLAB 语言中数值有多种显示形式,在默认情况下,若数据为整数,则就以整数表示;若数据为实数,则以保留小数点后 4 位的精度近似表示. MATLAB 语言提供了 10 种数据显示格式,见表 1.8.

表 1.8

数据显示格式	说明	范例
+	+,-,空格	+
Bank	金融数据	3.14
Hex	十六进制数	123a23bcf
long	15 位原始形式	3.14159265358979
Long e	15 位指数形式	3.14159265358979e+00
Long g	15 位最优形式	3.14159265358979
rational	最小整数比形式	355/113
short	5 位原始形式	3.1415
Short e	5 位指数形式	3.1415e+00
Short g	5 位最优形式	3.1415

(4) MATLAB 的变量管理(见表 1.9)

表 1.9

who	查询 MATLAB 内存变量	whos	查询全部变量详细情况
clc	清空命令行中的所有内容	clear	清除内存所有变量与函数
clf	清除图形窗口	help	列出所有基础的帮助主题
save('a.mat','X')	将变量 X 保存为 a.mat 文件	load('a.mat')	读取 a.mat 文件调用变量 X

注:save 只对数据和变量保存,不能保存命令.

3. MATLAB 基本运算符

(1) 算术运算符(见表 1.10)

表 1.10

	数学表达式	MATLAB 运算符	MATLAB 表达式
加	a+b	+	a+b
减	a-b	-	a-b
乘	a×b	*	a*b
除	a÷b	/或\	a/b 或 b\a
幂	a^b	^	a^b

(2) 关系运算符(见表 1.11)

表 1.11

数学关系	MATLAB 运算符	数学关系	MATLAB 运算符
小于	<	大于	>
小于或等于	<=	大于或等于	>=
等于	==	不等于	~=

(3) 逻辑运算符(表 1.12)

表 1.12

逻辑关系	与	或	非
MATLAB 运算符	&	|	~

4. MATLAB 函数(见表 1.13)

表 1.13

函数名	解 释	MATLAB命令	函数名	解 释	MATLAB命令
三角函数	$\sin x$	sin(x)	反三角函数	$\arcsin x$	asin(x)
	$\cos x$	cos(x)		$\arccos x$	acos(x)
	$\tan x$	tan(x)		$\arctan x$	atan(x)
	$\cot x$	cot(x)		$\text{arccot } x$	acot(x)
	$\sec x$	sec(x)		$\text{arcsec } x$	asec(x)
	$\csc x$	csc(x)		$\text{arccsc } x$	acsc(x)
幂函数	x^a	x^a	对数函数	$\ln x$	log(x)
	$\sqrt{x}$	sqrt(x)		$\log_2 x$	log2(x)
指数函数	a^x	a^x		$\log_{10} x$	log10(x)
	e^x	exp(x)	绝对值函数	$\|x\|$	abs(x)

5. 命令行基础

MATLAB 的命令窗口是其最基础、最经典的基本表现形式和操作方式,命令窗口可以看作是一个草稿本或者计算器,在命令行中输入命令和数据后按回车键,就能立刻执行命令并得到运算结果. 默认情况下,MATLAB 每次执行完一句命令都会得到相应的结果,如果不需要某一行命令的结果,在这行命令后加上分号则结果不会显示;如果需要显示该行的结果,则在该行命令后不加分号就能显示运行结果.

(1) 命令行的编辑

表 1.14 常用操作键

键盘操作及快捷键		功能
↑	Ctrl+p	调用前一个命令
↓	Ctrl+n	调用后一个命令
←	Ctrl+b	光标左移一个字符
→	Ctrl+f	光标右移一个字符
home	Ctrl+a	光标移至行首
end	Ctrl+e	光标移至行尾
esc	Ctrl+u	清除当前行

(2) M 文件编辑器

对于很多较为简单的问题,可以通过命令行来直接进行快捷的求解.但随着学习的深入可能会碰到许多更复杂的问题,需要计算机逐条解决很多的命令.过程中若代码存在错误运行,报错后无法在原代码上修改,则需要重新编辑代码再次运行.而 MATLAB 自带的 M 文件编辑器能完美的解决这个问题,因此当命令较多且杂的时候,一般会采用 M 文件编辑器.

MATLAB 自带 M 文件编辑器,在主页选项卡下面有个新建脚本按钮,点击后就可以编辑一个新的脚本文件.在脚本文件中,可以对代码进行编辑修改,即使出错也只需要对局部报错的代码进行修改而不需要像在命令行中那样从头再来.因此,可以利用编辑器的一组命令通过改变参数来解决不同的问题.脚本文件的命令格式与命令行相同,它通过点击"运行"按钮来执行代码.

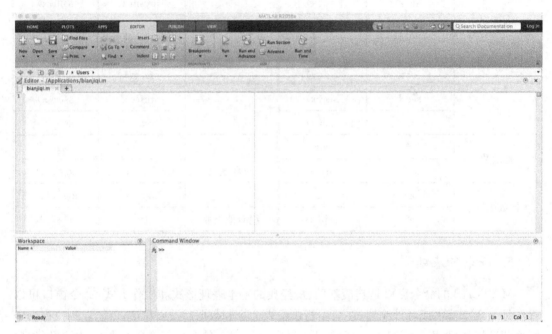

图 1.29

通过点击 New Script 就可以很方便的建立一个如图 1.29 所示的新的脚本文件.

此外,M 文件编辑器还包括 M 函数文件,相比于脚本文件它更复杂一些.一个函数文件可以包含一个或多个函数,其中每个函数以必不可少的函数声明行开头实现一个独立的子任务,并通过函数间的相互调用完成复杂的功能.

(3) 简单的运算

【例 1.40】 求 $[10+4\times(7-3)]\div 4^2$.

解 用键盘在命令窗口输入以下内容

≫(10+4*(7−3))/4^2

按"回车"键,该指令就被执行;命令窗口显示所得结果.

ans=

1.6250

(4) MATLAB 表达式的输入

MATLAB 中表达式的输入有两种常见的形式：① 表达式；② 变量＝表达式．

【例 1.41】 求 $[12+2\times(7-4)]\div 3^2$．

解 输入：

≫y＝(12＋2＊(7－4))/3^2

按"回车"键，显示结果为：

y＝

2

(5) 指令的续行输入

若一个表达式在一行写不下，可换行，但必须在行尾加上四个英文句号．

【例 1.42】 求 $s=1-\frac{1}{2}+\frac{1}{3}-\frac{1}{4}+\frac{1}{5}-\frac{1}{6}+\frac{1}{7}-\frac{1}{8}$．

解 输入：

≫s＝1－1/2＋1/3－1/4＋1/5－1/6＋…

1/7－1/8

按"回车"键，显示结果为：

s＝

0.6345

二、函数运算实验

1. 实验目的

(1) 会利用 MATLAB 求函数极限．
(2) 会利用 MATLAB 作函数图形．
(3) 会利用 MATLAB 求解方程．

2. 实验指导

(1) 符号运算格式

≫ syms   x   y   （生成符号变量 x,y）

≫关系式

≫命令

(2) 极限命令

表 1.15

MATLAB 求极限命令	数学运算解释
limit(F,x,a)	$\lim\limits_{x\to a} F$
limit(F,x,a,'right')	$\lim\limits_{x\to a^+} F$
limit(F,x,a,'left')	$\lim\limits_{x\to a^-} F$

(3) 绘图命令

绘图命令"fplot"专门用于绘制一元函数曲线,格式如下:
$$fplot('fun',[a,b])$$
功能:绘制区间 $[a,b]$ 上函数 $y=fun$ 的图形.

(4) 解方程命令

解一元方程

  slove(eq, var)   % eq 代表待解的方程,var 代表方程的变量

解多元方程

solve(eq1, eq2,···,eqn,va1r,var2,···,varn) %解 n 个方程 eq1,eq2,···,eq,其中含有 n 个变量 var1,var2,···,varn.

【例 1.43】 求函数的极限.

(1) $\lim\limits_{x\to\infty}\left(\dfrac{2x-1}{2x+1}\right)^{x+\frac{5}{2}}$;   (2) $\lim\limits_{x\to 0}\dfrac{\arctan x}{x}$;   (3) $\lim\limits_{x\to 0}\dfrac{1-\cos x}{x^2}$.

解 (1) 输入:

≫ syms x

≫ limit(((2*x−1)/(2*x+1))^(x+5/2),x,inf)

按"回车"键,显示结果为:

ans=

exp(−1)

所以 $\lim\limits_{x\to\infty}\left(\dfrac{2x-1}{2x+1}\right)^{x+\frac{5}{2}}=e^{-1}$.

(2) 输入:

≫ clear

≫ syms x

≫ limit(atan(x)/x,x,0)

按"回车"键,显示结果为:

ans=

1

所以 $\lim\limits_{x\to 0}\dfrac{\arctan x}{x}=1$.

(3) 输入:

≫ clear

≫ syms x

≫ limit((1−cos(x))/x^2,x,0)

按"回车"键,显示结果为:

ans=

1/2

所以 $\lim\limits_{x\to 0}\dfrac{1-\cos x}{x^2}=\dfrac{1}{2}$.

【例1.44】 求 $\lim\limits_{x\to 0^+}\left(\dfrac{1}{x}\right)^{\tan x}$.

解 输入：

≫ clear

≫ syms x

≫ limit((1/x)^tan(x),x,0,'right')

按"回车"键，显示结果为：

ans=

1

所以
$$\lim_{x\to 0^+}\left(\dfrac{1}{x}\right)^{\tan x}=1.$$

【例1.45】 用圆内接正多边形的周长逼近圆的周长.

解 设圆内接正 n 边形边长为 a，圆的半径为 R，则每边所对圆心角 $\alpha=\dfrac{2\pi}{n}$，边长 $a=2R\sin\dfrac{\alpha}{2}=2R\sin\dfrac{\pi}{n}$，圆内接正 n 边形周长 $S_n=na=2nR\sin\dfrac{\pi}{n}$. 可见，当 $n\to\infty$ 时，$S_n\to$ 圆的周长.

在 MATLAB 命令窗口中输入：

≫ clear

≫ syms R n

≫ limit(2*n*R*sin(pi/n),n,inf)

显示结果为：

ans=

2*pi*R

即半径为 R 的圆的周长为 $2\pi R$.

【例1.46】 绘出函数(1) $y=x+\sin x$；(2) $y=x^2 e^{-x^2}$ 图形，说明其奇偶性，并根据图形判断这些函数在 $[-2,2]$ 上是否连续.

解 (1) 输入：

≫ fplot('x+sin(x)',[-5,5])

按"回车"键，出现如图 1.30 所示窗口.

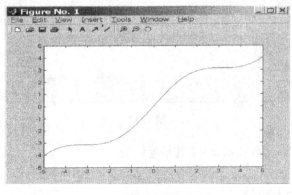

图 1.30

(2) 输入：

≫ fplot('x^2 * exp(-x^2)',[-6,6])

按"回车"键，出现如图 1.31 所示窗口．

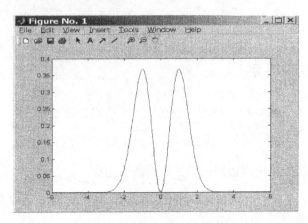

图 1.31

从以上两图形可知，$y=x+\sin x$ 是奇函数，$y=x^2 e^{-x^2}$ 是偶函数，且在区间 $[-2,2]$ 上都是连续的．

【例 1.47】 判断函数 $y=2x^2-3$ 在点 $x=1$ 处的连续性．

解 方法一，作图法判断．输入：

≫ fplot('2 * x^2-3',[0,2])

按"回车"键，出现如图 1.32 所示窗口．

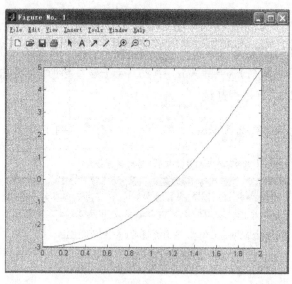

图 1.32

观察图 1.32 可知，函数在点 $x=1$ 处是连续的．

方法二，定义法．输入：

≫ limit(2 * x^2-3,x,1)

ans=

—1

≫ 2 * 1^2—3

显示结果为:

ans=

—1

通过计算可知,$\lim\limits_{x \to 1}(2x^2-3)=-1=f(1)$,所以函数在点 $x=1$ 是连续的.

【例 1.48】 解一元方程 $x^2+5x-14=0$.

解

≫ syms x

≫ eq=x^2+5 * x—14;

≫ solve(eq,x)

按"回车键",显示结果为:

ans=

  —7

  2

即方程 $x^2+5x-14=0$ 的两个解为 —7 和 2.

【例 1.49】 解方程组 $\begin{cases} 2x+3y=23 \\ 3x+7y=52 \end{cases}$.

解

≫ syms x y

≫ eq1=2 * x+3 * y—23;

≫ eq2=3 * x+7 * y—52;

≫ s=solve(eq1,eq2,x,y)

按"回车键",显示结果为:

s=

  struct with fields:

  x:[1×1 sym]

  y:[1×1 sym] %代表 x,y 各有一解

%解多元函数方程组的答案都存储在 s 中,可以用 s. x 和 s. y 调出方程的具体解

继续在 MATLAB 中输入:

≫ s. x

ans=

  1

≫ s. y

ans=

  7

即原方程组的解为 $x=1,y=7$.

习题 1.4

1. 利用 MATLAB 计算下列各极限：

(1) $\lim\limits_{x\to 2}\dfrac{x^2-4}{\sqrt{x-1}-1}$；

(2) $\lim\limits_{x\to 0}\dfrac{x}{\ln(2+x)}$；

(3) $\lim\limits_{x\to 1}\dfrac{\sin(1-x)}{1-x^2}$；

(4) $\lim\limits_{x\to \frac{\pi}{2}}(1+\cos x)^{5\sec x}$；

(5) $\lim\limits_{x\to\infty}\left(\dfrac{x+3}{x-1}\right)^{x+2}$；

(6) $\lim\limits_{x\to\infty}\left(\dfrac{x}{1+x}\right)^x$.

2. 讨论函数 $f(x)=\begin{cases} x^2-1, & 0\leqslant x\leqslant 1 \\ x+3, & x>1 \end{cases}$，在点 $x=1$ 处的连续性，并利用 MATLAB 进行验证.

3. 利用 MATLAB 画出函数 $y=\sin x^2+\cos x$ 的图像，并根据图像判断其奇偶性.

4. 求函数 $y=\tan 2x-\sin x$ 的周期性，并利用 MATLAB 进行验证.

5. 利用 MATLAB 求解方程 $x^2+x-12=0$.

6. 利用 MATLAB 解方程组 $\begin{cases} x+8y=24 \\ 4x-9y=21 \end{cases}$.

本章小结

1. 基本概念

集合、函数、基本初等函数、初等函数、分段函数.
数列的极限、函数的极限、函数的左(右)极限、无穷小、无穷大.
函数的连续性、函数的间断点、闭区间上连续函数的性质.

2. 基本知识

(1) 集合

集合的概念及运算

(2) 函数

① 基本初等函数

幂函数、指数函数、对数函数、三角函数和反三角函数

② 初等函数

由常数和基本初等函数经过有限次的四则运算和有限次的函数复合步骤所构成并可用一个式子表示的函数.

(3) 函数的极限

① 双边极限与单边极限的关系

$$\lim\limits_{x\to\infty}f(x)=A \Leftrightarrow \lim\limits_{x\to+\infty}f(x)=\lim\limits_{x\to-\infty}f(x)=A;$$

$$\lim\limits_{x\to x_0}f(x)=A \Leftrightarrow \lim\limits_{x\to x_0^+}f(x)=\lim\limits_{x\to x_0^-}f(x)=A.$$

② 无穷小和无穷大

无穷小的代数性质和无穷小的比较.

③ 极限的四则运算

设 $\lim f(x)=A, \lim g(x)=B$, 那么

Ⅰ. $\lim[f(x)\pm g(x)]=\lim f(x)\pm\lim g(x)=A\pm B$;

Ⅱ. $\lim f(x)\cdot g(x)=\lim f(x)\cdot\lim g(x)=A\cdot B$;

Ⅲ. $\lim\dfrac{f(x)}{g(x)}=\dfrac{\lim f(x)}{\lim g(x)}=\dfrac{A}{B}(B\neq 0)$.

④ 复合函数的极限法则

若函数 $y=f(u)$ 与 $u=\varphi(x)$ 满足如下两个条件：

Ⅰ. $\lim\limits_{u\to a}f(u)=A$;

Ⅱ. 当 $x\neq x_0$ 时, $\varphi(x)\neq a$, 且 $\lim\limits_{x\to x_0}\varphi(x)=a$.

则 $\lim\limits_{x\to x_0}f[\varphi(x)]=\lim\limits_{u\to a}f(u)=A$.

⑤ 两个重要极限

Ⅰ. $\lim\limits_{x\to 0}\dfrac{\sin x}{x}=1$;

Ⅱ. $\lim\limits_{x\to\infty}\left(1+\dfrac{1}{x}\right)^x=e$ (或 $\lim\limits_{x\to 0}(1+x)^{\frac{1}{x}}=e$).

(4) 函数的连续性

理解函数在一点连续的定义, 它包括三部分内容：

① 函数 $f(x)$ 在 x_0 有定义；

② $\lim\limits_{x\to x_0}f(x)$ 存在；

③ $\lim\limits_{x\to x_0}f(x)=f(x_0)$.

(5) 函数间断点的分类

第一类间断点 $\begin{cases}可去间断点\\跳跃间断点\end{cases}$ 左右极限都存在；

第二类间断点 $\begin{cases}无穷间断点\\振荡间断点\end{cases}$ 左右极限至少有一个不存在.

(6) 闭区间上连续函数的性质

第二章 一元函数微分学及应用

第一节 导数的概念

学习目标

1. 理解导数的概念.
2. 理解导数的几何意义.
3. 了解函数的可导性与连续性的关系.

微课

一、导数的概念

案例 2.1（**自由落体运动的瞬时速度问题**） 如图 2.1,自由落体运动的路程函数 $s=\frac{1}{2}gt^2$,求 t_0 时刻物体的瞬时速度.

取一邻近于 t_0 的时刻 t,运动时间 $\Delta t = t - t_0$,

平均速度 $\bar{v} = \frac{\Delta s}{\Delta t} = \frac{s - s_0}{t - t_0} = \frac{g}{2}(t + t_0)$.

当 $t \to t_0$ 时,取极限值,则

瞬时速度 $v = \lim\limits_{t \to t_0} \frac{s - s_0}{t - t_0} = \lim\limits_{t \to t_0} \frac{g(t + t_0)}{2} = gt_0$.

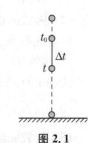

图 2.1

案例 2.2（**切线问题**） 如图 2.2,如果割线 MN 绕点 M 旋转而趋向极限位置 MT,直线 MT 就称为曲线 C 在点 M 处的**切线**. 极限位置即

$$|MN| \to 0, \angle NMT = \varphi - \alpha \to 0.$$

设 $M(x_0, y_0), N(x, y)$. 割线 MN 的斜率为

$$\tan\varphi = \frac{y - y_0}{x - x_0} = \frac{f(x) - f(x_0)}{x - x_0}.$$

当 $N \xrightarrow{\text{沿曲线} C} M(x \to x_0)$ 时,切线 MT 的斜率为

$$k = \tan\alpha = \lim\limits_{x \to x_0} \frac{f(x) - f(x_0)}{x - x_0}.$$

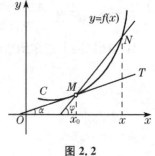

图 2.2

以上两例虽然涉及的研究领域不同,一个是物理上的瞬时速度问题,一个是几何上的切线斜率问题,但是都出现了同一形式的极限的计算,即 $\lim\limits_{x \to x_0} \frac{f(x) - f(x_0)}{x - x_0}$. 此极限是函数的增量 Δy 与自变量的增量 Δx 之比 $\frac{\Delta y}{\Delta x}$,当自变量增量 Δx 趋向于零时的极限,称之为函数的导数.

定义 2.1 设函数 $y = f(x)$ 在点 x_0 的某个邻域内有定义,当自变量 x 在点 x_0 处取得

增量 Δx 时,函数取得相应的增量 Δy,如果当 $\Delta x \to 0$ 时,$\dfrac{\Delta y}{\Delta x}$ 的极限存在,即

$$\lim_{\Delta x \to 0} \dfrac{\Delta y}{\Delta x} = \lim_{\Delta x \to 0} \dfrac{f(x_0 + \Delta x) - f(x_0)}{\Delta x}$$

存在,则称此极限值为**函数 $f(x)$ 在点 x_0 处的导数**(或微商),记作:

$$f'(x_0),\ y'\big|_{x=x_0},\ \dfrac{\mathrm{d}y}{\mathrm{d}x}\bigg|_{x=x_0},\ \dfrac{\mathrm{d}}{\mathrm{d}x}f(x)\bigg|_{x=x_0}$$

常用的导数形式还有:$f'(x_0) = \lim\limits_{h \to 0} \dfrac{f(x_0+h) - f(x_0)}{h}$(令 $\Delta x = h$);

$$f'(x_0) = \lim_{x \to x_0} \dfrac{f(x) - f(x_0)}{x - x_0}\ (\text{令}\ x = x_0 + \Delta x)\ \text{等}.$$

在实际问题中,常将导数称为**变化率**. 它反映了函数 y 随自变量 x 的变化而变化的快慢程度. 特别要注意的是 $f'(x_0) = f'(x)\big|_{x=x_0}$,而 $[f(x_0)]'$ 是常数 $f(x_0)$ 的导数.

根据极限与左右极限之间的关系,$f(x)$ 在点 x_0 处可导的充分必要条件是: $\lim\limits_{\Delta x \to 0^-} \dfrac{f(x_0 + \Delta x) - f(x_0)}{\Delta x}$ 与 $\lim\limits_{\Delta x \to 0^+} \dfrac{f(x_0 + \Delta x) - f(x_0)}{\Delta x}$ 都存在并且相等,这两个极限分别称为 $f(x)$ 在点 x_0 处的**左导数**和**右导数**,记作 $f'_-(x_0)$ 及 $f'_+(x_0)$,即

$$f'_-(x_0) = \lim_{\Delta x \to 0^-} \dfrac{f(x_0 + \Delta x) - f(x_0)}{\Delta x},\ f'_+(x_0) = \lim_{\Delta x \to 0^+} \dfrac{f(x_0 + \Delta x) - f(x_0)}{\Delta x}.$$

由定义求导数的步骤:

(1) 求增量 $\Delta y = f(x_0 + \Delta x) - f(x_0)$;

(2) 算比值 $\dfrac{\Delta y}{\Delta x} = \dfrac{f(x_0 + \Delta x) - f(x_0)}{\Delta x}$;

(3) 求极限 $y' = \lim\limits_{\Delta x \to 0} \dfrac{\Delta y}{\Delta x}$.

【例 2.1】 讨论函数 $f(x) = |x|$ 在 $x = 0$ 处的可导性.

解 如图 2.3,由于 $\dfrac{f(0+h) - f(0)}{h} = \dfrac{|h|}{h}$,则

$$f'_+(0) = \lim_{h \to 0^+} \dfrac{f(0+h) - f(0)}{h} = \lim_{h \to 0^+} \dfrac{h}{h} = 1,$$

$$f'_-(0) = \lim_{h \to 0^-} \dfrac{f(0+h) - f(0)}{h} = \lim_{h \to 0^-} \dfrac{-h}{h} = -1.$$

即 $f'_+(0) \neq f'_-(0)$,故函数 $y = f(x)$ 在 $x = 0$ 点不可导.

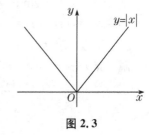

图 2.3

【例 2.2】 设 $y = f(x) = \begin{cases} 2x - 1, & x > 1, \\ x^2, & x \leqslant 1, \end{cases}$ 求 $f'(1)$.

解 $f'_+(1) = \lim\limits_{\Delta x \to 0^+} \dfrac{f(1 + \Delta x) - f(1)}{\Delta x} = \lim\limits_{\Delta x \to 0^+} \dfrac{[2(1 + \Delta x) - 1] - 1}{\Delta x} = \lim\limits_{\Delta x \to 0^+} \dfrac{2\Delta x}{\Delta x} = 2$;

$f'_-(1) = \lim\limits_{\Delta x \to 0^-} \dfrac{f(1 + \Delta x) - f(1)}{\Delta x} = \lim\limits_{\Delta x \to 0^-} \dfrac{(1 + \Delta x)^2 - 1}{\Delta x} = \lim\limits_{\Delta x \to 0^-} \dfrac{(\Delta x)^2 + 2\Delta x}{\Delta x} = 2$.

因为左、右导数存在并且相等,所以 $f'(1) = 2$.

如果函数 $y = f(x)$ 在开区间 (a, b) 内每一点都可导,则称函数 $y = f(x)$ 在**开区间 (a, b) 内可导**;如果函数 $y = f(x)$ 在开区间 (a, b) 内可导,且 $f'_+(a)$ 与 $f'_-(b)$ 都存在,则称函数

$y=f(x)$在**闭区间**$[a,b]$**上可导**.

如果函数$y=f(x)$在区间I内可导,即在区间I内每一点x都有一个导数值$f'(x)$与它对应,则$f'(x)$是区间I上的一个函数,称之为$y=f(x)$在区间I上的**导函数**,简称为**导数**,记作:

$$f'(x),\ y',\ \frac{dy}{dx},\ \frac{d}{dx}f(x).$$

【例 2.3】 求$f(x)=ax+c$的导函数(其中a,c为常数).

解 $\forall x\in(-\infty,+\infty)$,函数的增量为:
$$\Delta y=f(x+\Delta x)-f(x)=(ax+a\Delta x+c)-(ax+c)=a\Delta x,$$

平均变化率为:$\frac{\Delta y}{\Delta x}=\frac{a\Delta x}{\Delta x}=a$,

求极限:$f'(x)=\lim\limits_{\Delta x\to 0}\frac{\Delta y}{\Delta x}=a$,

即$(ax+c)'=a$,特别$(c)'=0$.

【例 2.4】 求$f(x)=\cos x$的导函数.

解 $\forall x\in(-\infty,+\infty)$,函数的增量为:
$$\Delta y=f(x+\Delta x)-f(x)=\cos(x+\Delta x)-\cos x=-2\sin\left(x+\frac{\Delta x}{2}\right)\sin\frac{\Delta x}{2},$$

平均变化率为:$\frac{\Delta y}{\Delta x}=-\frac{2\sin\left(x+\frac{\Delta x}{2}\right)\sin\frac{\Delta x}{2}}{\Delta x}$,

求极限:$f'(x)=\lim\limits_{\Delta x\to 0}\frac{\Delta y}{\Delta x}=\lim\limits_{\Delta x\to 0}\frac{\sin\frac{\Delta x}{2}}{\frac{\Delta x}{2}}\cdot\lim\limits_{\Delta x\to 0}\left[-\sin\left(x+\frac{\Delta x}{2}\right)\right]=-\sin x.$

即$(\cos x)'=-\sin x$.

同理可得:$(\sin x)'=\cos x$.

【例 2.5】 求$f(x)=x^n$(n为正整数)的导函数.

解 $\forall x\in(-\infty,+\infty)$,函数的增量为:
$$\Delta y=f(x+\Delta x)-f(x)=(x+\Delta x)^n-x^n$$
$$=nx^{n-1}\Delta x+\frac{n(n-1)}{2!}x^{n-2}(\Delta x)^2+\cdots+(\Delta x)^n,$$

平均变化率为:$\frac{\Delta y}{\Delta x}=nx^{n-1}+\frac{n(n-1)}{2!}x^{n-2}\Delta x+\cdots+(\Delta x)^{n-1}$,

求极限:$f'(x)=\lim\limits_{\Delta x\to 0}\frac{\Delta y}{\Delta x}=nx^{n-1}$,

即$(x^n)'=nx^{n-1}$.

一般地,$f(x)=x^\mu$(μ为常数),也有$(x^\mu)'=\mu x^{\mu-1}$.

例如:$(x)'=1$,$(x^2)'=2x$,$(\sqrt{x})'=(x^{\frac{1}{2}})'=\frac{1}{2\sqrt{x}}$,$\left(\frac{1}{x}\right)'=(x^{-1})'=-\frac{1}{x^2}$.

【例 2.6】 求$f(x)=\ln x$的导函数.

解 $\forall x\in(0,+\infty)$,函数的增量为:

$$\Delta y = f(x+\Delta x) - f(x) = \ln(x+\Delta x) - \ln x = \ln\frac{x+\Delta x}{x} = \ln\left(1+\frac{\Delta x}{x}\right),$$

平均变化率为：$\dfrac{\Delta y}{\Delta x} = \dfrac{1}{\Delta x}\ln\left(1+\dfrac{\Delta x}{x}\right) = \ln\left(1+\dfrac{\Delta x}{x}\right)^{\frac{1}{\Delta x}} = \ln\left(1+\dfrac{\Delta x}{x}\right)^{\frac{x}{\Delta x}\cdot\frac{1}{x}} = \dfrac{1}{x}\ln\left(1+\dfrac{\Delta x}{x}\right)^{\frac{x}{\Delta x}},$

求极限：$f'(x) = \lim\limits_{\Delta x\to 0}\dfrac{\Delta y}{\Delta x} = \dfrac{1}{x}\lim\limits_{\Delta x\to 0}\ln\left(1+\dfrac{\Delta x}{x}\right)^{\frac{x}{\Delta x}} = \dfrac{1}{x}\ln e = \dfrac{1}{x},$

即 $(\ln x)' = \dfrac{1}{x}$.

同理可证：$(\log_a x)' = \dfrac{1}{x\ln a}(a>0, a\neq 1)$.

二、导数的几何意义

设函数 $y=f(x)$ 在点 x_0 的导数为 $f'(x_0)$，由案例 2.2 知，导数值 $f'(x_0)$ 为曲线 $y=f(x)$ 上一点 $(x_0, f(x_0))$ 处的切线的斜率. 此时，

切线方程为：$y-y_0 = f'(x_0)(x-x_0)$；

法线方程为：$y-y_0 = -\dfrac{1}{f'(x_0)}(x-x_0)\,(f'(x_0)\neq 0)$.

【**例 2.7**】 求 $y=x^2$ 的切线方程，使此切线与直线 $y=x+1$ 平行.

解 设切点为 (x_0, y_0)，则有 $y_0 = x_0^2$.

由已知，切线斜率与直线 $y=x+1$ 的斜率相同，则 $y'|_{x=x_0} = 1$.

而 $(x^2)' = 2x$，于是 $2x_0 = 1$，解得：$x_0 = \dfrac{1}{2}, y_0 = \dfrac{1}{4}$.

所求切线方程为：$y - \dfrac{1}{4} = x - \dfrac{1}{2}$，即 $y = x - \dfrac{1}{4}$.

三、可导与连续的关系

定理 2.1 如果函数 $y=f(x)$ 在点 x_0 处可导，则它在点 x_0 处一定连续.

证明 因为 $y=f(x)$ 在点 x_0 可导，由导数定义得 $\lim\limits_{\Delta x\to 0}\dfrac{\Delta y}{\Delta x} = f'(x_0)$，

所以 $\lim\limits_{\Delta x\to 0}\Delta y = \lim\limits_{\Delta x\to 0}\left(\dfrac{\Delta y}{\Delta x}\cdot\Delta x\right) = \lim\limits_{\Delta x\to 0}\dfrac{\Delta y}{\Delta x}\cdot\lim\limits_{\Delta x\to 0}\Delta x = f'(x_0)\times 0 = 0,$

从而 $y=f(x)$ 在点 x_0 处连续.

注意：① 此定理的逆否命题成立：$y=f(x)$ 在点 x_0 处不连续，则它在点 x_0 处不可导；② 连续不一定可导，反例：$y=|x|$ 在 $x=0$ 处连续但不可导. 因此连续是可导的必要而非充分条件.

【**例 2.8**】 设 $f(x) = \begin{cases} x^2, & x<0, \\ x, & x\geq 0, \end{cases}$ 讨论 $f(x)$ 在点 $x=0$ 处的连续性与可导性（如图 2.4）.

解 (1) 连续性，即验证是否有 $\lim\limits_{x\to 0}f(x) = f(0)$.

因为 $\lim\limits_{x\to 0^-}f(x) = \lim\limits_{x\to 0^-}x^2 = 0, \lim\limits_{x\to 0^+}f(x) = \lim\limits_{x\to 0^+}x = 0,$

所以 $\lim\limits_{x\to 0}f(x)=0=f(0)$,故 $f(x)$ 在 $x=0$ 连续.

(2) 可导性,即验证 $\lim\limits_{x\to 0}\dfrac{f(x)-f(0)}{x-0}$ 是否存在.

$$\lim_{x\to 0^-}\frac{f(x)-f(0)}{x-0}=\lim_{x\to 0^-}\frac{x^2-0}{x}=\lim_{x\to 0^-}x=0;$$

$$\lim_{x\to 0^+}\frac{f(x)-f(0)}{x-0}=\lim_{x\to 0^+}\frac{x-0}{x}=\lim_{x\to 0^+}1=1.$$

因为左右导数不相等,

所以 $\lim\limits_{x\to 0}\dfrac{f(x)-f(0)}{x-0}$ 不存在,即 $f(x)$ 在 $x=0$ 不可导.

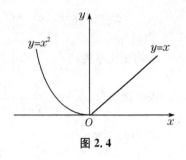

图 2.4

【例 2.9】 已知函数 $f(x)=\begin{cases}x^2, & x\leqslant 1,\\ ax+b, & x>1\end{cases}$ 处处可导,试确定 a、b 的值.

解 由于函数 $f(x)$ 处处可导,探讨分段点 $x=1$ 处的可导性即可找到 a、b 应该满足的条件.

欲使 $f(x)$ 在 $x=1$ 处可导,必先在 $x=1$ 处连续,

故有 $\lim\limits_{x\to 1^-}f(x)=\lim\limits_{x\to 1^+}f(x)=f(1)$,即 $a+b=1$.

又 $f(x)$ 在 $x=1$ 处的左、右导数分别为:

$$f'_-(1)=\lim_{\Delta x\to 0^-}\frac{(1+\Delta x)^2-1}{\Delta x}=2, f'_+(1)=\lim_{\Delta x\to 0^+}\frac{a(1+\Delta x)+b-1}{\Delta x}=\lim_{\Delta x\to 0^+}\frac{a\Delta x}{\Delta x}=a.$$

故 $a=2$,从而 $b=-1$.

所以,当 $a=2,b=-1$ 时,$f(x)$ 处处可导.

习题 2.1

1. 根据导数定义求下列函数的导数:

(1) $y=x^3$; (2) $y=\dfrac{2}{x}$.

2. 讨论下列函数在指定点处的可导性:

(1) $f(x)=\begin{cases}x, & x\leqslant 1,\\ 2-x, & x>1\end{cases}$ 在 $x=1$ 处; (2) $f(x)=\begin{cases}x, & x<0,\\ \ln(1+x), & x\geqslant 0\end{cases}$ 在 $x=0$ 处.

3. 在下列各题中,假设 $f'(x_0)$ 存在,按导数定义观察下列极限,指出 A 表示什么?

(1) $\lim\limits_{\Delta x\to 0}\dfrac{f(x_0-\Delta x)-f(x_0)}{\Delta x}=A$; (2) $\lim\limits_{h\to 0}\dfrac{f(x_0+2h)-f(x_0)}{h}=A$;

(3) $\lim\limits_{\Delta x\to 0}\dfrac{f(x_0+\Delta x)-f(x_0-\Delta x)}{\Delta x}=A$.

4. 设函数 $f(x)=\begin{cases}\dfrac{1}{2}x^2, & x\leqslant 2,\\ ax+b, & x>2,\end{cases}$ 且 $f(x)$ 在 $x=2$ 可导,求 a 和 b 的值.

5. 讨论函数 $f(x)=\begin{cases}x^2\sin\dfrac{1}{x}, & x\neq 0,\\ 0, & x=0\end{cases}$ 在点 $x=0$ 处的连续性与可导性.

6. 求抛物线 $y=x^2$ 在点 $(2,4)$ 处的切线方程与法线方程.

7. 求曲线 $y=x^3$ 和 $y=x^2$ 的横坐标,在何处它们的切线斜率相同?

8. 一质点的运动方程为 $s=t^3+10$,求该质点在 $t=3$ 时的瞬时速度.

9. 对于均匀细棒,单位长度细棒的质量称为该细棒的线密度,一根质量非均匀分布的细棒放在 x 轴上,在 $[0,x]$ 上的质量 m 是 x 的函数 $m=m(x)$,试求出该细棒在点 $x_0\in(0,x)$ 处的线密度.

第二节 求导法则

学习目标

1. 掌握导数的四则运算法则和基本初等函数的导数公式.
2. 掌握复合函数求导法则.

对于一些简单的函数可以利用定义去求导数,但是对于比较复杂的函数,需要推导出一些基本公式与运算法则,以简化求导计算.

一、导数的四则运算法则

微课

定理 2.2 设函数 $u(x)$ 和 $v(x)$ 在点 x 处可导,则函数 $u(x)\pm v(x)$,$u(x)v(x)$,$\dfrac{u(x)}{v(x)}(v(x)\neq 0)$ 也在点 x 处可导,且有

(1) $[u(x)\pm v(x)]'=u'(x)\pm v'(x)$;

(2) $[u(x)v(x)]'=u'(x)v(x)+u(x)v'(x)$;

(3) $\left[\dfrac{u(x)}{v(x)}\right]'=\dfrac{u'(x)v(x)-u(x)v'(x)}{v^2(x)}$ $(v(x)\neq 0)$.

下面给出法则(1)的证明,法则(2)、(3)的证明从略.

证明 令 $y=u(x)+v(x)$,则

$$\Delta y = [u(x+\Delta x)+v(x+\Delta x)]-[u(x)+v(x)]$$
$$= [u(x+\Delta x)-u(x)]+[v(x+\Delta x)-v(x)]$$
$$= \Delta u+\Delta v,$$

$$\frac{\Delta y}{\Delta x}=\frac{\Delta u+\Delta v}{\Delta x}=\frac{\Delta u}{\Delta x}+\frac{\Delta v}{\Delta x},$$

故 $y'=[u(x)+v(x)]'=\lim\limits_{\Delta x\to 0}\dfrac{\Delta y}{\Delta x}=\lim\limits_{\Delta x\to 0}\dfrac{\Delta u}{\Delta x}+\lim\limits_{\Delta x\to 0}\dfrac{\Delta v}{\Delta x}=u'(x)+v'(x)$.

推论 1 $[u_1(x)\pm u_2(x)\pm u_3(x)\pm\cdots\pm u_n(x)]'=u_1'(x)\pm u_2'(x)\pm u_3'(x)\pm\cdots\pm u_n'(x)$,其中函数 $u_1(x),u_2(x),u_3(x),\cdots,u_n(x)$ 均为可导的.

推论 2 $[ku(x)]'=ku'(x)$,其中 k 为某确定常数.

推论 3 $[u(x)v(x)w(x)]'=u'(x)v(x)w(x)+u(x)v'(x)w(x)+u(x)v(x)w'(x)$

【例 2.10】 求下列函数的导数:

(1) $y=x^4-\dfrac{1}{x}+3$; (2) $y=\cos x-\ln x$;

解 (1) $y'=\left(x^4-\dfrac{1}{x}+3\right)'=(x^4)'-\left(\dfrac{1}{x}\right)'+(3)'$

$\qquad =4x^3-\left(-\dfrac{1}{x^2}\right)+0=4x^3+\dfrac{1}{x^2}.$

(2) $y'=(\cos x-\ln x)'=(\cos x)'-(\ln x)'=-\sin x-\dfrac{1}{x}.$

【例 2.11】 求下列函数的导数：

(1) $y=\sqrt{x}\cos x$;　　　(2) $y=x\ln x\sin x$;　　　(3) $y=(1+2x)(4x^3-3x^2).$

解 (1) $y'=(\sqrt{x}\cos x)'=(\sqrt{x})'\cos x+\sqrt{x}(\cos x)'$

$\qquad =\dfrac{1}{2}x^{-\frac{1}{2}}\cos x-\sqrt{x}\sin x=\dfrac{1}{2\sqrt{x}}\cos x-\sqrt{x}\sin x.$

(2) $y'=(x\ln x\sin x)'=(x)'\ln x\sin x+x(\ln x)'\sin x+x\ln x(\sin x)'$

$\qquad =\ln x\sin x+x\dfrac{1}{x}\sin x+x\ln x\cos x=\ln x\sin x+\sin x+x\ln x\cos x.$

(3) $y'=[(1+2x)(4x^3-3x^2)]'=(1+2x)'(4x^3-3x^2)+(1+2x)(4x^3-3x^2)'$

$\qquad =2(4x^3-3x^2)+(1+2x)(4\times 3x^2-3\times 2x)=32x^3-3x^2-6x.$

【例 2.12】 求下列函数的导数：

(1) $y=\dfrac{x}{\sin x}$;　　　(2) $y=\tan x$;　　　(3) $y=\sec x.$

解 (1) $y'=\left(\dfrac{x}{\sin x}\right)'=\dfrac{x'\sin x-x(\sin x)'}{\sin^2 x}=\dfrac{\sin x-x\cos x}{\sin^2 x}=\dfrac{\sin x-x\cos x}{\sin^2 x}.$

(2) $y'=(\tan x)'=\left(\dfrac{\sin x}{\cos x}\right)'=\dfrac{(\sin x)'\cos x-\sin x(\cos x)'}{\cos^2 x}$

$\qquad =\dfrac{\cos^2 x+\sin^2 x}{\cos^2 x}=\dfrac{1}{\cos^2 x}=\sec^2 x.$

同理可得：$(\cot x)'=-\csc^2 x.$

(3) $y'=(\sec x)'=\left(\dfrac{1}{\cos x}\right)'=\dfrac{(1)'\cos x-1\times(\cos x)'}{\cos^2 x}$

$\qquad =\dfrac{\sin x}{\cos^2 x}=\dfrac{\sin x}{\cos x}\dfrac{1}{\cos x}=\sec x\tan x.$

同理可得：$(\csc x)'=-\csc x\cot x.$

注意：在某些求导运算中，能避免使用除法求导法则的应该尽量避免。

【例 2.13】 求函数 $y=\dfrac{1+x}{\sqrt{x}}$ 的导数。

解 $y=\dfrac{1}{\sqrt{x}}+\sqrt{x}=x^{-\frac{1}{2}}+x^{\frac{1}{2}}$，则

$$y'=-\dfrac{1}{2}x^{-\frac{3}{2}}+\dfrac{1}{2}x^{-\frac{1}{2}}=\dfrac{x-1}{2\sqrt{x^3}}.$$

二、反函数的导数

定理 2.3 若函数 $x=\varphi(y)$ 在区间 I 内单调、可导且 $\varphi'(y)\neq 0$，则其反函数 $y=f(x)$ 在

对应区间内可导,且

$$f'(x)=\frac{1}{\varphi'(y)} \text{ 或 } \frac{\mathrm{d}y}{\mathrm{d}x}=\frac{1}{\frac{\mathrm{d}x}{\mathrm{d}y}},$$

即反函数的导数等于直接函数的导数的倒数.

定理证明从略.

【例 2.14】 求指数函数的导数.

解 令 $y=f(x)=a^x(a>0,a\neq 1)$,有 $x=f^{-1}(y)=\log_a y$,而 $[f^{-1}(y)]'=(\log_a y)'_y=\frac{1}{y\ln a}$,则

$$f'(x)=\frac{1}{[f^{-1}(y)]'}=y\ln a=a^x\ln a.$$

即 $(a^x)'=a^x\ln a$. 特别 $(e^x)'=e^x\ln e=e^x$.

【例 2.15】 求反三角正弦函数的导数.

解 令 $y=f(x)=\arcsin x$,则 $x=f^{-1}(y)=\sin y$,而 $[f^{-1}(y)]'=(\sin y)'=\cos y$,因此

$$f'(x)=\frac{1}{[f^{-1}(y)]'}=\frac{1}{\cos y}.$$

由于当 $y\in\left[-\frac{\pi}{2},\frac{\pi}{2}\right]$ 时,总有 $\cos y=\sqrt{1-\sin^2 y}=\sqrt{1-x^2}$,故

$$(\arcsin x)'=\frac{1}{\sqrt{1-x^2}},\ x\in(-1,1).$$

同理可得:$(\arccos x)'=-\frac{1}{\sqrt{1-x^2}},\ x\in(-1,1)$;

$$(\arctan x)'=\frac{1}{1+x^2},\ x\in(-\infty,+\infty);$$

$$(\mathrm{arccot}\, x)'=-\frac{1}{1+x^2},\ x\in(-\infty,+\infty).$$

微课

三、复合函数的导数

定理 2.4 设 $u=\varphi(x)$ 在 x 点可导,$y=f(u)$ 在与 x 对应的 u 点可导,则复合函 $y=f[\varphi(x)]$ 在 x 点可导,且 $\frac{\mathrm{d}y}{\mathrm{d}x}=\frac{\mathrm{d}y}{\mathrm{d}u}\frac{\mathrm{d}u}{\mathrm{d}x}$,或 $y_x'=f'(u)\varphi'(x)$.

此法则称之为复合函数的**链式求导法则**.

定理证明从略.

在复合函数的求导运算中,为了明确表示是对中间变量求导,还是对最终的自变量求导,可在函数的右下角注明,如:y_x' 表示对 x 求导,y_u' 表示对 u 求导.

复合函数的链式求导法则可记作:$y_x'=y_u'\cdot u_x'$.

推论 如果 $y=f(u),u=\varphi(v),v=h(x)$,则复合函数 $y=f(\varphi(h(x)))$ 的导数为:

$$y_x'=y_u'\cdot u_v'\cdot v_x'.$$

【例 2.16】 求下列函数的导数:

(1) $y=(x^2-4)^3$；　　　　(2) $y=\ln\sin x$；　　　　(3) $y=\sqrt{x^2-1}\cdot\sin 2x$．

解 (1) 分析函数结构：令 $y=u^3, u=x^2-4$．
由复合函数链导法，有：
$y_x'=y_u'\cdot u_x'=(u^3)_u'\cdot(x^2-4)_x'=3u^2\cdot 2x$．
即 $y_x'=6x(x^2-4)^2$．

(2) 分析函数结构：令 $y=\ln u, u=\sin x$．
由复合函数链导法，有：
$y_x'=y_u'\cdot u_x'=(\ln u)_u'\cdot(\sin x)_x'=\dfrac{1}{u}\cdot\cos x=\dfrac{\cos x}{\sin x}$．
即 $y_x'=\cot x$．

(3) 分析函数结构：令 $y=u\cdot v, u=\sqrt{x^2-1}, v=\sin 2x$．
首先由乘法法则，得：
$$y_x'=u_x'\cdot v+u\cdot v_x' \qquad ①$$
再由复合函数链导法求出 u_x' 和 v_x'：
$$u_x'=(\sqrt{x^2-1})_x'=\dfrac{1}{2}(x^2-1)^{-\frac{1}{2}}\cdot(2x);$$
$$v_x'=(\sin 2x)_x'=\cos 2x\cdot 2.$$
代入①式得：
$$y_x'=\dfrac{x\sin 2x}{\sqrt{x^2-1}}+2\sqrt{x^2-1}\cos 2x.$$

【例2.17】 求函数 $y=e^{\sin\frac{1}{x}}$ 的导数．

解 $y'=e^{\sin\frac{1}{x}}\left(\sin\dfrac{1}{x}\right)'=e^{\sin\frac{1}{x}}\cdot\cos\dfrac{1}{x}\cdot\left(\dfrac{1}{x}\right)'=-\dfrac{1}{x^2}e^{\sin\frac{1}{x}}\cdot\cos\dfrac{1}{x}$．

【例2.18】 利用复合函数的链式求导法则和公式 $(e^x)'=e^x$ 证明基本导数公式 $(x^\mu)'=\mu x^{\mu-1}$ (μ 为实数)．

证明 因为 $x^\mu=(e^{\ln x})^\mu=e^{\mu\ln x}$，所以
$$(x^\mu)'=(e^{\mu\ln x})\cdot(\mu\ln x)'=e^{\mu\ln x}\cdot\mu\cdot\dfrac{1}{x}=x^\mu\cdot\mu\cdot\dfrac{1}{x}$$
$$=\mu x^{\mu-1}.$$

四、基本导数公式总结

1. 基本初等函数的导数公式

(1) $(C)'=0$；　　　　　　　　　　　(2) $(x^\mu)'=\mu x^{\mu-1}$；

(3) $(a^x)'=a^x\ln a$；　　　　　　　　(4) $(e^x)'=e^x$；

(5) $(\log_a x)'=\dfrac{1}{x\ln a}$；　　　　　　(6) $(\ln x)'=\dfrac{1}{x}$；

(7) $(\sin x)'=\cos x$；　　　　　　　(8) $(\cos x)'=-\sin x$；

(9) $(\tan x)'=\sec^2 x$；　　　　　　　(10) $(\cot x)'=-\csc^2 x$；

(11) $(\sec x)'=\sec x\tan x$；　　　　　(12) $(\csc x)'=-\csc x\cot x$；

(13) $(\arcsin x)' = \dfrac{1}{\sqrt{1-x^2}}$; (14) $(\arccos x)' = -\dfrac{1}{\sqrt{1-x^2}}$;

(15) $(\arctan x)' = \dfrac{1}{1+x^2}$; (16) $(\operatorname{arccot} x)' = -\dfrac{1}{1+x^2}$.

2. 导数四则运算法则

(1) $(u \pm v)' = u' + v'$; (2) $(Cu)' = Cu'$;

(3) $(uv)' = u'v + uv'$; (4) $\left(\dfrac{u}{v}\right)' = \dfrac{u'v - uv'}{v^2}$ $(v \neq 0)$;

(5) $\left(\dfrac{1}{v}\right)' = -\dfrac{v'}{v^2} (v \neq 0)$.

3. 反函数的求导法则

设 $y = f(x)$ 与 $x = \varphi(y)$ 互为反函数，则 $f'(x) = \dfrac{1}{\varphi'(y)}$ $(\varphi'(y) \neq 0)$.

4. 复合函数的求导法则

设 $y = f(u), u = \varphi(x)$，则复合函数 $y = f[\varphi(x)]$ 的导数为 $y_x' = f'(u) \varphi'(x)$.

习题 2.2

1. 求下列函数的导数：

(1) $y = x^\pi + \pi^x - \ln x + \ln \pi$; (2) $y = x \ln x$;

(3) $y = \dfrac{\sqrt{x}}{1+x}$; (4) $y = \dfrac{1 + \sin x}{1 - \cos x}$;

(5) $y = (1 + \sec x) \arcsin x$; (6) $y = \dfrac{3x^2 + 2x - \sqrt{x} + 1}{\sqrt{x}}$;

(7) $y = x e^x \csc x$; (8) $y = \sqrt[3]{x} e^x + 3^x \log_2 x$.

2. 求下列函数的导数：

(1) $y = (x^9 - 1)^{100}$; (2) $y = \sqrt{1 + x^2}$;

(3) $y = \ln(x + \sqrt{1+x^2})$; (4) $y = \sqrt{x + \sqrt{x}}$;

(5) $y = (x-1)\sqrt{x^2+1}$; (6) $y = \cos(4 - 3x)$;

(7) $y = \tan \dfrac{1-x}{1+x}$; (8) $y = \sqrt{1 + \cos(2x+1)}$.

3. 求下列函数在指定点的导数值：

(1) $f(x) = \ln(e^x + 1)$，求 $f'(0)$; (2) $f(x) = \dfrac{1 - \cos x}{1 + \cos x}$，求 $f'(0), f'\left(\dfrac{\pi}{2}\right)$;

(3) $f(x) = 7^{x + x^2}$，求 $f'(0)$; (4) $f(x) = 2^{\tan x}$，求 $f'\left(\dfrac{\pi}{4}\right)$;

(5) $f(x)=\ln\left(\dfrac{1}{x}+\ln\dfrac{1}{x}\right)$,求 $f'(1)$;   (6) $f(x)=x(x+1)\cdots(x+n)$,求 $f'(0)$;

(7) $f(x)=\arcsin\dfrac{x-3}{3}$,求 $f'(3)$;   (8) $f(x)=\arctan\dfrac{1-x}{1+x}$,求 $f'(1)$.

4. 当 a 与 b 取何值时,才能使曲线 $y=\ln\dfrac{x}{e}$ 与曲线 $y=ax^2+bx$ 在 $x=1$ 处有共同的切线?

5. 设气体以 100 cm³/s 的速度注入球状气球,假设气体的压力不变,当气球的半径为 10 cm 时,气球半径增加的速率是多少?

6. 培养皿中细菌在 t 天的总数 $N=400\left[1-\dfrac{3}{(t^2+1)^2}\right]$,求 $t=1$ 时的细菌增长率.

第三节 隐函数和由参数方程所确定的函数的导数

学习目标

1. 掌握隐函数的求导方法.
2. 掌握函数的对数求导法.
3. 掌握由参数方程所确定的函数的求导方法.

微课

一、隐函数的导数

一般函数可由解析式表示,例如:$x+y-1=0$, $y^3+2y-x=0$ 等. 在这些解析式中,有一些很容易将 y 解出,写成 x 的表达式,如 $x+y-1=0$ 可写成 $y=1-x$,这种将 y 明确表示出来的函数称作**显函数**;还有一些却无法或很难解出 y 来,如 $y^3+2y-x=0$. 但是这一式子能够确定 y 是 x 的函数. 这种没有将 y 解出的由解析式表示的函数称之为**隐函数**.

设 $y=f(x)$ 是由方程 $F(x,y)=0$ 所确定的隐函数,如何求它的导数 $\dfrac{dy}{dx}$?

可利用复合函数的求导思想,在方程 $F(x,y)=0$ 两边分别对 x 求导,将 y 当作中间变量,遇到有 y 的地方不忘记还应该有 $\dfrac{dy}{dx}$,进而得到关于 $\dfrac{dy}{dx}$ 的代数式,再解之即得.

【例 2.19】 求由方程 $y^3+2y-x=0$ 所确定的隐函数的导数 $\dfrac{dy}{dx}$.

解 将方程两边同时对 x 求导,得
$$3y^2\cdot\dfrac{dy}{dx}+2\cdot\dfrac{dy}{dx}-1=0,$$

解出 $\dfrac{dy}{dx}$,得 $\dfrac{dy}{dx}=\dfrac{1}{3y^2+2}$.

【例 2.20】 求由方程 $e^{xy}+x+y^3-1=0$ 所确定的隐函数的导数 $\dfrac{dy}{dx}$.

解 将方程两边同时对 x 求导,得
$$e^{xy}(y+xy')+1+3y^2y'=0,$$

解出 y',得 $y' = -\dfrac{1+y\mathrm{e}^{xy}}{x\mathrm{e}^{xy}+3y^2}$.

【例 2.21】 求曲线 $x^3+y^3-x-y=0$ 在点 $(1,1)$ 处的切线方程.

解 方程两边同时对 x 求导,得
$$3x^2+3y^2y'-1-y'=0,$$

解出 y',得 $y'=\dfrac{1-3x^2}{3y^2-1}$.

在点 $(1,1)$ 处切线斜率为: $k=y'|_{\substack{x=1\\y=1}}=\dfrac{1-3}{3-1}=-1$.

所求切线方程为: $y-1=-(x-1)$,即 $y+x-2=0$.

在求导的四则运算法则中,乘、除运算法则很繁杂,计算容易出错. 我们可以利用对数函数的性质将乘、除的求导运算转化为加、减的求导运算.

【例 2.22】 设 $y=2^x \cdot \sqrt{x^2+1} \cdot \sin x$,求 y'.

解 两边同时取对数,得
$$\ln y=\ln(2^x \cdot \sqrt{x^2+1} \cdot \sin x),$$

即 $\ln y=x\ln 2+\dfrac{1}{2}\ln(x^2+1)+\ln\sin x$.

两边对 x 求导,得
$$\dfrac{y'}{y}=\ln 2+\dfrac{2x}{2(x^2+1)}+\dfrac{\cos x}{\sin x},$$

解出 y',得 $y'=2^x\sqrt{x^2+1}\sin x\left[\ln 2+\dfrac{x}{x^2+1}+\cot x\right]$.

【例 2.23】 设 $y=(x+1)^x$,求 y'.

分析:此函数底数和指数都有自变量 x,称之为**幂指函数**. 对它求导可利用对数函数的性质,将幂运算转化为乘法运算,然后求导. 对数求导法有如下两种形式.

解法一 两边取对数,得
$$\ln y=\ln(x+1)^x=x\ln(x+1).$$

两边对 x 求导,得
$$\dfrac{y'}{y}=\ln(x+1)+\dfrac{x}{x+1},$$

解出 y',得 $y'=(x+1)^x\left[\ln(x+1)+\dfrac{x}{x+1}\right]$.

解法二 $y=\mathrm{e}^{\ln(x+1)^x}=\mathrm{e}^{x\ln(x+1)}$,

利用复合函数求导法则,得
$$y'=\mathrm{e}^{x\ln(x+1)} \cdot \left[\ln(x+1)+\dfrac{x}{x+1}\right],$$

即 $y'=(x+1)^x\left[\ln(x+1)+\dfrac{x}{x+1}\right]$.

二、由参数方程所确定的函数的导数

有时候,两个变量 x 与 y 之间的函数关系,可以通过第三个变量 t 的关系来建立,这就

是由参数方程所确定的函数，一般形式为：

$$\begin{cases} x=\varphi(t), \\ y=\psi(t), \end{cases} (a \leqslant t \leqslant b)$$

如果 $x=\varphi(t), y=\psi(t)$ 都可导，且 $\varphi'(t) \neq 0$，则由参数方程 $\begin{cases} x=\varphi(t) \\ y=\psi(t) \end{cases} (a \leqslant t \leqslant b)$ 所确定的函数 $y=f(x)$ 也可导，且有

$$\frac{dy}{dx} = \frac{dy}{dt} \cdot \frac{dt}{dx} = \frac{\frac{dy}{dt}}{\frac{dx}{dt}} = \frac{\psi'(t)}{\varphi'(t)}.$$

【例 2.24】 求由参数方程 $\begin{cases} x=1-e^{3t}, \\ y=t \cdot \cos t \end{cases}$ 所确定的函数的导数 $\frac{dy}{dx}$。

解 $\frac{dx}{dt} = -3e^{3t}, \frac{dy}{dt} = \cos t - t\sin t$，则

$$\frac{dy}{dx} = \frac{\frac{dy}{dt}}{\frac{dx}{dt}} = \frac{\cos t - t\sin t}{-3e^{3t}}.$$

【例 2.25】 求曲线 $\begin{cases} x=t-\sin t, \\ y=1+\cos t \end{cases}$ 在 $t=\frac{\pi}{2}$ 处的切线方程。

解 $\frac{dx}{dt} = 1-\cos t, \frac{dy}{dt} = -\sin t$，

当 $t=\frac{\pi}{2}$ 时，$x=\frac{\pi}{2}-1, y=1$，则

所求切线的斜率为：$k = \frac{dy}{dx}\bigg|_{t=\frac{\pi}{2}} = \frac{-\sin\frac{\pi}{2}}{1-\cos\frac{\pi}{2}} = -1.$

所求切线方程为：$y-1 = -\left(x-\frac{\pi}{2}+1\right)$，即 $y+x-\frac{\pi}{2} = 0$。

习题 2.3

1. 求由下列方程所确定的隐函数的导数：
   (1) $xy - e^{x+y} = 5$；
   (2) $y = 1 - xe^y$；
   (3) $e^{xy} + y^2 - x = 0$；
   (4) $x - \sin\frac{y}{x} + \tan 5 = 0$；
   (5) $y = \cos x + 2\sin y$，求 $y'\left(\frac{\pi}{2}\right)$；
   (6) $2^x + 2y = 2^{x+y}$，求 $y'(1)$。

2. 求曲线 $4x^2 - xy + y^2 = 6$ 在点 $(1,-1)$ 处的切线方程。

3. 用对数求导法求下列函数的导数：
   (1) $y = x^{\sin x} (x>0)$；
   (2) $y = \left(\frac{x}{x+1}\right)^x$；

(3) $y=\sqrt{x\sin x\sqrt{e^x}}$;   (4) $y=(1+\cos x)^{\frac{1}{x}}$.

4. 求下列参数方程所确定的函数的导数：

(1) $\begin{cases} x=3(t-\sin t), \\ y=3(1-\cos t), \end{cases}$ 求 $\dfrac{dy}{dx}$;

(2) $\begin{cases} x=\cos^3 t, \\ y=\sin^3 t, \end{cases}$ 求 $\dfrac{dy}{dx}\bigg|_{t=0}$.

5. 已知曲线 $\begin{cases} x=t^2+at+b, \\ y=ce^t-e, \end{cases}$ 在 $t=1$ 时过原点，且曲线在原点处的切线平行于直线 $2x-y+1=0$，求 a,b,c.

第四节　高阶导数

学习目标

1. 了解高阶导数的概念.
2. 会求简单函数的二阶导数.

微课

案例 2.3（加速度是速度相对于时间的变化率）　在已知路程 s 与时间 t 的函数关系 $s=s(t)$ 的条件下，要求得加速度 a：① 首先求速度 $v=s'(t)$；② 再求速度的导数，即加速度 $a=v'=(s'(t))'$. 可见，加速度是路程 s 对时间 t 的导数的导数，称之为 s 对 t 的二阶导数，记作 $a(t)=s''(t)=\dfrac{d^2s}{dt^2}$.

一般地，函数 $y=f(x)$ 的一阶导数 $y'=f'(x)$ 仍是 x 的函数，若 $f'(x)$ 在点 x 处的导数存在，则称 $(y')'=[f'(x)]'$ 为 $y=f(x)$ 的**二阶导数**，记为 y'' 或 $f''(x)$ 或 $\dfrac{d^2y}{dx^2}$；再对二阶导数求 x 的导数（若存在），记为 y''' 或 $f'''(x)$ 或 $\dfrac{d^3y}{dx^3}$，称之为 $y=f(x)$ 的**三阶导数**. 以此类推，$y=f(x)$ 的 **n 阶导数**，记为 $y^{(n)}$ 或 $f^{(n)}(x)$ 或 $\dfrac{d^n y}{dx^n}$.

二阶以及二阶以上的导数称为**高阶导数**.

【例 2.26】　求 $y=x^n$（n 为正整数）的各阶导数.

解　$y'=nx^{n-1}, y''=n(n-1)x^{n-2}, y'''=n(n-1)(n-2)x^{n-3}, \cdots,$
$y^{(n)}=n(n-1)(n-2)\cdots 3\cdot 2\cdot 1=n!, y^{(n+1)}=y^{(n+2)}=\cdots=0.$

【例 2.27】　求 n 次多项式 $y=a_0+a_1x+\cdots+a_{n-1}x^{n-1}+a_nx^n$ 的 n 阶导数.

解　$y'=a_1+2a_2x+\cdots+(n-1)a_{n-1}x^{n-2}+na_nx^{n-1},$
$y''=2a_2+\cdots+(n-1)(n-2)a_{n-1}x^{n-3}+n(n-1)a_nx^{n-2},\cdots,$
$y^{(n)}=n!\ a_n.$

【例 2.28】　求 $y=e^x$ 的 n 阶导数.

解　$y'=e^x, y''=e^x, \cdots, y^{(n)}=e^x.$

【例 2.29】　求 $y=e^{-x}$ 的 n 阶导数.

解　$y'=-e^{-x}, y''=(-1)^2e^{-x}, \cdots, y^{(n)}=(-1)^ne^{-x}.$

【例 2.30】　求 $y=\sin x$ 的 n 阶导数.

解 $y' = \cos x = \sin\left(x + \dfrac{\pi}{2}\right)$,

$y'' = \cos\left(x + \dfrac{\pi}{2}\right) = \sin\left(x + 2 \cdot \dfrac{\pi}{2}\right), \cdots,$

$y^{(n)} = \sin\left(x + \dfrac{n\pi}{2}\right).$

同理可得：$(\cos x)^{(n)} = \cos\left(x + \dfrac{n\pi}{2}\right).$

【例 2.31】 求 $y = \dfrac{1}{1-x}$ 的 n 阶导数.

解 $y' = [(1-x)^{-1}]' = -(1-x)^{-2} \cdot (1-x)' = (1-x)^{-2},$

$y'' = [(1-x)^{-2}]' = -2(1-x)^{-3} \cdot (1-x)' = 2(1-x)^{-3},$

$y''' = 2 \cdot 3 \cdot (1-x)^{-4}, \cdots,$

$y^{(n)} = n! \cdot (1-x)^{-n-1}.$

习题 2.4

1. 求下列函数的二阶导数：

(1) $y = (x+10)^5$;　　(2) $y = 2x^2 - \cos 3x$;

(3) $y = (1-x^2)^{\frac{3}{2}}$;　　(4) $y = x e^{x^2}$.

2. 求下列函数的 n 阶导数：

(1) $y = x^5 + x^3 + x$;　　(2) $y = \dfrac{1-x}{1+x}$;

(3) $y = \sin^2 x$;　　(4) $y = \ln x$.

3. 设质点作直线运动，其运动规律为 $s = A\sin\dfrac{\pi t}{3}$，求质点在时刻 $t=1$ 时的速度与加速度.

第五节　函数的微分

学习目标

1. 理解函数的微分概念，了解微分的几何意义.
2. 掌握微分的运算.
3. 利用微分进行一些简单的近似计算.

一、微分的概念

案例 2.4 如图 2.5 是一个边长为 x，面积为 S 的正方形，则有 $S = x^2$. 若给边长一个增量 Δx，则 S 相应地有增量 ΔS（如图 2.5 阴影面积），且有

$$\Delta S = (x + \Delta x)^2 - x^2 = 2x \cdot \Delta x + (\Delta x)^2,$$

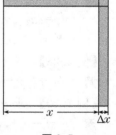

图 2.5

从上式可以看出 ΔS 被分成两部分:$2x \cdot \Delta x$ 和 $(\Delta x)^2$,即图中阴影处的小正方形面积 $(\Delta x)^2$ 和两个矩形面积 $2x \cdot \Delta x$.

当 Δx 很小时,相对于 ΔS 而言,$(\Delta x)^2$ 也很小.

当 $\Delta x \to 0$ 时,可以认为 $\Delta S \approx 2x \cdot \Delta x$,而把 $(\Delta x)^2$(很小很小的量)省略掉.

因此,由边长的增量 Δx 引起的面积的增量 ΔS 可由 $2x \cdot \Delta x$ 来代替,与精确值仅仅相差一个以 Δx 为边长的正方形的面积,当 $\Delta x \to 0$ 时,误差 $(\Delta x)^2$ 是一个较 Δx 为高阶的无穷小量.

定义 2.2 对于自变量在点 x 处的增量 Δx,如果函数 $y=f(x)$ 的相应增量 $\Delta y=f(x+\Delta x)-f(x)$ 可以表示为

$$\Delta y = A\Delta x + o(\Delta x)(\Delta x \to 0),$$

其中 A 是 x 的函数,与 Δx 无关,则称函数 $y=f(x)$ 在点 x 处**可微**,并称 $A\Delta x$ 为函数在点 x 处的**微分**,记为 dy 或 $df(x)$,即 $dy = A\Delta x$.

可见,若 $\Delta y = A\Delta x + o(\Delta x)(\Delta x \to 0)$,则 $A\Delta x$ 在 $\Delta x \to 0$ 时将对 Δy 的值起主要作用,$o(\Delta x)$ 是一个很小的量,称 $A\Delta x$ 为 Δy 的**线性主要部分**,即 dy 是 Δy 的线性主要部分.

定理 2.5 函数 $y=f(x)$ 在点 x 可微的充分必要条件是函数 $y=f(x)$ 在点 x 可导.

证明 (1) 可微必可导

若 $y=f(x)$ 在 x 点可微,则 $\Delta y = A\Delta x + o(\Delta x)(\Delta x \to 0)$,则

$$\frac{\Delta y}{\Delta x} = A + \frac{o(\Delta x)}{\Delta x},$$

等式两边取 $\Delta x \to 0$ 时的极限,有

$$\lim_{\Delta x \to 0} \frac{\Delta y}{\Delta x} = A + \lim_{\Delta x \to 0} \frac{o(\Delta x)}{\Delta x} = A,$$

而由导数定义,此极限就是 $f'(x)$,即 $f'(x) = A$,可微必可导.

(2) 可导必可微

若 $y=f(x)$ 在 x 点可导,则 $\lim\limits_{\Delta x \to 0} \frac{\Delta y}{\Delta x} = f'(x)$,故

$\frac{\Delta y}{\Delta x} = f'(x) + \alpha$,其中 $\lim\limits_{\Delta x \to 0} \alpha = 0$,即

$\Delta y = f'(x)\Delta x + \alpha \cdot \Delta x$,

这里 $\alpha \cdot \Delta x$ 是一个关于 Δx 的高阶无穷小量,可将 $\alpha \cdot \Delta x$ 记作 $o(\Delta x)(\Delta x \to 0)$,即

$$\Delta y = f'(x)\Delta x + o(\Delta x)(\Delta x \to 0).$$

由微分定义可知,$y=f(x)$ 在 x 点可微,且 $dy = f'(x)\Delta x$.

综上所述,对一元函数而言,函数的可微性与可导性是等价的,且有 $dy = f'(x)\Delta x$.

【例 2.32】 求函数 $y=x^2$ 在 $x=1$ 处的微分.

解 $dy = (x^2)'|_{x=1} \Delta x = (2x)'|_{x=1} \Delta x = 2\Delta x$.

注意:若 $y=x$,则 $dy = dx = (x)'\Delta x = \Delta x$,即 $dx = \Delta x$,称为自变量 x 的微分. 这时,$dy = f'(x)dx$,从而 $\frac{dy}{dx} = f'(x)$,因此导数也称作**微商**.

二、微分的几何意义

如图 2.6 所示,当 Δy 是曲线的纵坐标增量时,$dy = f'(x_0)\Delta x = \tan\alpha \cdot \Delta x$ 就是切线纵坐标对应的增量.

当 $|\Delta x|$ 很小时,在点 M 的附近,切线段 MP 可近似代替曲线段 $\overparen{MN}$,即 $|\overparen{MN}| \approx |\overline{MP}| = \sqrt{(dx)^2+(dy)^2}$,记 $ds = \sqrt{(dx)^2+(dy)^2}$,称为**弧长微分公式**.

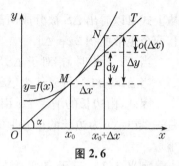

图 2.6

三、微分运算法则

微课

从 $dy = f'(x)dx$ 可见,要计算函数的微分,只要计算函数的导数,再乘以自变量的微分.因此所有微分公式都可由导数公式推出,如:

$$d(\sin x) = \cos x dx, \quad d(x^\mu) = \mu x^{\mu-1} dx, \quad d(\ln x) = \frac{1}{x} dx, \quad d(\arcsin x) = \frac{1}{\sqrt{1-x^2}} dx.$$

微分四则运算法则,也可由导数运算法则推出,如:
$(u \pm v)' = u' \pm v'$,则 $d(u \pm v) = (u \pm v)' dx = u' dx \pm v' dx = du \pm dv$,等等.

【例 2.33】 设 $y = e^{1-3x}\cos x$,求 dy.

解 因为 $y' = -3e^{1-3x}\cos x - e^{1-3x}\sin x$,
所以 $dy = y' dx = -e^{1-3x}(3\cos x + \sin x)dx$.

【例 2.34】 设 $e^y = xy$,求 dy.

解 方程 $e^y = xy$ 两边对 x 求导,得

$$e^y y' = y + xy',$$

解出 y',得 $y' = \dfrac{y}{e^y - x} = \dfrac{y}{xy - x}$.

所以 $dy = \dfrac{y}{xy - x} dx$.

四、一阶微分形式的不变性

若函数 $y = f(u)$ 对 u 是可导的,$u = \varphi(x)$ 对 x 是可导的,则有:

(1) 当 u 是自变量时,函数的微分形式为 $dy = f'(u)du$;

(2) 当 x 是自变量时,则 y 是 x 的复合函数,且有 $du = \varphi'(x)dx$,由复合函数求导公式,y 对 x 的导数为: $\dfrac{dy}{dx} = f'(u)\varphi'(x)$,因此

$$dy = \frac{dy}{dx} \cdot dx = f'(u)\varphi'(x)dx = f'(u)du.$$

由此可知,不论 u 是自变量还是关于自变量 x 的函数,$y = f(u)$ 的微分形式都可以表示为 $dy = f'(u)du$,这种性质称为**一阶微分形式的不变性**.

【例 2.35】 $y = \arcsin(1-2x)$,求 dy.

解 令 $u = 1-2x$,则 $y = \arcsin u, u = 1-2x$.

$$dy = (\arcsin u)'_u du = \frac{1}{\sqrt{1-u^2}} du = \frac{1}{\sqrt{1-(1-2x)^2}} (1-2x)' dx.$$

即 $dy = \dfrac{-1}{\sqrt{x-x^2}} dx$.

五、微分在近似计算中的应用

微课

设函数 $y=f(x)$ 在 x_0 点可微,因为 $\Delta y = f(x) - f(x_0)$ ($\Delta x = x - x_0$),则
$$f(x) = f(x_0) + \Delta y.$$

当 $|\Delta x|$ 很小时,用 dy 近似代替 Δy,有
$$f(x) \approx f(x_0) + dy = f(x_0) + f'(x_0)\Delta x \text{ (其中 } \Delta x = x - x_0).$$

这就是**微分近似计算公式**.

【**例 2.36**】 设 $f(x) = x^2$,利用微分近似计算公式求当 $x = 100.123$ 时的近似值.

解 由 $f(x) \approx f(x_0) + f'(x_0)\Delta x$,

取一个与 $x = 100.123$ 最接近的,并且易于计算 $f(x_0)$ 与 $f'(x_0)$ 值的数作为公式中的 x_0,这里取 $x_0 = 100$,则 $\Delta x = 0.123$,故
$$f(100.123) \approx f(100) + f'(100) \times 0.123$$
$$= 100^2 + 200 \times 0.123 = 10\,024.6.$$

事实上,$(100.123)^2 = 10\,024.615$,误差很小.

在近似计算公式 $f(x) \approx f(x_0) + f'(x_0)\Delta x$ 中,若 $x_0 = 0$ 时,$\Delta x = x - x_0 = x$,只要 $|\Delta x|$ 足够小,即 $|x|$ 足够小,就有:
$$f(x) \approx f(0) + f'(0)x.$$

这也是经常使用的微分近似计算公式.

例如:$y = \sin x$ 在 $x = 0$ 附近有:$\sin x \approx \sin 0 + \cos 0 \times x$,即 $\sin x \approx x$;

$y = \tan x$ 在 $x = 0$ 附近有:$\tan x \approx \tan 0 + x \sec^2 0$,即 $\tan x \approx x$;

$y = e^x$ 在 $x = 0$ 附近有:$e^x \approx e^0 + xe^0$,即 $e^x \approx 1 + x$;

$y = \ln(1+x)$ 在 $x = 0$ 附近有:$\ln(1+x) \approx \ln(1+0) + x \times \dfrac{1}{1+0}$,即 $\ln(1+x) \approx x$;

$y = (1+x)^\alpha$ 在 $x = 0$ 附近有:$(1+x)^\alpha \approx (1+0)^\alpha + x\alpha(1+0)^{\alpha-1}$,即 $(1+x)^\alpha \approx 1 + \alpha x$.

【**例 2.37**】 求下列函数的近似值:

(1) $\ln 1.01$; \hfill (2) $\sqrt[3]{65}$.

解 (1) 由上述公式可知:$\ln 1.01 \approx 0.01$.

(2) $\sqrt[3]{65} = \sqrt[3]{64+1} = 4 \cdot \sqrt[3]{1 + \dfrac{1}{64}}$.

令 $f(x) = \sqrt[3]{1+x}$,有 $\sqrt[3]{1+\dfrac{1}{64}} \approx 1 + \dfrac{1}{3} \cdot \dfrac{1}{64}$,则
$$\sqrt[3]{65} = \sqrt[3]{64+1} \approx 4 \cdot \left(1 + \dfrac{1}{3} \cdot \dfrac{1}{64}\right) \approx 4.020\,83.$$

习题 2.5

1. 在下列括号中填入适当的函数，使等式成立：

   (1) d( ) $= x\,dx$;　　(2) d( ) $= \cos 3x\,dx$;

   (3) d( ) $= 3x^2\,dx$;　　(4) d( ) $= \dfrac{1}{1+x^2}\,dx$;

   (5) d( ) $= \dfrac{1}{x-1}\,dx$;　　(6) d( ) $= x e^{x^2}\,dx$.

2. 求函数 $y = x^3$ 在 $x = 2$ 处, Δx 分别为 $-0.1, 0.01$ 时的改变量 Δy 及微分 dy.

3. 求下列函数的微分：

   (1) $y = \ln \sin \dfrac{x}{2}$;　　(2) $y = x \ln x - x$;

   (3) $y = e^{-x} \cos(3-x)$;　　(4) $y = x^2 \cos 2x$;

   (5) $y^2 = \sin(xy)$;　　(6) $y = (1+x)^{\sec x}$.

4. 利用微分求近似值：

   (1) $e^{0.05}$;　　(2) $\sqrt[3]{126}$.

5. 一个外直径为 10 cm 的球, 球壳厚度为 $\dfrac{1}{8}$ cm, 试求球壳体积的近似值.

第六节　微分中值定理与洛必达法则

学习目标

1. 了解拉格朗日中值定理及几何意义.

2. 掌握用洛必达法则求 $\dfrac{0}{0}$ 型和 $\dfrac{\infty}{\infty}$ 型未定式极限的方法.

微分中值定理给出了函数及其导数之间的关系, 是导数应用的理论基础. 这里主要介绍罗尔定理和拉格朗日中值定理.

一、罗尔(Rolle)定理

定理 2.6（罗尔(Rolle)定理）　如果函数 $f(x)$ 在闭区间 $[a,b]$ 上连续, 在开区间 (a,b) 内可导, 且在区间端点的函数值相等, 即 $f(a) = f(b)$, 那么在 (a,b) 内至少存在一点 ξ, 使得 $f'(\xi) = 0$.

定理证明从略.

几何解释：在曲线弧 $\overset{\frown}{AB}$ 上至少存在一点 C, 在该点处的切线是水平的（图 2.7）.

物理解释：变速直线运动在折返点处, 瞬时速度等于零.

注意：若罗尔定理的三个条件中有一个不满足, 其结论可能成立, 也可能不成立. 例如, $f(x) = x^2$ 在 $[-1,2]$ 上

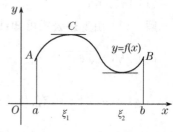

图 2.7

$f(-1)=1\neq f(2)=4$，但有 $\xi=0\in(-1,2)$，使 $f'(\xi)=0$.

又例如 $y=|x|,x\in[-2,2]$；在 $[-2,2]$ 上除 $f'(0)$ 不存在外，满足罗尔定理的一切条件，但在区间 $[-2,2]$ 内找不到一点能使 $f'(x)=0$.

【例 2.38】 验证函数 $f(x)=x^2-2x-3$ 在 $[-1,3]$ 上满足罗尔定理的条件，并求定理中的 ξ.

解 函数 $f(x)=x^2-2x-3=(x-3)(x+1)$ 在 $[-1,3]$ 上连续，且 $f(-1)=f(3)=0$，由于 $f'(x)=2(x-1)$，取 $\xi=1\in(-1,3)$，则 $f'(\xi)=0$.

罗尔定理中"$f(a)=f(b)$"这个条件太特殊，使罗尔定理的应用受到限制，去掉这个条件，就是以下的拉格朗日中值定理.

二、拉格朗日（Lagrange）中值定理

定理 2.7（拉格朗日（Lagrange）中值定理） 如果函数 $f(x)$ 在闭区间 $[a,b]$ 上连续，在开区间 (a,b) 内可导，那么在 (a,b) 内至少存在一点 ξ，使等式 $f(b)-f(a)=f'(\xi)(b-a)$ 成立.

定理证明从略.

结论亦可写成 $\dfrac{f(b)-f(a)}{b-a}=f'(\xi)$，称为**拉格朗日中值公式**.

注意：拉氏公式精确地表达了函数在一个区间上的增量与函数在此区间内某点处的导数之间的关系.

几何解释：在曲线弧 $\overset{\frown}{AB}$ 上至少存在一点 C，在该点处的切线平行于弦 $\overline{AB}$（图 2.8）.

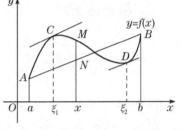

图 2.8

设 $f(x)$ 在 $[a,b]$ 上连续，在 (a,b) 内可导，$x_0,x_0+\Delta x\in(a,b)$，记 $\dfrac{\xi-x_0}{\Delta x}=\theta$，则有

$$f(x_0+\Delta x)-f(x_0)=f'(x_0+\theta\Delta x)\cdot\Delta x\quad(0<\theta<1).$$

也可写成 $\Delta y=f'(x_0+\theta\Delta x)\cdot\Delta x\quad(0<\theta<1)$.

所以，拉格朗日中值公式又称**有限增量公式**或**微分中值定理**.

推论 如果函数 $f(x)$ 在区间 I 上的导数恒为零，那么 $f(x)$ 在区间 I 上是一个常数.

证明：设 x_1,x_2 是区间 (a,b) 内任意两点，$x_1<x_2$，则 $f(x)$ 在 $[x_1,x_2]$ 上满足拉格朗日中值定理的条件，从而有

$$f(x_2)-f(x_1)=f'(\xi)(x_2-x_1),x_1<\xi<x_2.$$

由已知条件知，有 $f'(\xi)=0$，所以 $f(x_2)-f(x_1)=0$，即 $f(x_1)=f(x_2)$.

由 x_1,x_2 的任意性，可得 $f(x)$ 在 (a,b) 内恒为一个常数.

前面我们已经知道，常数的导数是零，此推论就是它的逆定理.

【例 2.36】 证明 $\arcsin x+\arccos x=\dfrac{\pi}{2}(-1\leqslant x\leqslant 1)$.

证明 设 $f(x)=\arcsin x+\arccos x,x\in[-1,1]$.

因为 $f'(x)=\dfrac{1}{\sqrt{1-x^2}}+\left(-\dfrac{1}{\sqrt{1-x^2}}\right)=0,x\in(-1,1)$，

所以 $f(x) \equiv C, x \in (-1,1)$.

又 $f(0) = \arcsin 0 + \arccos 0 = 0 + \dfrac{\pi}{2} = \dfrac{\pi}{2}$，即 $C = \dfrac{\pi}{2}$.

故 $\arcsin x + \arccos x = \dfrac{\pi}{2}, x \in (-1,1)$. 另外 $f(\pm 1) = \dfrac{\pi}{2}$，所以

$$\arcsin x + \arccos x = \dfrac{\pi}{2}, x \in [-1,1].$$

【例 2.37】 证明当 $x > 0$ 时，$\dfrac{x}{1+x} < \ln(1+x) < x$.

证明 设 $f(x) = \ln(1+x)$，$f(x)$ 在 $[0,x]$ 上满足拉格朗日中值定理的条件，则

$$f(x) - f(0) = f'(\xi)(x-0) \ (0 < \xi < x).$$

由于 $f(0) = 0$, $f'(x) = \dfrac{1}{1+x}$，由上式得 $\ln(1+x) = \dfrac{x}{1+\xi}$.

又因为 $0 < \xi < x$，所以 $1 < 1+\xi < 1+x$，即 $\dfrac{1}{1+x} < \dfrac{1}{1+\xi} < 1$，则

$$\dfrac{x}{1+x} < \dfrac{x}{1+\xi} < x, \ \text{即}\ \dfrac{x}{1+x} < \ln(1+x) < x \ (x > 0).$$

三、洛必达法则

1. $\dfrac{0}{0}$ 型及 $\dfrac{\infty}{\infty}$ 型未定式

微课

如果当 $x \to a$（或 $x \to \infty$）时，两个函数 $f(x)$ 与 $F(x)$ 都趋于零或都趋于无穷大，那么极限 $\lim\limits_{\substack{x \to a \\ (x \to \infty)}} \dfrac{f(x)}{F(x)}$ 可能存在、也可能不存在. 通常把这种极限称为 $\dfrac{0}{0}$ 或 $\dfrac{\infty}{\infty}$ 型未定式.

例如：$\lim\limits_{x \to 0} \dfrac{\tan x}{x} \left(\dfrac{0}{0}\right)$；$\lim\limits_{x \to 0^+} \dfrac{\ln \sin ax}{\ln \sin bx} \left(\dfrac{\infty}{\infty}\right)$.

定理 2.8 设函数 $f(x), F(x)$ 满足：

(1) 当 $x \to a$ 时，函数 $f(x)$ 及 $F(x)$ 都趋于零；

(2) 在 a 点的某去心邻域内，$f'(x)$ 及 $F'(x)$ 都存在，且 $F'(x) \neq 0$；

(3) $\lim\limits_{x \to a} \dfrac{f'(x)}{F'(x)}$ 存在（或为无穷大），

那么 $\lim\limits_{x \to a} \dfrac{f(x)}{F(x)} = \lim\limits_{x \to a} \dfrac{f'(x)}{F'(x)}$.

定理证明从略.

这种在一定条件下通过分子分母分别求导再求极限来确定未定式的值的方法称为**洛必达法则**.

如果 $\dfrac{f'(x)}{F'(x)}$ 仍属 $\dfrac{0}{0}$ 型，且 $f'(x), F'(x)$ 满足定理 2.8 的条件，可以继续使用洛必达法则，即 $\lim\limits_{x \to a} \dfrac{f(x)}{F(x)} = \lim\limits_{x \to a} \dfrac{f'(x)}{F'(x)} = \lim\limits_{x \to a} \dfrac{f''(x)}{F''(x)} = \cdots$

当 $x \to \infty$ 时，该法则仍然成立，即 $\lim\limits_{x \to \infty} \dfrac{f(x)}{F(x)} = \lim\limits_{x \to \infty} \dfrac{f'(x)}{F'(x)}$.

当 $x \to a, x \to \infty$ 时的未定式 $\frac{\infty}{\infty}$，也有相应的洛必达法则.

【例 2.38】 求 $\lim\limits_{x \to 0} \frac{\tan x}{x}$.

解 这是 $\frac{0}{0}$ 型未定式，由洛必达法则可得

$$\text{原式} = \lim_{x \to 0} \frac{(\tan x)'}{(x)'} = \lim_{x \to 0} \frac{\sec^2 x}{1} = 1.$$

【例 2.39】 求 $\lim\limits_{x \to 1} \frac{x^3 - 3x + 2}{x^3 - x^2 - x + 1}$.

解 这是 $\frac{0}{0}$ 型未定式，由洛必达法则可得

$$\text{原式} = \lim_{x \to 1} \frac{3x^2 - 3}{3x^2 - 2x - 1} = \lim_{x \to 1} \frac{6x}{6x - 2} = \frac{3}{2}.$$

注意：上例中极限 $\lim\limits_{x \to 1} \frac{6x}{6x-2}$ 已不是 $\frac{0}{0}$ 型未定式，如果不验证条件成立而继续使用洛必达法则，将会导致错误：

$$\lim_{x \to 1} \frac{6x}{6x-2} = \lim_{x \to 1} \frac{6}{6} = 1.$$

【例 2.40】 求 $\lim\limits_{x \to +\infty} \dfrac{\dfrac{\pi}{2} - \arctan x}{\dfrac{1}{x}}$.

解 这是 $\frac{0}{0}$ 型未定式，由洛必达法则可得

$$\text{原式} = \lim_{x \to +\infty} \frac{-\dfrac{1}{1+x^2}}{-\dfrac{1}{x^2}} = \lim_{x \to +\infty} \frac{x^2}{1+x^2} = 1.$$

【例 2.41】 求 $\lim\limits_{x \to 0^+} \frac{\ln \sin ax}{\ln \sin bx}$ $(a > 0, b > 0)$.

解 这是 $\frac{\infty}{\infty}$ 型未定式，由洛必达法则可得

$$\text{原式} = \lim_{x \to 0^+} \frac{a \cos ax \cdot \sin bx}{b \cos bx \cdot \sin ax} = \lim_{x \to 0^+} \frac{a}{b} \cdot \frac{\sin bx}{\sin ax} = \lim_{x \to 0^+} \frac{\cos bx}{\cos ax} = 1.$$

【例 2.42】 求 $\lim\limits_{x \to \frac{\pi}{2}} \frac{\tan x}{\tan 3x}$.

解 这是 $\frac{\infty}{\infty}$ 型未定式，由洛必达法则可得

$$\text{原式} = \lim_{x \to \frac{\pi}{2}} \frac{\sec^2 x}{3 \sec^2 3x} = \frac{1}{3} \lim_{x \to \frac{\pi}{2}} \frac{\cos^2 3x}{\cos^2 x} \left(\text{是 } \frac{0}{0} \text{ 型未定式}\right)$$

$$= \frac{1}{3} \lim_{x \to \frac{\pi}{2}} \frac{-6 \cos 3x \sin 3x}{-2 \cos x \sin x} = \lim_{x \to \frac{\pi}{2}} \frac{\sin 6x}{\sin 2x} \left(\text{是 } \frac{0}{0} \text{ 型未定式}\right)$$

$$= \lim_{x \to \frac{\pi}{2}} \frac{6 \cos 6x}{2 \cos 2x} = 3.$$

注意：洛必达法则是求未定式的一种有效方法，但与其他求极限方法结合使用，效果更好．

【例 2.43】 求 $\lim\limits_{x\to 0}\dfrac{\tan x-x}{x^2\tan x}$.

利用等价无穷小代换 $\tan x\sim x(x\to 0)$，将分母中的 $\tan x$ 换成 x，得

解 原式 $=\lim\limits_{x\to 0}\dfrac{\tan x-x}{x^3}=\lim\limits_{x\to 0}\dfrac{\sec^2 x-1}{3x^2}=\lim\limits_{x\to 0}\dfrac{2\sec^2 x\tan x}{6x}=\dfrac{1}{3}\lim\limits_{x\to 0}\dfrac{\tan x}{x}=\dfrac{1}{3}$.

【例 2.44】 求 $\lim\limits_{x\to\infty}\dfrac{\sqrt{1+x^2}}{x}$.

解 这是 $\dfrac{\infty}{\infty}$ 型未定式，应用洛必达法则可得

$$\lim_{x\to\infty}\dfrac{\sqrt{1+x^2}}{x}\xlongequal{\frac{\infty}{\infty}}\lim_{x\to\infty}\dfrac{x}{\sqrt{1+x^2}}\xlongequal{\frac{\infty}{\infty}}\lim_{x\to\infty}\dfrac{\sqrt{1+x^2}}{x}(循环，洛必达法则不能用)，$$

而

$$\lim_{x\to\infty}\dfrac{\sqrt{1+x^2}}{x}=\lim_{x\to\infty}\sqrt{\dfrac{1}{x^2}+1}=1(分子分母同除以\ x).$$

说明：洛必达法则，并不是在所有有符合条件时都能用。

2. 其他类型的未定式

除 $\dfrac{0}{0}$ 和 $\dfrac{\infty}{\infty}$ 型这两类基本未定式之外，还有 $0\cdot\infty$，$\infty-\infty$，0^0，1^∞，∞^0 等类型的未定式，它们都可以转化为 $\dfrac{0}{0}$ 或 $\dfrac{\infty}{\infty}$ 型未定式，进而用洛必达法则求解．

【例 2.45】 求 $\lim\limits_{x\to+\infty}x^{-2}e^x$.

解 这是 $0\cdot\infty$ 型未定式，先将其转化为 $\dfrac{\infty}{\infty}$ 型未定式，然后再用洛必达法则可得

$$原式=\lim_{x\to+\infty}\dfrac{e^x}{x^2}=\lim_{x\to+\infty}\dfrac{e^x}{2x}=\lim_{x\to+\infty}\dfrac{e^x}{2}=+\infty.$$

【例 2.46】 求 $\lim\limits_{x\to 0}\left(\dfrac{1}{\sin x}-\dfrac{1}{x}\right)$.

解 这是 $\infty-\infty$ 型未定式，先将其通分化为 $\dfrac{0}{0}$ 型未定式，然后再用洛必达法则可得

$$原式=\lim_{x\to 0}\dfrac{x-\sin x}{x\cdot\sin x}=\lim_{x\to 0}\dfrac{1-\cos x}{\sin x+x\cos x}=0.$$

【例 2.47】 求 $\lim\limits_{x\to 0^+}x^x$.

解 这是 0^0 型未定式，先用对数方法将其化为 $0\cdot\infty$ 型，再化为 $\dfrac{\infty}{\infty}$ 型未定式可得

$$原式=\lim_{x\to 0^+}e^{x\ln x}=e^{\lim\limits_{x\to 0^+}x\ln x}=e^{\lim\limits_{x\to 0^+}\frac{\ln x}{\frac{1}{x}}}=e^{\lim\limits_{x\to 0^+}\frac{\frac{1}{x}}{-\frac{1}{x^2}}}=e^0=1.$$

【例 2.48】 求 $\lim\limits_{x\to 1}x^{\frac{1}{1-x}}$.

解 这是 1^∞ 型未定式,可用对数方法将其化为 $\dfrac{0}{0}$ 型未定式来解.

$$原式 = \lim_{x\to 1} e^{\frac{1}{1-x}\ln x} = e^{\lim\limits_{x\to 1}\frac{\ln x}{1-x}} = e^{\lim\limits_{x\to 1}\frac{\frac{1}{x}}{-1}} = e^{-1}.$$

【例 2.49】 求 $\lim\limits_{x\to 0^+}(\cot x)^{\frac{1}{\ln x}}$.

解 这是 ∞^0 型未定式,可用对数方法将其化为 $\dfrac{\infty}{\infty}$ 型未定式求解.

取对数得 $(\cot x)^{\frac{1}{\ln x}} = e^{\frac{1}{\ln x}\cdot\ln(\cot x)}$,而

$$\lim_{x\to 0^+}\frac{1}{\ln x}\cdot\ln(\cot x) = \lim_{x\to 0^+}\frac{-\frac{1}{\cot x}\cdot\frac{1}{\sin^2 x}}{\frac{1}{x}} = \lim_{x\to 0^+}\frac{-x}{\cos x\cdot\sin x} = -1,$$

故原式 $= e^{-1}$.

【例 2.50】 求 $\lim\limits_{x\to\infty}\dfrac{x+\cos x}{x}$.

解 原式 $= \lim\limits_{x\to\infty}\dfrac{1-\sin x}{1} = \lim\limits_{x\to\infty}(1-\sin x)$,极限不存在,也不是无穷大.

洛必达法则失效. 正确做法为:

$$原式 = \lim_{x\to\infty}\left(1+\frac{1}{x}\cos x\right) = 1.$$

因此,一定要注意洛必达法则的使用条件.

习题 2.6

1. 验证函数 $f(x) = x^2 - 2x - 3$ 在区间 $[-1,3]$ 上罗尔定理成立.
2. 验证函数 $f(x) = \ln x$ 在区间 $[1,e]$ 上拉格朗日中值定理成立.
3. 设函数 $f(x) = (x-1)(x-2)(x-3)$,用罗尔定理证明方程 $f'(x) = 0$ 在 $(1,3)$ 内至少有两个根.
4. 用拉格朗日中值定理证明下列不等式:

(1) 当 $x > 0$ 时,$e^x > 1+x$;

(2) $|\sin b - \sin a| \leqslant |b-a|$,其中 a,b 为实数.

5. 证明下列恒等式:$\arctan x + \arctan\dfrac{1}{x} = \dfrac{\pi}{2}$.

6. 求下列极限:

(1) $\lim\limits_{x\to 1}\dfrac{x^5-1}{x^8-1}$;

(2) $\lim\limits_{x\to\pi}\dfrac{\sin 3x}{\tan 5x}$;

(3) $\lim\limits_{x\to 0}\dfrac{e^x-2^x}{x}$;

(4) $\lim\limits_{x\to 0^+}\dfrac{\ln\sin 3x}{\ln\sin x}$;

(5) $\lim\limits_{x\to 0}\dfrac{x-\sin x}{x^3}$;

(6) $\lim\limits_{x\to +\infty}\dfrac{\ln\left(1+\dfrac{1}{x}\right)}{\operatorname{arccot} x}$;

(7) $\lim\limits_{x\to+\infty}\dfrac{e^x}{x^6}$;

(8) $\lim\limits_{x\to 0}\dfrac{e^x\sin x-x}{3x^2-x^5}$;

(9) $\lim\limits_{x\to 0}\dfrac{\sqrt{1+x}+\sqrt{1-x}-2}{x^2}$;

(10) $\lim\limits_{x\to 0^+}\sqrt{x}\ln x$;

(11) $\lim\limits_{x\to 1}\left(\dfrac{x}{x-1}-\dfrac{1}{\ln x}\right)$;

(12) $\lim\limits_{x\to 0^+}x^{\ln(1+x)}$.

7. 证明下列极限存在,但不能用洛必塔法则得出:

(1) $\lim\limits_{x\to\infty}\dfrac{x-\cos x}{x+\cos x}$;

(2) $\lim\limits_{x\to 0}\dfrac{x^2\sin\dfrac{1}{x}}{\sin x}$.

第七节　函数的单调性与极值

学习目标

1. 理解函数的极值的概念,掌握利用导数判断函数的单调性和求函数极值的方法.
2. 理解函数最值的概念,并掌握其求法,会求简单实际问题中的最值.

案例 2.5（排版问题）　现要出版一本书,每页纸张的面积为 $600~\text{cm}^2$,要求上下各留 3 cm,左右各留 2 cm 的空白,试确定纸张的宽和高,使每页纸面能安排印刷最多的内容.

如图 2.9,设纸张的宽为 x,则高为 $\dfrac{600}{x}$,去掉空白面积后,纸面面积为:

$$S=(x-4)\left(\dfrac{600}{x}-6\right)=624-6x-\dfrac{2\,400}{x}~(4<x<100).$$

如何找到使面积 S 最大的版面安排,学完本节后,自然明了.

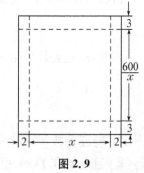

图 2.9

一、函数的单调性

函数的单调性与导数的符号有着密切的联系. 如图 2.10,当函数 $y=f(x)$ 在区间 (a,b) 内单调增加时,其图像是一条沿 x 轴正向上升的曲线,各点处的切线与 x 轴正向夹角为锐角,即 $f'(x)>0$;当函数 $y=f(x)$ 在区间 (a,b) 内单调减少时,其图像是一条沿 x 轴正向下降的曲线,各点处的切线与 x 轴正向夹角为钝角,即 $f'(x)<0$. 反过来,能否用导数的符号来判断函数的单调性呢? 由拉格朗日中值定理可得出如下定理.

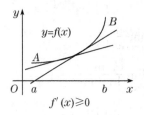

图 2.10

定理 2.10 设函数 $y=f(x)$ 在 $[a,b]$ 上连续,在 (a,b) 内可导.

(1) 若在 (a,b) 内 $f'(x)>0$,则函数 $y=f(x)$ 在 $[a,b]$ 上单调增加;

(2) 若在 (a,b) 内 $f'(x)<0$,则函数 $y=f(x)$ 在 $[a,b]$ 上单调减少.

证明 $\forall x_1,x_2 \in (a,b)$,且 $x_1<x_2$,应用拉格朗日中值定理,得
$$f(x_2)-f(x_1)=f'(\xi)(x_2-x_1) \quad (x_1<\xi<x_2).$$

(1) 若在 (a,b) 内,$f'(x)>0$,则 $f'(\xi)>0$,所以 $f(x_2)>f(x_1)$. 即 $y=f(x)$ 在 $[a,b]$ 上单调增加;

(2) 若在 (a,b) 内,$f'(x)<0$,则 $f'(\xi)<0$,所以 $f(x_2)<f(x_1)$. 即 $y=f(x)$ 在 $[a,b]$ 上单调减少.

【例 2.51】 讨论函数 $f(x)=e^x-x-1$ 的单调性.

解 $f'(x)=e^x-1, x\in(-\infty,+\infty)$.

在 $(-\infty,0)$ 内,$f'(x)<0$,所以函数单调减少;

在 $(0,+\infty)$ 内,$f'(x)>0$,所以函数单调增加.

函数的图形如图 2.11 所示.

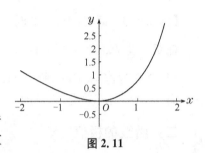

图 2.11

注意:函数的单调性是一个区间上的性质,要用导数在这一区间上的符号来判定,而不能用一点处的导数符号来判别一个区间上的单调性. 利用导数等于零的点和不可导点,可作为单调区间的分界点.

【例 2.52】 确定函数 $f(x)=2x^3-9x^2+12x-3$ 的单调区间.

解 定义域 $D=(-\infty,+\infty)$,且
$$f'(x)=6x^2-18x+12=6(x-1)(x-2).$$

解方程 $f'(x)=0$,得,$x_1=1, x_2=2$.

当 $-\infty<x<1$ 时,$f'(x)>0$,则 $f(x)$ 在 $(-\infty,1]$ 上单调增加;

当 $1<x<2$ 时,$f'(x)<0$,则 $f(x)$ 在 $[1,2]$ 上单调减少;

当 $2<x<+\infty$ 时,$f'(x)>0$,则 $f(x)$ 在 $[2,+\infty)$ 上单调增加.

故函数的单调增加区间为 $(-\infty,1]$,$[2,+\infty)$,单调减少区间为 $[1,2]$.

函数的图形如图 2.12 所示.

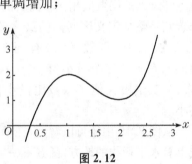

图 2.12

【例 2.53】 确定函数 $f(x)=\sqrt[3]{x^2}$ 的单调区间.

解 定义域 $D=(-\infty,+\infty)$,且
$$f'(x)=\frac{2}{3\sqrt[3]{x}} \quad (x\neq 0).$$

当 $-\infty<x<0$ 时,$f'(x)<0$,$f(x)$ 在 $(-\infty,0]$ 上单调减少;

当 $0<x<+\infty$ 时,$f'(x)>0$,$f(x)$ 在 $[0,+\infty)$ 上单调增加.

函数的图形如图 2.13 所示.

注意:如在区间内个别点导数为零,是不影响单调区间的.

例如:$y=x^3$,$y'|_{x=0}=0$,但它在 $(-\infty,+\infty)$ 上单调增加(图 2.14).

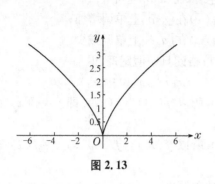

图 2.13

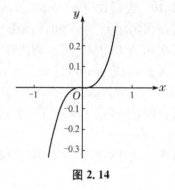

图 2.14

【例 2.54】 证明:当 $x>0$ 时,$x>\ln(1+x)$.

证明 设 $f(x)=x-\ln(1+x)$,则 $f'(x)=1-\dfrac{1}{1+x}=\dfrac{x}{1+x}$.

当 $x>0$ 时,$f'(x)>0$,所以 $f(x)$ 在 $[0,+\infty)$ 上单调增加;

而 $f(0)=0$,于是当 $x>0$ 时,$x-\ln(1+x)>0$,即 $x>\ln(1+x)(x>0)$.

二、函数的极值

定义 2.3 设函数 $f(x)$ 在 x_0 的某个邻域内有定义,若对该邻域内任意的 $x(x\neq x_0)$,恒有

$$f(x)<f(x_0) \quad (\text{或 } f(x)>f(x_0)),$$

则称 $f(x_0)$ 是函数 $f(x)$ 的一个**极大值**(或**极小值**).

微课

函数的极大值与极小值统称为**极值**,使函数取得极值的点称为**极值点**.

函数的极值是一个局部概念,它是与极值点邻近点的函数值相比较而言的,并不意味着它是整个定义区间内的最大值或最小值. 如图 2.15,函数 $f(x)$ 有两个极大值 $f(x_2),f(x_5)$,三个极小值 $f(x_1),f(x_4)$,$f(x_6)$,其中极大值 $f(x_2)$ 比极小值 $f(x_6)$ 还小.

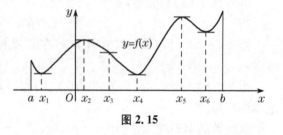

图 2.15

从图 2.15 中还可以看到,在函数取极值处,若曲线存在切线,则切线是水平的. 反之,曲线上有水平切线的地方,函数不一定取极值(如 $x=x_3$ 处),因此有如下定理.

定理 2.11(必要条件) 设 $f(x)$ 在点 x_0 处可导,且在 x_0 处取得极值,则必有 $f'(x_0)=0$.

定理证明从略.

使导数为零的点(即方程 $f'(x)=0$ 的实根)叫作函数 $f(x)$ 的**驻点**.

该定理说明可导函数 $f(x)$ 的极值点必为驻点,但函数的驻点却不一定是极值点. 例如,$y=x^3$,$y'|_{x=0}=0$,但 $x=0$ 不是极值点.

另外,导数不存在的点也可能是函数的极值点. 例如,函数 $y=|x|$ 在 $x=0$ 处不可导,但 $x=0$ 是该函数的极小值点.

由此可知,函数的极值点应该在驻点和不可导点中去寻找,但驻点和不可导点又不一定

是极值点.下面给出判别极值的两个充分条件.

定理 2.12（第一充分条件） 设函数 $f(x)$ 在点 x_0 处连续,在 x_0 左右近旁可导,且 $f'(x_0)=0$ 或 $f'(x_0)$ 不存在.当 x 由小到大经过 x_0 时,

(1) 若 $f'(x)$ 由正变负,则函数 $f(x)$ 在 x_0 处取得极大值;

(2) 若 $f'(x)$ 由负变正,则函数 $f(x)$ 在 x_0 处取得极小值;

(3) 若 $f'(x)$ 不变号,则函数 $f(x)$ 在 x_0 处没有极值.

定理证明从略.

综上所述,求函数极值的一般步骤如下:

(1) 求出函数 $f(x)$ 的定义域及导数 $f'(x)$;

(2) 求 $f(x)$ 的驻点和不可导点;

(3) 利用第一充分条件判断这些可能取极值的点是否为极值点.如果是极值点,进一步确定是极大值点还是极小值点(如图 2.16 与图 2.17 所示).

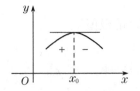 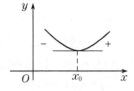

图 2.16 是极值点情形

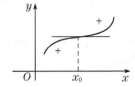 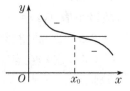

图 2.17 不是极值点情形

【例 2.55】 求函数 $f(x)=x^3-3x^2-9x+5$ 的极值.

解 (1) 函数的定义域为 $(-\infty,+\infty)$,且
$$f'(x)=3x^2-6x-9=3(x+1)(x-3).$$

(2) 令 $f'(x)=0$,得驻点 $x_1=-1,x_2=3$.

(3) 列表讨论

x	$(-\infty,-1)$	-1	$(-1,3)$	3	$(3,+\infty)$
$f'(x)$	$+$	0	$-$	0	$+$
$f(x)$	↗	极大值	↘	极小值	↗

极大值 $f(-1)=10$,极小值 $f(3)=-22$.

【例 2.56】 求函数 $f(x)=x-\dfrac{3}{2}x^{\frac{2}{3}}$ 的极值.

解 (1) 函数的定义域为 $(-\infty,+\infty)$,且
$$f'(x)=1-x^{-\frac{1}{3}}=\frac{\sqrt[3]{x}-1}{\sqrt[3]{x}}.$$

(2) 令 $f'(x)=0$,得驻点 $x_1=1$,不可导点为 $x_2=0$.

(3) 列表讨论

x	$(-\infty,0)$	0	$(0,1)$	1	$(1,+\infty)$
$f'(x)$	+	×	−	0	+
$f(x)$	↑	极大值	↓	极小值	↑

极大值 $f(0)=0$,极小值 $f(1)=-\dfrac{1}{2}$.

定理 2.13（第二充分条件） 设 $f(x)$ 在 x_0 处具有二阶导数,且 $f'(x_0)=0$,$f''(x_0)\neq 0$,那么

(1) 当 $f''(x_0)<0$ 时,函数 $f(x)$ 在 x_0 处取得极大值;

(2) 当 $f''(x_0)>0$ 时,函数 $f(x)$ 在 x_0 处取得极小值.

定理证明从略.

【例 2.57】 求函数 $f(x)=x^3+3x^2-24x-20$ 的极值.

解 $f'(x)=3x^2+6x-24=3(x+4)(x-2)$,

令 $f'(x)=0$,得驻点 $x_1=-4$,$x_2=2$.

$$f''(x)=6x+6,$$
$$f''(-4)=-18<0,$$

故极大值 $f(-4)=60$;

$f''(2)=18>0$,故极小值 $f(2)=-48$.

$f(x)=x^3+3x^2-24x-20$ 的图形如图 2.18 所示.

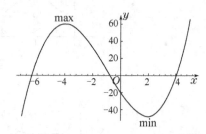

图 2.18

注意：当 $f''(x_0)=0$ 时,$f(x)$ 在点 x_0 处不一定取极值,仍用定理 2.12 判别.

三、函数的最大值与最小值

若函数 $f(x)$ 在 $[a,b]$ 上连续,则 $f(x)$ 在 $[a,b]$ 上的最大值与最小值存在. 如果 $f(x)$ 除个别点外处处可导,并且至多有有限个导数为零的点,则可按如下步骤求函数的最值：

(1) 求函数的驻点和不可导点；

(2) 求区间端点及驻点和不可导点的函数值,比较大小,最大者就是最大值,最小者就是最小值.

注意：如果区间内只有一个极值,则这个极值就是最值(最大值或最小值).

【例 2.58】 求函数 $f(x)=2x^3+3x^2-12x+14$ 在 $[-3,4]$ 上的最大值与最小值.

解 由于 $f'(x)=6(x+2)(x-1)$,

解方程 $f'(x)=0$,得 $x_1=-2$,$x_2=1$.

计算 $f(-3)=23$；$f(-2)=34$；$f(1)=7$；

$f(4)=142$；

比较得最大值 $f(4)=142$,最小值 $f(1)=7$.

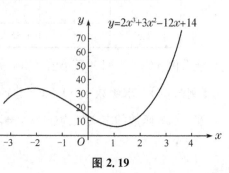

图 2.19

函数的图形如图 2.19 所示.

实际问题求最值应注意:① 建立目标函数;② 求最值.

若目标函数只有唯一驻点,则该点的函数值即为所求的最大值或最小值.

【例 2.59】 求解案例 2.5.

解 建立数学模型,去掉空白面积后的纸面面积为:
$$S = 624 - 6x - \frac{2400}{x} \quad (4 < x < 100).$$

求导得 $S' = \frac{2400}{x^2} - 6$,

令 $S' = 0$,在 $(4, 100)$ 内得唯一驻点 $x = 20$.

根据问题的实际意义知最大值必存在,所以所得唯一驻点就是最大值点. 此时书本纸张的页面为宽和高分别为 20 cm 和 30 cm 的长方形.

【例 2.60】 某房地产公司有 50 套公寓要出租,当租金定为每月 180 元时,公寓会全部租出去. 当租金每月增加 10 元时,就有一套公寓租不出去,而租出去的房子每月需花费 20 元的整修维护费. 试问房租定为多少可获得最大收入?

解 设房租为每月 $x(\geqslant 180)$ 元,租出去的房子有 $50 - \left(\frac{x-180}{10}\right)$ 套,则

每月总收入为 $R(x) = (x - 20)\left(50 - \frac{x-180}{10}\right) = (x - 20)\left(68 - \frac{x}{10}\right)$,于是

$$R'(x) = \left(68 - \frac{x}{10}\right) + (x - 20)\left(-\frac{1}{10}\right) = 70 - \frac{x}{5}.$$

令 $R'(x) = 0 \Rightarrow x = 350$(唯一驻点),根据实际意义知,房租的最大收入存在,故每月每套租金为 350 元时收入最高.

最大收入为 $R(350) = (350 - 20)\left(68 - \frac{350}{10}\right) = 10\,890$(元).

【例 2.61】 在 A 地有一种产品,要源源不断地运到铁路线上的 B 地,现希望铺设一段公路 AP,再利用一段铁路 PB(图 2.20),若铁路运输速度是公路运输速度的两倍,求转运站 P 的最佳位置,使能以最短的时间通过汽车运输转铁路运输,将该产品运到 B 地. 已知:A 到铁路线的垂直距离为 $AA' = a$,而 $A'B = L\left(L > \frac{a}{\sqrt{3}}\right)$.

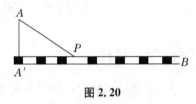

图 2.20

解 设 $x = A'P$,公路运输速度为 v,铁路运输速度为 $2v$,建立目标函数,总运输时间

$$T(x) = \frac{\sqrt{a^2 + x^2}}{v} + \frac{L - x}{2v} \quad (0 \leqslant x \leqslant L)$$

求导得 $T' = \frac{1}{v}\left(\frac{x}{\sqrt{a^2 + x^2}} - \frac{1}{2}\right)$.

令 $T' = 0$,在 $(0, L)$ 内得唯一驻点 $x = \frac{a}{\sqrt{3}}$.

根据实际意义可知,最佳转运站的位置确实存在,所以当 $A'P = \frac{a}{\sqrt{3}}$ 时,P 点位置最佳.

习题 2.7

1. 求下列函数的单调区间:
   (1) $y = x - e^x$;
   (2) $y = 2x^2 - \ln x$;
   (3) $y = \sqrt{2x - x^2}$;
   (4) $y = x^3 - 3x^2 - 9x + 14$.

2. 利用单调性,证明下列不等式:
   (1) 当 $x > 1$ 时, $2\sqrt{x} > 3 - \dfrac{1}{x}$;
   (2) 当 $x > 0$ 时, $\arctan x < x$.

3. 求下列函数的极值:
   (1) $y = x^3 - 3x^2 + 7$;
   (2) $y = x^2 e^{-x}$;
   (3) $y = x^2 - \ln x^2$;
   (4) $y = x^{\frac{1}{3}}(1-x)^{\frac{2}{3}}$.

4. 求下列函数在指定区间上的最值:
   (1) $y = \ln(1+x^2), x \in [-1, 2]$;
   (2) $y = \sin 2x - 2x, x \in \left[-\dfrac{\pi}{2}, \dfrac{\pi}{2}\right]$;
   (3) $y = x + 2\sqrt{x}, x \in [0, 4]$;
   (4) $y = \dfrac{x}{1+x^2}, x \in [0, +\infty)$.

5. 要制造一个容积为 16 m³ 的圆柱形容器,问底半径与高各为多少时可使用料最省?

6. 某车间靠墙壁盖一间长方形小屋,现有存砖只够砌 20 m 长的墙壁,问应围成怎样的长方形才能使这间小屋的面积最大?

7. 将 8 分成两个数之和,使它们的立方和最小.

8. 甲轮船位于乙轮船东 75 海里,以每小时 12 海里的速度向西行驶,而乙轮船则以每小时 6 海里的速度向北行驶,问经过多少时间,两船相距最近?

第八节 曲线的凹凸拐与函数图形描绘

学习目标

1. 了解曲线的凹凸和拐点的概念,掌握求曲线凹凸区间和拐点的方法.
2. 了解曲线的水平渐近线和铅直渐近线的概念,掌握绘制函数图形的主要步骤.

一、曲线凹凸性与拐点

如何研究曲线的弯曲方向? 从几何上看到,在有的曲线弧上,如果任取两点,则连接这两点间的弦总位于这两点间的弧段的上方(图 2.21),而有的曲线弧却正好相反(图 2.22). 曲线的这种性质就是曲线的凹凸性.

微课

定义 2.4 设函数 $f(x)$ 在区间 (a,b) 上连续,如果对 (a,b) 上任意两点 x_1, x_2,恒有

$$f\left(\dfrac{x_1+x_2}{2}\right) < \dfrac{f(x_1)+f(x_2)}{2} \left(\text{或 } f\left(\dfrac{x_1+x_2}{2}\right) > \dfrac{f(x_1)+f(x_2)}{2}\right)$$

那么称曲线 $y = f(x)$ 在 (a,b) 上是**凹(或凸)的**(弧),此区间 (a,b) 称为**凹(或凸)区间**.

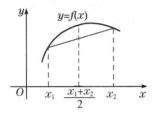
图 2.21　图形上任意弧段位于所张弦的上方

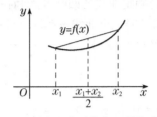
图 2.22　图形上任意弧段位于所张弦的下方

一般,直接用定义来判断曲线的凹凸性往往较为困难,下面介绍用二阶导数来判断曲线的凹凸性.

定理 2.14　如果 $f(x)$ 在 $[a,b]$ 上连续,在 (a,b) 内具有一阶和二阶导数,若在 (a,b) 内
(1) $f''(x)>0$,则 $f(x)$ 在 $[a,b]$ 上的图形是凹的;
(2) $f''(x)<0$,则 $f(x)$ 在 $[a,b]$ 上的图形是凸的.

定理证明从略.

【例 2.62】　判定下列曲线的凹凸性:
(1) $y=\ln x$;　　　　　　　(2) $y=\sin x, x\in(0,2\pi)$.

解　(1) 因为 $y'=\dfrac{1}{x}, y''=-\dfrac{1}{x^2}<0$,所以 $y=\ln x$ 在其定义域 $(0,+\infty)$ 内是凸的(图 2.23).

(2) $y'=\cos x, y''=-\sin x$,令 $y''=0$ 得 $x=\pi\in(0,2\pi)$.
当 $x\in(0,\pi)$ 时,$y''=-\sin x<0$,所以,曲线 $y=\sin x$ 是凸的;
当 $x\in(\pi,2\pi)$ 时,$y''=-\sin x>0$,所以,曲线 $y=\sin x$ 是凹的.
如图 2.24 所示,点 $(\pi,0)$ 是曲线由凸变凹的分界点.

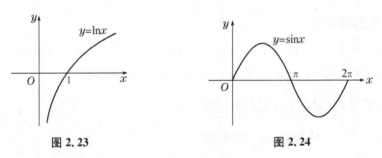

图 2.23　　　　　　　　　　　图 2.24

定义 2.5　连续曲线上凹凸的分界点称为曲线的**拐点**.

注意:拐点处的切线必在拐点处穿过曲线.

由于拐点是曲线 $y=f(x)$ 上凹与凸的分界点,所以当 $f''(x)$ 存在时,由曲线凹凸性的判定定理可知,拐点左右两侧附近 $f''(x)$ 必异号.

另外,二阶导数不存在的点对应于曲线上的点也有可能为拐点.因此,不难给出确定曲线凹凸区间和拐点的方法:
(1) 确定函数 $y=f(x)$ 的定义域;
(2) 求出定义域内使 $f''(x)=0$ 的点 x_i 和 $f''(x)$ 不存在的点 x_j;
(3) 将 x_i 和 x_j 按从小到大的顺序划分定义域为若干区间,并判断在各区间内的二阶导

数的符号,确定曲线的凹凸区间和拐点.

【例 2.63】 求曲线 $y=3x^4-4x^3+1$ 的拐点及凹、凸的区间.

解 (1) 定义域 $D=(-\infty,+\infty)$.

(2) $y'=12x^3-12x^2, y''=36x\left(x-\dfrac{2}{3}\right)$.

令 $y''=0$,得 $x_1=0, x_2=\dfrac{2}{3}$.

(3) 列表讨论

x	$(-\infty,0)$	0	$\left(0,\dfrac{2}{3}\right)$	$\dfrac{2}{3}$	$\left(\dfrac{2}{3},+\infty\right)$
$f''(x)$	$+$	0	$-$	0	$+$
$f(x)$	凹的	拐点 $(0,1)$	凸的	拐点 $(2/3,11/27)$	凹的

所以,凹区间为 $(-\infty,0]$,$\left[\dfrac{2}{3},+\infty\right)$,凸区间为 $\left[0,\dfrac{2}{3}\right]$,拐点为 $(0,1)$,$\left(\dfrac{2}{3},\dfrac{11}{27}\right)$.

【例 2.64】 求曲线 $y=\sqrt[3]{x}$ 的拐点.

解 当 $x\neq 0$ 时,$y'=\dfrac{1}{3}x^{-\frac{2}{3}}$,$y''=-\dfrac{4}{9}x^{-\frac{5}{3}}$,则

$x=0$ 是不可导点,y',y'' 均不存在.

但在 $(-\infty,0)$ 内,$y''>0$,曲线在 $(-\infty,0]$ 上是凹的;

在 $(0,+\infty)$ 内,$y''<0$,曲线在 $[0,+\infty)$ 上是凸的.

故点 $(0,0)$ 是曲线 $y=\sqrt[3]{x}$ 的拐点.

二、曲线的渐近线

定义 2.6 当曲线 $y=f(x)$ 上的动点 P 沿着曲线无限远离坐标原点时,它与某定直线 L 的距离趋向于零,则称此直线 L 为曲线 $y=f(x)$ 的一条**渐近线**.

1. 铅直渐近线(垂直于 x 轴的渐近线)

如果 $\lim\limits_{x\to x_0^+}f(x)=\infty$ 或 $\lim\limits_{x\to x_0^-}f(x)=\infty$,那么直线 $x=x_0$ 称为曲线 $y=f(x)$ 的一条**铅直渐近线**.

例如:曲线 $y=\dfrac{1}{(x+2)(x-3)}$,因为 $\lim\limits_{x\to -2}\dfrac{1}{(x+2)(x-3)}=\infty$,$\lim\limits_{x\to 3}\dfrac{1}{(x+2)(x-3)}=\infty$,

所以,有两条铅直渐近线:$x=-2$,$x=3$ (图 2.25).

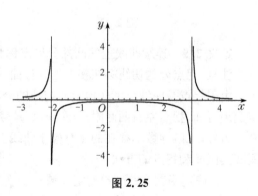

图 2.25

2. 水平渐近线(平行于 x 轴的渐近线)

如果 $\lim\limits_{x\to+\infty}f(x)=b$ 或 $\lim\limits_{x\to-\infty}f(x)=b(b$ 为常数),那么直线 $y=b$ 称为曲线 $y=f(x)$ 的一条**水平渐近线**.

例如:曲线 $y=\arctan x$,因为 $\lim\limits_{x\to+\infty}\arctan x=\dfrac{\pi}{2}$,$\lim\limits_{x\to-\infty}\arctan x=-\dfrac{\pi}{2}$,所以有两条水平渐近线:$y=\dfrac{\pi}{2}$,$y=-\dfrac{\pi}{2}$(图 2.26).

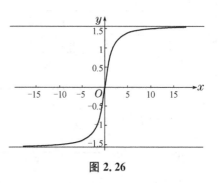

图 2.26

【例 2.65】 求曲线 $y=\dfrac{2}{x-1}+3$ 的渐近线.

解 因为 $\lim\limits_{x\to\infty}f(x)=\lim\limits_{x\to\infty}\left(\dfrac{2}{x-1}+3\right)=3$,所以 $y=3$ 是曲线的水平渐近线;

又 $\lim\limits_{x\to 1}f(x)=\lim\limits_{x\to 1}\left(\dfrac{2}{x-1}+3\right)=\infty$,所以 $x=1$ 是曲线的铅直渐近线.

三、函数图形的描绘

利用导数描绘函数图形的一般步骤如下:

第一步:确定函数 $y=f(x)$ 的定义域,并考察函数是否有奇偶性、周期性、曲线与坐标轴交点等特性,再求出函数的一阶导数 $f'(x)$ 和二阶导数 $f''(x)$;

第二步:求出方程 $f'(x)=0$ 和 $f''(x)=0$ 在函数定义域内的全部实根,用这些根同函数的间断点或导数不存在的点把函数的定义域划分成几个部分区间;

第三步:确定在这些部分区间内 $f'(x)$ 和 $f''(x)$ 的符号,并由此确定函数的单调性、极值、凹凸性及拐点;

第四步:确定曲线的渐近线;

第五步:描出与方程 $f'(x)=0$ 和 $f''(x)=0$ 的根对应的曲线上的点,有时还需要补充一些点,再综合前四步讨论的结果画出函数的图形.

【例 2.66】 作函数 $f(x)=\dfrac{4(x+1)}{x^2}-2$ 的图形.

解 定义域 $D:x\neq 0$,非奇非偶函数,且无对称性.

$$f'(x)=-\dfrac{4(x+2)}{x^3},\ f''(x)=\dfrac{8(x+3)}{x^4}.$$

令 $f'(x)=0$,得驻点 $x=-2$;

令 $f''(x)=0$,得 $x=-3$.

列表讨论函数的单调区间,凹凸区间及极值点和拐点:

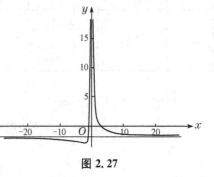

图 2.27

x	$(-\infty,-3)$	-3	$(-3,-2)$	-2	$(-2,0)$	0	$(0,+\infty)$
$f'(x)$	$-$	$-$	$-$	0	$+$	不存在	$+$
$f''(x)$	$-$	0	$+$	$+$	$+$		$+$
$f(x)$	$\downarrow \cap$	拐点 $\left(-3,-\dfrac{26}{9}\right)$	$\downarrow \cup$	极值点 -3	$\uparrow \cup$	间断点	$\downarrow \cup$

$$\lim_{x\to\infty}f(x)=\lim_{x\to\infty}\left[\frac{4(x+1)}{x^2}-2\right]=-2,得水平渐近线\ y=-2;$$

$$\lim_{x\to 0}f(x)=\lim_{x\to 0}\left[\frac{4(x+1)}{x^2}-2\right]=+\infty,得铅直渐近线\ x=0.$$

补充点:$(1-\sqrt{3},0),(1+\sqrt{3},0);A(-1,-2),B(1,6),C(2,1)$.

综合上述分析,描绘出函数的图形(图 2.27).

【例 2.67】 作函数 $\varphi(x)=\dfrac{1}{\sqrt{2\pi}}\mathrm{e}^{-\frac{x^2}{2}}$ 的图形.

解 定义域 $D:(-\infty,+\infty)$,偶函数,图形关于 y 轴对称.

$$\varphi'(x)=-\frac{x}{\sqrt{2\pi}}\mathrm{e}^{-\frac{x^2}{2}};$$

$$\varphi''(x)=-\frac{(x+1)(x-1)}{\sqrt{2\pi}}\mathrm{e}^{-\frac{x^2}{2}}.$$

令 $\varphi'(x)=0$,得驻点 $x=0$;

令 $\varphi''(x)=0$,得 $x=-1,x=1$.

列表讨论函数的单调区间,凹凸区间及极值点与拐点:

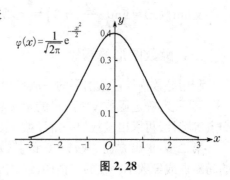

图 2.28

x	$(-\infty,-1)$	-1	$(-1,0)$	0	$(0,1)$	1	$(1,+\infty)$
$\varphi'(x)$	$+$	$+$	$+$	0	$-$	$-$	$-$
$\varphi''(x)$	$+$	0	$-$	$-$	$-$	0	$+$
$\varphi(x)$	$\uparrow \cup$	拐点 $\left(-1,\dfrac{1}{\sqrt{2\pi\mathrm{e}}}\right)$	$\uparrow \cap$	极大值 $\dfrac{1}{\sqrt{2\pi}}$	$\downarrow \cap$	拐点 $\left(1,\dfrac{1}{\sqrt{2\pi\mathrm{e}}}\right)$	$\downarrow \cup$

因为 $\lim\limits_{x\to\infty}\varphi(x)=\lim\limits_{x\to\infty}\dfrac{1}{\sqrt{2\pi}}\mathrm{e}^{-\frac{x^2}{2}}=0$,得水平渐近线 $y=0$.

综合上述分析,描绘出函数的图形(图 2.28).

习题 2.8

1. 求下列曲线的凹凸区间与拐点:

(1) $y=x^3-6x^2+12x+4$; (2) $y=x\mathrm{e}^{-x}$;

(3) $y=\ln(1+x^2)$； (4) $y=1+\sqrt[3]{x-3}$.

2. 求下列曲线的渐近线：

(1) $y=\dfrac{1}{x^2+x+1}$； (2) $y=\ln(x+3)$；

(3) $y=\dfrac{x}{(x-1)^2}$； (4) $y=\dfrac{2x^2}{x^2-1}$.

3. 已知曲线 $y=ax^3+bx^2+1$ 以 $(1,3)$ 为拐点，试求常数 a,b 的值.

4. 已知函数 $y=x^3+ax^2+bx+c$ 在点 $x=0$ 处有极值，且它的图形有拐点 $(1,-1)$，试求常数 a,b,c 的值.

5. 作出下列函数的图形：

(1) $y=\dfrac{1}{3}x^3-x$； (2) $y=x^2+\dfrac{1}{x}$；

(3) $y=e^{\frac{1}{x}}$； (4) $y=\dfrac{4(x+1)}{x^2}-2$.

第九节　导数运算实验

一、实验目的

(1) 会利用 MATLAB 求函数的导数.

(2) 会利用 MATLAB 求函数的极值.

二、实验指导

(1) 求导运算在 MATLAB 里由命令函数 diff( ) 来完成，其具体形式为：
$$\text{diff(function, variable, n)}$$
参数 function 为需要进行求导运算的函数，variable 为求导运算的独立变量，n 为求导的阶次. 命令函数 diff( ) 默认求导的阶次为 1 阶；如果表达式里有多个符号变量，并且没有在参数里说明，则按人们习惯的独立变量顺序确定进行求导的变量.

(2) 求 n 个方程 n 个未知数的方程组解的命令格式为：
$$[\text{var1},\text{var2},\cdots,\text{var}n]=\text{solve}(\text{eqn1},\text{eqn2},\cdots,\text{eqn}n,\text{var1},\text{var2},\cdots,\text{var}n)$$
其中 eqn$n$ 表示第 n 个方程，var$n$ 为第 n 个变量.

(3) MATLAB 也提供了另一个功能强大的画图函数 ezplot，格式为：
$$\text{ezplot(fun,}[a,b])$$
其中 $[a,b]$ 可省略，缺省状态下为 $[-\pi,\pi]$.

【例 2.68】　求函数 $y=x^5+4\sin x-\cos x+7$ 的导数.

解　在命令窗口中输入：

≫ syms x

≫ y=x^5+4*sin(x)-cos(x)+7;

≫ diff(y, x)

按"回车"键，显示结果为：

ans=
5 * x^4+4 * cos(x)+sin(x)

所以　　$y' = 5x^4 + 4\cos x + \sin x$

【例 2.69】 已知函数 $y = \sqrt[3]{\dfrac{(x+1)^2}{(x-1)(x+2)}}$，求 y'_x.

解　在命令窗口中输入：
≫ clear
≫ syms x;
≫ y=((x+1)^2/((x-1) * (x+2)))^(1/3);
≫ diff(y,　x)

按"回车"键，显示结果为：
ans=
1/3/((x+1)^2/(x-1)/(x+2))^(2/3) * (2 * (x+1)/(x-1)/(x+2)-(x+1)^2/(x-1)^2/(x+2)-(x+1)^2/(x-1)/(x+2)^2)

上式显示结果较为复杂，可以用 pretty 函数，令结果显示得更为直观
在命令窗口中输入：
≫ pretty(ans),
结果如图 2.29 所示.

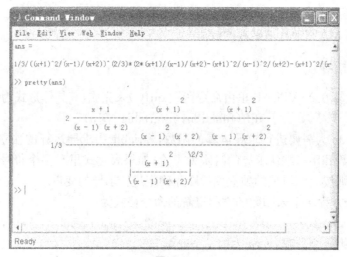

图 2.29

把结果进行简化可以写成 $y' = \dfrac{1}{3}\sqrt[3]{\dfrac{(x+1)^2}{(x-1)(x+2)}} \left(\dfrac{2}{x+1} - \dfrac{1}{x-1} - \dfrac{1}{x+2} \right)$.

【例 2.70】 求 $s = e^{-t}\cos t$ 的二阶导数.

解　在命令窗口中输入：
≫ clear
≫ syms t;
≫ s=exp(-t) * cos(t);

```
>> diff(s, t ,2)
```
按"回车"键,显示结果为:
ans=
2*exp(-t)*sin(t)

所以 $s''=2e^{-t}\sin t$

【例 2.71】 以初速度 v_0、发射角 α 发射炮弹,其运动方程为
$$\begin{cases} x=(v_0\cos\alpha)t, \\ y=(v_0\sin\alpha)t-\dfrac{1}{2}gt^2. \end{cases}$$

求炮弹在任何时刻的运动速度的大小和方向.

解 在命令窗口中输入以下命令:
```
>> syms a v0 t g;
>> x=v0*cos(a)*t;
>> y=v0*sin(a)*t-1/2*g*t^2;
>> vx=diff(x, t);
>> vy=diff(y, t);
>> v=sqrt(vx^2+vy^2);%求炮弹的运动速度
>> v=simplify(v);%  simplify 表示对函数 v 进行化简
```
按"回车"键,显示结果为:
v=(v0^2-2*v0*sin(a)*g*t+g^2*t^2)^(1/2)
```
>> tanb=vy/vx;   %求炮弹的方向
>> pretty(tanb)
```
按"回车"键,显示结果为:
tanb=
$\dfrac{v0\sin(a)-gt}{v0\cos(a)}$

所以
$$v=\sqrt{v_0^2-2(v_0\sin\alpha)gt+(gt)^2},$$
$$\tan\theta=\dfrac{v_0\sin\alpha-gt}{v_0\cos\alpha}.$$

【例 2.72】 求函数 $f(x)=(x^2-1)^3+1$ 的极值.

解 在命令窗口中输入:
```
>> clear
>> syms x;
>> y=(x^2-1)^3+1;
>> yx=diff(y);
>> X=solve(yx)
```
按"回车"键,显示结果为:
X=
-1

1

0

所以驻点为 $x=-1, 0, 1$

再在命令窗口中输入：

≫ezplot(y)

从函数图形(图 2.30)中可以看出，$x=0$ 取得函数的极小值.

所以函数的极小值为：

≫(0^3-1)^3+1

ans=

0

从函数的图形中也可以观察出来函数的极小值为 $f(0)=0$.

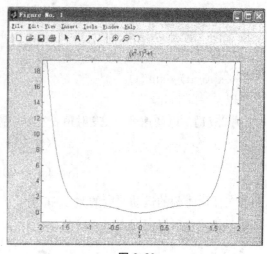

图 2.30

【例 2.73】 铁路线上 AB 段的距离为 100 km，工厂 C 距离 A 处为 20 km，AC 垂直于 AB(图 2.31).为了运输需要，要在 AB 线上选定一点 D 向工厂修一条公路.已知铁路上每千米货运的费用与公路上每千米的货运费用之比为 3∶5，为了使货物从供应站 B 到工厂 C 的总运费最省，问 D 应选在何处？

解 通过建模过程可知

$$y = 5k\sqrt{400+x^2} + 3k(100-x) \quad (0 \leqslant x \leqslant 100)$$

问题归结为：求 x 取何值时，函数 y 在区间 $[0,100]$ 内取得最小值.

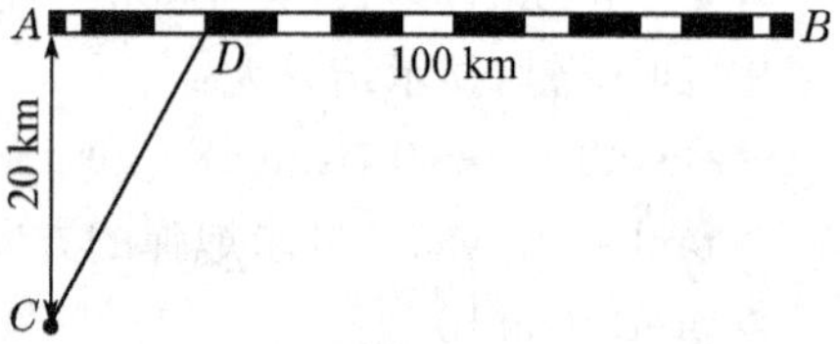

在命令窗口中输入：

≫clear

≫syms k x;

≫y=5*k*sqrt(400+x^2)+3*k*(100-x);

≫yx=diff(y, x);

≫x=solve(yx)   (solve( )是命令窗口中解方程的一个函数，格式为 solve(function))

按"回车"键，显示结果为：

x=15

函数 y 在 $[0,100]$ 内只有一个驻点，因此，当 $x=15$ 时，函数有最小值，即运费最省.

图 2.31

习题 2.9

1．利用 MATLAB 计算下列函数的一、二阶导数：

(1) $y=(x^3+1)^2$； (2) $y=\sin 2^x$.

2．利用 MATLAB 计算下列函数的近似值：

(1) $\cos 30°12'$； (2) $e^{1.02}$.

3．利用 MATLAB 计算下列函数的极值：

(1) $y=4x^3-3x^2-6x+2$； (2) $y=x-\ln(1+x)$.

本章小结

1. 导数的概念

(1) 函数 $y=f(x)$ 的导数（变化率）：$f'(x)=\lim\limits_{\Delta x \to 0}\dfrac{f(x+\Delta x)-f(x)}{\Delta x}$.

(2) 导数的几何意义：$f'(x_0)$ 是曲线 $y=f(x)$ 在点 $(x_0,f(x_0))$ 处切线的斜率.

(3) 可导与连续的关系：可导必连续，连续未必可导.

(4) 高阶导数：二阶导数 $y''=(y')'$，三阶导数 $y'''=(y'')'$，$\cdots$，n 阶导数 $y^{(n)}=(y^{(n-1)})'$.

2. 导数基本公式与求导法则

(1) 基本初等函数的导数公式(16 个).

(2) 导数的四则运算法则.

(3) 复合函数求导法则，隐函数求导法则，对数求导法，由参数方程所确定的函数求导法.

3. 微分的概念

(1) 函数 $y=f(x)$ 的微分：$\mathrm{d}y=f'(x)\mathrm{d}x$ （$\mathrm{d}x=\Delta x$，x 为自变量）.

(2) 微分的几何意义：$\mathrm{d}y=f'(x_0)\Delta x$ 是曲线 $y=f(x)$ 在点 $(x_0,f(x_0))$ 处切线的纵坐标的增量.

(3) 可导与可微的关系：可导必可微，可微必可导.

4. 微分的计算及应用

(1) 利用微分定义 $\mathrm{d}y=f'(x)\mathrm{d}x$ 求微分.

(2) 利用微分基本公式和运算法则求微分.

(3) 利用微分形式不变性求微分.

(4) 当 $|\Delta x|$ 很小时，有近似计算公式：
$$\Delta y \approx \mathrm{d}y=f'(x)\Delta x;$$
$$f(x_0+\Delta x)\approx f(x_0)+f'(x_0)\Delta x.$$

5. 导数的几何应用

曲线 $y=f(x)$ 在点 $(x_0,f(x_0))$ 处的切线方程与法线方程为：
$$y-y_0=f'(x_0)(x-x_0) \text{ 和 } y-y_0=-\dfrac{1}{f'(x_0)}(x-x_0).$$

6. 导数在研究函数性态方面的应用

(1) 利用导数研究函数性态的理论根据是拉格朗日中值定理.

(2) 利用一阶导数的符号判定函数的单调性.

(3) 利用一阶导数或二阶导数的符号判定函数极值.

(4) 利用二阶导数的符号判定曲线的凹凸性及曲线的拐点.

(5) 函数图形的描绘：根据函数的定义域、奇偶性、渐近线、单调性、极值、凹凸性及拐点，列表讨论并作出函数图形.

(6) 最值应用问题：首先根据题意，建立数学模型；然后求出函数驻点，若在所考虑的定义域内驻点唯一,则函数在该驻点处取得最值.

7. 导数在求极限方面的应用

洛必达法则：若 $\lim\limits_{\substack{x\to x_0\\(x\to\infty)}}\dfrac{f(x)}{g(x)}$ 是 $\dfrac{0}{0}$ 型或 $\dfrac{\infty}{\infty}$ 型未定式,且 $\lim\limits_{\substack{x\to x_0\\(x\to\infty)}}\dfrac{f'(x)}{g'(x)}$ 存在(或为 ∞),则 $\lim\limits_{\substack{x\to x_0\\(x\to\infty)}}\dfrac{f(x)}{g(x)}=\lim\limits_{\substack{x\to x_0\\(x\to\infty)}}\dfrac{f'(x)}{g'(x)}.$

第三章 一元函数积分学及应用

本章将讨论函数的不定积分和定积分的概念、性质以及常用积分方法,还要介绍定积分在几何、物理上的一些简单应用.

第一节 不定积分的概念与性质

学习目标

1. 理解原函数与不定积分的概念,了解不定积分的性质.
2. 掌握不定积分基本公式,会用直接积分法求不定积分.

在科学技术和生产实践中,常常会遇到与求导问题相反的另一类问题:已知这个函数的导数,求这个函数.

案例 3.1 已知某物体在任一时刻 t 的速度 $v=v(t)$,求在时刻 t 时物体走过的路程 $s=s(t)$.

案例 3.2 已知电路上任一时刻 t 的电流 $i=i(t)$,求在时刻 t 电路上的电量 $Q=Q(t)$.

案例 3.3 已知曲线上任一点 (x,y) 处的切线斜率为 $k=k(x)$,求该曲线方程 $y=f(x)$.

这类已知一个函数的导数 $F'(x)=f(x)$,要反过来求这个函数 $F(x)$ 的问题(即导数的逆运算),正是本章首先要讨论的一个主要问题.

一、原函数与不定积分的概念

定义 3.1 如果在区间 I 上,可导函数 $F(x)$ 的导函数为 $f(x)$,即对任一 $x \in I$,都有
$$F'(x)=f(x),$$
那么函数 $F(x)$ 就称为 $f(x)$ 在区间 I 上的一个**原函数**.

例如,$(\sin x)'=\cos x$,所以 $\sin x$ 是 $\cos x$ 在 $(-\infty,+\infty)$ 上的一个原函数.

又例如,$(x^3)'=3x^2$,所以 x^3 是 $3x^2$ 在 $(-\infty,+\infty)$ 上的一个原函数.

那么,是否每一个函数都存在原函数?回答是否定的,但有如下结论.

定理 3.1(原函数存在定理) 如果函数 $f(x)$ 在区间 I 上连续,那么在区间 I 上存在可导函数 $F(x)$,使对任一 $x \in I$ 都有
$$F'(x)=f(x).$$

定理证明从略.

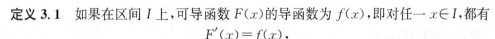
微课

此定理告诉我们,连续函数一定有原函数. 从而得到,初等函数在定义域内必有原函数.

我们知道 $(\sin x+1)'=\cos x$,则 $\sin x+1$ 也是 $\cos x$ 的一个原函数. 那么 $\sin x-2$ 呢?是否也是它的原函数?回答是肯定的,因为常数的导数为零,由此可以得到 $\sin x+C$ 都是 $\cos x$ 的原函数. 由这个例子可以得到,如果一个函数存在原函数,那么它的原函数一定是无

穷多个.

定理 3.2 如果 $F(x)$ 是 $f(x)$ 定义在区间 I 上的一个原函数,则 $F(x)+C$(C 为任意常数)也是 $f(x)$ 的原函数,且 $F(x)+C$ 包含了在该区间上的所有原函数.

注意: $f(x)$ 的任意两个原函数之间只差一个常数,即如果 $\Phi(x)$ 和 $F(x)$ 都是 $f(x)$ 的原函数,则 $\Phi(x)-F(x)=C$(C 为某个常数). 所以,如果找到了一个原函数,就能找到它的全部原函数.

定义 3.2 设 $F(x)$ 是 $f(x)$ 定义在区间 I 上的一个原函数,则它的全部原函数 $F(x)+C$ 称为 $f(x)$ 在 I 上的**不定积分**,记作 $\int f(x)\mathrm{d}x$,即

$$\int f(x)\mathrm{d}x = F(x)+C,$$

其中 $\int$ 为**积分号**,$f(x)$ 为**被积函数**,$f(x)\mathrm{d}x$ 为**被积表达式**,x 为**积分变量**.

【例 3.1】 求 $\int \dfrac{1}{1+x^2}\mathrm{d}x$.

解 因为 $(\arctan x)'=\dfrac{1}{1+x^2}$,所以 $\arctan x$ 是 $\dfrac{1}{1+x^2}$ 的一个原函数,从而有

$$\int \dfrac{\mathrm{d}x}{1+x^2} = \arctan x+C.$$

【例 3.2】 求函数 $f(x)=\dfrac{1}{x}$($x\neq 0$)的不定积分.

解 当 $x>0$ 时,$(\ln x)'=\dfrac{1}{x}$,则

$$\int \dfrac{1}{x}\mathrm{d}x = \ln x+C \quad (x>0);$$

当 $x<0$ 时,$[\ln(-x)]'=\dfrac{1}{-x}\cdot(-1)=\dfrac{1}{x}$,则

$$\int \dfrac{1}{x}\mathrm{d}x = \ln(-x)+C \quad (x<0).$$

合并上面两式,得到

$$\int \dfrac{1}{x}\mathrm{d}x = \ln|x|+C \quad (x\neq 0).$$

按照定义,一个函数的原函数或不定积分都有相应的定义区间,为了简便起见,一般不再注明积分变量的区间.

二、不定积分的几何意义

函数 $f(x)$ 的原函数 $F(x)$ 的图形,称为函数 $f(x)$ 的**积分曲线**. 不定积分的图形是一族积分曲线,这族曲线可由一条积分曲线 $y=F(x)$ 经上下平行移动得到,这族曲线中的每一条曲线在横坐标为 x 的点处的切线斜率都是 $f(x)$(如图 3.1).

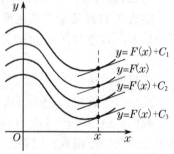

图 3.1

【例 3.3】 设曲线通过点 $(1,2)$,且其上任一点处的切

线斜率等于这点横坐标的 2 倍,求此曲线的方程.

解 设所求的曲线方程为 $y=f(x)$,按题设,曲线上任一点 (x,y) 处的切线斜率为 $k=f'(x)=2x$,则有
$$\int 2x\mathrm{d}x = x^2+C,$$
故必有某个常数 C 使 $f(x)=x^2+C$,即曲线方程为 $y=x^2+C$. 又因为所求曲线通过点 $(1,2)$,故 $2=1+C$,得 $C=1$,则

曲线方程为 $y=x^2+1$.

三、不定积分的性质

根据不定积分的定义,不难推出下面的性质:

性质 3.1 $\dfrac{\mathrm{d}}{\mathrm{d}x}\left[\int f(x)\mathrm{d}x\right]=f(x)$ 或 $\mathrm{d}\left[\int f(x)\mathrm{d}x\right]=f(x)\mathrm{d}x$;

性质 3.2 $\int F'(x)\mathrm{d}x = F(x)+C$ 或 $\int \mathrm{d}F(x) = F(x)+C$.

由此可见,微分运算(以记号 d 表示)与求不定积分的运算(简称积分运算,以记号 $\int$ 表示)是互逆的. 当记号 $\int$ 与 d 连在一起时,或者抵消,或者抵消后差一个常数.

性质 3.3 被积函数中的常数因子可以提到积分号外面去,即
$$\int kf(x)\mathrm{d}x = k\int f(x)\mathrm{d}x \quad (k\text{ 为常数},k\neq 0).$$

性质 3.4 函数和差的不定积分等于各个函数的不定积分的和差,即
$$\int [f(x)\pm g(x)]\mathrm{d}x = \int f(x)\mathrm{d}x \pm \int g(x)\mathrm{d}x.$$

四、基本积分公式

由于积分运算是微分运算的逆运算,所以从基本导数公式,可以直接得到基本积分公式,如:$(\tan x)'=\sec^2 x$,则积分公式为 $\int \sec^2 x\mathrm{d}x=\tan x+C$,类似地,可以推导其他积分公式如下:

(1) $\int \mathrm{d}x = x+C$

(2) $\int x^\mu \mathrm{d}x = \dfrac{x^{\mu+1}}{\mu+1}+C \quad (\mu\neq -1)$

(3) $\int \dfrac{\mathrm{d}x}{x} = \ln|x|+C$

(4) $\int a^x \mathrm{d}x = \dfrac{a^x}{\ln a}+C,\ \int \mathrm{e}^x \mathrm{d}x = \mathrm{e}^x+C$

(5) $\int \cos x\mathrm{d}x = \sin x+C$

(6) $\int \sin x\mathrm{d}x = -\cos x+C$

(7) $\int \sec^2 x\mathrm{d}x = \tan x+C$

(8) $\int \csc^2 x\mathrm{d}x = -\cot x+C$

(9) $\int \sec x\tan x\mathrm{d}x = \sec x+C$

(10) $\int \csc x\cot x\mathrm{d}x = -\csc x+C$

(11) $\int \dfrac{\mathrm{d}x}{1+x^2} = \arctan x+C$

(12) $\int \dfrac{\mathrm{d}x}{\sqrt{1-x^2}} = \arcsin x+C$

这些积分公式是积分运算的基础,对学习本课程十分重要,必须牢牢记住. 利用不定积分的性质及基本积分公式,可以求出一些简单函数的不定积分.

【例 3.4】 求 $\int \sqrt{x}(x^2-5)\mathrm{d}x$.

解
$$\int \sqrt{x}(x^2-5)\mathrm{d}x = \int (x^{\frac{5}{2}} - 5x^{\frac{1}{2}})\mathrm{d}x = \int x^{\frac{5}{2}}\mathrm{d}x - 5\int x^{\frac{1}{2}}\mathrm{d}x$$
$$= \frac{2}{7}x^{\frac{7}{2}} - \frac{10}{3}x^{\frac{3}{2}} + C.$$

遇到多项积分时,不需要对每个积分都加任意常数,只需要待各项积分都计算结束后,总的加一个任意常数就可以了.

【例 3.5】 求 $\int \dfrac{1+x+x^2}{x(1+x^2)}\mathrm{d}x$.

解 因为 $\dfrac{1+x+x^2}{x(1+x^2)} = \dfrac{(1+x^2)+x}{x(1+x^2)} = \dfrac{1}{x} + \dfrac{1}{(1+x^2)}$,所以
$$\int \frac{1+x+x^2}{x(1+x^2)}\mathrm{d}x = \int \frac{1}{x}\mathrm{d}x + \int \frac{1}{1+x^2}\mathrm{d}x = \ln|x| + \arctan x + C.$$

【例 3.6】 求 $\int \tan^2 x\,\mathrm{d}x$.

解 因为 $\tan^2 x = \sec^2 x - 1$,所以
$$\int \tan^2 x\,\mathrm{d}x = \int (\sec^2 x - 1)\mathrm{d}x = \int \sec^2 x\,\mathrm{d}x - \int \mathrm{d}x$$
$$= \tan x - x + C.$$

【例 3.7】 求 $\int (\mathrm{e}^x - 3\cos x + 2^x \mathrm{e}^x)\mathrm{d}x$.

解
$$\int (\mathrm{e}^x - 3\cos x + 2^x \mathrm{e}^x)\mathrm{d}x = \int \mathrm{e}^x\mathrm{d}x - 3\int \cos x\,\mathrm{d}x + \int (2\mathrm{e})^x\mathrm{d}x$$
$$= \mathrm{e}^x - 3\sin x + \frac{(2\mathrm{e})^x}{\ln(2\mathrm{e})} + C$$
$$= \mathrm{e}^x - 3\sin x + \frac{(2\mathrm{e})^x}{1+\ln 2} + C.$$

【例 3.8】 求 $\int \dfrac{x^4}{1+x^2}\mathrm{d}x$.

解 因为 $\dfrac{x^4}{1+x^2} = \dfrac{x^4-1+1}{1+x^2} = \dfrac{(x^2+1)(x^2-1)+1}{1+x^2} = x^2-1+\dfrac{1}{1+x^2}$,所以
$$\int \frac{x^4}{1+x^2}\mathrm{d}x = \int \left(x^2 - 1 + \frac{1}{1+x^2}\right)\mathrm{d}x = \frac{1}{3}x^3 - x + \arctan x + C.$$

【例 3.9】 求 $\int \dfrac{1}{\sin^2 \frac{x}{2} \cos^2 \frac{x}{2}}\mathrm{d}x$.

解 因为 $\sin \dfrac{x}{2} \cos \dfrac{x}{2} = \dfrac{1}{2}\sin x$,所以 $\left(\sin \dfrac{x}{2} \cos \dfrac{x}{2}\right)^2 = \dfrac{1}{4}\sin^2 x$,所以
$$\int \frac{1}{\sin^2 \frac{x}{2} \cos^2 \frac{x}{2}}\mathrm{d}x = 4\int \frac{1}{\sin^2 x}\mathrm{d}x = 4\int \csc^2 x\,\mathrm{d}x = -4\cot x + C.$$

习题 3.1

1. 计算下列不定积分：

(1) $\int \dfrac{1}{x^3} dx$；

(2) $\int (3x^5 - 4x + 1) dx$；

(3) $\int x^2 \sqrt{x} dx$；

(4) $\int (e^x - 3\cos x) dx$；

(5) $\int 2^x e^x dx$；

(6) $\int (x-2)^2 dx$；

(7) $\int \left(\dfrac{2}{\sqrt{1-x^2}} + \dfrac{3}{1+x^2} \right) dx$；

(8) $\int \left(2\cos x + \dfrac{3}{\sin^2 x} \right) dx$.

2. 计算下列不定积分：

(1) $\int \dfrac{(x-1)^3}{x^2} dx$；

(2) $\int \dfrac{x^2+3}{1+x^2} dx$；

(3) $\int \sin^2 \dfrac{x}{2} dx$；

(4) $\int \dfrac{1}{x^2(1+x^2)} dx$；

(5) $\int \dfrac{x^3+3x^2-4}{x+2} dx$；

(6) $\int \dfrac{\sec x - \tan x}{\cos x} dx$；

(7) $\int \dfrac{\cos 2x}{\cos x - \sin x} dx$；

(8) $\int \dfrac{\cos 2x}{\cos^2 x \sin^2 x} dx$；

(9) $\int \left(\sin \dfrac{x}{2} + \cos \dfrac{x}{2} \right)^2 dx$；

(10) $\int \dfrac{1-\cos^2 x}{\sin^2 \dfrac{x}{2}} dx$.

3. 已知曲线上任一点的切线斜率为 $4x^3$，求满足此条件的所有的方程，并求出过点 $(-1,1)$ 的曲线方程.

第二节 换元积分法

学习目标

1. 了解积分中变量代换的基本思想.
2. 熟练掌握第一类换元积分法.
3. 掌握第二类换元积分法.

直接利用不定积分的基本积分公式和性质所能计算的积分是很有限的，有很多不定积分甚至简单的函数积分也很难直接积分求得，所以必须进一步来研究不定积分的求法. 本节将介绍换元积分法，是把复合函数求导法则反过来应用于不定积分，通过适当的变量替换，把某些不定积分化成基本积分公式中所列的形式再计算出结果. 换元积分通常分为两类，即第一类换元法与第二类换元法.

案例 3.4 求 $\int (x+1)^2 dx$.

分析：原式 $=\int(x^2+2x+1)dx=\frac{1}{3}x^3+x^2+x+C$.

以上是用展开的方法来求不定积分，但是对于次方比较高的，则显得很繁琐，而且有时不可能一一展开，所以想到了另一种方法，即换元法，如求 $\int(x+1)^{10}dx$：

因为 $d(x+1)=dx$，所以可以设 $u=x+1$，则原式变为

$$\int(x+1)^{10}dx=\int(x+1)^{10}d(x+1)=\int u^{10}du=\frac{1}{11}u^{11}+C$$

$$=\frac{1}{11}(x+1)^{11}+C.\text{（回代 }u=x+1\text{）}$$

这种求不定积分的方法就是第一类换元法．

一、第一类换元法（凑微分法）

微课

定理 3.3 设 $f(u)$ 具有原函数 $F(u)$，即 $\int f(u)du=F(u)+C$，若 $u=\varphi(x)$，且 $\varphi(x)$ 可微，则有换元公式

$$\int f[\varphi(x)]\varphi'(x)dx=\int f[\varphi(x)]d\varphi(x)=F[\varphi(x)]+C.$$

定理证明从略．

此方法称为**第一类换元法**，或**凑微分法**．凑微分法的关键是在被积表达式中找出 $f[\varphi(x)]$ 与 $\varphi'(x)$，将 $\varphi'(x)dx$ 写成 $d\varphi(x)$，下面举例说明这一方法的应用．

【例 3.10】 求 $\int 2\cos 2x dx$.

解 在被积函数中，$\cos 2x$ 是复合函数，设 $f[\varphi(x)]=\cos 2x$，取 $u=\varphi(x)=2x$，由于 $dx=\frac{1}{2}d(2x)$，所以

$$\int 2\cos 2x dx=2\int\cos 2x\cdot\frac{1}{2}d(2x)=\int\cos 2x d(2x)$$

$$=\int\cos u du=\sin u+C\text{（基本积分公式）}$$

$$=\sin 2x+C.\text{（回代 }u=2x\text{）}$$

【例 3.11】 求 $\int\frac{1}{3+2x}dx$.

解 设 $f[\varphi(x)]=\frac{1}{3+2x}$，取 $u=\varphi(x)=3+2x$，由于 $dx=\frac{1}{2}d(2x+3)$，所以

原式 $=\frac{1}{2}\int\frac{1}{3+2x}d(3+2x)=\frac{1}{2}\int\frac{1}{u}du$（基本积分公式）

$$=\frac{1}{2}\ln|u|+C\text{（回代 }u=3+2x\text{）}$$

$$=\frac{1}{2}\ln|3+2x|+C.$$

对上述换元法熟练之后，可不必写出变量代换．

【例3.12】 求 $\int \tan x \mathrm{d}x$.

解 $\int \tan x \mathrm{d}x = \int \dfrac{\sin x}{\cos x}\mathrm{d}x = -\int \dfrac{1}{\cos x}\mathrm{d}\cos x$
$\qquad = -\ln|\cos x| + C.$

类似地可得 $\int \cot x \mathrm{d}x = \ln|\sin x| + C.$

【例3.13】 求 $\int \dfrac{\mathrm{d}x}{x(1+2\ln x)}$.

解 $\int \dfrac{\mathrm{d}x}{x(1+2\ln x)} = \int \dfrac{\mathrm{d}\ln x}{1+2\ln x} = \dfrac{1}{2}\int \dfrac{\mathrm{d}(1+2\ln x)}{1+2\ln x} = \dfrac{1}{2}\ln|1+2\ln x| + C.$

【例3.14】 求 $\int 2x\mathrm{e}^{x^2}\mathrm{d}x$.

解 $\int 2x\mathrm{e}^{x^2}\mathrm{d}x = \int \mathrm{e}^{x^2}\mathrm{d}(x^2) = \mathrm{e}^{x^2} + C.$

【例3.15】 求 $\int \dfrac{\mathrm{e}^x}{1+\mathrm{e}^x}\mathrm{d}x$.

解 $\int \dfrac{\mathrm{e}^x}{1+\mathrm{e}^x}\mathrm{d}x = \int \dfrac{1}{1+\mathrm{e}^x}\mathrm{d}(\mathrm{e}^x) = \int \dfrac{1}{1+\mathrm{e}^x}\mathrm{d}(\mathrm{e}^x+1) = \ln(1+\mathrm{e}^x) + C.$

凑微分法是一种很重要的方法,它可以求出许多类型函数的积分,但技巧性很强. 除熟悉基本积分公式外,还需多做练习才能掌握. 为了更好地掌握此法,现归纳出一些常用的凑微分公式如下:

$\mathrm{d}x = \dfrac{1}{a}\mathrm{d}(ax+b)\,(a,b\text{ 为常数},a\neq 0)$; $\qquad x\mathrm{d}x = \dfrac{1}{2}\mathrm{d}(x^2)$;

$\dfrac{\mathrm{d}x}{x^2} = -\mathrm{d}\left(\dfrac{1}{x}\right)$; $\qquad \dfrac{1}{x}\mathrm{d}x = \mathrm{d}(\ln x)\,; (x>0)$

$\dfrac{1}{\sqrt{x}}\mathrm{d}x = 2\mathrm{d}(\sqrt{x})$; $\qquad \mathrm{e}^x\mathrm{d}x = \mathrm{d}(\mathrm{e}^x)$;

$\sin x \mathrm{d}x = -\mathrm{d}(\cos x)$; $\qquad \cos x \mathrm{d}x = \mathrm{d}(\sin x)$;

$\sec^2 x \mathrm{d}x = \mathrm{d}(\tan x)$; $\qquad \csc^2 x \mathrm{d}x = -\mathrm{d}(\cot x)$;

$\dfrac{1}{1+x^2}\mathrm{d}x = \mathrm{d}(\arctan x)$; $\qquad \dfrac{1}{\sqrt{1-x^2}}\mathrm{d}x = \mathrm{d}(\arcsin x).$

为了有效地凑出微分,有时采用恒等变形的方法. 例如利用三角恒等式.

【例3.16】 求 $\int \sin^2 x \mathrm{d}x$.

解 因为 $\sin^2 x = \dfrac{1-\cos 2x}{2}$,所以

原式 $= \dfrac{1}{2}\int(1-\cos 2x)\mathrm{d}x = \dfrac{1}{2}\left(\int \mathrm{d}x - \int \cos 2x \mathrm{d}x\right) = \dfrac{1}{2}x - \dfrac{1}{4}\sin 2x + C.$

【例3.17】 求 $\int \sin 2x \cos 3x \mathrm{d}x$.

解 因为 $\sin 2x \cos 3x = \dfrac{1}{2}[\sin(2x+3x) + \sin(2x-3x)] = \dfrac{1}{2}(\sin 5x - \sin x)$,所以

$$\int \sin 2x \cos 3x \mathrm{d}x = \frac{1}{2}\int (\sin 5x - \sin x)\mathrm{d}x = \frac{1}{2}\left(\int \sin 5x \mathrm{d}x - \int \sin x \mathrm{d}x\right)$$
$$= \frac{1}{2}\left(\frac{1}{5}\int \sin 5x \mathrm{d}5x - \int \sin x \mathrm{d}x\right) = -\frac{1}{10}\cos 5x + \frac{1}{2}\cos x + C.$$

【例 3.18】 求 $\int \csc x \mathrm{d}x$.

解法一 $\int \csc x \mathrm{d}x = \int \frac{1}{\sin x}\mathrm{d}x = \frac{1}{2}\int \frac{\mathrm{d}x}{\sin \frac{x}{2}\cos \frac{x}{2}}$ （分母乘以 $\frac{\cos \frac{x}{2}}{\cos \frac{x}{2}}$）

$$= \frac{1}{2}\int \frac{\mathrm{d}x}{\tan \frac{x}{2}\cos^2 \frac{x}{2}} = \int \frac{\sec^2 \frac{x}{2}\mathrm{d}\frac{x}{2}}{\tan \frac{x}{2}} \quad \left(\text{因为}\frac{1}{\cos^2 x} = \sec^2 x\right)$$

$$= \int \frac{\mathrm{d}\tan \frac{x}{2}}{\tan \frac{x}{2}} \quad (\text{因为}\sec^2 x \mathrm{d}x = \mathrm{d}\tan x)$$

$$= \ln\left|\tan \frac{x}{2}\right| + C.$$

解法二 $\int \csc x \mathrm{d}x = \int \frac{\csc x(\csc x - \cot x)}{\csc x - \cot x}\mathrm{d}x = \int \frac{1}{\csc x - \cot x}\mathrm{d}(\csc x - \cot x)$
$$= \ln|\csc x - \cot x| + C.$$

利用类似的方法可求 $\int \sec x \mathrm{d}x = \ln|\sec x + \tan x| + C$，或者采用

$$\int \sec x \mathrm{d}x = \int \csc\left(x + \frac{\pi}{2}\right)\mathrm{d}x = \ln\left|\csc\left(x + \frac{\pi}{2}\right) - \cot\left(x + \frac{\pi}{2}\right)\right| + C$$
$$= \ln|\sec x + \tan x| + C.$$

此例表明，同一个不定积分，选择不同的方法，得到的结果形式可能不相同，但实质是一样的，只要用导数即可验证它们的正确性.

【例 3.19】 求 $\int \frac{1}{a^2 + x^2}\mathrm{d}x \ (a \neq 0)$.

解 $\int \frac{1}{a^2 + x^2}\mathrm{d}x = \frac{1}{a^2}\int \frac{1}{1 + \left(\frac{x}{a}\right)^2}\mathrm{d}x$ （利用公式 $\int \frac{1}{1+x^2}\mathrm{d}x = \arctan x + C$）

$$= \frac{1}{a}\int \frac{1}{1 + \left(\frac{x}{a}\right)^2}\mathrm{d}\frac{x}{a} = \frac{1}{a}\arctan \frac{x}{a} + C.$$

【例 3.20】 求 $\int \frac{1}{x^2 + 4x + 5}\mathrm{d}x$.

解 因为 $x^2 + 4x + 5 = (x+2)^2 + 1$，所以

$$\text{原式} = \int \frac{1}{1 + (x+2)^2}\mathrm{d}x = \arctan(x+2) + C.$$

【例 3.21】 求 $\int \frac{1}{x^2 - a^2}\mathrm{d}x$.

解 $\int \frac{1}{x^2-a^2}dx = \frac{1}{2a}\int\left(\frac{1}{x-a}-\frac{1}{x+a}\right)dx = \frac{1}{2a}\left[\int\frac{1}{x-a}dx - \int\frac{1}{x+a}dx\right]$

$\qquad = \frac{1}{2a}\left[\int\frac{1}{x-a}d(x-a) - \int\frac{1}{x+a}d(x+a)\right]$

$\qquad = \frac{1}{2a}[\ln|x-a|-\ln|x+a|]+C = \frac{1}{2a}\ln\left|\frac{x-a}{x+a}\right|+C.$

【例 3.22】 求 $\int\frac{1}{x^2-5x+6}dx.$

解 因为 $x^2-5x+6=(x-2)(x-3)$，所以

$\qquad$ 原式 $=\int\frac{1}{(x-2)(x-3)}dx = \int\left(\frac{1}{x-3}-\frac{1}{x-2}\right)dx = \ln\left|\frac{x-3}{x-2}\right|+C.$

【例 3.23】 当 $a>0$ 时，求 $\int\frac{1}{\sqrt{a^2-x^2}}dx.$

解 $\int\frac{1}{\sqrt{a^2-x^2}}dx = \frac{1}{a}\int\frac{1}{\sqrt{1-\left(\frac{x}{a}\right)^2}}dx$ （利用公式 $\int\frac{1}{\sqrt{1-x^2}}dx = \arcsin x + C$）

$\qquad = \int\frac{1}{\sqrt{1-\left(\frac{x}{a}\right)^2}}d\frac{x}{a} = \arcsin\frac{x}{a}+C.$

同理可求当 $a<0$ 时，$\int\frac{1}{\sqrt{a^2-x^2}}dx = \arcsin\frac{x}{a}+C.$

二、第二类换元法

第一类换元法主要是进行适当的凑微分后，能根据一个基本公式来计算，但是并不是所有的被积函数都能够凑成功，这时可以尝试用适当的变量替换来改变被积表达式的结构，使之化为基本积分公式中的某一个形式．

案例 3.5 求 $\int\frac{1}{\sqrt{x}+1}dx.$

分析：基本积分公式中没有公式可供本题直接套用，凑微分也不容易，本题的难度在于函数中含有根式，如果能去掉根式，就可解决，为此作如下变换：

令 $\sqrt{x}=t$，则 $x=t^2$，$dx=2tdt$，于是

原式 $=\int\frac{1}{1+t}2tdt = 2\int\frac{t}{1+t}dt = 2\int\frac{t+1-1}{1+t}dt$

$\qquad = 2\int\left(1-\frac{1}{1+t}\right)dt = 2[t-\ln(1+t)]+C$

$\qquad = 2[\sqrt{x}-\ln(1+\sqrt{x})]+C.$

上述案例通过换元，消除根号，转换为关于 t 的积分，在新变量的原函数求得后，再代回原变量，得到所求的不定积分，这就是**第二类换元法**．

定理 3.4 设 $x=\varphi(t)$ 是单调的、可导的函数，并且 $\varphi'(t)\neq 0$. 又设 $f[\varphi(t)]\varphi'(t)$ 具有原函数 $G(t)$，则有换元公式

$$\int f(x)dx = \int f[\varphi(t)]\varphi'(t)dt = G(t)+C = G[\varphi^{-1}(x)]+C.$$

其中 $t=\varphi^{-1}(x)$ 是 $x=\varphi(t)$ 的反函数.

定理证明从略.

第二类换元积分的关键在于选择合适的换元 $x=\varphi(t)$, 使得换元后的积分容易求出. 通常做法是试探代换掉被积函数中比较难处理的项, 下面举例说明此法的应用.

若被积函数中含有 $\sqrt{ax+b}$, $\sqrt[3]{ax+b}$ 等, 则进行简单的**根式代换**.

【例 3.24】 求 $\int \dfrac{1}{\sqrt{x}(1+\sqrt[3]{x})}\mathrm{d}x$.

解 令 $x=t^6$, 则 $\mathrm{d}x=6t^5\mathrm{d}t$, 于是

$$\text{原式}=6\int \frac{t^2}{1+t^2}\mathrm{d}t=6\int\left(1-\frac{1}{1+t^2}\right)\mathrm{d}t=6t-6\arctan t+C$$
$$=6\sqrt[6]{x}-6\arctan\sqrt[6]{x}+C. \text{ (回代 } t=\sqrt[6]{x}\text{)}$$

若被积函数中含有 $\sqrt{a^2+x^2}$, $\sqrt{x^2-a^2}$, $\sqrt{a^2-x^2}$ 等根式, 则可以用**三角代换**的方法简化被积函数.

【例 3.25】 求 $\int \sqrt{a^2-x^2}\mathrm{d}x$ $(a>0)$.

解 此题同样含有根式, 我们也希望去掉根式, 所以想到用三角代换的方法消除根式.

设 $x=a\sin t$, $-\dfrac{\pi}{2}<t<\dfrac{\pi}{2}$, 那么 $\sqrt{a^2-x^2}=\sqrt{a^2-a^2\sin^2 t}=a\cos t$, $\mathrm{d}x=a\cos t\mathrm{d}t$, 于是

$$\int \sqrt{a^2-x^2}\mathrm{d}x=\int a\cos t\cdot a\cos t\mathrm{d}t=a^2\int\cos^2 t\mathrm{d}t$$
$$=\frac{a^2}{2}\int(1+\cos 2t)\mathrm{d}t=a^2\left(\frac{1}{2}t+\frac{1}{4}\sin 2t\right)+C.$$

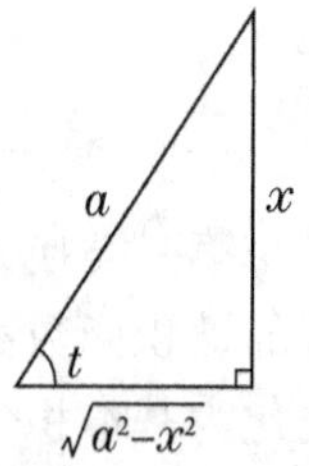

再代回原变量 x, 根据所设 $x=a\sin t$, 作辅助直角三角形(图 3.2), 有 $\sin t=\dfrac{x}{a}$, $\cos t=\dfrac{\sqrt{a^2-x^2}}{a}$, 则 $t=\arcsin\dfrac{x}{a}$, $\sin 2t=2\sin t\cos t=2\dfrac{x}{a}\cdot\dfrac{\sqrt{a^2-x^2}}{a}$, 所以

图 3.2

$$\int\sqrt{a^2-x^2}\mathrm{d}x=a^2\left(\frac{1}{2}t+\frac{1}{4}\sin 2t\right)+C=\frac{a^2}{2}\arcsin\frac{x}{a}+\frac{1}{2}x\sqrt{a^2-x^2}+C.$$

【例 3.26】 求 $\int \dfrac{\mathrm{d}x}{\sqrt{x^2+a^2}}$ $(a>0)$.

解 设 $x=a\tan t$, $-\dfrac{\pi}{2}<t<\dfrac{\pi}{2}$, 那么 $\sqrt{x^2+a^2}=\sqrt{a^2+a^2\tan^2 t}=a\sqrt{1+\tan^2 t}=a\sec t$, $\mathrm{d}x=a\sec^2 t\mathrm{d}t$, 于是

$$\int\frac{\mathrm{d}x}{\sqrt{x^2+a^2}}=\int\frac{a\sec^2 t}{a\sec t}\mathrm{d}t=\int\sec t\mathrm{d}t=\ln|\sec t+\tan t|+C.$$

再代回原来变量 x, 为避免三角函数运算, 根据 $x=a\tan t$, 作辅助直角三角形(图 3.3), 有 $\sec t=\dfrac{\sqrt{x^2+a^2}}{a}$, $\tan t=\dfrac{x}{a}$, 所以

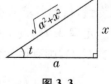

图 3.3

$$\int \frac{\mathrm{d}x}{\sqrt{x^2+a^2}} = \ln|\sec t + \tan t| + C_1 = \ln\left(\frac{x}{a} + \frac{\sqrt{x^2+a^2}}{a}\right) + C_1$$

$$= \ln(x + \sqrt{x^2+a^2}) + C, \text{ 其中 } C = C_1 - \ln a.$$

【例 3.27】 求 $\int \frac{\mathrm{d}x}{\sqrt{x^2-a^2}}$ $(a>0)$.

解 当 $x>a$ 时，设 $x = a\sec t \left(0 < t < \frac{\pi}{2}\right)$，那么 $\sqrt{x^2-a^2} = \sqrt{a^2\sec^2 t - a^2} = a\sqrt{\sec^2 t - 1}$
$= a\tan t$, $\mathrm{d}x = a\sec t \tan t \mathrm{d}t$，于是

$$\int \frac{\mathrm{d}x}{\sqrt{x^2-a^2}} = \int \frac{a\sec t \tan t}{a\tan t}\mathrm{d}t = \int \sec t \mathrm{d}t = \ln|\sec t + \tan t| + C.$$

根据 $x = a\sec t$，作辅助直角三角形（图 3.4），有 $\tan t =$
$\frac{\sqrt{x^2-a^2}}{a}$, $\sec t = \frac{x}{a}$，所以

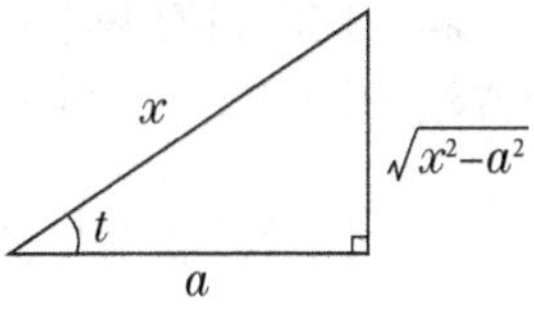

$$\int \frac{\mathrm{d}x}{\sqrt{x^2-a^2}} = \ln|\sec t + \tan t| + C_1 = \ln\left(\frac{x}{a} + \frac{\sqrt{x^2-a^2}}{a}\right) + C_1$$

图 3.4

$$= \ln(x + \sqrt{x^2-a^2}) + C, \text{ 其中 } C = C_1 - \ln a.$$

当 $x < -a$ 时，令 $x = -u$，则 $u > a$，于是

$$\int \frac{\mathrm{d}x}{\sqrt{x^2-a^2}} = -\int \frac{\mathrm{d}u}{\sqrt{u^2-a^2}} = -\ln|u + \sqrt{u^2-a^2}| + C$$

$$= -\ln|-x + \sqrt{x^2-a^2}| + C$$

$$= \ln\left|\frac{1}{-x + \sqrt{x^2-a^2}}\right| + C \text{（分母有理化）}$$

$$= \ln\left|\frac{-x - \sqrt{x^2-a^2}}{a^2}\right| + C_1 = \ln|x + \sqrt{x^2-a^2}| + C,$$

其中 $C = C_1 - 2\ln a$.

综合起来有

$$\int \frac{\mathrm{d}x}{\sqrt{x^2-a^2}} = \ln|x + \sqrt{x^2-a^2}| + C.$$

上述三个典型的例子具有一般性：当被积函数里含有 $\sqrt{a^2+x^2}$ 时，一般令 $x = a\tan t$；当被积函数里含有 $\sqrt{x^2-a^2}$ 时，一般令 $x = a\sec t$；当被积函数里含有 $\sqrt{a^2-x^2}$ 时，一般令 $x = a\sin t$. 在变量替换后，原来关于 x 的不定积分转化为关于 t 的不定积分，在求得关于 t 的不定积分后，必须代回原变量，在进行三角函数换元时，可以由三角函数与角的关系，作直角三角形，以便于回代. 在本节的例题中，有几个积分的类型是以后经常会遇到的，它们通常也被当作公式使用. 常用的积分公式，除了基本积分表中的 12 个外，我们再补充几个公式如下（其中 $a > 0$）：

(13) $\int \tan x \mathrm{d}x = -\ln|\cos x| + C$;   (14) $\int \cot x \mathrm{d}x = \ln|\sin x| + C$;

(15) $\int \sec x \mathrm{d}x = \ln|\sec x + \tan x| + C$;   (16) $\int \csc x \mathrm{d}x = \ln|\csc x - \cot x| + C$;

(17) $\int \dfrac{1}{a^2+x^2}\mathrm{d}x = \dfrac{1}{a}\arctan\dfrac{x}{a}+C$;   (18) $\int \dfrac{1}{x^2-a^2}\mathrm{d}x = \dfrac{1}{2a}\ln\left|\dfrac{x-a}{x+a}\right|+C$;

(19) $\int \dfrac{1}{\sqrt{a^2-x^2}}\mathrm{d}x = \arcsin\dfrac{x}{a}+C$;   (20) $\int \dfrac{\mathrm{d}x}{\sqrt{x^2+a^2}} = \ln|x+\sqrt{x^2+a^2}|+C$;

(21) $\int \dfrac{\mathrm{d}x}{\sqrt{x^2-a^2}} = \ln|x+\sqrt{x^2-a^2}|+C$.

第二类换元法并不仅仅限于上述的几种形式，它也是非常灵活的方法，应根据所给被积函数在积分时的困难所在，选择适当的变量替换，转化成便于求积的形式，请看下面的例子.

【例 3.28】 求 $\int x(x-3)^{20}\mathrm{d}x$.

解 此题没有基本积分公式可用，凑微分也不能解决，20 次方展开又很麻烦，采用换元的方法，设 $t=x-3$，则 $x=t+3$，$\mathrm{d}x=\mathrm{d}t$，所以

$$\text{原式} = \int (t+3)t^{20}\mathrm{d}t = \int (t^{21}+3t^{20})\mathrm{d}t = \dfrac{1}{22}t^{22}+\dfrac{3}{21}t^{21}+C.\text{（回代 }t=x-3\text{）}$$

$$= \dfrac{1}{22}(x-3)^{22}+\dfrac{3}{21}(x-3)^{21}+C.$$

【例 3.29】 求 $\int \dfrac{1}{x(x^7+3)}\mathrm{d}x$.

解 此题同样也没有基本公式可用，我们采取一种新的方法叫作倒代换，令 $x=\dfrac{1}{t}$，则 $\mathrm{d}x=-\dfrac{1}{t^2}\mathrm{d}t$，所以

$$\text{原式} = \int \dfrac{1}{\dfrac{1}{t}\left[\left(\dfrac{1}{t}\right)^7+3\right]}\mathrm{d}\left(\dfrac{1}{t}\right) = -\int \dfrac{t^6}{[3t^7+1]}\mathrm{d}(t) = -\dfrac{1}{21}\ln|3t^7+1|+C$$

$$= -\dfrac{1}{21}\ln\left|\dfrac{3+x^7}{x^7}\right|+C.$$

习题 3.2

1. 用第一类换元法求下列不定积分：

(1) $\int \sin(3x+4)\mathrm{d}x$;   (2) $\int (2x+1)^3\mathrm{d}x$;

(3) $\int \dfrac{1}{(3x+2)^2}\mathrm{d}x$;   (4) $\int \dfrac{1}{2x+5}\mathrm{d}x$;

(5) $\int \dfrac{1}{\sqrt[3]{2+3x}}\mathrm{d}x$;   (6) $\int \mathrm{e}^{-5x}\mathrm{d}x$.

2. 用第一类换元法求下列不定积分：

(1) $\int \dfrac{\mathrm{e}^{\sqrt{x}}}{\sqrt{x}}\mathrm{d}x$;   (2) $\int x\sqrt{1-x^2}\mathrm{d}x$;

(3) $\int 2x\mathrm{e}^{x^2}\mathrm{d}x$;   (4) $\int \dfrac{1}{x\ln x}\mathrm{d}x$;

(5) $\int \dfrac{x+\ln^2 x}{(x\ln x)^2}\mathrm{d}x$;

(6) $\int \dfrac{x}{2x+3}\mathrm{d}x$;

(7) $\int \dfrac{2^x}{2^x+1}\mathrm{d}x$;

(8) $\int \dfrac{x^2-3}{x+1}\mathrm{d}x$;

(9) $\int \dfrac{1}{x^2}\sin\dfrac{3}{x}\mathrm{d}x$;

(10) $\int \dfrac{1+x}{(1-x)^2}\mathrm{d}x$;

(11) $\int \dfrac{x+\arctan x}{1+x^2}\mathrm{d}x$;

(12) $\int \dfrac{x^3}{x^2+1}\mathrm{d}x$.

3. 用第一类换元法求下列不定积分：

(1) $\int \sin^3 x\,\mathrm{d}x$;

(2) $\int \sin^2 x\cos^5 x\,\mathrm{d}x$;

(3) $\int \cos^2 x\,\mathrm{d}x$;

(4) $\int \cos^4 x\,\mathrm{d}x$;

(5) $\int \dfrac{\tan x}{\cos^2 x}\mathrm{d}x$;

(6) $\int \dfrac{1}{1+\cos x}\mathrm{d}x$;

(7) $\int \dfrac{\sin x\cos x}{1+\cos^2 x}\mathrm{d}x$;

(8) $\int \tan^3 x\,\mathrm{d}x$;

(9) $\int \dfrac{3-\cot^2 x}{\cos^2 x}\mathrm{d}x$;

(10) $\int \dfrac{1-\cos x}{x-\sin x}\mathrm{d}x$;

(11) $\int \dfrac{\cos x}{\sqrt{7+\cos 2x}}\mathrm{d}x$;

(12) $\int \dfrac{1}{1+\sin x}\mathrm{d}x$.

4. 用第一类换元法求下列不定积分：

(1) $\int \dfrac{1}{1+4x^2}\mathrm{d}x$;

(2) $\int \dfrac{x^2}{x^6+4}\mathrm{d}x$;

(3) $\int \dfrac{\mathrm{e}^x}{1+\mathrm{e}^{2x}}\mathrm{d}x$;

(4) $\int \dfrac{1}{x(1+\ln^2 x)}\mathrm{d}x$;

(5) $\int \dfrac{1}{\sqrt{9-x^2}}\mathrm{d}x$;

(6) $\int \dfrac{1-x}{\sqrt{9-4x^2}}\mathrm{d}x$;

(7) $\int \dfrac{1}{x^2-5x+4}\mathrm{d}x$;

(8) $\int \dfrac{x}{a^4-x^4}\mathrm{d}x$;

(9) $\int \dfrac{1}{\sqrt{1-2x-x^2}}\mathrm{d}x$;

(10) $\int \dfrac{1}{x^2+2x+5}\mathrm{d}x$.

5. 用第二类换元法求下列不定积分：

(1) $\int \dfrac{\sqrt{x-1}}{x}\mathrm{d}x$;

(2) $\int \dfrac{\mathrm{d}x}{1+\sqrt[3]{x+2}}$;

(3) $\int \dfrac{\mathrm{d}x}{2+\sqrt{x}}$;

(4) $\int \dfrac{1}{x}\sqrt{\dfrac{1+x}{x}}\mathrm{d}x$;

(5) $\int \dfrac{\sqrt{1-x^2}}{x}\mathrm{d}x$;

(6) $\int \dfrac{\sqrt{x^2-1}}{x}\mathrm{d}x$;

(7) $\int \dfrac{\sqrt{1-x^2}}{x^2}\mathrm{d}x$;

(8) $\int \dfrac{\mathrm{d}x}{x^2\sqrt{1+x^2}}$;

(9) $\int \dfrac{\mathrm{d}x}{(x^2+4)^{\frac{3}{2}}}$;

(10) $\int \dfrac{x^3\,\mathrm{d}x}{(1-x^2)^{\frac{3}{2}}}$;

(11) $\int \dfrac{x}{(3-x)^7}\mathrm{d}x$;

(12) $\int x(5x-1)^{15}\,\mathrm{d}x$.

第三节　分部积分法

学习目标

1. 了解分部积分法的基本思想.
2. 会用分部积分公式解决一些简单函数的积分.

利用前面所介绍的积分方法可以解决许多积分的计算，但对于像 $\int \ln x\,\mathrm{d}x$、$\int x^2 \mathrm{e}^x\,\mathrm{d}x$、$\int x\cos x\,\mathrm{d}x$ 等这样一些简单的积分却仍然无能为力，为了解决这个问题，我们可用两个函数乘积的微分法来推导出积分的另外一种方法，先看下面一个案例.

案例 3.6　求 $\int \ln x\,\mathrm{d}x$.

分析：由乘积的导数公式

$$(x\ln x)' = \ln x + 1,$$

通过移项得

$$\ln x = (x\ln x)' - 1,$$

两边同时求积分，得

$$\int \ln x\,\mathrm{d}x = x\ln x - \int \mathrm{d}x.$$

方程的左端即为所求的不定积分，发现所求的不定积分转化为右端的两项，其中只有一项是不定积分，而且只要用基本积分公式就可以求出，所以

$$\int \ln x\,\mathrm{d}x = x\ln x - x + C.$$

由案例 3.6 知，本来不易求出的不定积分，只要经过适当的转化便可求出结果. 对以上讨论加以总结，就是下面的分部积分公式.

一、分部积分公式

设函数 $u=u(x),v(x)$ 具有连续导数，则 $(uv)' = u'v + uv'$.

移项得到

$$uv' = (uv)' - u'v,$$

写成微分形式为

$$u\,\mathrm{d}v = \mathrm{d}(uv) - v\,\mathrm{d}u. \tag{3.1}$$

两边积分，得

$$\int u\,\mathrm{d}v = uv - \int v\,\mathrm{d}u. \tag{3.2}$$

(3.2)式即为**分部积分公式**. 由分部积分公式可知，如果等式右端中的积分较左端积分容易求出，则可借助该公式求出左端积分的结果，这种求积分的方法叫作**分部积分法**.

选取 u 与 v 的原则是：v 要容易求得，且使得积分 $\int v\mathrm{d}u$ 较积分 $\int u\mathrm{d}v$ 容易求出，那么可考虑用分部积分法计算. 当不定积分中的被积函数为反三角函数、对数函数、幂函数、三角函数、指数函数这五类函数的乘积时，一般取前者为 $u(x)$，即按"反、对、幂、三、指"的顺序，将前者选项为 $u(x)$，剩余部分选作 $\mathrm{d}v$. 不难验证，这种选 $u(x)$ 的方法符合上述选 u 与 v 的原则.

【例 3.30】 求 $\int x\sin x\mathrm{d}x$.

解 设 $u=x, \mathrm{d}v=\sin x\mathrm{d}x$，那么 $\mathrm{d}u=\mathrm{d}x$，易得 $v=-\cos x$，代入分部积分公式得

$$\int x\sin x\mathrm{d}x=-\int x\mathrm{d}\cos x=-x\cos x+\int \cos x\mathrm{d}x,$$

而上式右端中的积分 $\int \cos x\mathrm{d}x$ 容易求出，所以

$$\int x\sin x\mathrm{d}x=-x\cos x+\sin x+C.$$

注意：求这个积分时，如果设 $u=\sin x, \mathrm{d}v=x\mathrm{d}x$，那么

$$\mathrm{d}u=\cos x\mathrm{d}x, v=\frac{1}{2}x^2.$$

于是 $\int x\sin x\mathrm{d}x=\frac{x^2}{2}\sin x-\int \frac{x^2}{2}\cos x\mathrm{d}x$，则更难求得.

【例 3.31】 求 $\int x\ln x\mathrm{d}x$.

分析：考虑设 $u=\ln x, \mathrm{d}v=x\mathrm{d}x$，则 $\mathrm{d}u=\frac{1}{x}\mathrm{d}x, v=\frac{1}{2}x^2$，从而 $\int v\mathrm{d}u$ 作为幂函数的积分易于求出，故分部积分公式可用.

解 原式 $=\frac{1}{2}\int \ln x\mathrm{d}x^2=\frac{1}{2}x^2\ln x-\frac{1}{2}\int x^2\cdot\frac{1}{x}\mathrm{d}x$

$=\frac{1}{2}x^2\ln x-\frac{1}{2}\int x\mathrm{d}x$

$=\frac{1}{2}x^2\ln x-\frac{1}{4}x^2+C.$

注意：一般来说，积分式 $\int x^\alpha\ln x\mathrm{d}x\ (\alpha\neq-1)$ 与此题是同一题型，其中 α 是不等于 -1 的任意实数，当 $\alpha=-1$ 时用第一类换元法.

【例 3.32】 求 $\int \arccos x\mathrm{d}x$.

分析：被积函数 $\arccos x$ 也是两类不同函数的乘积，它是幂函数 $x^0=1$ 与反三角函数 $\arccos x$ 的乘积，所以考虑用分部积分法来积分.

解 设 $u=\arccos x, \mathrm{d}v=\mathrm{d}x$，则

原式 $=x\arccos x-\int x\mathrm{d}\arccos x=x\arccos x+\int \frac{x}{\sqrt{1-x^2}}\mathrm{d}x$

$=x\arccos x-\frac{1}{2}\int (1-x^2)^{-\frac{1}{2}}\mathrm{d}(1-x^2)=x\arccos x-\sqrt{1-x^2}+C.$

【例 3.33】 求 $\int x^2 e^x dx$.

解 设 $u=x^2, dv=e^x dx$，于是

$$\int x^2 e^x dx = \int x^2 de^x = x^2 e^x - \int e^x dx^2$$
$$= x^2 e^x - 2\int x e^x dx = x^2 e^x - 2\int x de^x$$
$$= x^2 e^x - 2x e^x + 2\int e^x dx$$
$$= x^2 e^x - 2x e^x + 2e^x + C$$
$$= (x^2 - 2x + 2)e^x + C$$

注意：由此题可以看出，同一道题中，有时须要反复多次运用分部积分.

【例 3.34】 求 $\int e^x \sin x dx$.

解 设 $u=\sin x, dv=e^x dx$，于是

$$\int e^x \sin x dx = \int \sin x de^x = e^x \sin x - \int e^x d\sin x$$
$$= e^x \sin x - \int e^x \cos x dx$$

对 $\int e^x \cos x dx$ 再使用分部积分法：设 $u=\cos x, dv=e^x dx$，故

$$\int e^x \cos x dx = e^x \cos x + \int e^x \sin x dx$$

从而 $$\int e^x \sin x dx = e^x \sin x - e^x \cos x - \int e^x \sin x dx$$

移项，两边同除以 2 得：

$$\int e^x \sin x dx = \frac{1}{2} e^x (\sin x - \cos x) + C.$$

在上面的分部积分中，若运算比较熟练以后，写出 u 及 dv 的过程可以省略.

【例 3.35】 求 $\int e^{\sqrt{x}} dx$.

分析：鉴于积分式中根式带来的困难，我们想到要先用变量替换法消去根式，然后再观察用什么方法积分.

解 令 $\sqrt{x}=t$，则 $x=t^2, dx=2t dt$. 于是

$$\int e^{\sqrt{x}} dx = 2\int t e^t dt \text{（显然应该用分部积分法）}$$
$$= 2t e^t - 2\int e^t dt = 2t e^t - 2e^t + C$$

并用 $t=\sqrt{x}$ 代回，便得

$$\int e^{\sqrt{x}} dx = 2\sqrt{x} e^{\sqrt{x}} - 2e^{\sqrt{x}} + C = 2e^{\sqrt{x}}(\sqrt{x} - 1) + C.$$

注意：在此例中，先用了换元积分法，后用了分部积分法. 在实际积分过程中，往往要兼用换元法与分部积分法才能求出结果.

【例 3.36】 求 $\int \sec^3 x \, dx$.

分析：把被积函数看作 $\sec x \cdot \sec^2 x$，用分部积分法可求.

解 $\int \sec^3 x \, dx = \int \sec x \cdot \sec^2 x \, dx = \int \sec x \, d\tan x = \sec x \tan x - \int \sec x \tan^2 x \, dx$

$= \sec x \tan x - \int \sec x (\sec^2 x - 1) \, dx = \sec x \tan x - \int \sec^3 x \, dx + \int \sec x \, dx$

$= \sec x \tan x + \ln|\sec x + \tan x| - \int \sec^3 x \, dx,$

所以 $\int \sec^3 x \, dx = \frac{1}{2}(\sec x \tan x + \ln|\sec x + \tan x|) + C.$

求不定积分的技巧性很强，常常比较困难，甚至看似简单的函数积分也不能用初等函数表示，如 $\int \frac{\sin x}{x} dx$. 但一些必要的计算公式和方法，大家仍然需要熟练掌握，在今后的工作中，也可以通过查积分表（见附录）或一些计算软件实现不定积分的计算.

习题 3.3

1. 求下列不定积分：

(1) $\int \frac{x}{\cos^2 x} dx$;

(2) $\int x \tan^2 x \, dx$;

(3) $\int x \cos x \, dx$;

(4) $\int x^2 \cos x \, dx$;

(5) $\int x \cos x \sin x \, dx$;

(6) $\int x \sin^2 x \, dx$;

(7) $\int \sin \sqrt{x} \, dx$;

(8) $\int x^5 \sin x^2 \, dx$;

(9) $\int \frac{x \cos x}{\sin^3 x} dx$;

(10) $\int \frac{x \arcsin x}{\sqrt{1-x^2}} dx$.

2. 求下列不定积分：

(1) $\int x^3 \ln x \, dx$;

(2) $\int \frac{\ln x}{x^2} dx$;

(3) $\int \ln(1+x^2) \, dx$;

(4) $\int x \ln(x-1) \, dx$.

3. 求下列不定积分：

(1) $\int x e^x \, dx$;

(2) $\int x e^{-2x} \, dx$;

(3) $\int (x-1) 5^x \, dx$;

(4) $\int x^3 e^{-x^2} \, dx$;

(5) $\int e^{\sqrt{x}} \left(\frac{1}{\sqrt{x}} - 1\right) dx$;

(6) $\int \sqrt{x} e^{\sqrt{x}} \, dx$.

4. 求下列不定积分：

(1) $\int \arcsin x \, dx$;

(2) $\int \frac{\arcsin \sqrt{x}}{\sqrt{x}} dx$;

(3) $\int \arctan x \, dx$;

(4) $\int x \arctan x \, dx$;

(5) $\int \arctan \sqrt{x} \, dx$;

(6) $\int x^2 \arctan x \, dx$.

5. 求下列不定积分:

(1) $\int e^x \cos x \, dx$;

(2) $\int e^x \sin 2x \, dx$;

(3) $\int e^x \cos^2 x \, dx$;

(4) $\int \cos \ln x \, dx$.

第四节 有理函数的积分

学习目标

1. 了解有理函数的积分方法.
2. 会求简单有理函数的积分.

有理函数是指由两个多项式的商所表示的函数,即具有如下形式的函数:

$$\frac{P(x)}{Q(x)} = \frac{a_n x^n + a_{n-1} x^{n-1} + \cdots + a_0}{b_m x^m + b_{m-1} x^{m-1} + \cdots + b_0} \tag{3.3}$$

其中 m,n 为非负整数,$a_0,\cdots,a_n$ 及 $b_0,\cdots,b_m$ 为常数,且 $a_n \neq 0, b_m \neq 0$,当 $n \geq m$ 时,(3.3)式为假分式;当 $n < m$ 时,(3.3)式为真分式.

任何一个假分式都可以化为多项式和真分式的和,例如 $\frac{x^2+x+1}{x^2+1} = 1 + \frac{x}{x^2+1}$,而多项式积分是容易的,所以我们一般考虑真分式的不定积分. 下面看几个真分式积分:

【例3.37】 求 $\int \frac{x+3}{x^2-5x+6} dx$.

解 分母 $x^2 - 5x + 6 = (x-2)(x-3)$,设

$$\frac{x+3}{x^2-5x+6} = \frac{A}{x-3} + \frac{B}{x-2}$$

其中 A, B 为待定系数,右边通分,得

$$\frac{x+3}{x^2-5x+6} = \frac{A(x-2)+B(x-3)}{x^2-5x+6} = \frac{(A+B)x-(2A+3B)}{x^2-5x+6}$$

两边恒等,观察 x 同次幂的系数,得

$$\begin{cases} A+B=1 \\ 2A+3B=-3 \end{cases}$$

即 $A=6, B=-5$,则

$$\int \frac{x+3}{x^2-5x+6} dx = \int \frac{x+3}{(x-2)(x-3)} dx = \int \left(\frac{6}{x-3} - \frac{5}{x-2} \right) dx$$

$$= \int \frac{6}{x-3} dx - \int \frac{5}{x-2} dx$$

$$= 6\ln|x-3| - 5\ln|x-2| + C.$$

上面求解的方法称为**待定系数法**.

【例 3.38】 求 $\int \dfrac{2x+1}{x^2+2x+5}\mathrm{d}x$.

解 因为分母不可分解,则对分母进行求导 $(x^2+2x+5)'=2x+2$,与分子比较后,我们得到 $2x+1=2x+2-1$,所以积分变为:

$$\int \dfrac{2x+1}{x^2+2x+5}\mathrm{d}x = \int \dfrac{(2x+2-1)\mathrm{d}x}{x^2+2x+5}$$

$$= \int \left(\dfrac{2x+2}{x^2+2x+5} - \dfrac{1}{x^2+2x+5}\right)\mathrm{d}x$$

$$= \int \dfrac{1}{x^2+2x+5}\mathrm{d}(x^2+2x+5) - \int \dfrac{1}{x^2+2x+5}\mathrm{d}x$$

$$= \ln(x^2+2x+5) - \int \dfrac{1}{(x+1)^2+2^2}\mathrm{d}x$$

$$= \ln(x^2+2x+5) - \dfrac{1}{2}\arctan\dfrac{x+1}{2} + C.$$

待定系数法的运算通常比较繁琐. 事实上,消去公分母后所得等式是一个恒等式,它对 x 的一切值均成立,因而只要选择 x 的一些特殊值代入,称其为**赋值法**,即可得到待定系数的值.

【例 3.39】 $\int \dfrac{-9x-13}{(x-3)(x^2+2x+5)}\mathrm{d}x$.

解 设 $\dfrac{-9x-13}{(x-3)(x^2+2x+5)} = \dfrac{A}{x-3} + \dfrac{Bx+C}{x^2+2x+5}$

$$= \dfrac{A(x^2+2x+5)+(x-3)(Bx+C)}{(x-3)(x^2+2x+5)},$$

消去分母,得 $-9x-13 = A(x^2+2x+5)+(Bx+C)(x-3)$,则

令 $x=3$,得 $-40=A(9+6+5)$,即 $A=-2$;

令 $x=0$,得 $-13=5A-3C$,即 $C=1$;

令 $x=-1$,得 $-4=4A+(-B+C)\cdot(-4)$,即 $B=2$.

得 $\dfrac{-9x-13}{(x-3)(x^2+2x+5)} = \dfrac{-2}{x-3} + \dfrac{2x+1}{x^2+2x+5}$,从而

$$\int \dfrac{-9x-13}{(x-3)(x^2+2x+5)}\mathrm{d}x = \int\left[\dfrac{-2}{x-3} + \dfrac{2x+1}{x^2+2x+5}\right]\mathrm{d}x$$

$$= -2\ln|x-3| + \ln(x^2+2x+5) - \dfrac{1}{2}\arctan\dfrac{x+1}{2} + C.$$

由上面的几个例子,总结出有理函数分解成最简分式之和的一般规律:

(1) 分母中若有因式 $(x-a)^k$,则分解后为

$$\dfrac{A_1}{(x-a)^k} + \dfrac{A_2}{(x-a)^{k-1}} + \cdots + \dfrac{A_k}{x-a}. \quad (k=1 \text{ 时为 } \dfrac{A}{x-a})$$

(2) 分母中若有因式 $(x^2+px+q)^k$,其中 $p^2-4q<0$,则分解后为

$$\dfrac{M_1x+N_1}{(x^2+px+q)^k} + \dfrac{M_2x+N_2}{(x^2+px+q)^{k-1}} + \cdots + \dfrac{M_kx+N_k}{x^2+px+q}. \quad (k=1 \text{ 时为 } \dfrac{Mx+N}{x^2+px+q})$$

【例 3.40】 求 $\int \dfrac{1}{x(x-1)^2}\mathrm{d}x$.

解 设 $\dfrac{1}{x(x-1)^2}=\dfrac{A}{x}+\dfrac{B}{x-1}+\dfrac{C}{(x-1)^2}=\dfrac{A(x-1)^2+Bx(x-1)+Cx}{x(x-1)^2}$,

则 $\qquad 1=A(x-1)^2+Bx(x-1)+Cx$,

代入特殊值来确定系数 A,B,C 的值.

取 $x=0$ 时,得 $A=1$;

取 $x=1$ 时,得 $C=1$;

取 $x=2$ 时,得 $B=-1$.

得到 $\qquad \dfrac{1}{x(x-1)^2}=\dfrac{1}{x}-\dfrac{1}{x-1}+\dfrac{1}{(x-1)^2}$.

所以 $\displaystyle\int \dfrac{1}{x(x-1)^2}\mathrm{d}x=\int\left[\dfrac{1}{x}-\dfrac{1}{x-1}+\dfrac{1}{(x-1)^2}\right]\mathrm{d}x$

$\qquad\qquad\qquad\qquad =\displaystyle\int \dfrac{1}{x}\mathrm{d}x-\int \dfrac{1}{x-1}\mathrm{d}x+\int \dfrac{1}{(x-1)^2}\mathrm{d}x$

$\qquad\qquad\qquad\qquad =\ln|x|-\ln|x-1|-\dfrac{1}{x-1}+C.$

【例 3.41】 求 $\displaystyle\int \dfrac{1}{(1+2x)(1+x^2)}\mathrm{d}x$.

解 设 $\dfrac{1}{(1+2x)(1+x^2)}=\dfrac{A}{1+2x}+\dfrac{Bx+C}{1+x^2}$

$\qquad\qquad\qquad\quad =\dfrac{A(1+x^2)+(Bx+C)(1+2x)}{(1+x^2)(1+2x)}$,

则 $1=(A+2B)x^2+(B+2C)x+C+A$.

由恒等的关系知 $\begin{cases}A+2B=0\\ B+2C=0\\ A+C=1\end{cases}$

得到 $\qquad A=\dfrac{4}{5},B=-\dfrac{2}{5},C=\dfrac{1}{5}$.

即 $\qquad \dfrac{1}{(1+2x)(1+x^2)}=\dfrac{\frac{4}{5}}{1+2x}+\dfrac{-\frac{2}{5}x+\frac{1}{5}}{1+x^2}$.

所以 $\displaystyle\int \dfrac{1}{(1+2x)(1+x^2)}\mathrm{d}x=\int \dfrac{\frac{4}{5}}{1+2x}\mathrm{d}x+\int \dfrac{-\frac{2}{5}x+\frac{1}{5}}{1+x^2}\mathrm{d}x$

$\qquad\qquad\qquad\qquad\qquad =\dfrac{2}{5}\ln|1+2x|-\dfrac{1}{5}\displaystyle\int \dfrac{2x}{1+x^2}\mathrm{d}x+\dfrac{1}{5}\int \dfrac{1}{1+x^2}\mathrm{d}x$

$\qquad\qquad\qquad\qquad\qquad =\dfrac{2}{5}\ln|1+2x|-\dfrac{1}{5}\ln(1+x^2)+\dfrac{1}{5}\arctan x+C.$

习题 3.4

求下列有理函数的积分:

(1) $\int \dfrac{1}{x(x+2)} dx$;

(2) $\int \dfrac{x^3}{x+3} dx$;

(3) $\int \dfrac{1}{x(x^2+1)} dx$;

(4) $\int \dfrac{3x+1}{x^2-3x+2} dx$;

(5) $\int \dfrac{x-2}{x^2+2x+3} dx$;

(6) $\int \dfrac{x^2+1}{(x+1)^2(x-1)} dx$;

(7) $\int \dfrac{x^3+3x^2+12x+11}{x^2+2x+10} dx$;

(8) $\int \dfrac{x^2+2x+10}{(x^2+2)(x+1)^2} dx$;

(9) $\int \dfrac{x}{(x+1)(x+2)(x+3)} dx$;

(10) $\int \dfrac{dx}{(x^2+1)(x^2+x)}$.

第五节 定积分的概念与性质

学习目标

1. 理解定积分的概念.
2. 了解定积分的性质及几何意义.

案例3.7 (**曲边梯形的面积**) 设函数 $y=f(x)$ 在区间 $[a,b]$ 上非负、连续. 如图 3.5 所示,由直线 $x=a$、$x=b$、$y=0$ 及曲线 $y=f(x)$ 所围成的图形称为曲边梯形,其中曲线弧称为曲边. 下面来求曲边梯形的面积 A.

如果矩形的高不变,那么它的面积可按公式:

$$矩形面积 = 底 \times 高$$

来定义计算. 若曲边梯形在底边上各点处的高 $f(x)$ 在区间 $[a,b]$ 上是变动的,故它的面积不能直接按上述公式来定义和计算.

分析:曲边梯形的高 $f(x)$ 在区间 $[a,b]$ 上是连续变化的,在很小一段区间上它的变化很小,近似于不变. 因此,如果把区间 $[a,b]$ 划分为许多小区间,在每个小区间上用其中一点处的高来近似代替同一个小区间上的窄曲边梯形的变高,那么,每个窄曲边梯形就可以近似地看作窄矩形. 我们就以所有这些窄矩形面积之和作为曲边梯形面积的近似值,并把区间 $[a,b]$ 无限细分下去,也就是使每个小区间的长度都趋于零,这时所有窄矩形面积之和的极限就可以定义为曲边梯形的面积. 这个定义同时也给出了计算曲边梯形面积的方法. 基于这样的一个事实,通过如下的步骤来计算曲边梯形的面积.

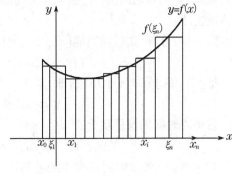

图 3.5

第一步:分割. 在区间$[a,b]$中任意插入$n-1$个分点,且
$$a=x_0<x_1<x_2<\cdots<x_{n-1}<x_n=b,$$
把$[a,b]$分成n个小区间,即
$$[x_0,x_1],[x_1,x_2],[x_2,x_3],\cdots,[x_{n-1},x_n].$$
它们的长度依次为 $\Delta x_1=x_1-x_0,\Delta x_2=x_2-x_1,\cdots,\Delta x_n=x_n-x_{n-1}$.

第二步:近似. 经过每一个分点作平行于y轴的直线段,把曲边梯形分成n个窄曲边梯形. 在每个小区间$[x_{i-1},x_i]$上任取一点 ξ_i,以$[x_{i-1},x_i]$为底、$f(\xi_i)$为高的窄矩形面积近似替代第i个窄曲边梯形面积$\Delta A_i(i=1,2,\cdots,n)$,则
$$\Delta A_i \approx f(\xi_i)\Delta x_i. (\Delta x_i=x_i-x_{i-1},i=1,2,\cdots,n)$$

第三步:求和. 把这样得到的n个窄矩形面积之和作为所求曲边梯形面积A的近似值,即
$$A \approx f(\xi_1)\Delta x_1+f(\xi_2)\Delta x_2+\cdots+f(\xi_n)\Delta x_n = \sum_{i=1}^{n}f(\xi_i)\Delta x_i.$$

第四步:取极限. 显然,分点越多,每个小曲边梯形越窄,所求得的曲边梯形面积A的近似值就越接近曲边梯形面积A的精确值. 因此,要求曲边梯形面积A的精确值,只需无限地增加分点,使每个小曲边梯形的宽度趋于零. 记$\lambda=\max\{\Delta x_1,\Delta x_2,\cdots,\Delta x_n\}$,当$\lambda \to 0$,曲边梯形的面积为:
$$A = \lim_{\lambda \to 0} \sum_{i=1}^{n} f(\xi_i)\Delta x_i.$$

案例 3.8 (**变速直线运动的位移**) 设物体做直线运动,已知速度$v=v(t)$是时间间隔$[T_1,T_2]$上t的连续函数,且$v(t) \geqslant 0$,计算在这段时间内物体所经过的位移S.

如果v是常量,则由物理学我们知道,所经过的位移为:
$$位移(S) = 速度(v) \times 时间(t).$$
但在本题中速度v是变量,它与物体所经历的时间有关,所以上述公式不能应用.

分析:物体运动的速度是连续变化的,在很短一段时间内,速度的变化很小,近似于匀速. 因此,如果把时间间隔分小,在小段时间内,以匀速运动代替变速运动,那么,就可以算出部分位移的近似值. 所以把时间间隔$[T_1,T_2]$分成n个很小的时间间隔$\Delta t_i(i=1,2,\cdots,n)$,在每个很小的时间间隔$\Delta t_i$内,物体运动可以看成是匀速的,其速度近似为物体在时间间隔Δt_i内某点的速度$v(\tau_i)$,物体在时间间隔Δt_i内运动的位移近似为$\Delta S_i=v(\tau_i)\Delta t_i$. 把物体在每一小的时间间隔$\Delta t_i$内运动的位移加起来作为物体在时间间隔$[T_1,T_2]$内所经过的位移$S$的近似值. 具体做法是:

第一步:分割. 在时间间隔$[T_1,T_2]$内任意插入$n-1$个分点,且
$$T_1=t_0<t_1<t_2<\cdots<t_{n-1}<t_n=T_2,$$
把$[T_1,T_2]$分成n个小段,即
$$[t_0,t_1],[t_1,t_2],\cdots,[t_{n-1},t_n].$$
各小段时间的长依次为:
$$\Delta t_1=t_1-t_0, \Delta t_2=t_2-t_1,\cdots, \Delta t_n=t_n-t_{n-1}.$$
相应地,在各段时间内物体经过的位移依次为:
$$\Delta S_1, \Delta S_2, \cdots, \Delta S_n.$$

第二步：近似. 在时间间隔 $[t_{i-1},t_i]$ 上任取一个时刻 $\tau_i(t_{i-1}<\tau_i<t_i)$，以 τ_i 时刻的速度 $v(\tau_i)$ 来代替 $[t_{i-1},t_i]$ 上各个时刻的速度，得到部分位移 ΔS_i 的近似值，即

$$\Delta S_i \approx v(\tau_i)\Delta t_i. \quad (i=1,2,\cdots,n)$$

第三步：求和. 于是这 n 段部分位移的近似值之和就是所求变速直线运动位移 S 的近似值，即

$$S \approx \sum_{i=1}^{n} v(\tau_i)\Delta t_i.$$

第四步：取极限. 记 $\lambda=\max\{\Delta t_1,\Delta t_2,\cdots,\Delta t_n\}$，当 $\lambda\to 0$ 时，取上述和式的极限，即得变速直线运动的位移为：

$$S = \lim_{\lambda\to 0}\sum_{i=1}^{n} v(\tau_i)\Delta t_i.$$

一、定积分的概念

两个案例中讨论了两个问题，一个是面积问题，一个是位移问题，具体内容虽然不同，但描述这两个问题的数学模型却完全一致，都是"和式"极限. 抛开上述问题的具体意义，抓住它们在数量关系上共同的本质与特性加以概括，就抽象出下述定积分的定义.

定义 3.3 设函数 $f(x)$ 在 $[a,b]$ 上有界，在 $[a,b]$ 中任意插入若干个分点

$$a=x_0<x_1<x_2<\cdots<x_{n-1}<x_n=b,$$

把区间 $[a,b]$ 分成 n 个小区间，即

$$[x_0,x_1],[x_1,x_2],\cdots,[x_{n-1},x_n]$$

各小段区间的长依次为：

$$\Delta x_1=x_1-x_0, \Delta x_2=x_2-x_1,\cdots,\Delta x_n=x_n-x_{n-1}.$$

在每个小区间 $[x_{i-1},x_i]$ 上任取一个点 $\xi_i(x_{i-1}\leqslant\xi_i\leqslant x_i)$，作函数值 $f(\xi_i)$ 与小区间长度 Δx_i 的乘积 $f(\xi_i)\Delta x_i(i=1,2,\cdots,n)$，并作出和

$$\sum_{i=1}^{n} f(\xi_i)\Delta x_i.$$

记 $\lambda=\max\{\Delta x_1,\Delta x_2,\cdots,\Delta x_n\}$，如果不论对 $[a,b]$ 怎样分法，也不论在小区间 $[x_{i-1},x_i]$ 上点 ξ_i 怎样取法，只要当 $\lambda\to 0$ 时，和式总趋于确定的极限 I，这时我们称这个极限 I 为函数 $f(x)$ 在区间 $[a,b]$ 上的**定积分**，记作 $\int_a^b f(x)\mathrm{d}x$，即

$$\int_a^b f(x)\mathrm{d}x = \lim_{\lambda\to 0}\sum_{i=1}^{n} f(\xi_i)\Delta x_i.$$

其中 $f(x)$ 叫作**被积函数**，$f(x)\mathrm{d}x$ 叫作**被积表达式**，x 叫作**积分变量**，a 叫作**积分下限**，b 叫作**积分上限**，$[a,b]$ 叫作**积分区间**.

根据定积分的定义，曲边梯形的面积为 $A=\int_a^b f(x)\mathrm{d}x$. 变速直线运动的位移为 $S=\int_{T_1}^{T_2} v(t)\mathrm{d}t$.

关于定积分的定义，作以下几点说明：

（1）定积分的值只与被积函数及积分区间有关，而与积分变量用什么字母无关，即

$$\int_a^b f(x)\,dx = \int_a^b f(t)\,dt = \int_a^b f(u)\,du.$$

(2) 定义中要求 $a<b$, 为便于应用, 对定义补充如下规定：

当 $a>b$ 时, $\int_a^b f(x)\,dx = -\int_b^a f(x)\,dx$;

当 $a=b$ 时, $\int_a^b f(x)\,dx = 0$.

(3) 如果函数 $f(x)$ 在 $[a,b]$ 上的定积分存在, 我们就说 $f(x)$ 在区间 $[a,b]$ 上**可积**.

那么, 函数 $f(x)$ 在 $[a,b]$ 上满足什么条件时, $f(x)$ 在 $[a,b]$ 上可积呢？

定理 3.5 设 $f(x)$ 在区间 $[a,b]$ 上连续, 则 $f(x)$ 在 $[a,b]$ 上可积.

定理 3.6 设 $f(x)$ 在区间 $[a,b]$ 上有界, 且只有有限个间断点, 则 $f(x)$ 在 $[a,b]$ 上可积.

定理证明从略.

【例 3.42】 利用定义计算定积分 $\int_0^1 x^2\,dx$.

解 把区间 $[0,1]$ 分成 n 等份, 分点和小区间长度分别为：

$$x_i = \frac{i}{n}(i=1,2,\cdots,n-1), \Delta x_i = \frac{1}{n}(i=1,2,\cdots,n).$$

取 $\xi_i = \frac{i}{n}(i=1,2,\cdots,n)$, 作积分和：

$$\sum_{i=1}^n f(\xi_i)\Delta x_i = \sum_{i=1}^n \xi_i^2 \Delta x_i = \sum_{i=1}^n \left(\frac{i}{n}\right)^2 \cdot \frac{1}{n}$$

$$= \frac{1}{n^3}\sum_{i=1}^n i^2 = \frac{1}{n^3} \cdot \frac{1}{6}n(n+1)(2n+1) = \frac{1}{6}\left(1+\frac{1}{n}\right)\left(2+\frac{1}{n}\right).$$

因为 $\lambda = \frac{1}{n}$, 当 $\lambda \to 0$ 时, $n \to \infty$, 所以

$$\int_0^1 x^2\,dx = \lim_{\lambda \to 0}\sum_{i=1}^n f(\xi_i)\Delta x_i = \lim_{n \to \infty}\frac{1}{6}\left(1+\frac{1}{n}\right)\left(2+\frac{1}{n}\right) = \frac{1}{3}.$$

二、定积分的几何意义

首先由案例 3.7 知, 在区间 $[a,b]$ 上, 当 $f(x) \geqslant 0$ 时, 积分 $\int_a^b f(x)\,dx$ 在几何上表示由曲线 $y=f(x)$、两条直线 $x=a$、$x=b$ 与 x 轴所围成的曲边梯形的面积 (如图 3.6)；

其次, 当 $f(x) \leqslant 0$ 时, 由曲线 $y=f(x)$、两条直线 $x=a$、$x=b$ 与 x 轴所围成的曲边梯形位于 x 轴的下方, 定积分在几何上表示上述曲边梯形面积的负值 (如图 3.7)；

再次, 当 $f(x)$ 既取得正值又取得负值时, 函数 $f(x)$ 的图形某些部分在 x 轴的上方, 而其他部分在 x 轴的下方. 如果我们对面积赋以正负号, 则在 x 轴上方的图形面积赋以正号, 在 x 轴下方的图形面积赋以负号 (如图 3.8),

综上所述, 在一般情形下, 定积分 $\int_a^b f(x)\,dx$ 的几何意义为：它是介于 x 轴、函数 $f(x)$ 的图形及两条直线 $x=a$、$x=b$ 之间的各部分面积的代数和.

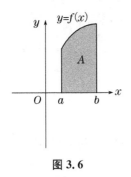
图 3.6

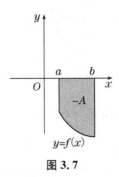
图 3.7

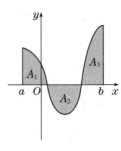
图 3.8

【例 3.43】 用定积分的几何意义求 $\int_0^1 (1-x)\mathrm{d}x$.

解 函数 $y=1-x$ 在区间 $[0,1]$ 上的定积分是以 $y=1-x$ 为曲边(如图 3.9),以区间 $[0,1]$ 为底的曲边梯形的面积. 因为以 $y=1-x$ 为曲边,以区间 $[0,1]$ 为底的曲边梯形是一直角三角形,其底边长及高均为 1,所以

$$\int_0^1 (1-x)\mathrm{d}x = \frac{1}{2} \times 1 \times 1 = \frac{1}{2}.$$

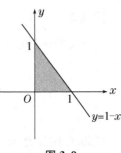
图 3.9

三、定积分的性质

下面性质中的函数都假设是可积的.

性质 3.5 两个函数和(差)的定积分等于它们的定积分的和(差),即

$$\int_a^b [f(x) \pm g(x)]\mathrm{d}x = \int_a^b f(x)\mathrm{d}x \pm \int_a^b g(x)\mathrm{d}x.$$

性质 3.6 被积函数的常数因子可以提到积分号外面,即

$$\int_a^b kf(x)\mathrm{d}x = k\int_a^b f(x)\mathrm{d}x.$$

性质 3.7 设 $f(x)$ 在 $[a,c]$,$[c,b]$ 及 $[a,b]$ 上都是可积的,则有

$$\int_a^b f(x)\mathrm{d}x = \int_a^c f(x)\mathrm{d}x + \int_c^b f(x)\mathrm{d}x.$$

其中 c 可以在 $[a,b]$ 内,也可以在 $[a,b]$ 之外,性质 3.7 表明定积分对积分区间具有可加性,这个性质可以用于求分段函数的定积分.

性质 3.8 如果在区间 $[a,b]$ 上 $f(x) \equiv 1$,则

$$\int_a^b 1\mathrm{d}x = \int_a^b \mathrm{d}x = b-a.$$

性质 3.9 如果在区间 $[a,b]$ 上 $f(x) \geq 0$,则

$$\int_a^b f(x)\mathrm{d}x \geq 0 \ (a<b).$$

推论 1 如果在区间 $[a,b]$ 上 $f(x) \leq g(x)$,则

$$\int_a^b f(x)\mathrm{d}x \leq \int_a^b g(x)\mathrm{d}x \ (a<b).$$

这是因为 $g(x) - f(x) \geq 0$,从而

$$\int_a^b g(x)\mathrm{d}x - \int_a^b f(x)\mathrm{d}x = \int_a^b [g(x)-f(x)]\mathrm{d}x \geq 0,$$

所以
$$\int_a^b f(x)\mathrm{d}x \leq \int_a^b g(x)\mathrm{d}x.$$

【例 3.44】 比较 $\int_1^2 \ln^3 x \mathrm{d}x$ 与 $\int_1^2 \ln^2 x \mathrm{d}x$ 的大小.

解 在区间 $[1,2]$ 上,$0=\ln 1 \leq \ln x \leq \ln 2 < 1$,则 $0 \leq \ln x < 1$,所以 $\ln^3 x \leq \ln^2 x$.

即
$$\int_1^2 \ln^3 x \mathrm{d}x \leq \int_1^2 \ln^2 x \mathrm{d}x.$$

推论 2 $\left|\int_a^b f(x)\mathrm{d}x\right| \leq \int_a^b |f(x)|\mathrm{d}x \ (a<b).$

这是因为 $-|f(x)| \leq f(x) \leq |f(x)|$,所以
$$-\int_a^b |f(x)|\mathrm{d}x \leq \int_a^b f(x)\mathrm{d}x \leq \int_a^b |f(x)|\mathrm{d}x.$$

即
$$\left|\int_a^b f(x)\mathrm{d}x\right| \leq \int_a^b |f(x)|\mathrm{d}x.$$

性质 3.10 设 M 及 m 分别是函数 $f(x)$ 在区间 $[a,b]$ 上的最大值及最小值,则
$$m(b-a) \leq \int_a^b f(x)\mathrm{d}x \leq M(b-a) \ (a<b).$$

证明 因为 $m \leq f(x) \leq M$,所以
$$\int_a^b m\mathrm{d}x \leq \int_a^b f(x)\mathrm{d}x \leq \int_a^b M\mathrm{d}x,$$

从而 $m(b-a) \leq \int_a^b f(x)\mathrm{d}x \leq M(b-a).$

【例 3.45】 试估计定积分 $\int_{\frac{\sqrt{3}}{3}}^{\sqrt{3}} x\arctan x \mathrm{d}x$ 值的范围.

解 为求 $f(x)=x\arctan x$ 的最小值和最大值,先计算其导数:
$$f'(x)=\arctan x+\frac{x}{1+x^2}.$$

因为其导数在所给的定义域内都大于 0,所以在该区间上单调上升,其最大值为 $f(\sqrt{3})=\frac{\sqrt{3}}{3}\pi$,最小值为 $f\left(\frac{\sqrt{3}}{3}\right)=\frac{\sqrt{3}}{18}\pi$,于是有 $\frac{\sqrt{3}}{18}\pi \leq x\arctan x \leq \frac{\sqrt{3}}{3}\pi$,得

$$\frac{\sqrt{3}}{18}\pi\left(\sqrt{3}-\frac{\sqrt{3}}{3}\right) \leq \int_{\frac{\sqrt{3}}{3}}^{\sqrt{3}} x\arctan x \mathrm{d}x \leq \frac{\sqrt{3}}{3}\pi\left(\sqrt{3}-\frac{\sqrt{3}}{3}\right).$$

即
$$\frac{1}{9}\pi \leq \int_{\frac{\sqrt{3}}{3}}^{\sqrt{3}} x\arctan x \mathrm{d}x \leq \frac{2}{3}\pi.$$

性质 3.11(定积分中值定理) 如果函数 $f(x)$ 在闭区间 $[a,b]$ 上连续,则在积分区间 $[a,b]$ 上至少存在一个点 ξ,使下式成立:
$$\int_a^b f(x)\mathrm{d}x = f(\xi)(b-a) \ (a \leq \xi \leq b).$$

这个公式叫作**积分中值公式**.

性质 3.11 的几何意义：在 $[a,b]$ 上至少存在一点 ξ，使得曲边梯形的面积等于同一底边而高为 $f(\xi)$ 的矩形的面积.

如果函数 $f(x)$ 在闭区间 $[a,b]$ 上连续，我们称 $\dfrac{1}{b-a}\int_a^b f(x)\mathrm{d}x$ 为函数 $f(x)$ 在 $[a,b]$ 上的**平均值**.

习题 3.5

1. 根据定积分的几何意义，判断下面定积分值的正负号：

(1) $\int_0^{\frac{\pi}{2}} \sin x \mathrm{d}x$； (2) $\int_{-5}^{-1} x^2 \mathrm{d}x$.

2. 利用定积分的性质，比较下列各题中两个积分值的大小：

(1) $\int_0^1 x^3 \mathrm{d}x$ 与 $\int_0^1 x^2 \mathrm{d}x$； (2) $\int_1^2 x^3 \mathrm{d}x$ 与 $\int_1^2 x^2 \mathrm{d}x$；

(3) $\int_0^{\frac{\pi}{2}} \sin x \mathrm{d}x$ 与 $\int_0^{\frac{\pi}{2}} \sin^2 x \mathrm{d}x$； (4) $\int_1^2 \mathrm{e}^{-x} \mathrm{d}x$ 与 $\int_1^2 \mathrm{e}^{-2x} \mathrm{d}x$.

3. 试用定积分表示下面各题中的面积：

(1) 曲线 $y=x^2+1$ 和直线 $x=1$ 以及 x 轴 y 轴围成的图形面积；

(2) 曲线 $y=\ln x$ 和直线 $x=\mathrm{e}$ 以及 x 轴围成的图形面积；

(3) 曲线 $y=x^2$ 和直线 $y=x$、$x=2$ 以及 x 轴围成的图形面积.

4. 估计下列各定积分值的范围：

(1) $\int_0^1 \sqrt{x^4+1} \mathrm{d}x$； (2) $\int_0^{\frac{\pi}{2}} (\cos^4 x + 1) \mathrm{d}x$.

5. 设 $f(x)$ 是连续函数，且 $f(x)=x^2+\dfrac{2}{3}\int_0^1 f(h)\mathrm{d}h$，试求：

(1) $\int_0^1 f(x) \mathrm{d}x$； (2) $f(x)$.

第六节　微积分基本公式

学习目标

1. 了解积分上限函数的概念及性质.
2. 掌握牛顿-莱布尼茨公式.

微课

一、积分上限函数及其导数

如图 3.10 所示，设函数 $f(x)$ 在区间 $[a,b]$ 上连续，则对于任意的 $x(a\leqslant x\leqslant b)$，积分 $\int_a^x f(x)\mathrm{d}x$ 存在，且对于给定的 $x(a\leqslant x\leqslant b)$，就有一个积分值与之对应，因此，这是一个上限为变量的积分，是上限 x 的函数. 但必须注意的是，积分上限 x 与被积表达式 $f(x)\mathrm{d}x$ 中的

积分变量 x 是两个不同的概念,在求积时(或者说积分过程中)上限 x 是固定不变的,而积分变量 x 是在下限与上限之间变化的,为了区别起见,常把它记为 $\int_a^x f(t)\mathrm{d}t$,称为**积分上限的函数**(或变上限的积分).它是区间 $[a,b]$ 上的函数,记为

$$\Phi(x) = \int_a^x f(t)\mathrm{d}t.$$

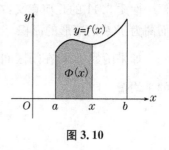

图 3.10

关于变上限的积分有如下的定理:

定理 3.7 如果函数 $f(x)$ 在区间 $[a,b]$ 上连续,则函数 $\Phi(x) = \int_a^x f(t)\mathrm{d}t$ 在 $[a,b]$ 上可导,并且它的导数为

$$\Phi'(x) = \frac{\mathrm{d}}{\mathrm{d}x}\int_a^x f(t)\mathrm{d}t = f(x).$$

定理证明从略.

定理 3.7 表明变上限积分所确定的函数 $\int_a^x f(t)\mathrm{d}t$ 对积分上限 x 的导数等于被积函数 $f(t)$ 在积分上限 x 处的值 $f(x)$.它把导数和定积分这两个表面上不相干的概念联系了起来,得到了如下的原函数存在定理.

定理 3.8 如果函数 $f(x)$ 在区间 $[a,b]$ 上连续,则函数

$$\Phi(x) = \int_a^x f(t)\mathrm{d}t$$

就是 $f(x)$ 在 $[a,b]$ 上的一个原函数.

本定理的重要意义在于一方面肯定了连续函数的原函数是存在的,另一方面初步地揭示了积分学中的定积分与原函数之间的联系.由上述结论可知:尽管不定积分与定积分概念的引入完全不同,但彼此有着密切的联系,因此可以通过求原函数来计算定积分.

【例 3.46】 (1) 求 $\dfrac{\mathrm{d}}{\mathrm{d}x}\int_0^x \sin(1+\mathrm{e}^t)\mathrm{d}t$; (2) 求 $\dfrac{\mathrm{d}}{\mathrm{d}x}\int_x^0 \sin(1+\mathrm{e}^t)\mathrm{d}t$.

解 由定理 3.7 得:

(1) $\dfrac{\mathrm{d}}{\mathrm{d}x}\int_0^x \sin(1+\mathrm{e}^t)\mathrm{d}t = \sin(1+\mathrm{e}^x)$.

(2) $\dfrac{\mathrm{d}}{\mathrm{d}x}\int_x^0 \sin(1+\mathrm{e}^t)\mathrm{d}t = -\dfrac{\mathrm{d}}{\mathrm{d}x}\int_0^x \sin(1+\mathrm{e}^t)\mathrm{d}t = -\sin(1+\mathrm{e}^x)$.

【例 3.47】 设 $\Phi(x) = (2x+1)\int_0^x (2t+1)\mathrm{d}t$,求 $\Phi'(x)$ 和 $\Phi''(x)$.

解 $\Phi'(x) = (2x+1)'\int_0^x (2t+1)\mathrm{d}t + (2x+1)\left[\int_0^x (2t+1)\mathrm{d}t\right]'$

$= 2\int_0^x (2t+1)\mathrm{d}t + (2x+1)^2$

$= 2(x^2+x) + (2x+1)^2$;

$\Phi''(x) = 2(2x+1) + 4(2x+1) = 12x+6.$

【例 3.48】 求 $\dfrac{\mathrm{d}}{\mathrm{d}x}\int_0^{x^2} \sin(1+\mathrm{e}^t)\mathrm{d}t$.

解 令 $u = x^2$,则这个变上限定积分是由

$$\int_0^u \sin(1+e^t)dt \text{ 与 } u = x^2$$

复合而成的,按复合函数的求导法则,得

$$\frac{d}{dx}\int_0^{x^2} \sin(1+e^t)dt = \frac{d}{du}\int_0^u \sin(1+e^t)dt \cdot \frac{du}{dx} = \sin(1+e^{x^2}) \cdot 2x$$
$$= 2x\sin(1+e^{x^2}).$$

一般可推出如下几个公式(其中函数 $\varphi(x), \psi(x)$ 可导):

(1) $\dfrac{d}{dx}\int_x^b f(t)dt = -f(x)$;

(2) $\dfrac{d}{dx}\int_a^{\varphi(x)} f(t)dt = f[\varphi(x)]\varphi'(x)$;

(3) $\dfrac{d}{dx}\int_{\psi(x)}^{\varphi(x)} f(t)dt = \dfrac{d}{dx}\left[\int_{\psi(x)}^a f(t)dt + \int_a^{\varphi(x)} f(t)dt\right]$
$= f[\varphi(x)]\varphi'(x) - f[\psi(x)]\psi'(x).$

【例 3.49】 求 $\lim\limits_{x \to 0} \dfrac{\int_0^x \arctan t \, dt}{x^2}$.

解 当 $x \to 0$ 时, $\int_0^x \arctan t \, dt \to 0, x^2 \to 0$,因此该极限符合洛必达法则,则

$$\lim_{x \to 0}\frac{\int_0^x \arctan t \, dt}{x^2} = \lim_{x \to 0}\frac{\frac{d}{dx}\left[\int_0^x \arctan t \, dt\right]}{(x^2)'} = \lim_{x \to 0}\frac{\arctan x}{2x}$$
$$= \frac{1}{2}\lim_{x \to 0}\frac{(\arctan x)'}{(x)'} = \frac{1}{2}\lim_{x \to 0}\frac{\frac{1}{1+x^2}}{1} = \frac{1}{2}.$$

二、牛顿-莱布尼茨公式

定理 3.9 如果函数 $F(x)$ 是连续函数 $f(x)$ 在区间 $[a,b]$ 上的一个原函数,则

$$\int_a^b f(x)dx = F(b) - F(a).$$

此公式称为**牛顿-莱布尼茨公式**,也称为**微积分基本公式**.

证明 已知函数 $F(x)$ 是连续函数 $f(x)$ 的一个原函数,又根据定理 3.8,积分上限函数

$$\Phi(x) = \int_a^x f(t)dt$$

也是 $f(x)$ 的一个原函数. 于是存在常数 C,使

$$F(x) - \Phi(x) = C, \text{ 即 } F(x) - \int_a^x f(t)dt = C.$$

当 $x = a$ 时,有 $F(a) - \int_a^a f(t)dt = C$,所以 $C = F(a)$;当 $x = b$ 时,$F(b) - \int_a^b f(t)dt = F(a)$,即

$$\int_a^b f(x)dx = F(b) - F(a).$$

为了方便起见,可把 $F(b) - F(a)$ 记成 $[F(x)]_a^b$,于是

$$\int_a^b f(x)\mathrm{d}x = [F(x)]_a^b = F(b) - F(a).$$

【例 3.50】 求 $\int_0^1 x^2 \mathrm{d}x$.

解 由于 $\frac{1}{3}x^3$ 是 x^2 的一个原函数,所以

$$\int_0^1 x^2 \mathrm{d}x = \left[\frac{1}{3}x^3\right]_0^1 = \frac{1}{3}\cdot 1^3 - \frac{1}{3}\cdot 0^3 = \frac{1}{3}.$$

【例 3.51】 求 $\int_{-1}^{\sqrt{3}} \frac{\mathrm{d}x}{1+x^2}$.

解 由于 $\arctan x$ 是 $\frac{1}{1+x^2}$ 的一个原函数,所以

$$\int_{-1}^{\sqrt{3}} \frac{\mathrm{d}x}{1+x^2} = [\arctan x]_{-1}^{\sqrt{3}} = \arctan\sqrt{3} - \arctan(-1) = \frac{\pi}{3} - \left(-\frac{\pi}{4}\right) = \frac{7}{12}\pi.$$

【例 3.52】 求 $\int_{\frac{\pi}{4}}^{\frac{\pi}{3}} \frac{\mathrm{d}x}{\sin x \cos x}$.

解 因为 $\frac{1}{\sin x \cos x} = \frac{\sin^2 x + \cos^2 x}{\sin x \cos x} = \tan x + \cot x$,所以

$$\int \frac{\mathrm{d}x}{\sin x \cos x} = -\ln|\cos x| + \ln|\sin x| + C = \ln|\tan x| + C.$$

即 $\int_{\frac{\pi}{4}}^{\frac{\pi}{3}} \frac{\mathrm{d}x}{\sin x \cos x} = [\ln|\tan x|]_{\frac{\pi}{4}}^{\frac{\pi}{3}} = \ln\tan\frac{\pi}{3} - \ln\tan\frac{\pi}{4} = \ln\sqrt{3} - \ln 1 = \frac{1}{2}\ln 3.$

【例 3.53】 设 $f(x) = \begin{cases} x+1, & x \geq 0, \\ e^{-x}, & x < 0, \end{cases}$ 求 $\int_{-1}^{2} f(x)\mathrm{d}x$.

解 由定积分性质 3.7,有

$$\int_{-1}^{2} f(x)\mathrm{d}x = \int_{-1}^{0} f(x)\mathrm{d}x + \int_{0}^{2} f(x)\mathrm{d}x = \int_{-1}^{0} e^{-x}\mathrm{d}x + \int_{0}^{2} (x+1)\mathrm{d}x$$

$$= [-e^{-x}]_{-1}^{0} + \left[\frac{1}{2}x^2 + x\right]_{0}^{2} = e + 3.$$

【例 3.54】 求正弦曲线 $y = \sin x$ 在 $[0, \pi]$ 上与 x 轴所围成的平面图形的面积.

解 如图 3.11 所示,它的面积为:
$A = \int_0^{\pi} \sin x \mathrm{d}x = [-\cos x]_0^{\pi} = -(-1) - (-1) = 2.$

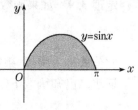

图 3.11

习题 3.6

1. 求下列函数的导数:

(1) $\frac{\mathrm{d}}{\mathrm{d}x}\int_0^x e^{-t}\mathrm{d}t$;

(2) $\frac{\mathrm{d}}{\mathrm{d}x}\int_0^{x^2} e^{-t}\mathrm{d}t$;

(3) $\frac{\mathrm{d}}{\mathrm{d}x}\int_x^{x^2} e^{-t}\mathrm{d}t$.

2. 求下列函数极限:

(1) $\lim\limits_{x\to 0}\dfrac{\int_0^x \sin t\,dt}{x^2}$;

(2) $\lim\limits_{x\to +\infty}\dfrac{\int_a^x \left(1+\dfrac{1}{t}\right)^t dt}{x}$ ($a>0$ 为常数);

(3) $\lim\limits_{x\to 0}\dfrac{\int_{\cos x}^1 e^{-t^2}dt}{x^2}$.

3. 计算下列定积分：

(1) $\int_{-2}^{-1}\dfrac{1}{x}dx$;

(2) $\int_0^{\ln 2} e^{-2x}dx$;

(3) $\int_2^3 \dfrac{1}{x+x^2}dx$;

(4) $\int_0^{\pi}(1-\sin^3 x)dx$;

(5) $\int_{-2}^{-1}\dfrac{1}{x^2+4x+5}dx$;

(6) $\int_{-1}^1 \dfrac{x+1}{\sqrt{4-x^2}}dx$;

(7) $\int_{\frac{2}{\pi}}^{\frac{3}{\pi}}\dfrac{1}{x^2}\sin\dfrac{1}{x}dx$;

(8) $\int_1^e \dfrac{\ln x+1}{x}dx$;

(9) $\int_{-\frac{\pi}{2}}^{\frac{\pi}{2}}\sqrt{\cos x-\cos^3 x}\,dx$;

(10) $\int_{\frac{1}{2}}^1 (2x-1)^{49}dx$;

(11) $\int_{-1}^1 |x|\,dx$;

(12) $\int_0^3 |2-x|\,dx$.

4. 设当 $x>0$, $f(x)$ 是连续函数，且 $\int_0^{x^2-1}f(t)dt=2x$, 求 $f(2)$.

5. 设 $f(x)=\int_x^{\cos x}\arctan(2+t^2)dt$, 求 $f'(0)$.

6. 计算 $\int_0^2 f(x)dx$, 其中 $f(x)=\begin{cases}2x, & 0\leqslant x\leqslant 1,\\ 5x, & 1<x\leqslant 2.\end{cases}$

第七节　定积分的换元法和分部积分法

学习目标

会用换元积分法与分部积分法计算定积分.

一、定积分的换元积分法

微课

定理 3.10　假设函数 $f(x)$ 在区间 $[a,b]$ 上连续，函数 $x=\varphi(t)$ 满足条件：
(1) $\varphi(\alpha)=a$, $\varphi(\beta)=b$;
(2) $\varphi(t)$ 在 $[\alpha,\beta]$（或 $[\beta,\alpha]$）上具有连续导数，且其值域含于 $[a,b]$，则有
$$\int_a^b f(x)dx=\int_\alpha^\beta f[\varphi(t)]\varphi'(t)dt.$$

这个公式叫作**定积分的换元公式**.

定理证明从略.

这个公式与不定积分的换元公式类似，不同之处在于：定积分的换元法不必换回原积分变量，只需将积分限作相应的改变. 这样做需注意两点：

(1) 引入新函数 $x=\varphi(t)$ 必须单调,使 t 从 α 变到 β 时,x 从 a 变到 b,且 $a=\varphi(\alpha), b=\varphi(\beta)$;
(2) 改变积分变量时必须同时改变积分上、下限,简称**换元必换限**.

【例 3.55】 求 $\int_0^a \sqrt{a^2-x^2}\,dx\ (a>0)$.

解 令 $x=a\sin t, t\in\left[0,\dfrac{\pi}{2}\right]$,则 $dx=a\cos t\,dt$.

当 $x=0$ 时,$t=0$;当 $x=a$ 时,$t=\dfrac{\pi}{2}$,则

$$\int_0^a \sqrt{a^2-x^2}\,dx = \int_0^{\frac{\pi}{2}} a\cos t \cdot a\cos t\,dt = a^2\int_0^{\frac{\pi}{2}} \cos^2 t\,dt$$

$$= a^2\int_0^{\frac{\pi}{2}} \frac{1+\cos 2t}{2}\,dt = \frac{a^2}{2}\left[t+\frac{\sin 2t}{2}\right]_0^{\frac{\pi}{2}}$$

$$= \frac{1}{4}\pi a^2.$$

【例 3.56】 求 $\int_4^9 \dfrac{\sqrt{x}}{\sqrt{x}-1}\,dx$.

解 令 $\sqrt{x}=t$,则 $x=t^2, dx=2t\,dt$.
当 $x=4$ 时,$t=2$;当 $x=9$ 时,$t=3$,则

$$\int_4^9 \frac{\sqrt{x}}{\sqrt{x}-1}\,dx = \int_2^3 \frac{t}{t-1}\cdot 2t\,dt = 2\int_2^3 \frac{t^2-1+1}{t-1}\,dt$$

$$= 2\int_2^3 \left(t+1+\frac{1}{t-1}\right)dt = 2\left[\frac{t^2}{2}+t+\ln|t-1|\right]_2^3$$

$$= 7+\ln 4.$$

【例 3.57】 求 $\int_0^{\frac{\pi}{2}} \cos^5 x\sin x\,dx$.

解 令 $t=\cos x$,则当 $x=0$ 时,$t=1$;当 $x=\dfrac{\pi}{2}$ 时,$t=0$.

$$\int_0^{\frac{\pi}{2}} \cos^5 x\sin x\,dx = -\int_0^{\frac{\pi}{2}} \cos^5 x\,d\cos x$$

$$\xlongequal{\text{令}\cos x=t} -\int_1^0 t^5\,dt = \int_0^1 t^5\,dt = \left[\frac{1}{6}t^6\right]_0^1 = \frac{1}{6}.$$

注意:用第一类换元法即凑微分法计算一些定积分时,可以不引入中间变量,如上题可以用如下方法. 即

$$\int_0^{\frac{\pi}{2}} \cos^5 x\sin x\,dx = -\int_0^{\frac{\pi}{2}} \cos^5 x\,d\cos x = -\left[\frac{1}{6}\cos^6 x\right]\Big|_0^{\frac{\pi}{2}}$$

$$= -\frac{1}{6}\cos^6\frac{\pi}{2}+\frac{1}{6}\cos^6 0 = \frac{1}{6}.$$

【例 3.58】 求 $\int_1^e \dfrac{4}{x(1+\ln x)}\,dx$.

解
$$\int_1^e \frac{4}{x(1+\ln x)}\,dx = \int_1^e \frac{4}{1+\ln x}\,d(1+\ln x)$$

$$= 4\ln|1+\ln x|\big|_1^e = 4\ln 2.$$

【例 3.59】 设 $f(x)=\begin{cases}1+x^2, & x\leqslant 0, \\ e^x, & x>0,\end{cases}$ 求 $\int_1^3 f(x-2)\mathrm{d}x$.

解 设 $x-2=t \Rightarrow \mathrm{d}x=\mathrm{d}t$,当 $x=1$ 时,$t=-1$;$x=3$ 时,$t=1$. 则

$$\int_1^3 f(x-2)\mathrm{d}x = \int_{-1}^1 f(t)\mathrm{d}t = \int_{-1}^0 f(t)\mathrm{d}t + \int_0^1 f(t)\mathrm{d}t$$

$$= \int_{-1}^0 (1+t^2)\mathrm{d}t + \int_0^1 e^t \mathrm{d}t = \left[t+\frac{1}{3}t^3\right]_{-1}^0 + \left[e^t\right]_0^1$$

$$= \frac{1}{3} + e.$$

二、定积分的分部积分法

微课

设函数 $u(x)$、$v(x)$ 在区间 $[a,b]$ 上具有连续导数 $u'(x)$、$v'(x)$,由 $(uv)'=u'v+uv'$ 得 $uv'=(uv)'-u'v$,两端在区间 $[a,b]$ 上积分得

$$\int_a^b uv'\mathrm{d}x = [uv]_a^b - \int_a^b u'v\mathrm{d}x \text{ 或 } \int_a^b u\mathrm{d}v = [uv]_a^b - \int_a^b v\mathrm{d}u,$$

这就是**定积分的分部积分公式**.

【例 3.60】 求 $\int_0^1 xe^{2x}\mathrm{d}x$.

解 $\int_0^1 xe^{2x}\mathrm{d}x = \frac{1}{2}\int_0^1 x\mathrm{d}e^{2x} = \frac{1}{2}xe^{2x}\Big|_0^1 - \frac{1}{2}\int_0^1 e^{2x}\mathrm{d}x$

$$= \frac{1}{2}e^2 - \frac{1}{4}e^{2x}\Big|_0^1 = \frac{1}{4}(e^2+1).$$

可见,定积分的分部积分法,本质上是先利用不定积分的分部积分法求出原函数,再用定积分公式求得结果,这两者的差别在于定积分经分部积分后,积出部分直接代入上、下限,不必等到最后.

【例 3.61】 求 $\int_0^{\frac{1}{2}} \arcsin x \mathrm{d}x$.

解 $\int_0^{\frac{1}{2}} \arcsin x \mathrm{d}x = [x\arcsin x]_0^{\frac{1}{2}} - \int_0^{\frac{1}{2}} x\mathrm{d}\arcsin x$

$$= \frac{1}{2}\cdot\frac{\pi}{6} - \int_0^{\frac{1}{2}} \frac{x}{\sqrt{1-x^2}}\mathrm{d}x = \frac{\pi}{12} + \frac{1}{2}\int_0^{\frac{1}{2}} \frac{1}{\sqrt{1-x^2}}\mathrm{d}(1-x^2)$$

$$= \frac{\pi}{12} + \left[\sqrt{1-x^2}\right]_0^{\frac{1}{2}} = \frac{\pi}{12} + \frac{\sqrt{3}}{2} - 1.$$

【例 3.62】 求 $\int_{\frac{1}{e}}^e |\ln x|\mathrm{d}x$.

解 $\int_{\frac{1}{e}}^e |\ln x|\mathrm{d}x = \int_{\frac{1}{e}}^1 (-\ln x)\mathrm{d}x + \int_1^e \ln x \mathrm{d}x$

$$= [-x\ln x]_{\frac{1}{e}}^1 - \int_{\frac{1}{e}}^1 x\left(-\frac{1}{x}\right)\mathrm{d}x + [x\ln x]_1^e - \int_1^e x\frac{1}{x}\mathrm{d}x$$

$$= -\frac{1}{e} + \int_{\frac{1}{e}}^1 \mathrm{d}x + e - \int_1^e \mathrm{d}x = 2\left(1-\frac{1}{e}\right).$$

三、定积分的几个常用公式

(1) 设函数 $f(x)$ 在原点对称的区间 $[-a,a]$ 上可积,则

① 当 $f(x)$ 在 $[-a,a]$ 上为偶函数时,则 $\int_{-a}^{a} f(x)\mathrm{d}x = 2\int_{0}^{a} f(x)\mathrm{d}x$;

② 当 $f(x)$ 在 $[-a,a]$ 上为奇函数时,则 $\int_{-a}^{a} f(x)\mathrm{d}x = 0$.

上式表明了可积的奇、偶函数在对称区间 $[-a,a]$ 上的积分性质,即偶函数在 $[-a,a]$ 上的积分等于区间 $[0,a]$ 上积分的两倍;奇函数在对称区间上的积分等于零,简称**偶倍奇零**,我们可以利用这一性质,简化可积的奇、偶函数在对称区间上的定积分的计算.

【例 3.63】 求 $\int_{-1}^{1} \frac{\sin x + (\arctan x)^2}{1+x^2} \mathrm{d}x$.

解 $\int_{-1}^{1} \frac{\sin x + (\arctan x)^2}{1+x^2} \mathrm{d}x = \int_{-1}^{1} \frac{\sin x}{1+x^2} \mathrm{d}x + \int_{-1}^{1} \frac{(\arctan x)^2}{1+x^2} \mathrm{d}x$,

其中 $\frac{\sin x}{1+x^2}$ 在区间 $[-1,1]$ 上是奇函数,则 $\int_{-1}^{1} \frac{\sin x}{1+x^2} \mathrm{d}x = 0$;而 $\frac{(\arctan x)^2}{1+x^2}$ 在 $[-1,1]$ 上是偶函数,则

$$\int_{-1}^{1} \frac{(\arctan x)^2}{1+x^2} \mathrm{d}x = 2\int_{0}^{1} \frac{(\arctan x)^2}{1+x^2} \mathrm{d}x = 2\int_{0}^{1} (\arctan x)^2 \mathrm{d}(\arctan x)$$

$$= \frac{2}{3}\left[(\arctan x)^3\right]_{0}^{1} = \frac{\pi^3}{96}.$$

所以 $\int_{-1}^{1} \frac{\sin x + (\arctan x)^2}{1+x^2} \mathrm{d}x = \frac{\pi^3}{96}$.

(2) 设 $f(x)$ 是以 T 为周期的周期函数,且可积,则对任一实数 a,有

$$\int_{a}^{a+T} f(x)\mathrm{d}x = \int_{0}^{T} f(x)\mathrm{d}x.$$

此式表明了可积的周期函数在任何一个周期的积分相等.

【例 3.64】 求 $\int_{2}^{2\pi+2} \cos x \mathrm{d}x$.

解 因为函数 $\cos x$ 的周期是 2π,所以

$$\int_{2}^{2\pi+2} \cos x \mathrm{d}x = \int_{0}^{2\pi} \cos x \mathrm{d}x = [\sin x]_{0}^{2\pi} = 0.$$

习题 3.7

1. 用换元法求下列积分:

(1) $\int_{0}^{4} \frac{\mathrm{d}x}{1+\sqrt{x}}$;

(2) $\int_{1}^{e} \frac{2+\ln x}{x} \mathrm{d}x$;

(3) $\int_{0}^{2} \sqrt{4-x^2} \mathrm{d}x$;

(4) $\int_{0}^{\frac{\pi}{2}} \sin^4 x \cos x \mathrm{d}x$;

(5) $\int_{0}^{\pi} \sqrt{\sin^3 x - \sin^5 x} \mathrm{d}x$;

(6) $\int_{-\frac{\sqrt{2}}{2}}^{0} \frac{x+1}{\sqrt{1-x^2}} \mathrm{d}x$;

(7) $\int_0^4 \dfrac{x+2}{\sqrt{2x+1}}\mathrm{d}x$； (8) $\int_{-2}^0 \dfrac{\mathrm{d}x}{x^2+2x+2}$.

2. 利用分部积分法求下列定积分：

(1) $\int_0^1 \mathrm{e}^{\sqrt{x}}\mathrm{d}x$； (2) $\int_0^{\ln 2} x\mathrm{e}^{-x}\mathrm{d}x$；

(3) $\int_0^{\pi} \mathrm{e}^x \cos^2 x\mathrm{d}x$； (4) $\int_0^{\pi} x\sin^2 x\mathrm{d}x$；

(5) $\int_0^2 \ln(3+x)\mathrm{d}x$； (6) $\int_{\frac{\pi}{4}}^{\frac{\pi}{3}} \dfrac{x}{\sin^2 x}\mathrm{d}x$.

3. 利用函数的奇偶性求下列积分：

(1) $\int_{-\pi}^{\pi} x^3 \sin^2 x\mathrm{d}x$； (2) $\int_{-\frac{\pi}{2}}^{\frac{\pi}{2}} \dfrac{x+\cos x}{1+\sin^2 x}\mathrm{d}x$；

(3) $\int_{-1}^1 \dfrac{2x^2+x\cos x}{1+\sqrt{1-x^2}}\mathrm{d}x$； (4) $\int_{-\sqrt{3}}^{\sqrt{3}} |\arctan x|\mathrm{d}x$.

4. 设函数 $f(x)=\begin{cases} x\mathrm{e}^{-x^2}, & x\geqslant 0, \\ \dfrac{1}{2+x}, & -1<x<0, \end{cases}$ 计算 $\int_1^4 f(x-2)\mathrm{d}x$.

5. 若 $f(x)$ 在 $[0,1]$ 上连续，证明：

(1) $\int_0^{\frac{\pi}{2}} f(\sin x)\mathrm{d}x = \int_0^{\frac{\pi}{2}} f(\cos x)\mathrm{d}x$；

(2) $\int_0^{\pi} xf(\sin x)\mathrm{d}x = \dfrac{\pi}{2}\int_0^{\pi} f(\sin x)\mathrm{d}x$，并计算 $\int_0^{\pi} \dfrac{x\sin x}{1+\cos^2 x}\mathrm{d}x$.

第八节 定积分的应用

学习目标

1. 掌握定积分的微元法思想.
2. 会用微元法解决简单的几何、物理问题.

定积分的应用十分广泛，本节主要介绍定积分在几何和物理上的应用，重点掌握用微元法将实际问题表示成定积分的思想方法.

一、定积分的微元法

本章第五节中，我们所举的关于求曲边梯形的面积与求变速直线运动位移两个案例，均采用了"分割"、"近似"、"求和"、"取极限"四个步骤，最后抽象成定积分. 这四个步骤中的关键是第二步，即求部分量的近似值——微元. 为了使这种方法更具有一般性和实用性，我们进一步加以归纳和简化.

一般地，所求的量 U 能用定积分表示，U 必须满足以下条件：

(1) 量 U 与变量 x 的变化区间 $[a,b]$ 有关；

(2) 量 U 对于区间 $[a,b]$ 具有可加性，即如果把 $[a,b]$ 分成若干个部分区间时，则 U 相

应地也被分成若干个部分量,且 U 恰好等于这些部分量的总和;

(3) 如果任取 $[a,b]$ 上的一个部分区间 $[x,x+\mathrm{d}x]$,则 U 的相应部分量 ΔU 可以近似地表示为 $\Delta U \approx f(x)\mathrm{d}x$,其中 $f(x)$ 在 $[a,b]$ 上连续.

当 U 满足上述条件时,由定积分定义有 $U = \int_a^b f(x)\mathrm{d}x$.

用定积分求解实际问题的一般步骤可精简为以下两步:

第一步:恰当选取积分变量 x,确定其变化范围 $[a,b]$;从中任取一小区间,省却下标,记为 $[x,x+\mathrm{d}x]$,称为**典型小区间**;然后写出部分量 ΔU 的近似值 $f(x)\mathrm{d}x$,称 $f(x)\mathrm{d}x$ 为量 U 的**微元**(或**元素**),记作 $\mathrm{d}U$,即 $\mathrm{d}U = f(x)\mathrm{d}x$.

第二步:将微元 $\mathrm{d}U$ 在 $[a,b]$ 上积分(无限累加),得

$$U = \int_a^b f(x)\mathrm{d}x.$$

这种简化的方法称为**微元法**(或**元素法**).用微元法求解实际问题的关键是求出所求量的微元,需要具体问题具体分析,一般可在典型小区间 $[x,x+\mathrm{d}x]$ 上以"常代变"、"直代曲"(局部线性化)为思路,写出 $[x,x+\mathrm{d}x]$ 上所求局部量 ΔU 的近似值,即微元 $\mathrm{d}U = f(x)\mathrm{d}x$.

二、平面图形的面积

1. 直角坐标情形

(1) 根据定积分的几何意义知,当 $f(x) \geqslant 0$ 时,曲线 $f(x)$ 及直线 $x=a, x=b (a<b)$ 与 x 轴所围成的曲边梯形面积为 A(如图 3.12),则面积微元为 $\mathrm{d}A = f(x)\mathrm{d}x$,面积

$$A = \int_a^b f(x)\mathrm{d}x.$$

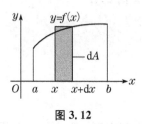

图 3.12

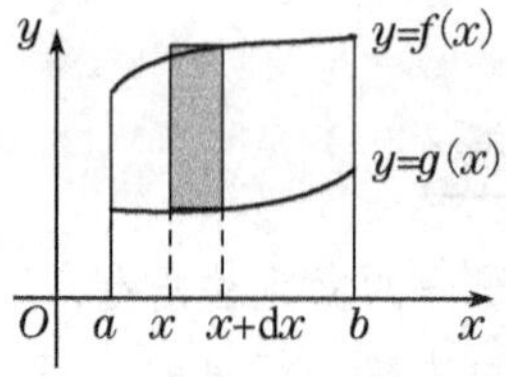

图 3.13

(2) 由曲线 $y=f(x)$ 与 $y=g(x)$ 及直线 $x=a, x=b (a<b)$,且 $f(x) \geqslant g(x)$ 所围成的图形面积为 A(如图 3.13),则面积微元为 $\mathrm{d}A = [f(x)-g(x)]\mathrm{d}x$,面积

$$A = \int_a^b f(x)\mathrm{d}x - \int_a^b g(x)\mathrm{d}x = \int_a^b [f(x)-g(x)]\mathrm{d}x.$$

【例 3.65】 计算两条抛物线 $y^2=x, y=x^2$ 在第一象限所围图形的面积(如图 3.14).

解 我们首先应把两曲线的交点求出,即求得两曲线 $\begin{cases} y^2=x \\ y=x^2 \end{cases}$ 的交点为 $(0,0), (1,1)$,故

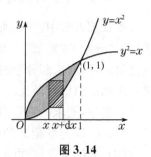

图 3.14

$$A = \int_0^1 (\sqrt{x} - x^2) dx = \left[\frac{2}{3}x^{\frac{3}{2}} - \frac{1}{3}x^3\right]_0^1 = \frac{1}{3}.$$

【例 3.66】 求椭圆 $\dfrac{x^2}{a^2} + \dfrac{y^2}{b^2} = 1$ 所围成的面积 $(a>0, b>0)$（如图 3.15）.

解 据椭圆图形的对称性,整个椭圆面积应为位于第一象限内面积的 4 倍.

取 x 为积分变量,则 $0 \leqslant x \leqslant a$, $y = b\sqrt{1 - \dfrac{x^2}{a^2}}$,故

$$A = 4\int_0^a y dx = 4\int_0^a b\sqrt{1 - \frac{x^2}{a^2}} dx$$
$$= \frac{4b}{a}\int_0^a \sqrt{a^2 - x^2} dx = \pi ab.$$

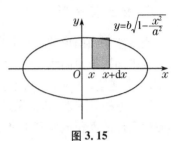

图 3.15

（由定积分几何意义知, $\int_0^a \sqrt{a^2 - x^2} dx$ 为圆面积的 $\dfrac{1}{4}$ 倍.）

同样我们也可以利用椭圆的参数方程作变量替换,设 $x = a\cos t, y = b\sin t (0 \leqslant t \leqslant \dfrac{\pi}{2})$,则 $dx = -a\sin t dt$,故

$$A = 4\int_{\frac{\pi}{2}}^0 (b\sin t)(-a\sin t) dt = 4ab\int_0^{\frac{\pi}{2}} \sin^2 t dt = \pi ab.$$

(3) 类似地,如果平面图形的边界曲线是 $x = \varphi(y), x = \psi(y)$ 和直线 $y = c, y = d$ 围成, $\varphi(y) \geqslant \psi(y)$,如图 3.16,则面积微元 $dA = [\varphi(y) - \psi(y)] dy$,面积

$$A = \int_c^d [\varphi(y) - \psi(y)] dy.$$

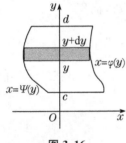

图 3.16

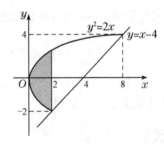

图 3.17

【例 3.67】 计算抛物线 $y^2 = 2x$ 与直线 $y = x - 4$ 所围成的图形面积（如图 3.17）.

解法一 由方程组 $\begin{cases} y^2 = 2x \\ y = x - 4 \end{cases}$,解得两个交点:$(2, -2)$ 和 $(8, 4)$.

若选取 y 为积分变量,则 $-2 \leqslant y \leqslant 4$,于是

$$A = \int_{-2}^4 \left(y + 4 - \frac{1}{2}y^2\right) dy = \left[\frac{y^2}{2} + 4y - \frac{y^3}{6}\right]_{-2}^4 = 18.$$

解法二 如果我们选择 x 为积分变量,由图 3.17 可以看出,所求面积是由两个部分组成,则

$$A = \int_0^2 2\sqrt{2x} dx + \int_2^8 (\sqrt{2x} - x + 4) dx$$

$$= \left[\frac{4\sqrt{2}}{3}x^{\frac{3}{2}}\right]_0^2 + \left[\frac{2\sqrt{2}}{3}x^{\frac{3}{2}} - \frac{1}{2}x^2 + 4x\right]_2^8 = 18.$$

显然没有第一种方法简便,这表明需要恰当的选择积分变量,会使问题更为简化.

2. 极坐标情形

当某些平面图形的边界曲线用极坐标方程给出时,可考虑用极坐标来计算它们的面积.

设平面图形由曲线 $\rho=\rho(\theta)$ 及射线 $\theta=\alpha,\theta=\beta$ 围成(称为**曲边扇形**)(图 3.18),其中 $\rho(\theta)$ 在 $[\alpha,\beta]$ 上连续,且 $\rho(\theta)\geqslant 0$. 利用微元法求该曲边扇形的面积 A.

取 θ 为积分变量,其变化区间为 $[\alpha,\beta]$,在 $[\alpha,\beta]$ 上任取一典型小区间 $[\theta,\theta+\mathrm{d}\theta]$,其相应小曲边扇形的面积近似等于半径为 $\rho(\theta)$,圆心角为 $\mathrm{d}\theta$ 的圆扇形的面积,从而得到面积微元 $\mathrm{d}A=\frac{1}{2}\rho^2(\theta)\mathrm{d}\theta$,故面积

$$A = \frac{1}{2}\int_\alpha^\beta \rho^2(\theta)\mathrm{d}\theta.$$

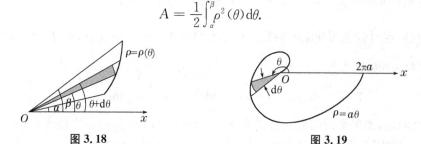

图 3.18　　　　　图 3.19

【**例 3.68**】 计算阿基米德螺线 $\rho=a\theta(a>0)$ 上相应于 θ 从 0 到 2π 的一段弧与横轴所围成图形的面积(图 3.19).

解 θ 的变化范围为 $[0,2\pi]$,面积元素 $\mathrm{d}A=\frac{1}{2}(a\theta)^2\mathrm{d}\theta$,面积

$$A = \frac{1}{2}\int_0^{2\pi} a^2\theta^2\mathrm{d}\theta = \frac{a^2}{2}\left[\frac{\theta^3}{3}\right]_0^{2\pi} = \frac{4}{3}a^2\pi^3.$$

这一面积值恰好等于半径为 $2\pi a$ 的圆的面积为三分之一,早在二千年前,阿基米德采用穷竭法就已经知道了这个结果.

二、体积

1. 旋转体的体积

旋转体是由一个平面图形绕该平面内一条定直线旋转一周而生成的立体图形,该定直线称为旋转轴. 如图 3.20 所示为绕直线 l 所成的旋转体.

图 3.20

由连续曲线 $y=f(x)$ 与直线 $x=a,x=b(a<b)$ 及 x 轴围成的曲边梯形,绕 x 轴旋转一周而成的旋转体(图 3.21),它的体积 V 应如何计算?

取 x 为积分变量,则 $x\in[a,b]$,对于区间 $[a,b]$ 上的任一区间 $[x,x+\mathrm{d}x]$,它所对应的窄曲边梯形绕 x 轴旋转而生成的薄片的体积近似等于以 $f(x)$ 为底半径,$\mathrm{d}x$ 为高的圆柱体体积. 即体积微元为:

$$\mathrm{d}V=\pi[f(x)]^2\mathrm{d}x,$$

则所求的旋转体的体积为:

$$V=\int_a^b \pi[f(x)]^2\mathrm{d}x.$$

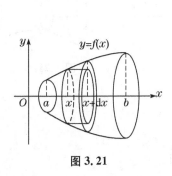

图 3.21

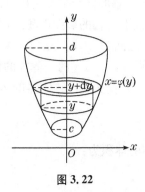

图 3.22

类似地,由连续曲线 $x=\varphi(y)$ 与直线 $y=c,y=d(c<d)$ 及 y 轴围成的曲边梯形绕 y 轴旋转成的立体(图 3.22)体积为:

$$V=\int_c^d \pi[\varphi(y)]^2\mathrm{d}y.$$

【例 3.69】 求由曲线 $y=\dfrac{r}{h}\cdot x$ 及直线 $x=0,x=h(h>0)$ 和 x 轴所围成的三角形绕 x 轴旋转而生成的立体的体积(如图 3.23).

解 取 x 为积分变量,则 $x\in[0,h]$,所以

$$V=\int_0^h \pi\left(\frac{r}{h}x\right)^2\mathrm{d}x$$

$$=\frac{\pi\cdot r^2}{h^2}\int_0^h x^2\mathrm{d}x=\frac{\pi}{3}r^2 h.$$

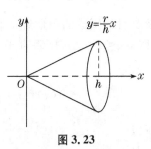

图 3.23

【例 3.70】 设平面图形由曲线 $y=2\sqrt{x}$ 与直线 $x=1$ 及 $y=0$ 围成,试求:(1) 绕 x 轴旋转而成的旋转体体积;(2) 绕 y 轴旋转而成的旋转体体积.

解 (1) 如图 3.24(a)所示,$\mathrm{d}V=\pi(2\sqrt{x})^2\mathrm{d}x$,所以

$$V_x=\int_0^1 \pi(2\sqrt{x})^2\mathrm{d}x=4\pi\int_0^1 x\mathrm{d}x$$

$$=4\pi\left[\frac{1}{2}x^2\right]_0^1=2\pi.$$

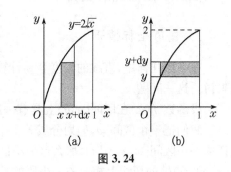

图 3.24

(2) 如图 3.24(b)所示,$dV = \pi \cdot 1^2 \cdot dy - \pi \left(\frac{1}{4}y^2\right)^2 dy = \pi \left(1 - \frac{1}{16}y^4\right)dy$,所以

$$V_y = \int_0^2 \pi \left(1 - \frac{1}{16}y^4\right)dy = \pi \left[y - \frac{1}{80}y^5\right]_0^2 = \frac{8}{5}\pi.$$

2. 平行截面面积为已知的立体的体积(截面法)

由旋转体体积的计算过程可以发现:如果知道该立体上垂直于一定轴的各个截面的面积,那么这个立体的体积也可以用定积分来计算(如图 3.25).

取定轴为 x 轴,并设该立体在过点 $x=a, x=b$ 且垂直于 x 轴的两个平面之内,以 $A(x)$ 表示过点 x 且垂直于 x 轴的截面面积.取 x 为积分变量,它的变化区间为 $[a,b]$.立体中相应于 $[a,b]$ 上任一小区间 $[x,x+dx]$ 的一薄片的体积近似于底面积为 $A(x)$,高为 dx 的柱体的体积.即体积元素为:

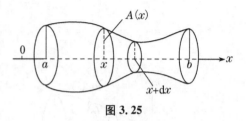

图 3.25

$$dV = A(x)dx,$$

于是,该立体的体积为:

$$V = \int_a^b A(x)dx.$$

【例 3.71】 计算椭圆 $\frac{x^2}{a^2} + \frac{y^2}{b^2} = 1$ 所围成的图形绕 x 轴旋转而成的立体体积(如图 3.26).

解 这个旋转体可看作是由上半个椭圆 $y = \frac{b}{a}\sqrt{a^2 - x^2}$ 及 x 轴所围成的图形绕 x 轴旋转所生成的立体图形.在 x 处($-a \leq x \leq a$),用垂直于 x 轴的平面去截立体所得截面积为:

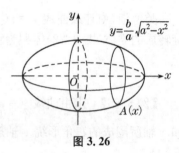

图 3.26

$$A(x) = \pi \cdot \left(\frac{b}{a}\sqrt{a^2 - x^2}\right)^2,$$

所以
$$V = \int_{-a}^a A(x)dx = \frac{\pi b^2}{a^2}\int_{-a}^a (a^2 - x^2)dx = \frac{4}{3}\pi ab^2.$$

四、平面曲线的弧长

1. 直角坐标情形

在平面几何中,直线的长度容易计算,而曲线(除圆弧外)长度的计算就比较困难,现在来讨论这一问题.

设函数 $f(x)$ 在区间 $[a,b]$ 上具有一阶连续的导数,计算曲线 $y = f(x)$ 的长度 s.

我们把整个区间 $[a,b]$ 划分成若干小区间,取 x 为积分变量,则 $x \in [a,b]$,在 $[a,b]$ 上任取一小区间 $[x,x+dx]$,那么这一小区间所对应的曲线弧段的长度 Δs 可以用该曲线在点 $(x,f(x))$ 处的切线上相应的一小段的长度来近似代替(图3.27),于是,弧长微元为:

$$\Delta s \approx \mathrm{d}s = \sqrt{(\mathrm{d}x)^2 + (\mathrm{d}y)^2} = \sqrt{1 + [f'(x)]^2}\,\mathrm{d}x,$$
则弧长为：
$$s = \int_a^b \sqrt{1 + [f'(x)]^2}\,\mathrm{d}x.$$

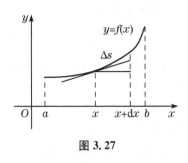

图 3.27

【例 3.72】 计算曲线 $y = \dfrac{2}{3}x^{\frac{3}{2}} (a \leqslant x \leqslant b)$ 的弧长.

解 $\mathrm{d}s = \sqrt{1 + (\sqrt{x})^2}\,\mathrm{d}x = \sqrt{1 + x}\,\mathrm{d}x,$ 则
$$s = \int_a^b \sqrt{1+x}\,\mathrm{d}x = \dfrac{2}{3}\left[(1+x)^{\frac{3}{2}}\right]_a^b$$
$$= \dfrac{2}{3}\left[(1+b)^{\frac{3}{2}} - (1+a)^{\frac{3}{2}}\right].$$

2. 参数方程的情形

若曲线由参数方程 $\begin{cases} x = \varphi(t) \\ y = \psi(t) \end{cases} (\alpha \leqslant t \leqslant \beta)$ 给出，计算它的弧长时，只需要将弧微分写成

$$\mathrm{d}s = \sqrt{(\mathrm{d}x)^2 + (\mathrm{d}y)^2} = \sqrt{[\varphi'(t)]^2 + [\psi'(t)]^2}\,\mathrm{d}t$$

的形式，从而有
$$s = \int_\alpha^\beta \sqrt{[\varphi'(t)]^2 + [\psi'(t)]^2}\,\mathrm{d}t.$$

【例 3.73】 计算半径为 r 的圆周长度.

解 圆的参数方程为 $\begin{cases} x = r\cos t \\ y = r\sin t \end{cases} (0 \leqslant t \leqslant 2\pi),$ 则
$$\mathrm{d}s = \sqrt{(-r\sin t)^2 + (r\cos t)^2}\,\mathrm{d}t = r\,\mathrm{d}t,$$
即
$$s = \int_0^{2\pi} r\,\mathrm{d}t = 2\pi r.$$

五、定积分在物理上的应用

【例 3.74】 半径为 r 的球沉入水中，球的上部与水面相切，球的密度为 1，现将这球从水中取出，需作多少功?

解 建立如图 3.28 所示的坐标系. 因为球与水密度相同，故将球取出所做的功就等于把同体积的水抽出所做的功. 取 x 为积分变量，则 $x \in [0, 2r]$，在 $[0, 2r]$ 上任取一个小区间 $[x, x + \mathrm{d}x]$，则此小区间对应于球体上的一块小薄片，此薄片的体积为：
$$\pi(\sqrt{r^2 - (r-x)^2})^2\,\mathrm{d}x.$$

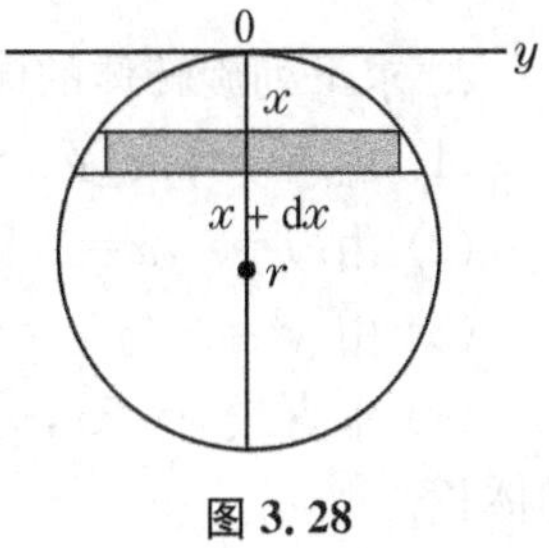

将介于 x 与 $x + \mathrm{d}x$ 之间的水近似看成圆柱，则此层水重为：
$$\pi[r^2 - (r-x)^2]\,\mathrm{d}x \cdot g = \pi g(2rx - x^2)\,\mathrm{d}x.$$

图 3.28

将其抽出所做的功为：
$$\Delta W \approx \pi g(2rx - x^2)\,\mathrm{d}x \cdot x = \mathrm{d}W,$$

故所求功为：
$$W=\int_0^{2r}\pi gx(2rx-x^2)dx=\frac{4}{3}\pi gr^4.$$

【例 3.75】 有一矩形闸门，宽 20 m，高 16 m，水面与闸门顶齐，求闸门上所受的总压力．

解 如图 3.29，闸门上对应于 $[x,x+dx]$ 的窄条上各点处压强是不同的，我们近似将其看作是相同的，不妨以 x 处的压强代之，即压强 $p\approx\rho gx$，而窄条面积 $=20dx$，则
$$\Delta F\approx\rho gx\cdot 20dx=dF.$$
故水压力为：
$$F=\int_0^{16}20\rho gx\,dx=2\,560\rho g=2\,560\times 1\,000\times 9.8$$
$$=2.508\,8\times 10^7\text{（牛顿）}$$

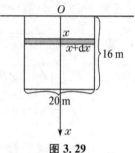

图 3.29

习题 3.8

1. 求下列各题的面积：

(1) 求由曲线 $y=\sqrt{x}$，$y=x$ 所围成的图形的面积；

(2) 求由曲线 $y=e^x$，$y=e^{-x}$，$y=e$ 所围成的图形的面积；

(3) 求由曲线 $xy=a^2$，$y=x$，$x=2a$ 所围成的图形的面积；

(4) 求曲线 $y=\cos x$，$y=\sin x$ 在 $x=0$ 与 $x=\pi$ 之间所围成的图形的面积；

(5) 求曲线 $y=x^3$，$y=2x$ 所围成图形的面积；

(6) 抛物线 $y=\frac{1}{2}x^2$ 将圆 $x^2+y^2\leqslant 8$ 分割成两部分，求这两部分的面积；

(7) 直线 $y=\frac{1}{4}$ 将由 $y=x^2$，$y=\sqrt{x}$ 所围成的区域分为上、下两部分，求上部分与下部分的面积比值；

(8) 求曲线 $\frac{x^2}{9}+\frac{y^2}{16}=1$，$x=\frac{3}{2}$，$x=\frac{3}{\sqrt{2}}$，$y=0$ 所围成的图形面积．

2. 求下列旋转体的体积：

(1) 由 $y^2=4ax$ 及 $x=2a$ 围成的图形绕 x 轴旋转$(a>0)$；

(2) 由 $y=e^x$，$x=1$ 及 x 轴，y 轴所围成的图形绕 x 轴旋转；

(3) 由 $y^2=x$ 与 $y=x^2$ 围成的图形绕 y 轴旋转；

(4) 求直线 $y=2x$，$y=x$，$x=2$，$x=4$ 所围成的平面图形绕 x 轴旋转一周所得的旋转体的体积；

(5) 求由曲线 $y=2-x^2$，$y=x$，$x=\frac{1}{2}(x\geqslant 0)$ 所围成的平面图形绕 y 轴旋转一周所生成的旋转体的体积；

(6) 求由抛物线 $y=x^2$，$y=2-x^2$ 所围成的图形，分别绕 x 轴及 y 轴旋转一周所形成立体的体积；

(7) 求由曲线 $xy=1$,直线 $x=1$,$x=2$ 及 x 轴所围图形分别绕 x 轴、y 轴旋转而成的旋转体的体积.

3. 求下列曲线的弧长：

(1) 求由 $y=\ln x$ 上相应于 $\sqrt{3} \leqslant x \leqslant \sqrt{8}$ 的一段弧；

(2) 曲线 $y=\ln(1-x)^2$ 自 $x=0$ 到 $x=\dfrac{1}{2}$ 这一段的弧长；

(3) 曲线 $x=\cos t+t\sin t, y=\sin t-t\cos t$ 自 $t=0$ 至 $t=\pi$ 这一段的弧长；

(4) 求曲线 $x=\arctan t, y=\dfrac{1}{2}\ln(1+t)^2$ 自 $t=0$ 到 $t=1$ 的一段弧长.

4. 用定积分在物理上的应用,计算下列各题：

(1) 汽车以每小时 36 km 速度行驶,到某处需要减速停车.设汽车以等加速度 $a=-5\ \text{m/s}^2$ 刹车,问从开始刹车到停车,汽车走了多少距离？

(2) 有一横截面面积为 20 m^2,深 5 m 的水池,池中装满了水.现要将池中的水全部抽到高 10 m 的水塔上,求所需做的功.

(3) 有一装满水的断面为梯形的水箱,其上底为 3 m,下底为 2 m,高为 2 m,求水箱一侧所受到的压力.

第九节　反　常　积　分

微课

学习目标

1. 了解反常积分的概念.
2. 会计算简单的反常积分.

前面所学的定积分,其积分区间是有限区间,且被积函数是有界函数,但实际问题中还会遇到无穷区间上的积分以及无界函数的积分问题.因此需要把定积分概念加以推广,为了区别于前面的积分.通常把这两种推广了的积分称为反常积分(或**广义积分**).下面我们重点介绍无穷限的反常积分的概念和计算方法.

案例 3.6　自地面垂直向上发射火箭,火箭质量为 m,当火箭超出地球的引力范围时,试计算火箭克服引力所做的功.

分析：取如图 3.30 所示的坐标系,设地球的半径为 R,质量是 M,根据万有引力定律知道,火箭所受地球引力为 $f(x)=G\dfrac{mM}{x^2}$,其中 $G=\dfrac{gR^2}{M}$ 为引力常数,为了发射火箭,必须克服地球的引力,因此推力 $F(x)$ 至少应与地球的引力大小相等,即 $f(x)=F(x)$,所以

$$F(x)=G\dfrac{mM}{x^2}=\dfrac{mgR^2}{x^2},$$

要使火箭要脱离地球的引力范围,也就是 $x\to\infty$.

火箭所做的功为：

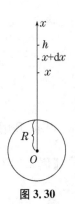

图 3.30

$$W = \int_R^{+\infty} \frac{mgR^2}{x^2} dx.$$

这样的积分,称为反常积分. 它有没有意义? 又该如何计算呢?

设 $h > R$,先计算定积分 $\int_R^h \frac{mgR^2}{x^2} dx$,它是积分上限 h 的函数,然后令 $h \to +\infty$,于是

$$W = \lim_{h \to +\infty} \int_R^h \frac{mgR^2}{x^2} dx = \lim_{h \to +\infty} \left[-\frac{mgR^2}{x} \right]_R^h$$
$$= \lim_{h \to +\infty} \left(-\frac{mgR^2}{h} + \frac{mgR^2}{R} \right)$$
$$= mgR.$$

一般地,无穷限的反常积分的定义如下:

定义 3.4 设函数 $f(x)$ 在区间 $[a, +\infty)$ 上连续,取 $b > a$. 如果极限

$$\lim_{b \to +\infty} \int_a^b f(x) dx$$

存在,则称此极限为函数 $f(x)$ 在无穷区间 $[a, +\infty)$ 上的反常积分,记作 $\int_a^{+\infty} f(x) dx$,即

$$\int_a^{+\infty} f(x) dx = \lim_{b \to +\infty} \int_a^b f(x) dx.$$

这时也称反常积分 $\int_a^{+\infty} f(x) dx$ **收敛**. 否则称反常积分 $\int_a^{+\infty} f(x) dx$ **发散**.

类似地,设函数 $f(x)$ 在区间 $(-\infty, b]$ 上连续,如果极限

$$\lim_{a \to -\infty} \int_a^b f(x) dx \ (a < b)$$

存在,则称此极限为函数 $f(x)$ 在无穷区间 $(-\infty, b]$ 上的反常积分,记作 $\int_{-\infty}^b f(x) dx$,即

$$\int_{-\infty}^b f(x) dx = \lim_{a \to -\infty} \int_a^b f(x) dx.$$

这时也称反常积分 $\int_{-\infty}^b f(x) dx$ 收敛. 反之则称反常积分 $\int_{-\infty}^b f(x) dx$ 发散.

【例 3.76】 计算反常积分 $\int_0^{+\infty} t e^{-pt} dt$ (p 是常数,且 $p > 0$).

解
$$\int_0^{+\infty} t e^{-pt} dt = \lim_{b \to +\infty} \int_0^b t e^{-pt} dt = -\frac{1}{p} \lim_{b \to +\infty} \int_0^b t de^{-pt}$$
$$= -\frac{1}{p} \lim_{b \to +\infty} \left[t e^{-pt} \right]_0^{+\infty} + \frac{1}{p} \lim_{b \to +\infty} \int_0^b e^{-pt} dt$$
$$= 0 - \frac{1}{p^2} \lim_{b \to +\infty} \left[e^{-pt} \right]_0^b = \frac{1}{p^2}.$$

提示: 利用洛必达法则,可得 $\lim_{t \to +\infty} t e^{-pt} = \lim_{t \to +\infty} \frac{t}{e^{pt}} = \lim_{t \to +\infty} \frac{1}{p e^{pt}} = 0.$

【例 3.77】 讨论反常积分 $\int_a^{+\infty} \frac{1}{x^p} dx \ (a > 0)$ 的敛散性.

解 当 $p = 1$ 时, $\int_a^{+\infty} \frac{1}{x^p} dx = \int_a^{+\infty} \frac{1}{x} dx = \lim_{b \to +\infty} [\ln x]_a^b = +\infty$;

当 $p < 1$ 时, $\int_a^{+\infty} \frac{1}{x^p} dx = \frac{1}{1-p} \lim_{b \to +\infty} [x^{1-p}]_a^b = +\infty$;

当 $p>1$ 时,$\int_a^{+\infty} \dfrac{1}{x^p}\mathrm{d}x = \dfrac{1}{1-p}\lim\limits_{b\to+\infty}[x^{1-p}]_a^b = \dfrac{a^{1-p}}{p-1}.$

因此,当 $p>1$ 时,此反常积分收敛,其值为 $\dfrac{a^{1-p}}{p-1}$,当 $p\leqslant 1$ 时,此反常积分发散.

定义 3.5 设函数 $f(x)$ 在区间 $(-\infty,+\infty)$ 上连续,如果反常积分

$$\int_{-\infty}^{0} f(x)\mathrm{d}x \text{ 和 } \int_{0}^{+\infty} f(x)\mathrm{d}x$$

都收敛,则称上述两个反常积分的和为函数 $f(x)$ 在无穷区间 $(-\infty,+\infty)$ 上的反常积分,记作 $\int_{-\infty}^{+\infty} f(x)\mathrm{d}x$,即

$$\int_{-\infty}^{+\infty} f(x)\mathrm{d}x = \int_{-\infty}^{0} f(x)\mathrm{d}x + \int_{0}^{+\infty} f(x)\mathrm{d}x$$
$$= \lim_{a\to-\infty}\int_{a}^{0} f(x)\mathrm{d}x + \lim_{b\to+\infty}\int_{0}^{b} f(x)\mathrm{d}x.$$

这时也称反常积分 $\int_{-\infty}^{+\infty} f(x)\mathrm{d}x$ 收敛. 如果上式右端有一个反常积分发散,则称反常积分 $\int_{-\infty}^{+\infty} f(x)\mathrm{d}x$ 发散.

三种反常积分可采用如下简记形式:

$$\int_a^{+\infty} f(x)\mathrm{d}x = [F(x)]_a^{+\infty} = \lim_{x\to+\infty} F(x) - F(a);$$

$$\int_{-\infty}^{b} f(x)\mathrm{d}x = [F(x)]_{-\infty}^{b} = F(b) - \lim_{x\to-\infty} F(x);$$

$$\int_{-\infty}^{+\infty} f(x)\mathrm{d}x = [F(x)]_{-\infty}^{+\infty} = \lim_{x\to+\infty} F(x) - \lim_{x\to-\infty} F(x).$$

【例 3.78】 计算反常积分 $\int_{-\infty}^{+\infty} \dfrac{1}{1+x^2}\mathrm{d}x.$

解 $\int_{-\infty}^{+\infty} \dfrac{1}{1+x^2}\mathrm{d}x = [\arctan x]_{-\infty}^{+\infty} = \lim\limits_{x\to+\infty}\arctan x - \lim\limits_{x\to-\infty}\arctan x$
$= \dfrac{\pi}{2} - \left(-\dfrac{\pi}{2}\right) = \pi.$

习题 3.9

讨论下列反常积分的收敛性,若收敛,则计算其值.

(1) $\int_0^{+\infty} \mathrm{e}^{-3x}\mathrm{d}x$;

(2) $\int_1^{+\infty} \dfrac{1}{x}\mathrm{d}x$;

(3) $\int_0^{+\infty} \sin x\,\mathrm{d}x$;

(4) $\int_2^{+\infty} \dfrac{1}{x^2-1}\mathrm{d}x$;

(5) $\int_{-\infty}^{+\infty} \dfrac{1}{x^2+2x+2}\mathrm{d}x$;

(6) $\int_0^{+\infty} x\mathrm{e}^{-x^2}\mathrm{d}x.$

第十节 积分运算实验

一、实验目的

会利用 MATLAB 求函数的不定积分和定积分.

二、实验指导

在 MATLAB 中,用符号工具箱中的 int 函数求函数的不定积分和定积分,int 函数的调用格式见表 3.1.

表 3.1

	数学表达式	MATLAB 命令格式
不定积分	$\int f(x)\mathrm{d}x$	int(f(x))或 int(f(x),x) 注意:积分表达式只是函数 $f(x)$ 的一个原函数,后面没有带任意常数 C
定积分	$\int_a^b f(x)\mathrm{d}x$	int(f(x),a,b)或 int(f(x),x,a,b) 对函数 $f(x)$ 中指定的符号变量 x 计算从 a 到 b 的定积分

【例 3.79】 求不定积分 $\int \dfrac{x^4}{1+x^2}\mathrm{d}x$.

解 在 MATLAB 中输入以下命令:

≫ syms x

≫ int(x^4/(1+x^2))

按"回车"键,显示结果为:

ans=

1/3*x^3−x+atan(x)

所以 $\int \dfrac{x^4}{1+x^2}\mathrm{d}x = \dfrac{x^3}{3} - x + \arctan x + C$.

【例 3.80】 求不定积分 $\int \dfrac{1}{\sin^2 x \cos^2 x}\mathrm{d}x$.

解 在 MATLAB 中输入以下命令:

≫ syms x

≫ int(1/((sin(x)^2)*(cos(x)^2)))

按"回车"键,显示结果为:

ans=

−2cot(2*x)

所以 $\int \dfrac{1}{\sin^2 x \cdot \cos^2 x}\mathrm{d}x = \tan x - \cot x + C$.

【例 3.81】 求不定积分 $\int \dfrac{\mathrm{d}x}{\sqrt{x^2+a^2}}(a>0)$.

解 在 MATLAB 中输入以下命令：
```
>> syms x a
>> int(1/((x^2+a^2)^(1/2)))
```
按"回车"键，显示结果为：
```
ans=
log(x+(x^2+a^2)^(1/2))
```
所以 $\int \dfrac{\mathrm{d}x}{\sqrt{x^2+a^2}} = \ln(x+\sqrt{a^2+x^2}) + C$.

【例 3.82】 计算定积分 $\int_0^{\pi} \sqrt{\sin^3 x - \sin^5 x}\,\mathrm{d}x$.

解 在 MATLAB 中输入以下命令：
```
>> syms x
>> k=int(sqrt(sin(x)^3-sin(x)^5),0,pi);
>> simplify(k)
```
按"回车"键，显示结果为：
```
ans=
4/5
```
所以 $\int_0^{\pi} \sqrt{\sin^3 x - \sin^5 x}\,\mathrm{d}x = \dfrac{4}{5}$.

【例 3.83】 计算定积分 $\int_{-\frac{1}{2}}^{\frac{1}{2}} x^2 \ln \dfrac{1-x}{1+x}\,\mathrm{d}x$.

解 在 MATLAB 中输入以下命令：
```
>> syms x
>> int(x^2*log((1-x)/(1+x)),-1/2,1/2)
```
按"回车"键，输出结果为：
```
ans=
0
```
所以 $\int_{-\frac{1}{2}}^{\frac{1}{2}} x^2 \ln \dfrac{1-x}{1+x}\,\mathrm{d}x = 0$.

【例 3.84】 计算由心形线 $r=a(1+\cos\theta)\ (a>0)$ 所围成的面积.

解 在 MATLAB 中输入以下命令：
```
>> clear
>> syms theta a
>> int(a^2*(1+cos(theta))^2,theta,0,pi)
```
按"回车"键，显示结果为：
```
ans=
3/2*pi*a^2
```
所以围成的面积为 $S=\dfrac{3}{2}\pi a^2$.

【例 3.85】 一圆柱形水池，直径是 20 m，高 10 m，内盛满了水，现将水抽尽，求克服重力所做的功.

解 $W = \int_0^{10} 10^5 \pi g x \, dx.$

在 MATLAB 中输入以下命令：

≫ syms x g

≫ int(10^5 * pi * g * x, 0, 10)

按"回车"键，显示结果为：

ans＝

5000000 * pi * g

所以将水抽尽，克服重力所做的功为 $W = 5 \times 10^6 \pi g$(J).

【例 3.86】 计算反常积分：(1) $\int_{-\infty}^{+\infty} \frac{1}{1+x^2} dx$；(2) $\int_0^2 \frac{1}{\sqrt{4-x^2}} dx$；(3) $\int_{-1}^1 \frac{1}{x^2} dx$.

解 MATLAB 中输入以下命令：

≫ syms x

≫ a1＝int(1/(1+x^2),-inf,+inf),a2＝int(1/(sqrt(4-x^2)),0,2),a3＝int(1/x^2,-1,1)

按"回车"键，显示结果为：

a1＝

pi

a2＝

1/2 * pi

a3＝

Inf

所以：(1) $\int_{-\infty}^{+\infty} \frac{1}{1+x^2} dx = \pi$；(2) $\int_0^2 \frac{1}{\sqrt{4-x^2}} dx = \frac{\pi}{2}$；(3) $\int_{-1}^1 \frac{1}{x^2} dx$ 是发散的.

习题 3.10

1. 利用 MATLAB 计算下列函数的不定积分：

(1) $\int x(x^2-1)^{49} dx$；

(2) $\int e^{\sin x} \cos x \, dx$；

(3) $\int x^2 e^x \, dx$；

(4) $\int \arctan x \, dx$.

2. 利用 MATLAB 计算下列定积分：

(1) $\int_0^1 \frac{2x}{2+x^2} dx$；

(2) $\int_0^1 x \sqrt{1+2x^2} \, dx$；

(3) $\int_0^\pi x \cos x \, dx$；

(4) $\int_1^e x \ln x \, dx$.

3. 利用 MATLAB 计算下列反常积分：

(1) $\int_1^{+\infty} \frac{1}{x^3} dx$；

(2) $\int_{-\infty}^0 \cos x \, dx$.

本章小结

本章主要学习一元函数的积分,基本内容为原函数、不定积分、定积分等,主要积分方法就是利用基本积分公式、换元积分法和分部积分法,并利用定积分的知识求解曲边梯形的面积和旋转体的体积以及曲线弧长等。

1. 不定积分的基本概念和基础知识

(1) 原函数的定义及其定理.

(2) 不定积分的定义和基本积分公式.

(3) 换元积分法中第一类换元法要求熟练地掌握凑微分法和设中间变量的方法,并能记住常用的凑微分公式;第二类换元法要熟悉三角代换的三种典型函数的模型;分部积分法则是通过"部分的"凑微分将 $\int u dv$ 转化成 $\int v du$,向有利于求积分的方向转化,知道被积函数是反三角函数、对数函数、幂函数、三角函数、指数函数这五类函数的乘积时,一般选择顺序按"反、对、幂、三、指"的顺序,将前者选项为 u,剩余部分选作 dv;对于不同的被积函数类型,应该有针对性地、灵活地采用有效的积分方法,例如 $f(x)$ 为有理函数时,若是假分式则通过转化使其为真分式,并通过待定系数法或者赋值法把它分解成最简分式来积分,$f(x)$ 为无理函数时,常可用换元积分法;这里应该指出的是:积分运算比起微分运算来说,不仅技巧性强,而且有许多初等函数是"积不出来"的.

2. 定积分的基本概念和基础知识

(1) 定积分、定积分的几何意义. 知道定积分 $\int_a^b f(x)dx$ 结果只依赖于被积函数 $f(x)$ 和积分区间 $[a,b]$. 当 $a>b$ 时,$\int_a^b f(x)dx = -\int_b^a f(x)dx$,当 $a=b$ 时,$\int_a^b f(x)dx = 0$.

(2) 定积分的七个性质要熟记,利用性质会比较定积分的大小,并能在积分积不出来时,能估计出积分的范围;理解变上限定积分是关于 x 的函数,对变上限定积分定理要理解,并能应用定理推导出其他的几个公式且能熟记,会利用该公式求一些简单的极限.

(3) 牛顿-莱布尼茨公式不仅在定积分这部分内容中,而且在整个微积分学中都是一个很重要的结论,要熟练地应用它;在换元积分中一定要记住换元必换限,在通常情况下,若能够不换元,尽量不用换元的方法,以免忘记换上下限;在求定积分的过程中,也可以先把不定积分求出,然后再带入上下限,这样也可以避免出现换上下限的问题;在利用分部积分公式时,应该是一边求一边带入上下限,或者先把其不定积分求出,再带入上下限.

(4) 当遇到积分上下限互为相反数时,应注意观察被积函数的奇偶性,即若 $f(x)$ 在 $[-a,a]$ 上为偶函数时,则 $\int_{-a}^{a} f(x)dx = 2\int_0^a f(x)dx$;若 $f(x)$ 在 $[-a,a]$ 上为奇函数时,则 $\int_{-a}^{a} f(x)dx = 0$.

(5) 反常积分是定积分的推广,在计算反常积分时,可以用牛顿-莱布尼茨公式来计算,并把积分写成极限的形式. 在本书中我们采用了这样的方法.

3. 定积分的应用

(1) 记住求面积、弧长和旋转体体积的计算公式. 在求平面图形面积的过程中,应注意选择合适的积分变量,以便简化积分的过程;对于弧长问题,先要算出 $\sqrt{1+[f'(x)]^2}$;对于求旋转体的体积的问题,要分清是绕 x 轴还是绕 y 轴旋转而选择体积的计算公式.

(2) 在物理上的应用,一般要建立坐标系,确定所求的总体量所在的区间,将区间进行划分,求出微小量再利用定积分进行求解.

第四章 常微分方程

微分方程是常微分方程和偏微分方程的总称. 微分方程几乎是和微积分同时产生的, 它的形成和发展是和力学、天文学、物理学, 以及其他科学技术的发展密切相关的.

17 世纪科学家就提出了弹性问题, 这类问题导致悬链线方程、振动弦的方程产生等等. 总之, 力学、天文学、几何学等领域的许多问题都涉及微分方程. 在当代, 甚至许多社会科学的问题亦涉及微分方程, 如人口发展模型、交通流模型……因而微分方程的研究也是与人类社会密切相关的.

常微分方程在很多学科领域内有着重要的应用, 自动控制、各种电子学装置的设计、弹道的计算、飞机和导弹飞行稳定性的研究、化学反应过程稳定性的研究等等, 这些问题都可以化为求微分方程的解, 或者化为研究解的性质的问题.

常微分方程的概念、解法和相关理论很多. 求通解在历史上曾作为微分方程的主要目标, 不过能够求出通解的情况不多, 在实际应用中多是求满足某种指定条件的特解, 即转向求定解问题, 如初值问题、边值问题、混合问题等.

应该说, 常微分方程理论应用已经取得了很大的成就, 但是, 它的现有理论还远远不能满足需要, 还有待于进一步的发展, 使这门学科理论更加完善. 常微分方程在科技、工程、经济管理、生态、环境、考古、刑侦等各个领域有着广泛的应用. 我们来看一些实例.

案例 4.1 设有一质量为 m 的物体, 从空中某处, 不计空气阻力而只受重力作用由静止状态自由降落. 试求物体的运动规律(即物体在自由降落过程中, 所经过的路程 s 与时间 t 的函数关系).

解 设物体在时刻 t 所经过的路程为 $s=s(t)$, 根据牛顿第二定律知, 作用在物体上的外力 mg(重力)应等于物体的质量 m 与加速度的乘积, 于是得

$$m\frac{d^2 s}{dt^2}=mg, \text{即} \frac{d^2 s}{dt^2}=g,$$

其中 g 是重力加速度.

将上式改写为 $\frac{d}{dt}\left(\frac{ds}{dt}\right)=g$, 因此可得

$$d\left(\frac{ds}{dt}\right)=g dt.$$

由于物体由静止状态自由降落, 所以 $s=s(t)$ 还应满足条件:

$$s\Big|_{t=0}=0, \ \frac{ds}{dt}\Big|_{t=0}=0.$$

两端积分一次, 得

$$\frac{ds}{dt}=\int g dt=gt+C_1,$$

再对上式两端积分, 得

$$s = \int (gt + C_1) dt = \frac{1}{2} gt^2 + C_1 t + C_2,$$

其中 C_1, C_2 是两个任意常数.

两个条件分别代入,可得
$$C_1 = 0, C_2 = 0,$$

于是,所求的自由落体的运动规律为:
$$s = \frac{1}{2} gt^2.$$

案例 4.2 列车在平直的线路上以 20 米/秒的速度行驶,当制动时列车获得加速度 -0.4 米/秒^2,问开始制动后多少时间列车才能停住?以及列车在这段时间内行驶了多少路程?

解 设制动后 t 秒行驶 s 米, $s = s(t)$,而
$\dfrac{d^2 s}{dt^2} = -0.4, t = 0$ 时, $s = 0, v = \dfrac{ds}{dt} = 20,$
$v = \dfrac{ds}{dt} = -0.4t + C_1, s = -0.2t^2 + C_1 t + C_2,$

代入条件后知 $C_1 = 20, C_2 = 0.$

$v = \dfrac{ds}{dt} = -0.4t + 20,$

故 $s = -0.2t^2 + 20t.$

开始制动到列车完全停住共需 $t = \dfrac{20}{0.4} = 50$(秒),

列车在这段时间内行驶了 $s = -0.2 \times 50^2 + 20 \times 50 = 500$(米).

案例 4.3 一曲线通过点 $(1, 2)$,且在该曲线上任一点 $M(x, y)$ 处的切线的斜率为 $2x$,求此曲线的方程.

解 设所求曲线为 $y = y(x)$,则
$\dfrac{dy}{dx} = 2x$,其中 $x = 1$ 时, $y = 2$.

$y = \int 2x dx$,即 $y = x^2 + C$,代入条件求得 $C = 1$.

所求曲线方程为 $y = x^2 + 1$.

案例 4.4（**生物种群数量问题**） 设某生物种群在其适应的环境下生存,试讨论该生物种群的数量变化情况.

解 问题假设:

(1) 假设该生物种群的自然增长率为常数 λ;

(2) 设在其适应的环境下只有该生物种群生存或其他生物种群的生存不影响该生物种群的生存;

(3) 假设时刻 t 生物种群数量为 $N(t)$,由于 $N(t)$ 的数量很大,可视为时间 t 的连续可微函数;

(4) 假设在 $t = 0$ 时刻该生物种群的数量为 N_0.

问题分析：

问题涉及的主要特征的数学刻画：自然增长率. 意指单位时间内种群增量与种群数量的比例系数，或单位时间内单个个体增加的平均数量.

在 Δt 时段种群数量的净增加量＝在 $t+\Delta t$ 时刻的种群数量—在 t 时刻的种群数量.

文字方程改写为符号方程为：
$$N(t+\Delta t)-N(t)=\lambda N(t)\Delta t.$$

模型建立：

Malthus 模型 $\begin{cases}\dfrac{\mathrm{d}N(t)}{\mathrm{d}t}=\lambda N(t),\\ N(0)=N_0.\end{cases}$

模型求解：

容易解得 $N(t)=N_0\mathrm{e}^{\lambda t}$.

结果验证：

上面的模型的结果与 19 世纪以前欧洲地区的人口统计数据可以很好吻合；人们还发现在地广人稀的地方，人口增长情况比较符合这种指数增长模型. 说明该模型的假设和模型本身具有一定的合理性.

从以上几个案例可以看出，常微分方程在科技、工程、经济管理、生态、环境、考古、刑侦等各个领域有着广泛的应用.

第一节 微分方程的基本概念

学习目标

了解常微分方程、方程的阶、解、通解、初始条件和特解等概念.

微课

我们知道，在微积分中，如果知道因变量 y 是自变量 x 的函数，在一定的条件下，我们就可以求 y 对 x 的导数 $\dfrac{\mathrm{d}y}{\mathrm{d}x}$，例如 $y=x^2$，则有 $y'=2x$；反过来，如果已知一个函数满足 $y'=2x$，则可以用积分学的知识，求出这个函数.

那么什么叫微分方程呢？在初等数学里，我们说，含有未知数的等式叫方程. 比如 $x^2+2x-1=0$，就是一个方程. 现在我们可以先将这个概念推广一下——含有未知量的等式叫作方程. 未知量有很多种，有的未知量代表的是数，这样的方程与我们以前讲的方程一致. 如果未知量代表的是函数，就是函数方程. 比如 $f^2(x)+f(x)-x^2=0$，就是一个函数方程，其中 $f(x)$ 是一个未知的函数. 现在我们可以这样来定义微分方程——含有未知函数的导数的等式，称为**微分方程**. 这是很好理解的，微分方程自然应该含有微分，微分方程应该是函数方程. 我们刚才讲的 $y'=2x$，就是一个微分方程.

下面看一下微分方程的分类. 首先我们可以按照含有的是导数，还是偏导数，将微分方程分为两类：常微分方程和偏微分方程. 未知函数是一元函数的微分方程叫作**常微分方程**. 未知函数是多元函数（在第八章中介绍）的微分方程叫作**偏微分方程**. 方程中未知函数的定义域也称为方程的定义域. 本章仅讨论常微分方程.

例如，
$$\frac{dy}{dx}=x^2+y^2+2,$$
$$(y'')^2+\sin xy'-x^2+y^2+2=0,$$
是常微分方程.

微分方程中所含有的导数(或偏导数)的最高阶的阶数称为**微分方程的阶**. 例如：$y''+xy'+y\sin x=e^x$ 是二阶常微分方程. $(y')^4+xy'+\sin xy=e^x$ 是一阶常微分方程. 当 $F(x_1,x_2,\cdots,x_{n+1})$ 是一个表达式，y 是 x 的函数，那么 $F(x,y',y'',\cdots,y^{(n)})=0$ 是 n 阶常微分方程.

【例 4.1】 已知一曲线经过点 $(0,1)$，且曲线上任意一点处的斜率是其横坐标的 4 倍，求此曲线.

解 设此曲线的方程为 $y=y(x)$，由题意得到
$$\frac{dy}{dx}=4x,$$
所以
$$y=\int 4x dx = 2x^2+C.$$
当 $x=0$ 时，$y=1$，所以 $1=2\cdot 0^2+C$，即 $C=1$.
故所求的曲线方程为
$$y=2x^2+1.$$
这里 $\frac{dy}{dx}=4x$ 就是一个一阶常微分方程.

微分方程是含有未知函数的导数的方程，满足该方程的函数称为**微分方程的解**. 对于一阶微分方程来说，它的含有一个任意常数的解，称为此微分方程的**通解**. 一般来说，对于 n 阶微分方程，其含有 n 个互相独立的任意常数的解称为**微分方程的通解**. 不含有任意常数的解称为**微分方程的特解**. 例如函数 $y=x^2$ 是方程 $y'=2x$ 的一个特解. 微分方程 $y'=2x$ 的通解是 $y=x^2+C$. 又如 $y=x^2+C_1x+C_2$ 是方程 $y''=2$ 的通解，而 $y=x^2+C_1+C_2$ 不是. 因为 $y=x^2+C_1+C_2$ 中尽管有两个任意常数，但不是独立的，若令 $C=C_1+C_2$，则实际上只有一个任意常数. 注意 $y=x^2+C_1+C_2$ 也不是方程 $y''=2$ 的特解，因为它含有任意常数.

由上可以知道，一阶微分方程的通解含有一个任意常数，因此如果知道当 $x=x_0$ 时，$y=y_0$，就可以由此确定这个任意常数，这样的条件称为**初始条件**. 对于两阶微分方程，由于含有两个任意常数，因而可以用条件 $y|_{x=x_0}=y_0$，$y'|_{x=x_0}=y_1$ 来确定这两个任意常数，这样的条件也叫作**初始条件**. 对于 n 阶的微分方程，也可以类似地讨论. 微分方程加上初始条件，这样的问题称为**初值问题**. 例如 $\begin{cases} y'=f(x,y) \\ y|_{x=x_0}=y_0 \end{cases}$ 是一阶微分方程的初值问题；$\begin{cases} y''=f(x,y,y') \\ y|_{x=x_0}=y_0, y'|_{x=x_0}=y_1 \end{cases}$ 是二阶微分方程的初值问题；等等.

习题 4.1

1. 指出下列微分方程的阶数：

   (1) $y'+x(y')^2+y=1$；　　　　　　　(2) $y^3y''+2xy'+x^2y=0$；

(3) $\dfrac{d^2 x}{dt^2}+2\dfrac{dx}{dt}+\dfrac{1}{t}x=\sin t$; \quad\quad (4) $(3x-4y)dx+(2x+y)dy=0$.

2. 检验下列所给的函数是否是其后面的方程的解,如果是请指出它是通解还是特解:

(1) $y=x^2 e^x$, $y''-2y'+y=0$;

(2) $y=3\sin x-4\cos x$, $y''+y'=0$;

(3) $y=C_1 e^x+C_2 e^{2x}+\dfrac{1}{12}e^{5x}$ (C_1, C_2 是任意常数), $y''-3y'+2y=0$;

(4) $y=C_1\cos 3x+C_2\sin 3x+\dfrac{1}{32}(4x\cos x+\sin x)$ (C_1, C_2 是任意常数), $y''+9y=x\cos x$;

(5) $y=x^2+(C_1+C_2)$ (C_1, C_2 是任意常数), $y''-2=0$.

第二节　一阶常微分方程

学习目标

掌握可分离变量的微分方程、齐次微分方程及一阶线性微分方程的解法.

对于一般的微分方程,要求它的解是很困难的,即使是一般的一阶微分方程 $y'=f(x,y)$,它的解也是很难求的,我们在这里只介绍几种简单的微分方程的解法,首先介绍可分离变量的微分方程.

一、可分离变量的微分方程

形如 $\dfrac{dy}{dx}=f(x)\cdot g(y)$ 的微分方程称为**可分离变量的微分方程**. 这类方程是可以很容易解的. 求解的一般步骤是:

(1) 分离变量

方程可以变形为:

$$\dfrac{1}{g(y)}dy=f(x)dx.$$

(2) 两边同时积分

如果 $f(x)$ 与 $\dfrac{1}{g(y)}$ 可积,则方程两边同时积分,得到

$$\int\dfrac{1}{g(y)}dy=\int f(x)dx.$$

由此得到方程的解:

$$G(y)=F(x)+C.$$

其中 $G(y)=\int\dfrac{1}{g(y)}dy$, $F(x)=\int f(x)dx$. 要注意的是同时积分,左边是对 y 积分,右边是对 x 积分.

我们也可以验证一下. 若方程的解为 $y=\varphi(x)$,满足 $G(y)=F(x)+C$,则

$$\int \frac{1}{g(y)}dy = \int f(x)dx.$$

两边微分得到
$$\frac{1}{g(y)}dy = f(x)dx,$$

即
$$\frac{dy}{dx} = f(x)g(y).$$

由此可见隐函数 $G(y)=F(x)+C$ 是方程 $\frac{dy}{dx}=f(x) \cdot g(y)$ 的通解.

【例 4.2】 求方程 $y'=2xy$ 的通解.

解 $y=0$ 显然是方程的一个特解.

若 y 不为零,则将 $\frac{dy}{dx}=2xy$ 分离变量,得到
$$\frac{1}{y}dy = 2xdx.$$

两边同时积分,得到
$$\int \frac{1}{y}dy = \int 2xdx,$$
$$\ln|y| = x^2 + C,$$

即
$$y = C_1 e^{x^2} \ (C_1 = \pm e^C).$$

其中 C_1 是任意常数. 若 $C_1=0$,即得到特解 $y=0$.

【例 4.3】 求微分方程 $y'+y=0$ 的通解.

解 因为 $y'+y=0$,所以
$$\frac{dy}{dx} = -y.$$

分离变量得
$$\frac{dy}{y} = -dx,$$

两边积分得
$$\int \frac{dy}{y} = \int -dx,$$
$$\ln|y| = -x + C_1,$$
$$|y| = e^{-x+C_1},$$
$$y = \pm e^{C_1} e^{-x},$$

即
$$y = Ce^{-x} \ (C \text{ 为任意常数}).$$

【例 4.4】(**衰变问题**) 衰变速度与未衰变原子含量 M 成正比,已知 $M|_{t=0}=M_0$,求衰变过程中铀含量 $M(t)$ 随时间 t 变化的规律.

解 衰变速度 $\frac{dM}{dt}$,由题设条件 $\frac{dM}{dt}=-\lambda M$ ($\lambda>0$,衰变系数)

即
$$\frac{dM}{M} = -\lambda dt.$$

$\int \frac{dM}{M} = \int -\lambda dt, \ln|M|=-\lambda t+\ln|C|$,即 $M=Ce^{-\lambda t}$,

代入 $M|_{t=0}=M_0$ 得 $M_0=Ce^0=C$.

故 $M=M_0 e^{-\lambda t}$.

二、齐次微分方程

有很多的方程不是可分离变量的微分方程,其中有一些可以通过一系列的变换转化为这种形式.

形如 $\dfrac{\mathrm{d}y}{\mathrm{d}x}=\varphi\left(\dfrac{y}{x}\right)$ 的微分方程称为**齐次微分方程**.

对于这样的方程可以用下面的方法将它化为可分离变量的微分方程.解这类方程的一般步骤如下:

令 $u=\dfrac{y}{x}$,即 $y=ux$,注意 u 是 x 的函数.所以,代入方程得到

$$u+x\frac{\mathrm{d}u}{\mathrm{d}x}=\varphi(u),$$

即

$$\frac{\mathrm{d}u}{\mathrm{d}x}=\frac{\varphi(u)-u}{x}.$$

再分离变量,得到

$$\frac{\mathrm{d}u}{\varphi(u)-u}=\frac{\mathrm{d}x}{x}.$$

两边同时积分,得

$$\int\frac{\mathrm{d}u}{\varphi(u)-u}=\ln|x|+C.$$

将左边的积分求出后,再将 $u=\dfrac{y}{x}$ 代入,就得到方程的解.

【例 4.5】 解方程 $y^2+x^2y'=xyy'$.

解 原方程可以化为:

$$\frac{\mathrm{d}y}{\mathrm{d}x}=\frac{y^2}{xy-x^2},$$

即

$$\frac{\mathrm{d}y}{\mathrm{d}x}=\frac{\left(\dfrac{y}{x}\right)^2}{\dfrac{y}{x}-1}.$$

显然这是一个齐次方程,令 $u=\dfrac{y}{x}$,即 $y=ux$,则 $\dfrac{\mathrm{d}y}{\mathrm{d}x}=u+x\dfrac{\mathrm{d}u}{\mathrm{d}x}$,代入方程得到

$$u+x\frac{\mathrm{d}u}{\mathrm{d}x}=\frac{u^2}{u-1},$$

即

$$x\frac{\mathrm{d}u}{\mathrm{d}x}=\frac{u}{u-1}.$$

分离变量,得到

$$\frac{u-1}{u}\mathrm{d}u=\frac{\mathrm{d}x}{x},$$

再两边积分,得

$$\int\frac{u-1}{u}\mathrm{d}u=\int\frac{\mathrm{d}x}{x}.$$

即

$$u-\ln|u|=\ln|x|+C\ (C\text{ 为任意常数}).$$

再将 $u=\dfrac{y}{x}$ 代入上式，得到方程的通解为
$$\dfrac{y}{x}-\ln\left|\dfrac{y}{x}\right|=\ln|x|+C,$$
即
$$y=x\ln|y|+Cx.$$

三、一阶线性微分方程

接下来将讨论一阶线性微分方程的解法. 形如
$$y'+P(x)y=Q(x) \tag{4.1}$$
的微分方程，称为**一阶线性微分方程**.

若 $Q(x)\neq 0$，则称方程(4.1)为**一阶非齐次线性微分方程**；若 $Q(x)\equiv 0$，则称方程 $y'+P(x)y=0$ 为**一阶齐次线性微分方程**. 它是可分离变量的微分方程，其解为
$$y=Ce^{-\int P(x)dx} \quad (C \text{ 为任意常数}).$$

下面将利用这个解来求一阶非齐次线性微分方程的解. 我们采用的方法称为**常数变易法**. 用函数 $C(x)$ 来代替常数 C，即设函数 $y=C(x)e^{-\int P(x)dx}$ 是方程(4.1)的一个解. 代入方程，得到
$$Q(x)=C'(x)e^{-\int P(x)dx}-C(x)P(x)e^{-\int P(x)dx}+P(x)C(x)e^{-\int P(x)dx},$$
即
$$C'(x)=Q(x)e^{\int P(x)dx}.$$
所以
$$C(x)=\int Q(x)e^{\int P(x)dx}dx+C.$$

故方程(4.1)的通解为：
$$y=\left(\int Q(x)e^{\int P(x)dx}dx+C\right)e^{-\int P(x)dx}.$$

当 $C=0$ 时，为方程(4.1)的一个特解，因此方程(4.1)的通解可以写为对应的齐次线性方程的通解加上此方程的一个特解. 即
$$y=Ce^{-\int P(x)dx}+e^{-\int P(x)dx}\int Q(x)e^{\int P(x)dx}dx.$$

【例 4.6】 求方程 $y'-\dfrac{2y}{x+1}=(x+1)^{\frac{5}{2}}$ 的通解.

解 $P(x)=-\dfrac{2}{1+x}$，$Q(x)=(1+x)^{\frac{5}{2}}$ 故其对应的齐次线性方程的通解为
$$y=Ce^{-\int -\frac{2}{1+x}dx},$$
即
$$y=C(1+x)^2.$$

令 $y=C(x)(1+x)^2$，则 $y'=C'(x)(1+x)^2+2C(x)(1+x)$. 所以
$$C'(x)(1+x)^2+2C(x)(1+x)-\dfrac{2C(x)(1+x)^2}{1+x}=(1+x)^{\frac{5}{2}},$$
即
$$C'(x)=(1+x)^{\frac{1}{2}}.$$

所以
$$C(x)=\frac{2}{3}(1+x)^{\frac{3}{2}}+C.$$
原方程的通解为
$$y(x)=\left(\frac{2}{3}(1+x)^{\frac{3}{2}}+C\right)(1+x)^2.$$

【例 4.7】 求方程 $y'+\frac{1}{x}y=\frac{\sin x}{x}$ 的通解.

解 $P(x)=\frac{1}{x}, Q(x)=\frac{\sin x}{x}$,则
$$y=\mathrm{e}^{-\int\frac{1}{x}\mathrm{d}x}\left(\int\frac{\sin x}{x}\cdot\mathrm{e}^{\int\frac{1}{x}\mathrm{d}x}\mathrm{d}x+C\right)=\mathrm{e}^{-\ln x}\left(\int\frac{\sin x}{x}\cdot\mathrm{e}^{\ln x}\mathrm{d}x+C\right)$$
$$=\frac{1}{x}\left(\int\sin x\mathrm{d}x+C\right)=\frac{1}{x}(-\cos x+C).$$

一般来说,在常微分方程中有两个变量,在求解一阶微分方程时,可以将其中一个看作自变量,另一个看成是函数,这样解方程就灵活多了.

【例 4.8】 解方程 $y'=\frac{1}{x+y}$.

解 $y'=\frac{\mathrm{d}y}{\mathrm{d}x}$,如果将 x 看成是 y 的函数,则原方程化为:
$$(x+y)\mathrm{d}y=\mathrm{d}x,$$
即
$$\frac{\mathrm{d}x}{\mathrm{d}y}-x=y.$$
这是一个一阶非齐次线性微分方程. 其中 $P(y)=-1, Q(y)=y$,由公式得
$$x=\left(\int y\mathrm{e}^{\int-1\mathrm{d}y}\mathrm{d}y+C\right)\mathrm{e}^{\int 1\mathrm{d}y}.$$
所以方程的通解为
$$x=C\mathrm{e}^y-y-1.$$

【例 4.9】 根据经验知道,某产品的净利润 y 与广告支出 x 之间有如下关系:
$$\frac{\mathrm{d}y}{\mathrm{d}x}=k(N-y),$$
其中 k, N 都是大于零的常数,且广告支出为零时,净利润为 y_0,$0<y_0<N$,求净利润函数 $y=y(x)$.

解 分离变量得
$$\frac{\mathrm{d}y}{N-y}=k\mathrm{d}x.$$
两边同时积分,得
$$-\ln|N-y|=kx+C_1 \quad (C_1 \text{ 为任意常数}),$$
因为 $N-y>0$,所以
$$\ln|N-y|=\ln(N-y),$$
上式经整理得
$$y=N-C\mathrm{e}^{-kx} \quad (C=\mathrm{e}^{-C_1}>0).$$

将 $x=0, y=y_0$ 代入上式得 $C=N-y_0$，于是所求的利润函数为
$$y=N-(N-y_0)e^{-kx}.$$

由题设可知 $\frac{dy}{dx}>0$，这表明 $y(x)$ 是 x 的单调递增函数；另一方面又有 $\lim\limits_{x\to\infty}y(x)=N$，即随着广告支出增加，净利润相应地增加，并逐渐趋向于 $y=N$. 因此，参数 N 的经济意义是净利润的最大值.

习题 4.2

1. 求解下列微分方程：

   (1) $xy\,dx+(x^2+1)\,dy=0$；

   (2) $\frac{dy}{dx}=e^{x+y}$；

   (3) $xy\,dx-(x^2+y^2)\,dy=0$；

   (4) $\frac{dy}{dx}=y\ln x$.

2. 求解下列微分方程：

   (1) $y'-y=e^x$；

   (2) $y'+y\tan x=\cos x$；

   (3) $y'-\frac{2}{x}y=\frac{1}{2}x$；

   (4) $\frac{dy}{dx}+y\cos x=e^{-\sin x}$.

3. 求解下列初值问题：

   (1) $\sin x \cdot \cos y\,dx=\cos x \cdot \sin y\,dy, y(0)=\frac{\pi}{4}$；

   (2) $\frac{dy}{dx}+3y=8, y(0)=2$.

4. 已知某平面曲线经过点 $(1,1)$，它的切线在纵轴上的截距等于切点的横坐标，求曲线方程.

5. 镭元素的衰变满足如下规律：其衰变的速度与它的现存量成正比. 经验得知，镭经过 1 600 年后，只剩下原始量（假设为 M_0）的一半，试求镭现存量与时间 t 的函数关系.

第三节 二阶常微分方程

学习目标

1. 了解二阶常系数线性微分方程的通解结构.
2. 掌握二阶常系数齐次线性微分方程的解法.
3. 会求自由项为 $P_n(x)e^{\lambda x}, A\cos\omega x+B\sin\omega x$（其中 $P_n(x)$ 为 x 的 n 次多项式，λ, ω, A, B 为常数）的二阶常系数非齐次线性微分方程的解.
4. 会建立简单的常微分方程模型.

二阶及二阶以上的常微分方程统称为**高阶常微分方程**. 高阶常微分方程在自然科学和工程技术中有着广泛的应用. 高阶常微分方程的求解问题一般要比一阶常微分方程复杂，能够求解的类型也不多. 其中最简单的 n 阶常微分方程为

$$y^{(n)} = f(x)$$

和二阶常系数线性常微分方程.

一、可降阶的 n 阶常微分方程

形如
$$y^{(n)} = f(x)$$
这样的方程只要直接积分 n 次,就可以得到方程的通解.看下面的例子.

【例 4.10】 解方程 $y''' = x^2 + 1$.

解
$$y'' = \frac{1}{3}x^3 + x + C_1,$$
$$y' = \frac{1}{12}x^4 + \frac{1}{2}x^2 + C_1 x + C_2,$$

方程的通解为:
$$y = \frac{1}{60}x^5 + \frac{1}{6}x^3 + \frac{1}{2}C_1 x^2 + C_2 x + C_3.$$

二、二阶常系数线性常微分方程解的结构

形如
$$y'' + P(x)y' + Q(x)y = f(x) \tag{4.2}$$

的方程称为**二阶线性微分方程**.当 $f(x) \equiv 0$ 时,称此方程为**齐次线性微分方程**;否则称之为**非齐次线性微分方程**.

我们在这里主要讨论 $P(x), Q(x)$ 都为常数 p, q 的情形.即
$$y'' + py' + qy = f(x) \tag{4.3}$$

这类方程称为**二阶常系数线性常微分方程**.

1. 二阶常系数齐次线性常微分方程解的结构

当 $f(x) \equiv 0$ 时,方程变为
$$y'' + py' + qy = 0, \tag{4.4}$$

这类方程称为二阶常系数齐次线性微分方程,对于这类方程有下面的结论.

定理 4.1 如果 $y = y_1(x)$ 和 $y = y_2(x)$ 都是方程(4.4)的解,则对任意常数 $C_1, C_2, y = C_1 y_1(x) + C_2 y_2(x)$ 也是方程(4.4)的解.

定理证明从略.

定义 4.1 设 $y_1(x), y_2(x), \cdots, y_n(x)$ 为定义在区间 I 内的 n 个函数.如果存在 n 个不全为零的常数 $k_1, k_2, \cdots, k_n$,使得当 x 在区间 I 内有恒等式成立:
$$k_1 y_1(x) + k_2 y_2(x) + \cdots + k_n y_n(x) \equiv 0,$$

那么称这 n 个函数在区间 I 内**线性相关**.否则称**线性无关**.

例如,当 $x \in (-\infty, +\infty)$ 时,e^x, e^{-x}, e^{2x} 线性无关;$1, \cos^2 x, \sin^2 x$ 线性相关.

特别地,若在 I 内有 $\dfrac{y_1(x)}{y_2(x)} \neq$ 常数,则函数 $y_1(x)$ 与 $y_2(x)$ 在 I 内线性无关.

定理 4.2(叠加原理)　如果 $y_1(x)$ 与 $y_2(x)$ 是方程(4.4)的两个线性无关的特解,那么 $y=C_1y_1+C_2y_2$ 就是方程(4.4)的通解.

定理证明从略.

例如 $y''+y=0$, $y_1=\cos x$, $y_2=\sin x$ 是该方程的解,且 $\dfrac{y_2}{y_1}=\tan x \neq$ 常数,所以 $y=C_1\cos x+C_2\sin x$ 是方程 $y''+y=0$ 的通解.

2. 二阶常系数非齐次线性常微分方程的解的结构

定理 4.3　设 y^* 是二阶非齐次线性方程(4.3)的一个特解,$\overline{y}$ 是与(4.3)对应的齐次线性方程(4.4)的通解,那么 $y=\overline{y}+y^*$ 是二阶非齐次线性微分方程(4.3)的通解.

定理证明从略.

定理 4.4　设非齐次方程(4.3)的右端 $f(x)$ 是几个函数之和,如
$$y''+py'+qy=f_1(x)+f_2(x),$$
而 y_1^* 与 y_2^* 分别是方程
$$y''+py'+qy=f_1(x),$$
$$y''+py'+qy=f_2(x)$$
的特解,那么 $y_1^*+y_2^*$ 就是原方程的特解.

定理证明从略.

注意:① 上述四个定理对于二阶非常系数的线性微分方程也是成立的;② 求常系数非齐次线性微分方程特解的方法通常是待定系数法求特解,对于简单微分方程也可以利用观察法求特解或常数变异法求特解.

三、二阶常系数齐次线性微分方程的解法

二阶齐次线性微分方程解的叠加原理说明,要求方程 $y''+py'+qy=0$ 的通解,只需求出它的两个线性无关的特解即可. 由于齐次线性微分方程左端是未知函数的常数倍,未知函数的一阶导数的常数倍与二阶导数的代数和且等于 0,适于方程的函数 y 必须与其一阶导数、二阶导数只能相差一个常数因子,可以猜想方程具有 $y=e^{rx}$ 形式的解.

把指数函数 $y=e^{rx}$ (r 是常数),代入方程 $y''+py'+qy=0$,则有
$$e^{rx}(r^2+pr+q)=0.$$

由于 $e^{rx}\neq 0$,从而有
$$r^2+pr+q=0. \tag{4.5}$$

由此可见,只要 r 满足代数方程 $r^2+pr+q=0$,函数 $y=e^{rx}$ 就是微分方程 $y''+py'+qy=0$ 的解. 此代数方程(4.5)叫作微分方程 $y''+py'+qy=0$ 的**特征方程**. 特征方程(4.5)的根称为微分方程 $y''+py'+qy=0$ 的**特征根**.

(1) 当 $p^2-4q>0$ 时,特征方程 $r^2+pr+q=0$ 有两个不相等的实根 r_1,r_2,即
$$r_1=\dfrac{-p+\sqrt{p^2-4q}}{2}, \quad r_2=\dfrac{-p-\sqrt{p^2-4q}}{2}.$$

$y=e^{r_1x}$ 与 $y=e^{r_2x}$ 均是微分方程的两个解,并且 $\dfrac{y_2}{y_1}=\dfrac{e^{r_2x}}{e^{r_1x}}=e^{(r_2-r_1)x}$ 不是常数.

因此,微分方程 $y''+py'+qy=0$ 的通解为 $y=C_1e^{r_1x}+C_2e^{r_2x}$($C_1$,$C_2$ 为任意常数).

(2) 当 $p^2-4q=0$ 时,特征方程 $r^2+pr+q=0$ 有两个相等的实根 r_1,r_2,即
$$r_1=r_2=-\frac{p}{2}.$$

这时,微分方程 $y''+py'+qy=0$ 的一个解为 $y_1=e^{r_1x}$,可以验证 $y_2=xe^{r_1x}$ 也是方程的一个解,且 y_1 与 y_2 线性无关.

因此,微分方程 $y''+py'+qy=0$ 的通解为 $y=C_1e^{r_1x}+C_2xe^{r_1x}$($C_1$,$C_2$ 为任意常数).

(3) 当 $p^2-4q<0$ 时,特征方程 $r^2+pr+q=0$ 有一对共轭复根 r_1,r_2,即
$$r_1=\alpha+i\beta,\ r_2=\alpha-i\beta\ (\beta\neq0),$$
其中 $\alpha=-\frac{p}{2}$,$\beta=\frac{\sqrt{4q-p^2}}{2}$.

可以验证 $y_1=e^{\alpha x}\cos\beta x$,$y_2=e^{\alpha x}\sin\beta x$ 是微分方程 $y''+py'+qy=0$ 的两个线性无关的解,因此微分方程 $y''+py'+qy=0$ 的通解为
$$y=C_1e^{\alpha x}\cos\beta x+C_2e^{\alpha x}\sin\beta x\ (C_1,C_2\text{ 为任意常数}).$$

【例 4.11】 求微分方程 $y''-2y'-3y=0$ 的通解.

解 该方程的特征方程为 $r^2-2r-3=0$,
其特征根为 $r_1=-1$,$r_2=3$.
故所求方程的通解为 $y=C_1e^{-x}+C_2e^{3x}$.

【例 4.12】 求微分方程 $y''-4y'+4y=0$ 的通解.

解 该方程的特征方程为 $r^2-4r+4=0$,
其特征根为 $r_1=r_2=2$.
故所求微分方程的通解为 $y=C_1e^{2x}+C_2xe^{2x}$.

【例 4.13】 求微分方程 $y''+4y'+13y=0$ 的通解.

解 该方程的特征方程为 $r^2+4r+13=0$,
它有一对共轭复根 $r_{1,2}=-2\pm3i$.
故所求微分方程的通解为 $y=C_1e^{-2x}\cos3x+C_2e^{-2x}\sin3x$.

【例 4.14】 求 $y''=4y$ 满足初始条件 $y|_{x=0}=1$,$y'|_{x=0}=2$ 的特解.

解 因为 $y''=4y$,所以
$$y''-4y=0,$$
特征方程 $\qquad\qquad\qquad r^2-4=0,$
特征根 $\qquad\qquad\qquad r_1=-2,\ r_2=2,$
于是其通解为
$$y=C_1e^{-2x}+C_2e^{2x},$$
由初始条件可得 $C_1=0$,$C_2=1$,所求特解为
$$y=e^{2x}.$$

综上所述,求二阶常系数齐次线性微分方程 $y''+py'+qy=0$ 的通解的步骤如下:

第一步:写出微分方程 $y''+py'+qy=0$ 的特征方程 $r^2+pr+q=0$;
第二步:求出特征方程 $r^2+pr+q=0$ 的两个根 r_1,r_2;
第三步:据特征方程的两个根的不同情形,按表 4.1 写出微分方程的通解.

表 4.1 微分方程的通解

特征方程的根	通解形式
两个不等实根 $r_1 \neq r_2$	$y = C_1 e^{r_1 x} + C_2 e^{r_2 x}$
两个相等实根 $r_1 = r_2 = r$	$y = (C_1 + C_2 x) e^{rx}$
一对共轭复根 $r = \alpha \pm i\beta$	$y = (C_1 \cos\beta x + C_2 \sin\beta x) e^{\alpha x}$

从以上例子可以看出,求二阶常系数齐次线性微分方程的通解,不必通过积分,只要用代数方法求出特征方程的特征根,就可以求得方程的通解.

四、二阶常系数非齐次线性微分方程的解法

由二阶常系数非齐次线性微分方程解的结构定理知,二阶常系数非齐次线性微分方程 $y'' + py' + qy = f(x)$ 的通解是对应的齐次线性微分方程的通解与其自身的一个特解之和,而求二阶常系数齐次线性微分方程的通解问题已经解决,所以只需讨论求二阶常系数非齐次线性微分方程的特解 y^* 的方法.

以下介绍当自由项 $f(x)$ 为某些特殊类型函数时的求特解方法.

1. $f(x) = e^{\lambda x} P_m(x)$ 型

由于右端函数 $f(x)$ 是指数函数 $e^{\lambda x}$ 与 m 次多项式 $P_m(x)$ 的乘积,而指数函数与多项式的乘积的导数仍是这类函数,因此我们推测:

方程 $y'' + py' + qy = f(x)$ 的特解应为 $y^* = e^{\lambda x} Q(x)$($Q(x)$ 是某个次数待定的多项式),则

$$(y^*)' = \lambda e^{\lambda x} Q(x) + e^{\lambda x} Q'(x),$$
$$(y^*)'' = \lambda^2 e^{\lambda x} Q(x) + 2\lambda e^{\lambda x} Q'(x) + e^{\lambda x} Q''(x),$$

代入方程 $y'' + py' + qy = f(x)$,整理得

$$e^{\lambda x} [Q''(x) + (2\lambda + p) Q'(x) + (\lambda^2 + \lambda p + q) Q(x)] \equiv e^{\lambda x} P_m(x),$$

消去 $e^{\lambda x}$,得

$$Q''(x) + (2\lambda + p) Q'(x) + (\lambda^2 + \lambda p + q) Q(x) \equiv P_m(x).$$

上式右端是一个 m 次多项式,所以,左端也应该是 m 次多项式,由于多项式每求一次导数,就要降低一次次数,故有三种情况:

(1) 如果 $\lambda^2 + \lambda p + q \neq 0$,即 λ 不是特征方程 $r^2 + pr + q = 0$ 的根. 由于 $P_m(x)$ 是一个 m 次的多项式,欲使

$$Q''(x) + (2\lambda + p) Q'(x) + (\lambda^2 + \lambda p + q) Q(x) \equiv P_m(x)$$

的两端恒等,那么 $Q(x)$ 必为一个 m 次多项式,设为

$$Q(x) = Q_m(x) = b_0 x^m + b_1 x^{m-1} + \cdots + b_{m-1} x + b_m,$$

其中 $b_0, b_1, \cdots, b_{m-1}, b_m$ 为 $m+1$ 个待定系数,将之代入恒等式

$$Q''(x) + (2\lambda + p) Q'(x) + (\lambda^2 + \lambda p + q) Q(x) \equiv P_m(x),$$

比较恒等式两端 x 的同次幂的系数,得到含有 $m+1$ 个未知数 $b_0, b_1, \cdots, b_{m-1}, b_m$ 的 $m+1$ 个线性方程组,从而求出 $b_0, b_1, \cdots, b_{m-1}, b_m$,得到特解

$$y^* = e^{\lambda x} Q_m(x).$$

(2) 如果 $\lambda^2+\lambda p+q=0$，但 $2\lambda+p\neq 0$ 时，即 λ 是方程 $y''+py'+qy=0$ 的特征方程 $r^2+pr+q=0$ 的单根，那么
$$Q''(x)+(2\lambda+p)Q'(x)+(\lambda^2+\lambda p+q)Q(x)\equiv P_m(x)$$
化为
$$Q''(x)+(2\lambda+p)Q'(x)\equiv P_m(x),$$
上式两端恒等，那么 $Q'(x)$ 必是一个 m 次多项式．因此，可设 $Q(x)=xQ_m(x)$．并且用同样的方法来确定系数 $b_0,b_1,\cdots,b_{m-1},b_m$，得到特解
$$y^*=e^{\lambda x}xQ_m(x).$$

(3) 如果 $\lambda^2+\lambda p+q=0$ 且 $2\lambda+p=0$ 时，即 λ 是方程 $y''+py'+qy=0$ 的特征方程 $r^2+pr+q=0$ 的二重根，那么
$$Q''(x)+(2\lambda+p)Q'(x)+(\lambda^2+\lambda p+q)Q(x)\equiv P_m(x)$$
化为
$$Q''(x)\equiv P_m(x),$$
上式两端恒等，那么 $Q''(x)$ 必是一个 m 次多项式．因此，可设 $Q(x)=x^2Q_m(x)$ 并且用同样的方法来确定系数 $b_0,b_1,\cdots,b_{m-1},b_m$．得到特解
$$y^*=e^{\lambda x}x^2Q_m(x).$$

综上所述，有结论：

如果 $f(x)=e^{\lambda x}P_m(x)$，则方程 $y''+py'+qy=f(x)$ 的特解形式为
$$y^*=e^{\lambda x}x^kQ_m(x),$$
其中 $Q_m(x)$ 是与 $P_m(x)$ 同次的多项式，而 k 的选取应满足条件：
$$k=\begin{cases}0, & \lambda \text{ 不是特征根}; \\ 1, & \lambda \text{ 是特征单根}; \\ 2, & \lambda \text{ 是特征重根}.\end{cases}$$

【例 4.15】 求微分方程 $y''-3y'+2y=xe^{2x}$ 的一个特解．

解 该方程对应的齐次方程的特征方程为 $r^2-3r+2=0$，
其特征根 $r_1=1,r_2=2$．
因为 $f(x)=xe^{2x},\lambda=2$ 是单特征根，$P_m(x)=x$ 是一次多项式，
故设特解
$$y^*=x(b_0x+b_1)e^{2x}=(b_0x^2+b_1x)e^{2x}.$$
则有
$$(y^*)'=[2b_0x^2+(2b_1+2b_0)x+b_1]e^{2x},$$
$$(y^*)''=[4b_0x^2+(8b_0+4b_1)x+(2b_0+4b_1)]e^{2x}.$$
代入原方程，得 $2b_0x+(2b_0+b_1)=x$．
比较系数得 $\begin{cases}2b_0=1 \\ 2b_0+b_1=0\end{cases}$，解得 $b_0=\dfrac{1}{2},b_1=-1$．

故原方程的一个特解为 $y^*=x\left(\dfrac{1}{2}x-1\right)e^{2x}$．

【例 4.16】 求微分方程 $2y''+y'-y=2e^x$ 的通解．

解 该方程对应的齐次方程的特征方程为 $2r^2+r-1=0$，
其特征根为 $r_1=-1,r_2=\dfrac{1}{2}$．
所以原方程对应的齐次方程的通解为 $\overline{y}=C_1e^{-x}+C_2e^{\frac{1}{2}x}$．
因为 $f(x)=2e^x,\lambda=1$ 不是特征根，$P_m(x)=2$ 是零次多项式．

故设 $y^* = Ae^x$ 为原方程的特解,则有
$$(y^*)' = Ae^x, (y^*)'' = Ae^x.$$
代入原方程,得 $2A = 2$,即 $A = 1$.

所以原方程的一个特解为 $y^* = e^x$.

故所求方程的通解为 $y = \bar{y} + y^* = C_1 e^{-x} + C_2 e^{\frac{1}{2}x} + e^x$.

2. $f(x) = A\cos\omega x + B\sin\omega x$ 型

这里 ω 是实数,A, B 是常数,并且允许其中一个为零. 对于这类方程,由于指数函数的各阶导数仍为指数函数,正弦函数与余弦函数的导数也总是余弦函数与正弦函数,可以证明:非齐次方程的特解 y^* 具有如下形式:
$$y^* = x^k [a\cos\omega x + b\sin\omega x],$$
其中 a, b 是两个待定常数,k 是整数,且
$$k = \begin{cases} 0, & i\omega \text{ 不是特征根 } r \text{ 时}; \\ 1, & i\omega \text{ 是特征根 } r \text{ 时}. \end{cases}$$

【**例 4.17**】 求方程 $y'' + y = \sin x$ 的通解.

解 该方程为二阶常系数非齐次线性方程,其对应的齐次方程为
$$y'' + y = 0,$$
特征方程为
$$r^2 + 1 = 0,$$
特征根 $r_1 = i, r_2 = -i$,齐次方程的通解为
$$\bar{y} = C_1 \cos x + C_2 \sin x.$$
对于方程 $y'' + y = \sin x$,$\alpha + i\beta = i$(其中 $\alpha = 0, \beta = 1$)恰是特征单根.

从而设特解为 $y^* = x(a\cos x + b\sin x)$,

代入原方程,可得 $a = -\frac{1}{2}, b = 0$,所以 $y^* = -\frac{1}{2}x\cos x$ 是方程的一个特解.

故所求方程的通解为
$$y = C_1 \cos x + C_2 \sin x - \frac{1}{2}x\cos x.$$

【**例 4.18**】 求方程 $y'' + \omega^2 y = \cos\omega x$ 的一个特解.

解 特征方程为 $r^2 + \omega^2 = 0$,其特征根为 $r = \pm\omega i$. 因 $\beta = \omega, \beta i$ 是特征方程的根,故可设方程的特解为
$$y^* = ax\cos\omega x + bx\sin\omega x.$$
将其代入原方程可得
$$(ax\cos\omega x + bx\sin\omega x)'' + \omega^2 (ax\cos\omega x + bx\sin\omega x) = \cos\omega x,$$
整理得
$$2\omega b\cos\omega x - 2\omega a\sin\omega x = \cos\omega x.$$
比较系数应有
$$\begin{cases} 2\omega b = 1, \\ -2\omega a = 0. \end{cases}$$
从而解得
$$a = 0, b = \frac{1}{2\omega}.$$

所以原方程的特解为
$$y^* = \frac{x}{2\omega}\sin\omega x.$$

【例 4.19】 一质量为 m 的质点由静止开始沉入液体,当下沉时,液体的反作用力与下沉速度成正比,求此质点的运动规律.

解 设质点的运动规律为 $x=x(t)$,由题意及牛顿第二定律知:
$$\begin{cases} m\dfrac{d^2 x}{dt^2} = mg - k\dfrac{dx}{dt}, \\ x\big|_{t=0} = 0, \dfrac{dx}{dt}\big|_{t=0} = 0, \end{cases} \quad (k>0 \text{ 为比例系数}).$$

问题就是求微分方程 $\dfrac{d^2 x}{dt^2} + \dfrac{k}{m}\dfrac{dx}{dt} = g$ 在初始条件下的特解.

对应齐次方程的特征方程 $r^2 + \dfrac{k}{m}r = 0$ 有特征根 $r_1=0, r_2=-\dfrac{k}{m}$,从而对应的齐次方程的通解为 $\overline{x} = C_1 + C_2 e^{-\frac{k}{m}t}$.

又因 $\lambda=0$ 是特征单根,可设一个特解 $x^*=At$,代入原方程,即得 $A=\dfrac{mg}{k}$,因此 $x^* = \dfrac{mg}{k}t$ 是原微分方程的一特解,所以原微分方程的通解为
$$x = C_1 + C_2 e^{-\frac{k}{m}t} + \frac{mg}{k}t.$$

由初始条件可求得 $C_1 = -\dfrac{m^2 g}{k^2}, C_2 = \dfrac{m^2 g}{k^2}$.

因此所求质点的运动规律为 $x(t) = \dfrac{mg}{k}t - \dfrac{m^2 g}{k^2}(1 - e^{-\frac{k}{m}t})$.

习题 4.3

1. 求下列齐次线性微分方程的通解:
   (1) $y'' - 4y' - 5y = 0$;
   (2) $y'' + 2y' = 0$;
   (3) $y'' - 6y' + 9y = 0$;
   (4) $y'' - y' + y = 0$.

2. 求下列齐次线性微分方程满足初始条件的特解:
   (1) $4y'' + 4y' + y = 0, y(0) = 2, y'(0) = 0$;
   (2) $y'' + 2y' + 10y = 0, y(0) = 1, y'(0) = 2$.

3. 求下列非齐次线性微分方程的通解:
   (1) $y'' + y = -2x$;
   (2) $y'' - 4y = e^{2x}$;
   (3) $y'' - 3y' + 2y = 2e^{2x}$;
   (4) $y'' - 4y' = xe^x$;
   (5) $y'' + 3y' + 2y = 20\cos 2x$;
   (6) $y'' + 4y = \sin 2x$.

4. 求满足方程 $y'' - y = 0$ 的曲线,使其在点 $(0,0)$ 处与直线 $y=x$ 相切.

5. 在 Ox 轴上,一质量为 m 的质点受力 $A\cos\omega t$ 而运动,初始条件为 $x\big|_{t=0} = a, v\big|_{t=0} = 0$,求该质点的运动方程.

第四节 微分方程求解实验

一、实验目的

会利用 MATLAB 求解一阶和二阶微分方程.

二、实验指导

微分方程可以通过函数 dsolve 求解,该函数的调用格式为:

  r=dsolve('eq1, eq2, ⋯','cond1, cond2,⋯','v')

或 r=dsolve('eq1', 'eq2', ⋯,'cond1', 'cond2',⋯,'v')

输入参数 eq1, eq2,⋯表示微分方程,v 为独立变量,cond1, cond2,⋯表示边界和初始条件. 默认的独立变量是 t,用户也可以使用别的变量来代替 t,只要把别的变量放在输入变量的最后即可. 字母 D 代表微分算子,即 d/dt,字母 D 后面所跟的数字代表几阶微分,如 D=d/dx,D2=d^2/dx^2,⋯跟在微分算子后面的字母是被微分的变量,如 D3y 代表对 $y(t)$ 的三阶微分. 初始和边界条件由字符串表示,如 $y(a)=b$, $Dy(c)=d$, $D2y(e)=f$ 分别表示 $y(x)|_{x=a}=b$, $y'(x)|_{x=c}=d$, $y''(x)_{x=e}=f$.

例如,在 MATLAB 输入以下命令:

```
≫ D1=dsolve('D2y-Dy=exp(x)')
≫ D2=dsolve('(Dy)^2+y^2=1','s')
≫ D3=dsolve('Dy=a*y','y(0)=b')                %带一个定解条件
≫ D4=dsolve('D2y=-a^2*y','y(0)=1','Dy(pi/a)=0')   %带两个定解条件
≫ [x,y]=dsolve('Dx=y','Dy=-x')                %求解线性微分方程组
≫ [u,v]=dsolve('Du=u+v,Dv=u-v')
```

计算结果分别为:

D1=
−exp(x)*t+C1+C2*exp(t)

D2=
[−1]
[1]
[sin(s−C1)]
[−sin(s−C1)]

D3=
b*exp(a*t)

D4=
cos(a*t)

x=
cos(t)*C1+sin(t)*C2

y=

−sin(t)*C1+cos(t)*C2

u=

1/2*C1*exp(2^(1/2)*t)−1/4*C1*2^(1/2)*exp(−2^(1/2)*t)+1/4*C1*2^(1/2)*exp(2^(1/2)*t)+1/2*C1*exp(−2^(1/2)*t)−1/4*C2*2^(1/2)*exp(−2^(1/2)*t)+1/4*C2*2^(1/2)*exp(2^(1/2)*t)

v=

−1/4*C1*2^(1/2)*exp(−2^(1/2)*t)+1/4*C1*2^(1/2)*exp(2^(1/2)*t)+1/2*C2*exp(2^(1/2)*t)+1/4*C2*2^(1/2)*exp(−2^(1/2)*t)−1/4*C2*2^(1/2)*exp(2^(1/2)*t)+1/2*C2*exp(−2^(1/2)*t)

【例 4.20】 求解微分方程 $\dfrac{dy}{dx}=1+y^2$ 的通解.

解 在 MATLAB 中输入以下命令：

≫dsolve('Dy=1+y^2','x')

按"回车"键,显示结果为：

ans=

tan(x+C1)

【例 4.21】 求 $y'=(\sin x-\cos x)\sqrt{1-y^2}$ 的通解.

解 在 MATLAB 中输入以下命令：

≫y=dsolve('Dy=(sin(x)−cos(x))*sqrt(1−y^2)','x')

按"回车"键,显示结果为：

y=

sin(−cos(x)−sin(x)+C1)

【例 4.22】 求方程 $y'=\dfrac{2xy}{x^2+1}$ 满足条件 $y|_{x=0}=1$ 的特解.

解 在 MATLAB 中输入以下命令：

≫y=dsolve('Dy=2*x*y/(x^2+1)','y(0)=1','x')

按"回车"键,显示结果为：

y=

x^2+1

【例 4.23】 求微分方程 $y'-2y=e^{-x}$ 的通解.

解 在 MATLAB 中输入以下命令：

≫y=dsolve('Dy−2*y=exp(−x)','x')

按"回车"键,显示结果为：

y=

(−1/3*exp(−3*x)+C1)*exp(2*x)

【例 4.24】 求微分方程 $xy'+y=\cos x$ 满足初始条件 $y|_{x=\pi}=1$ 的特解.

解 在 MATLAB 中输入以下命令：

≫y=dsolve('x*Dy+y=cos(x)','y(pi)=1','x')

按"回车"键,显示结果为：

y=
(sin(x)+pi)/x

【例4.25】 求方程 $y''+4y=0$ 满足初始条件 $y|_{x=0}=1, y'|_{x=0}=0$ 的特解.

解 在MATLAB中输入以下命令：

≫ y=dsolve('D2y+4*y=0','y(0)=1,Dy(0)=0','x')

按"回车"键,显示结果为：

y=
cos(2*x)

【例4.26】 求方程 $y''+y=\sin x$ 的通解.

解 在MATLAB中输入以下命令：

≫ y=dsolve('D2y+y=sin(x)','x')

按"回车"键,显示结果为：

y=
sin(x)*C2+cos(x)*C1+1/2*sin(x)-1/2*cos(x)*x

习题4.4

1. 利用MATLAB求一阶微分方程 $y'+y+xy^2=0$ 的通解.
2. 利用MATLAB求二阶微分方程 $y''-y'=x$,满足 $y(0)=0, y'(0)=1$ 的特解.

本章小结

本章主要介绍了微分方程及其解的有关概念、一阶微分方程的分离变量法、一阶线性微分方程的解法、二阶常系数线性微分方程的解法、高阶微分方程的降阶法,以及用微分方程解决一些简单的实际问题.

1. 求一阶微分方程的解

(1) 求可分离变量微分方程的通解

先分离变量,再积分.

(2) 求齐次方程的通解

在 $f(x,y)=\varphi\left(\dfrac{y}{x}\right)$ 中,引入变量替换 $u=\dfrac{y}{x}$ 转化为可分离变量的微分方程.

(3) 求一阶线性微分方程的通解

先求对应齐次线性方程的通解,再利用常数变异法求出原方程的通解；或直接用公式法求解.

2. 求可降阶微分方程的解

$y^{(n)}=f(x)$ 型的微分方程. 连续积分 n 次,得到方程的含有 n 个任意常数的通解.

3. 求二阶常系数线性微分方程的解

(1) 二阶常系数齐次线性微分方程

求解二阶常系数齐次线性微分方程分三步：

第一步：写出方程 $y''+py'+qy=0$ 的特征方程 $r^2+pr+q=0$；
第二步：求出特征方程的两个特征根 r_1,r_2；
第三步：根据下表给出的三种特征根的不同情形，写出 $y''+py'+qy=0$ 的通解.

特征方程的根	通解形式
两个不等实根 $r_1 \neq r_2$	$y=C_1 e^{r_1 x}+C_2 e^{r_2 x}$
两个相等实根 $r_1=r_2=r$	$y=(C_1+C_2 x)e^{rx}$
一对共轭复根 $r=\alpha\pm i\beta$	$y=(C_1\cos\beta x+C_2\sin\beta x)e^{\alpha x}$

(2) 二阶常系数非齐次线性微分方程

求解二阶常系数非齐次线性微分方程分三步：

第一步：先求出非齐次线性微分方程 $y''+py'+qy=f(x)$ 所对应的齐次线性微分方程 $y''+py'+qy=0$ 的通解 $\bar{y}$.

第二步：根据 $f(x)$ 类型设出非齐次线性微分方程 $y''+py'+qy=f(x)$ 的含待定常数的特解 y^*，并将 y^* 代入非齐次线性微分方程 $y''+py'+qy=f(x)$ 解出待定常数，进而确定非齐次方程 $y''+py'+qy=f(x)$ 的一个特解 y^*；

第三步：写出非齐次线性微分方程 $y''+py'+qy=f(x)$ 的通解 $y=\bar{y}+y^*$.

如果 $f(x)=e^{\lambda x}P_m(x)$，则方程 $y''+py'+qy=f(x)$ 的特解形式为
$$y^*=e^{\lambda x}x^k Q_m(x),$$
其中 $Q_m(x)$ 是与 $P_m(x)$ 同次的多项式，而 k 的选取应满足条件：
$$k=\begin{cases}0, & \lambda \text{ 不是特征根}; \\ 1, & \lambda \text{ 是特征单根}; \\ 2, & \lambda \text{ 是特征重根}.\end{cases}$$

如果 $f(x)=A\cos\omega x+B\sin\omega x$，则方程 $y''+py'+qy=f(x)$ 的特解形式为
$$y^*=x^k[a\cos\omega x+b\sin\omega x],$$
其中 a,b 是两个待定常数，k 是整数，且
$$k=\begin{cases}0, & i\omega \text{ 不是特征根 } r \text{ 时}; \\ 1, & i\omega \text{ 是特征根 } r \text{ 时}.\end{cases}$$

4. 利用微分方程解决实际问题

用微分方程求解实际问题的关键是建立实际问题的数学模型——微分方程. 这首先要根据实际问题所提供的条件，选择和确定模型的变量. 再根据有关学科，如物理、化学、生物、几何、经济等学科理论，找到这些变量所遵循的定律，用微分方程将其表示出来. 为此，必须了解相关学科的一些基本概念、原理和定律；如曲线切线、法线的斜率，图形的面积，曲线的弧长，牛顿第二定律，牛顿冷却定律等. 要会用导数或微分表示几何量和物理量. 如在几何中曲线切线的斜率 $k=\dfrac{dy}{dx}$（纵坐标对横坐标的导数），物理中变速直线运动的速度 $v=\dfrac{ds}{dt}$，加速度 $a=\dfrac{dv}{dt}=\dfrac{d^2 s}{dt^2}$，角速度 $w=\dfrac{d\theta}{dt}$，电流 $i=\dfrac{dq}{dt}$ 等.

第五章 无穷级数

无穷级数是数与函数的重要表达形式之一,是研究微积分理论及其应用的强有力的工具.研究无穷级数及其和,可以说是研究数列及其极限的另一种形式,尤其在研究极限的存在性及计算极限方面显示出很大的优越性.它在表达函数、研究函数的性质、计算函数值以及求解微分方程等方面都有重要的作用,在解决经济、管理等方面的问题中有着十分广泛的应用.

案例 5.1（分苹果） 有 A、B、C 三人按以下方法分一个苹果:先将苹果分成四份每人各取一份;然后将剩下的一份又分成四份,每人又取一份依此类推,以至无穷.验证:最终每人分得苹果的 $\frac{1}{3}$.

解 根据题意,每人分得的苹果为

$$\frac{1}{4}+\frac{1}{4^2}+\frac{1}{4^3}+\cdots+\frac{1}{4^n}+\cdots$$

它为等比级数,因 $\frac{1}{4}<1$ 所以此级数收敛,其和为

$$\lim_{n\to\infty}\frac{\frac{1}{4}}{1-\frac{1}{4}}=\frac{1}{3}.$$

案例 5.2（弹簧的运动总路程） 一只球从 100 米的高空落下,每次弹回的高度为上次高度的 $\frac{2}{3}$,这样运动下去,小球运动的总路程.

解 运动总路程为 $100+100\times\frac{2}{3}+100\times\frac{2}{3}+100\times\left(\frac{2}{3}\right)^2+100\times\left(\frac{2}{3}\right)^2+\cdots+100\times\left(\frac{2}{3}\right)^{n-1}+100\times\left(\frac{2}{3}\right)^{n-1}+100\times\left(\frac{2}{3}\right)^n+\cdots$

$=100+200\times\frac{2}{3}+200\times\left(\frac{2}{3}\right)^2+\cdots+200\times\left(\frac{2}{3}\right)^{n-1}+100\times\left(\frac{2}{3}\right)^n+\cdots$

其特点是:由无穷多个数相加.

案例 5.3（Koch 雪花） 如图 5.1,先给定一个正三角形,然后在每条边上对称地产生边长为原边长的 1/3 的小正三角形.如此类推,在每条凸边上都做类似的操作,我们就得到了面积有限而周长无限的图形——"Koch 雪花".

解 观察雪花分形过程,设三角形周长为 $P_1=3$,面积为 $A_1=\frac{\sqrt{3}}{4}$.

第一次分叉:

周长为 $P_2=\frac{4}{3}P_1$,面积为 $A_2=A_1+3\cdot\frac{1}{9}\cdot A_1$;

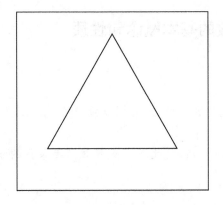

图 5.1

依次类推,第 n 次分叉:

周长为
$$P_n = \left(\frac{4}{3}\right)^{n-1} P_1 \quad (n=1,2,\cdots)$$

面积为
$$\begin{aligned}
A_n &= A_{n-1} + 3\left\{4^{n-2}\left[\left(\frac{1}{9}\right)^{n-1} A_1\right]\right\} \\
&= A_1 + 3 \cdot \frac{1}{9} A_1 + 3 \cdot 4 \cdot \left(\frac{1}{9}\right)^2 A_1 + \cdots + 3 \cdot 4^{n-2} \cdot \left(\frac{1}{9}\right)^{n-1} A_1 \\
&= A_1 \left\{1 + \left[\frac{1}{3} + \frac{1}{3}\left(\frac{4}{9}\right) + \frac{1}{3}\left(\frac{4}{9}\right)^2 + \cdots + \frac{1}{3}\left(\frac{4}{9}\right)^{n-2}\right]\right\}.
\end{aligned}$$

于是有
$$\lim_{n\to\infty} P_n = \infty,$$
$$\lim_{n\to\infty} A_n = A_1\left(1 + \frac{\frac{1}{3}}{1-\frac{4}{9}}\right) = A_1\left(1 + \frac{3}{5}\right) = \frac{2\sqrt{3}}{5}.$$

结论:雪花的周长是无界的,而面积有界.

本章将先介绍常数项级数,再介绍幂级数及一些和问题等.

第一节 常数项级数的基本概念和性质

学习目标

1. 理解常数项级数收敛、发散及收敛级数的和的概念；会根据级数收敛的定义判定简单的级数的敛散性.

2. 了解级数收敛的必要条件及级数的基本性质；对于不满足收敛必要条件的级数，会利用该条件判定级数发散.

3. 掌握几何级数的敛散性.

在一些实际问题中，经常会需要计算无穷多个数的和，比如：

某项投资每年可获 A 元，假设年利率为 r，那么在计算该项投资回报的现值时，理论上应为以下的无穷多个数的和：

$$\frac{A}{1+r},\frac{A}{(1+r)^2},\frac{A}{(1+r)^3},\cdots,\frac{A}{(1+r)^n},\cdots$$

对无穷级数的求和这一无穷过程困惑了数学家长达几个世纪；有的无穷级数之和是一个数，比如

$$\frac{1}{2}+\frac{1}{4}+\frac{1}{8}+\frac{1}{16}+\cdots=1,$$

这一结果可通过图 5.2 中的单位正方形被无数次平分后所得的面积得出；而有的无穷和是无穷大，比如

$$1+\frac{1}{2}+\frac{1}{3}+\frac{1}{4}+\cdots=\infty$$

(这一结果可以证明).

类似这样的问题有许多可以研究，如：这样的和存在吗？如存在则是多少？如不存在则在满足什么条件才存在？等等的数学问题.

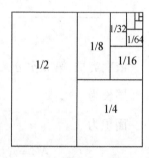

图 5.2

一、常数项级数的基本概念

定义 5.1 若给定一个数列 $u_1,u_2,\cdots,u_n,\cdots$，则由此数列构成的表达式

$$u_1+u_2+\cdots+u_n+\cdots \tag{5.1}$$

微课

称之为**常数项无穷级数**，简称**(无穷)级数**，记作 $\sum_{n=1}^{\infty}u_n$，即

$$\sum_{n=1}^{\infty}u_n=u_1+u_2+\cdots+u_n+\cdots$$

其中第 n 项 u_n 叫作级数的**一般项**.

该级数定义仅仅是一个形式化的定义，它并未明确无限多个数量相加的意义. 无限多个数量的相加并不能简单地认为是一项又一项地累加起来就能完成，因为这一累加过程是无法完成的. 为给出级数中无限多个数量相加的数学定义，我们引入部分和的概念.

把级数 $\sum_{n=1}^{\infty} u_n$ 的前 n 项之和

$$u_1+u_2+\cdots+u_n \tag{5.2}$$

称为该级数的**前 n 项部分和**,记为 s_n,即 $s_n=u_1+u_2+\cdots+u_n$. 当 n 依次取 $1,2,3,\cdots$ 时,它们构成一个新的数列 $\{s_n\}$:

$$s_1=u_1,$$
$$s_2=u_1+u_2,$$
$$s_3=u_1+u_2+u_3,$$
$$\vdots$$
$$s_n=u_1+u_2+u_3+\cdots+u_n,$$
$$\vdots$$

称此数列为级数 $\sum_{n=1}^{\infty} u_n$ 的**前 n 项部分和数列**.

根据前 n 项部分和数列是否有极限,我们给出级数(5.1)收敛与发散的概念.

定义 5.2 当 n 无限增大时,如果级数 $\sum_{n=1}^{\infty} u_n$ 的前 n 项部分和数列 $\{s_n\}$ 有极限 s,即

$$\lim_{n\to\infty} s_n = s$$

则称级数 $\sum_{n=1}^{\infty} u_n$ **收敛**,这时极限 s 称为级数 $\sum_{n=1}^{\infty} u_n$ 的**和**,并记为

$$s=u_1+u_2+u_3+\cdots+u_n+\cdots$$

如果前 n 项部分和数列 $\{s_n\}$ 没有极限,则称级数 $\sum_{n=1}^{\infty} u_n$ **发散**.

当级数 $\sum_{n=1}^{\infty} u_n$ 收敛于 s 时,则其前 n 项部分和 s_n 是级数 $\sum_{n=1}^{\infty} u_n$ 的和 s 的近似值,它们的差

$$r_n = s - s_n = u_{n+1} + u_{n+2} + \cdots + u_{n+k} + \cdots$$

称为级数 $\sum_{n=1}^{\infty} u_n$ 的**余项**. 显然 $\lim_{n\to\infty} r_n = 0$,而 $|r_n|$ 是用 s_n 近似代替 s 所产生的误差.

注意:① 由级数定义,级数 $\sum_{n=1}^{\infty} u_n$ 与其前 n 项部分和数列 $\{s_n\}$ 同时收敛或同时发散,且收敛时 $\sum_{n=1}^{\infty} u_n = \lim_{n\to\infty} s_n$;② 收敛的级数有和值 s,发散的级数没有"和".

【**例 5.1**】 讨论级数 $\sum_{n=1}^{\infty} \dfrac{1}{n(n+1)}$ 的敛散性.

解 因为级数的前 n 项部分和

$$s_n = \sum_{k=1}^{n} \frac{1}{k(k+1)} = \frac{1}{1\cdot 2} + \frac{1}{2\cdot 3} + \cdots + \frac{1}{n(n+1)}$$

$$= \left(\frac{1}{1}-\frac{1}{2}\right) + \left(\frac{1}{2}-\frac{1}{3}\right) + \left(\frac{1}{3}-\frac{1}{4}\right) + \cdots + \left(\frac{1}{n}-\frac{1}{n+1}\right)$$

$$= 1 - \frac{1}{n+1} = \frac{n}{n+1},$$

从而
$$\lim_{n\to\infty}s_n=\lim_{n\to\infty}\frac{n}{n+1}=1.$$

因此,级数 $\sum_{n=1}^{\infty}\frac{1}{n(n+1)}$ 是收敛的,且收敛于 1.

【例 5.2】 讨论等比级数(又称为**几何级数**)
$$\sum_{k=0}^{\infty}aq^k=a+aq+aq^2+\cdots+aq^n+\cdots(a\neq 0)$$
的敛散性.

解 (1) 当 $|q|=1$ 时.

若 $q=1$,则级数的前 n 项部分和
$$s_n=\sum_{k=0}^{n-1}a\cdot 1^k=a+a+a+\cdots+a=n\cdot a\to\infty(n\to\infty);$$

若 $q=-1$,则
$$s_n=\sum_{k=0}^{n-1}(-1)^k\cdot a=a-a+a-a+\cdots+(-1)^{n-2}a+(-1)^{n-1}a.$$

显然,$\lim_{n\to\infty}s_n$ 不存在.

即当 $|q|=1$ 时,等比级数是发散的.

(2) 当 $|q|\neq 1$,则级数的前 n 项部分和
$$s_n=\sum_{k=0}^{n-1}aq^k=a+aq+aq^2+\cdots+aq^{n-1}=\frac{a-aq^n}{1-q}.$$

若 $|q|<1$,因 $\lim_{n\to\infty}q^n=0$,故 $\lim_{n\to\infty}s_n=\frac{a}{1-q}$,即等比级数收敛,且和为 $\frac{a}{1-q}$;

若 $|q|>1$,因 $\lim_{n\to\infty}q^n=\infty$,从而 $\lim_{n\to\infty}s_n=\infty$,即等比级数发散.

综合则有以下结果:

当 $|q|\geqslant 1$ 时,级数 $\sum_{k=0}^{\infty}aq^k$ 发散;当 $|q|<1$ 时,级数 $\sum_{k=0}^{\infty}aq^k$ 收敛且收敛于 $\frac{a}{1-q}$.

【例 5.3】 讨论级数 $\sum_{n=1}^{\infty}\frac{1}{\sqrt{n+1}+\sqrt{n}}$ 的敛散性.

解 该级数的前 n 项部分和
$$s_n=\sum_{k=1}^{n}\frac{1}{\sqrt{k+1}+\sqrt{k}}=\sum_{k=1}^{n}[\sqrt{k+1}-\sqrt{k}]$$
$$=(\sqrt{2}-\sqrt{1})+(\sqrt{3}-\sqrt{2})+(\sqrt{4}-\sqrt{3})+\cdots+(\sqrt{n+1}-\sqrt{n})$$
$$=\sqrt{n+1}-\sqrt{1},$$

由此可得
$$\lim_{n\to\infty}s_n=\lim_{n\to\infty}(\sqrt{n+1}-\sqrt{1})=+\infty.$$

因此,级数 $\sum_{n=1}^{\infty}\frac{1}{\sqrt{n+1}+\sqrt{n}}$ 是发散的.

二、常数项级数的基本性质

根据级数收敛和发散的定义,可以得到下面几个基本性质(证明从略).

性质 5.1 设 k 是任意的非零常数,则级数 $\sum\limits_{n=1}^{\infty} u_n$ 与级数 $\sum\limits_{n=1}^{\infty} ku_n$ 同时收敛或同时发散;当级数 $\sum\limits_{n=1}^{\infty} u_n$ 收敛时,有

$$\sum_{n=1}^{\infty} ku_n = k\sum_{n=1}^{\infty} u_n,$$

即级数的每一项同乘一个不为零的常数后,它的敛散性不变.

性质 5.2 设有级数 $\sum\limits_{n=1}^{\infty} u_n$、$\sum\limits_{n=1}^{\infty} v_n$ 分别收敛于 s 与 σ,则级数 $\sum\limits_{n=1}^{\infty} (u_n \pm v_n)$ 也收敛,且收敛于 $s \pm \sigma$.

由性质 5.2,容易得到以下几个结论:

(1) 若 $\sum\limits_{n=1}^{\infty} u_n$ 与 $\sum\limits_{n=1}^{\infty} v_n$ 收敛,则

$$\sum_{n=1}^{\infty} (u_n \pm v_n) = \sum_{n=1}^{\infty} u_n \pm \sum_{n=1}^{\infty} v_n (\text{对} \sum \text{的分配律});$$

$$\sum_{n=1}^{\infty} u_n \pm \sum_{n=1}^{\infty} v_n = \sum_{n=1}^{\infty} (u_n \pm v_n) (\text{对} \sum \text{的结合律}).$$

(2) 若级数 $\sum\limits_{n=1}^{\infty} u_n$ 收敛,而级数 $\sum\limits_{n=1}^{\infty} v_n$ 发散,则级数 $\sum\limits_{n=1}^{\infty} (u_n \pm v_n)$ 必发散.

(3) 若级数 $\sum\limits_{n=1}^{\infty} u_n$、$\sum\limits_{n=1}^{\infty} v_n$ 均发散,那么 $\sum\limits_{n=1}^{\infty} (u_n \pm v_n)$ 可能收敛,也可能发散.

如取 $u_n = 1, v_n = (-1)^n$,则 $\sum\limits_{n=1}^{\infty} (u_n + v_n) = \sum\limits_{n=1}^{\infty} [1 + (-1)^n] = 2 + 2 + \cdots + 2 + \cdots$,显然是发散的.

又如 $u_n = 1, v_n = 1$,则 $\sum\limits_{n=1}^{\infty} (u_n - v_n) = \sum\limits_{n=1}^{\infty} [1-1] = 0 + 0 + 0 + \cdots + 0 + \cdots$,显然是收敛的.

【例 5.4】 求级数 $\sum\limits_{n=1}^{\infty} \left(\dfrac{1}{n(n+1)} + \dfrac{1}{2^n} \right)$ 的和.

解 由例 5.2 得

$$\sum_{n=1}^{\infty} \frac{1}{2^n} = 1,$$

由例 5.1 得

$$\sum_{n=1}^{\infty} \frac{1}{n(n+1)} = 1,$$

再由性质 5.2 可得

$$\sum_{n=1}^{\infty} \left(\frac{1}{n(n+1)} + \frac{1}{2^n} \right) = 1 + 1 = 2.$$

性质 5.3 在一个级数的前面去掉有限项、加上有限项或改变有限项,不会影响级数的敛散性;在收敛时,一般来说级数的收敛值是会改变的.

性质 5.4 将收敛级数中任意加括号之后所得到的新级数仍收敛于原来收敛级

的和.

注意：级数任意加括号与去括号之后所得新级数的敛散性比较复杂,下列事实以后常会用到：① 如果级数按某一方法加括号之后所形成的新级数是发散的,则该级数也一定发散.(显然这是性质 5.4 的逆否命题)；② 收敛的级数去括号之后所形成的新级数不一定收敛.

如级数
$$(1-1)+(1-1)+\cdots$$
收敛于 0,但去括号之后所得新级数
$$1-1+1-1+\cdots+(-1)^{n-1}+(-1)^n+\cdots$$
是发散的.

这一事实也可以反过来表述：即使级数加括号之后收敛,它也不一定就收敛.

性质 5.5（级数收敛的必要条件）　级数 $\sum_{n=1}^{\infty} u_n$ 收敛的必要条件是 $\lim u_n = 0$.

注意：① 级数的一般项趋向于零并不是级数收敛的充分条件；② 级数的一般项不趋向于零则级数一定发散(即性质 5.5 的逆否命题).

【例 5.5】　证明调和级数 $\sum_{n=1}^{\infty} \frac{1}{n}$ 是发散的.

证明　假设级数 $\sum_{n=1}^{\infty} \frac{1}{n}$ 是收敛的且收敛于 s,则级数 $\sum_{n=1}^{\infty} \frac{1}{n}$ 的前 n 项部分和为 s_n 满足
$$\lim_{n\to\infty} s_n = s \text{ 及 } \lim_{n\to\infty} s_{2n} = s,$$
即
$$\lim_{n\to\infty}(s_{2n} - s_n) = 0.$$
另一方面,观察
$$s_{2n} - s_n = \frac{1}{n+1} + \frac{1}{n+2} + \cdots + \frac{1}{n+n}$$
$$> \frac{1}{n+n} + \frac{1}{n+n} + \cdots + \frac{1}{n+n} = \frac{n}{n+n} = \frac{1}{2}.$$
矛盾,故级数 $\sum_{n=1}^{\infty} \frac{1}{n}$ 是发散的.

注意：当 n 越来越大时,调和级数的通项变得越来越小,但它们的和慢慢地且非常缓慢地增大,超过任何有限值.有几个数据展示给读者会有助于更好地理解这个级数：该级数的前 1 000 项和约为 7.485；前 100 万项和约为 14.357；前 10 亿项和约为 21；前 10 000 亿项和约为 28；要使得这个级数的前若干项的和超过 100,必须至少把 10^{43} 项加起来.

习题 5.1

1. 写出下列级数的部分和,若收敛求其和：

(1) $\sum_{n=1}^{+\infty} \frac{1}{(2n-1)(2n+1)}$;

(2) $\sum_{n=1}^{+\infty} \frac{(-1)^{n-1}}{2^n}$;

(3) $\sum_{n=1}^{+\infty} \frac{1}{\sqrt{n+1}+\sqrt{n}}$;

(4) $\sum_{n=1}^{+\infty} \frac{1}{(n+3)(n+4)}$.

2. 利用级数的基本性质,判别下列级数的敛散性:

(1) $\sum_{n=1}^{+\infty} \dfrac{3}{10^n}$;

(2) $\sum_{n=1}^{+\infty} \ln \dfrac{n+1}{n}$;

(3) $\sum_{n=1}^{+\infty} \left(\dfrac{n}{n+1}\right)^n$;

(4) $\sum_{n=1}^{+\infty} \dfrac{3 \cdot 2^n - 2 \cdot 3^n}{6^n}$;

(5) $\sum_{n=1}^{+\infty} \left(\dfrac{2}{n} - \dfrac{1}{2^n}\right)$;

(6) $\sum_{n=1}^{+\infty} \dfrac{1}{n+10}$;

(7) $\sum_{n=1}^{+\infty} n\sin \dfrac{\pi}{n}$;

(8) $\sum_{n=1}^{+\infty} \dfrac{2+(-1)^n}{2^n}$.

第二节 常数项级数的审敛法

学习目标

1. 掌握 p-级数的敛散性.
2. 理解正项级数的比较审敛法的原理,会用极限审敛法,掌握比值审敛法.
3. 掌握交错级数的莱布尼兹审敛法.
4. 了解任意项级数绝对收敛与条件收敛的概念及绝对收敛与收敛的关系.

一般情况下,利用定义或级数的性质来判别级数的敛散性是很困难的,可否有更简单易行的判别方法呢? 由于级数的敛散性可较好地归结为正项级数的敛散性问题,因而正项级数及其审敛法的敛散性判定就显得十分地重要.

一、正项级数

定义 5.3 若级数 $\sum_{n=1}^{\infty} u_n$ 中的每一项都是非负的(即 $u_n \geqslant 0, n=1,2,\cdots$),则称级数 $\sum_{n=1}^{\infty} u_n$ 为**正项级数**.

微课

由正项级数的特性很容易得到下面的结论.

定理 5.1 正项级数 $\sum_{n=1}^{\infty} u_n$ 收敛的充分必要条件是:它的前 n 项部分和数列 $\{s_n\}$ 有界.

定理证明从略.

借助于正项级数收敛的充分必要条件,我们可建立一系列具有较强实用性的正项级数审敛法.

定理 5.2(比较审敛法) 设 $\sum_{n=1}^{\infty} u_n$ 和 $\sum_{n=1}^{\infty} v_n$ 都是正项级数,且

$$u_n \leqslant v_n \quad (n=1,2,\cdots) \tag{5.3}$$

则:(1) 如 $\sum_{n=1}^{\infty} v_n$ 收敛,则 $\sum_{n=1}^{\infty} u_n$ 亦收敛;

(2) 如 $\sum_{n=1}^{\infty} u_n$ 发散,则 $\sum_{n=1}^{\infty} v_n$ 亦发散.

定理证明从略.

由于级数的每一项同乘以一个非零常数,以及去掉级数的有限项不改变级数的敛散性,因而比较审敛法又可表述如下推论(证明从略).

推论 1 设 C 为正数,N 为正整数,$\sum_{n=1}^{\infty} u_n$ 和 $\sum_{n=1}^{\infty} v_n$ 都是正项级数,且
$$u_n \leqslant C v_n \quad (n=N,N+1,\cdots) \tag{5.4}$$
则:(1) 如 $\sum_{n=1}^{\infty} v_n$ 收敛,则 $\sum_{n=1}^{\infty} u_n$ 亦收敛;

(2) 如 $\sum_{n=1}^{\infty} u_n$ 发散,则 $\sum_{n=1}^{\infty} v_n$ 亦发散.

【例 5.6】 讨论 p-级数
$$\sum_{n=1}^{\infty} \frac{1}{n^p} = 1 + \frac{1}{2^p} + \frac{1}{3^p} + \cdots + \frac{1}{n^p} + \cdots$$
的敛散性,其中 $p>0$.

解 (1) 若 $0<p\leqslant 1$,则 $n^p \leqslant n$,可得 $\frac{1}{n^p} \geqslant \frac{1}{n}$;又因调和级数 $\sum_{n=1}^{\infty} \frac{1}{n}$ 发散,由定理 5.2 知 $\sum_{n=1}^{\infty} \frac{1}{n^p}$ 发散.

(2) 若 $p>1$,对于满足 $n-1 \leqslant x \leqslant n$ 的 x(其中 $n \geqslant 2$),则有
$$(n-1)^p \leqslant x^p \leqslant n^p,$$
继而可得
$$\frac{1}{x^p} \geqslant \frac{1}{n^p}.$$
又
$$\frac{1}{n^p} = \int_{n-1}^{n} \frac{\mathrm{d}x}{n^p} \leqslant \int_{n-1}^{n} \frac{\mathrm{d}x}{x^p} = \frac{1}{1-p} x^{1-p} \Big|_{n-1}^{n} = \frac{1}{p-1} \left(\frac{1}{(n-1)^{p-1}} - \frac{1}{n^{p-1}} \right),$$
考虑级数 $\frac{1}{p-1} \sum_{n=2}^{\infty} \left[\frac{1}{(n-1)^{p-1}} - \frac{1}{n^{p-1}} \right]$,它的部分和
$$s_n = \frac{1}{p-1} \sum_{k=2}^{n+1} \left[\frac{1}{(k-1)^{p-1}} - \frac{1}{k^{p-1}} \right]$$
$$= \frac{1}{p-1} \left[1 - \frac{1}{(n+1)^{p-1}} \right] \to \frac{1}{p-1} \quad (n \to \infty).$$

故 $\frac{1}{p-1} \sum_{n=2}^{\infty} \left[\frac{1}{(n-1)^{p-1}} - \frac{1}{n^{p-1}} \right]$ 收敛,由比较审敛法可得 $\sum_{n=2}^{\infty} \frac{1}{n^p}$ 收敛,再由级数的性质可得 $\sum_{n=1}^{\infty} \frac{1}{n^p}$ 亦收敛.

综上讨论,当 $0<p\leqslant 1$ 时,p-级数 $\sum_{n=1}^{\infty} \frac{1}{n^p}$ 是发散的;当 $p>1$ 时,p-级数 $\sum_{n=1}^{\infty} \frac{1}{n^p}$ 是收敛的. p-级数是一个很重要的级数,在解题中往往会充当比较审敛法的比较对象,其他的比较对象主要有几何级数、调和级数等.

推论 2* （比较审敛法的极限形式） 设 $\sum_{n=1}^{\infty} u_n$、$\sum_{n=1}^{\infty} v_n$ 为两个正项级数，如果两级数的通项 u_n、v_n 满足

$$\lim_{n \to \infty} \frac{u_n}{v_n} = l \quad (0 < l < +\infty) \tag{5.5}$$

则级数 $\sum_{n=1}^{\infty} u_n$ 与 $\sum_{n=1}^{\infty} v_n$ 同时收敛或同时发散．

【**例 5.7**】 判别级数

(1) $\sum_{n=1}^{\infty} \frac{n}{n^2 - 2}$；

(2) $\sum_{n=1}^{\infty} \ln\left(1 + \frac{1}{n^2}\right)$

的敛散性．

解 (1) 因 $\frac{n}{n^2 - 2} > \frac{n}{n^2} = \frac{1}{n} (n > 1)$，且 $\sum_{n=1}^{\infty} \frac{1}{n}$ 发散，故级数 $\sum_{n=1}^{\infty} \frac{n}{n^2 - 2}$ 发散．

(2) 因 $\ln\left(1 + \frac{1}{n^2}\right) < \frac{1}{n^2}$，且 $\sum_{n=1}^{\infty} \frac{1}{n^2}$ 收敛，故级数 $\sum_{n=1}^{\infty} \ln\left(1 + \frac{1}{n^2}\right)$ 收敛．

【**例 5.8**】 讨论级数 $\sum_{n=1}^{\infty} \frac{1}{1 + a^n} (a > 0)$ 的敛散性．

解 (1) 当 $a > 1$ 时，级数 $\sum_{n=1}^{\infty} \frac{1}{1 + a^n}$ 的通项 $\frac{1}{1 + a^n} < \frac{1}{a^n}$，而 $\sum_{n=1}^{\infty} \frac{1}{a^n}$ 是一个公比为 $\frac{1}{a}$ 的等比级数，且 $\frac{1}{a} < 1$，则 $\sum_{n=1}^{\infty} \frac{1}{a^n}$ 收敛，故级数 $\sum_{n=1}^{\infty} \frac{1}{1 + a^n}$ 收敛；

(2) 当 $a = 1$ 时，级数 $\sum_{n=1}^{\infty} \frac{1}{1 + a^n}$ 的通项 $\frac{1}{1 + a^n} = \frac{1}{2}$，且 $\sum_{n=1}^{\infty} \frac{1}{2}$ 发散，故级数 $\sum_{n=1}^{\infty} \frac{1}{1 + a^n}$ 发散．

(3) 当 $a < 1$ 时，级数 $\sum_{n=1}^{\infty} \frac{1}{1 + a^n}$ 的通项 $\frac{1}{1 + a^n} > \frac{1}{2}$，而 $\sum_{n=1}^{\infty} \frac{1}{2}$ 发散，故级数 $\sum_{n=1}^{\infty} \frac{1}{1 + a^n}$ 发散．

【**例 5.9**】 设 $a_n \leq c_n \leq b_n (n = 1, 2, \cdots)$，且级数 $\sum_{n=1}^{\infty} a_n$ 及 $\sum_{n=1}^{\infty} b_n$ 都收敛，证明级数 $\sum_{n=1}^{\infty} c_n$ 收敛．

证明 因 $a_n \leq c_n \leq b_n, n = 1, 2, \cdots$，可得 $0 \leq c_n - a_n \leq b_n - a_n$；而级数 $\sum_{n=1}^{\infty} a_n$ 及 $\sum_{n=1}^{\infty} b_n$ 都收敛，由级数收敛的性质知 $\sum_{n=1}^{\infty} (b_n - a_n)$ 收敛，再由比较审敛法得 $\sum_{n=1}^{\infty} (c_n - a_n)$ 收敛．而

$$\sum_{n=1}^{\infty} c_n = \sum_{n=1}^{\infty} [(c_n - a_n) + a_n],$$

故可得级数 $\sum_{n=1}^{\infty} c_n$ 收敛．

定理 5.3（比值审敛法，又称达朗贝尔审敛法） 若正项级数 $\sum_{n=1}^{\infty} u_n$ 满足

$$\lim_{n \to \infty} \frac{u_{n+1}}{u_n} = \rho, \tag{5.6}$$

则:(1) 当 $\rho < 1$ 时,级数 $\sum_{n=1}^{\infty} u_n$ 收敛;

(2) 当 $\rho > 1$(或 $\rho = +\infty$)时,级数 $\sum_{n=1}^{\infty} u_n$ 发散;

(3) 当 $\rho = 1$ 时,级数 $\sum_{n=1}^{\infty} u_n$ 的敛散性用此法无法判定.

定理证明从略.

【例 5.10】 判定下列级数的敛散性:

(1) $\sum_{n=1}^{\infty} \dfrac{1}{n!}$; (2) $\sum_{n=1}^{\infty} \dfrac{n^n}{n!}$; (3) $\sum_{n=1}^{\infty} \dfrac{1}{(2n-1) \cdot 2n}$.

解 (1) 因 $u_n = \dfrac{1}{n!}$,故

$$\rho = \lim_{n \to \infty} \dfrac{u_{n+1}}{u_n} = \lim_{n \to \infty} \dfrac{1/(n+1)!}{1/n!} = \lim_{n \to \infty} \dfrac{1}{n+1} = 0 < 1.$$

由比值审敛法知级数 $\sum_{n=1}^{\infty} \dfrac{1}{n!}$ 是收敛的.

(2) 因 $u_n = \dfrac{n^n}{n!}$,故

$$\rho = \lim_{n \to \infty} \dfrac{u_{n+1}}{u_n} = \lim_{n \to \infty} \dfrac{(n+1)^{n+1} \cdot n!}{n^n \cdot (n+1)!} = \lim_{n \to \infty} \left(1 + \dfrac{1}{n}\right)^n = e > 1.$$

由比值审敛法知级数 $\sum_{n=1}^{\infty} \dfrac{n^n}{n!}$ 是发散的.

(3) 因 $u_n = \dfrac{1}{(2n-1) \cdot 2n}$,故

$$\rho = \lim_{n \to \infty} \dfrac{u_{n+1}}{u_n} = \lim_{n \to \infty} \dfrac{(2n-1) \cdot 2n}{(2n+1)(2n+2)} = 1.$$

用比值法无法确定该级数的敛散性;注意到 $2n > 2n - 1 \geqslant n$,可得 $(2n-1) \cdot 2n > n^2$,即 $\dfrac{1}{(2n-1) \cdot 2n} < \dfrac{1}{n^2}$;而级数 $\sum_{n=1}^{\infty} \dfrac{1}{n^2}$ 收敛,由比较判别法知级数 $\sum_{n=1}^{\infty} \dfrac{1}{(2n-1) \cdot 2n}$ 收敛.

定理 5.4* (**根值审敛法**或**柯西审敛法**) 若正项级数 $\sum_{n=1}^{\infty} u_n$ 满足

$$\lim_{n \to \infty} \sqrt[n]{u_n} = \rho, \tag{5.7}$$

则:(1) 当 $\rho < 1$ 时,级数 $\sum_{n=1}^{\infty} u_n$ 收敛;

(2) 当 $\rho > 1$(或 $\rho = +\infty$)时,级数 $\sum_{n=1}^{\infty} u_n$ 发散;

(3) 当 $\rho = 1$ 时,级数 $\sum_{n=1}^{\infty} u_n$ 的敛散性用此法无法判定.

定理证明从略.

例如级数 $\sum_{n=1}^{\infty} \dfrac{1}{n^2}$ 是收敛的,而级数 $\sum_{n=1}^{\infty} \dfrac{1}{n}$ 是发散的,但

$$\lim_{n\to\infty}\sqrt[n]{u_n}=\lim_{n\to\infty}\sqrt[n]{\frac{1}{n^2}}=\lim_{n\to\infty}\left(\frac{1}{\sqrt[n]{n}}\right)^2=1;$$

$$\lim_{n\to\infty}\sqrt[n]{u_n}=\lim_{n\to\infty}\sqrt[n]{\frac{1}{n}}=\lim_{n\to\infty}\frac{1}{\sqrt[n]{n}}=1.$$

【例 5.11】 判别级数 $\sum\limits_{n=1}^{\infty}\dfrac{n^2}{\left(2+\frac{1}{n}\right)^n}$ 的敛散性.

解 因 $u_n=\dfrac{n^2}{\left(2+\frac{1}{n}\right)^n}$，则

$$\rho=\lim_{n\to\infty}\sqrt[n]{u_n}=\lim_{n\to\infty}\sqrt[n]{\frac{n^2}{\left(2+\frac{1}{n}\right)^n}}=\frac{1}{2}<1.$$

故级数 $\sum\limits_{n=1}^{\infty}\dfrac{n^2}{\left(2+\frac{1}{n}\right)^n}$ 收敛.

注意：对于利用比值审敛法与根值审敛法失效的情形（即 $\rho=1$ 时），其级数的敛散性应另寻他法加以判定，通常可用构造更精细的比较级数来判别.

二、交错级数及其审敛法

定义 5.4 级数中的各项是正、负交错的，即具有如下形式：

$$\sum_{n=1}^{\infty}(-1)^{n-1}u_n \text{ 或 } \sum_{n=1}^{\infty}(-1)^n u_n \tag{5.8}$$

的级数称为**交错级数**. 其中 $u_n>0, n=1,2,3,\cdots$

因两者的表示只差一个负号，它们的敛散性完全相同，故一般只讨论 $\sum\limits_{n=1}^{\infty}(-1)^{n-1}u_n$ 这一形式.

定理 5.5（交错级数审敛法又称莱布尼兹准则） 如果交错级数 $\sum\limits_{n=1}^{\infty}(-1)^{n-1}u_n$ 满足条件：

(1) $u_n \geqslant u_{n+1}, n=1,2,\cdots$
(2) $\lim\limits_{n\to\infty}u_n=0$，

则交错级数 $\sum\limits_{n=1}^{\infty}(-1)^{n-1}u_n$ 收敛，且收敛和 $s\leqslant u_1$，其余项 r_n 的绝对值 $|r_n|\leqslant u_{n+1}$.

定理证明从略.

【例 5.12】 判别交错级数 $\sum\limits_{n=1}^{\infty}(-1)^{n-1}\dfrac{1}{n}$ 的敛散性.

解 因级数 $\sum\limits_{n=1}^{\infty}(-1)^{n-1}\dfrac{1}{n}$ 中 u_n 满足：

$$u_n=\frac{1}{n}>\frac{1}{n+1}=u_{n+1},$$

且

$$\lim_{n\to\infty} u_n = \lim_{n\to\infty} \frac{1}{n} = 0.$$

满足定理 5.5 的条件,故此交错级数收敛,并且其和 $s<1$.

【例 5.13】 判别交错级数 $\sum\limits_{n=1}^{\infty}(-1)^{n-1}\dfrac{\ln n}{n}$ 的敛散性.

解 因级数 $\sum\limits_{n=1}^{\infty}(-1)^{n-1}\dfrac{\ln n}{n}$ 中 $u_n = \dfrac{\ln n}{n}$,令 $f(x) = \dfrac{\ln x}{x}, x>3$,则
$$f'(x) = \frac{1-\ln x}{x^2} < 0, x>3.$$

即当 $n>3$ 时,数列 $\left\{\dfrac{\ln n}{n}\right\}$ 是递减数列;又利用洛必达法则可知:
$$\lim_{n\to\infty}\frac{\ln n}{n} = \lim_{x\to+\infty}\frac{\ln x}{x} = \lim_{x\to+\infty}\frac{1}{x} = 0.$$

满足定理 5.5 的条件,故此交错级数收敛.

三、绝对收敛与条件收敛

定义 5.5 如级数 $\sum\limits_{n=1}^{\infty} u_n$ 中的每一项 $u_n(n=1,2,\cdots)$ 为任意实数,称该级数为**任意项级数**.

对于该级数,我们可以构造一个正项级数 $\sum\limits_{n=1}^{\infty} |u_n|$,通过级数 $\sum\limits_{n=1}^{\infty} |u_n|$ 的敛散性来推断级数 $\sum\limits_{n=1}^{\infty} u_n$ 的敛散性.

定义 5.6 (1) 如果级数 $\sum\limits_{n=1}^{\infty} |u_n|$ 收敛,则称级数 $\sum\limits_{n=1}^{\infty} u_n$ **绝对收敛**;

(2) 如果级数 $\sum\limits_{n=1}^{\infty} |u_n|$ 发散,而级数 $\sum\limits_{n=1}^{\infty} u_n$ 收敛,则称级数 $\sum\limits_{n=1}^{\infty} u_n$ **条件收敛**.

定理 5.6 如果级数 $\sum\limits_{n=1}^{\infty} |u_n|$ 收敛,则级数 $\sum\limits_{n=1}^{\infty} u_n$ 亦收敛.

定理证明从略.

【例 5.14】 讨论级数 $\sum\limits_{n=1}^{\infty}(-1)^{n-1}\dfrac{1}{\sqrt{n}}$ 的敛散性.

解 因级数 $\sum\limits_{n=1}^{\infty}\dfrac{1}{\sqrt{n}}$ 是 $p=\dfrac{1}{2}$ 的 p-级数,故而发散;而交错级数 $\sum\limits_{n=1}^{\infty}(-1)^{n-1}\dfrac{1}{\sqrt{n}}$ 可由交错级数审敛法得其是收敛的,故级数 $\sum\limits_{n=1}^{\infty}(-1)^{n-1}\dfrac{1}{\sqrt{n}}$ 不是绝对收敛,而是条件收敛.

【例 5.15】 判定任意项级数 $\sum\limits_{n=1}^{\infty}\dfrac{\sin(n\alpha)}{n^2}, \alpha \in (-\infty,+\infty)$ 的敛散性.

解 对级数的通项取绝对值,得
$$\left|\frac{\sin(n\alpha)}{n^2}\right| \leqslant \frac{1}{n^2},$$

而 $\sum_{n=1}^{\infty} \frac{1}{n^2}$ 收敛，由比较审敛法知 $\sum_{n=1}^{\infty} \left| \frac{\sin(n\alpha)}{n^2} \right|$ 亦收敛，再由定理 5.6 得级数 $\sum_{n=1}^{\infty} \frac{\sin(n\alpha)}{n^2}$ 收敛，且是绝对收敛．

习题 5.2

1. 用比较判别法判别下列级数的敛散性：

(1) $\sum_{n=1}^{+\infty} \frac{1}{n^2+3}$;

(2) $\sum_{n=2}^{+\infty} \frac{1}{\sqrt{n-1}}$;

(3) $\sum_{n=1}^{+\infty} \frac{1}{n\sqrt{n+1}}$;

(4) $\sum_{n=1}^{+\infty} \frac{\cos^2 n}{2^n}$.

2. 用比值判别法判别下列级数的敛散性：

(1) $\sum_{n=2}^{+\infty} \frac{n}{n^2-3}$;

(2) $\sum_{n=1}^{+\infty} \frac{n^2}{4^n}$;

(3) $\sum_{n=1}^{+\infty} \frac{2^n n!}{n^n}$;

(4) $\sum_{n=1}^{+\infty} \frac{q^n n!}{n^n} (q>0)$.

3. 判别下列级数的敛散性，如果收敛，指明是绝对收敛还是条件收敛．

(1) $\sum_{n=1}^{+\infty} \frac{\sin \frac{n\pi}{2}}{3^n}$;

(2) $\sum_{n=1}^{+\infty} (-1)^{n-1} \frac{1}{\sqrt{n}}$;

(3) $\sum_{n=1}^{+\infty} \frac{\sin n}{\sqrt{n^3+n}}$;

(4) $\sum_{n=1}^{+\infty} (-1)^n \frac{n}{3^n}$.

第三节 幂级数

学习目标

1. 理解幂级数的收敛半径、收敛域及和函数的概念，掌握幂级数的收敛半径与收敛域的求法．

2. 了解幂级数在其收敛域内加法、减法、乘法、逐项求导与逐项积分等运算．

3. 知道函数的泰勒级数及初等函数展开定理，知道函数 $\frac{1}{1+x}$，$\sin x$，e^x，$\ln(1+x)$，$(1+x)^\alpha$ 的麦克劳林级数展开式，并会利用这些展开式及幂级数的性质将一些简单的函数展开成幂级数．

前面我们讨论了常数项级数的敛散性问题，基本知道级数满足何条件时必收敛等，但很遗憾的是只有很少的级数在收敛时能得到其收敛值．在这一节我们借助幂级数的和问题进而得到常数项级数的和问题．

一、函数项级数的一般概念

设有定义在区间 I 上的函数列

$$u_1(x), u_2(x), \cdots, u_n(x), \cdots$$

由该函数列构成的表达式

$$\sum_{n=1}^{\infty} u_n(x) = u_1(x) + u_2(x) + \cdots + u_n(x) + \cdots \tag{5.9}$$

称作**函数项级数**. 而

$$s_n(x) = u_1(x) + u_2(x) + \cdots + u_n(x) \tag{5.10}$$

称为函数项级数(5.9)的**前 n 项部分和**.

对于确定的值 $x_0 \in I$, 如常数项级数

$$\sum_{n=1}^{\infty} u_n(x_0) = u_1(x_0) + u_2(x_0) + \cdots + u_n(x_0) + \cdots \tag{5.11}$$

收敛, 则称函数项级数 $\sum_{n=1}^{\infty} u_n(x)$ 在点 x_0 收敛, 点 x_0 是函数项级数 $\sum_{n=1}^{\infty} u_n(x)$ 的**收敛点**; 若 $\sum_{n=1}^{\infty} u_n(x_0)$ 发散, 则称函数项级数 $\sum_{n=1}^{\infty} u_n(x)$ 在点 x_0 发散, 点 x_0 是函数项级数 $\sum_{n=1}^{\infty} u_n(x)$ 的**发散点**. 函数项级数的全体收敛点的集合称为它的**收敛域**; 函数项级数 $\sum_{n=1}^{\infty} u_n(x)$ 的全体发散点的集合称为它的**发散域**.

设函数项级数 $\sum_{n=1}^{\infty} u_n(x)$ 的收敛域为 D, 则对 D 内任意一点 x, $\sum_{n=1}^{\infty} u_n(x)$ 收敛, 其收敛的和自然依赖于 x, 即其收敛和应为 x 的函数, 记为 $s(x)$; 称函数 $s(x)$ 为函数项级数 $\sum_{n=1}^{\infty} u_n(x)$ 的**和函数**. $s(x)$ 的定义域就是级数的收敛域, 并记为

$$s(x) = u_1(x) + u_2(x) + \cdots + u_n(x) + \cdots$$

则在收敛域 D 上有 $\lim\limits_{n \to \infty} s_n(x) = s(x)$. 把 $r_n(x) = s(x) - s_n(x)$ 叫作函数项级数 $\sum_{n=1}^{\infty} u_n(x)$ 的**余项**, 对收敛域上的每一点 x, 有 $\lim\limits_{n \to \infty} r_n(x) = 0$.

从以上的定义可知, 函数项级数在区域上的敛散性问题是指在该区域上的每一点的敛散性, 因而其实质还是常数项级数的敛散性问题. 因此我们仍可以用数项级数的审敛法来判别函数项级数的敛散性.

【例 5.16】 讨论几何级数

$$\sum_{n=0}^{\infty} x^n = 1 + x + x^2 + \cdots + x^n + \cdots$$

的敛散性.

解 由例 5.2 的讨论得: 当 $|x| < 1$ 时, 级数 $\sum_{n=0}^{\infty} x^n$ 收敛且收敛于 $\frac{1}{1-x}$; 当 $|x| \geqslant 1$ 时, 级数 $\sum_{n=0}^{\infty} x^n$ 发散. 因此该级数的收敛域为区间 $(-1, 1)$, 发散域为 $(-\infty, -1] \cup [1, +\infty)$. 在 $(-1, 1)$ 内级数 $\sum_{n=0}^{\infty} x^n$ 的和函数为 $\frac{1}{1-x}$.

几何级数是一个非常重要的级数, 在以后有着很重要的应用.

二、幂级数及其收敛性

函数项级数中最简单且最常见的一类级数是各项均为幂函数的函数项级数,称其为**幂级数**,它的形式是

$$\sum_{n=0}^{\infty} a_n x^n = a_0 + a_1 x + a_2 x^2 + \cdots + a_n x^n + \cdots \tag{5.12}$$

其中常数 $a_0, a_1, a_2, \cdots, a_n, \cdots$ 称作**幂级数的系数**.

注意:幂级数的表示形式也可以是

$$\sum_{n=0}^{\infty} a_n (x-x_0)^n = a_0 + a_1(x-x_0) + a_2(x-x_0)^2 + \cdots + a_n(x-x_0)^n + \cdots \tag{5.13}$$

它是幂级数的一般形式,作变量代换 $t = x - x_0$ 即可以把它化为(5.12)的形式. 因此在以后的讨论中,如不作特殊说明,我们用幂级数(5.12)作为主要的讨论对象.

定理5.7(阿贝尔定理)

(1) 若幂级数 $\sum\limits_{n=0}^{\infty} a_n x_0^n (x_0 \neq 0)$ 收敛,则对于满足不等式 $|x| < |x_0|$ 的一切 x,幂级数 $\sum\limits_{n=0}^{\infty} a_n x^n$ 绝对收敛;

(2) 若幂级数 $\sum\limits_{n=0}^{\infty} a_n x_0^n (x_0 \neq 0)$ 发散,则对于满足不等式 $|x| > |x_0|$ 的一切 x,幂级数 $\sum\limits_{n=0}^{\infty} a_n x^n$ 发散.

定理证明从略.

阿贝尔定理很好地揭示了幂级数的收敛域与发散域的结构:定理5.7的结论表明,如果幂级数 $\sum\limits_{n=0}^{\infty} a_n x^n$ 在 $x = x_0 \neq 0$ 处收敛,则可断定在开区间 $(-|x_0|, |x_0|)$ 之内的任何 x,幂级数 $\sum\limits_{n=0}^{\infty} a_n x^n$ 必收敛;如果幂级数 $\sum\limits_{n=0}^{\infty} a_n x^n$ 在 $x = x_0 \neq 0$ 处发散,则可断定在闭区间 $[-|x_0|, |x_0|]$ 之外的任何 x,幂级数 $\sum\limits_{n=0}^{\infty} a_n x^n$ 必发散. 至此断定幂级数的发散点不可能位于原点与收敛点之间(因原点必是幂级数的收敛点).

设幂级数 $\sum\limits_{n=0}^{\infty} a_n x^n$ 在数轴上既有收敛点(且不仅仅只是原点),也有发散点,于是,我们可以这样来寻找幂级数的收敛域与发散域. 首先从原点出发,沿数轴向右搜寻,最初只遇到收敛点,然后就只遇到发散点,设这两部分的界点为 P,而点 P 则可能是收敛点,也可能是发散点. 再从原点出发,沿数轴向左方搜寻,相仿也可找到另一个收敛域与发散域的分界点 P';位于点 P' 与 P 之间的区域就是幂级数的收敛域,位于这两点之外的区域就是幂级数的发散域,且两个分界点关于原点对称. 至此我们可得到如下重要推论:

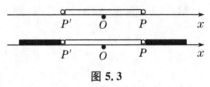

图5.3

推论 1 如果幂级数 $\sum_{n=0}^{\infty} a_n x^n$ 不是仅在一点收敛,也不是在整个数轴上都收敛,则必存在一个确定的正数 R 存在,使得

(1) 当 $|x|<R$ 时,幂级数 $\sum_{n=0}^{\infty} a_n x^n$ 绝对收敛;

(2) 当 $|x|>R$ 时,幂级数 $\sum_{n=0}^{\infty} a_n x^n$ 发散;

(3) 当 $x=\pm R$ 时,幂级数 $\sum_{n=0}^{\infty} a_n x^n$ 可能收敛,也可能发散.

我们把此正数 R 称作幂级数的**收敛半径**,$(-R,R)$ 称为幂级数的**收敛区间**. 若幂级数的收敛域为 D,则
$$(-R,R) \subseteq D \subseteq [-R,R],$$
即幂级数的收敛域是收敛区间与收敛端点的并集.

特别地,如果幂级数只在 $x=0$ 处收敛,则规定收敛半径 $R=0$,此时的收敛域为只有一个点 $x=0$;如果幂级数对一切 x 都收敛,则规定收敛半径 $R=+\infty$,此时的收敛域为 $(-\infty,+\infty)$.

下面我们给出幂级数的收敛半径的求法.

定理 5.8 设幂级数 $\sum_{n=0}^{\infty} a_n x^n$ 的所有系数 $a_n \neq 0$,且
$$\lim_{n\to\infty}\left|\frac{a_{n+1}}{a_n}\right|=\rho,$$
则:(1) 当 $\rho \neq 0$ 时,该幂级数的收敛半径 $R=\dfrac{1}{\rho}$;

(2) 当 $\rho=0$ 时,该幂级数的收敛半径 $R=+\infty$;

(3) 当 $\rho=+\infty$ 时,该幂级数的收敛半径 $R=0$.

定理证明从略.

【例 5.17】 求下列幂级数的收敛半径、收敛区间与收敛域:

(1) $\sum_{n=1}^{\infty}(-1)^{n-1}\dfrac{x^n}{n}$;   (2) $\sum_{n=1}^{\infty}\dfrac{2n-1}{2^n}x^{2n-2}$;

(3) $\sum_{n=1}^{\infty}(-1)^n\dfrac{2^n}{\sqrt{n}}\left(x-\dfrac{1}{2}\right)^n$.

解 (1) 因 $a_n=(-1)^{n-1}\dfrac{1}{n}$,则
$$\rho=\lim_{n\to\infty}\left|\frac{a_{n+1}}{a_n}\right|=\lim_{n\to\infty}\frac{n}{n+1}=1.$$

故收敛半径为 $R=1$;又在 $x=-1$ 时,幂级数成为 $\sum_{n=1}^{\infty}\left(-\dfrac{1}{n}\right)$,显然是发散的,在 $x=1$,幂级数成为 $\sum_{n=1}^{\infty}(-1)^{n-1}\dfrac{1}{n}$,显然它是收敛的. 故收敛区间为 $(-1,1)$,收敛域为 $(-1,1]$.

(2) 此幂级数缺少奇次幂项,可用比值审敛法的原理来求收敛半径.

因 $u_n = \frac{2n-1}{2^n} x^{2n-2}$，则

$$\lim_{n\to\infty}\left|\frac{u_{n+1}(x)}{u_n(x)}\right| = \lim_{n\to\infty}\frac{2n+1}{4n-2}|x|^2 = \frac{1}{2}|x|^2.$$

由比值审敛法的结果：

当 $\frac{1}{2}|x|^2 < 1$，即 $|x| < \sqrt{2}$ 时，幂级数收敛；

当 $\frac{1}{2}|x|^2 > 1$，即 $|x| > \sqrt{2}$ 时，幂级数发散.

对于左、右端点 $x = \pm\sqrt{2}$，此时幂级数成为 $\sum_{n=1}^{\infty}\frac{2n-1}{2^n}(\pm\sqrt{2})^{2n-2} = \sum_{n=1}^{\infty}\frac{2n-1}{2}$，显然它是发散的；故收敛区间、收敛域都为 $(-\sqrt{2}, \sqrt{2})$，收敛半径为 $R = \sqrt{2}$.

(3) 因 $u_n = (-1)^n \frac{2^n}{\sqrt{n}}\left(x-\frac{1}{2}\right)^n$，则

$$\lim_{n\to\infty}\left|\frac{u_{n+1}(x)}{u_n(x)}\right| = \lim_{n\to\infty}\frac{2\sqrt{n}}{\sqrt{n+1}}\left|x-\frac{1}{2}\right| = 2\left|x-\frac{1}{2}\right|.$$

由比值审敛法的结果：

当 $2\left|x-\frac{1}{2}\right| < 1$，即 $0 < x < 1$ 时，幂级数收敛；

当 $2\left|x-\frac{1}{2}\right| > 1$，即 $x < 0$ 或 $x > 1$ 时，幂级数发散.

对于左端点 $x = 0$，此时幂级数成为 $\sum_{n=1}^{\infty}(-1)^n \frac{2^n}{\sqrt{n}}\left(-\frac{1}{2}\right)^n = \sum_{n=1}^{\infty}\frac{1}{\sqrt{n}}$，显然它是发散的；对于右端点 $x = 1$，此时幂级数成为 $\sum_{n=1}^{\infty}(-1)^n \frac{2^n}{\sqrt{n}}\left(1-\frac{1}{2}\right)^n = \sum_{n=1}^{\infty}(-1)^n \frac{1}{\sqrt{n}}$，它是收敛的；故收敛区间为 $(0,1)$、收敛域为 $(0,1]$，收敛半径为 $R = \frac{1}{2}$.

三、幂级数的运算性质

下面我们不加证明地给出幂级数的一些运算性质及分析性质.

性质 5.6（加法和减法运算） 设幂级数 $\sum_{n=0}^{\infty}a_n x^n$ 及 $\sum_{n=0}^{\infty}b_n x^n$ 的收敛区间分别为 $(-R_1, R_1)$ 与 $(-R_2, R_2)$，则当 $|x| < R$ 时，

$$\sum_{n=0}^{\infty}a_n x^n \pm \sum_{n=0}^{\infty}b_n x^n = \sum_{n=0}^{\infty}(a_n \pm b_n)x^n,$$

其中 $R = \min\{R_1, R_2\}$.

性质 5.7（乘法运算） 设幂级数 $\sum_{n=0}^{\infty}a_n x^n$ 及 $\sum_{n=0}^{\infty}b_n x^n$ 的收敛区间分别为 $(-R_1, R_1)$ 与 $(-R_2, R_2)$，则当 $|x| < R$ 时，

$$\left(\sum_{n=0}^{\infty}a_n x^n\right) \cdot \left(\sum_{n=0}^{\infty}b_n x^n\right) = \sum_{n=0}^{\infty}c_n x^n,$$

其中 $R=\min\{R_1,R_2\}$,$c_n=a_0b_n+a_1b_{n-1}+\cdots+a_nb_0$.

性质 5.8(连续性) 幂级数 $\sum_{n=0}^{\infty}a_nx^n$ 的和函数 $s(x)$ 在收敛域 D 上连续.

性质 5.9(可导性) 幂级数 $\sum_{n=0}^{\infty}a_nx^n$ 的和函数 $s(x)$ 在收敛区间 $(-R,R)$ 内可导,且有逐项可导公式:

$$s'(x)=\left(\sum_{n=0}^{\infty}a_nx^n\right)'=\sum_{n=0}^{\infty}(a_nx^n)'=\sum_{n=1}^{\infty}n\cdot a_nx^{n-1},x\in(-R,R)$$

性质 5.10(可积性) 幂级数 $\sum_{n=0}^{\infty}a_nx^n$ 的和函数 $s(x)$ 在收敛区间 $(-R,R)$ 内可积,且有逐项可积公式:

$$\int_0^x s(x)\mathrm{d}x=\int_0^x\left(\sum_{n=0}^{\infty}a_nx^n\right)\mathrm{d}x=\sum_{n=0}^{\infty}\int_0^x a_nx^n\mathrm{d}x=\sum_{n=0}^{\infty}\frac{a_n}{n+1}x^{n+1},x\in(-R,R)$$

注意:① 通俗地说,幂级数通过逐项求导与逐项积分后所得到的新的幂级数在原收敛区间内依然收敛;但是在收敛区间的端点处的敛散性会发生改变,因而要重新判定. ② 上述性质常用于求幂级数的和函数及数项级数的和值,更会用到一个基本的结果:

$$1+x+x^2+\cdots+x^{n-1}+\cdots=\frac{1}{1-x}\quad(-1<x<1)$$

【例 5.18】 求幂级数 $\sum_{n=1}^{\infty}(-1)^{n-1}\frac{x^n}{n}$ 的和函数及数项级数 $\sum_{n=1}^{\infty}(-1)^{n-1}\frac{1}{n}$ 的和.

解 由例 5.17(1)的结果知,幂级数 $\sum_{n=1}^{\infty}(-1)^{n-1}\frac{x^n}{n}$ 的收敛域为 $(-1,1]$,设其和函数为 $s(x)$,则

$$s(x)=x-\frac{x^2}{2}+\frac{x^3}{3}-\frac{x^4}{4}+\cdots+(-1)^{n-1}\frac{x^n}{n}+\cdots,x\in(-1,1)$$

由逐项可导性,得

$$s'(x)=1-x+x^2-\cdots+(-1)^{n-1}x^{n-1}+\cdots$$
$$=\frac{1}{1-(-x)}=\frac{1}{1+x}.$$

两边积分,即得幂级数的和函数为

$$s(x)=\int_0^x\frac{1}{1+x}\mathrm{d}x=\ln(1+x),$$

再令和函数中的 $x=1$,可得到数项级数 $\sum_{n=1}^{\infty}(-1)^{n-1}\frac{1}{n}$ 的和为 $\ln 2$.

【例 5.19】 求幂级数 $\sum_{n=0}^{\infty}nx^n$ 的和函数及数项级数 $\sum_{n=0}^{\infty}n\left(\frac{1}{2}\right)^n$ 的和值.

解 易知幂级数的收敛半径为 $R=1$,故设

$$s(x)=x+2x^2+3x^3+\cdots+nx^n+\cdots\quad(-1<x<1)$$

由幂级数的可导性,得

$$s(x)=x\cdot(1+2x+3\cdot x^2+\cdots+nx^{n-1}+\cdots)$$
$$=x\cdot(x+x^2+x^3+\cdots+x^n+\cdots)'$$

$$= x \cdot \left(\frac{x}{1-x}\right)' = x \cdot \frac{1}{(1-x)^2}.$$

故当 $-1 < x < 1$ 时，有 $\sum_{n=0}^{\infty} nx^n = \frac{x}{(1-x)^2}.$

令 $x = \frac{1}{2}$，得

$$\sum_{n=0}^{\infty} n\left(\frac{1}{2}\right)^n = \frac{\frac{1}{2}}{\left(1-\frac{1}{2}\right)^2} = 2.$$

微课

四、函数展开成幂级数

前面我们讨论了幂级数的收敛域及简单的幂级数在收敛域上的和函数（利用幂级数的运算性质和分析运算性质求得），虽然幂级数的运算性质的利用价值很大，但对较复杂的幂级数在收敛域上的和函数的求法有较大的局限性. 我们在本节中通过函数的幂级数的展开式，即先解决函数在区间上展开成幂级数，则反之即成为该幂级数的和函数，可以较好地解决和函数问题.

1. 泰勒（Taylor）级数

在微分学中介绍的泰勒中值定理指出，如果 $f(x)$ 在包含 $x = x_0$ 的区间 (a, b) 上有 $n+1$ 阶的导数，则当 $x \in (a, b)$ 时，$f(x)$ 可展开为关于 $(x-x_0)$ 的一个 n 次的多项式与一个拉格朗日余项的和，即

$$f(x) = s_{n+1}(x) + R_n(x),$$

其中 $s_{n+1}(x) = \sum_{k=0}^{n} \frac{f^{(k)}(x_0)}{k!}(x-x_0)^k, R_n(x) = \frac{f^{(n+1)}(\xi)}{(n+1)!}(x-x_0)^{n+1}, \xi$ 在 x 与 x_0 之间.

定义 5.7　如果 $f(x)$ 在包含 $x = x_0$ 的区间 (a, b) 上具有任意阶的导数，称下列幂级数

$$\sum_{k=0}^{\infty} \frac{f^{(k)}(x_0)}{k!}(x-x_0)^k = f(x_0) + \frac{f'(x_0)}{1!}(x-x_0) + \frac{f''(x_0)}{2!}(x-x_0)^2 + \cdots +$$

$$\frac{f^{(n)}(x_0)}{n!}(x-x_0)^n + \cdots \tag{5.14}$$

为函数 $f(x)$ 在 $x = x_0$ 处的**泰勒（Taylor）级数**.

称幂级数

$$\sum_{k=0}^{\infty} \frac{f^{(k)}(0)}{k!}x^k = f(0) + \frac{f'(0)}{1!}x + \frac{f''(0)}{2!}x^2 + \cdots + \frac{f^{(n)}(0)}{n!}x^n + \cdots \tag{5.15}$$

为函数 $f(x)$ 的**麦克劳林（Maclaurin）级数**.

对这个泰勒级数或麦克劳林级数，我们还不知其是否收敛？在什么条件下收敛？如收敛，则在其收敛域内收敛于哪一个函数？是否唯一？等等，下面我们一一解决这些问题.

设泰勒级数的前 $n+1$ 项部分和为 $s_{n+1}(x)$，即

$$s_{n+1}(x) = \sum_{k=0}^{n} \frac{f^{(k)}(x_0)}{k!}(x-x_0)^k,$$

其中 $0! = 1, f^{(0)}(x_0) = f(x_0)$. 比较泰勒级数与泰勒中值定理可知如下结果：

定理 5.9 设幂级数 $\sum_{k=0}^{\infty} \frac{f^{(k)}(x_0)}{k!}(x-x_0)^k$ 的收敛半径为 R，且 $f(x)$ 在 $(-R,R)$ 上具有任意阶的导数，则泰勒级数(5.14)收敛于 $f(x)$ 的充分必要条件为在 $(-R,R)$ 内

$$R_n(x) = \frac{f^{(n+1)}(\xi)}{(n+1)!}(x-x_0)^{n+1} \to 0, (n \to \infty)$$

即

$$\lim_{n \to \infty} R_n(x) = 0 \Leftrightarrow \lim_{n \to \infty} s_{n+1}(x) = f(x).$$

定理证明从略.

因此，当 $\lim_{n \to \infty} R_n(x) = 0$ 时，函数 $f(x)$ 的泰勒级数 $\sum_{k=0}^{\infty} \frac{f^{(k)}(x_0)}{k!}(x-x_0)^k$ 就是 $f(x)$ 的另一种精确的表达式，即

$$f(x) = f(x_0) + \frac{f'(x_0)}{1!}(x-x_0) + \frac{f''(x_0)}{2!}(x-x_0)^2 + \cdots + \frac{f^{(n)}(x_0)}{n!}(x-x_0)^n + \cdots$$

我们称其为**函数 $f(x)$ 在 $x=x_0$ 处可展开成泰勒级数**.

特别地，当 $x_0 = 0$ 时，则

$$f(x) = f(0) + \frac{f'(0)}{1!}x + \frac{f''(0)}{2!}x^2 + \cdots + \frac{f^{(n)}(0)}{n!}x^n + \cdots$$

称为**函数 $f(x)$ 可展开成麦克劳林级数**.

显然，将函数 $f(x)$ 在 $x=x_0$ 处展开成泰勒级数，可通过变量替换 $t=x-x_0$，化归为函数 $f(x)=f(t+x_0)=F(t)$ 在 $t=0$ 处的麦克劳林展开. 因此，我们将着重讨论函数的麦克劳林展开.

定理 5.10 函数 $f(x)$ 的麦克劳林展开式是唯一的.

定理证明从略.

2. 函数展开成幂级数的方法

(1) 直接展开法

从以上的讨论可知，将函数展开成麦克劳林级数可按以下步骤进行：

① 计算出 $f^{(n)}(0), n=1,2,3,\cdots$；若函数的某阶导数不存在，则不能展开.

② 写出对应的麦克劳林级数

$$f(0) + \frac{f'(0)}{1!}x + \frac{f''(0)}{2!}x^2 + \cdots + \frac{f^{(n)}(0)}{n!}x^n + \cdots$$

并求得其收敛区间 $(-R, R)$.

③ 验证当 $x \in (-R, R)$ 时，对应函数的拉格朗日余项

$$R_n(x) = \frac{f^{(n+1)}(\theta \cdot x)}{(n+1)!}x^{n+1} \quad (0 < \theta < 1)$$

在 $n \to \infty$ 时，是否趋向于零. 若 $\lim_{n \to \infty} R_n(x) = 0$，则②写得的级数就是该函数的麦克劳林展开式；若 $\lim_{n \to \infty} R_n(x) \neq 0$，则该函数无法展开成麦克劳林级数.

下面我们先讨论基本初等函数的麦克劳林级数.

【例 5.20】 将函数 $f(x) = e^x$ 展开成麦克劳林级数.

解 因 $f^{(n)}(x) = e^x$，得 $f^{(n)}(0) = 1, n=1,2,3,\cdots$，则对应 e^x 的麦克劳林级数为

$$1+\frac{x}{1!}+\frac{x^2}{2!}+\cdots+\frac{x^n}{n!}+\cdots$$

又因

$$\rho=\lim_{n\to\infty}\left|\frac{a_{n+1}}{a_n}\right|=\lim_{n\to\infty}\left|\frac{\frac{1}{(n+1)!}}{\frac{1}{n!}}\right|=\lim_{n\to\infty}\frac{1}{n+1}=0,$$

故收敛半径 $R=+\infty$,收敛区间为 $(-\infty,+\infty)$.

对于任意 $x\in(-\infty,+\infty)$,可以证明 e^x 的麦克劳林级数的余项 $R_n(x)$ 满足:

$$\lim_{n\to\infty}R_n(x)=0,$$

故

$$e^x=1+\frac{x}{1!}+\frac{x^2}{2!}+\cdots+\frac{x^n}{n!}+\cdots \quad (-\infty<x<+\infty) \tag{5.16}$$

【例 5.21】 将函数 $f(x)=\sin x$ 在 $x=0$ 处展开成幂级数.

解 因 $f^{(n)}(x)=\sin(x+n\cdot\frac{\pi}{2}),n=0,1,2,\cdots$,则

$$f^{(n)}(0)=\sin\left(n\cdot\frac{\pi}{2}\right)=\begin{cases}0, & n=0,2,4,\cdots \\ (-1)^{\frac{n-1}{2}}, & n=1,3,5,\cdots\end{cases}$$

于是得对应于 $\sin x$ 的幂级数为

$$\frac{x}{1!}-\frac{x^3}{3!}+\frac{x^5}{5!}-\cdots+(-1)^{n-1}\frac{x^{2n-1}}{(2n-1)!}+\cdots$$

利用比值审敛法易求出该幂级数的收敛半径为 $R=+\infty$.

又对任意的 $x\in(-\infty,+\infty)$,可以证明该幂级数的拉格朗日余项 $R_n(x)$ 满足:

$$\lim_{n\to\infty}R_n(x)=0.$$

最后,我们得到 $\sin x$ 在 $x=0$ 处展开式为

$$\sin x=\frac{x}{1!}-\frac{x^3}{3!}+\frac{x^5}{5!}-\cdots+(-1)^{n-1}\frac{x^{2n-1}}{(2n-1)!}+\cdots,x\in(-\infty,+\infty) \tag{5.17}$$

下面再讨论一个十分重要的**牛顿二项的幂级数展开式**.

【例 5.22】 将函数 $f(x)=(1+x)^\alpha$ 展开成 x 的幂级数,其中 α 为任意实数.

解 因为 $f'(x)=\alpha(1+x)^{\alpha-1}$,
$f''(x)=\alpha(\alpha-1)(1+x)^{\alpha-2}$,
$\vdots$
$f^{(n)}(x)=\alpha(\alpha-1)\cdots(\alpha-n+1)(1+x)^{\alpha-n}$,
$\vdots$

则

$f(0)=1,f'(0)=\alpha,f''(0)=\alpha(\alpha-1),\cdots,f^{(n)}(0)=\alpha(\alpha-1)\cdots(\alpha-n+1),\cdots$

于是得到对应于该函数的幂级数为

$$1+\frac{\alpha}{1!}x+\frac{\alpha(\alpha-1)}{2!}x^2+\cdots+\frac{\alpha(\alpha-1)\cdots(\alpha-n+1)}{n!}x^n+\cdots$$

因该级数的通项系数 $a_n=\frac{\alpha(\alpha-1)\cdots(\alpha-n+1)}{n!}$,则

$$\rho = \lim_{n\to\infty}\left|\frac{a_{n+1}}{a_n}\right| = \lim_{n\to\infty}\left|\frac{\alpha-n}{n+1}\right| = 1.$$

因此,对任意实数 α,幂级数的收敛半径为 $R=1$,即在 $(-1,1)$ 内收敛.

可以证明该级数的余项趋于零.

因此可得,$(1+x)^\alpha$ 的幂级数展开式为

$$(1+x)^\alpha = 1 + \frac{\alpha}{1!}x + \frac{\alpha(\alpha-1)}{2!}x^2 + \cdots + \frac{\alpha(\alpha-1)\cdots(\alpha-n+1)}{n!}x^n + \cdots \tag{5.18}$$

注意:① 在区间端点 $x=\pm 1$ 处的敛散性,要看实数 α 的取值而定;② 当 α 是正整数时,此展开式即是初等代数的二项式定理.

若引入**广义组合**记号 $\binom{\alpha}{n} = \frac{\alpha(\alpha-1)\cdots(\alpha-n+1)}{n!}$,则上述展开式可简记为

$$(1+x)^\alpha = 1 + \sum_{n=1}^{\infty} \binom{\alpha}{n} \cdot x^n$$

从以上三例我们看到,在求函数的幂级数的展开式时有两项工作不易做到:一是求函数的高阶导数 $f^{(n)}(0)$;二是讨论当 $n\to\infty$ 时麦克劳林展开式的余项是否趋向于零. 还有其他更佳的办法得到函数的幂级数展开式.

(2) 间接展开法

所谓间接展开法,是指利用一些已知的函数的幂级数的展开式以及应用幂级数的运算性质(主要指加减运算)或分析性质(指逐项求导和逐项求积)将所给函数展开成幂级数.

【**例 5.23**】 将函数 $f(x)=\cos x$ 展开成 x 的幂级数.

解 由例 5.21 知,$\sin x$ 展开成 x 的幂级数为

$$\sin x = \frac{x}{1!} - \frac{x^3}{3!} + \frac{x^5}{5!} - \cdots + (-1)^{n-1}\frac{x^{2n-1}}{(2n-1)!} + \cdots \quad x\in(-\infty,+\infty)$$

由幂级数的性质,两边关于 x 逐项求导,即得 $\cos x$ 展开成 x 的幂级数为

$$\cos x = 1 - \frac{x^2}{2!} + \frac{x^4}{4!} - \cdots + (-1)^{n-1}\frac{x^{2n-2}}{(2n-2)!} + \cdots \quad x\in(-\infty,+\infty) \tag{5.19}$$

【**例 5.24**】 将函数 $f(x)=\ln(1+x)$ 展开成 x 的幂级数.

解 因 $f'(x)=\frac{1}{1+x}$,而

$$\frac{1}{1+x} = \frac{1}{1-(-x)} = 1 - x + x^2 - x^3 + \cdots + (-1)^n x^n + \cdots \quad (-1<x<1)$$

利用幂级数的性质,对上式从 0 到 x 逐项积分得

$$\ln(1+x) = x - \frac{x^2}{2} + \frac{x^3}{3} - \cdots + (-1)^n \frac{x^{n+1}}{n+1} + \cdots$$

且当 $x=1$ 时,交错级数

$$1 - \frac{1}{2} + \frac{1}{3} - \cdots + (-1)^n \frac{1}{n+1} + \cdots$$

是收敛的. 所以可得 $\ln(1+x)$ 的关于 x 的幂级数的展开式为

$$\ln(1+x) = x - \frac{x^2}{2} + \frac{x^3}{3} - \cdots + (-1)^n \frac{x^{n+1}}{n+1} + \cdots \quad (-1<x\leq 1) \tag{5.20}$$

从上面两例我们看到间接展开法的优点:不仅避免了求高阶导数及讨论余项是否趋于

零的问题,而且还可获得幂级数的收敛半径.

3. 函数的幂级数展开式的应用

函数的幂级数展开式在近似计算(如根式计算、三角函数值的计算、对数的计算和积分的计算)中有着广泛的应用,下面举一例加以说明.

【例 5.25】 计算 $\ln 2$ 的近似值(精确到小数后第 4 位).

解 我们可利用展开式

$$\ln(1+x) = x - \frac{x^2}{2} + \frac{x^3}{3} - \frac{x^4}{4} + \cdots + (-1)^{n-1}\frac{x^n}{n} + \cdots \quad (-1 < x \leqslant 1)$$

令 $x=1$,即 $\ln 2 = 1 - \frac{1}{2} + \frac{1}{3} - \frac{1}{4} + \cdots + (-1)^{n-1}\frac{1}{n} + \cdots$;其误差为

$$|R_n| = |\ln 2 - S_n| = \left|(-1)^n \frac{1}{n+1} + (-1)^{n+1}\frac{1}{n+2} + \cdots\right| = \left|\frac{1}{n+1} - \frac{1}{n+2} + \cdots\right| < \frac{1}{n+1}$$

故要使精度达到 10^{-4},需要的项数 n 应满足 $\frac{1}{n+1} < 10^{-4}$,即 $n > 10^4 - 1 = 9\,999$,亦即 n 应要取到 $10\,000$ 项,这个计算量实在是太大了. 是否有计算 $\ln 2$ 更有效的方法呢?

将展开式

$$\ln(1+x) = x - \frac{x^2}{2} + \frac{x^3}{3} - \frac{x^4}{4} + \cdots + (-1)^{n-1}\frac{x^n}{n} + \cdots \quad (-1 < x \leqslant 1)$$

中的 x 换成 $(-x)$,得

$$\ln(1-x) = -x - \frac{x^2}{2} - \frac{x^3}{3} - \frac{x^4}{4} - \cdots - \frac{x^n}{n} - \cdots \quad (-1 \leqslant x < 1)$$

两式相减,得到如下不含有偶次幂的幂级数展开式:

$$\ln\frac{1+x}{1-x} = 2\left(\frac{x}{1} + \frac{x^3}{3} + \frac{x^5}{5} + \frac{x^7}{7}\cdots\right) \quad (-1 < x < 1)$$

在上式中令 $\frac{1+x}{1-x} = 2$,可解得 $x = \frac{1}{3}$;用 $x = \frac{1}{3}$ 代入上式得

$$\ln 2 = 2\left(\frac{1}{1}\cdot\frac{1}{3} + \frac{1}{3}\cdot\frac{1}{3^3} + \frac{1}{5}\cdot\frac{1}{3^5} + \frac{1}{7}\cdot\frac{1}{3^7} + \cdots\right)$$

其误差为

$$|R_{2n+1}| = |\ln 2 - S_{2n-1}| = 2\cdot\left|\frac{1}{2n+1}\cdot\frac{1}{3^{2n+1}} + \frac{1}{2n+3}\cdot\frac{1}{3^{2n+3}} + \cdots\right|$$

$$\leqslant 2\cdot\frac{1}{2n+1}\cdot\frac{1}{3^{2n+1}}\left|1 + \frac{1}{3^2} + \frac{1}{3^4} + \cdots\right| < \frac{1}{4(2n+1)\cdot 3^{2n-1}}$$

用试根的方法可确定当 $n=4$ 时满足误差 $|R_{2n+1}| < 10^{-4}$,此时的 $\ln 2 \approx 0.693\,14$. 显然这一计算方法大大提高了计算的速度,这种处理手段通常称作幂级数收敛的加速技术.

习题 5.3

1. 级数 $\frac{1}{x} + \frac{1}{2x^2} + \frac{1}{3x^3} + \cdots$ 是不是幂级数?是不是函数项级数?当 $x = -1$ 及 $x = \frac{1}{2}$ 时,该级数是否收敛?

2. 求下列幂级数的收敛半径和收敛域：

(1) $\sum_{n=1}^{+\infty} (n+1)x^n$；

(2) $\sum_{n=1}^{+\infty} \dfrac{x^n}{6^n}$；

(3) $\sum_{n=1}^{+\infty} \dfrac{x^n}{3^n \cdot n}$；

(4) $\sum_{n=1}^{+\infty} \dfrac{(-2)^n}{n^3} x^n$；

(5) $\sum_{n=1}^{+\infty} \dfrac{x^n}{n!}$；

(6) $\sum_{n=1}^{+\infty} n^n x^n$；

(7) $\sum_{n=1}^{+\infty} \dfrac{2n-1}{2^n} x^{2n-2}$；

(8) $\sum_{n=1}^{+\infty} \dfrac{(x-2)^{2n}}{n \cdot 4^n}$.

3. 求下列幂级数在其收敛域内的和函数：

(1) $\sum_{n=1}^{+\infty} \dfrac{x^n}{n}$，并求 $\sum_{n=1}^{+\infty} \dfrac{1}{n \cdot 2^n}$ 的和；

(2) $\sum_{n=1}^{+\infty} n \cdot x^{n-1}$，并求 $\sum_{n=1}^{+\infty} \dfrac{n}{3^{n-1}}$ 的和.

第四节　无穷级数实验

一、实验目的

(1) 会利用 MATLAB 判断级数的收敛性.

(2) 会利用 MATLAB 求级数的和.

(3) 会利用 MATLAB 对常数项级数与数项级数进行符号运算.

(4) 会利用 MATLAB 将函数展开成幂级数.

二、实验指导

(1) 在 MATLAB 中求和用 sum 函数来实现，若 A 是向量，则 sum(A) 返回向量 A 的各元素之和；若 A 是矩阵，则 sum(A) 将 A 的每一列视为向量，返回每列之和的一个行向量.

(2) 求级数的和利用函数 symsum(f,k,m,n)，其中 f 表示函数，k 为变量，m 表示下界，n 表示上界.

(3) 将函数展开成幂级数通过函数 taylor(f,x,x_0,'Order',a) 来实现(新版本)，其中 f 代表待展开的函数，x 代表待展开的变量，x_0 代表函数在 x_0 处展开，a 代表展开到 $a-1$ 阶，若 x_0 省略不写则默认为函数在 0 点处展开；若用老的 MATLAB 版本时，用新版本的命令会出现报错的情况，其老版本的泰勒展开命令为 taylor(f,x,x_0,a)，即把 x_0 和 a 中间的 'Order' 去掉.

【例 5.26】 求 $\sum_{n=1}^{100} \dfrac{1}{n}$ 的和.

解 在 MATLAB 中输入

```
>>n=1：100        %生成正整数 1,2,3,…,100 的一个数组
>>n1=1./n         %将数组中的每个元素取倒数，特别注意一定要点除
>>s=sum(n1)       %求 1+1/2+1/3+…+1/100 的和
s=
  5.1874
```

即 $\sum_{n=1}^{100} \frac{1}{n} = 5.1874.$

【例 5.27】 求 $\sum_{n=1}^{100} \frac{1}{n^2}$ 的和.

≫n=1:100   %生成正整数 1,2,3,…,100 的一个数组
≫n2=1./n.^2   %将数组中的每个元素先平方再取倒数,特别注意取平方与倒数都一定要是点除
≫s=sum(n2)   %进行整体求和
s=
    1.6350

即 $\sum_{n=1}^{100} \frac{1}{n} = 1.6350.$

【例 5.28】 求级数 $\sum_{n=1}^{\infty} \frac{1}{n}, \sum_{n=1}^{\infty} \frac{1}{n^2}.$

解
≫syms n
≫s1=symsum(1/n,1,inf)

按下"回车键",显示结果为:
s1=
    Inf   %表示计算结果为无穷

即级数 $\sum_{n=1}^{\infty} \frac{1}{n}$ 是发散的.

≫syms n
≫s2=symsum(1/n^2,1,inf)

按下"回车键",显示结果为:
s2=
    pi^2/6

即级数 $\sum_{n=1}^{\infty} \frac{1}{n^2}$ 是收敛的,它的和为 $\frac{\pi^2}{6}$.

【例 5.29】 判断级数 $\sum_{n=1}^{\infty} \frac{1}{2n-1}$ 的收敛性.

解 在 MATLAB 中输入
≫syms n
≫f1=1/(2*n-1)%构造函数 $f1 = \frac{1}{2n-1}$

≫f2=1/n   %构造函数 $f2 = \frac{1}{n}$

≫f=f1/f2   %计算两个函数的比值
≫limit(f,n,inf)

按下"回车键",显示结果为

ans＝

  1/2

$\lim\limits_{n \to \infty} \dfrac{\dfrac{1}{2n-1}}{\dfrac{1}{n}} = \dfrac{1}{2}$，又级数 $\sum\limits_{n=1}^{\infty} \dfrac{1}{n}$ 发散，所以级数 $\sum\limits_{n=1}^{\infty} \dfrac{1}{2n-1}$ 也发散．

【例 5.30】 判断级数 $\sum\limits_{n=1}^{\infty} \dfrac{1}{n(n+1)}$ 的收敛性．

解

≫syms n

≫$f1=1/(n*(n+1))$　　　　%构造函数 $f1 = \dfrac{1}{n(n+1)}$

≫$f2=1/n\hat{\ }2$　　　　%构造函数 $f2 = \dfrac{1}{n^2}$

≫$f=f1/f2$　　　　%计算两个函数的比值

≫limit(f,n,inf)

按下"回车键"，显示结果为

ans＝

  1

即 $\lim\limits_{n \to \infty} \dfrac{\dfrac{1}{n(n+1)}}{\dfrac{1}{n^2}} = 1$，又级数 $\sum\limits_{n=1}^{\infty} \dfrac{1}{n^2}$ 收敛，所以级数 $\sum\limits_{n=1}^{\infty} \dfrac{1}{n(n+1)}$ 也收敛．

【例 5.31】 判断级数 $\sum\limits_{n=1}^{\infty} \dfrac{n^2}{\left(2+\dfrac{1}{n}\right)^n}$ 的敛散性．

解

≫syms x

≫$f=(n\hat{\ }2/(2+1/n)\hat{\ }n)\hat{\ }(1/n)$

≫limit(f,n,inf)　　　　%求 $\sqrt[n]{u_n}$ 的极限

按下"回车键"，显示结果为

ans＝

  1/2

即 $\sum\limits_{n=1}^{\infty} \sqrt[n]{u_n} = \dfrac{1}{2}$，因此级数 $\sum\limits_{n=1}^{\infty} \dfrac{n^2}{\left(2+\dfrac{1}{n}\right)^n}$ 收敛．

【例 5.32】 将 $f(x) = \arctan x$ 展开成 x 的幂函数，分别展开到第五阶和第十阶．

解

≫syms x

≫$s1 = $taylor(atan($x$),$x$,0,'Order',6)（老版本的泰勒展开命令为 taylor(f,x,x_0,a)）

按下"回车键"，显示结果为

$s1 = $

$x\hat{\ }5/5-x\hat{\ }3/3+x$

即展开到第五阶展开式为

$$x-\frac{1}{3}x^3+\frac{1}{5}x^5$$

特殊地,若展开阶数为 5 阶,参数可以省略.
在 MATLAB 中输入：
≫syms x
≫$s1$=taylor(atan(x))
按下"回车键",显示结果为
$s1=$
   $x\hat{\ }5/5-x\hat{\ }3/3+x$

比较发现跟上述第一种方法结果相同. 将函数展开成 5 阶麦克劳林公式可以直接采用上述公式.

≫syms x
≫$s2$=taylor(atan(x),x,0,'Order',11)
按下"回车键",显示结果为：
$s2=$
   $x\hat{\ }9/9-x\hat{\ }7/7+x\hat{\ }5/5-x\hat{\ }3/3+x$

即展开到第十阶展开式为：

$$x-\frac{1}{3}x^3+\frac{1}{5}x^5-\frac{1}{7}x^7+\frac{1}{9}x^9.$$

【例 5.33】 将 $f(x)=\ln(1+x)$ 展开成 x 的幂函数,分别展开到第五阶和第八阶.

解 在 MATLAB 中输入：
≫syms x
≫f=log($x+1$)
≫$s1$=taylor($f,x,0,$'Order',6)（老版本的泰勒展开命令为 taylor(f,x,x_0,a)）
下"回车键",显示结果为
$s1=$
   $x\hat{\ }5/5-x\hat{\ }4/4+x\hat{\ }3/3-x\hat{\ }2/2+x$

即 $\ln(1+x)$ 的 5 阶展开式为：

$$x-\frac{x^2}{2}+\frac{x^3}{3}-\frac{x^4}{4}+\frac{x^5}{5}$$

≫syms x
≫f=log($x+1$)
≫$s1$=taylor($f,x,0,$'Order',9)
按下"回车键",显示结果为
$s1=$
   $-x\hat{\ }8/8+x\hat{\ }7/7-x\hat{\ }6/6+x\hat{\ }5/5-x\hat{\ }4/4+x\hat{\ }3/3-x\hat{\ }2/2+x$

即 $\ln(1+x)$ 的 8 阶展开式为：

$$x - \frac{x^2}{2} + \frac{x^3}{3} - \frac{x^4}{4} + \frac{x^5}{5} - \frac{x^6}{6} + \frac{x^7}{7} - \frac{x^8}{8}.$$

习题 5.4

1. 利用 MATLAB 计算下列级数的部分和，计算到 100 项：

(1) $\sum_{n=1}^{\infty} \frac{e^n}{3}$；   (2) $\sum_{n=1}^{\infty} \frac{1}{\sqrt{n}}$.

2. 判断下列级数的敛散性：

(1) $\sum_{n=1}^{\infty} \frac{n^n}{(n+1)!}$；   (2) $\sum_{n=1}^{\infty} \frac{n!}{20^n}$.

3. 利用 MATLAB 将函数 $f(x) = \arcsin x$ 展开成 x 的幂级数，分别展开到第五项和第十项.

4. 利用 MATLAB 将函数 $f(x) = x^2 e^x$ 在展开成 x 的幂级数，分别展开到五阶和九阶.

本章小结

本章介绍的无穷级数知识，级数敛散性概念与数列极限密切相关．对无穷级数而言，有限项加法的运算性质有的成立，有的不成立，因此不能将有限项加法的结论习惯性地用于无穷级数，应在使用前验证条件.

1. 数项级数敛散性判别

(1) 对一般的数项级数，可利用定义判别级数的敛散性，需讨论部分和数列 $\{s_n\}$ 的极限是否存在，关键是求出部分和数列 $\{s_n\}$ 的简化形式，一般化简 s_n 的方法有两种：

方法一：利用等比数列的求和公式 $s_n = a + aq + \cdots + aq^{n-1} = \frac{a(1-q^n)}{1-q}$ $(q \neq 1)$；

方法二：拆项相加，如 $\sum_{k=1}^{n} \frac{1}{k(k+1)} = \sum_{k=1}^{n} \left(\frac{1}{k} - \frac{1}{k+1}\right) = 1 - \frac{1}{n+1}$. 若 s_n 不易化简，则考虑用其他方法.

(2) 利用级数收敛的必要条件判别级数发散是一种常用的方法.

一般地，若 $\lim_{n \to \infty} u_n$ 容易求，且 $\lim_{n \to \infty} u_n \neq 0$，则可判定级数 $\sum_{n=1}^{\infty} u_n$ 发散；但若 $\lim_{n \to \infty} u_n = 0$，则级数 $\sum_{n=1}^{\infty} u_n$ 可能收敛，也可能发散，需用其他方法判别.

(3) 对正项级数，通常是先用比值法或根值法，当用比值法或根值法都失效时，再利用比较判别法，使用比较判别法时，关键是对级数的一般项进行放缩，几何级数与 P-级数通常被用作比较标准，当利用极限判别法时，可选用一般项的等价无穷小或同阶无穷小作为比较级数的一般项，并注意利用求函数极限的洛必达法则.

(4) 交错级数是另一类重要的数项级数，判别收敛性时应先判别其是否绝对收敛，若否再判别是否条件收敛.

(5) 对任意项级数判别敛散性，先将各项取绝对值，考察其绝对值级数的敛散性，即正项级数的敛散性,若绝对值级数发散,不能断言原级数也发散;若绝对值级数收敛,则原级数一定收敛.

幂级数是用途十分广泛的一类函数项级数,学习时关键是掌握常用函数的幂级数展开式与间接展开法;深入理解泰勒公式与泰勒级数的联系与区别,逐项求导与逐项积分后所得新级数与原级数收敛域的联系与区别;重点掌握幂级数在近似计算方面的应用.

2. 求幂级数收敛域的一般方法

(1) 对幂级数 $\sum_{n=0}^{\infty} a_n x^n$,如果 $\lim_{n\to\infty}\left|\dfrac{a_{n+1}}{a_n}\right|=\rho$ 或 $\lim_{n\to\infty}\sqrt[n]{|a_n|}=\rho$,则该幂级数的收敛半径为

$$R=\begin{cases}\dfrac{1}{\rho}, & \rho\neq 0,\\ +\infty, & \rho=0,\\ 0, & \rho=+\infty.\end{cases}$$

绝对收敛区间为 $x\in(-R,R)$,对区间端点 $x=\pm R$,则利用数项级数判别法另行讨论级数 $\sum_{n=0}^{\infty}a_n(\pm R)^n$ 的收敛性后确定收敛域.

(2) 幂级数 $\sum_{n=0}^{\infty}a_n(x-x_0)^n$ 的收敛域是以 x_0 为中心的对称区间,其收敛半径为 $R=\lim_{n\to\infty}\left|\dfrac{a_n}{a_{n+1}}\right|$ 或 $R=\dfrac{1}{\lim_{n\to\infty}\sqrt[n]{|a_n|}}(0\leqslant R<+\infty)$,绝对收敛区间为 $|x-x_0|<R$,在收敛区间端点 $x=x_0\pm R$,幂级数是否收敛,需用数项级数判别法判断.

3. 求幂级数展开式的方法和步骤

把已知函数展开为幂级数的方法有直接法与间接法两种:

(1) 直接展开法

展开步骤如下:

① 求出 $f(x)$ 的各阶导数 $f'(x),f''(x),\cdots,f^{(n)}(x),\cdots$;

② 计算 $f(x_0),f'(x_0),f''(x_0),\cdots,f^{(n)}(x_0),\cdots$;

③ 写出幂级数

$$f(x_0)+f'(x_0)(x-x_0)+\dfrac{f''(x_0)}{2!}(x-x_0)^2+\cdots+\dfrac{f^{(n)}(x_0)}{n!}(x-x_0)^n+\cdots,$$

并求收敛区间;

④ 写出 $R_n(x)=\dfrac{f^{(n+1)}(x_0+\theta(x-x_0))}{(n+1)!}(x-x_0)^{n+1}(0<\theta<1)$,并讨论 $\lim_{n\to\infty}R_n(x)$;

⑤ 若 $\lim_{n\to\infty}R_n(x)=0$,则 $f(x)=\sum_{n=0}^{\infty}\dfrac{f^{(n)}(x_0)}{n!}(x-x_0)^n$,并写出收敛区间.

(2) 间接展开法

利用几个常用函数的麦克劳林展开式,根据函数幂级数展开式的唯一性,通过适当的变量代换、四则运算、复合运算、微分及积分运算,将函数展成幂级数.

4. 求幂级数和函数的步骤

(1) 求收敛区间.

(2) 若原级数的通项 $a_n x^n$ 的系数 a_n 是若干项的代数和,则将原级数分解成若干个幂级数的代数和.

(3) 利用幂级数的四则运算性质和分析运算性质,借助于已知函数的幂级数展开式,求各幂级数的和函数.

(4) 在收敛区间内写出原幂级数的和函数.

5. 幂级数的主要应用

(1) 利用求幂级数和函数的方法求收敛的数项级数的和.

(2) 利用幂级数表示重要的特殊函数.

(3) 利用函数的幂级数展开式研究函数,求定积分的近似值,求微分方程的解等.

第六章 傅里叶级数与积分变换

随着函数、极限、微积分和级数理论的创立,法国数学家傅里叶(Jean-Baptiste Fourier)在 1822 年提出了傅里叶级数.所谓积分变换,就是通过积分运算,把一个函数变成另一个函数的变换,这是一种化繁为简、变难为易的重要数学运算工具.它们在许多科学技术领域尤其是在振动力学、电工学、无线电技术中都有着广泛的应用.以下先介绍傅里叶级数,然后再介绍最常用的两种积分变换:傅里叶(Fourier)变换和拉普拉斯(Laplace)变换.

第一节 傅里叶级数

学习目标

1. 了解傅里叶级数的概念,会将周期为 2π 的周期函数展开成傅里叶级数.
2. 知道傅里叶级数在工程技术中的应用.

自然界中周期现象的数学描述就是周期函数.例如单摆的摆动,弹簧的振动,交流电的电流与电压的变化等,都可用正弦函数 $y=A\sin(\omega t+\varphi)$ 或余弦函数 $y=A\cos(\omega t+\varphi)$ 表示.

但是在实际问题中,如电磁波、机械振动和热传导等复杂的周期现象,就不能仅用一个正弦函数或余弦函数来表示,需要很多,甚至无穷多个正弦函数和余弦函数的叠加来表示.

案例 6.1 设有一个由电阻 R、自感 L、电容 C 和电源 E 串联组成的电路,如图 6.1 所示,其中 R、L 及 C 为常数,电源电动势 $E=E(t)$.

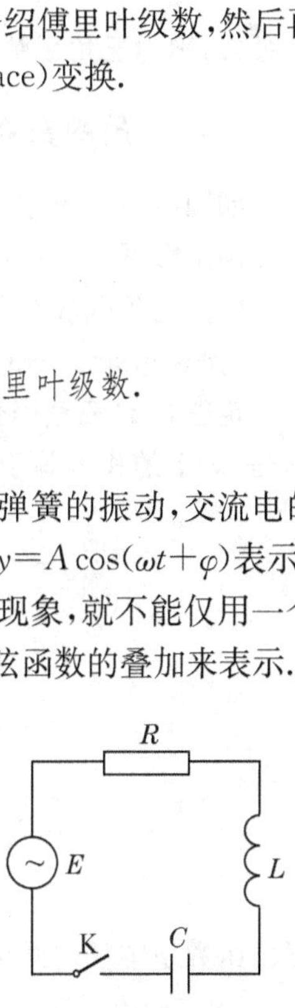

设电路中的电流为 $i(t)$,电容器两极板上的电压为 U_C,那么根据基尔霍夫(Kirchhoff)回路定律,就得到一个二阶常系数非齐次线性微分方程为

$$\frac{d^2 U_C}{dt^2}+2\beta\frac{dU_C}{dt}+\omega_0^2 U_C=f(t),$$

图 6.1

其中 $\beta=\dfrac{R}{2L}$,$\omega_0=\dfrac{1}{\sqrt{LC}}$,$f(t)=\dfrac{E(t)}{LC}$,这就是串联电路的振荡方程.如果电源电动势 $E(t)$ 呈现非正弦变化,即 $f(t)$ 不是正弦函数,那么求解该微分方程就变得十分复杂.

在电学中解决这类问题的方法,是将自由项 $f(t)$ 近似地表示成许多不同周期的正弦型函数的叠加,即

$$f(t)\approx\sum_{k=0}^{n}A_k\sin(k\omega t+\theta_k).$$

这样,串联电路的振荡方程的解 $U_C(t)$ 就化成了 $n+1$ 个自由项为正弦函数的方程解 $U_{C_k}(t)$ 的叠加,于是可求得原方程的解 $U_C(t)$ 的近似解.当 $n\to\infty$ 时,就得精确解

$$U_C(t)=\sum_{k=0}^{\infty}U_{C_k}(t).$$

这种方法称为**谐波分析法**. 它是将一个非正弦型的信号分解成一系列不同频率的正弦信号的叠加,即

$$f(t)=\sum_{n=0}^{\infty}A_n\sin(n\omega t+\theta_n)=A_0+\sum_{n=1}^{\infty}A_n\sin(n\omega t+\theta_n)\left(\theta_0=\frac{\pi}{2}\right),$$

记 $x=\omega t, a_0=2A_0, a_n=A_n\sin\theta_n, b_n=A_n\cos\theta_n (n=1,2,\cdots)$,则得到形如

$$\frac{1}{2}a_0+\sum_{n=1}^{\infty}(a_n\cos nx+b_n\sin nx) \tag{6.1}$$

的级数,称为**三角级数**,其中 $a_0, a_n, b_n (n=1,2,\cdots)$ 都是常数.

一、三角函数系的正交性

如同讨论幂级数一样,我们必须讨论三角级数(6.1)的收敛问题,以及如何把周期为 2π 的周期函数展开成三角级数(6.1). 为此,首先介绍三角函数系及它的正交性.

所谓三角函数系是指如下函数列:

$$1,\cos x,\sin x,\cos 2x,\sin 2x,\cdots,\cos nx,\sin nx,\cdots$$

定理 6.1(三角函数系的正交性) 三角函数系中任何两个不同的函数的乘积在区间 $[-\pi,\pi]$ 上的积分等于零,即

$$\int_{-\pi}^{\pi}\cos nx\,\mathrm{d}x=0 \quad (n=1,2,\cdots),$$

$$\int_{-\pi}^{\pi}\sin nx\,\mathrm{d}x=0 \quad (n=1,2,\cdots),$$

$$\int_{-\pi}^{\pi}\sin kx\cos nx\,\mathrm{d}x=0 \quad (k,n=1,2,\cdots),$$

$$\int_{-\pi}^{\pi}\sin kx\sin nx\,\mathrm{d}x=0 \quad (k,n=1,2,\cdots,k\neq n),$$

$$\int_{-\pi}^{\pi}\cos kx\cos nx\,\mathrm{d}x=0 \quad (k,n=1,2,\cdots,k\neq n).$$

三角函数系中任何两个相同的函数的乘积在区间 $[-\pi,\pi]$ 上的积分不等于零,即

$$\int_{-\pi}^{\pi}1^2\,\mathrm{d}x=2\pi,$$

$$\int_{-\pi}^{\pi}\cos^2 nx\,\mathrm{d}x=\pi(n=1,2,\cdots),$$

$$\int_{-\pi}^{\pi}\sin^2 nx\,\mathrm{d}x=\pi(n=1,2,\cdots).$$

定理证明从略.

二、函数展开成傅里叶级数

设 $f(x)$ 是周期为 2π 的周期函数,且能展开成三角级数:

$$f(x)=\frac{a_0}{2}+\sum_{k=1}^{\infty}(a_k\cos kx+b_k\sin kx). \tag{6.2}$$

假定三角级数可逐项积分,则

$$\int_{-\pi}^{\pi} f(x)\cos nx\,dx = \int_{-\pi}^{\pi} \frac{a_0}{2}\cos nx\,dx + \sum_{k=1}^{\infty}\left(a_k\int_{-\pi}^{\pi}\cos kx\cos nx\,dx + b_k\int_{-\pi}^{\pi}\sin kx\cos nx\,dx\right).$$

利用三角函数系的正交性,得 $\int_{-\pi}^{\pi} f(x)\,dx = \frac{a_0}{2}\cdot 2\pi = a_0\pi.$

同理得 $\int_{-\pi}^{\pi} f(x)\cos nx\,dx = a_n\pi,\quad \int_{-\pi}^{\pi} f(x)\sin nx\,dx = b_n\pi.$

从而得

$$\begin{cases} a_0 = \dfrac{1}{\pi}\int_{-\pi}^{\pi} f(x)\,dx, \\ a_n = \dfrac{1}{\pi}\int_{-\pi}^{\pi} f(x)\cos nx\,dx\,(n=1,2,\cdots), \\ b_n = \dfrac{1}{\pi}\int_{-\pi}^{\pi} f(x)\sin nx\,dx\,(n=1,2,\cdots). \end{cases} \tag{6.3}$$

当以上积分存在时,所确定的系数 $a_0, a_1, b_1, \cdots$ 叫作函数 $f(x)$ 的**傅里叶系数**. 将傅里叶系数代入(6.2)式右端,所得的三角级数

$$\frac{a_0}{2} + \sum_{n=1}^{\infty}(a_n\cos nx + b_n\sin nx)$$

称为函数 $f(x)$ 的**傅里叶级数**.

因此,一个定义在 $(-\infty, +\infty)$ 上周期为 2π 的函数 $f(x)$,如果它在一个周期上可积,则一定可以作出 $f(x)$ 的傅里叶级数. 然而,函数 $f(x)$ 的傅里叶级数是否一定收敛? 如果它收敛,它是否一定收敛于函数 $f(x)$? 一般来说,这两个问题的答案都不是肯定的.

定理 6.2(收敛定理,狄利克雷充分条件) 设 $f(x)$ 是周期为 2π 的周期函数,如果它满足:在一个周期内连续或只有有限个第一类间断点,在一个周期内至多只有有限个极值点,则 $f(x)$ 的傅里叶级数收敛,并且

(1) 当 x 是 $f(x)$ 的连续点时,级数收敛于 $f(x)$;

(2) 当 x 是 $f(x)$ 的间断点时,级数收敛于 $\frac{1}{2}[f(x-0)+f(x+0)]$.

定理证明从略.

【例 6.1】 设 $f(x)$ 是周期为 2π 的周期函数,它在 $[-\pi,\pi)$ 上的表达式为

$$f(x) = \begin{cases} -1, & -\pi \leqslant x < 0, \\ 1, & 0 \leqslant x < \pi. \end{cases}$$

将 $f(x)$ 展开成傅里叶级数.

解 所给函数满足收敛定理的条件,它在点 $x = k\pi\,(k=0,\pm 1,\pm 2,\cdots)$ 处不连续,在其他点处连续,从而由收敛定理知道 $f(x)$ 的傅里叶级数收敛. 傅里叶系数为

$$a_n = \frac{1}{\pi}\int_{-\pi}^{\pi} f(x)\cos nx\,dx = \frac{1}{\pi}\int_{-\pi}^{0}(-1)\cos nx\,dx + \frac{1}{\pi}\int_{0}^{\pi} 1\cdot\cos nx\,dx = 0$$
$$(n=0,1,2,\cdots);$$

$$b_n = \frac{1}{\pi}\int_{-\pi}^{\pi} f(x)\sin nx\,dx = \frac{1}{\pi}\int_{-\pi}^{0}(-1)\sin nx\,dx + \frac{1}{\pi}\int_{0}^{\pi} 1\cdot\sin nx\,dx$$
$$= \frac{1}{\pi}\left[\frac{\cos nx}{n}\right]_{-\pi}^{0} + \frac{1}{\pi}\left[-\frac{\cos nx}{n}\right]_{0}^{\pi} = \frac{1}{n\pi}(1-\cos n\pi - \cos n\pi + 1)$$

$$=\frac{2}{n\pi}[1-(-1)^n]=\begin{cases}\frac{4}{n\pi}, & n=1,3,5,\cdots \\ 0, & n=2,4,6,\cdots\end{cases}$$

于是 $f(x)$ 的傅里叶级数展开式为

$$f(x)=\frac{4}{\pi}\left[\sin x+\frac{1}{3}\sin 3x+\cdots+\frac{1}{2k-1}\sin(2k-1)x+\cdots\right]$$

$$(-\infty<x<+\infty; x\neq 0,\pm\pi,\pm 2\pi,\cdots).$$

当 $x=k\pi$ 时,级数收敛于 $\frac{1}{2}[f(x-0)+f(x+0)]=\frac{1}{2}(-1+1)=0.$

由函数的图形(图 6.2)与傅里叶级数和函数的图形(图 6.3)可知,它们在 $x=k\pi(k=0,\pm 1,\pm 2,\cdots)$ 各不相同.

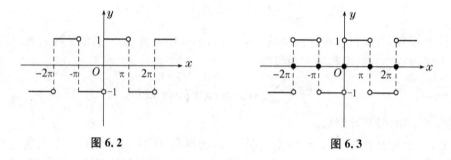

图 6.2   图 6.3

【例 6.2】 设 $f(x)$ 是周期为 2π 的周期函数,它在 $[-\pi,\pi)$ 上的表达式为

$$f(x)=\begin{cases}\pi, & -\pi\leqslant x<0, \\ x, & 0\leqslant x<\pi.\end{cases}$$

将 $f(x)$ 展开成傅里叶级数.

解 函数 $f(x)$ 的图形如图 6.4 所示,易知所给函数满足收敛定理的条件,它在点 $x=k\pi(k=0,\pm 1,\pm 2,\cdots)$ 处不连续,因此, $f(x)$ 的傅里叶级数在 $x=(2k+1)\pi$ 处收敛于 0,在 $x=(2k+1)\pi$ 处收敛于 $\frac{\pi}{2}$. 在连续点 $x(x\neq k\pi)$ 处级数收敛于 $f(x)$. 和函数的图形如图 6.5 所示.

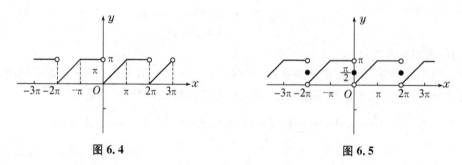

图 6.4   图 6.5

傅里叶系数计算如下:

$$a_0=\frac{1}{\pi}\int_{-\pi}^{\pi}f(x)\mathrm{d}x=\frac{1}{\pi}\int_{-\pi}^{0}(-\pi)\mathrm{d}x+\frac{1}{\pi}\int_{0}^{\pi}x\mathrm{d}x=-\frac{\pi}{2},$$

$$a_n = \frac{1}{\pi}\int_{-\pi}^{\pi} f(x)\cos nx\,dx = \frac{1}{\pi}\int_{-\pi}^{0}(-\pi)\cos nx\,dx + \frac{1}{\pi}\int_{0}^{\pi} x\cos nx\,dx$$

$$= -\frac{1}{n}[\sin nx]_{-\pi}^{0} + \frac{1}{\pi}\left[\frac{x\sin nx}{n} + \frac{\cos nx}{n^2}\right]_{0}^{\pi} = \frac{1}{n^2\pi}(\cos n\pi - 1)$$

$$= \begin{cases} -\dfrac{1}{n^2\pi}, & n=1,3,5,\cdots \\ 0, & n=2,4,6,\cdots \end{cases}$$

$$b_n = \frac{1}{\pi}\int_{-\pi}^{\pi} f(x)\sin nx\,dx = \frac{1}{\pi}\int_{-\pi}^{0}(-\pi)\sin nx\,dx + \frac{1}{\pi}\int_{0}^{\pi} x\sin nx\,dx$$

$$= \frac{1}{n}[\cos nx]_{-\pi}^{0} + \frac{1}{\pi}\left[-\frac{x\cos nx}{n} + \frac{\sin nx}{n^2}\right]_{0}^{\pi} = \frac{1}{n}[1 - 2(-1)^n]$$

$$= \begin{cases} \dfrac{3}{n}, & n=1,3,5,\cdots \\ -\dfrac{1}{n}, & n=2,4,6,\cdots \end{cases}$$

$f(x)$ 的傅里叶级数展开式为

$$f(x) = -\frac{\pi}{4} - \frac{2}{\pi}\left(\cos x + \frac{1}{3^2}\cos 3x + \frac{1}{5^2}\cos 5x + \cdots\right) + \left(3\sin x - \frac{1}{2}\sin 2x + \sin 3x - \frac{1}{4}\sin 4x + \cdots\right) \quad (-\infty < x < +\infty; x \neq 0, \pm\pi, \pm 2\pi, \cdots).$$

如果函数 $f(x)$ 只在 $[-\pi, \pi]$ 上有定义,并且满足收敛定理条件,那么我们可以在 $[-\pi, \pi)$ 或 $(-\pi, \pi]$ 外补充函数 $f(x)$ 的定义,使它拓广成周期为 2π 的周期函数 $F(x)$,在 $(-\pi, \pi)$ 内,$F(x) = f(x)$. 这种拓广函数的定义域的过程称为**周期延拓**.

【例 6.3】 将函数

$$f(x) = \begin{cases} -x, & -\pi \leqslant x < 0, \\ x, & 0 \leqslant x \leqslant \pi \end{cases}$$

展开成傅里叶级数.

解 所给函数在区间 $[-\pi, \pi]$ 上满足收敛定理的条件,并且拓广为周期函数时,它在每一点 x 处都连续(图 6.6),因此拓广的周期函数的傅里叶级数在 $[-\pi, \pi]$ 上收敛于 $f(x)$.

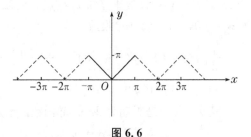

图 6.6

傅里叶系数为

$$a_0 = \frac{1}{\pi}\int_{-\pi}^{\pi} f(x)\,dx = \frac{1}{\pi}\int_{-\pi}^{0}(-x)\,dx + \frac{1}{\pi}\int_{0}^{\pi} x\,dx = \pi,$$

$$a_n = \frac{1}{\pi}\int_{-\pi}^{\pi} f(x)\cos nx\,dx = \frac{1}{\pi}\int_{-\pi}^{0}(-x)\cos nx\,dx + \frac{1}{\pi}\int_{0}^{\pi} x\cos nx\,dx$$

$$= \frac{2}{n^2\pi}(\cos n\pi - 1) = \begin{cases} -\dfrac{4}{n^2\pi}, & n=1,3,5,\cdots \\ 0, & n=2,4,6,\cdots \end{cases}$$

$$b_n = \frac{1}{\pi}\int_{-\pi}^{\pi} f(x)\sin nx\,dx = \frac{1}{\pi}\int_{-\pi}^{0}(-x)\sin nx\,dx + \frac{1}{\pi}\int_{0}^{\pi} x\sin nx\,dx = 0$$

$$(n=1,2,\cdots)$$

于是 $f(x)$ 的傅里叶级数展开式为

$$f(x)=\frac{\pi}{2}-\frac{4}{\pi}\left(\cos x+\frac{1}{3^2}\cos 3x+\frac{1}{5^2}\cos 5x+\cdots\right)\quad(-\pi\leqslant x\leqslant\pi).$$

三、正弦级数和余弦级数

当 $f(x)$ 为奇函数时，$f(x)\cos nx$ 是奇函数，$f(x)\sin nx$ 是偶函数，故傅里叶系数为

$$a_n=0(n=0,1,2,\cdots),\ b_n=\frac{2}{\pi}\int_0^\pi f(x)\sin nx\mathrm{d}x(n=1,2,3,\cdots).$$

因此奇函数的傅里叶级数是只含有正弦项的**正弦级数** $\sum_{n=1}^\infty b_n\sin nx$.

当 $f(x)$ 为偶函数时，$f(x)\cos nx$ 是偶函数，$f(x)\sin nx$ 是奇函数，故傅里叶系数为

$$a_n=\frac{2}{\pi}\int_0^\pi f(x)\cos nx\mathrm{d}x(n=0,1,2,3,\cdots),\ b_n=0(n=1,2,\cdots).$$

因此偶函数的傅里叶级数是只含有余弦项的**余弦级数** $\frac{a_0}{2}+\sum_{n=1}^\infty a_n\cos nx$.

【例 6.4】 设 $f(x)$ 是周期为 2π 的周期函数，它在 $[-\pi,\pi)$ 上的表达式为 $f(x)=x$，将 $f(x)$ 展开成傅里叶级数.

解 首先，所给函数满足收敛定理的条件，它在点 $x=(2k+1)\pi(k=0,\pm 1,\pm 2,\cdots)$ 不连续，因此 $f(x)$ 的傅里叶级数在函数的连续点 $x\neq(2k+1)\pi$ 收敛于 $f(x)$，在点 $x=(2k+1)\pi(k=0,\pm 1,\pm 2,\cdots)$ 收敛于

$$\frac{1}{2}[f(\pi-0)+f(-\pi-0)]=\frac{1}{2}[\pi+(-\pi)]=0.$$

和函数的图形如图 6.7 所示.

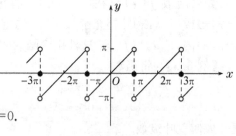

图 6.7

其次，$f(x)$ 是周期为 2π 的奇函数. 于是

$$a_n=0\ (n=0,1,2,\cdots)$$

$$b_n=\frac{2}{\pi}\int_0^\pi f(x)\sin nx\mathrm{d}x=\frac{2}{\pi}\int_0^\pi x\sin nx\mathrm{d}x=\frac{2}{\pi}\left[-\frac{x\cos nx}{n}+\frac{\sin nx}{n^2}\right]_0^\pi$$

$$=-\frac{2}{n}\cos n\pi=\frac{2}{n}(-1)^{n+1}\quad(n=1,2,3,\cdots)$$

$f(x)$ 的傅里叶级数展开式为

$$f(x)=2\left[\sin x-\frac{1}{2}\sin 2x+\frac{1}{3}\sin 3x-\cdots+(-1)^{n+1}\frac{1}{n}\sin nx+\cdots\right]$$

$$(-\infty<x<+\infty;x\neq\pm\pi,\pm 3\pi,\cdots)$$

【例 6.5】 将周期函数 $u(t)=\left|\sin\frac{1}{2}t\right|$ 展开成傅里叶级数.

解 如图 6.8 所示，所给函数满足收敛定理的条件，它在整个数轴上连续，因此 $u(t)$ 的

傅里叶级数处处收敛于 $u(t)$.

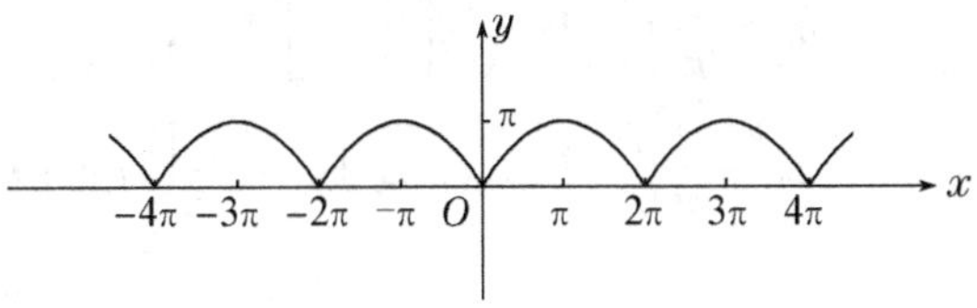

因为 $u(t)$ 是周期为 2π 的偶函数, 所以 $b_n=0 (n=1,2,\cdots)$, 而

$$\begin{aligned}
a_n &= \frac{2}{\pi}\int_0^\pi u(t)\cos nt\,\mathrm{d}t \\
&= \frac{2}{\pi}\int_0^\pi \sin\frac{t}{2}\cos nt\,\mathrm{d}t \\
&= \frac{1}{\pi}\int_0^\pi \left[\sin\left(n+\frac{1}{2}\right)t - \sin\left(n-\frac{1}{2}\right)t\right]\mathrm{d}t \\
&= \frac{1}{\pi}\left[-\frac{\cos\left(n+\frac{1}{2}\right)t}{n+\frac{1}{2}} + \frac{\cos\left(n-\frac{1}{2}\right)t}{n-\frac{1}{2}}\right]_0^\pi \\
&= -\frac{4}{(4n^2-1)\pi} \quad (n=0,1,2,\cdots)
\end{aligned}$$

图 6.8

所以 $u(t)$ 的傅里叶级数展开式为

$$u(t) = \frac{4}{\pi}\left(\frac{1}{2} - \sum_{n=1}^\infty \frac{1}{4n^2-1}\cos nt\right) \quad (-\infty < t < +\infty).$$

设函数 $f(x)$ 定义在区间 $[0,\pi]$ 上并且满足收敛定理的条件, 我们在开区间 $(-\pi,0)$ 内补充函数 $f(x)$ 的定义, 得到定义在 $(-\pi,\pi]$ 上的函数 $F(x)$, 使它在 $(-\pi,\pi)$ 上成为奇函数 (偶函数). 按这种方式拓广函数定义域的过程称为**奇延拓** (**偶延拓**). 限制在 $(0,\pi]$ 上, 有 $F(x)=f(x)$.

【例 6.6】 将函数 $f(x)=x (0\leqslant x\leqslant \pi)$ 分别展开成正弦级数和余弦级数.

解 先求正弦级数. 为此对函数 $f(x)$ 进行奇延拓 (图 6.9).

$$\begin{aligned}
b_n &= \frac{2}{\pi}\int_0^\pi f(x)\sin nx\,\mathrm{d}x = \frac{2}{\pi}\int_0^\pi x\sin nx\,\mathrm{d}x = \frac{2}{\pi}\left[-\frac{x\cos nx}{n} + \frac{\sin nx}{n^2}\right]_0^\pi \\
&= (-1)^{n+1}\frac{2}{n} \quad (n=1,2,3,\cdots)
\end{aligned}$$

函数的正弦级数展开式为

$$x = 2\sum_{n=1}^\infty \frac{(-1)^{n+1}}{n}\sin nx \quad (0\leqslant x < \pi).$$

在端点 $x=\pi$ 处, 级数的和显然为零, 它不代表原来函数 $f(x)$ 的值.

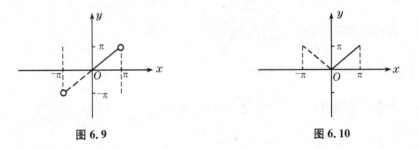

图 6.9　　　　　　　　图 6.10

再求余弦级数. 为此对 $f(x)$ 进行偶延拓 (图 6.10).

$$a_0 = \frac{2}{\pi}\int_0^\pi x\,dx = \frac{2}{\pi}\left[\frac{x^2}{2}\right]_0^\pi = \pi,$$

$$a_n = \frac{2}{\pi}\int_0^\pi f(x)\cos nx\,dx = \frac{2}{\pi}\int_0^\pi x\cos nx\,dx = \frac{2}{\pi}\left[\frac{x\sin nx}{n}+\frac{\cos nx}{n^2}\right]_0^\pi$$

$$= \frac{2}{n^2\pi}(\cos n\pi - 1) = \begin{cases} 0, & n=2,4,6,\cdots \\ -\dfrac{4}{n^2\pi}, & n=1,3,5,\cdots \end{cases}$$

函数的余弦级数展开式为

$$x = \frac{\pi}{2} - \frac{4}{\pi}\left(\cos x + \frac{1}{3^2}\cos 3x + \frac{1}{5^2}\cos 5x + \cdots\right) \quad (0 \leqslant x \leqslant \pi).$$

四、周期为 $2l$ 的周期函数的傅里叶级数

以上所讨论的周期函数都是以 2π 为周期的. 但是实际问题中所遇到的周期函数,它的周期不一定是 2π. 怎样把周期为 $2l$ 的周期函数 $f(x)$ 展开成三角级数呢？

案例 6.2 设脉冲信号函数 $f(x)$ 是周期为 4 的周期函数,它在 $[-2,2)$ 上的表达式为

$$f(x) = \begin{cases} 0, & -2 \leqslant x < 0, \\ k, & 0 \leqslant x < 2. \end{cases} \quad (\text{常数 } k \neq 0)$$

如何将 $f(x)$ 展开成傅里叶级数？

设 $f(x)$ 是周期为 $2l$ 的周期函数,且在 $[-l, l]$ 上满足收敛定理条件. 作变换：$x = \dfrac{l}{\pi}t$ 及 $f(x) = f\left(\dfrac{l}{\pi}t\right) = F(t)$,则 $F(t)$ 是以 2π 为周期的函数,且满足收敛定理的条件. 于是 $F(t)$ 可展开成傅里叶级数：

$$F(t) = \frac{a_0}{2} + \sum_{n=1}^\infty (a_n \cos nt + b_n \sin nt),$$

其中 $a_n = \dfrac{1}{\pi}\int_{-\pi}^{\pi} F(t)\cos nt\,dt\,(n=0,1,2,\cdots),\ b_n = \dfrac{1}{\pi}\int_{-\pi}^{\pi} F(t)\sin nt\,dt\,(n=1,2,\cdots).$

代回原变量 $t = \dfrac{\pi}{l}x$,可得周期为 $2l$ 的周期函数 $f(x)$ 的傅里叶级数展开式为

$$f(x) = \frac{a_0}{2} + \sum_{n=1}^\infty \left(a_n \cos\frac{n\pi x}{l} + b_n \sin\frac{n\pi x}{l}\right),$$

其中 $a_n = \dfrac{1}{l}\int_{-l}^{l} f(x)\cos\dfrac{n\pi x}{l}\,dx\,(n=0,1,2,\cdots),\ b_n = \dfrac{1}{l}\int_{-l}^{l} f(x)\sin\dfrac{n\pi x}{l}\,dx\,(n=1,2,\cdots).$

当 $f(x)$ 为奇函数时,$f(x) = \sum_{n=1}^\infty b_n \sin\dfrac{n\pi x}{l}$,

其中 $b_n = \dfrac{2}{l}\int_0^l f(x)\sin\dfrac{n\pi x}{l}\,dx\,(n=1,2,\cdots).$

当 $f(x)$ 为偶函数时,$f(x) = \dfrac{a_0}{2} + \sum_{n=1}^\infty a_n \cos\dfrac{n\pi x}{l}$,

其中 $a_n = \dfrac{2}{l}\int_0^l f(x)\cos\dfrac{n\pi x}{l}\,dx\,(n=0,1,2,\cdots).$

【例 6.7】 将案例 6.2 中的脉冲信号函数 $f(x)$ 展开成傅里叶级数.

解 这里 $l=2$,则

$$a_0 = \frac{1}{2}\int_{-2}^{0} 0\,dx + \frac{1}{2}\int_{0}^{2} k\,dx = k,$$

$$a_n = \frac{1}{2}\int_{0}^{2} k\cos\frac{n\pi x}{2}\,dx = \left[\frac{k}{n\pi}\sin\frac{n\pi x}{2}\right]_{0}^{2} = 0 \ (n=1,2,\cdots),$$

$$b_n = \frac{1}{2}\int_{0}^{2} k\sin\frac{n\pi x}{2}\,dx = \left[-\frac{k}{n\pi}\cos\frac{n\pi x}{2}\right]_{0}^{2} = \frac{k}{n\pi}(1-\cos n\pi)$$

$$=\begin{cases} \dfrac{2k}{n\pi}, & n=1,3,5,\cdots \\ 0, & n=2,4,6,\cdots \end{cases}$$

于是

$$f(x) = \frac{k}{2} + \frac{2k}{\pi}\left(\sin\frac{\pi x}{2} + \frac{1}{3}\sin\frac{3\pi x}{2} + \frac{1}{5}\sin\frac{5\pi x}{2} + \cdots\right)$$

$$(-\infty < x < +\infty; x \neq 0, \pm 2, \pm 4, \cdots)$$

在 $x=0,\pm 2,\pm 4,\cdots$ 时,级数收敛于 $\dfrac{k}{2}$.

函数 $f(x)$ 的傅里叶级数的和函数的图形如图 6.11 所示.

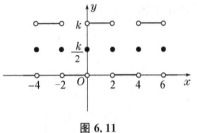

图 6.11

五、傅里叶级数在频谱分析中的应用

傅里叶级数有非常明确的物理含义,若 $x=\omega t$,由(6.2)式变形可得

$$f(t) = \frac{a_0}{2} + \sum_{k=1}^{\infty}(a_k\cos k\omega t + b_k\sin k\omega t) = A_0 + \sum_{k=1}^{\infty}A_k\sin(k\omega t + \theta_k) \quad (6.4)$$

各参量之间的关系有

$$A_0 = \frac{a_0}{2}, \ A_k = \sqrt{a_k^2 + b_k^2}, \ a_k = A_k\sin\theta_k, \ b_k = A_k\cos\theta_k.$$

其中,A_0 称为 $f(t)$ 的**直流分量**;$A_1(\sin\omega t + \theta_1)$ 称为**一次谐波(基波)**;$A_2(\sin 2\omega t + \theta_2)$,$A_3(\sin 3\omega t + \theta_3)$,$\cdots$,依次称为**二次谐波**,**三次谐波**,等等.ω 称为**基波角频率(基频)**;$k\omega$ 称为 **k 次谐波角频率**;A_k 称为 **k 次谐波振幅**;θ_k 称为 **k 次谐波的初位相**.

如果以 $f(t)$ 代表信号,则(6.4)式说明,一个周期为 T 的信号可以分解为简谐波之和. 这些谐波的(角)频率分别为一个基频 ω 的倍数. 换句话说,信号 $f(t)$ 并不含有各种频率成分,而仅由一系列具有离散频率的谐波所构成,其中 A_k 反映了频率为 $k\omega$ 的谐波在 $f(t)$ 中所占的份额,它取决于信号 $f(t)$ 的图形;θ_k 则反映了频率为 $k\omega$ 的谐波沿时间轴移动的大小,这两个指标完全刻画了信号 $f(t)$ 的性态.

在实际进行信号分析时,不可能去计算无限多次谐波,而只能取有限项来近似地表示信号 $f(t)$,显然,所取的谐波次数越高其误差就越小.

在电工学中,傅里叶级数主要用于周期信号的频谱分析. 频谱分为幅度频谱和相位频谱. **频谱图**指的是振幅 A_k 和频率 $k\omega$ 的关系图,因频谱图像不连续,所以也称**离散频谱**. **相频图**指的是相位 θ_k 和频率 $k\omega$ 的关系图,频谱图和相谱图在工程技术中有着广泛的应用.

【例 6.8】 设矩形波 $u(t)$ 在一个周期 $[-\pi, \pi)$ 上的表达式为

$$u(t)=\begin{cases}-1, & -\pi\leqslant t<0,\\ 1, & 0\leqslant t<\pi.\end{cases}$$

求作矩形波 $u(t)$ 的频谱图.

解 由例 6.1 知,$a_n=0(n=0,1,2,\cdots)$;$b_n=\dfrac{2}{n\pi}[1-(-1)^n]=\begin{cases}\dfrac{4}{n\pi},n=1,3,5,\cdots\\ 0,n=2,4,6,\cdots\end{cases}$

所以

$$A_0=\frac{a_0}{2}=0,\ A_n=\sqrt{a_n^2+b_n^2}=b_n=\frac{2}{n\pi}[1-(-1)^n]=\begin{cases}\dfrac{4}{n\pi},n=1,3,5,\cdots\\ 0,n=2,4,6,\cdots\end{cases}$$

频谱图如图 6.12 所示.

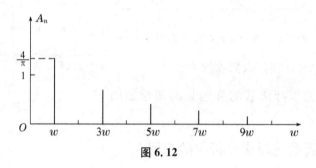

图 6.12

习题 6.1

1. 将下列周期为 2π 的周期函数 $f(x)$ 展开成傅里叶级数,其中 $f(x)$ 在 $[-\pi,\pi)$ 上的表达式为

(1) $f(x)=3x^2+1$; (2) $f(x)=\dfrac{\pi-x}{2}$;

(3) $f(x)=|x|$; (4) $f(x)=\begin{cases}0, & -\pi\leqslant x<0,\\ e^x, & 0\leqslant x<\pi.\end{cases}$

2. 将函数 $f(x)=x+\pi$ 在 $[-\pi,\pi]$ 上展开成傅里叶级数,并作出级数和函数的图形.

3. 将函数 $f(x)=\begin{cases}1, & 0\leqslant x<h,\\ 0, & h<x\leqslant\pi\end{cases}$ (其中常数 $h>0$)分别展开成正弦级数和余弦级数.

4. 设 $f(x)$ 是周期为 6 的周期函数,它在 $[-3,3)$ 上的表达式为

$$f(x)=\begin{cases}2x+1, & -3\leqslant x<0,\\ 1, & 0\leqslant x<3,\end{cases}$$

将 $f(x)$ 展开成傅里叶级数.

5. 周期为 4 的矩形波 $u(t)$ 在 $[-2,2)$ 上的表达式为

$$u(t)=\begin{cases}0, & -2\leqslant t<0,\\ 1, & 0\leqslant t<2,\end{cases}$$

将 $u(t)$ 展开成傅里叶级数,并作出 $u(t)$ 的频谱图.

第二节 傅里叶变换的概念与性质

学习目标

1. 理解傅里叶变换的概念、性质.
2. 了解非周期信号的谐波分解的基本思想.

一、傅里叶变换的概念

在傅里叶级数中,我们知道一个周期信号函数可以展开为傅里叶级数,它主要用于周期信号的频谱分析.但在电子技术中遇到的信号函数还有非周期信号,例如:

案例 6.3 矩形脉冲信号函数 $f(t)=\begin{cases}A, & 0\leqslant t\leqslant\tau, \\ 0, & \text{其他}\end{cases}$(图 6.13).

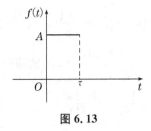

图 6.13

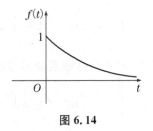

图 6.14

案例 6.4 单边指数衰减信号函数 $f(t)=\begin{cases}0, & t<0, \\ e^{-\beta t}, & t\geqslant 0\end{cases}$ $(\beta>0)$(图 6.14).

对于非周期信号函数,则不能用傅里叶级数来表示.从物理意义上讲,傅里叶级数说明了周期为 T 的函数 $f_T(t)$ 可以由一系列以 $\omega=\dfrac{2\pi}{T}$ 为间隔的离散频率所形成的简谐波合成(求和),因此其频谱以 ω 为间隔离散取值.当 T 越来越大时,取值间隔 ω 越来越小.当 T 趋于无穷大时,周期函数变成了非周期函数,其频谱将在 ω 上连续取值,即一个非周期函数将包含所有的频率成分.这样离散函数的求和(傅里叶级数)就变成了连续函数的积分(傅里叶积分).

定理 6.3(傅氏积分存在定理) 若 $f(t)$ 在任何有限区间上满足狄里克雷条件,且在 $(-\infty,+\infty)$ 上绝对可积(即积分 $\int_{-\infty}^{+\infty}|f(t)|\mathrm{d}t<+\infty$),则有

$$f(t)=\frac{1}{2\pi}\int_{-\infty}^{+\infty}\left[\int_{-\infty}^{+\infty}f(\tau)\mathrm{e}^{-i\omega\tau}\mathrm{d}\tau\right]\mathrm{e}^{i\omega t}\mathrm{d}\omega \qquad (6.5)$$

成立.在 $f(t)$ 的间断点处,(6.5)式左端应为 $\dfrac{1}{2}[f(t+0)+f(t-0)]$.

定理证明从略.

称(6.5)式为非周期函数的**傅里叶积分**.在(6.5)式中,设

$$F(\omega) = \int_{-\infty}^{+\infty} f(t) e^{-i\omega t} dt, \tag{6.6}$$

则有
$$f(t) = \frac{1}{2\pi} \int_{-\infty}^{+\infty} F(w) e^{i\omega t} d\omega. \tag{6.7}$$

注意:这两个式子定义了一个变换对,即对于任一已知函数 $f(t)$,通过指定的积分运算,可以得到一个与之对应的函数 $F(\omega)$,而由 $F(\omega)$ 通过类似的积分运算,可以回复到 $f(t)$.

定义 6.1 称(6.6)式为**傅里叶变换**(简称**傅氏变换**),其中函数 $F(\omega)$ 称为 $f(t)$ 的**象函数**,记为 $F(\omega) = \mathscr{F}[f(t)]$;称(6.7)式为**傅里叶逆变换**(简称**傅氏逆变换**),其中函数 $f(t)$ 称为 $F(\omega)$ 的**象原函数**,记为 $f(t) = \mathscr{F}^{-1}[F(\omega)]$.

为了方便起见,本章略去了傅里叶变换存在性的证明,一律假定所讨论的傅氏变换是存在的.

【例 6.9】 求矩形脉冲信号函数 $f(t) = \begin{cases} A, & 0 \leqslant t \leqslant \tau \\ 0, & \text{其他} \end{cases}$ 的傅氏变换.

解 $F(\omega) = \int_{-\infty}^{+\infty} f(t) e^{-i\omega t} dt = \int_0^\tau A e^{-i\omega t} dt = \frac{-A}{i\omega} e^{-i\omega t} \Big|_0^\tau = -\frac{iA}{\omega}(1 - e^{-i\omega\tau})$.

【例 6.10】 求单边指数衰减信号函数 $f(t) = \begin{cases} 0, & t < 0 \\ e^{-\beta t}, & t \geqslant 0 \end{cases}$ $(\beta > 0)$ 的傅氏变换.

解 $F(\omega) = \int_{-\infty}^{+\infty} f(t) e^{-i\omega t} dt = \int_0^{+\infty} e^{-(\beta + i\omega)t} dt = \frac{1}{\beta + i\omega} = \frac{\beta - i\omega}{\beta^2 + \omega^2}$.

【例 6.11】 求函数 $f(t) = \begin{cases} 1, & |t| \leqslant 1 \\ 0, & |t| > 1 \end{cases}$ 的傅氏变换.

解 $F(\omega) = \int_{-\infty}^{+\infty} f(t) e^{-i\omega t} dt = \int_{-1}^1 e^{-i\omega t} dt = \int_{-1}^1 (\cos\omega t - i\sin\omega t) dt = \frac{2\sin\omega}{\omega}$.

【例 6.12】 求函数 $F(\omega) = \begin{cases} 1, & |w| \leqslant \alpha \\ 0, & |w| > \alpha \end{cases}$ $(\alpha > 0)$ 的傅氏逆变换.

解 $f(t) = \mathscr{F}^{-1}[F(\omega)] = \frac{1}{2\pi} \int_{-\infty}^{+\infty} F(\omega) e^{i\omega t} d\omega = \frac{1}{2\pi} \int_{-\alpha}^{\alpha} e^{i\omega t} d\omega = \frac{1}{2i\pi t}(e^{i\alpha t} - e^{-i\alpha t})$,

由欧拉公式可得 $\sin\alpha t = \frac{1}{2i}(e^{i\alpha t} - e^{-i\alpha t})$,于是 $F(\omega)$ 的傅氏逆变换又可写为

$$f(t) = \frac{\sin\alpha t}{\pi t}.$$

二、单位阶跃函数与单位脉冲函数

1. 单位阶跃函数

在工程技术中,经常会遇到一些实际对象需要瞬间完成从一个状态到另一个状态的转换,例如电压源在某时刻接入单位电压.这类物理过程在数学上通常用单位阶跃函数表示.

定义 6.2 函数 $u(t) = \begin{cases} 1, & t \geqslant 0 \\ 0, & t < 0 \end{cases}$ 称为**单位阶跃函数**,又叫作**开关函数、接通函数**,其

中 $t=0$ 称为 $u(t)$ 的**跳变点**,幅值 1 称为 $u(t)$ 的**跳变量**,其波形图如图 6.15 所示.

定义 6.3 函数 $u(t-t_0)=\begin{cases}1, & t\geqslant t_0,\\ 0, & t<t_0\end{cases}$,称为**单位延迟阶跃函数**,跳变点为 $t=t_0$,其波形图如图 6.16 所示.

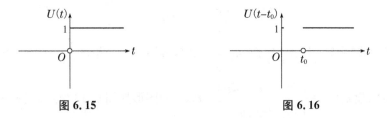

图 6.15　　　　　　　图 6.16

单位阶跃函数具有如下性质：
(1) 从跳变点这一时刻瞬间完成状态转变；
(2) 具有切除性,即任一函数 $g(t)$ 与 $u(t)$ 相乘时,可使函数在跳变点之前的幅度变为 0. 例如,$g(t)=\dfrac{4}{\pi}\left(\sin t+\dfrac{1}{3}\sin 3t\right)$ 与 $u(t)$ 相乘,其图形如图 6.17 所示.

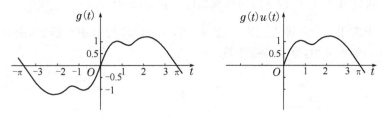

图 6.17

(3) 可以把许多分段定义的函数写成一个数学等式的形式. 例如

$$f(t)=\begin{cases}3, & 0\leqslant t<2,\\ -1, & 2\leqslant t<4,\\ 0, & t\geqslant 4\end{cases}$$

可以写成 $f(t)=3u(t)-4u(t-2)+u(t-4)$.

2. 单位脉冲函数(δ 函数)

在许多物理现象中,除了有连续分布的物理量外,还常会有集中到一点的量(点源),或者具有脉冲性质的物理量. 例如,瞬间作用的冲击力、电脉冲等,这些量作用的持续时间 τ 都很短,但值 $f(t)$ 却很大,致使冲击强度 $\int_0^\tau f(t)\mathrm{d}t=1$,从而与 τ 不是同一个数量级.

例如,一个质量为 m 的物体以速度 v_0 撞击一固定的钢板时,若在时间 $[0,\tau]$(τ 是一个很小的正数)内,物体的速度由 v_0 变为 0,则由物理学动量定律知,钢板所受的冲击力为 $F=\dfrac{mv_0}{\tau}$,且作用时间越短(即 τ 的值越小),冲击力越大,于是钢板所受的冲击力 F_τ 与时间 t 的函数关系为

$$F_\tau(t)=\begin{cases} \dfrac{mv_0}{\tau}, & 0\leqslant t\leqslant\tau,\\ 0, & \text{其他}. \end{cases}$$

当 $\tau\to 0$ 时,钢板所受的冲击力为

$$F(t)=\lim_{\tau\to 0}F_\tau(t)=\begin{cases} \infty, & t=0,\\ 0, & t\neq 0. \end{cases}$$

显然,这样的"函数"不是通常意义下的函数,必须加一个条件 $\int_{-\infty}^{+\infty}F(x)\mathrm{d}t=mv_0$.

定义 6.4 设 $\delta_\tau(t)=\begin{cases} \dfrac{1}{\tau}, & 0\leqslant t\leqslant\tau,\\ 0, & \text{其他}. \end{cases}$ $\delta_\tau(t)$ 的图形如图 6.18 所示. 当 $\tau\to 0$ 时, $\delta_\tau(t)$ 的极限 $\delta(t)=\lim\limits_{\tau\to 0}\delta_\tau(t)$ 称为**狄拉克(Dirac)函数**,简称为 **δ 函数**.

在工程技术中,δ 函数也称为**单位脉冲函数**,即

$$\delta(t)=\lim_{\tau\to 0}\delta_\tau(t)=\begin{cases} \infty, & t=0,\\ 0, & t\neq 0. \end{cases}$$

因为 $\int_{-\infty}^{+\infty}\delta_\tau(t)\mathrm{d}t=\int_0^\tau\dfrac{1}{\tau}\mathrm{d}t=1$,所以规定 $\int_{-\infty}^{+\infty}\delta(t)\mathrm{d}t=1$.

工程技术上常用一个从原点出发长度为 1 的有限线段表示 $\delta(t)$ 函数(图 6.19),这个线段长度表示 $\delta(t)$ 的积分值,称为**冲激强度**.

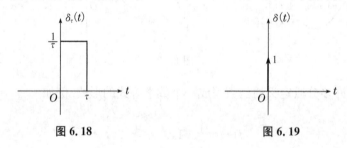

图 6.18　　　　　　图 6.19

若脉冲发生在时刻 $t=t_0$,则定义

$$\delta(t-t_0)=\lim_{\tau\to 0}\delta_\tau(t-t_0),$$

其中 $\delta_\tau(t-t_0)=\begin{cases} \dfrac{1}{\tau}, & t_0\leqslant t\leqslant t_0+\tau,\\ 0, & \text{其他}. \end{cases}$

δ 函数有如下性质(证明从略):

性质 6.1 设 $f(t)$ 是定义在实数域 **R** 上的有界函数,且在 $t=0$ 处连续,则

$$\int_{-\infty}^{+\infty}\delta(t)f(t)\mathrm{d}t=f(0). \tag{6.8}$$

注意:一般地,若 $f(t)$ 在 $t=t_0$ 点连续,则

$$\int_{-\infty}^{+\infty}\delta(t-t_0)f(t)\mathrm{d}t=f(t_0). \tag{6.9}$$

此性质表明,尽管 δ 函数本身没有普通意义下的函数值,但它与任何一个连续函数的乘

积在$(-\infty,+\infty)$上的积分都有确定的值. 因此有时也用(6.8)式来定义 δ 函数, 即如果某一函数与任何一个连续函数 $f(t)$ 的乘积在$(-\infty,+\infty)$上的积分值为 $f(0)$, 那么这个函数就称为 δ 函数.

性质 6.2 设 $f(t)$ 为连续可微函数, 则
$$\int_{-\infty}^{+\infty}\delta'(t)f(t)\mathrm{d}t=-f'(0). \tag{6.10}$$

这里, 称 $\delta'(t)$ 为 $\delta(t)$ 的导数.

一般地, 设 $f(t)$ 为无穷次可微函数, 则 $\int_{-\infty}^{+\infty}\delta^{(n)}(t)f(t)\mathrm{d}t=(-1)^{n}f^{(n)}(0)$.

性质 6.3 δ 函数是偶函数, 即 $\delta(-t)=\delta(t)$.

性质 6.4 $\int_{-\infty}^{t}\delta(\tau)\mathrm{d}\tau=u(t)=\begin{cases}1, & t>0,\\ 0, & t<0.\end{cases}$ 即 $\dfrac{\mathrm{d}u(t)}{\mathrm{d}t}=\delta(t)$.

以上性质以后会经常用到, 这样对于点源和脉冲量就能够像处理连续分布的量那样, 以统一方式加以研究, 因此 δ 函数在工程技术中有较广泛的应用.

【例 6.13】 求 δ 函数的傅氏变换.

解
$$F(\omega)=\mathscr{F}[\delta(t)]=\int_{-\infty}^{+\infty}\delta(t)\mathrm{e}^{-i\omega t}\mathrm{d}t=\mathrm{e}^{-i\omega t}\Big|_{t=0}=1. \tag{6.11}$$

由逆变换公式, 有
$$\delta(t)=\mathscr{F}^{-1}[1]=\frac{1}{2\pi}\int_{-\infty}^{+\infty}\mathrm{e}^{i\omega t}\mathrm{d}\omega. \tag{6.12}$$

同理可得: $\mathscr{F}[\delta(t-t_0)]=\int_{-\infty}^{+\infty}\delta(t-t_0)\mathrm{e}^{-i\omega t}\mathrm{d}t=\mathrm{e}^{-i\omega t_0}$, $\delta(t-t_0)=\dfrac{1}{2\pi}\int_{-\infty}^{+\infty}\mathrm{e}^{-i\omega(t-t_0)}\mathrm{d}\omega$.

【例 6.14】 证明: 单位阶跃函数 $u(t)$ 的傅氏变换为 $\dfrac{1}{i\omega}+\pi\delta(\omega)$.

证明 设 $F(\omega)=\dfrac{1}{i\omega}+\pi\delta(\omega)$, $f(t)=\mathscr{F}^{-1}[F(\omega)]$, 则

$$f(t)=\frac{1}{2\pi}\int_{-\infty}^{+\infty}\left[\frac{1}{i\omega}+\pi\delta(\omega)\right]\mathrm{e}^{i\omega t}\mathrm{d}\omega=\frac{1}{2}\int_{-\infty}^{+\infty}\delta(\omega)\mathrm{e}^{i\omega t}\mathrm{d}\omega+\frac{1}{2\pi}\int_{-\infty}^{+\infty}\frac{1}{i\omega}\mathrm{e}^{i\omega t}\mathrm{d}\omega$$

$$=\frac{1}{2}\mathrm{e}^{i\omega t}\Big|_{\omega=0}+\frac{1}{2\pi}\int_{-\infty}^{+\infty}\frac{\cos\omega t+i\sin\omega t}{i\omega}\mathrm{d}\omega=\frac{1}{2}+\frac{1}{\pi}\int_{0}^{+\infty}\frac{\sin\omega t}{\omega}\mathrm{d}\omega,$$

而 $\int_{0}^{+\infty}\dfrac{\sin x}{x}\mathrm{d}x=\dfrac{\pi}{2}$, 故有 $f(t)=u(t)=\begin{cases}1, & t>0,\\ 0, & t<0.\end{cases}$ 因此单位阶跃函数 $u(t)$ 的傅氏变换为 $F(\omega)=\dfrac{1}{i\omega}+\pi\delta(\omega)$.

【例 6.15】 证明: $f(t)=1$ 的傅氏变换为 $F(\omega)=2\pi\delta(\omega)$.

证明 $f(t)=\dfrac{1}{2\pi}\int_{-\infty}^{+\infty}2\pi\delta(\omega)\mathrm{e}^{i\omega t}\mathrm{d}\omega=\mathrm{e}^{i\omega t}\Big|_{\omega=0}=1$, 故 $f(t)=1$ 的傅氏变换为
$$F(\omega)=2\pi\delta(\omega).$$

同理可证: $f(t)=\mathrm{e}^{i\omega_0 t}$ 的傅氏变换为 $F(\omega)=2\pi\delta(\omega-\omega_0)$.

【例 6.16】 求正弦函数 $f(t)=\sin\omega_0 t$ 的傅氏变换.

解 $F(\omega)=\int_{-\infty}^{+\infty}\sin\omega_0 t\cdot\mathrm{e}^{-i\omega t}\mathrm{d}t=\int_{-\infty}^{+\infty}\dfrac{1}{2i}(\mathrm{e}^{i\omega_0 t}-\mathrm{e}^{-i\omega_0 t})\mathrm{e}^{-i\omega t}\mathrm{d}t$

$$= \frac{1}{2i} \int_{-\infty}^{+\infty} \left[e^{-i(\omega-\omega_0)t} - e^{-i(\omega+\omega_0)t} \right] dt = \frac{1}{2i} \left[2\pi\delta(\omega-\omega_0) - 2\pi\delta(\omega+\omega_0) \right]$$
$$= i\pi \left[\delta(\omega+\omega_0) - \delta(\omega-\omega_0) \right].$$

三、傅里叶变换的性质

1. 线性性质

设 $F_1(\omega) = \mathscr{F}[f_1(t)]$，$F_2(\omega) = \mathscr{F}[f_2(t)]$，$\alpha,\beta$ 为常数，则
$$\mathscr{F}[\alpha f_1(t) + \beta f_2(t)] = \alpha F_1(\omega) + \beta F_2(\omega);$$
$$\mathscr{F}^{-1}[\alpha F_1(\omega) + \beta F_2(\omega)] = \alpha f_1(t) + \beta f_2(t).$$

【例 6.17】 求下列函数的傅氏变换：

(1) $f(t) = 1 + 3\sin 2t$； (2) $f(t) = \begin{cases} 0, & t<0, \\ 5e^{-3t} - 3e^{-t}, & t \geqslant 0. \end{cases}$

解 (1) 利用线性性质以及例 6.15 和例 6.16 的结论，可得
$$\mathscr{F}[1 + 3\sin 2t] = \mathscr{F}[1] + 3\mathscr{F}[\sin 2t] = 2\pi\delta(\omega) + 3i\pi[\delta(\omega+2) - \delta(\omega-2)].$$

(2) 记 $f_1(t) = \begin{cases} 0, & t<0, \\ e^{-3t}, & t \geqslant 0, \end{cases}$ $f_2(t) = \begin{cases} 0, & t<0, \\ e^{-t}, & t \geqslant 0. \end{cases}$

则由例 6.10 可得，$\mathscr{F}[f_1(t)] = \dfrac{1}{3+i\omega}$，$\mathscr{F}[f_2(t)] = \dfrac{1}{1+i\omega}$，所以由线性性质得

$$\mathscr{F}[f(t)] = 5\mathscr{F}[f_1(t)] - 3\mathscr{F}[f_2(t)] = \frac{5}{3+i\omega} - \frac{3}{1+i\omega} = \frac{-4 + 2i\omega}{3 - \omega^2 + 4i\omega}.$$

2. 位移性质

设 $F(\omega) = \mathscr{F}[f(t)]$，$t_0, \omega_0$ 为实常数，则
$$\mathscr{F}[f(t \pm t_0)] = F(\omega) e^{\pm i\omega t_0};$$
$$\mathscr{F}^{-1}[F(\omega \mp \omega_0)] = f(t) e^{\pm i\omega_0 t} \text{ 或 } \mathscr{F}[f(t) e^{\pm i\omega_0 t}] = F(\omega \mp \omega_0).$$

注意：此性质在无线电技术中分别称为**时移性**和**频移性**。它表明时间函数 $f(t)$ 沿 t 轴向左（或向右）移动 t_0 的傅氏变换等于 $f(t)$ 的傅氏变换乘以因子 $e^{i\omega t_0}$（或 $e^{-i\omega t_0}$）。同理，函数 $F(\omega)$ 沿 ω 轴向右（或向左）移动 ω_0 的傅氏逆变换等于 $f(t)$ 乘以因子 $e^{i\omega_0 t}$（或 $e^{-i\omega_0 t}$）。

【例 6.18】 设 $F(\omega) = \mathscr{F}[f(t)]$，$\omega_0$ 为实常数，求 $\mathscr{F}[f(t)\cos\omega_0 t]$ 和 $\mathscr{F}[f(t)\sin\omega_0 t]$。

解 由 $\cos\omega_0 t = \dfrac{1}{2}(e^{i\omega_0 t} + e^{-i\omega_0 t})$，$\sin\omega_0 t = \dfrac{1}{2i}(e^{i\omega_0 t} - e^{-i\omega_0 t})$，得

$$\mathscr{F}[f(t)\cos\omega_0 t] = \frac{1}{2}\mathscr{F}[f(t)(e^{i\omega_0 t} + e^{-i\omega_0 t})] = \frac{1}{2}[F(\omega+\omega_0) + F(\omega-\omega_0)];$$

$$\mathscr{F}[f(t)\sin\omega_0 t] = \frac{1}{2i}\mathscr{F}[f(t)(e^{i\omega_0 t} - e^{-i\omega_0 t})] = \frac{i}{2}[F(\omega+\omega_0) - F(\omega-\omega_0)].$$

【例 6.19】 求函数 $F(\omega) = \dfrac{1}{\beta + i(\omega+\omega_0)}$ 的傅氏逆变换，其中 $\beta>0$，ω_0 为实常数。

解 因为 $F(\omega - \omega_0) = \dfrac{1}{\beta+i\omega}$，所以由例 6.10 知：

$$\mathscr{F}^{-1}[F(\omega-\omega_0)]=\mathscr{F}^{-1}\left[\frac{1}{\beta+i\omega}\right]=\begin{cases}0, & t<0,\\ e^{-\beta t}, & t\geq 0.\end{cases}$$

再由频移性质可得 $\mathscr{F}^{-1}[F(\omega-\omega_0)]=e^{i\omega_0 t}f(t)=e^{i\omega_0 t}\mathscr{F}^{-1}[F(\omega)]=\begin{cases}0, & t<0,\\ e^{-\beta t}, & t\geq 0.\end{cases}$

所以
$$\mathscr{F}^{-1}[F(\omega)]=\begin{cases}0, & t<0,\\ e^{-(\beta+i\omega_0)t}, & t\geq 0.\end{cases}$$

3. 微分性质

设 $F(\omega)=\mathscr{F}[f(t)]$，且 $\lim\limits_{|t|\to+\infty}f(t)=0$，则 $\mathscr{F}[f'(t)]=i\omega F(\omega)$.

一般地，若 $\lim\limits_{|t|\to+\infty}f^{(k)}(t)=0 (k=0,1,2,\cdots,n-1)$，则 $\mathscr{F}[f^{(n)}(t)]=(i\omega)^n F(\omega)$.

象函数的微分性：设 $F(\omega)=\mathscr{F}[f(t)]$，则 $\dfrac{d}{d\omega}F(\omega)=-i\mathscr{F}[tf(t)]$.

一般地，有 $\dfrac{d^n}{d\omega^n}F(\omega)=(-i)^n\mathscr{F}[t^n f(t)]$.

【例 6.20】 证明 $\mathscr{F}[\delta'(t)]=i\omega$.

证明 因为 $\mathscr{F}[\delta(t)]=1$，所以利用微分性质得
$$\mathscr{F}[\delta'(t)]=i\omega\mathscr{F}[\delta(t)]=i\omega.$$

类似可得
$$\mathscr{F}[\delta''(t)]=(i\omega)^2\mathscr{F}[\delta(t)]=-\omega^2;$$
$$\mathscr{F}[\delta^{(n)}(t)]=(i\omega)^n\mathscr{F}[\delta(t)]=(i\omega)^n.$$

【例 6.21】 求函数 $f(t)=t^4$ 的傅氏变换.

解 设 $g(t)=1$，则 $\mathscr{F}[g(t)]=2\pi\delta(\omega)$，利用象函数的微分性质可得
$$\mathscr{F}[t^4]=\mathscr{F}[t^4 g(t)]=i^4\frac{d^4}{d\omega^4}\mathscr{F}[g(t)]=2\pi\delta^{(4)}(\omega).$$

4. 积分性质

设 $F(\omega)=\mathscr{F}[f(t)]$，且 $\lim\limits_{t\to+\infty}\int_{-\infty}^{t}f(\tau)d\tau=0$，则 $\mathscr{F}\left[\int_{-\infty}^{t}f(\tau)d\tau\right]=\dfrac{1}{i\omega}F(\omega)$.

5. 相似性质

设 $F(\omega)=\mathscr{F}[f(t)]$，$a$ 为非零常数，则 $\mathscr{F}[f(at)]=\dfrac{1}{|a|}F\left(\dfrac{\omega}{a}\right)$.

【例 6.22】 已知抽样信号 $f(t)=\dfrac{\sin 2t}{\pi t}$ 的傅氏变换为 $F(\omega)=\begin{cases}1, & |\omega|\leq 2,\\ 0, & |\omega|>2,\end{cases}$ 求信号 $g(t)=f\left(\dfrac{t}{2}\right)$ 的傅氏变换 $G(\omega)$.

解 由相似性质，得
$$G(\omega)=\mathscr{F}[g(t)]=\mathscr{F}\left[f\left(\frac{t}{2}\right)\right]=2F(2\omega)=\begin{cases}2, & |\omega|\leq 1,\\ 0, & |\omega|>1.\end{cases}$$

6. 对称性质

设 $\mathscr{F}[f(t)]=F(\omega)$,则 $\mathscr{F}[F(t)]=2\pi f(-\omega)$.

【例 6.23】 求函数 $F(t)=\dfrac{2\sin t}{t}$ 的傅氏变换.

解 由例 6.11 知,函数 $f(t)=\begin{cases}1,&|t|\leqslant 1,\\0,&|t|>1\end{cases}$ 的傅氏变换为 $F(\omega)=2\dfrac{\sin\omega}{\omega}$,所以利用对称性质可得

$$\mathscr{F}\left[\dfrac{2\sin t}{t}\right]=2\pi f(-\omega)=\begin{cases}2\pi,&|\omega|\leqslant 1,\\0,&|\omega|>1.\end{cases}$$

表 6.1 和表 6.2 列出了傅氏变换的六个性质和常用函数的傅氏变换. 在今后实际工作中,也可以利用查表的方法间接求一个函数的傅氏变换,还可以利用 MATLAB 数学软件包非常方便地求出某函数的傅氏变换和傅氏逆变换.

表 6.1 傅氏变换的性质

序号	设 $F(\omega)=\mathscr{F}[f(t)]$
1. 线性性质	$\mathscr{F}[\alpha f_1(t)+\beta f_2(t)]=\alpha F_1(\omega)+\beta F_2(\omega)$
2. 位移性质	$\mathscr{F}[f(t\pm t_0)]=F(\omega)\mathrm{e}^{\pm i\omega t_0}$, $\mathscr{F}[f(t)\mathrm{e}^{\pm i\omega_0 t}]=F(\omega\mp\omega_0)$
3. 微分性质	$\mathscr{F}[f'(t)]=i\omega F(\omega)$, $\mathscr{F}[f^{(n)}(t)]=(i\omega)^n F(\omega)$
4. 积分性质	$\mathscr{F}\left[\int_{-\infty}^{t}f(\tau)\mathrm{d}\tau\right]=\dfrac{1}{i\omega}F(\omega)$
5. 相似性质	$\mathscr{F}[f(at)]=\dfrac{1}{|a|}F\left(\dfrac{\omega}{a}\right)$
6. 对称性质	$\mathscr{F}[F(t)]=2\pi f(-\omega)$

表 6.2 常用函数的傅氏变换表

序号	函数 $f(t)$	傅氏变换 $F(\omega)$
1	矩形单脉冲 $f(t)=\begin{cases}E,&|t|\leqslant\dfrac{\tau}{2}\\0,&\text{其他}\end{cases}$	$2E\dfrac{\sin\dfrac{\omega\tau}{2}}{\omega}$
2	指数衰减函数 $f(t)=\begin{cases}0,&t<0\\\mathrm{e}^{-\beta t},&t\geqslant 0\end{cases}(\beta>0)$	$\dfrac{1}{\beta+i\omega}$
3	单位脉冲函数 $\delta(t)$	1
4	$\sin\omega_0 t$	$i\pi[\delta(\omega+\omega_0)-\delta(\omega-\omega_0)]$
5	$\cos\omega_0 t$	$\pi[\delta(\omega+\omega_0)+\delta(\omega-\omega_0)]$
6	单位阶跃函数 $u(t)$	$\dfrac{1}{i\omega}+\pi\delta(\omega)$

(续表)

序号	函数 $f(t)$	傅氏变换 $F(\omega)$
7	$u(t-c)$	$\dfrac{1}{i\omega}e^{-i\omega c}+\pi\delta(\omega)$
8	$t^n u(t)$	$\dfrac{n!}{(i\omega)^{n+1}}+i^n\pi\delta^{(n)}(\omega)$
9	$u(t)\sin\alpha t$	$\dfrac{\alpha}{\alpha^2-\omega^2}+\dfrac{\pi}{2i}[\delta(\omega-\alpha)-\delta(\omega+\alpha)]$
10	$u(t)\cos\alpha t$	$\dfrac{i\omega}{\alpha^2-\omega^2}+\dfrac{\pi}{2}[\delta(\omega-\alpha)+\delta(\omega+\alpha)]$
11	$e^{-\beta|t|}\ (\beta>0)$	$\dfrac{2\beta}{\omega^2+\beta^2}$
12	$\delta(t-c)$	$e^{-i\omega c}$
13	$\delta^{(n)}(t)$	$(i\omega)^n$
14	1	$2\pi\delta(\omega)$
15	t^n	$2\pi i^n\delta^{(n)}(\omega)$
16	$e^{i\alpha t}$	$2\pi\delta(\omega-\alpha)$
17	$\dfrac{1}{a^2+t^2},\ \mathrm{Re}(a)<0$	$-\dfrac{\pi}{a}e^{a|\omega|}$
18	$\mathrm{sgn}\,t$	$\dfrac{2}{i\omega}$
19	$|t|$	$-\dfrac{2}{\omega^2}$
20	$\dfrac{1}{|t|}$	$\dfrac{\sqrt{2\pi}}{|\omega|}$

习题 6.2

1. 用定义求下列函数的傅氏变换：

(1) $f(t)=\begin{cases} E, & |t|<2, \\ 0, & |t|\geqslant 2; \end{cases}$

(2) $f(t)=\begin{cases} -1, & -1<t<0, \\ 1, & 0<t<1, \\ 0, & \text{其他}; \end{cases}$

(3) $f(t)=e^{-\beta|t|}\ (\beta>0)$;

(4) $f(t)=\begin{cases} 1-t^2, & |t|\leqslant 1, \\ 0, & |t|\geqslant 1. \end{cases}$

2. 求下列函数的傅氏变换：

(1) $f(t)=\dfrac{1}{2}\left[\delta(t+a)+\delta\left(t+\dfrac{a}{2}\right)\right]$; (2) $f(t)=\sin t\cos t$;

(3) $f(t)=\mathrm{e}^{-2t}\sin 3t$; (4) $f(t)=t\cos t$;

(5) $f(t)=\sin^3 t$; (6) $f(t)=\sin\left(5t+\dfrac{\pi}{3}\right)$.

3. 已知 $\mathscr{F}[f(t)]=F(\omega)$，求下列函数的傅氏变换：

(1) $tf(2t)$; (2) $tf'(t)$;

(3) $f(2t-5)$; (4) $f(t-1)$.

4. 求下列函数的傅氏逆变换：

(1) $F(\omega)=\delta(\omega+2)-\delta(\omega-2)$; (2) $F(\omega)=\dfrac{i\omega}{2+i\omega}$;

(3) $F(\omega)=\dfrac{1}{i\omega}\mathrm{e}^{-i\omega}+\pi\delta(\omega)$; (4) $F(\omega)=\dfrac{1}{(\omega-3i)(-3\omega+4i)}$.

第三节　傅里叶变换的应用

学习目标

了解傅里叶变换在频谱分析和求解线性微分积分方程中的应用.

傅氏变换在数学领域和工程技术方面都有着广泛的应用.本节仅介绍傅氏变换在频谱分析和求解线性微分积分方程中的应用.

一、非周期函数的频谱

傅里叶变换 $F(\omega)=\mathscr{F}[f(t)]$ 将时域信号 $f(t)$ 变为频域信号 $F(\omega)$；反之，傅里叶逆变换 $f(t)=\mathscr{F}^{-1}[F(\omega)]$ 将频域信号 $F(\omega)$ 变为时域信号 $f(t)$.它构成了一个傅里叶变换对.与傅氏级数一样，傅氏变换也有明确的物理含义.对于非周期函数 $f(t)$，它包含了从零到无穷大的所有频率分量.而 $F(\omega)$ 是 $f(t)$ 中各频率分量的分布密度，因此称 $F(\omega)$ 为**频谱密度函数**（简称**频谱**或**连续频谱**），称 $|F(\omega)|$ 为**振幅频谱**，$|F(\omega)|$ 的图形称为**频谱图**，其图形特点是连续曲线，$\mathrm{Arg}F(\omega)$ 为**相位频谱**.

【例 6.24】　求指数衰减函数 $f(t)=\begin{cases}\mathrm{e}^{-\beta t}, & t\geqslant 0,\\ 0, & t<0\end{cases}$ ($\beta>0$) 的频谱、振幅频谱，并画出频谱图.

解　由例 6.10 知 $f(t)$ 的频谱为

$$F(\omega)=\mathscr{F}[f(t)]=\dfrac{\beta-i\omega}{\beta^2+\omega^2},$$

振幅频谱为 $|F(\omega)|=\dfrac{1}{\sqrt{\beta^2+\omega^2}}$，频谱图如图 6.20 所示，可以证明：$|F(\omega)|$ 是 ω 的偶函数.

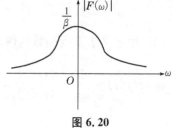

图 6.20

【例 6.25】　求单位脉冲函数 $\delta(t)$ 的频谱、振幅频谱，并画出频谱图.

解 由例 6.13 可知 $\delta(t)$ 的频谱为
$$F(\omega)=\mathscr{F}[\delta(t)]=1,$$
振幅频谱为 $|F(\omega)|=1$,频谱图如图 6.21 所示.

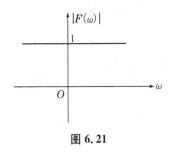

图 6.21

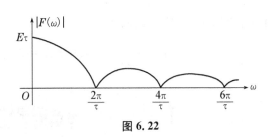

图 6.22

【例 6.26】 求单个矩形脉冲函数 $f(t)=\begin{cases}E, & |t|\leqslant\dfrac{\tau}{2},\\ 0, & |t|>\dfrac{\tau}{2}\end{cases}$ 的频谱、振幅频谱,并画出频谱图.

解 $f(t)$ 的频谱为 $F(\omega)=\int_{-\infty}^{+\infty}f(t)\mathrm{e}^{-i\omega t}\mathrm{d}t=\int_{-\frac{\tau}{2}}^{\frac{\tau}{2}}E\mathrm{e}^{-i\omega t}\mathrm{d}t=\dfrac{-E}{i\omega}\mathrm{e}^{-i\omega t}\bigg|_{-\frac{\tau}{2}}^{\frac{\tau}{2}}=\dfrac{2E}{\omega}\sin\dfrac{\omega\tau}{2}$,

振幅频谱为 $|F(\omega)|=2E\left|\dfrac{\sin\dfrac{\omega\tau}{2}}{\omega}\right|$,频谱图如图 6.22 所示(由于 $|F(\omega)|$ 是偶函数,故只画出 $\omega\geqslant 0$ 这一半).

二、傅氏变换在求解线性微分积分方程中的应用举例

运用傅氏变换的性质,可以求解常系数线性微分方程,其解法的步骤是将方程两边取傅氏变换,使它转化为代数方程,通过求解代数方程和傅氏逆变换,就可求出微分方程的解.傅氏变换还可以用来求解某些积分方程,另外还可以用来求解某些偏微分方程.

【例 6.27】 求微分方程 $y''(t)-y(t)=-\delta(t)$ 的解.

解 设 $\mathscr{F}[y(t)]=Y(\omega)$,将方程两边取傅氏变换,利用微分性质和线性性质得
$$(i\omega)^2 Y(\omega)-Y(\omega)=-1, \text{即 } Y(\omega)=\dfrac{1}{1+\omega^2}=\dfrac{1}{2}\left(\dfrac{1}{1+i\omega}+\dfrac{1}{1-i\omega}\right).$$
再将上式两边取傅氏逆变换,得
$$y(t)=\mathscr{F}^{-1}[Y(\omega)]=\dfrac{1}{2}\mathscr{F}^{-1}\left[\dfrac{1}{1+i\omega}\right]+\dfrac{1}{2}\mathscr{F}^{-1}\left[\dfrac{1}{1-i\omega}\right]$$
$$=\dfrac{1}{2}\begin{cases}0, & t<0,\\ \mathrm{e}^{-t}, & t\geqslant 0\end{cases}+\dfrac{1}{2}\begin{cases}\mathrm{e}^{t}, & t\leqslant 0,\\ 0, & t>0\end{cases}=\begin{cases}\dfrac{1}{2}\mathrm{e}^{t}, & t<0,\\ \dfrac{1}{2}, & t=0,\\ \dfrac{1}{2}\mathrm{e}^{-t}, & t>0.\end{cases}=\dfrac{1}{2}\mathrm{e}^{-|t|},$$

【例 6.28】 求微分积分方程 $ax'(t)+bx(t)+c\int_{-\infty}^{t}x(\tau)\mathrm{d}\tau=h(t)$ 的解,其中 $-\infty<t<$

$+\infty$, a, b, c 均为常数，$h(t)$ 为已知函数.

解 设 $\mathscr{F}[x(t)] = X(\omega)$, $\mathscr{F}[h(t)] = H(\omega)$，将方程两边取傅氏变换，得

$$a \cdot i\omega X(\omega) + bX(\omega) + \frac{c}{i\omega}X(\omega) = H(\omega), \text{即 } X(\omega) = \frac{H(\omega)}{b + i\left(a\omega - \frac{c}{\omega}\right)}.$$

再将上式两边取傅氏逆变换，得

$$x(t) = \frac{1}{2\pi}\int_{-\infty}^{+\infty} X(\omega) e^{i\omega t} d\omega = \frac{1}{2\pi}\int_{-\infty}^{+\infty} \frac{H(\omega)}{b + i\left(a\omega - \frac{c}{\omega}\right)} e^{i\omega t} d\omega.$$

习题 6.3

1. 求下列函数的频谱、振幅频谱，并画出频谱图：

(1) 矩形脉冲函数 $f(t) = \begin{cases} A, & 0 \leqslant t \leqslant \tau, \\ 0, & \text{其他}; \end{cases}$

(2) 三角形脉冲函数 $f(t) = \begin{cases} \dfrac{2E}{\tau}\left(t + \dfrac{\tau}{2}\right), & -\dfrac{\tau}{2} < t < 0, \\ -\dfrac{2E}{\tau}\left(t - \dfrac{\tau}{2}\right), & 0 \leqslant t < \dfrac{\tau}{2}, \\ 0, & |t| \geqslant \dfrac{\tau}{2}. \end{cases}$

2. 求下列微分积分方程的解：

(1) $x'(t) + x(t) = \delta(t) \quad (-\infty < t < +\infty)$;

(2) $f'(t) - \int_{-\infty}^{t} f(x) dx = \delta(t)$;

(3) $2y'(t) - 6\int_{-\infty}^{t} y(x) dx = e^{-\beta|t|}$.

第四节 拉普拉斯变换的概念与性质

学习目标

1. 理解拉氏变换的概念、性质，并会求较简单的信号函数的拉氏变换.
2. 掌握拉氏变换的性质，并会利用性质求一些函数的拉氏变换式. 会查表求拉氏变换像函数.

拉普拉斯 (Laplace) 变换 (简称拉氏变换) 在电学、力学、控制论等许多工程与科学领域中有着广泛的应用. 特别针对某些问题，它要比傅氏变换的应用更广，这是因为它对于原函数 $f(t)$ 要求的条件比起傅氏变换来要弱得多.

一、拉普拉斯变换的概念

在本章第二节中已知，可以进行傅氏变换的函数必须在整个实轴上有定义. 在许多物理

现象中,所考虑到的是以时间为自变量的函数,例如,一个外加电动势 $E(t)$ 从某一时刻接到电路中去,假如把接通的瞬间作为计算时间的原点 $t=0$,那么要研究的是电流在 $t>0$(接通以后)的变化情况,而对 $t<0$ 的情况就不必考虑了. 因此,常会遇到仅定义于 $[0,+\infty)$ 上的函数,或者约定当 $t<0$ 时函数值恒为零的函数.

另外,一个函数除了满足狄里克雷条件外,还要求在 $(-\infty,+\infty)$ 上绝对可积的条件下,才存在古典意义下的傅氏变换,但绝对可积的条件是很强的,即使最简单常用的函数,如单位阶跃函数、正弦函数、余弦函数以及线性函数等都不满足这个条件. 因此,傅氏变换的应用范围要受到较大的限制.

能否对某些函数 $\Phi(t)$ 作适当的加工,使它们在进行傅氏变换时能避免这两个限制呢?

首先,根据单位阶跃函数的特点,可将 $\Phi(t)$ 乘以 $u(t)$,这样得到的函数 $\Phi(t)u(t)$ 在 $t<0$ 时就等于零,在 $t>0$ 时仍为 $\Phi(t)$.

其次,某个函数 $\Phi(t)$ 之所以不是绝对可积,往往是因为当 $t\to+\infty$ 时,其绝对值减小太慢的缘故. 而用指数衰减函数 $e^{-\sigma t}(\sigma>0)$ 去乘以 $\Phi(t)u(t)$,则得到的函数 $e^{-\sigma t}\Phi(t)u(t)$ 当 $t\to+\infty$ 时,其绝对值减小得快了. 对于在实际中所遇到的一些常用的函数,经过这样的加工,就能保证绝对可积.

对经过加工得到的函数 $e^{-\sigma t}\Phi(t)u(t)(\sigma>0)$ 再进行傅氏变换,便得到函数 $\Phi(t)$ 的拉氏变换:

$$F_\sigma(\omega)=\int_{-\infty}^{+\infty}\Phi(t)u(t)e^{-\sigma t}e^{-i\omega t}dt=\int_0^{+\infty}f(t)e^{-st}dt,$$

其中 $f(t)=\Phi(t)u(t),s=\sigma+i\omega$.

定义 6.5 设 $f(t)$ 是定义在 $[0,+\infty)$ 上的实值(或复值)函数,如果积分

$$\int_0^{+\infty}f(t)e^{-st}dt \quad (\text{其中 } s=\sigma+i\omega \text{ 为复数参量})$$

在 s 平面的某一区域内收敛,则由此积分就确定了一个复变数 s 的复函数 $F(s)$,即

$$F(s)=\int_0^{+\infty}f(t)e^{-st}dt. \tag{6.13}$$

则称 $F(s)$ 为 $f(t)$ 的**拉普拉斯**(Laplace)**变换**(简称**拉氏变换**,简写为 LT)或**象函数**,记为 $F(s)=\mathscr{L}[f(t)]$;相应地,称 $f(t)$ 为 $F(s)$ 的**拉普拉斯逆变换**(简称**拉氏逆变换**,简写为 ILT)或**象原函数**,记为 $f(t)=\mathscr{L}^{-1}[F(s)]$.

注意:① 拉氏变换的象函数 $F(s)$ 是复变数 $s=\sigma+i\omega$ 的复值函数,而傅氏变换 $F(\omega)$ 是实自变量 ω 的复值函数. 为了方便起见,本章只讨论 s 是实数的情形;

② 在拉氏变换的定义中,只要求 $f(t)$ 当 $t\geq 0$ 时有定义. 为了研究问题的方便,以后总假定当 $t<0$ 时,$f(t)\equiv 0$.

③ 由于在实际问题中的函数,它们的拉氏变换总是存在的,故略去拉氏变换存在性的讨论,即假定所讨论的函数的拉氏变换总是存在的.

【**例 6.29**】 求单位阶跃函数 $u(t)$ 和 $u(t-b)(b>0)$ 的 LT.

解 $\mathscr{L}[u(t)]=\int_0^{+\infty}u(t)e^{-st}dt=\int_0^{+\infty}e^{-st}dt=-\frac{1}{s}e^{-st}\Big|_0^{+\infty}=\frac{1}{s} \quad (s>0)$.

$\mathscr{L}[u(t-b)]=\int_0^{+\infty}u(t-b)e^{-st}dt=\int_b^{+\infty}e^{-st}dt=\frac{1}{s}e^{-bs} \quad (s>0)$.

【例 6.30】 求指数函数 $f(t)=e^{at}$ 的 LT,其中 a 为常数.

解 $\mathscr{L}[e^{at}]=\int_0^{+\infty} e^{at}e^{-st}dt=\int_0^{+\infty} e^{-(s-a)t}dt=\dfrac{1}{s-a}.$

【例 6.31】 求正弦函数 $f(t)=\sin kt$ 的 LT,其中 k 为常数.

解 $\mathscr{L}[\sin kt]=\int_0^{+\infty}\sin kt\,e^{-st}dt=\dfrac{-e^{-st}}{s^2+k^2}(s\sin kt+k\cos kt)\Big|_0^{+\infty}=\dfrac{k}{s^2+k^2}\quad(s>0).$

同理可得 $\mathscr{L}[\cos kt]=\dfrac{s}{s^2+k^2}\quad(s>0).$

【例 6.32】 求单位脉冲函数 $\delta(t)$ 的 LT.

解 $\mathscr{L}[\delta(t)]=\int_0^{+\infty}\delta(t)e^{-st}dt=e^{-st}\Big|_{t=0}=1\quad(s>0).$

【例 6.33】 求单位斜坡函数 $f(t)=t$ 的 LT.

解 $\mathscr{L}[t]=\int_0^{+\infty} te^{-st}dt=-\dfrac{1}{s}te^{-st}\Big|_0^{+\infty}-\dfrac{1}{s^2}e^{-st}\Big|_0^{+\infty}=\dfrac{1}{s^2}\quad(s>0).$

在实际工作中,并不一定需要用广义积分的方法来求函数的拉氏变换,有现成的变换表可查,就如同微积分中的积分表一样. 表 6.3 给出了一些常用函数拉氏变换,以便读者查用.

表 6.3 常用函数的拉氏变换

序号	函数 $f(t)$	拉氏变换 $F(s)$
1	$\delta(t)$	1
2	$u(t)$	$\dfrac{1}{s}$
3	t	$\dfrac{1}{s^2}$
4	$t^n\quad(n=1,2,\cdots)$	$\dfrac{n!}{s^{n+1}}$
5	e^{at}	$\dfrac{1}{s-a}$
6	$1-e^{-at}$	$\dfrac{a}{s(s+a)}$
7	te^{at}	$\dfrac{1}{(s-a)^2}$
8	$t^n e^{at}\quad(n=1,2,\cdots)$	$\dfrac{n!}{(s-a)^{n+1}}$
9	$\sin at$	$\dfrac{a}{s^2+a^2}$
10	$\cos at$	$\dfrac{s}{s^2+a^2}$
11	$\sin(at+b)$	$\dfrac{s\sin b+a\cos b}{s^2+a^2}$
12	$\cos(at+b)$	$\dfrac{s\cos b-a\sin b}{s^2+b^2}$
13	$t\sin at$	$\dfrac{2as}{(s^2+a^2)^2}$

(续表)

序号	函数 $f(t)$	拉氏变换 $F(s)$
14	$t\cos at$	$\dfrac{s^2-a^2}{(s^2+a^2)^2}$
15	$e^{-bt}\sin at$	$\dfrac{a}{(s+b)^2+a^2}$
16	$e^{-bt}\cos at$	$\dfrac{s+b}{(s+b)^2+a^2}$
17	$\dfrac{1}{a^2}(1-\cos at)$	$\dfrac{1}{s(s^2+a^2)}$
18	$e^{at}-e^{bt}$	$\dfrac{a-b}{(s-a)(s-b)}$
19	$\dfrac{1}{\sqrt{\pi t}}$	$\dfrac{1}{\sqrt{s}}$
20	$2\sqrt{\dfrac{t}{\pi}}$	$\dfrac{1}{s\sqrt{s}}$

【例 6.34】 求函数 $f(t)=t\cos 2t$ 的 LT.

解 查表 6.3 中公式 14,可得 $\mathscr{L}[t\cos 2t]=\dfrac{s^2-2^2}{(s^2+2^2)^2}=\dfrac{s^2-4}{(s^2+4)^2}$.

二、拉氏变换的性质

对于较复杂的函数,利用拉氏变换的定义来求其象函数就显得不方便,有时甚至不可能求出来. 如果利用本节的性质以及现成的拉氏变换表,就会给计算带来方便.

1. 线性性质

设 α,β 为常数,且有 $\mathscr{L}[f_1(t)]=F_1(s),\mathscr{L}[f_2(t)]=F_2(s)$,则

$$\mathscr{L}[\alpha f_1(t)+\beta f_2(t)]=\alpha F_1(s)+\beta F_2(s),\quad \mathscr{L}^{-1}[\alpha F_1(s)+\beta F_2(s)]=\alpha f_1(t)+\beta f_2(t).$$

【例 6.35】 求函数 $f(t)=5e^{2t}+2\sin 3t$ 的 LT.

解 因为 $\mathscr{L}[e^{2t}]=\dfrac{1}{s-2}(s>2),\mathscr{L}[\sin 3t]=\dfrac{3}{s^2+3^2}(s>0)$,所以

$$\mathscr{L}[f(t)]=5\mathscr{L}[e^{2t}]+2\mathscr{L}[\sin 3t]=\dfrac{5}{s-2}+\dfrac{2\times 3}{s^2+9}=\dfrac{5s^2+6s+33}{(s-2)(s^2+9)}.$$

【例 6.36】 求 $f(t)=\sin^2 t$ 的 LT.

解 因为 $\sin^2 t=\dfrac{1}{2}(1-\cos 2t)$,所以

$$\mathscr{L}[\sin^2 t]=\dfrac{1}{2}\{\mathscr{L}[1]-\mathscr{L}[\cos 2t]\}=\dfrac{1}{2}\left(\dfrac{1}{s}-\dfrac{s}{s^2+4}\right).$$

【例 6.37】 求 $\mathscr{L}^{-1}\left[\dfrac{s}{(s+2)(s+4)}\right]$.

解 因为 $\dfrac{s}{(s+2)(s+4)}=\dfrac{2}{s+4}-\dfrac{1}{s+2}$,所以

$$\mathscr{L}^{-1}\left[\frac{s}{(s+2)(s+4)}\right]=\mathscr{L}^{-1}\left[\frac{2}{s+4}\right]-\mathscr{L}^{-1}\left[\frac{1}{s+2}\right]=2\mathrm{e}^{-4t}-\mathrm{e}^{-2t}.$$

2. 延迟性质(时移性质)

设 $\mathscr{L}[f(t)]=F(s)$,当 $t<0$ 时 $f(t)=0$,则对于任一非负实数 $\tau>0$,有
$$\mathscr{L}[f(t-\tau)]=\mathrm{e}^{-s\tau}F(s) \text{ 或 } \mathscr{L}^{-1}[\mathrm{e}^{-s\tau}F(s)]=f(t-\tau)(\tau>0).$$

【例 6.38】 求函数 $u(t-\tau)=\begin{cases}0, & t<\tau, \\ 1, & t>\tau\end{cases}$ 的 LT.

解 因为 $\mathscr{L}[u(t)]=\dfrac{1}{s}$,所以
$$\mathscr{L}[u(t-\tau)]=\frac{1}{s}\mathrm{e}^{-s\tau}.$$

【例 6.39】 求矩形脉冲 $f(t)=\begin{cases}1, & 0<t<\tau, \\ 0, & \text{其他}\end{cases}$ 的 LT.

解 因为 $f(t)=u(t)-u(t-\tau)$,所以
$$\mathscr{L}[f(t)]=\frac{1}{s}[1-\mathrm{e}^{-s\tau}].$$

3. 平移性质(位移性质)

设 $\mathscr{L}[f(t)]=F(s)$,则对于任意常数 a,有 $\mathscr{L}[\mathrm{e}^{at}f(t)]=F(s-a)$.

【例 6.40】 求 $\mathscr{L}[t^n\mathrm{e}^{-\lambda t}]$,其中 $n=1,2,\cdots$

解 因为 $\mathscr{L}[t^n]=\dfrac{n!}{s^{n+1}}$(表 6.3 公式 4),所以
$$\mathscr{L}[t^n\mathrm{e}^{-\lambda t}]=\frac{n!}{(s+\lambda)^{n+1}}.$$

同理可得: $\mathscr{L}[\mathrm{e}^{-\lambda t}\sin at]=\dfrac{a}{(s+\lambda)^2+a^2}$, $\mathscr{L}[\mathrm{e}^{-\lambda t}\cos at]=\dfrac{s+\lambda}{(s+\lambda)^2+a^2}$.

4. 象原函数的微分性质

设 $\mathscr{L}[f(t)]=F(s)$,则 $\mathscr{L}[f'(t)]=sF(s)-f(0)$.
一般地, $\mathscr{L}[f^{(n)}(t)]=s^nF(s)-s^{n-1}f(0)-s^{n-2}f'(0)-\cdots-f^{(n-1)}(0)$.

【例 6.41】 求 $\mathscr{L}[t^n]$,其中 n 为正整数.

解 由 $f(t)=t^n$ 可得 $f^{(n)}(t)=n!$,且 $f(0)=f'(0)=\cdots=f^{(n-1)}(0)=0$,则
$$\mathscr{L}[f^{(n)}(t)]=s^n\mathscr{L}[f(t)], \mathscr{L}[f(t)]=\frac{1}{s^n}\mathscr{L}[f^{(n)}(t)]=\frac{1}{s^n}\mathscr{L}[n!]=\frac{n!}{s^{n+1}}.$$

5. 象函数的微分性质

设 $\mathscr{L}[f(t)]=F(s)$,则 $\mathscr{L}[(-t)^nf(t)]=F^{(n)}(s)\quad(n=0,1,2,\cdots)$

【例 6.42】 求 $\mathscr{L}[t\sin kt]$.

解 $\mathscr{L}[t\sin kt]=-\left(\dfrac{k}{s^2+k^2}\right)'=\dfrac{2ks}{(s^2+k^2)^2}.$

同理可得：$\mathscr{L}[t\cos kt] = -\left(\dfrac{s}{s^2+k^2}\right)' = \dfrac{s^2-k^2}{(s^2+k^2)^2}$.

6. 象原函数的积分性质

设 $\mathscr{L}[f(t)] = F(s)$，则 $\mathscr{L}\left[\displaystyle\int_0^t f(\tau)\mathrm{d}\tau\right] = \dfrac{1}{s}F(s)$.

一般地，有 $\mathscr{L}\left[\displaystyle\int_0^t \mathrm{d}t \int_0^t \mathrm{d}t \cdots \int_0^t f(t)\mathrm{d}t\right] = \dfrac{1}{s^n}F(s)$.

【例 6.43】 求正弦积分 $sit = \displaystyle\int_0^t \dfrac{\sin\tau}{\tau}\mathrm{d}\tau$ 的 LT.

解 $\mathscr{L}[sit] = \mathscr{L}\left[\displaystyle\int_0^t \dfrac{\sin\tau}{\tau}\mathrm{d}\tau\right] = \dfrac{1}{s}\mathscr{L}\left[\dfrac{\sin t}{t}\right] = \dfrac{1}{s}\displaystyle\int_s^\infty \mathscr{L}[\sin t]\mathrm{d}s = \dfrac{1}{s}\displaystyle\int_s^\infty \dfrac{1}{s^2+1}\mathrm{d}s = \dfrac{\operatorname{arccot} s}{s}$.

注意： 在式 $\mathscr{L}\left[\dfrac{f(t)}{t}\right] = \displaystyle\int_0^{+\infty}\dfrac{f(t)}{t}\mathrm{e}^{-st}\mathrm{d}t = \displaystyle\int_s^\infty F(u)\mathrm{d}u$ 中，令 $s=0$，得 $\displaystyle\int_0^{+\infty}\dfrac{f(t)}{t}\mathrm{d}t = \displaystyle\int_s^\infty F(u)\mathrm{d}u$；同理还可以得到 $\displaystyle\int_0^{+\infty} f(t)\mathrm{d}t = F(0)$，$\displaystyle\int_0^{+\infty} tf(t)\mathrm{d}t = -F'(0)$.

7. 象函数的积分性质

设 $\mathscr{L}[f(t)] = F(s)$，积分 $\displaystyle\int_s^\infty F(u)\mathrm{d}u$ 收敛，则 $\dfrac{f(t)}{t}$ 的 LT 存在，且 $\mathscr{L}\left[\dfrac{f(t)}{t}\right] = \displaystyle\int_s^\infty F(u)\mathrm{d}u$.

一般地，有 $\displaystyle\int_s^\infty \mathrm{d}s \int_s^\infty \mathrm{d}s \cdots \int_s^\infty F(s)\mathrm{d}s = \mathscr{L}\left[\dfrac{f(t)}{t^n}\right]$.

【例 6.44】 计算 $\displaystyle\int_0^{+\infty}\dfrac{1-\cos t}{t}\mathrm{e}^{-t}\mathrm{d}t$.

解 $\mathscr{L}\left[\dfrac{1-\cos t}{t}\right] = \displaystyle\int_s^\infty \mathscr{L}[1-\cos t]\mathrm{d}s = \displaystyle\int_s^\infty \left[\dfrac{1}{s} - \dfrac{s}{s^2+1}\right]\mathrm{d}s = \dfrac{1}{2}\ln\dfrac{s^2}{s^2+1}\bigg|_s^\infty = \dfrac{1}{2}\ln\dfrac{s^2+1}{s^2}$，即

$$\int_0^{+\infty}\dfrac{1-\cos t}{t}\mathrm{e}^{-st}\mathrm{d}t = \dfrac{1}{2}\ln\dfrac{s^2+1}{s^2},$$

取 $s=1$，得

$$\int_0^{+\infty}\dfrac{1-\cos t}{t}\mathrm{e}^{-t}\mathrm{d}t = \dfrac{1}{2}\ln 2.$$

8. 相似性质

设 $\mathscr{L}[f(t)] = F(s)$，$a > 0$ 为常数，则 $\mathscr{L}[f(at)] = \dfrac{1}{a}F\left(\dfrac{s}{a}\right)$.

【例 6.45】 求单位阶跃函数 $u(at-b) = \begin{cases} 0, & t < \dfrac{b}{a}, \\ 1, & t \geq \dfrac{b}{a} \end{cases}$ 的 LT，其中常数 $a > 0, b > 0$.

解 由延迟性质和相似性质,得

$$\mathscr{L}[u(at-b)] = \mathscr{L}\left[ua\left(t-\frac{b}{a}\right)\right] = e^{-\frac{b}{a}s}\mathscr{L}[u(at)] = e^{-\frac{b}{a}s}\frac{1}{a}\frac{a}{s} = \frac{1}{s}e^{-\frac{b}{a}s}.$$

习题 6.4

1. 用定义求下列函数的拉氏变换:

(1) $f(t) = e^{-3t}$;

(2) $f(t) = \cos 2t$;

(3) $f(t) = \begin{cases} 3, & 0 \leqslant t < 3, \\ 2, & t \geqslant 3; \end{cases}$

(4) $f(t) = t^2$.

2. 用查表的方法求下列函数的拉氏变换:

(1) $f(t) = \sin \dfrac{t}{2}$;

(2) $f(t) = \cos^2 t$;

(3) $f(t) = \sin t \cos t$;

(4) $f(t) = t \cos 2t$.

3. 求下列函数的拉氏变换:

(1) $f(t) = t^2 + 2t + 3$;

(2) $f(t) = 1 - te^t$;

(3) $f(t) = 2u(t-1) + 3u(t-2)$;

(4) $f(t) = e^{3t} + 2\delta(t)$;

(5) $f(t) = e^{-2t} \cos 6t$;

(6) $f(t) = \displaystyle\int_0^t te^{-3t} \sin 2t \, dt$;

(7) $f(t) = t^2 \cos 2t$;

(8) $f(t) = \dfrac{e^{2t} - 1}{t}$.

4. 设 $f(t) = t \sin at$, 则

(1) 验证 $f''(t) + a^2 f(t) = 2a \cos at$;

(2) 利用(1)及拉氏变换的微分性质,求 $\mathscr{L}[f(t)]$.

第五节 拉普拉斯变换的应用

学习目标

1. 掌握拉氏逆变换的性质,并会求较简单的信号函数的拉氏逆变换.会查表求拉氏逆变换的像原函数.

2. 能利用拉氏变换求解二阶常系数线性微分方程,了解用拉氏变换解方程组的初值问题的方法(一阶、二阶).

一、拉氏逆变换的计算

前面讨论了由已知函数 $f(t)$ 求它的象函数 $F(s)$ 的问题,但在实际应用中常常遇到相反的问题,即已知象函数 $F(s)$,求象原函数 $f(t)$. 这就是拉氏逆变换问题.

对于比较简单的象函数 $F(s)$ 的拉氏逆变换可以从拉氏变换表 6.3 中查得,对于比较复杂的象函数 $F(s)$ 的拉氏逆变换,一般方法是运用拉氏变换的性质,再借助表 6.3. 为方便起见,下面将常用的拉氏变换的性质用逆变换的形式表示.

1. 线性性质
$$\mathscr{L}^{-1}[\alpha F_1(s)+\beta F_2(s)]=\alpha f_1(t)+\beta f_2(t).$$

2. 延迟性质（时移性质）
$$\mathscr{L}^{-1}[e^{-s\tau}F(s)]=f(t-\tau)\,(\tau>0).$$

3. 频移性质（位移性质）
$$\mathscr{L}^{-1}[F(s-a)]=e^{at}f(t).$$

【例 6.46】 求 $F(s)=\dfrac{1}{s^2(s+1)}$ 的拉氏逆变换.

解 分解 $F(s)$ 为部分分式：$F(s)=\dfrac{1}{s^2(s+1)}=-\dfrac{1}{s}+\dfrac{1}{s^2}+\dfrac{1}{s+1}$，故
$$f(t)=\mathscr{L}^{-1}\left[\dfrac{1}{s^2(s+1)}\right]=-\mathscr{L}^{-1}\left[\dfrac{1}{s}\right]+\mathscr{L}^{-1}\left[\dfrac{1}{s^2}\right]+\mathscr{L}^{-1}\left[\dfrac{1}{s+1}\right]=-1+t+e^{-t}.$$

【例 6.47】 设 $F(s)=\dfrac{1}{(s-1)(s^2+4s+8)}$，求 $f(t)=\mathscr{L}^{-1}[F(s)]$.

解 $F(s)=\dfrac{1}{(s-1)(s^2+4s+8)}=\dfrac{1}{13(s-1)}-\dfrac{1}{13}\dfrac{s+2}{(s+2)^2+2^2}-\dfrac{1}{13}\dfrac{3}{2}\dfrac{2}{(s+2)^2+2^2}$，
$$f(t)=\dfrac{1}{13}e^t-\dfrac{1}{13}e^{-2t}\cos 2t-\dfrac{3}{26}e^{-2t}\sin 2t.$$

【例 6.48】 设 $F(s)=\dfrac{2s+5}{s^2+4s+13}$，求 $f(t)=\mathscr{L}^{-1}[F(s)]$.

解 因为 $\mathscr{L}[e^{at}f(t)]=F(s-a)$，所以 $\mathscr{L}^{-1}[F(s-a)]=e^{at}f(t)$，则有
$$f(t)=\mathscr{L}^{-1}\left[\dfrac{2s+5}{(s+2)^2+3^2}\right]=\mathscr{L}^{-1}\left[\dfrac{2(s+2)}{(s+2)^2+3^2}+\dfrac{1}{3}\dfrac{3}{(s+2)^2+3^2}\right]$$
$$=2\mathscr{L}^{-1}\left[\dfrac{s+2}{(s+2)^2+3^2}\right]+\dfrac{1}{3}\mathscr{L}^{-1}\left[\dfrac{3}{(s+2)^2+3^2}\right]$$
$$=2e^{-2t}\cos 3t+\dfrac{1}{3}e^{-2t}\sin 3t=e^{-2t}\left[2\cos 3t+\dfrac{1}{3}\sin 3t\right].$$

当象函数是比较复杂的有理分式函数时，一般可将其化为部分分式，然后再用性质求解.

【例 6.49】 设 $F(s)=\dfrac{2s^2-4}{(s+1)(s-2)(s-3)}$，求 $f(t)=\mathscr{L}^{-1}[F(s)]$.

解 根据有理函数化为部分分式的性质，可设
$$F(s)=\dfrac{A}{(s+1)}+\dfrac{B}{(s-2)}+\dfrac{C}{(s-3)},$$
用待定系数法求得 $A=-\dfrac{1}{6},B=-\dfrac{4}{3},C=\dfrac{7}{2}$，于是
$$F(s)=-\dfrac{1}{6(s+1)}-\dfrac{4}{3(s-2)}+\dfrac{7}{2(s-3)},$$
故
$$f(t)=-\dfrac{1}{6}e^{-t}-\dfrac{4}{3}e^{2t}\cos 2t+\dfrac{7}{2}e^{3t}.$$

二、拉氏变换的应用

在电路理论与自动控制理论的研究中,常常要对一个系统进行分析和研究,以建立这些系统的数学模型. 在许多情况下,这种数学模型可以用一个线性微分方程来描述,这样的系统即为线性系统. 根据拉氏变换的线性性质、微分性质及其他性质,可以将一个未知函数所满足的常系数线性微分方程的初值问题经过拉氏变换后,转化为它的象函数所满足的代数方程,解此代数方程,然后再取拉氏逆变换,就得到原微分方程的解.

用拉氏变换法解常系数线性常微分方程初值问题的步骤如下:

与经典方法先求微分方程的通解,然后再根据初始条件确定其任意常数的求特解的方法相比,拉氏变换法有以下几个优点:

(1) 拉氏变换法把常系数线性微分方程转化为象函数的代数方程,这个代数方程已"包含"了预先给定的初始条件,因而省去了经典方法中由通解求特解的步骤;

(2) 当初始条件全部为零时(这在工程实际中是常见的),用拉氏变换求解更为简便.

【例 6.50】 求方程 $y''+4y'+3y=e^{-t}, y(0)=y'(0)=1$ 的解.

解 设 $\mathscr{L}[y(t)]=Y(s)$,对方程两边取拉氏变换,并考虑到初始条件,得

$$(s^2+4s+3)Y(s)-s-5=\frac{1}{s+1}.$$

解之得

$$Y(s)=\frac{s^2+6s+6}{(s+1)^2(s+3)}=\frac{7}{4}\frac{1}{s+1}+\frac{1}{2}\frac{1}{(s+1)^2}-\frac{3}{4}\frac{1}{s+3}.$$

取逆变换,得 $y(t)=\frac{1}{4}[(7+2t)e^{-t}-3e^{-3t}]$,即为所求方程且满足初始条件的解.

【例 6.51】 求方程 $y'+y=u(t-b)(b>0)$ 满足初始条件 $y(0)=y_0$ 的解.

解 设 $\mathscr{L}[y(t)]=Y(s)$,则象方程为 $sY(s)-y_0+Y(s)=\frac{1}{s}e^{-bs}$,于是象函数为 $Y(s)=\frac{e^{-bs}}{s(s+1)}+\frac{y_0}{s+1}$. 取逆变换得

$$y(t)=[1-e^{-(t-b)}]u(t-b)+y_0e^{-t}=\begin{cases} y_0e^{-t}, & 0<t\leqslant b, \\ 1+(y_0-e^b)e^{-t}, & t>b. \end{cases}$$

【例 6.52】 求方程组 $\begin{cases} y''-x''+x'-y=e^t-2 \\ 2y''-x''-2y'+x=-t \end{cases}$ 满足初始条件 $\begin{cases} y(0)=y'(0)=0 \\ x(0)=x'(0)=0 \end{cases}$ 的解.

解 设 $\mathscr{L}[y(t)]=Y(s), \mathscr{L}[x(t)]=X(s)$,对方程组两边取拉氏变换,并考虑到初始条件得

$$\begin{cases} s^2Y(s)-s^2X(s)+sX(s)-Y(s)=\frac{1}{s-1}-\frac{2}{s} \\ 2s^2Y(s)-s^2X(s)-2sY(s)+X(s)=-\frac{1}{s^2} \end{cases}$$

整理化简后得 $\begin{cases}(s+1)Y(s)-sX(s)=\dfrac{-s+2}{s(s-1)^2}\\ 2sY(s)-(s+1)X(s)=-\dfrac{1}{s^2(s-1)}\end{cases}$

解此代数方程组,得 $Y(s)=\dfrac{1}{s(s-1)^2}, X(s)=\dfrac{2s-1}{s^2(s-1)^2}.$

取逆变换可得 $y(t)=1+e^t(t-1), x(t)=-t+te^t.$

【例 6.53】 求方程 $y''-2y'+y=0$ 满足边值条件 $y(0)=0, y(1)=2$ 的特解.

解 设 $\mathscr{L}[y(t)]=\overline{y}(s)$,象方程为 $s^2Y(s)-sy(0)+y'(0)-2sY(s)+y(0)+Y(s)=0\Rightarrow$
$Y(s)=\dfrac{y'(0)}{(s-1)^2}.$

取逆变换,得 $y(t)=y'(0)te^t.$

令 $t=1$,得 $y'(0)=2e^{-1}$,故所求解为 $y(t)=2te^{t-1}.$

【例 6.54】 解方程 $y(t)=\sin t-2\displaystyle\int_0^t y(\tau)\cos(t-\tau)\mathrm{d}\tau.$

解 设 $\mathscr{L}_1[y(t)]=\overline{y}(s)$,象方程为 $Y(s)=\dfrac{1}{s^2+1}-2Y(s)\dfrac{s}{s^2+1}\Rightarrow Y(s)=\dfrac{1}{(s+1)^2}.$

取逆变换,得 $y(t)=te^{-t}.$

习题 6.5

1. 求下列函数的拉氏逆变换:

(1) $F(s)=\dfrac{s}{s+2}$;

(2) $F(s)=\dfrac{2}{s-3}$;

(3) $F(s)=\dfrac{2s+3}{s^2+4}$;

(4) $F(s)=\dfrac{s+1}{s^2+s-6}$;

(5) $F(s)=\dfrac{2s+1}{s(s+1)(s+2)}$;

(6) $F(s)=\dfrac{s+2}{s^3+6s^2+9s}$;

(7) $F(s)=\dfrac{1}{(s+1)^4}$;

(8) $F(s)=\dfrac{s^2+1}{s(s-1)^2}.$

2. 利用拉氏变换解下列微分方程:

(1) $\dfrac{\mathrm{d}i}{\mathrm{d}t}+5i=10e^{-3t}, i(0)=0$;

(2) $y''+4y'+3y=e^{-t}, y(0)=y'(0)=1$;

(3) $y''+3y'+y=3\cos t, y(0)=0, y'(0)=1$;

(4) $y^{(4)}+2y'''-2y'-y=\delta(t), y(0)=y'(0)=y''(0)=y'''(0)=0.$

3. 利用拉氏变换解下列微分方程组:

(1) $\begin{cases}y'-2x-y=1\\ x'-x-y=1\end{cases}, x(0)=2, y(0)=4$;

(2) $\begin{cases}x'+x-y=e^t\\ x'+3x-2y=2e^t\end{cases}, x(0)=y(0)=1.$

4. 设在原点处质量为 m 的一质点,在 $t=0$ 时在 x 方向上受到冲击力 $k\delta(t)$ 的作用,其

中 k 为常数,假定质点的初速度为零,求其运动规律.

第六节 积分变换实验

一、实验目的

(1) 会利用 MATLAB 求傅氏变换和傅氏逆变换.
(2) 会利用 MATLAB 求拉氏变换和拉氏逆变换.

二、实验指导

基本命令见表 6.4：

表 6.4

命　令	功　能
F＝laplace(f)	函数 $f(t)$ 的 Laplace 变换,默认返回 s 的函数
f＝ilaplace(F)	函数 $F(s)$ 的 Laplace 逆变换,默认返回 t 的函数
fourier(f)	函数 $f(t)$ 的 Fourier 变换,默认返回自变量为 ω 的函数
fourier(f,v)	函数 $f(t)$ 的 Fourier 变换,返回自变量为 v 的函数
ifourier(F)	函数 $F(\omega)$ 的 Fourier 逆变换,默认返回自变量为 x 的函数
ifourier(F,t)	函数 $F(\omega)$ 的 Fourier 逆变换,返回自变量为 t 的函数

【例 6.55】 分别求函数 $f_1(t)=\dfrac{1}{t}$、$f_2(t)=e^{-t^2}$ 的傅氏变换.

解 输入以下程序：

syms t
$F1$＝fourier($1/t$)
$F2$＝fourier(exp($-t^2$))
输出结果为
$F1$＝
$i * \mathrm{pi} * (1-2 * \mathrm{Heaviside}(\omega))$
$F2$＝
pi^(1/2) * exp($-1/4 * \omega^2$)
说明
$$\mathscr{F}\left[\frac{1}{t}\right]=i\pi[1-2u(\omega)],\mathscr{F}\left[e^{-t^2}\right]=\sqrt{\pi}e^{-\frac{\omega^2}{4}}.$$

【例 6.56】 求函数 $F(\omega)=e^{-\frac{\omega^2}{4a^2}}$ 的傅氏逆变换.

解 输入以下程序：

syms $a\ \omega\ t$
F＝exp($-\omega^2/(4 * a^2)$)

$f=$ifourier(F,t)
$f=$simple(f)
输出结果为：
$F=$
exp$(-1/4*\omega^2/a^2)$
$f=$
ifourier$(\exp(-1/4*\omega^2/a^2),\omega,t)$
$f=$
$a*\exp(-t^2*a^2)/$pi$^{\wedge}(1/2)$
说明：
$$\mathscr{F}\left[e^{-\frac{\omega^2}{4a^2}}\right]=\frac{a}{\sqrt{\pi}}e^{-a^2t^2}$$

【例 6.57】 求函数 $f_1(t)=t^5$、$f_2(t)=e^{at}$、$f_3(t)=\sin kt$ 的拉氏变换.

解 输入以下程序：
syms a k t %生成三个符号变量
$L1=$laplace(t^5)
$L2=$laplace$(\exp(a*t))$
$L3=$laplace$(\sin(k*t))$
输出结果为
$L1=$
$120/s^6$
$L2=$
$1/(s-a)$
$L3=$
$k/(s^2+k^2)$
说明：
$$\mathscr{L}[t^5]=\frac{120}{s^6},\mathscr{L}[e^{at}]=\frac{1}{s-a},\mathscr{L}[\sin kt]=\frac{k}{s^2+k^2}.$$

【例 6.58】 求函数 $f(t)=\delta''(t)$ 的拉氏变换.

解 输入以下程序：
syms t s
$f=$sym$('$Dirac$(2,t)');$
$F=$laplace(f,t,s)
输出结果为
$F=s^2$
说明：
$$\mathscr{L}[\delta''(t)]=s^2.$$

【例 6.59】 求函数 $F_1(s)=\dfrac{1}{s-1}$, $F_2(s)=\dfrac{1}{s^2+1}$, $F_3(s)=s^{-\frac{5}{2}}$, $F_4(s)=\dfrac{s}{s^2+a^2}$ 的拉氏逆

变换.

解 输入以下程序：

syms s a
$f1$=ilaplace(1/($s-1$))
$f2$=ilaplace(1/(s^2+1))
$f3$=ilaplace(s^($-5/2$))
$f4$=ilaplace(s/(s^2+a^2))

输出结果为

$f1=$
exp(t)
$f2=$
sin(t)
$f3=$
4/3*t^(3/2)/pi^(1/2)
$f4=$
cos($a*t$)

说明：

$$\mathscr{L}^{-1}\left[\frac{1}{s-1}\right]=e^t,\ \mathscr{L}^{-1}\left[\frac{1}{s^2+1}\right]=\sin t,\ \mathscr{L}^{-1}\left[s^{-\frac{5}{2}}\right]=\frac{4}{3\sqrt{\pi}}t^{\frac{3}{2}},\ \mathscr{L}^{-1}\left[\frac{s}{s^2+a^2}\right]=\cos at.$$

习题 6.6

1. 利用 MATLAB 求下列函数的傅氏变换：

(1) $f(t)=\dfrac{1}{4+t^2}$； (2) $f(t)=\sin at \cdot u(t).$

2. 利用 MATLAB 求下列函数的傅氏逆变换：

(1) $F(\omega)=\dfrac{i\omega\pi}{2}e^{-2|\omega|}$； (2) $F(\omega)=\dfrac{1}{i\omega}+\pi\delta(\omega).$

3. 利用 MATLAB 求下列函数的拉氏变换：

(1) $f(t)=(t-1)^2 e^t$； (2) $f(t)=te^{-3t}\sin 2t.$

4. 利用 MATLAB 求函数的拉氏逆变换：

(1) $F(s)=\dfrac{s}{s+2}$； (2) $F(s)=\dfrac{2s+3}{s^2+9}.$

本章小结

1. 一个定义在$(-\infty,+\infty)$上周期为2π的函数$f(x)$，如果它在一个周期上可积，则一定可以作出$f(x)$的傅里叶级数.

将周期函数$f(x)$展开成傅里叶级数的步骤如下：

(1) 判断函数$f(x)$是否满足收敛定理条件；

(2) 在函数满足收敛定理条件时,求出傅里叶系数;
(3) 写出傅里叶级数,并注明该级数在何处收敛于 $f(x)$.

周期为 2π 的函数 $f(x)$ 的傅里叶级数为 $\dfrac{a_0}{2}+\sum\limits_{n=1}^{\infty}(a_n\cos nx+b_n\sin nx)$,

其中 $a_n=\dfrac{1}{\pi}\int_{-\pi}^{\pi}f(x)\cos nx\mathrm{d}x(n=0,1,2,\cdots)$, $b_n=\dfrac{1}{\pi}\int_{-\pi}^{\pi}f(x)\sin nx\,\mathrm{d}x(n=1,2,\cdots)$.

周期为 $2l$ 的函数 $f(x)$ 的傅里叶级数为 $\dfrac{a_0}{2}+\sum\limits_{n=1}^{\infty}\left(a_n\cos\dfrac{n\pi x}{l}+b_n\sin\dfrac{n\pi x}{l}\right)$,

其中 $a_n=\dfrac{1}{l}\int_{-l}^{l}f(x)\cos\dfrac{n\pi x}{l}\mathrm{d}x(n=0,1,2,\cdots)$, $b_n=\dfrac{1}{l}\int_{-l}^{l}f(x)\sin\dfrac{n\pi x}{l}\mathrm{d}x(n=1,2,\cdots)$.

2. 傅氏变换的定义与性质

(1) 傅氏变换是通过积分把一个函数化为另一个函数的运算,其实质是积分运算:

$$F(\omega)=\int_{-\infty}^{+\infty}f(t)\mathrm{e}^{-i\omega t}\mathrm{d}t, f(t)=\dfrac{1}{2\pi}\int_{-\infty}^{+\infty}F(\omega)\mathrm{e}^{i\omega t}\mathrm{d}\omega.$$

(2) 傅氏变换有六个基本性质:线性性质、位移性质、微分性质、积分性质、对称性质及相似性质,即表 6.1.

(3) 单位阶跃函数 $u(t)$ 与单位脉冲函数 $\delta(t)$ 的定义、性质及其傅氏变换.

(4) 常用函数的傅氏变换表,即表 6.2.

(5) 傅氏变换的求法:一是利用定义;一是利用性质.

3. 傅氏变换的应用

(1) 非周期函数的频谱、振幅频谱及频谱图.

(2) 傅氏变换在求解微分积分方程中的应用.

4. 拉氏变换的定义与性质

(1) 拉氏变换是对函数经过适当加工后的傅氏变换,是比傅氏变换应用更广泛的一种积分变换:$F(s)=\int_{0}^{+\infty}f(t)\mathrm{e}^{-st}\mathrm{d}t$.

(2) 拉氏变换有六个基本性质:线性性质、延迟性质、平移性质、微分性质、积分性质、相似性质.

(3) 常用函数的拉氏变换表,即表 6.3.

(4) 拉氏逆变换的计算.

5. 拉氏变换的应用

用拉氏变换求解微分方程的方法步骤如下:

(1) 对线性微分方程进行拉氏变换,同时结合其初始条件;
(2) 求解象函数满足的微分方程,得到象函数;
(3) 对所得到的象函数作拉氏逆变换,得到原微分方程的解.

附录一 初等数学中的常用公式

（一）乘法与因式分解公式

1. $(x+a)(x+b)=x^2+(a+b)x+ab$
2. $(a\pm b)^2=a^2\pm 2ab+b^2$
3. $(a\pm b)^3=a^3\pm 3a^2b+3ab^2\pm b^3$
4. $(a+b+c)^2=a^2+b^2+c^2+2ab+bc+2ca$
5. $a^2-b^2=(a+b)(a-b)$
6. $a^3\pm b^3=(a\pm b)(a^2\mp ab+b^2)$

（二）一元二次方程

$ax^2+bx+c=0(a\neq 0)$

设 x_1,x_2 为方程的两根，根的判别式 $\Delta=b^2-4ac$，则

① 当 $\Delta>0$ 时，方程有两个不同的实根，求根公式为

$$x_1=\frac{-b+\sqrt{\Delta}}{2a}=\frac{-b+\sqrt{b^2-4ac}}{2a}, x_2=\frac{-b-\sqrt{\Delta}}{2a}=\frac{-b-\sqrt{b^2-4ac}}{2a}$$

② 当 $\Delta=0$ 时，方程有一个实根，求根公式为

$$x_1=x_2=\frac{-b}{2a}$$

③ 当 $\Delta<0$ 时，方程有一对共轭复根，求根公式为

$$x_1=\frac{-b+i\sqrt{4ac-b^2}}{2a}, x_2=\frac{-b-i\sqrt{4ac-b^2}}{2a}$$

韦达定理(Vieta's Theorem)：$x_1+x_2=-\frac{b}{a}, x_1\cdot x_2=\frac{c}{a}$

（三）阶乘和有限项级数求和公式

1. $n!=1\times 2\times 3\cdots(n-1)\times n(n\in \mathbf{N}), 0!=1$

2. $1+2+3+\cdots+(n-1)+n=\dfrac{n(n+1)}{2}$

3. $1^2+2^2+3^2+\cdots+(n-1)^2+n^2=\dfrac{n(n+1)(2n+1)}{6}$

4. $1^3+2^3+3^3+\cdots+(n-1)^3+n^3=\dfrac{1}{4}n^2(n+1)^2$

5. $1\times 2+2\times 3+3\times 4+\cdots+n\times(n+1)=\dfrac{1}{3}n(n+1)(n+2)$

6. $a+(a+d)+(a+2d)+\cdots+(a+nd)=(n+1)\left(a+\dfrac{1}{2}nd\right)$

7. $a+aq+aq^2+\cdots+aq^{n-1}=\dfrac{a(1-q^n)}{1-q}(q\neq 1)$

（四）指数运算

设 a, b 是正实数，m, n 是任意实数，则

$$a^m \cdot a^n = a^{m+n} \quad \frac{a^m}{a^n} = a^{m-n} \quad (a^m)^n = a^{mn} \quad \left(\frac{a}{b}\right)^m = \frac{a^m}{b^m} \quad (ab)^m = a^m \cdot b^m$$

（五）对数

1. $a^{\log_a N} = N \ (a>0, a \neq 1, N>0)$
2. $\log_a(M \cdot N) = \log_a M + \log_a N \ (M>0, N>0)$
3. $\log_a\left(\frac{M}{N}\right) = \log_a M - \log_a N$
4. $\log_a M^b = b \cdot \log_a M$
5. $\log_a M = \frac{\log_b M}{\log_b a} \ (a>0, a \neq 1, b>0, b \neq 1)$——换底公式

（六）二项式定理

$(a+b)^n = C_n^0 a^n + C_n^1 a^{n-1} b + C_n^2 a^{n-2} b^2 + \cdots + C_n^{n-1} a b^{n-1} + C_n^n b^n$，其中 n 为正整数

$C_n^k = \frac{n!}{(n-k)! \cdot k!} = \frac{n \cdot (n-1) \cdots (n-k+1)}{k!}, k = 0, 1, 2, \cdots, n$

（七）初等几何

1. 圆周长＝圆周率×直径（$C = \pi d = 2\pi r$）
2. 圆面积＝圆周率×半径×半径（$S = \pi r^2$）
3. 扇形面积＝$\frac{1}{2}$×半径×半径×圆心角 $\left(S = \frac{1}{2} r^2 \theta\right)$，其中 θ 以弧度为单位，且 $1° = \frac{\pi}{180}$ rad
4. 圆柱体体积＝底面积×高（$V = S \cdot h = \pi r^2 h$）
5. 圆锥体体积＝$\frac{1}{3}$×底面积×高 $\left(V = \frac{1}{3} S \cdot h = \frac{1}{3} \pi r^2 h\right)$
6. 球体的体积＝$\frac{4}{3}$×圆周率×半径×半径×半径 $\left(V = \frac{4}{3} \pi r^3\right)$
7. 球的表面积＝4×圆周率×半径×半径（$S = 4\pi r^2$）

（八）三角公式

1. 三角恒等式

$\sin^2 \alpha + \cos^2 \alpha = 1 \quad \sec^2 \alpha - \tan^2 \alpha = 1 \quad \csc^2 \alpha - \cot^2 \alpha = 1$

$\frac{\sin \alpha}{\cos \alpha} = \tan \alpha \quad \frac{\cos \alpha}{\sin \alpha} = \cot \alpha \quad \frac{1}{\cos \alpha} = \sec \alpha \quad \frac{1}{\sin \alpha} = \csc \alpha$

2. 加法与减法公式

$\sin(\alpha \pm \beta) = \sin \alpha \cos \beta \pm \cos \alpha \sin \beta \quad \cos(\alpha \pm \beta) = \cos \alpha \cos \beta \mp \sin \alpha \sin \beta$

$\tan(\alpha \pm \beta) = \frac{\tan \alpha \pm \tan \beta}{1 \mp \tan \alpha \tan \beta}$

3. 倍角公式

$\sin 2\alpha = 2 \sin \alpha \cos \alpha \quad \cos 2\alpha = \cos^2 \alpha - \sin^2 \alpha = 2\cos^2 \alpha - 1 = 1 - 2\sin^2 \alpha$

$\tan 2\alpha = \frac{2 \tan \alpha}{1 - \tan^2 \alpha}$

4. 半角公式

$$\sin\frac{\alpha}{2}=\pm\sqrt{\frac{1-\cos\alpha}{2}} \qquad \cos\frac{\alpha}{2}=\pm\sqrt{\frac{1+\cos\alpha}{2}}$$

$$\tan\frac{\alpha}{2}=\pm\sqrt{\frac{1-\cos\alpha}{1+\cos\alpha}}=\frac{1-\cos\alpha}{\sin\alpha}=\frac{\sin\alpha}{1+\cos\alpha}$$

5. 和差化积公式

$$\sin\alpha+\sin\beta=2\sin\frac{\alpha+\beta}{2}\cos\frac{\alpha-\beta}{2} \qquad \sin\alpha-\sin\beta=2\cos\frac{\alpha+\beta}{2}\sin\frac{\alpha-\beta}{2}$$

$$\cos\alpha+\cos\beta=2\cos\frac{\alpha+\beta}{2}\cos\frac{\alpha-\beta}{2} \qquad \cos\alpha-\cos\beta=-2\sin\frac{\alpha+\beta}{2}\sin\frac{\alpha-\beta}{2}$$

6. 积化和差公式

$$\sin\alpha\sin\beta=\frac{1}{2}[\sin(\alpha+\beta)+\sin(\alpha-\beta)]$$

$$\cos\alpha\sin\beta=\frac{1}{2}[\sin(\alpha+\beta)-\sin(\alpha-\beta)]$$

$$\cos\alpha\cos\beta=\frac{1}{2}[\cos(\alpha+\beta)+\cos(\alpha-\beta)]$$

$$\sin\alpha\sin\beta=-\frac{1}{2}[\cos(\alpha+\beta)-\cos(\alpha-\beta)]$$

(九) 复数

复数 z 一般表示 $z=a+bi$, 其中 $i=\sqrt{-1}$ 称为虚数单位, a、b 均为实数, 分别称为 z 的实部和虚部, 记为 $a=\mathrm{Re}z, b=\mathrm{Im}z$.

$|z|=\sqrt{a^2+b^2}$ 称为复数 z 的模.

$\mathrm{Arg}\,z=\arctan\frac{b}{a}$ 称为复数 z 的辐角. $\theta=\arg z\in[0,2\pi)$ 称为主辐角.

$z=a+bi=|z|(\cos\theta+i\sin\theta)=r(\cos\theta+i\sin\theta)=|z|\mathrm{e}^{\mathrm{i}\theta}=r\mathrm{e}^{\mathrm{i}\theta}$

(十) 不等式

1. $|a\pm b|\leqslant|a|+|b|$

2. $|a|-|b|\leqslant|a-b|\leqslant|a|+|b|$

3. $\left|\dfrac{a_1+a_2+\cdots+a_n}{n}\right|\leqslant\sqrt{\dfrac{a_1^2+a_2^2+\cdots+a_n^2}{n}}$

4. $\sqrt[n]{a_1\cdot a_2\cdots a_n}\leqslant\dfrac{a_1+a_2+\cdots+a_n}{n}\ (a_i>0, i=1,2,\cdots,n)$

附录二　常用平面曲线及其方程

1. 概率曲线　$y = e^{-ax^2} \ (a>0)$.

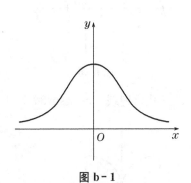

图 b-1

2. 笛卡儿叶形线　$x^3 + y^3 - 3axy = 0$.

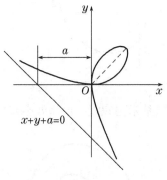

图 b-2

3. 抛物线　$x^{\frac{1}{2}} + y^{\frac{1}{2}} = a^{\frac{1}{2}}$.

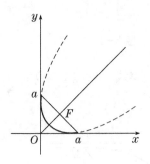

图 b-3

4. 伯努利双纽线　$r^2 = a^2 \cos 2\theta$.

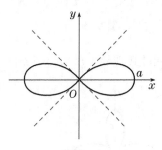

图 b-4

5. 摆线　$\begin{cases} x = a(t - \sin t), \\ y = a(1 - \cos t). \end{cases}$

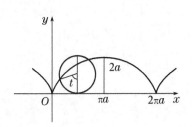

图 b-5

6. 内摆线（星形线）　$\begin{cases} x = a\cos^3 t, \\ y = a\sin^3 t. \end{cases}$

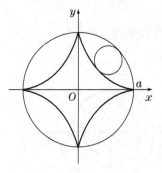

图 b-6

7. 心脏形线 $r=a(1+\cos\theta)$.

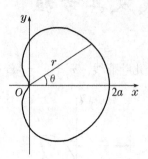

图 b-7

8. 圆的渐伸线（渐开线）
$$\begin{cases} x=a(\cos t+t\sin t), \\ y=a(\sin t-t\cos t). \end{cases}$$

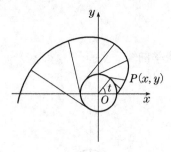

图 b-8

9. 阿基米德螺线 $r=a\theta(r\geqslant 0)$.

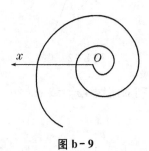

图 b-9

10. 三叶玫瑰线 $r=a\sin 3\theta$.

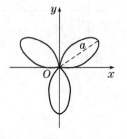

图 b-10

11. 四叶玫瑰线 $r=a\cos 2\theta$.

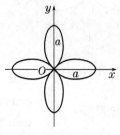

图 b-11

12. 双曲螺线 $r=\dfrac{a}{\theta}(r>0)$.

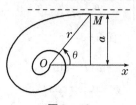

图 b-12

13. 对数螺线 $r=e^{a\theta}(a>0)$.

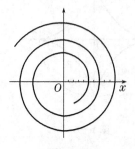

图 b-13

习题参考答案与提示

第一章

习题 1.1

1. (1) $(-5,5)$　(2) $\left[\dfrac{17}{6},\dfrac{19}{6}\right]$　(3) $(-\infty,-10)\cup(10,+\infty)$　(4) $(0.99,1)\cup(1,1.01)$

2. (1) $(3,+\infty)$　(2) $(4,5)$

3. (1) 不同　(2) 不同　(3) 相同　(4) 不同

4. (1) $(0,3)$　(2) $(-\infty,1)\cup(1,2)\cup(2,+\infty)$　(3) $[-5,5)$　(4) $[-1,2)$

5. (1) 奇函数　(2) 奇函数　(3) 非奇非偶函数　(4) 偶函数

6. (1) $y=\ln u, u=\tan x$　(2) $y=e^u, u=x^3$　(3) $y=\cos u, u=e^v, v=\sqrt{x}$　(4) $y=\sqrt{u}, u=\ln v, v=\sqrt{x}$
(5) $y=\tan u, u=x^2+1$　(6) $y=\arctan u, u=\dfrac{x-1}{x+1}$

7. $f[g(x)]=\begin{cases}2\ln x, & 1\le x\le e\\ \ln^2 x, & e<x\le e^2\end{cases}$　$g[f(x)]=\begin{cases}\ln 2x, & 0\le x\le 1\\ 2\ln x, & 1<x\le 2\end{cases}$

8. $y=\begin{cases}150x, & 0\le x\le 800\\ 12\,000+120(x-800), & 800<x\le 1\,600\end{cases}$

9. $P=P(r)=a\left(5\pi r^2+\dfrac{80}{r}\pi\right)$（元）

10. $y=-\dfrac{x^2}{25}+4$ 　$(-10<x<10)$

习题 1.2

1. (1) 收敛　0　(2) 收敛　0　(3) 收敛　3　(4) 收敛　1　(5) 发散　(6) 发散

2. 不存在

3. $b=2$

4. (1) 无穷小　(2) 无穷大　(3) 既不是无穷小也不是无穷大　(4) 无穷小

5. (1) 0　(2) 0

6. (1) -1　(2) $\dfrac{2}{3}$　(3) 12　(4) $\dfrac{1}{2}$　(5) 2　(6) 1

7. (1) $2\sqrt{5}$　(2) $\dfrac{\pi}{4}$　(3) 0　(4) $\sqrt{2}$

8. $a=-3$　$b=2$

9. (1) 4　(2) $\dfrac{2}{5}$　(3) $\dfrac{9}{2}$　(4) x

10. (1) e^{-3}　(2) e^3　(3) e^{-1}　(4) e^2

习题 1.3

1. (1) 1　(2) $\Delta x^2+2\Delta x$　(3) $\Delta x^2+2x_0\Delta x-2\Delta x$

2. 连续

3. e^{-1}

4. $a=3$　$b=2$

5. 是连续函数. $\lim\limits_{x\to 7}f(x)=13.4$

6. (1) $x=-1$ 是第一类可去间断点；$x=3$ 是第二类无穷间断点　(2) $x=2k\pi\pm\dfrac{\pi}{2}$，$k\in\mathbf{N}$ 是第二类振荡间断点　(3) $x=1$ 是第一类跳跃间断点

7. 函数 $f(x)$ 在 $x=0$ 处不连续．冰化成水要吸收大量的热量，但温度始终为 0℃

8. $x=1$　$x=4$

9. $f(x)$ 在 $(-\infty,-1)$ 与 $(-1,+\infty)$ 内连续，$x=-1$ 为第一类跳跃间断点

10. 略

习题 1.4

1. (1) 8　(2) 0　(3) $\dfrac{1}{2}$　(4) e^5　(5) e^4　(6) e^{-1}

2. 不连续

3. 偶函数，图像略

4. 单调减区间 $(-\infty, 0.631\,2)$　单调增区间 $(0.631\,2, \infty)$

5. $x_1=-4$，$x_2=3$

6. $\dfrac{384}{41}$，$\dfrac{75}{41}$

第二章

习题 2.1

1. (1) $3x^2$　(2) $-\dfrac{2}{x^2}$

2. (1) 不可导　(2) 可导

3. (1) $-f'(x_0)$　(2) $2f'(x_0)$　(3) $2f'(x_0)$

4. $a=2$　$b=-2$

5. 连续　可导

6. 切线方程 $4x-y-4=0$，法线方程 $x+4y-18=0$

7. $x=0$　$x=\dfrac{2}{3}$

8. 18

9. $m'(x_0)$

习题 2.2

1. (1) $\pi x^{\pi-1}+\pi^x\ln\pi-\dfrac{1}{x}$　(2) $\ln x+1$　(3) $\dfrac{1-x}{2\sqrt{x}(1+x)^2}$　(4) $\dfrac{\cos x-\sin x-1}{(1-\cos x)^2}$　(5) $\tan x\cdot\sec x\cdot\arcsin x+\dfrac{1+\sec x}{\sqrt{1-x^2}}$　(6) $\dfrac{9}{2}\sqrt{x}-\dfrac{1}{\sqrt{x}}-\dfrac{1}{2}x^{-\frac{3}{2}}$　(7) $e^x\csc x+xe^x\csc x-xe^x\cot x\cdot\csc x$　(8) $\dfrac{1}{3}x^{-\frac{2}{3}}e^x+\sqrt[3]{x}e^x+3^x\ln 3\cdot\log_2 x+\dfrac{3^x}{x\ln 2}$

2. (1) $900x^8(x^9-1)^{99}$　(2) $\dfrac{x}{\sqrt{1+x^2}}$　(3) $\dfrac{1}{\sqrt{1+x^2}}$　(4) $\dfrac{1}{2\sqrt{x+\sqrt{x}}}\left(1+\dfrac{1}{2\sqrt{x}}\right)$　(5) $\sqrt{x^2+1}+\dfrac{(x-1)x}{\sqrt{x^2+1}}$　(6) $3\sin(4-3x)$　(7) $-\dfrac{2}{(1+x)^2}\sec^2\dfrac{1-x}{1+x}$　(8) $-\dfrac{\sin(2x+1)}{\sqrt{1+\cos(2x+1)}}$

3. (1) $\dfrac{1}{2}$　(2) 0,2　(3) $\ln 7$　(4) $4\ln 2$　(5) -2　(6) $n!$　(7) $\dfrac{1}{3}$　(8) $-\dfrac{1}{2}$

4. $a=2$　$b=-3$

5. $\dfrac{1}{4\pi}$(cm/s)

6. 600

习题 2.3

1. (1) $\dfrac{e^{x+y}-y}{x-e^{x+y}}$ (2) $\dfrac{e^y}{1+xe^y}$ (3) $\dfrac{1-ye^{xy}}{xe^{xy}+2y}$ (4) $\dfrac{x}{\cos\dfrac{y}{x}}+\dfrac{y}{x}$ (5) 0   (6) $\dfrac{\ln 2}{1-2\ln 2}$

2. $y-8x+9=0$

3. (1) $x^{\sin x}\left[\cos x\cdot\ln x+\dfrac{\sin x}{x}\right]$ (2) $\left(\dfrac{x}{x+1}\right)^x\left[\ln\dfrac{x}{x+1}+\dfrac{1}{x+1}\right]$ (3) $\dfrac{1}{2}\sqrt{x\sin x}\sqrt{e^x}\left(\dfrac{1}{x}-\cot x+\dfrac{1}{2}\right)$ (4) $-\dfrac{1}{x^2}(1+\cos x)^{\frac{1}{x}}\left[\ln(1+\cos x)+\dfrac{x\sin x}{1+\cos x}\right]$

4. (1) $\dfrac{\sin t}{1-\cos t}$ (2) 0

5. $a=\dfrac{1}{2}e-2$ $b=1-\dfrac{1}{2}e$ $c=1$

习题 2.4

1. (1) $20(x+10)^3$ (2) $4+9\cos 3x$ (3) $\dfrac{-3+6x^2}{\sqrt{1-x^2}}$ (4) $2x(3+2x^2)e^{x^2}$

2. (1) $y'=5x^4+3x^2+1$ $y''=20x^3+6x$ $y'''=60x^2+6$ $y^{(4)}=120x$ $y^{(5)}=120$ $y^{(n)}=0(n=6,7,\cdots)$ (2) $\dfrac{(-1)^n 2n!}{(1+x)^{n+1}}(n=1,2,\cdots)$ (3) $2^{n-1}\sin\left[2x+(n-1)\dfrac{\pi}{2}\right](n\geqslant 1)$ (4) $(-1)^{n-1}\dfrac{(n-1)!}{x^n}$

3. $-\dfrac{\sqrt{3}}{6}\pi A$ $-\dfrac{1}{18}\pi^2 A$

习题 2.5

1. (1) $\dfrac{1}{2}x^2+C$ (2) $\dfrac{1}{3}\sin 3x+C$ (3) x^3+C (4) $\arctan x+C$ (5) $\ln(x-1)+C$ (6) $\dfrac{1}{2}e^{x^2}+C$

2. -1.414 -1.2 $0.119\,401$ 0.12

3. (1) $\dfrac{1}{2}\cot\dfrac{x}{2}dx$ (2) $\ln x dx$ (3) $e^{-x}[\sin(3-x)-\cos(3-x)]dx$ (4) $(2x\cos 2x-2x^2\sin 2x)dx$ (5) $\dfrac{y\cos(xy)}{2y-x\cos(xy)}dx$ (6) $(1+x)^{\sec x}\left[\sec x\cdot\tan x\cdot\ln(1+x)+\dfrac{\sec x}{1+x}\right]dx$

4. (1) 1.05   (2) 5.013

5. $39.27\ \text{cm}^3$

习题 2.6

1. $\xi=1$

2. $\xi=e-1$

4. (1) 提示：将 $f(x)=e^x$ 在 $[0,x]$ 上用拉格朗日中值定理   (2) 提示：将 $f(x)=\sin x$ 在以 a,b 为端点的区间上用拉格朗日中值定理

6. (1) $\dfrac{5}{8}$ (2) $-\dfrac{3}{5}$ (3) $1-\ln 2$ (4) 1   (5) $\dfrac{1}{6}$ (6) 1   (7) $+\infty$ (8) $\dfrac{1}{3}$ (9) $-\dfrac{1}{4}$ (10) 0   (11) $\dfrac{1}{2}$ (12) 1

7. (1) 极限为 1   (2) 极限为 0

习题 2.7

1. (1) 单调增区间为 $(-\infty,0)$ 单调减区间为 $(0,+\infty)$ (2) 单调增区间为 $\left(-\dfrac{1}{2},0\right)$ 和 $\left(\dfrac{1}{2},+\infty\right)$ 单调减区间为 $\left(-\infty,-\dfrac{1}{2}\right)$ 和 $\left(0,\dfrac{1}{2}\right)$ (3) 单调增区间为 $(0,1)$ 单调减区间为 $(1,2)$

(4) 单调增区间为$(-\infty,-1]$和$[3,+\infty)$ 单调减区间为$(-1,3)$

3. (1) 极大值为$y(0)=7$ 极小值为$y(2)=3$ (2) 极大值为$y(2)=\dfrac{4}{e^2}$ 极小值为$y(0)=0$ (3) 极大值为$y(\pm 1)=1$ (4) 极大值为$y\left(\dfrac{1}{3}\right)=\dfrac{\sqrt[3]{4}}{3}$ 极小值为$y(0)=y(1)=0$

4. (1) 最大值为$f(2)=\ln 5$ 最小值为$f(0)=0$ (2) 最大值为$f\left(\dfrac{\pi}{4}\right)=-1$ 最小值为$f\left(-\dfrac{\pi}{4}\right)=-3$ (3) 最大值为$f(4)=8$ 最小值为$f(0)=0$ (4) 最大值为$f(1)=\dfrac{1}{2}$ 最小值为$f(0)=0$

5. $r=\dfrac{2}{\sqrt[3]{\pi}}$ $h=\dfrac{4}{\sqrt[3]{\pi}}$

6. 长为 10 m,宽为 5 m

7. 这两个数均为 4 时,它们的立方和最大

8. 经过 5 小时,两船相距最近

习题 2.8

1. (1) 凸区间为$(-\infty,2)$ 凹区间为$(2,+\infty)$,拐点为$(2,12)$ (2) 凸区间为$(-\infty,2)$ 凹区间为$(2,+\infty)$,拐点为$\left(2,\dfrac{2}{e^2}\right)$ (3) 凸区间为$(-\infty,-1)\cup(1,+\infty)$ 凹区间为$(-1,1)$,拐点为$(\pm 1,\ln 2)$ (4) 凸区间为$(-\infty,3)$ 凹区间为$(3,+\infty)$,拐点为$(3,1)$

2. (1) 水平渐近线为$y=0$ (2) 铅直渐近线为$x=-3$ (3) 水平渐近线为$y=0$,铅直渐近线为$x=1$ (4) 水平渐近线为$y=2$,铅直渐近线为$x=\pm 1$

3. $a=-1$ $b=3$

4. $a=-3$ $b=0$ $c=1$

习题 2.9

1. (1) $y'=6x^2(x^3+1), y''=30x^4+12x$ (2) $y'=2^x \ln 2 \cdot \cos 2^x, y''=2^x(\ln 2)^2 \cos 2^x-(2^x \ln 2)^2 \sin 2^x$

2. (1) 0.761 3 (2) 2.773

3. (1) 极大值为$y\left(-\dfrac{1}{2}\right)=\dfrac{15}{4}$ 极小值为$y(1)=-3$ (2) 极小值为$y(0)=0$

第三章

习题 3.1

1. (1) $-\dfrac{1}{2x^2}+C$ (2) $\dfrac{1}{2}x^6-2x^2+x+C$ (3) $\dfrac{2}{7}x^3\sqrt{x}+C$ (4) $e^x-3\sin x+C$ (5) $\dfrac{2^x e^x}{1+\ln 2}+C$ (6) $\dfrac{1}{3}x^3-2x^2+4x+C$ (7) $2\arcsin x+3\arctan x+C$ (8) $2\sin x-3\cot x+C$

2. (1) $\dfrac{1}{2}x^2-3x+3\ln|x|+\dfrac{1}{x}+C$ (2) $x+2\arctan x+C$ (3) $\dfrac{1}{2}(x-\sin x)+C$ (4) $-\dfrac{1}{x}-\arctan x+C$ (5) $\dfrac{1}{3}x^3+\dfrac{1}{2}x^2-2x+C$ (6) $\tan x-\sec x+C$ (7) $\sin x-\cos x+C$ (8) $-\cot x-\tan x+C$ (9) $x-\cos x+C$ (10) $2(x+\sin x)+C$

3. $f(x)=x^4+C, f(x)=x^4$

习题 3.2

1. (1) $-\dfrac{1}{3}\cos(3x+4)+C$ (2) $\dfrac{1}{8}(2x+1)^4+C$ (3) $-\dfrac{1}{3(3x+2)}+C$ (4) $\dfrac{1}{2}\ln|2x+5|+C$ (5) $\dfrac{1}{2}(3x+2)^{\frac{2}{3}}+C$ (6) $-\dfrac{1}{5}e^{-5x}+C$

2. (1) $2e^{\sqrt{x}}+C$ (2) $-\frac{1}{3}(1-x^2)^{\frac{3}{2}}+C$ (3) $e^{x^2}+c$ (4) $\ln|\ln x|+c$ (5) $-\frac{1}{\ln x}-\frac{1}{x}+C$ (6) $\frac{1}{2}x-\frac{3}{4}\ln|2x+3|+C$ (7) $\frac{1}{\ln 2}\ln(1+2^x)+C$ (8) $\frac{1}{2}x^2-x-2\ln|x+1|+C$ (9) $\frac{1}{3}\cos\frac{3}{x}+C$ (10) $\ln|x-1|-\frac{2}{x-1}+C$ (11) $\frac{1}{2}[\ln(x^2+1)+\arctan^2 x]+C$ (12) $\frac{1}{2}[x^2-\ln(1+x^2)]+C$

3. (1) $-\cos x+\frac{1}{3}\cos^3 x+C$ (2) $\frac{1}{3}\sin^3 x-\frac{2}{5}\sin^5 x+\frac{1}{7}\sin^7 x+C$ (3) $\frac{1}{2}x+\frac{1}{4}\sin 2x+C$ (4) $\frac{3}{8}x+\frac{1}{4}\sin 2x+\frac{1}{32}\sin 4x+C$ (5) $\frac{1}{2}\tan^2 x+C$ (6) $-\cot x+\csc x+C$ (7) $-\frac{1}{2}\ln(1+\cos^2 x)+C$ (8) $\ln|\cos x|+\frac{1}{2}\tan^2 x+C$ (9) $3\tan x+\cot x+C$ (10) $\ln|x-\sin x|+C$ (11) $\frac{1}{\sqrt{2}}\arcsin\left(\frac{\sin x}{2}\right)+C$ (12) $\tan x-\sec x+C$

4. (1) $\frac{1}{2}\arctan 2x+C$ (2) $\frac{1}{6}\arctan\frac{x^3}{2}+C$ (3) $\arctan(e^x)+C$ (4) $\arctan\ln x+C$ (5) $\arcsin\frac{x}{3}+C$ (6) $\frac{1}{2}\arcsin\frac{2}{3}x+\frac{1}{4}\sqrt{9-4x^2}+C$ (7) $\frac{1}{3}\ln\left|\frac{x-4}{x-1}\right|+C$ (8) $\frac{1}{4a^2}\ln\left|\frac{x^2+a^2}{x^2-a^2}\right|+C$ (9) $\arcsin\frac{x+1}{\sqrt{2}}+C$ (10) $\frac{1}{2}\arctan\frac{x+1}{2}+C$

5. (1) $2(\sqrt{x-1}-\arctan\sqrt{x-1})+C$ (2) $\frac{3}{2}\sqrt[3]{(x+2)^2}-3\sqrt[3]{x+2}+\ln|1+\sqrt[3]{x+2}|+C$ (3) $2[\sqrt{x}-2\ln(\sqrt{x}+2)]+C$ (4) $-2\sqrt{\frac{1+x}{x}}-\ln\frac{\sqrt{1+x}-\sqrt{x}}{\sqrt{1+x}+\sqrt{x}}+C$ (5) $\ln\left|\frac{1-\sqrt{1-x^2}}{x}\right|+\sqrt{1-x^2}+C$ (6) $\sqrt{x^2-1}-\arccos\frac{1}{x}+C$ (7) $-\frac{\sqrt{1-x^2}}{x}-\arcsin x+C$ (8) $-\ln\frac{\sqrt{1+x^2}-1}{x}+C$ (9) $\frac{x}{4\sqrt{4+x^2}}+C$ (10) $\frac{2-x^2}{\sqrt{1-x^2}}+C$ (11) $\frac{2x-1}{10(3-x)^5}+C$ (12) $\frac{1}{25}\left[\frac{1}{17}(5x-1)^{17}+\frac{1}{16}(5x-1)^{16}\right]+C$

习题 3.3

1. (1) $x\tan x+\ln|\cos x|+C$ (2) $x\tan x+\ln|\cos x|-\frac{1}{2}x^2+C$ (3) $x\sin x+\cos x+C$ (4) $x^2\sin x+2x\cos x-2\sin x+C$ (5) $-\frac{1}{4}x\cos 2x+\frac{1}{8}\sin 2x+C$ (6) $\frac{1}{4}x^2-\frac{x}{4}\sin 2x-\frac{1}{8}\cos 2x+C$ (7) $-2\sqrt{x}\cos\sqrt{x}+2\sin\sqrt{x}+C$ (8) $-\frac{1}{2}x^4\cos x^2+x^2\sin x^2+\cos x^2+C$ (9) $-\frac{1}{2}\left(\frac{x}{\sin^2 x}+\cot x\right)+C$ (10) $-\sqrt{1-x^2}\arcsin x+x+C$

2. (1) $\frac{1}{4}x^4\ln x-\frac{1}{16}x^4+C$ (2) $-\frac{\ln x+1}{x}+C$ (3) $x\ln(1+x^2)-2x+2\arctan x+C$ (4) $\frac{1}{2}\left[x^2\ln(x-1)-\frac{1}{2}x^2-x-\ln(x-1)\right]+C$

3. (1) xe^x-e^x+C (2) $-\frac{1}{2}xe^{-2x}-\frac{1}{4}e^{-2x}+C$ (3) $\frac{5^x}{\ln 5}\left(x-1-\frac{1}{\ln 5}\right)+C$ (4) $-\frac{x^2+1}{2}e^{-x^2}+C$ (5) $-2\sqrt{x}e^{\sqrt{x}}+4e^{\sqrt{x}}+C$ (6) $2xe^{\sqrt{x}}-4\sqrt{x}e^{\sqrt{x}}+4e^{\sqrt{x}}+C$

4. (1) $x\arcsin x+\sqrt{1-x^2}+C$ (2) $2\sqrt{x}\arcsin\sqrt{x}+2\sqrt{1-x}+C$ (3) $x\arctan x-\frac{1}{2}\ln|1+x^2|+C$ (4) $\frac{1}{2}x^2\arctan x-\frac{1}{2}x+\frac{1}{2}\arctan x+C$ (5) $(x+1)\arctan\sqrt{x}-\sqrt{x}+C$ (6) $\frac{1}{3}x^3\arctan x-\frac{1}{6}x^2+\frac{1}{6}\ln(1+x^2)+C$

5. (1) $\frac{1}{2}e^x(\cos x+\sin x)+C$ (2) $\frac{1}{5}e^x(\sin 2x-2\cos 2x)+C$ (3) $\frac{1}{2}e^x+\frac{1}{5}e^x(\cos 2x+2\sin 2x)+C$
(4) $\frac{1}{2}x(\cos\ln x+\sin\ln x)+C$

习题 3.4

(1) $\frac{1}{2}\ln\left|\frac{x}{x+2}\right|+C$ (2) $\frac{1}{3}x^3-\frac{3}{2}x^2+9x-27\ln|x+3|+C$ (3) $\frac{1}{2}[\ln x^2-\ln(x^2+1)]+C$

(4) $7\ln|x-2|-4\ln|x-1|+C$ (5) $\frac{1}{2}\ln(x^2+2x+3)-\frac{3}{\sqrt{2}}\arctan\frac{x+1}{\sqrt{2}}+C$ (6) $\frac{1}{x+1}+\frac{1}{2}\ln|x^2-1|+C$

(7) $\frac{1}{2}x^2+x+\frac{1}{3}\arctan\frac{x}{3}+C$ (8) $\ln\frac{(x+1)^2}{x^2+2}-\frac{3}{x+1}+C$ (9) $2\ln|x+2|-\frac{1}{2}\ln|x+1|-\frac{3}{2}\ln|x+3|+C$ (10) $\ln|x|-\frac{1}{2}\ln|x+1|-\frac{1}{4}\ln|x^2+1|-\frac{1}{2}\arctan x+C$

习题 3.5

1. (1) 正 (2) 正
2. (1) $\leqslant$ (2) $\geqslant$ (3) $\geqslant$ (4) $\geqslant$
3. (1) $\int_0^1(x^2+1)dx$ (2) $\int_1^e \ln x\, dx$ (3) $\int_0^2 x\, dx-\int_0^1(x-x^2)dx$ 或 $\int_0^1 x^2 dx+\int_1^2 x\, dx$
4. (1) $[1,\sqrt{2}]$ (2) $\left[\frac{\pi}{2},\pi\right]$
5. (1) 1 (2) $f(x)=x^2+\frac{2}{3}$

习题 3.6

1. (1) e^{-x} (2) $2xe^{-x^2}$ (3) $2xe^{-x^2}-e^{-x}$
2. (1) $\frac{1}{2}$ (2) e (3) $\frac{1}{2e}$
3. (1) $-\ln 2$ (2) $\frac{3}{8}$ (3) $2\ln 3-3\ln 2$ (4) $\pi-\frac{4}{3}$ (5) $\frac{\pi}{4}$ (6) $\frac{\pi}{3}$ (7) $\frac{1}{2}$ (8) $\frac{3}{2}$ (9) $\frac{4}{3}$ (10) $\frac{1}{100}$ (11) 2 (12) $\frac{5}{2}$
4. $\frac{\sqrt{3}}{3}$
5. $-\arctan 2$
6. $\frac{17}{2}$

习题 3.7

1. (1) $2(2-\ln 3)$ (2) $\frac{5}{2}$ (3) π (4) $\frac{1}{5}$ (5) $\frac{4}{5}$ (6) $\frac{\pi}{4}+\frac{\sqrt{2}}{2}-1$ (7) $\frac{4}{5}$ (8) $\frac{\pi}{2}$
2. (1) 2 (2) $\frac{1}{2}(1-\ln 2)$ (3) $\frac{3}{5}(e^\pi-1)$ (4) $\frac{1}{4}\pi^2$ (5) $5\ln 5-3\ln 3-2$ (6) $\frac{9-4\sqrt{3}}{36}\pi+\frac{1}{2}\ln\frac{3}{2}$
3. (1) 0 (2) $\frac{\pi}{2}$ (3) $4-\pi$ (4) $\frac{2\sqrt{3}\pi}{3}-2\ln 2$
4. $\ln 2-\frac{1}{2}e^{-4}+\frac{1}{2}$
5. (1) 略 (2) $\frac{\pi^2}{4}$

习题 3.8

1. (1) $\dfrac{1}{6}$ (2) 2 (3) $\left(\dfrac{3}{2}-\ln 2\right)a^2$ (4) $2\sqrt{2}$ (5) 2 (6) $2\pi+\dfrac{4}{3}, 6\pi-\dfrac{4}{3}$ (7) $\dfrac{49}{15}$ (8) $\dfrac{1}{2}(6-3\sqrt{3}+\pi)$

2. (1) $8\pi a^3$ (2) $\dfrac{\pi}{2}(e^2-1)$ (3) $\dfrac{3}{10}\pi$ (4) 56π (5) $\dfrac{43}{96}\pi$ (6) $\dfrac{16}{3}\pi, \pi$ (7) $\dfrac{\pi}{2}, 2\pi$

3. (1) $1+\dfrac{1}{2}\ln\dfrac{3}{2}$ (2) $\dfrac{1}{2}-\ln 3$ (3) $\dfrac{1}{2}\pi^2$ (4) $\ln(1+\sqrt{2})$

4. (1) 10 m (2) 1 250 焦耳 (3) $\dfrac{14}{3}$

习题 3.9

(1) $\dfrac{1}{3}$ (2) 发散 (3) 发散 (4) $\dfrac{1}{2}\ln 3$ (5) π (6) $\dfrac{1}{2}$

习题 3.10

1. (1) $\dfrac{1}{100}(x^2-1)^{50}+C$ (2) $e^{\sin x}+C$ (3) $e^x(x^2-2x+2)+C$ (4) $x\arctan x-\dfrac{1}{2}\ln(x^2+1)+C$

2. (1) $\ln\dfrac{3}{2}$ (2) $\dfrac{\sqrt{3}}{2}-\dfrac{1}{6}$ (3) 2 (4) $\dfrac{1}{4}(e^2+1)$

3. (1) $\dfrac{1}{2}$ (2) 发散

第四章

习题 4.1

1. (1) 1 (2) 2 (3) 2 (4) 1

2. (1) 不是解 (2) 不是解 (3) 不是解 (4) 是通解 (5) 是解但不是通解

习题 4.2

1. (1) $y\sqrt{x^2+1}=C$ (2) $(e^x+C)e^y+1=0$ (3) $\ln|y|=\dfrac{x^2}{2y^2}+C$ (4) $\ln|y|=x\ln x-x+C$

2. (1) $y=(x+C)e^x$ (2) $y=(x+C)\cos x$ (3) $y=x^2\left(\dfrac{1}{2}\ln|x|+C\right)$ (4) $y=(x+C)e^{-\sin x}$

3. (1) $\cos y=\dfrac{\sqrt{2}}{2}\cos x$ (2) $y=\dfrac{2}{3}(4-e^{-3x})$

4. $y=x-x\ln x$

5. 现存量 M 与时间 t 的关系为 $M=M_0\cdot e^{-0.000433t}$

习题 4.3

1. (1) $y=C_1e^{5x}+C_2e^{-x}$ (2) $y=C_1+C_2e^{-2x}$ (3) $y=(C_1+C_2x)e^{3x}$ (4) $y=e^{\frac{1}{2}x}\left(C_1\cos\dfrac{\sqrt{3}}{2}x+C_2\sin\dfrac{\sqrt{3}}{2}x\right)$

2. (1) $y=(2+x)e^{-\frac{x}{2}}$ (2) $y=e^{-x}(\cos 3x+\sin 3x)$

3. (1) $y=-2x+C_1\cos x+C_2\sin x$ (2) $y=C_1e^{-2x}+C_2e^{2x}+\dfrac{1}{4}xe^{2x}$ (3) $y=C_1e^x+C_2e^{2x}+2xe^{2x}$ (4) $y=C_1+C_2e^{4x}+\left(-\dfrac{1}{3}x+\dfrac{2}{9}\right)e^x$ (5) $y=C_1e^{-x}+C_2e^{-2x}-\cos 2x+3\sin 2x$ (6) $y=C_1\cos 2x+C_2\sin 2x-\dfrac{1}{4}x\cos 2x$

4. $y = \dfrac{1}{2}(e^x - e^{-x})$

5. $x(t) = a + \dfrac{A}{m \cdot \omega^2}(1 - \cos\omega t)$

习题 4.4

1. $\dfrac{1}{y} = Ce^x + x + 1$

2. $y = -2 + 2e^x - \dfrac{1}{2}x^2 - x$

第五章

习题 5.1

1. (1) $S_n = \dfrac{1}{2}\left(1 - \dfrac{1}{2n+1}\right), S = \dfrac{1}{2}$ (2) $S_n = \dfrac{1}{3}\left[1 - \left(-\dfrac{1}{2}\right)^n\right], S = \dfrac{1}{3}$ (3) $S_n = \sqrt{n+1} - 1$ (4) $S_n = \dfrac{1}{4} - \dfrac{1}{n+4}, S = \dfrac{1}{4}$

2. (1) 收敛 (2) 发散 (3) 发散 (4) 收敛 (5) 发散 (6) 发散 (7) 发散 (8) 收敛

习题 5.2

1. (1) 收敛 (2) 发散 (3) 收敛 (4) 收敛

2. (1) 发散 (2) 收敛 (3) 收敛 (4) 当 $0 < q < e$ 时,收敛;当 $q \geq e$ 时,发散

3. (1) 绝对收敛 (2) 条件收敛 (3) 绝对收敛 (4) 绝对收敛

习题 5.3

1. 不是 是 收敛 发散

2. (1) $R = 1, (-1, 1)$ (2) $R = 6, (-6, 6)$ (3) $R = 3, [-3, 3]$ (4) $R = \dfrac{1}{2}, \left[-\dfrac{1}{2}, \dfrac{1}{2}\right]$ (5) $R = +\infty, (-\infty, +\infty)$ (6) $R = 0$,仅在 $x = 0$ 处收敛 (7) $R = \sqrt{2}, (-\sqrt{2}, \sqrt{2})$ (8) $R = 2, (0, 4)$

3. (1) $\sum\limits_{n=1}^{+\infty} \dfrac{x^n}{n} = -\ln(1-x)$, $\sum\limits_{n=1}^{+\infty} \dfrac{1}{n \cdot 2^n} = \ln 2$ (2) $\sum\limits_{n=1}^{+\infty}(n \cdot x^{n-1}) = \dfrac{1}{(1-x)^2}$, $\sum\limits_{n=1}^{+\infty} \dfrac{n}{3^{n-1}} = \dfrac{9}{4}$

习题 5.4

1. (1) 8.960 4 (2) 18.589 6

2. (1) 发散 (2) 发散

3. 第五项：$\dfrac{x^3}{6} + x$；第十项：$\dfrac{35x^9}{1152} + \dfrac{5x^7}{112} + \dfrac{3x^5}{40} + \dfrac{x^3}{6} + x$

4. 五阶：$x\hat{\ }5/6 + x\hat{\ }4/2 + x\hat{\ }3 + x\hat{\ }2$　九阶：$x\hat{\ }9/5040 + x\hat{\ }8/720 + x\hat{\ }7/120 + x\hat{\ }6/24 + x\hat{\ }5/6 + x\hat{\ }4/2 + x\hat{\ }3 + x\hat{\ }2$

第六章

习题 6.1

1. (1) $3x^2 + 1 = \pi^2 + 1 + 12\sum\limits_{n=1}^{\infty} \dfrac{(-1)^n}{n^2}\cos nx \ (-\infty < x < +\infty)$ (2) $\dfrac{\pi - 2}{2} = \dfrac{\pi}{2} + \sum\limits_{n=1}^{\infty}\dfrac{(-1)^n}{n}\sin nx$ ($x \neq (2k+1)\pi (k = 0, \pm 1, \pm 2, \cdots)$) (3) $|x| = \dfrac{\pi}{2} - \dfrac{4}{\pi}\sum\limits_{n=1}^{\infty}\dfrac{1}{(2n-1)^2}\cos(2n-1)x \ (-\infty < x < +\infty)$ (4) $f(x) = \dfrac{e^\pi - 1}{2\pi} + \dfrac{1}{\pi}\sum\limits_{n=1}^{\infty}\left[\dfrac{(-1)^n e^\pi - 1}{n^2 + 1}\cos nx + \dfrac{n(-1)^{n+1} e^\pi + 1}{n^2 + 1}\sin nx\right]$ ($x \neq (2k+1)\pi (k = 0, \pm 1, \pm 2, \cdots)$)

2. $x + \pi = \pi + 2\sum\limits_{n=1}^{\infty}\dfrac{(-1)^{n+1}}{n}\sin nx, x \in (-\pi, \pi)$

3. $f(x)=\dfrac{2}{\pi}\sum_{n=1}^{\infty}\dfrac{1-\cos nh}{n}\sin nx, x\in(0,h)\cup(h,\pi)$ $f(x)=\dfrac{h}{\pi}+\dfrac{2}{\pi}\sum_{n=1}^{\infty}\dfrac{\sin nh}{n}\cos nx, x\in[0,h)\cup(h,\pi]$

4. $f(x)=-\dfrac{1}{2}+\sum_{n=1}^{\infty}\left[\dfrac{6}{n^2\pi^2}(1-(-1)^n)\cos\dfrac{n\pi}{3}x+\dfrac{6(-1)^{n+1}}{n\pi}\sin\dfrac{n\pi}{3}x\right],(x\neq 3(2k+1)\pi(k=0,\pm 1,\pm 2,\cdots))$

5. $u(t)=\dfrac{1}{2}+\sum_{n=1}^{\infty}\left[\dfrac{2}{(2n-1)\pi}\sin\left(n-\dfrac{1}{2}\right)\pi t\right],(t\neq 2k(k=0,\pm 1,\pm 2,\cdots))$

习题 6.2

1. (1) $F(\omega)=\dfrac{2E}{\omega}\sin 2\omega$ (2) $F(\omega)=\dfrac{1}{i\omega}(2-e^{i\omega}-e^{-i\omega})$ (3) $F(\omega)=\dfrac{2\beta}{\beta^2+\omega^2}$

(4) $F(\omega)=\dfrac{4(\sin\omega-\omega\cos\omega)}{\omega^3}$

2. (1) $F(\omega)=\dfrac{1}{2}(e^{i\omega a}+e^{i\omega\frac{a}{2}})$ (2) $F(\omega)=\dfrac{\pi i}{2}[\delta(\omega+2)-\delta(\omega-2)]$ (3) $F(\omega)=\pi i[\delta(\omega+5)-\delta(\omega-1)]$ (4) $F(\omega)=\pi i[\delta'(\omega+1)+\delta'(\omega-1)]$ (5) $F(\omega)=\dfrac{\pi i}{4}[3\delta(\omega+1)-\delta(\omega+3)+\delta(\omega-3)-3\delta(\omega-1)]$

(6) $F(\omega)=\dfrac{\pi}{2}[(\sqrt{3}+i)\delta(\omega+5)+(\sqrt{3}-i)\delta(\omega-5)]$

3. (1) $\dfrac{d}{d\omega}\left[\dfrac{i}{2}F\left(\dfrac{\omega}{2}\right)\right]$ (2) $-F(\omega)-\omega F'(\omega)$ (3) $\dfrac{1}{2}e^{-\frac{5}{2}i\omega}F\left(\dfrac{\omega}{2}\right)$ (4) $e^{-i\omega}F(\omega)$

4. (1) $f(t)=\dfrac{\sin 2t}{i\pi}$ (2) $f(t)=\delta(t)-2u(t)e^{-2t}$ (3) $f(t)=u(t-1)$ (4) $f(t)=\begin{cases}\dfrac{1}{5}(e^{-\frac{4}{3}t}-e^{-3t}), & t\geq 0,\\ 0, & t<0.\end{cases}$

习题 6.3

1. (1) $F(\omega)=\dfrac{2A}{\omega}e^{-i\omega\frac{\tau}{2}}\sin\dfrac{\omega\tau}{2}$ (2) $F(\omega)=\dfrac{4E}{\tau\omega^2}\left(1-\cos\dfrac{\omega\tau}{2}\right)$

2. (1) $x(t)=\begin{cases}e^{-t}, & t\geq 0,\\ 0, & t<0.\end{cases}$ (2) $f(t)=\dfrac{1}{2}\begin{cases}e^t, & t>0,\\ 0, & t=0,\\ -e^t, & t<0.\end{cases}$ (3) $y(t)=\dfrac{\beta}{2(\beta^2-3)}\begin{cases}e^{\sqrt{3}t}-e^{\beta t}, & t<0,\\ 0, & t=0,\\ e^{-\beta t}-e^{-\sqrt{3}t}, & t>0.\end{cases}$

习题 6.4

1. (1) $F(s)=\dfrac{1}{s+3}$ (2) $F(s)=\dfrac{s}{s^2+4}$ (3) $F(s)=\dfrac{1}{3}(3-e^{-3s})$ (4) $F(s)=\dfrac{2}{s^3}$

2. (1) $F(s)=\dfrac{2}{4s^2+1}$ (2) $F(s)=\dfrac{1}{2}\left(\dfrac{1}{s}+\dfrac{s}{s^2+4}\right)$ (3) $F(s)=\dfrac{1}{s^2+4}$ (4) $F(s)=\dfrac{s^2-4}{(s^2+4)^2}$

3. (1) $F(s)=\dfrac{2s^2+3s+2}{s^2}$ (2) $F(s)=\dfrac{1}{s}-\dfrac{1}{(s-1)^2}$ (3) $F(s)=\dfrac{1}{s}(2e^{-s}+3e^{-2s})$

(4) $F(s)=2+\dfrac{1}{s-3}$ (5) $F(s)=\dfrac{s+2}{(s+2)^2+36}$ (6) $F(s)=\dfrac{4(s+3)}{s[(s+3)^2+4]^2}$ (7) $F(s)=\dfrac{2s^3-24s}{(s^2+4)^2}$ (8) $F(s)=\ln\dfrac{s}{s-2}$

习题 6.5

1. (1) $f(t)=\delta(t)-2e^{-2t}$ (2) $f(t)=2e^{3t}$ (3) $f(t)=2\cos 2t+\frac{3}{2}\sin 2t$ (4) $f(t)=\frac{3}{5}e^{2t}+\frac{2}{5}e^{-3t}$ (5) $f(t)=\frac{1}{2}(1+2e^{-t}-3e^{-2t})$ (6) $f(t)=\frac{1}{9}(2+3te^{-3t}-2e^{-3t})$ (7) $f(t)=\frac{1}{6}t^3 e^{-t}$ (8) $f(t)=u(t)+2te^t$

2. (1) $i(t)=e^{-3t}-5e^{-5t}$ (2) $y(t)=\frac{1}{2}te^{-t}+\frac{7}{4}e^{-t}-\frac{3}{4}e^{-3t}$ (3) $y(t)=\sin t$ (4) $y(t)=\frac{1}{8}e^t-\frac{1}{8}e^{-t}(2t^2+2t+1)$

3. (1) $x(t)=-\frac{1}{3}+\frac{10}{3}e^{3t}-e^{-t}$ $y(t)=-\frac{1}{3}+\frac{10}{3}e^{3t}+e^{-t}$ (2) $x(t)=y(t)=e^t$

4. $x(t)=\frac{k}{m}t$

习题 6.6

1. (1) $\frac{\pi}{2}e^{-2|\omega|}$ (2) $\frac{\alpha}{\alpha^2-\omega^2}+\frac{\pi}{2i}[\delta(\omega-\alpha)-\delta(\omega+\alpha)]$

2. (1) $-\frac{2t}{(4+t^2)^2}$ (2) $u(t)$

3. (1) $\frac{2}{(s-1)^3}-\frac{2}{(s-1)^2}+\frac{1}{s-1}$ (2) $\frac{4(s+3)}{[(s+3)^2+4]^2}$

4. (1) $\delta(t)-2te^{-2t}$ (2) $2\cos 3t+\sin 3t$

"城市轨道交通控制专业"教材编写委员会

主　　任： 张惠敏（郑州铁路职业技术学院 系主任 教授）
　　　　　　贾　萍（郑州市轨道交通有限公司设备物资部副部长 高级工程师）
副 主 任： 穆中华（郑州铁路职业技术学院 副教授 高级工程师）
　　　　　　陈享成（郑州铁路职业技术学院 副主任 副教授）
　　　　　　王民湘（郑州铁路局郑州电务段副段长 教授级高工）
　　　　　　金立新（郑州铁路局通信段副段长 高级工程师）
　　　　　　郑予君（河南辉煌科技股份有限公司 总经理）
　　　　　　谢　鸥（中兴通讯股份有限公司 NC 通讯学院 总经理）
　　　　　　王明英（郑州铁路局郑州电务段职工教育科科长 高级工程师）
　　　　　　杜胜军（郑州铁路局通信段职工教育科科长 高级工程师）
　　　　　　左在文（郑州铁路局新乡电务段职工教育科科长 高级工程师）
　　　　　　胡宜军（郑州市装联电子有限公司 总经理）
　　　　　　李福建（河南辉煌科技股份有限公司 工程师）
　　　　　　莫振栋（柳州铁道职业技术学院 系主任 副教授 铁道行指委铁道通信
　　　　　　　　　　信号专业指导委员会秘书）
　　　　　　翟红兵（辽宁铁道职业技术学院 副院长 副教授 铁道行指委铁道通信
　　　　　　　　　　信号专指委委员）
　　　　　　薄宜勇（南京铁道职业技术学院 系主任 副教授 铁道行指委铁道通信
　　　　　　　　　　信号专指委委员）
　　　　　　高嵘华（西安铁路职业技术学院 副教授 铁道行指委铁道通信信号专
　　　　　　　　　　指委委员）
　　　　　　李　锐（安徽交通职业技术学院 系主任 副教授）
委　　员（按拼音排序）：
　　　　毕纲要　薄宜勇　曹　冰　曹丽新　常仁杰　陈福涛　陈享成
　　　　陈艳华　陈志红　程　灿　程建兵　杜胜军　杜先华　付　涛
　　　　高　峰　高嵘华　高　玉　胡小伟　胡宜军　黄根岭　贾　萍
　　　　江兴盟　蒋建华　金立新　兰天明　李春莹　李芳毅　李福建
　　　　李丽兰　李　锐　李珊珊　李勇霞　梁宏伟　梁明亮　刘海燕
　　　　刘素芳　刘　伟　刘喜菊　刘云珍　孟克与　莫振栋　穆中华
　　　　彭大天　任全会　阮祥国　邵连付　孙逸洁　陶汉卿　王民湘
　　　　王明英　王　庆　王　文　王学力　韦成杰　吴广荣　吴　昕
　　　　吴新民　谢　丹　谢　鸥　徐晓冰　薛　波　燕　燕　杨　辉
　　　　杨婧雅　杨艳芳　于　军　翟红兵　张惠敏　张江波　张清淼
　　　　张云凤　赵　静　赵文丽　赵　阳　郑乐藩　郑予君　周朝东
　　　　周建涛　周栓林　朱　锦　朱力宏　朱卓瑾　左在文

国家骨干高职院校建设
郑州铁路职业技术学院项目化教学规划教材建设委员会

主　任：苏东民（郑州铁路职业技术学院）
　　　　　李学章（郑州铁路局）

副主任：董黎生（郑州铁路职业技术学院）
　　　　　张　洲（郑州市轨道交通有限公司）
　　　　　胡书强（郑州铁路局职工教育处）

委　员（按拼音排序）：
　　　　　陈享成（郑州铁路职业技术学院）
　　　　　戴明宏（郑州铁路职业技术学院）
　　　　　董黎生（郑州铁路职业技术学院）
　　　　　冯　湘（郑州铁路职业技术学院）
　　　　　耿长清（郑州铁路职业技术学院）
　　　　　胡殿宇（郑州铁路职业技术学院）
　　　　　胡书强（郑州铁路局职工教育处）
　　　　　华　平（郑州铁路职业技术学院）
　　　　　李保成（郑州铁路局工务处）
　　　　　李福胜（郑州铁路职业技术学院）
　　　　　李学章（郑州铁路局）
　　　　　马锡忠（郑州铁路局运输处）
　　　　　马子彦（郑州市轨道交通有限公司）
　　　　　倪　居（郑州铁路职业技术学院）
　　　　　石建伟（郑州铁路局车辆处）
　　　　　宋文朝（郑州铁路局机务处）
　　　　　苏东民（郑州铁路职业技术学院）
　　　　　王汉兵（郑州铁路局供电处）
　　　　　伍　玫（郑州铁路职业技术学院）
　　　　　徐广民（郑州铁路职业技术学院）
　　　　　杨泽举（郑州铁路局电务处）
　　　　　张　洲（郑州市轨道交通有限公司）
　　　　　张惠敏（郑州铁路职业技术学院）
　　　　　张中央（郑州铁路职业技术学院）

高职高专"十二五"规划教材
——城市轨道交通控制专业

通信信号电源设备维护

韦成杰　主编
王民湘　主审

化学工业出版社
·北京·

本书通过对电源屏企业及电源屏工区的岗位进行分析，提取了典型的岗位能力，又结合教学特点，确定了按能力划分项目、任务的思路。项目一是电源屏基础知识，项目二是电源屏图纸识读，项目三是电源屏维护，项目四是电源屏故障处理。

本书在确定重点讲解的电源屏类型时，从实用和教学方便角度出发，选取了大铁、地铁、客专、高铁等常用的电源屏型号和几所高职院校实验室现有的电源屏型号。附图中除了文中出现的电源屏图纸，还配套了其他典型电源屏图纸，供学生自学。

本书理论以够用为度，重点突出能力培养，使学生可以做到举一反三。

本书适用于高职高专、成教等铁道信号及城市轨道交通控制类专业学生使用，也可供职工培训或有关的工程技术人员学习参考。

图书在版编目（CIP）数据

通信信号电源设备维护/韦成杰主编．—北京：化学工业出版社，2014.2（2023.2重印）

高职高专"十二五"规划教材——城市轨道交通控制专业

ISBN 978-7-122-19527-2

Ⅰ.①通… Ⅱ.①韦… Ⅲ.①城市铁路-交通信号-电源-维修-高等职业教育-教材 Ⅳ.①U239.5

中国版本图书馆CIP数据核字（2014）第009228号

责任编辑：张建茹　潘新文　　　　　　装帧设计：尹琳琳

责任校对：吴　静

出版发行：化学工业出版社（北京市东城区青年湖南街13号　邮政编码100011）
印　　装：三河市延风印装有限公司
787mm×1092mm　1/16　印张23　字数275千字　2023年2月北京第1版第5次印刷

购书咨询：010-64518888　　　　　　售后服务：010-64518899
网　　址：http://www.cip.com.cn

凡购买本书，如有缺损质量问题，本社销售中心负责调换。

定　价：49.00元　　　　　　　　　　　　　　　　版权所有　违者必究

序

"城市轨道交通控制专业"是伴随城市快速发展、交通运输运能需求快速增长而发展起来的新兴专业,是城轨交通运输调度指挥系统核心设备运营维护的关键岗位。城市轨道交通控制系统是城轨交通系统运输调度指挥的灵魂,其全自动行车调度指挥控制模式,向传统的以轨道电路作为信息传输媒介的列车运行控制系统提出了新的挑战。随着3C技术[即:控制技术(Control)、通信技术(Communication)和计算机技术(Computer)]的飞跃发展,城轨交通控制专业岗位内涵和从业标准也随着技术和装备的升级不断发生变化,对岗位能力的需求向集信号控制、通信、计算机网络于一体的复合人才转化。

本套教材以职业岗位能力为依据,形成以城市轨道交通控制专业为核心、由铁道通信信号、铁道通信技术、电子信息工程技术等专业组成的专业群,搭建了专业群课程技术平台并形成各专业课程体系,教材开发全过程体现了校企合作,由铁路及城市轨道交通等运维企业、产品制造及系统集成企业、全国铁道行业教学指导委员会铁道通信信号专业教学指导委员会和部分相关院校合作完成。

本套教材在内容上,以检修过程型、操作程序型、故障检测型、工艺型项目为主体,紧密结合职业技能鉴定标准,涵盖现场的检修作业流程、常见故障处理;在形式上,以实际岗位工作项目为编写单元,设置包括学习提示、工艺(操作或检修)流程、工艺(操作或检修)标准、课堂组织、自我评价、非专业能力拓展等内容,强调教学过程的设计;在场景设计上,要求课堂环境模拟现场的岗位情境、模拟具体工作过程,方便学生自我学习、自我训练、自我评价,实现"做中学"(learning by doing),融"学习过程"与"工作过程"为一体。

本套教材兼顾国铁与地铁领域信号设备制式等方面的不同需求,求同存异。整体采用模块化结构,使用时,可有针对性地灵活选择所需要的模块,并结合各自的优势和特色,使教学内容和形式不断丰富和完善,共同为"城市轨道交通控制专业"的发展作出更大贡献。

"城市轨道交通控制专业"教材编委会
2013 年 7 月

前言

随着中国城市化进程不断加快，优先规划和发展轨道交通，是保证城市经济、社会发展的重要战略措施，也是越来越多的城市解决交通运输问题、推动城市化进程的最佳选择。到"十一五"末，国家已批复25个城市的近期建设规划，共计87条轨道交通线路，运营总里程达2500多公里。因此，培养城市轨道交通领域的运营、维护和管理人才是当务之急。

在城市轨道交通信号控制系统中，通信信号电源设备是十分重要及关键的技术装备，是保证城市轨道交通运行安全、提高运输能力和效率的基础。城市轨道交通信号控制系统由于专用性较强，技术含量高，且涵盖通信、计算机网络和智能控制等多个领域，因而对从业人员提出了较高的业务要求。

本书由几所高职院校教师、电务段检修所电源屏工区技术人员及企业专家共同编写。通过对企业现场电源屏设备的典型工作任务和岗位能力进行分析，结合高职高专教学特点，将教学内容归纳为四个项目，按项目化教学的方式进行编写，并配套《通信信号电源设备维护图册》。

项目一是电源屏基础知识，针对各种电源屏共用的基础模块进行认知，包括变压器、低压电器、稳压器、开关电源及UPS等设备，介绍设备的结构、功能及原理等。

项目二是电源屏图纸识读，针对电源屏工区岗位能力——电源屏图纸识读进行编写。书中电源屏种类包含应用于国铁、地铁、客专的电源屏，也包含几所职业技术院校现有的电源屏；既结合现场实际，又方便教学，各校可根据校内电源屏资源选讲合适的任务，其他电源屏图纸供学生自主识读。

项目三是电源屏维护。根据原铁道部维护规则，针对现场电源屏维护内容及标准进行阐述。

项目四是电源屏故障处理，介绍常用电源屏的常见故障，并结合典型故障案例进行分析，教会学生应急故障处理方法及故障分析方法。

本书为城市轨道交通控制专业及专业群建议国家骨干院校建设项目中央财政重点支持专业建设项目之一，项目标号为11-18-04。

郑州铁路职业技术学院韦成杰担任本书主编，编写了项目二的相关知识、任务一到任务三，并责全书统稿；郑州铁路职业技术学院徐晓冰编写了项目一的任务一和任务二；郑州铁路职业技术学院常仁杰编写了项目一的任务三到任务六；柳州铁道职业技术学院蒋建华编写了项目二的任务四到任务七；天津铁道职业技术学院赵静编写了项目二的任务八、任务九及项目三的任务二；西安铁路职业技术学院高玉编写了项目二的任务十和任务十一；郑州铁路职业技术学院梁宏伟编写了项目四的任务一；郑州电务段检修所杜先华和周建涛共同编写了项目三的任务一；北京鼎汉技术股份有限责任公司周朝东和程灿共同编写了项目四的任务二。

郑州电务段的王民湘同志审定了全书。

在本书编写过程中，郑州电务段的王民英同志和郑州轨道交通公司的贾萍同志提供了大量的相关资料，在此表示真诚的感谢。在此，对参考文献中所列专著、教材等的作者们表示最真诚的谢意。由于编者水平有限，书中难免有疏漏和不足之处，恳请读者批评指正。

编者
2013年12月

目录

课程整体设计 ··· 1

项目一　电源屏基础知识 ·· 5
【项目导引】··· 5
任务一　信号设备对供电的要求 ··· 5
任务二　变压器认知 ··· 7
任务三　低压电器认知 ·· 13
任务四　稳压器认知 ·· 23
任务五　开关电源认知 ·· 34
任务六　UPS 供电系统认知 ·· 41
【项目一思考题】··· 49

项目二　电源屏图纸识读 ·· 50
【项目导引】··· 50
【相关知识】··· 50
【图纸识读】··· 63
任务一　中站机械电源屏图纸识读 ····································· 63
任务二　大站机械电源屏图纸识读 ····································· 70
任务三　计算机联锁电源屏图纸识读 ··································· 78
任务四　区间电源屏图纸识读 ··· 82
任务五　提速电源屏图纸识读 ··· 84
任务六　25Hz 轨道电源屏图纸识读 ···································· 89
任务七　DSG 型智能电源屏图纸识读 ··································· 90
任务八　PKX 型智能电源屏图纸识读 ··································· 95
任务九　PMZG 型智能电源屏图纸识读 ································· 102
任务十　PZG 系列智能电源屏图纸识读 ································ 122
任务十一　通信信号电源屏 ··· 131
【项目二思考题】·· 139

项目三　电源屏维护 ··· 140
【项目导引】·· 140
任务一　电源屏测量 ··· 140
任务二　电源屏日常维护 ··· 148
【项目三思考题】·· 154

项目四　电源屏故障处理 ………………………………………………… 155
【项目导引】 ……………………………………………………………… 155
任务一　电源屏故障处理 ………………………………………………… 155
任务二　电源屏典型故障案例分析 ……………………………………… 166
【项目四思考题】 ………………………………………………………… 168

参考文献 …………………………………………………………………… 169

通信信号电源设备维护图册（另附）

课程整体设计

一、课程目标设计

通过本课程的学习，使学生熟悉变压器、低压电器、稳压器、开关电源及 UPS 等常用通信信号电源模块的符号、结构及功能；掌握电源屏图纸识读能力；能够正确使用各种仪表测试技术参数，具备电源屏的日常操作、检修维护能力和应急故障处理能力，为从事电源屏设备维护工作打下坚实的基础。同时，结合本课程的特点，培养学生发现问题、分析问题、解决问题的能力。

1. 知识目标

① 掌握变压器种类特点、使用场合及图形符号；
② 掌握低压电器功能、使用场合及图形符号；
③ 掌握交流稳压器稳压方式和稳压原理；
④ 掌握不间断供电电源 UPS 原理框图及维护知识；
⑤ 掌握电源屏测试项目、测试标准及测试方法；
⑥ 掌握电源屏标准化作业程序；
⑦ 掌握电源屏日常维护流程及标准。

2. 能力目标

① 电源屏图纸识读能力；
② 电源屏操作能力；
③ 电源屏测试能力；
④ 电源屏维护能力；
⑤ 电源屏应急故障处理能力。

3. 素质目标

① 遵守劳动纪律、注意安全及自我保护的能力；
② 沟通协作能力、执行能力和敬业精神；
③ 语言和文字表达能力；
④ 责任心和职业道德。

二、课程环境要求

1. 教学条件

① 电源屏实验室。
② 教学基本文件：电子教案、电子课件、电子教材、教学录像等。
③ 案例库。教师案例库包括：针对每一个教学单元教学项目、教师收集的电子应用案例等。
　　　　　学生案例库：学生实训报告及相关技术报告。
④ 试题库。试题库包括每一教学单元的习题、考试样题及对试题的点评。
⑤ 学习交流论坛。包括学生学习体会、教师指导、师生实时网络交流等。

2. 师资要求

① 具备通信信号电源的理论知识；
② 熟悉技规、维规等技术标准；
③ 熟悉现场作业程序；
④ 具备现场设备维护能力；
⑤ 具备电源屏图纸识读能力；
⑥ 熟悉各种仪器仪表使用；
⑦ 具有比较强的驾驭课堂的能力；
⑧ 具有较强的责任心和良好的职业道德。

三、项目设置与项目能力培养目标分解

项目	学时	任务		教学目标
项目一 电源屏基础 知识	12	任务一	信号设备对供电的要求	①信号设备对电源可靠性的要求； ②信号设备对电源稳定性的要求； ③信号设备对电源安全性的要求
		任务二	变压器认知	①会区别变压器种类特点及使用场合； ②认识变压器符号及铭牌； ③会使用仪表测试变压器参数，进行变压器输出电压调整
		任务三	低压电器认知	①认识低压电器实物； ②会区别种类特点及使用场合； ③认识低压电器符号及铭牌上数值含义
		任务四	稳压器认知	①掌握交流稳压器稳压方式； ②理解交流稳压器基本原理； ③认识交流稳压器铭牌符号
		任务五	开关电源认知	①理解开关电源主电路原理框图； ②掌握开关电源作用
		任务六	UPS供电系统认知	①理解UPS原理框图； ②掌握UPS作用
项目二 电源屏图 纸识读	20	任务一	中站机械电源屏图纸识读	①掌握两路输入电源切换电路原理； ②掌握调压电路原理； ③掌握交流输出电路原理； ④会画出电源屏原理流程图； ⑤能进行电源屏各器件实物对照； ⑥能掌握电源屏技术标准 说明：各校按照实验室电源屏类型选择不同的任务进行教学，重点讲解图纸识读方法，其他任务可作为课业进行。
		任务二	大站机械电源屏图纸识读	
		任务三	计算机联锁电源屏图纸识读	
		任务四	区间电源屏图纸识读	
		任务五	提速电源屏图纸识读	
		任务六	25Hz轨道电源屏图纸识读	
		任务七	DSG型智能电源屏图纸识读	
		任务八	PKX型智能电源屏图纸识读	
		任务九	PMZG型智能电源屏图纸识读	
		任务十	PZG系列智能电源屏图纸识读	
		任务十一	通信信号电源屏	
项目三 电源屏维护	8	任务一	电源屏测量	①掌握测试项目； ②掌握测试方法； ③掌握测试标准
		任务二	电源屏日常维护	①掌握维护内容； ②掌握维护标准
项目四 电源屏 故障处理	8	任务一	电源屏故障处理	①掌握电源屏故障处理方法； ②掌握电源屏常见故障
		任务二	电源屏典型故障案例分析	①掌握电源屏典型故障案例分析方法； ②掌握电源屏典型故障处理方法

四、课程考核方案设计

（一）应知应会知识考核（30分）

应知应会知识考核题型为选择题和判断题，考核内容为必须掌握的基本概念和检修维护标准，难易适中，题量较大。考试时间60min，试题分值100分，占总成绩的30%。

采用上机考试的，分段式教学周结束时考试。采用闭卷考试的，所有上课班级教学结束时考试。课程资源库中应有相应试题库作为支撑，确保试卷的有效性和科学性。

（二）实作技能考核（40分）

实作技能依据项目化教学的内容确定，包括基本操作技能、图纸识读技能、测试技能等，按照企业岗位技能要求，制定考核标准。考试方式、时间由课程建设小组确定。

1. 基本操作技能（10分）

基本操作技能包括设备操作和检修。考核内容及评分标准如下表：

考核内容		评分标准
（1）信号电源屏操作	①两路输入电源切换； ②甩开调压屏； ③主备屏倒屏； ④监测信息调看	①按标准作业程序进行操作检修； ②清楚设备位置及状态； ③不能因操作错误损坏设备或使故障升级； ④按规定着装
（2）信号电源屏检修	①闪光电源调整； ②设备检修； ③调压试验	

2. 图纸识读技能（20分）

图纸识读技能考核内容及要求如下表：

考核内容	评分标准
①机械电源屏调压屏图纸识读及故障分析	①跑通电路原理图，掌握设备作用、设备图形符号及屏间联系；
②机械电源屏交直流屏图纸识读及故障分析	②故障分析；
③智能电源屏图纸识读及故障分析	③根据故障现象能分析故障原因，设置故障点能分析故障现象，并
④25Hz轨道电源屏图纸识读及故障分析	能进行应急故障处理

3. 测试技能（10分）

测试技能考核内容及要求见下表。

考核内容	评分标准
①机械电源屏电气特性测试	①能正确使用仪表； ②测试点正确；
②智能电源屏电气特性测试	③会分析测试结果； ④会使用监测单元终端进行测试

（三）平时成绩（15分）

平时成绩包括考勤（5分）和课堂表现（10分）。

分段式教学时间比较集中，项目进行较快，因此对请假旷课规定比较严格。请假一节课扣 1 分，扣完 5 分为止。旷课一次扣 5 分，扣完 5 分为止，超过学校规定，不允许参加考试。

课堂表现根据学生课堂学习态度、问题回答情况，由教师酌情给出分数。迟到、早退、上课睡觉、不认真听讲均属于学习态度不好，发现 1 次扣 1 分，扣完 10 分为止。课堂提问分为良好、一般和不好，不好 1 次扣 1 分，扣完 10 分为止，良好和一般作为教师提问记录，以便能均衡提问到每个学生。

(四) 作业、课业考核（15 分）

作业、课业考核包括作业 5 分和课业 10 分。

按照时间节点，完成任课教师布置的作业。要求使用统一的作业本书写。任课教师根据作业情况酌情给出分数。

按照时间节点，完成任课教师布置的课业。课业的考核标准由课程建设小组制定，应规定课业内容、质量、上交时间以及提交形式等要求。

项目一
电源屏基础知识

 项目导引 ▶▶▶

电源屏为通信信号设备提供可靠、稳定、安全的工作电源。电源屏由输入电路、稳压电路、交流输出电路、直流输出电路、表示报警等电路组成。本项目针对各种型号的电源屏共用的基础模块进行讲解,内容包括变压器认知、低压电器认知、稳压器认知、开关电源认知及 UPS 认知。

任务一 ●●● 信号设备对供电的要求

 学习目标 ▶▶▶

1. 对供电可靠性的要求。
2. 对供电稳定性的要求。
3. 对供电安全性的要求。

 相关知识 ▶▶▶

信号设备是组织、指挥列车运行,保证行车安全,提高运输效率,改善行车人员劳动条件的关键设备。供电系统可靠、稳定、安全地对信号设备供电,是信号设备正常运行的基本保证。不同的信号设备使用不同的电源,对电源的要求也不相同,但总的说来,对电源的可靠程度有较高的要求,对供电电压和频率的稳定有一定的要求,都要保证供电安全。

信号设备对供电的三大基本要求是:可靠、稳定和安全。

一、对电源可靠性的要求

铁路信号电源原则上应与铁路其他部门的电源结合考虑,以统一和简化供电系统,便于维护、管理。但根据其重要性和管理分工的不同,有单独设置供电系统的情况。铁路用电一般是由电力部门供给的,尽可能不自设发电设备。在电气化区段,当技术与经济合理时,也可采用牵引电源。

为了保证供电可靠,按信号设备与行车的关系划分供电等级以便管理,并设置备用电源。

铁路对路外供给的电源,按其可靠程度分为以下三类。

(1) 第一类电源 第一类电源能取得两路可靠的独立电源,其中一路为专盘专线,或虽不能取得专用电源,但能由其他重要线路接引供电;供电容量满足信号设备的最大用电量;电压、频率的波动在容许范围之内,或电压波动虽较大,但能稳压。

(2) 第二类电源 第二类电源只能取得一路电源,但质量较好,供电容量、电压和频率的波动情况与第一类电源相同。

(3) 第三类电源 第三类电源指不能满足第一、二类电源条件的其他电源。

独立电源是指不受其他电源影响的电源。如一个发电机组,有专用的控制设备和馈电线路,与其他母线没有联系;或虽有联系,但其他母线发生故障时能自动切断联系,满足这样条件的电源称为独立电源。

可靠电源是指能昼夜连续供电,因维修和事故停电有一定限制的电源。有关规定为:因维修计划停电,第一类电源每路每月1次,每次不超过4h;第二类电源每月1次,每次不超过10h。因事故造成的临时停电两年累计:第一类不超过48次,每次一般不超过2h;第二类不超过100次,每次一般不超过4h。

专盘专线是指供给信号设备10kV以下的不与其他负荷共用的专用配电设备和专用的供电线路。按因事故停电所造成的后果,将信号供电的负荷等级划分如下:

① 一旦发生停电,就会造成运输秩序混乱的负荷为一级负荷;

② 偶尔发生短时间停电不会马上打乱行车计划,但长时间停电会影响运输秩序的负荷为二级负荷;

③ 其他为三级负荷。

铁路信号设备中的大站继电集中联锁、计算机联锁、自动闭塞、调度集中和调度监督、驼峰信号设备等都是一级负荷。非自动闭塞区段的中、小站继电集中联锁为二级负荷。一级负荷由第一类电源供电时,一般不需另设备用电源,但要求自动或手动转换两路电源时,供电中断时间不大于0.15s,以免在电源转换过程中使原吸起的继电器落下而影响行车。自动闭塞虽为一级负荷,但因相邻两个变电所可互为备用,故每一个变电所不要求引入两路独立电源,但相邻两个变电所的电源应相互独立。

在第二类电源地区,除自动闭塞外,是否适用于属于一级负荷的其他信号设备,需结合电源情况慎重考虑。一般可用该电源作为主电源,但需设备用电源。二级负荷可由第二类电源供电,但也需设置备用电源。第三类电源原则上不用作一级负荷的电源。各种采用计算机的信号系统,为保证不中断供电,需使用UPS。

二、对电源稳定性的要求

为使信号设备可靠工作,必须规定信号设备供电电压的波动范围及交流电源的频率波动范围。三相交流供电时,各相负载应力求平衡,以提高供电效率和设备利用率,减小电压波形的畸变。供电电压过高,会使信号灯泡和电子设备的寿命大大缩短;电压过低,会使信号机显示距离不足,或使电子设备动作不可靠;电压脉动过剧,会使电子元件的噪声过大,甚至引起误动作;频率波动过大,会影响信号设备的频率特性和抗干扰性能。

供电电压、频率的允许波动范围及允许的负荷功率因数在正常情况下应符合下列标准:

① 交流供电电压波动，一般在380V供电母线上为±10%。因一般供电变压器输出为400V，已提高了5%，所以实际上允许的交流供电电压波动范围为380V（-15%～5%）。

② 直流供电电压波动，一般为±10%。但对于电子设备，必须采用专用稳压设备。

③ 频率波动一般为50Hz±(0.5～1)Hz。

④ 负荷功率因数不低于0.85。

信号设备的导线截面应经过计算来确定，以免导线压降过大，使设备电压不足，而不能正常工作。对于信号电源设备，因其由电网供电，负荷的变化将引起供电电压波动，故需设有稳压装置，以保证电压稳定在规定的范围之内。

三、对电源安全性的要求

为了保证供电安全，信号电源设备必须采取以下措施：

① 供给信号设备专用的低压交、直流电源都要对地绝缘，以免发生接地故障时造成电路错误动作。供电变压器的初级和次级间应用铜板隔离接地，以免初、次级间击穿，造成漏电而影响安全。

② 信号设备需要的供电种类和电压等级较多，必须分路供电，并用变压器隔离，力求发生故障时缩小故障范围，避免故障扩大化。

③ 使用电缆供电时，要考虑电缆芯线间的分布电容形成串电的问题，必要时应分开电缆供电。

④ 一般交流电源均由架空线路供电，必须考虑防雷，防止浪涌电压影响，还须考虑安全接地问题。

⑤ 信号设备的保安系统如采用断路器组成，断路器的容量需要经过计算确定，并应满足动作的选择性（即分支断路器先动作，总断路器后动作）及灵敏度（即动作时间）的要求。

⑥ 高压设备要隔离，以保证人身安全。

任务二 ●●● 变压器认知

 学习目标 ▶▶▶

1. 掌握变压器的作用。
2. 熟悉变压器结构。
3. 掌握变压器符号。
4. 掌握变压器铭牌内容。
5. 掌握仪用变压器使用方法。

 相关知识 ▶▶▶

变压器利用电磁感应原理，从一个电路向另一个电路传递电能或传输信号，是电力系统中生产、输送、分配和使用电能的重要装置，也是电力拖动系统和自动控制系统中电能传递或信号传输的重要元件。

一、变压器作用

交流电的输电、配电是离不开变压器的。

在电力拖动、自动控制、无线电设备中,变压器作为能量或信号传递元件广泛应用。在国民经济的其他部门,也大量使用变压器。它的作用如下所述。

① 隔离:使用双绕组变压器隔离。
② 变压:将引入的电压变换为所需要的电压数值。
③ 调压:要获得连续可调的电压,需用自耦变压器调压。
④ 测量:用仪用互感器来扩大测试仪表的量程。

二、变压器分类

变压器的种类很多,分类如下。

1. 按绕组数目分

① 自耦变压器:高、低压共用一个绕组。
② 双绕组变压器:每相有高、低压两个绕组。
③ 多绕组变压器:每相有三个以上绕组。

2. 按相数分

按输入电源分类,有单相变压器和三相变压器。

3. 按冷却方式分

① 油浸式变压器:绕组和铁芯完全浸在变压器油里。
② 干式变压器:绕组和铁芯由周围的空气直接冷却。
③ 充气式变压器:放在密封的铁箱内并充入特种气体。

三、变压器结构

变压器的主要结构部件有:铁芯和绕组两个基本部分组成的器身,以及放置器身且盛满变压器油的油箱。此外,还有一些确保变压器安全运行的辅助器件。图1-1所示为一台油浸式电力变压器外形图。

1. 铁芯

表面具有绝缘膜的硅钢片铁芯由铁芯柱和铁轭两部分组成,构成变压器磁路的主要部分。为了减小交变磁通在铁芯中引起的损耗,铁芯通常用厚度为0.3~0.5mm的硅钢片叠装而成。如图1-2(a)、(b)所示的变压器,从外面看,线圈包围铁芯柱,称之为芯式结构。

如图1-3所示的变压器,从外面看,铁芯柱包围线圈,称之为壳式结构。小容量变压器多采用壳式结构。交变磁通在铁芯中引起涡流损耗和磁滞损耗。为使铁芯的温度不致太高,在大容量变压器的铁芯中往往设置油道,铁芯浸在变压器油中,当油从油道中流过时,将铁芯产生的热量带走。

项目一　电源屏基础知识

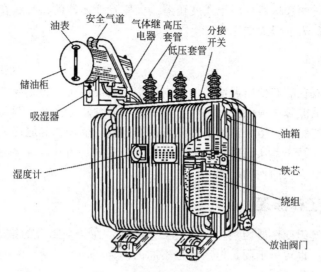

图 1-1　油浸式电力变压器

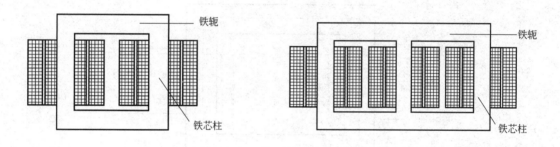

(a) 单相芯式变压器　　　　　　　　　　(b) 三相芯式变压器

图 1-2　芯式结构变压器

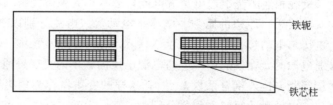

图 1-3　壳式结构变压器

2. 绕组

绕组构成变压器电路的主要部分。原、副边绕组一般用铜或铝的绝缘导线缠绕在铁芯柱上。高压绕组电压高，绝缘要求高。如果高压绕组在内，离变压器铁芯近，应加强绝缘，这提高了变压器的成本造价。因此，为了绝缘方便，低压绕组紧靠着铁芯，高压绕组套装在低压绕组的外面。两个绕组之间留有油道，既可以起绝缘作用，又可以利用油把热量带走。在单相变压器中，高、低压绕组均分为两部分，分别缠绕在两个铁芯柱上，两部分既可以串联又可以并联。三相变压器属于同一相的高、低压绕组全部缠绕在同一个铁芯柱上。

9

只有绕组和铁芯的变压器称为干式变压器。大容量变压器的器身放在盛有绝缘油的油箱中，这样的变压器称为油浸式变压器。

3. 其他结构部件

变压器的器身放在装有变压器油的油箱内。变压器油既是一种绝缘介质，又是一种冷却介质。为使变压器油能长久地保持良好状态，在变压器油箱上面装有圆筒形的储油柜。储油柜通过连通管与油箱相通，柜内油面高度随着油箱内变压器油的热胀冷缩而变动，储油柜使油与空气的接触面积减小，从而减少油的氧化和水分侵入。另外，气体继电器和安全气道是在故障时保护变压器安全的辅助装置。

四、变压器工作原理

下面以单相双绕组变压器为例，分析其工作原理：在一个闭合的铁芯上缠绕两个绕组，其匝数既可以相同，也可以不同，但一般是不同的。如图1-4所示，两个绕组之间只有磁的耦合，而没有电的联系。

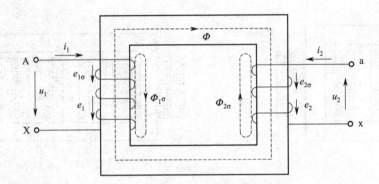

图1-4 单相双绕组变压器原理图

与电源相连的绕组接受交流电能，通常称为原边绕组（初级绕组、一次绕组），以A、X标注其出线端；与负载相连的绕组送出交流电能，通常称为副边绕组（次级绕组、二次绕组），以a、x标注其出线端。原边的匝数、电压、电动势、电流分别以N_1、u_1、e_1、i_1表示；副边的匝数、电压、电动势、电流分别以N_2、u_2、e_2、i_2表示。

当原边绕组接通电源时，在铁芯中产生与电源电压同频率的交变磁通。忽略漏磁，该磁通同时与原、副边绕组相交链，耦合系数$k_c=1$，这样的变压器称为理想变压器。根据电磁感应定律，写出电压、电动势的瞬时方程式分别为

$$u_1 = -e_1 = N_1 \frac{d\Phi}{dt}$$

$$u_2 = e_2 = -N_2 \frac{d\Phi}{dt} \tag{1-1}$$

于是得电动势比为

$$\left|\frac{u_1}{u_2}\right| = \frac{e_1}{e_2} = \frac{N_1}{N_2} = k$$

若磁通、电动势均按正弦规律变化，称为变压器的变比，也称为匝比。通常用有效值之间的比值来表示，即

$$\frac{U_1}{U_2}=\frac{E_1}{E_2}=\frac{N_1}{N_2}=k \tag{1-2}$$

式(1-2)表明,变压器一、二次绕组的电压比就等于一、二次绕组的匝数比。因此,要使一、二次绕组有不同的电压,只要使一、二次绕组有不同的匝数即可。

五、变压器铭牌

按照国家标准规定,标注在铭牌上的代表变压器在规定使用环境和运行条件下的主要技术数据,称为变压器的额定值(或称为铭牌数据),主要有以下几项。

1. 额定容量

额定容量是变压器正常运行时的视在功率,通常以 S_N 表示,单位为 V·A(伏安)或 kV·A(千伏安)。对于一般的变压器,原、副边的额定容量都设计成相等。

2. 额定电压

在正常运行时,加在原边绕组上的电压称为原边的额定电压,以 U_{1N} 表示;当副边绕组开路(即空载),原边绕组加额定电压时,副边绕组的测量电压即为副边额定电压,以 U_{2N} 表示。在三相变压器中,额定电压指线电压,单位为 V(伏)或 kV(千伏)。

3. 额定电流

额定电流是指根据额定容量和额定电压计算出来的电流值。原、副边的额定电流分别用 I_{1N}、I_{2N} 表示,单位为 A(安)。

额定容量、额定电压和额定电流之间的关系为

① 单相变压器:$S_N = I_{1N}U_{1N} = I_{2N}U_{2N}$

② 三相变压器:$S_N = \sqrt{3}I_{1N}U_{1N} = \sqrt{3}I_{2N}U_{2N}$

4. 额定频率

中国以及大多数国家都规定 $f_N = 50\text{Hz}$。

此外,变压器的铭牌上一般会标注效率、温升、绝缘等级等。

六、仪用互感器

仪用互感器是配电系统中供测量和保护用的设备,分为电流互感器和电压互感器两类。它们的工作原理和变压器相似,是把高电压设备和母线的运行电压、大电流或短路电流按规定比例变成测量仪表量程内的低电压和小电流。

1. 电压互感器

电压互感器又称仪表变压器,也称 PT 或 TV,其工作原理、结构和接线方式与普通变压器相同,接线图如图 1-5 所示。电压互感器原边绕组并联于被测量线路。副边接有电压表,相当于一个副边开路的变压器。电压互感器按其绝缘结构形式,分为干式、浇注式、充气式、油浸式等几种;根据相数,分为单相和三相;根据绕组数,分为双绕组和三绕组。

电压互感器的特点如下。

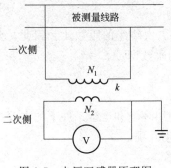

图 1-5 电压互感器原理图

① 与普通变压器相比，容量较小，类似一台小容量变压器。

② 副边负荷比较恒定，所接测量仪表阻抗很大。因此，在正常运行时，电压互感器接近于空载状态。

电压互感器的原、副边绕组额定电压之比称为电压互感器的额定电压比，即 $k=U_{1N}/U_{2N}$，其中，原边绕组额定电压 U_{1N} 是电网的额定电压，且已标准化，如 10kV、35kV、110kV、220kV 等；副边电压 U_{2N} 统一定为 100V，所以 k 就相应地实现了标准化。为安全起见，副边绕组必须有一点可靠接地，并且副边绕组绝对不能短路。

2. 电流互感器

电流互感器也是按电磁感应原理制成的，也称 CT 或 TA。其原边绕组串联于被测线路中，副边绕组与测量仪表串联，副边绕组的电流按一定的变比反映原边电路的电流。其接线图如图 1-6(a) 所示，符号如图 1-6(b) 所示。与电压互感器的情况相似，电流互感器的副边绕组也必须有一点接地。由于作为电流互感器负载的电流表线圈阻抗都很小，所以，电流互感器在正常运行时接近于短路状态。

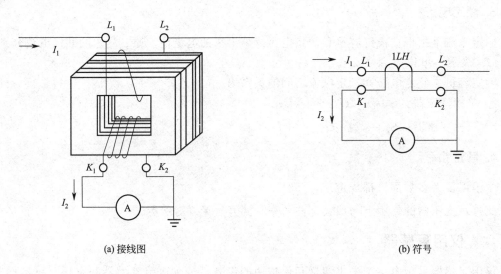

(a) 接线图 (b) 符号

图 1-6 电流互感器接线图及符号

电流互感器的种类很多。根据安装地点，分为户内式和户外式；根据安装方式，分为穿墙式、支持式和套管式；根据绝缘结构，分为干式、浇注式和油浸式；根据原边绕组的结构型式，分为单匝式和多匝式等。

电流互感器的特点是：

① 原边绕组串联在被测线路中，并且匝数很少。因此，原边绕组中的电流完全取决于被测电路的负荷电流，而与副边电流无关。

② 电流互感器副边绕组所接电流表或继电器的电流线圈阻抗都很小，所以正常情况下，电流互感器在近于短路状态下运行。

电流互感器原边、副边额定电流之比，称为电流互感器的额定互感比，即 $k=I_{1N}/I_{2N}$。

因为原边绕组额定电流 I_{1N} 已标准化,副边绕组额定电流 I_{2N} 统一为 5(或 1、0.5)A,所以电流互感器额定互感比也标准化了。

为安全起见,电流互感器副边绕组在运行中绝对不允许开路。为此,在电流互感器的副边回路中不允许装设熔断器;而且当需要将正在运行的电流互感器副边回路中的仪表设备断开或退出时,必须先将电流互感器的副边短接,保证不致断路。

七、变压器维修

变压器的维修包括运行前的检查和运行中的监视及维护,是保证其安全运行的重要工作。在运行前对变压器进行检查,以便在投入运行前查出存在的问题,并及时处理,可防止事故的发生和保证运行安全。检查项目如下所述。

① 检查变压器的额定电压和容量是否符合要求。
② 检查变压器内、外是否清洁,各部螺丝是否完好,安装是否牢固,硅钢片是否夹紧。
③ 检查分接头调压板是否安装牢固,分接头的选定是否与所需电压相适应。
④ 检查高、低压绕组接线是否正确,引线有无破裂或断股情况,绝缘是否包扎完好。
⑤ 用 1000V 兆欧表测量绕组间及对地绝缘电阻。如线圈受潮,应进行干燥处理。
⑥ 检查变压器接地线是否连接完好。
⑦ 检查变压器的断路器是否符合要求。

在运行中进行监视和维护,是及早发现问题,保证安全运行的重要工作,也是防止事故发生和扩大的有效措施。检查内容如下所述。

① 变压器有无异常声音。
② 各引线接头有无松动及跳火情况。
③ 断路器是否完好。
④ 变压器的温升是否超过规定标准。

变压器在运行中的不正常状态及原因如下所述:

① 变压器的"嗡"声很大,主要是铁芯硅钢片未夹紧所致。
② 在正常的负荷和冷却条件下,变压器过热、冒烟和局部发生弧光,原因是:铁芯穿通螺栓绝缘损坏,铁芯硅钢片间绝缘损坏,高、低压绕组间短路,匝间短路,引出线混线及过负荷等。
③ 变压器的断路器脱扣,应先检查变压器本身有无短路等异常情况,再查找外部故障。待故障排除后,再投入运行。

任务三 ●●● 低压电器认知

 学习目标 ▶▶▶

1. 熟悉低压电器分类。
2. 掌握继电器符号及使用方法。
3. 掌握交流接触器符号及使用方法。
4. 掌握断路器、隔离器的作用及符号。
5. 掌握开关按钮符号及使用方法。

相关知识

电气开关具有对各种电路实现控制和保护的作用。电气开关的种类很多，按操作方式，分为自动开关和非自动开关。自动开关是按控制信号或某电量的变化而自动动作的，如交流接触器、断路器等。非自动开关是通过手动操纵而动作的，如开关、按钮等。

电气开关按其职能分为控制电器和保护电器。交流接触器、组合开关和按钮等用来组成控制电路，称为控制电器。断路器用来保护电源设备，称为保护电器。

一、交流接触器认知

接触器是常用的电气开关，它广泛应用于供电系统中，既可以接通和断开电路，也可以实现远距离控制。绝大多数接触器都是电磁式的。根据所需的电信号不同，分为直流接触器和交流接触器。信号电源设备中使用的是空气自冷式交流接触器。

交流接触器结构如图1-7所示，由静铁芯（轭铁）、动铁芯（衔铁）、线圈、动触头、静触头、释放弹簧、灭弧罩、支架与底座等部分组成。

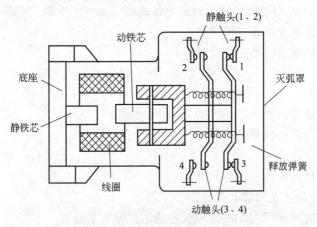

图1-7　交流接触器结构示意图

给线圈通规定大小的交流电，线圈周围产生磁场，在动静铁芯间产生电磁力，动铁芯向左移动与静铁芯接触，动铁芯带动弹簧拉伸，弹簧带动动触头向左移动，即1组接点断、3组接点断、2组接点通、4组接点通；线圈断电，电磁力消失，弹簧的反作用力使动铁芯恢复原位，动触头向右移动，即1组接点通、3组接点通、2组接点断、4组接点断。

为减小涡流损耗，交流接触器的铁芯用电工硅钢片叠成，在片间涂以绝缘漆。

给交流接触器的线圈通交流电后，由于交流接触器产生的电磁力的方向不变，但其大小是在零和最大值间周期性地变化，在交流电的一个周期内两次为零，衔铁将发生两次分离和返回。这样，衔铁将出现颤动现象。

衔铁的颤动会破坏触头的工作，使之烧损并产生剧烈的噪声。为此，在一部分铁芯的磁极端面上嵌套一个短路铜环。穿过短路铜环的交变磁通在铜环中产生感应电流，该电流形成的磁通总是阻碍原磁通的变化。这样，在电流为零时，两个磁通不同时为零，使得电磁吸引力不致消失。只要短路环的大小和位置考虑得适当，铁芯就能牢靠地吸住而不发生颤动。

交流接触器线圈中的电流与铁芯间的气隙关系密切。气隙越大，磁阻越大，线圈中的电流也越大。所以在刚通电时，线圈中的电流很大，可达到正常值的几倍到几十倍。随着衔铁移动，气隙不断缩小，电流逐渐减至正常值。如果衔铁被卡住吸不动，会造成线圈过电流而烧毁。过于频繁的动作会使线圈多次受到大电流冲击而造成损坏，使用时务必注意。

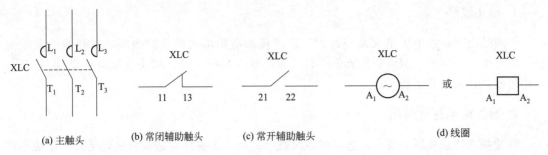

图 1-8 交流接触器的图形符号

交流接触器用 XLC 来表示，线圈、触头图形符号如图 1-8 所示。在供电系统的电路图中，表示的是接触器在无电状态。在无电时闭合的触头称为常闭触头，如图 1-7 的第 1 组和第 3 组触头；励磁后闭合的触头称为常开触头，如图 1-7 的第 2 组和第 4 组触头。

接触器有两种触头，一种是带灭弧装置的加强接点，称为主触头，一个交流接触器共三组主触头，常开状态；另一种是普通接点，称为辅助触头，辅助触头分常开触头和常闭触头两种，每种各两组。

交流接触器的主触头标注 L_1-T_1、L_2-T_2、L_3-T_3，线圈标注 A_1-A_2。

主触头一般用来通断电流很大的主电路，可达几十安培甚至几百安培，因此主触头必须做得较大，触头间的开口大，压力也大。主触头断开时，其间产生电弧，会烧坏触头，并使切断时间拉长。因此用来断开较大电流的接触器，必须装有使电弧迅速熄灭的装置。常用的是灭弧栅。灭弧栅是一排钢片，嵌装在陶土或石棉水泥罩内，罩在主触头上，如图 1-9 所示。主触头断开时，利用电磁互相作用的原理，因栅片中磁

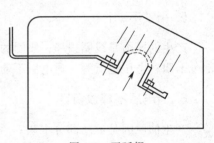

图 1-9 灭弧栅

阻小，而将电弧拉入栅片分割成许多小段，每段短弧产生一定的压降，使总的电弧压降增大，电源电压就不能维持电弧继续燃烧而使电弧熄灭。为保证灭弧以保护触头，使用时不许打开灭弧罩。触头均采用双断点式。主触头用铜嵌银片或铜嵌氧化镉制成，要求导电好、散热快、接触电阻小，不致在灭弧过程中熔接以及不产生氧化膜而增加接触电阻。底座一般用塑料压制，大容量接触器的底座也可采用铝合金等。接线端子采用瓦形弹簧垫圈，不同线径的单根或双根导线均可插入。

交流接触器应用广泛，又易发生故障，故应加强维护，须定期检查。检查内容包括以下几点：

① 检查触头压力是否符合有关规定。
② 检查触头位置是否正确，不应歪扭，须保持接触面积有三分之二以上紧密接触。
③ 检查触头的磨损、烧伤程度，严重者需更换。
④ 检查主触头是否同时闭合和断开。
⑤ 检查接触器在额定电压的 85% 以上时是否可靠吸合。
⑥ 检查动、静铁芯接触面的接触情况，接触不良者应磨平。
⑦ 检查灭弧罩是否完好。
⑧ 检查运动部分是否灵活。
⑨ 检查各部件是否清洁。

交流接触器常见故障及分析如下所述。

1. 触头过热

一般是由于接触电阻增大而引起的。造成接触电阻增大的原因很多，如弹簧变形或烧损，使触头压力不足；触头表面氧化或有杂质；触头磨损太甚；触头支架等运动部分变形；短路环断裂，使铁芯吸合不牢等。

2. 触头烧毛甚至熔化

弹簧损坏使触头压力减小，造成闭合时烧毛；灭弧罩损坏，造成分断烧毛。对于烧毛的凸出部分，可用细锉锉平，但切勿锉得太多。

3. 噪声过大

正常情况下，衔铁发出均匀、轻微的工作声。如果发出很大的"嗡嗡"声，可能是由于铁芯端面接触不良，短路环断裂，电压过低，运动部分发生卡阻。

4. 线圈过热或烧毁

产生的原因是电压过高或线圈受潮；动作过于频繁，铁芯端面有灰尘、油垢等杂质。

5. 衔铁不动作

产生的原因是线圈损坏；线圈的励磁电路断路；控制按钮或接点上有污垢或损坏；运动部分卡阻；电压过低等。通电后不动作，应立即切除电源，以免烧毁线圈。

6. 断电后不释放衔铁

产生的原因是运动部分卡阻；铁芯端面被黄油等粘住；磁路中气隙过小；铁芯剩磁过大等。

二、继电器认知

继电器是自动控制系统和远程控制系统中常用的元器件，它用于接通和断开电路，发布控制命令，反映设备状态以及进行逻辑运算，以构成自动控制和远程控制电路。各个领域的自动控制系统均采用继电器。城轨信号技术中广泛采用继电器，称为信号继电器（在信号系统中，简称继电器），是城轨信号技术中的重要部件。它无论作为继电式信号系统的核心部件，还是作为电子式或计算机式信号系统的接口部件，都发挥着重要的作用。继电器动作的可靠性直接影响到信号系统的可靠性和安全性。

1. 继电器分类

继电器的类型繁多，分类也是多种多样的。

① 按输入量的物理性质，分为电流继电器、电压继电器、功率继电器、频率继电器和非电量继电器。

其中，电流继电器的吸起和落下反映电流的变化；电压继电器的吸起和落下反映电压的变化；功率继电器的吸起和落下反映功率的变化；频率继电器的吸起和落下反映交流电的频率变化；非电量继电器的吸起和落下反映非电量（有温度、压力、速度等）的变化。

② 按动作电流的种类，分为直流继电器、交流继电器和交直流继电器。

直流继电器由直流电源供电，按所通电流的极性，又分为无极、偏极和有极继电器。直流继电器都是电磁继电器。

交流继电器由交流电源供电。按动作原理，有电磁继电器，如灯丝转换继电器；也有感应继电器，如二元二位继电器。

整流式继电器虽然用于交流电路中，但它用整流元件将交流电整流为直流电，所以实质上是直流继电器。

③ 按动作速度，分为快动作继电器、正常动作继电器和缓动继电器。

快速动作继电器的动作速度非常快，一般动作时间小于 0.1s。正常动作继电器衔铁动作时间为 0.1～0.3s，大部分信号继电器属于此类，一般无需加此称呼。对于缓动继电器，衔铁动作时间超过 0.3s，又分为缓吸、缓放。时间继电器利用脉冲延时电路或软件设定使之缓吸。缓放型继电器利用短路铜环产生磁通使之缓动，主要取其缓放特性。

④ 按接点结构，分为普通接点继电器和加强接点继电器。

普通接点继电器具有开断功率较小的电路的能力，以满足一般信号电路的要求。多数信号继电器为普通接点继电器，一般不加此称呼。

加强接点继电器具有开、断功率较大的电路的能力，以满足电压较高、电流较大的信号电路的要求。

2. 无极继电器的结构

JWXC 型直流无极继电器的结构如图 1-10 所示。

无极继电器由直流电磁系统与接点系统两大部分组成。

电磁系统的线圈水平安装在铁芯上，分为前圈和后圈，可连接或单独使用，增强了控制电路的适应性和灵活性。衔铁靠蝶形钢丝卡固定在轭铁的刀刃上，动作灵活。在衔铁的传动部分铆上重锤片，以保证继电器衔铁主要靠重力返回。重锤片的数量根据继电器接点系统的结构来确定，使衔铁的重量满足接点压力的需要。一般 8 组接点用 6 片，4 组接点用 2 片，2 组接点不用。铁芯、衔铁和轭铁都是由电工纯铁软磁性材料制成，导磁好，剩磁少。铁芯端部有镦粗的极靴，便于导磁；极靴上有两个小孔，便于拆装铁芯。衔铁上有止片，用于增加磁阻，减小剩磁的影响，确保继电器可靠落下。

接点系统处于电磁系统的上面，通过接点架、螺钉紧固在轭铁上，使两者成为一个整体。用螺钉将下止片、电源片单元、银（静）接点单元、动接点单元以及压片按顺序组装在接点架上。在紧固螺钉以前，应将推杆、绝缘轴、动接点轴与动接点组装好，衔铁通过推杆的传动来带动动接点运动。

插入式继电器通过螺钉将继电器安装在胶木底座内。外罩通过加封螺钉紧固在胶木底座上。型别盖板通过螺钉固定在胶木底座下端。提把由弹簧钢丝做成，安装于外罩的正面。继电器插在继电器组合架上时，提把与挂簧配合，使插接牢固。

无极继电器接点系统采用两排纵列式联动结构，因此，接点组数只能成偶数增、减。推杆传动中心线与接点中心线一致，以减少不必要的传动损失。为减少接点组装时的积累公差，将接点片与托片组合压在酚醛塑料内，形成单元块。单元块之间为平面接触，易于控制公差，同时提高了接点组之间的绝缘强度。

银接点单元由锡磷青铜带制成的接点片与由黄铜制成的托片构成，两组对称地压制在胶木内。在接点簧片的端部焊有银接点。

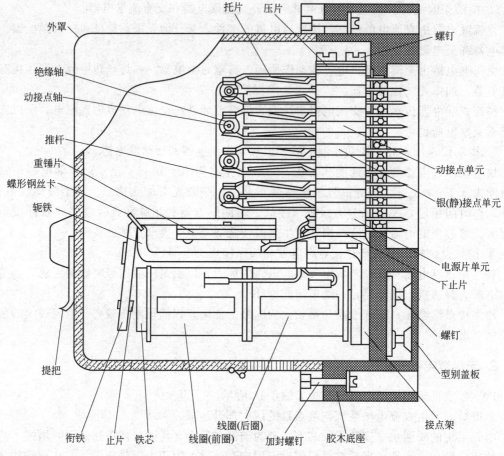

图 1-10 无极继电器的结构

接点接触时碰撞会产生颤动，颤动将形成电弧，对接点有较大的破坏作用。为消除这种颤动，必须设置托片。在调整继电器时，可在接点片和托片间加一个初压力，保证接点刚接触时，可动部分的动能被接点片吸收，这样既可消除颤动，又可缩短接点的完全闭合时间，大大减轻了接点的烧损。

动接点单元由锡磷青铜带制成的动接点簧片与黄铜板制成的补助片压制在酚醛塑料胶木内。动接点簧片端部焊有动接点。动接点由银氧化镉制成。

电源片单元由黄铜制成的电源片压在胶木内。

推杆有铁制的和塑料制的，常见是塑料制成的。衔铁通过推杆带动接点组。

绝缘轴用冻石瓷料（一种新型陶瓷材料）制成，抗冲击强度足够。动接点轴由锡磷青铜线制成。

压片由弹簧钢板冲压成弓形，分上、下两片，其作用是保证接点组的稳固性。

下止片由锡磷青铜板制成，外层镀镍。它在衔铁落下时起限位作用。

接点架由钢板制成，用螺钉与轭铁固定，保证接点架不变位。接点架的安装尺寸是否标准，角度是否准确，对继电器的调整有很大影响。

3. 无极继电器动作原理

无极电磁继电器采用的电源是直流电源，而且无论什么极性，只要达到它的规定电压

（或电流）值，继电器就励磁吸起，因此称之为直流无极电磁继电器，简称无极继电器。这种继电器可以做成电压型的或电流型的。电压型的继电器，其线圈直接与电源相连，线圈的匝数较多，线径较细，线圈的电阻也较大，如常见的 JWXC-1700 和 JWXC-1000 等继电器就属于电压型的。电流型继电器，其线圈与负载串联，线圈的匝数少，线径较粗，线圈的电阻也较小，如 JWXC-7 和 JWXC-2.3 等继电器就属于电流型的。

如图 1-11 所示，在线圈上加直流电压后，线圈中的电流 I 使铁芯磁化，在铁芯内产生工作磁通 Φ，它由铁芯极靴处经过主工作气隙 δ 进入衔铁，又经过第二工作气隙 δ' 进入轭铁，然后回到铁芯，形成一条闭合磁路。在工作气隙 δ 处，由于磁通 Φ 的作用，铁芯与衔铁间产生电磁吸引力 F_D。当 F_D 大到足以克服衔铁转动的机械力 F_j（主要是衔铁自重）时，衔铁与铁芯吸合。此时，衔铁通过推杆带动动接点运动，使后接点断开，前接点闭合。

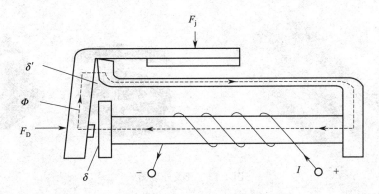

图 1-11　继电器的动作原理

当线圈中的电流减小时，铁芯中的磁通按一定规律随之减小，吸引力也随着减小。当电流小到一定值时，所产生的吸引力小于机械力，衔铁离开铁芯，被释放。此时，推杆带动动接点运动，使之与前接点断开，与后接点闭合。

4. 无极继电器图形符号

继电器图形符号如图 1-12 所示。

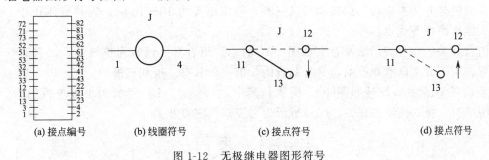

(a) 接点编号　　(b) 线圈符号　　(c) 接点符号　　(d) 接点符号

图 1-12　无极继电器图形符号

图(a) 为继电器接点编号。线圈前圈接电源片单元 3、4，线圈后圈接电源片单元 1、2。继电器一般有 8 组接点，每组接点有 1 个动接点和 2 个静接点（上下接点或称前后接点）。若为第 1 组接点，动接点编号为 11、上接点编号为 12、下接点编号为 13，第 2 组为 21、22、23，其他组以此类推。

规定按继电器在电路中的常态绘制图形符号。箭头表示继电器在电路中的常态，箭头向上表示励磁吸起，箭头向下表示失磁落下。

线圈符号如图(b)所示,用 J 表示继电器,若两线圈串联使用,一般将 2、3 连接,使用 1、4 为线圈通电,线圈符号上标注 1、4,若线圈单独使用,则标注 1、2 或 3、4。

接点符号如图(c)图(d)所示,图(c)继电器常态为失磁落下,实线表示常态时接通,虚线表示常态时断开;图(d)继电器常态为励磁吸起,实线表示常态时接通,虚线表示常态时断开。

三、开关认知

开关分为组合开关和闸刀开关。闸刀开关已经被隔离器代替。组合开关是手动开关的一种,采用左右旋转操作。将静接点装在胶木盒内,使开关向立体发展而减小面积,能根据电路的不同要求组成不同接法,在供电设备中应用广泛。开关外形图如图 1-13 所示。

图 1-13 开关外形图

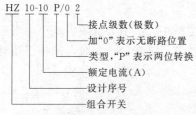

图 1-14 组合开关的型号表示法

HZ10 系列组合开关适用于交流 50Hz、380V 及以下和直流 220V 及以下的配电设备,用来通断电路、换接电源。它由数层动、静接点分别装于绝缘件内,动接点固定在附有手柄的转轴上,随转轴旋转而变更其通、断位置。它采用扭簧储能,使开关能快速闭合和分断。这样,接点转换的速度与手柄的旋转速度无关,提高了它的电气性能。

系列组合开关有单极、双极和三极三种,额定电流为 10~100A。它具有体积小、安装方便、维修简便等优点。

组合开关的型号表示法及意义如图 1-14 所示。组合开关通常为单投的,即只有一个接通位置。闸刀开关既有单投的,又有双投的,但一般只有二极和三极的。

手动开关的图形符号如图 1-15 所示。其中,(a)、(b)所示为单极单投组合开关;(c)所示为二极双投闸刀开关;(d)所示为三极双投闸刀开关。

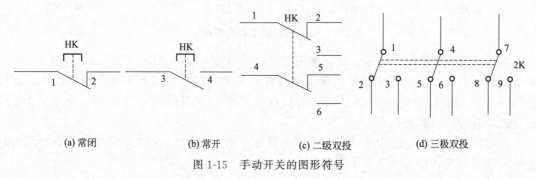

图 1-15 手动开关的图形符号

四、按钮认知

按钮也是一种手动的电气开关,用来操纵其他电器。LA18 系列按钮具有外形小巧、造型美观、规格齐全、生产简单等优点。它采用积木式两面拼接的装配基座,接点数量可按需要拼接,一般有两组常开接点和两组常闭接点,接点通、断电路的能力较强。按钮可做成多种形式,以满足不同的需要。信号电源设备中仅采用掀钮式(用手掀压操作)。为便于辨认,有红、绿等色,其外观如图 1-16 所示。

图 1-16 按钮外观图

按钮的图形符号如图 1-17 所示。按钮的型号表示法及意义如图 1-18 所示。

图 1-17 按钮的图形符号　　　　图 1-18 按钮的型号表示法及意义

五、断路器、隔离器认知

由于螺旋式熔断器和闸刀开关存在可靠性差、易损坏、熔芯更换不便、动作不可靠以及闸刀开关带载操作时易出现拉弧等缺点,供电系统中应用了断路器和隔离器。液压电磁式断路器是引进产品,其结构和工作原理与通用的空气开关完全不同,具有不受环境温度变化影响、工作稳定、可靠、寿命长及维修量小等特点,特别适用于对可靠性要求很高的信号电源屏。断路器和隔离器外形图如图 1-19 所示。

1. 断路器结构

断路器结构如图 1-20 所示,其主要部分是具有过载、短路保护功能的脱扣器。脱扣器的主要部件是一个外面绕有线圈的密封金属筒,筒内装有起阻尼作用的液压油、一根弹簧和一个铁芯。线圈的一端接移动触头,另一端接负载终端,固定触头接输入终端。其他部件还有衔铁、极靴及与通断机构联动的人工操作手柄。断路器通过输入终端和负载终端串接在被保护电路中。输入终端和负载终端均是接线端子,前者接电源侧,后者接负载侧。

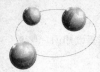

通信信号电源设备维护

断路器　　　　　　　　　　　　　隔离器

图 1-19　断路器隔离器外形图

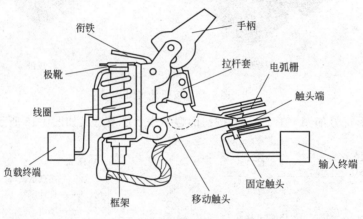

图 1-20　断路器结构

2. 断路器工作原理

图 1-21 所示为断路器的几种状态。

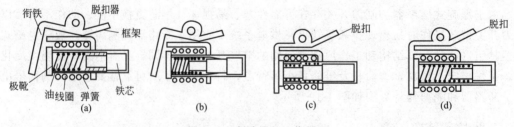

图 1-21　断路器的工作原理

当流过断路器的电流不大于其额定电流时,铁芯受到的电磁吸引力不能克服弹簧弹力,衔铁不动,移动触头和固定触头接通,如图 1-21(a) 所示。过载时,流过线圈的电流大于断路器的额定电流,线圈对铁芯产生的吸引力足以克服弹簧弹力,即吸引铁芯朝极靴方向移动,如图 1-21(b) 所示。在铁芯移动时,液压油的阻尼作用可调节铁芯的移动速度,产生延迟时间。该时间与电流的大小成反比。如果过载时间很短,铁芯尚未到达极靴,过载电流即消除,铁芯在弹簧弹力作用下返回原位置。如果过载持续存在,则铁芯继续移动,经一定的延迟时间被极靴吸住，使断路器脱扣，移动触头和固定触头不接通，如图1-21(c)所示。此时断路器断电，铁芯靠弹簧弹力返回原位置。

负载短路时，流过线圈的电流很大，产生的吸引力足以使衔铁不等铁芯移动就立即被吸引到极靴而脱扣，分断电流，如图1-21(d)所示。

断路器的脱扣点不受环境温度影响，脱扣后可立即再闭合，无需冷却时间。但脱扣后，它不能自动恢复使用，此时需人工扳动手柄使之复位。

灭弧栅可快速消灭触头分断时产生的电弧，是一组与弧柱成直角配置的"U"形钢质栅片。分断电路时，触头断开，所产生的电弧由于电磁互相作用被拉入栅片间，被分割成一系列短弧，而被快速拉断。

3. 断路器分类

HY-MAG液压电磁式断路器规格很多，有SA、SH、SF、SX等系列。适用于信号电源屏的小型断路器是SA和SF系列。SF系列的额定分断能力是3kA，最大额定电流是50A，脱扣时间快，体积小，成本低。SA系列的额定分断能力是6kA，最大额定电流是100A，脱扣时间较慢，体积大，成本高。因此，信号电源屏中基本上采用SF系列，只有在工作电流较大和要求脱扣时间较慢的场合（例如电动转辙机动作和电源屏转换）才采用SA系列。

HY-MAG产品除断路器外，还有隔离器（隔离开关）。隔离器与断路器的区别在于没有脱扣器。一般情况下，断路器与隔离器配套使用，输入端使用断路器，输出端使用隔离器。它们的外形相同，可以用不同的手柄颜色来区别。白色的是断路器，绿色的是隔离器，红色的是负载限制断路器，橙色的是分断能力大、脱扣时间短的断路器。

4. 断路器、隔离器图形符号

断路器、隔离器的图形符号如图1-22所示。

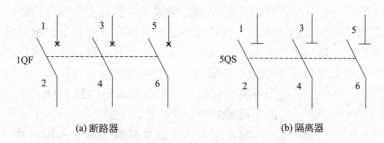

图1-22 断路器、隔离器的图形符号

任务四 ●●● 稳压器认知

学习目标 ▶▶▶

1. 掌握稳压器作用。
2. 熟悉稳压器分类。
3. 掌握感应调压器原理。
4. 掌握自动补偿式交流稳压器原理。

相关知识

信号电源由电网供电，电网电压的波动和负荷的变化都会引起电压不稳定，往往超过规定的电压波动范围，给信号设备的工作带来不利，甚至造成错误动作。因此，必须对交流电源稳压，以保证供电电压稳定。交流稳压器的种类很多，大体上分为两大类，其框图如图 1-23 所示。

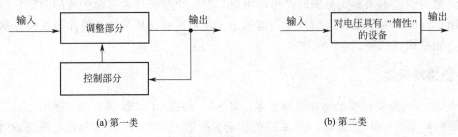

(a) 第一类　　　　　　　　　　　(b) 第二类

图 1-23　交流稳压器框图

图 1-23(a) 所示的第一类稳压器包括调整部分和控制部分。如果输出电压发生变动，则通过控制部分使调整部分调压，以保持输出电压稳定。由于它是对输出电压进行采样控制，因此对电网电压的波动或负荷的变化所引起的输出电压的变动，均具有稳压作用。其稳压精度可通过调节控制部分的灵敏度来控制，通常可达 1%～3%。调整部分常用饱和电抗器、晶闸管元件、自耦变压器、感应调压器、正弦能量分配器等，分别称为饱和电抗器式、晶闸管移相调压式、自耦变压器式、感应调压器式、正弦能量分配器式交流稳压器。控制部分大多采用晶体管等构成的比较放大电路，有的还有继电器控制电路。这类稳压器稳压精度高且可调节，除晶闸管式外，输出波形畸变小，稳压性能较理想，但结构复杂，检修较困难。

图 1-23(b) 所示的第二类交流稳压器采用对电压具有"惰性"的设备。由于其"惰性"作用，使输出电压不随输入电压的波动而变动。但对于因负荷变化引起的输出电压变动，不起稳压作用。目前广泛采用的"惰性"设备大多是输入所在铁芯处于磁饱和状态的特殊变压器，因此其效率较低，输出波形有失真。稳压变压器和参数稳压器（统称铁磁谐振式）属于这一类。虽然第二类交流稳压器的稳压性能欠佳，但因其具有设备简单、运行可靠、维修方便等突出优点，在负荷变动不剧烈、对于输出电压的波形要求不高的场合应用广泛。

目前，在铁路信号电源设备中采用自动补偿式稳压器、感应调压器式稳压器、稳压变压器及参数稳压器。

一、感应调压器认知

1. 设备认识

感应调压器外形图如图 1-24 所示。

感应调压器有单相和三相之分。它的结构类似于一般的绕线式电动机，即由定子和转子组成，但又不同于电动机。它的转子被一套蜗轮蜗杆卡住，在交流电源作用下不能自由旋转；只有在电压不稳定需要调整时，才由蜗轮传动机构使转子转动。这样，转子平面相对于定子平面产生了角位移。

图 1-24　感应调压器外形图

对于单相感应调压器，就改变了转子绕组的电压值，而不改变其相位；对于三相感应调压器，就改变了定子绕组和转子绕组的感应电压之间的相位差。借助定子绕组和转子绕组的自耦式连接，可使输出电压获得平滑的调节，所以它的工作原理类似于自耦变压器。感应调压器的定子绕组和转子绕组之间既有电的联系，又有磁的联系，它们共处于一个磁场中，很像一个自耦变压器，但两个绕组的相对位置是可以改变的。

感应调压器按冷却方式，分为干式和油浸式两种。信号电源设备中所用的都是干式感应调压器。

感应调压器式交流稳压器的功率可达数百千伏安，这是其他各类交流稳压器无法达到的。它的稳压范围宽，稳压精度可调节，输出电压波形几乎无畸变，稳压性能是理想的。但是，它体积庞大，价格较贵，功耗较大。

2. 感应调压器工作原理

现以单相感应调压器为例，讲解其工作原理。

单相感应调压器由公共绕组 g 和二次串联绕组 c 组成。通常 g 置于定子上，c 置于转子上。有正接和反接两种接法，如图 1-25 所示。

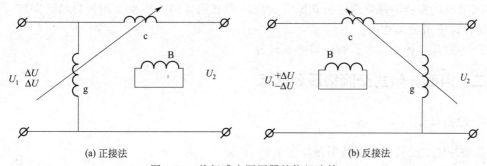

图 1-25　单相感应调压器的绕组连接

正接法仅有一个励磁绕组和由它产生的单一磁场。励磁电流和由它产生的磁场不是恒定的，是随电源电压的变化而变化的，因此其空载电流和空载损耗不是恒定的，是在一定范围内变化的。反接法有两个励磁绕组和由它们共同产生的磁场，该磁场也是随着电源电压而变化的，但变化范围较小，因此空载电流和空载损耗变化范围较小。感应调压器按正接法或反接法设计，应视具体情况而定。

单相感应调压器的公共绕组平面与串联绕组平面在空间有一定的夹角 θ，公共绕组 g 的励磁磁势产生一个单相脉动磁场，即在串联绕组 c 中产生感应电势。当 c 的线圈平面和 g 的相对位置发生变化时，E_c 的大小随之变化，其方向与 g 的感应电势 E_g 相同或相反（视如何连接以及 θ 的大小）。线圈平面重合时，c 中的感应电势为最大值 E_{cmax}。空载输出电压

$$U_{20} \approx U_1 \pm E_{cmax}\cos\theta$$

式中，正接法取"＋"；反接法取"－"。

当 θ 在 0～180°变化时，U_{20} 在 $U_1 \pm E_{cmax}$～$U_1 \mp E_{cmax}$ 间变化。改变角位移 θ 的大小，即可调节输出电压，达到稳压的目的。

单相感应调压器的输入、输出线都装在机壳的接线端子上，输入为 A、X；输出为 a、x。

3. 日常维护

使用感应调压器时，应注意以下事项。

① 新安装或长期不用的感应调压器在投入运行前，应用500 V兆欧表测量绕组间和对地的绝缘电阻，不低于0.5MΩ时方可使用，否则要进行干燥处理，方法如下：

● 用电热器或其他热源加热，但必须有良好的通风条件。注意使其不致过热，防止热源触及绕组和其他导电部分。绕组温度不超过120℃。

● 在感应调压器的输入端接上调压设备，输出端短接；在输入端加上10%左右的额定电压，使输出端短路电流稍低于额定电流，热烘驱出潮气。

② 感应调压器的机座应接地良好，以保证安全。

③ 传动装置应保持灵活，转子在180°内转动，正、反方向应注意均衡。当输出电压达最高或最低极限时，行程开关应保证切断驱动电机电源。

④ 感应调压器的负载不得超过额定值。如超过时间较长，易使感应调压器烧毁或缩短寿命。

⑤ 应保持感应调压器的清洁，不许水滴、油污及尘土落入感应调压器内部。定期停电并拆下网罩，除去调压器内积存的尘土。感应调压器周围应留有适当空间，以利通风散热。

⑥ 经常检查感应调压器的轴承有无漏油及发热等情况，定期补充滑动轴承的润滑油，调换滚动轴承的润滑油。

⑦ 感应调压器的保险螺栓被切断后，应立即查明原因，再换上同样材料、同样尺寸的保险螺栓，方可继续使用。

⑧ 不能与其他变压器、调压器并联运行。

二、自动补偿式交流稳压器认知

1. 设备认识

自动补偿式交流稳压器外形图如图1-26所示。

自动补偿式交流稳压器最初由线性变压器和自耦变压器组成，属于有触点式的，如图1-27所示。将线性变压器的次级绕组串联在主电路中，控制其初级电压的大小和极性，利用其次级电压进行补偿，实现稳压的目的。

图1-26 自动补偿式交流稳压器外形图

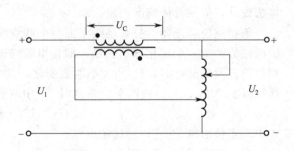

图1-27 有触点式原理示意图

自耦变压器有两个滑动触点，改变触点的位置，即可改变初级电压的大小和极性。触点由控制电路控制。

由于调压方式是机械式的，且有炭刷滑动触点，因而存在两个致命的缺点：一是动态响应性能差,二是机械传动和滑动触点的可靠性差,故障率高,易引起电弧、火花,增加了使用和维护的难度。

引进国外技术,将滑动摩擦改为滚动摩擦,或者加大滑动触点的接触面,虽性能有所改善,但未根本解决问题。根本解决问题的办法是无触点化。

2. 无触点补偿式交流稳压器工作原理

无触点补偿式交流稳压器的主电路如图 1-28 所示。由线性变压器 T_1、T_2、T_3 与晶闸管 $SCR_1 \sim SCR_8$ 构成组合式全桥电路。由控制电路控制晶闸管实现不同的组合导通,进而决定各线性变压器升压、降压、直通等不同状态和组合,可以构成 15 种不同的组合状态,可以在输入电压不同的情况下实现输出电压稳定。补偿变压器的数量和副边电压值决定了稳压器的稳压精度和稳定范围。根据需要,用控制电路控制各晶闸管的导通或截止,就能实现自动稳压。

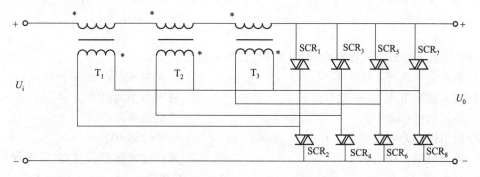

图 1-28 无触点补偿式交流稳压器电路

无触点补偿式交流稳压器采用 3 个变压器次级串联的方式,将 3 个变压器的次级电压串联在输入电压与输出电压之间。通过改变变压器次级电压与输入电压之间的相位关系,使得变压器次级的电压与输入电压为相加或相减的关系,使输出电压保持在 220V±3% 的范围之内。3 个变压器的初级线圈通过晶闸管组合全桥接在输出电压上,控制晶闸管导通与关断,即可改变变压器次级电压的相位。3 个变压器变比的关系为 $n_1:n_2:n_3=1:2:4$,例如 3%、6%、12%。通过调整各个变压器的升压、降压或直通等状态,使输出电压在规定的精度和范围内保持稳定。

SCR_1 与 SCR_2、SCR_3 与 SCR_4、SCR_5 与 SCR_6、SCR_7 与 SCR_8 构成 4 个桥臂,SCR_1 与 SCR_2 对应 3% 的变压器 T_1,SCR_3 与 SCR_4 对应 6% 的变压器 T_2,SCR_5 与 SCR_6 对应 12% 的变压器 T_3,SCR_7、SCR_8 为公共桥臂。每个桥臂中的两只晶闸管不可以同时导通,否则会损坏晶闸管。当公共桥臂的 SCR_8 导通时,电路处于升压状态。此时,如果其余 3 个桥臂中的 SCR_1 或 SCR_3 或 SCR_5 导通,则其对应的变压器处于升压状态;如果 SCR_2 或 SCR_4 或 SCR_6 导通,则其所对应的变压器处于不升不降(即直通)状态。当公共桥臂的 SCR_7 导通时,电路处于降压状态。此时,如果其余 3 个桥臂中的 SCR_2 或 SCR_4 或 SCR_6 导通,则其对应的变压器处于降压状态;如果 SCR_1 或 SCR_3 或 SCR_5 导通,则其对应的变压器处于直通状态。当 SCR_1、SCR_3、SCR_5、SCR_8 导通时,变压器全升压,补偿量为 $+21\%U_i$。当 SCR_2、SCR_4、SCR_6、SCR_7 导通时,变压器全降压,补偿量为 $-21\%U_i$。当 SCR_1、SCR_3、SCR_5、SCR_7 导通或 SCR_2、SCR_4、SCR_6、SCR_8 导通时,所有变压器均处于直通状态,补偿量为 0。

8个晶闸管导通排序与补偿电压的关系如下所示：

晶闸管导通排序				补偿电压
1	3	5	8	+21%
2	3	5	8	+18%
1	3	5	8	+15%
1	4	5	8	+15%
2	4	5	8	+12%
1	3	6	8	+9%
2	3	6	8	+6%
1	4	6	8	+3%
2	4	6	8	0
1	3	5	7	0
2	3	5	7	-3%
1	4	5	7	-6%
2	4	5	7	-9%
1	3	6	7	-12%
2	3	6	7	-15%
1	4	6	7	-18%
2	4	6	7	-21%

APC系列无触点交流稳压电源的电气特性如下所述：

① 输入电压范围165～275V。
② 输入频率范围47～63Hz。
③ 稳压精度≤±3%。
④ 输出波形附加失真度≤1%。
⑤ 输出频率与市电同步。
⑥ 反应时间≤4ms/s。
⑦ 输入功率因数0.95～1。
⑧ 输出功率因数0.7～1。
⑨ 满载效率≥95%。
⑩ 噪声≤45dB。
⑪ 具有过载保护、过高/欠压保护、异常自动旁路功能。

3. 自动补偿式交流稳压器的特点

① 性能好，效率高，各项指标和效果均优于电源屏中常用的参数稳压器、感应调压器式交流稳压器。

② 输入功率因数高。在输入电压和负载变化的整个范围内，稳压器本身不会产生非线性电流成分，为净化电网环境提供了可靠保证。

③ 输出负载适应能力强，对各种非线性（强容性、强感性、冲击性等）负载都能可靠、无误地供电。

④ 动态性能好。对输入电压的突然变化，输出电压的调整时间为80ms。

⑤ 电路中不存在铁磁谐振非线性电路环节，因而无附加波形失真。

⑥ 当输入电源频率变化以及输入电压或输出负载电流存在非线性成分时，受到的影响小于其他类型电源。

⑦ 无机械传动和触点磨损，可靠性高，噪声低。

⑧ 成本低。

三、稳压变压器认知

1. 设备认识

稳压变压器（Constant Voltage Transformers，简称CVT）属于铁磁谐振式交流稳压器。这是一种基于铁磁谐振原理的交流稳压器，依靠铁磁谐振，使输出线圈所在的铁芯处于磁饱和状态，达到稳压的目的。稳压变压器兼有稳压、变压双重功能。由于结构简单、维护方便、投资较省，因而应用广泛。

2. 基本结构及原理

（1）铁磁谐振　在线性电路中，线性电感和电容相串联或并联，在一定的频率下能使电路发生谐振。固定电源频率和电容量，调节线性电感，是调谐的方法之一。线性电感的改变只能通过改变线圈的匝数或铁芯的位置来实现。在线圈匝数和铁芯位置固定的条件下，改变电感线圈两端的电压，不会使电感量发生变化。

然而，如果电感线圈的铁芯工作于饱和状态，线圈两端电压的改变将引起电感量的改变，这种电感称为非线性电感。对于由非线性电感与线性电容组成的串联或并联电路，可通过改变外加电压使电路达到谐振。通常把这种谐振称为铁磁谐振。

在如图 1-29（a）所示的电路中，调压变压器的输出端并联一个带铁芯的电感线圈 L 和电容器 C，它们组成并联谐振电路。在电源频率一定的情况下，调节变压器次级电压时，L 支路和 C 支路中的电压、电流的变化关系如图 1-29（b）所示。在 L 支路中，当 $I_L=0$ 时，$U_L=0$。此后，当 I_L 逐渐增大时，U_L 随之升高。但到后来，I_L 再增大，U_L 几乎不再升高，这是因为铁芯已趋于饱和。而在 C 支路中，只要在电容器的耐压范围内，I_C 与 U_C 总是成正比例地增大。

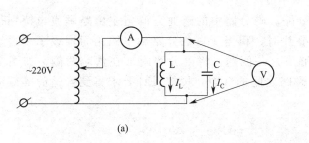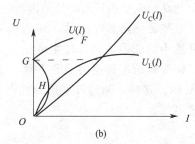

图 1-29　并联铁磁谐振电路

在并联谐振电路中，总电流 I 和电压 U 的变化关系如图 1-29（b）中的 $U(I)$ 曲线所示。开始 U、I 由零逐渐增加，如图 1-29（b）中的 OH 段曲线所示。但当 U 继续升高时，I 反而减小，如图 1-29（b）中的 HG 段曲线所示。当 U 调至 U_G 时，$I=0$，即图 1-29（b）中的 G 点。此时 LC 并联电路的总电流为零，即处于该电路的阻抗达到最大值时的谐振状态，称为并联铁磁谐振。

如果继续调节电压，使 U 高于 U_G，此后电流即使有较大的变化，LC 并联电路两端的电压几乎不再发生变化，如图 1-29（b）中的 GF 段。

以上是撇开铁芯的铁耗与线圈的铜耗（即设线圈的等值电阻 $r=0$）时的情况。由于实际电路总存在功率损耗，即 $r\neq 0$，实际的伏安特性曲线要比图 1-29（b）所示的曲线右移一些。

同样，非线性电感与线性电容器串联，通过改变外加电压，也能产生串联铁磁谐振。不论是并联还是串联谐振，一旦电路谐振之后，线圈的铁芯就处于深度饱和状态，对于外加电压的变动十分"迟钝"。利用这种"惰性"，即可实现稳压，制成铁磁谐振式交流稳压器。

(2) 稳压变压器　稳压变压器在单一铁芯上同时实现稳压和变压双重功能，既不同于普通的电源变压器，又不同于一般的磁饱和电抗器。稳压变压器具有较大的时间常数，因此对外来冲击干扰具有缓冲能力；它的主磁路是封闭的，所以漏泄较小，效率较高，对附近电子设备的干扰较小；它的结构简单，工作可靠，维护方便，经济耐用，是一种性能优越的稳压设备，广泛用于各种自动化系统中。在信号电源设备中，小站电源屏采用稳压变压器。

信号电源设备中的稳压变压器多采用外铁式结构，是用"日"字形铁芯增加磁分路后构成的，如图1-30所示。磁分路将原有两个窗口再一分为二，使铁芯整体形成"田"字形，通常上、下窗口容积之比约1∶4。

在中间的铁芯（主铁芯）上绕着初级绕组、谐振绕组和次级电压输出绕组（负载绕组）。初级绕组位于上部，接入输入电压。谐振绕组和负载绕组位于下部，谐振绕组和电容器组成谐振电路，负载绕组和负载连接，供给输出电压。

在中间，即初级和次级（包括谐振绕组和负载绕组）间有磁分路。磁分路由硅钢片叠成，截面积通常为主铁芯的0.6～0.8，与主铁芯内壁间保持0.1～0.2mm的气隙。磁分路用以分路过剩的磁通。这样，磁路分为三个回路，一个连着初、次级绕组，另一个连着初级绕组，还有一个只连着次级绕组。后两个回路是互相隔离的。

在初级还有与负载绕组反向连接的补偿绕组，它的感应电压与输出电压反向叠加，以进一步提高稳压精度。当输入电压较高时，负载绕组两端的电压略有升高，补偿绕组两端的电压也有所升高，因它们反向串联，只要配合恰当，负载绕组两端升高的电压几乎与补偿绕组两端升高的电压相抵消，使输出电压近似不变。

上述磁分路放在内部，称为内磁分路。磁分路中的磁通方向与主磁路垂直，特别是磁分路中的磁通垂直穿过主磁路铁芯叠片时，相当于在磁分路和主磁路间增设了多道气隙，使等效的漏磁电感明显下降。为解决这一问题，将磁分路附加在铁芯两侧，如图1-30所示。这样，通过改变磁分路与主磁路之间的气隙，可按设计要求得到合适的等效的漏磁电感。

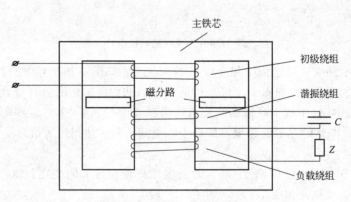

图1-30　稳压变压器的结构

外铁式结构虽然加工工艺性强，但漏磁少。此外，还有内铁式结构，它的绕组绕在两侧铁芯柱上，磁分路在中间。

稳压变压器不同于一般的变压器，有其独特的工作特点，即它的初级工作在非饱和状态，次级工作在饱和状态。次级之所以饱和，是谐振绕组与谐振电容器产生并联铁磁谐振所致。磁分路为部分初级绕组产生的磁通提供了直接返回初级的通路，而不与次级相交链；同时，为部分次级磁通返回次级提供回路，而不与初级相交链。

铁磁并联谐振电路的伏安特性如图 1-29（b）所示。起初，次级电压随着输入电压的升高而升高，次级中的超前电压的电容性电流相应增大。当次级铁芯饱和时，谐振绕组中滞后电压的电感性电流增大，但谐振电路总电流较小，使初级电流减小。当输入电压继续升高时，容性电流与感性电流的绝对值相等，初级电流最小，此时的次级电压称为"谷点"电压，为稳压器的最佳工作点。

稳压变压器的简化等效电路如图 1-31 所示。

在图中，虚线左边的部分起"变压"作用，但初级电压 U_1 与次级电压 U_2 的数值比不遵循匝比关系，为

$$U_1/U_2 = nB_{m1}/B_{m2} = n'$$

式中，n 为初、次级匝数比；n' 为稳压变压器的内压比，它取决于磁路特性与匝数 n，比 n 小；B_{m1} 为初级铁芯的最大磁通密度；B_{m2} 为次级铁芯的最大磁通密度。

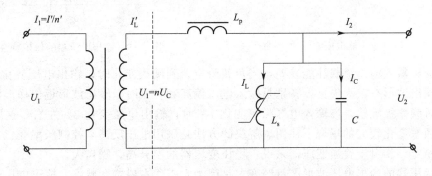

图 1-31　稳压变压器的简化等效电路

次级铁芯饱和后，B_{m2} 成为一个常数，B_{m1} 则随着输入电压而变化。因此，n' 也不再是一个常数，而是随着输入电压的变化相应变化。

虚线右边的部分与并联式铁磁谐振稳压器完全相同，具有明显的稳压作用。L_p 是初级绕组和磁分路折算到次级的电感值，为一个等效电感，它取决于磁路特性（磁分路的气隙长度、截面等）和绕组匝数。这样，因输入电压变化而引起的磁通变化主要表现在磁分路上。可见，稳压变压器兼容了变压、稳压双重功能。它与普通变压器一样具有初级和次级隔离、变压、多组输出等功能，可做成低压多组输出的形式来代替普通的电源变压器。然而，它具有普通变压器所没有的稳压功能。

稳压变压器的电压电流向量图如图 1-32 所示。假设等效电路的各点电压均为正弦波，如以输出电压 $\dot{U}_2$ 为基准，$\dot{I}_2$ 与之同相，$\dot{I}_C$ 超前，$\dot{I}_L$ 滞后，则 $\dot{I}_1' = \dot{I}_C + \dot{I}_L + \dot{I}_2$。

由 $\dot{I}_1'$ 产生的电压 $\dot{U}_{LP}$ 超前 $\dot{I}_1'$ 90°，$\dot{U}_1'$ 是 $\dot{U}_2$ 和 $\dot{U}_{LP}$ 的向量和。在输入电流发生变化时，只引起 $\dot{I}_L$ 和 $\dot{I}_C$ 的变化，输入电压的变化完全作用在 $\dot{U}_{LP}$ 上，使输出电压保持恒定。

当负载电流超过额定值或短路时，在 L_P 上产生很大的压降，使加在并联谐振电路上的电压不足以维持次级铁芯饱和，从而破坏了谐振状态，使得输出电压阶跃下降。当输出端完全短路时，输出电压为零，输出电流为额定电流的 1.5～2 倍。稳压变压器的输出电压随着过载电流的增大而下降的特性称为下垂特性，即保护特性，如图 1-33 所示。图中，I_2 由于稳压变压器的初级和次级由磁分路隔开，相互间有一定距离，所以其间的分布电容很小，从电源引入的干扰信号不易耦合到次级。谐振电容器对于干扰信号的旁路作用及饱和工作状态，进一步抑制了干扰。因此，稳压变压器具有一定

的抗干扰能力。

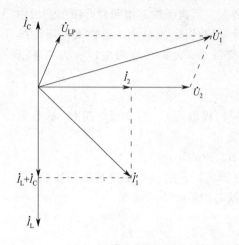

图1-32 稳压变压器电压电流向量图

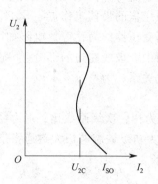

图1-33 稳压变压器的保护特性

稳压变压器的输出负载性能较差，当负载由空载到满载变化时，输出电压变化在3%左右。它的输出波形有较大失真，特别是输入电压偏高和轻载时，输出波形近似梯形波。它的输出电压对频率极敏感，当输入电源频率变化1%时，输出电压变化2%左右，这就限制了它在电网频率变化较大的场合下使用。解决的方法是采用电压反馈来控制频率变化，使输出电压保持稳定。相对于普通变压器来说，稳压变压器的温升高，噪声大。

稳压变压器的输出电压波形严重畸变，是因为它工作在磁饱和状态，输出电压中包含着丰富的奇次谐波。它的各次谐波有效值和整个波形有效值之比是：基波90%～95%，三次谐波25%～35%，五次谐波7%～10%，七次谐波3%～5%。可见，高次谐波的幅值很小，只要滤除三次、五次谐波后，就能得到较好的正弦波形。

四、参数稳压器认知

1. 设备认识

参数稳压器是一种新型的交流稳压器，它集隔离变压、稳压、抗干扰、净化功能于一体，具有稳压范围宽、精度高、响应速度快、抗干扰能力强、负载短路自动保护、高可靠、长寿命等一系列优点，尤其是能有效滤除电网及负载产生的各种频率的正负脉冲和浪涌电压，输出正弦波。参数稳压器外形图如图1-34所示。

2. 基本结构

参数稳压器也是由铁芯、绕组和电容器组成的，但其铁芯结构、能量传递方式、稳压原理与稳压变压器大相径庭。参数稳压器的主要部件是参量变压器，其结构如图1-35所示。磁路由两只"C"形铁芯组成，其中一只转动了90°。在两个铁芯上分别绕有初级绕组和次级绕组。

参数变压器传递能量的形式与普通变压器相同，是经磁通链耦合初级与次级绕组的。由于磁耦合，来自初级的干扰和瞬变可产生次级的干扰和瞬变。除了磁耦合外，实现初级、次级间的电能传递还有电磁辐射、电容耦合和参量耦合，但在低频条件下，只能是后者。在参数稳压器中，初级绕组的电流对次级绕组的电感进行调制。这是因为铁磁材料在磁化时存在饱和、磁滞现象,它的导磁率取决于磁化程度和磁化过程,即随着磁化电流的不同而变化。它不是一个定值,而是磁路中磁通密度的函数。初级的一部分磁通通过次级铁芯,使得次级绕组的电感不是一个定值,而是随着初级绕组电流的大小而改变,成为非线性电感。次级绕组的两端接有电容器,它们构成谐振回路。当次级电感达到一定数值时,谐振回路即产生振荡,输出稳定的正弦波。

图 1-34 参数稳压器外形图　　　　图 1-35 参数稳压器的结构

谐振回路产生振荡及负载均需要能量,这些能量是由初级绕组经参量耦合提供的。它与稳压变压器不同,两个绕组的磁路不是互相耦合,而是单独存在的。

3. 功能

参数稳压器具有满载起振、软启动功能,限制了启动电流,以减少对电源的冲击。

参数稳压器的稳压范围特别宽,单相为 120～300V,三相为 260～460V,这是其他类型的交流稳压器所不及的。电压稳定度为 $^{+2\%}_{-7\%}$。

对干扰的抑制能力也是目前各类稳压器中最好的。如尖峰抑制,差模输入 2kV 尖峰信号,输出不大于 $40V_p$,差模噪声抑制不小于 25dB(10kHz～2MHz)。这种抑制对两个方向都起作用,由初级电源的噪声和瞬变产生的次级噪声及瞬变实际为零,负载产生的瞬变也不会传入初级。这样,次级只能得到初级电压的正弦分量。即使初级电压为方波,参数稳压器仍具有带通滤波作用,保持正弦波形输出,相对谐波含量不大于 3.5%。

它具有较强的过载能力,当负载短路或内部元件损坏时,具有自动保护特性。此时,谐振电路失谐,输出电压自动降至零。短路消除后能自动恢复工作,总恢复时间 10～90ms。输入过电压时,即使两倍电源电压冲击,也不会出现过压输出。

其功率因数高,$\cos\phi \leqslant 0.95$。机内无有源器件,故障率低,寿命长。平均无故障工作时间 MTBF>80000h。

参数稳压器的缺点是温升较高、噪声较大、频率特性较差,并且初级空载电流较大。

使用参数稳压器时,屏蔽、铁芯接地端子应连接后由专用地线(接地电阻小于 4Ω)接地。当有负载地线时,可连接于负载系统地线。当负载短路时,虽有自动保护功能,但仍须关机检查,消除短路后再开机。

任务五 ●●● 开关电源认知

学习目标 ▶▶▶

1. 掌握开关电源的作用。
2. 掌握开关电源主电路流程及各部分功能。
3. 掌握开关电源在信号电源屏中的应用。

相关知识 ▶▶▶

开关电源是高频开关型稳压电源的简称。开关电源是将市电整流后，经功率变换电路，把直流电源变换成高频的交流电源，再经高频整流成低压的直流电源。开关电源已成为广泛使用的稳压电源，开关电源广泛用于智能型信号电源屏中。

一、开关电源的基本组成

开关电源通常由主电路、控制电路和辅助电路三部分组成。

1. 主电路

主电路完成从交流输入到直流输出的过程，包括交流输入滤波、整流、功率因数校正、直流变换、直流滤波等，如图 1-36 所示。

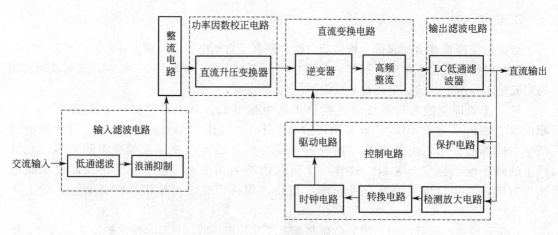

图 1-36 开关电源组成

输入滤波电路包括低通滤波、浪涌抑制等电路，主要用来衰减电网中的高次谐波分量，同时防止开关电源产生的高次谐波分量进入电网而影响其他用电设备。输入滤波电路通常采用 LC 低通滤波器。为了有效衰减高次谐波分量，也用几个单极滤波器构成多级滤波器。

整流电路将工频交流输入电压变换为直流电压，并向功率因数校正电路提供直流电源。它采用单相或三相桥式整流电路。

功率因数校正电路的主要作用是通过升高整流电路输出的直流电压，使交流输入电源与交流输入电压的波形及相位基本相同，从而使功率因数接近 1，减小谐波电流对电网的污染和无功损耗。功率因数校正电路通常采用直流升压变换器。

直流变换器电路由逆变和高频整流两部分组成，用来将从功率因数校正电路输入的直流高压变换为用电设备所需的直流电压。常用的直流变换器分为PWM型变换器和谐波型变换器两类。

PWM（脉宽调制的英文缩写。脉宽调制是脉冲宽度调制的简称）型变换器是在开关频率恒定的情况下，将整流后的输出电压的波动变换为脉冲宽带变化，从而改变脉冲的占空比，驱动开关器件，使得输出电压稳定。

输出滤波电路包括高频滤波和抗磁干扰等电路，用来滤除直流变换器电路输出电压中的高频谐波分量，降低输出电压中的纹波电压，提供稳定、可靠的直流电源，以满足用电设备的要求。输出滤波电路也采用LC低通滤波器。

2. 控制电路

控制电路从主电路输出端取样，与设定值进行比较，取出误差信号，去控制主电路的相关部分；改变脉宽或频率，使输出电压稳定；同时，根据反馈信号，对整机进行监控和显示。控制电路包括检测放大电路、U/W（电压/脉宽）转换电路或U/f（电压/频率）转换电路、时钟振荡器、驱动电路、保护电路等。

控制电路为开关管提供激励信号，能将主电路输出端电压的微小变化转换为脉宽或者频率变化，以调整电压。

3. 辅助电路

辅助电路为开关电源中的有源网络提供所要求的各种电源。

二、开关电源与其稳压电路的比较

常用的直流稳压电源有线性稳压电源、相控稳压电源和开关电源。

线性稳压电源即串联稳压电路，它的调整管串联在负载电路中，其作用犹如可变电阻。输入电压变化或者负载变化使输出电压波动时，改变调整管的压降，使输出电压保持稳定。其主要优点是电路比较简单，稳压精度较高，输出电压中的纹波电压也较低。但是当输入电压过高时，调整管功率很大，故效率很低。当输入电压波动范围为±20%时，5V线性稳压器的效率只有35%。

相控稳压电源在输入电压变化或负载变化使输出电压波动时，改变晶闸管的导通角，使输出电压保持稳定。由于晶闸管工作在开关状态，所以功耗较小，效率较高，通常达70%。但要求输入和输出相隔离时，相控稳压电源的工作频率低，在其输入端必须加入工频变压器。该变压器体积和重量很大，输出端的滤波电感和电容的体积和重量也很大。

开关电源的调整管处于开关状态，输入电压变化或负载变化使输出电压波动时，通过改变控制器信号的脉冲宽带来改变调整管的导通时间，使输出电压保持稳定。调整管导通时，其压降近于零；调整管关断时，流过的电流近于零，功耗非常小，所以效率很高，可达90%以上。谐波型开关电源的工作频率高达400kHz，因此，直流变换器中的变压器、滤波电感和电容的体积和重量大大减小，而且省去了工频变压器。在容量相同的条件下，开关电源的体积和重量只有相控稳压电源的20%左右。当然，开关电源也有缺点，如电路比较复杂、成本较高、可靠性差等。

三、开关电源的特点

开关电源具有以下特点。

① 体积小,重量轻。一般开关电源的工作频率为 50～100kHz,有的高达 200～1000kHz,可大大减小变压器的体积和重量。

② 节能。开关电源效率在 90% 以上。

③ 功率因数高。一般大于 0.92,有功率因数校正电路时接近于 1,对公共电网不造成污染。

④ 可靠性高。模块可热备冗余应用。

⑤ 便于集中监控。装有监控模块,可与计算机相结合,组成智能化电源系统。

⑥ 噪声小。当开关电源工作频率在 40kHz 以上时,基本上无噪声。

⑦ 扩展容易,调试简单。

⑧ 维护方便,易于更换故障模块。

四、开关电源的基本原理

开关电源就是利用电子开关器件(如晶体管、场效应管、晶闸管等),通过控制电路,使电子开关器件不停地"接通"和"关断",让电子开关器件对输入电压进行脉冲调制,实现 DC/AC、DC/DC 电压变换,使输出电压可调和自动稳压,如图 1-37 所示。

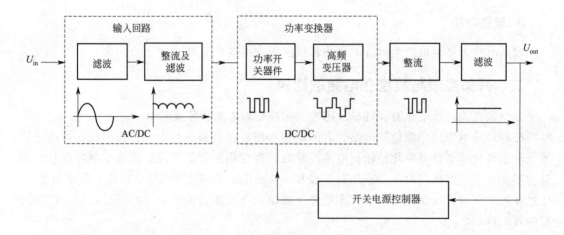

图 1-37 开关电源原理图

开关电源一般有三种工作模式:频率及脉冲宽度固定模式,频率固定及脉冲宽度可变模式,频率及脉冲宽度可变模式。前一种工作模式多用于 DC/AC 逆变电源,或 DC/DC 电压变换;后两种工作模式多用于开关稳压电源。另外,开关电源输出电压也有三种工作方式:直接输出电压方式、平均值输出电压方式、幅值输出电压方式。

根据开关器件在电路中连接的方式,目前比较广泛使用的开关电源大体上分为串联式开关电源、并联式开关电源、变压器开关电源三大类。其中,变压器式开关电源(后面简称变压器开关电源)进一步分成推挽式、半桥式、全桥式等;根据变压器的激励和输出电压的相位,又分成正激式、反激式、单激式和双激式等。

下面简单介绍串联式、并联式、变压器式三种最基本、最常见的开关电源工作原理。

1. 串联式开关电源

图 1-38(a) 所示是串联式开关电源的最简单工作原理图。图中,U_i 是开关电源的工作电压,即直流输入电压;S 是控制开关,R 是负载。当控制开关 S 接通的时候,开关电源向负载 R 输出一个脉冲宽度为 T_{on},幅度为 U_i 的脉冲电压 U_p;当控制开关 S 关断的时候,相当于开关电源向负载 R 输出一个脉冲宽度为 T_{off},幅度为 0 的脉冲电压。这样,控制开关 S 不停地"接通"和"关断",在负载两端就得到一个脉冲调制的输出电压 U_o。

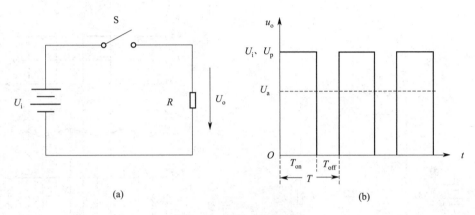

图 1-38 串联式开关电源

图 1-38(b) 是串联式开关电源输出电压的波形。由图中看出,控制开关 S 的输出电压 U_o 是一个脉冲调制方波,脉冲幅度 U_p 等于输入电压 U_i,脉冲宽度等于控制开关 S 的接通时间 T_{on}。由此求得串联式开关电源输出电压 U_o 的平均值 U_a 为

$$U_a = U_i \frac{T_{on}}{T} = D \times U_i \qquad (1-3)$$

式中,T_{on} 为控制开关接通的时间,T 为控制开关 S 的工作周期。改变控制开关 S 接通时间 T_{on} 与关断时间 T_{off} 的比例,就可以改变输出电压 U_o 的平均值 U_a。

串联式开关电源输出电压 U_o 的幅值 U_p 等于输入电压 U_i,其输出电压 U_o 的平均值 U_a 总是小于输入电压 U_i。因此,串联式开关电源一般都是以平均值 U_a 为输出电压。所以,串联式开关电源属于降压型开关电源。

串联式开关电源也称为斩波器。由于它工作原理简单,工作效率很高,因此在输出功率控制方面应用很广。例如,电动摩托车速度控制器以及灯光亮度控制器等,都是串联式开关电源的应用。如果串联式开关电源只单纯用于功率输出控制,电压输出可以不用接整流滤波电路,而直接给负载提供功率输出;但如果用于稳压输出,必须要经过整流滤波。

串联式开关电源的缺点是输入与输出共用一个地,因此容易产生 EMI 干扰和底板带电;当输入电压为市电整流输出电压的时候,容易引起触电,对人身不安全。

2. 串联式开关电源输出电压滤波电路

大多数开关电源输出的都是直流电压,因此,一般开关电源的输出电路都带有整流滤波电路。图 1-39 所示是带有整流滤波功能的串联式开关电源工作原理图。

图 1-39 是在图 1-38(a) 所示电路的基础上增加了一个续流二极管和一个 LC 滤波电路。

其中，L 是储能滤波电感，它的作用是在控制开关 S 接通 T_{on} 期间限制大电流通过，防止输入电压 U_i 直接加到负载 R 上，对负载 R 进行电压冲击；同时，将流过电感的电流 i 转化成磁能进行能量存储；然后在控制开关 S 关断 T_{off} 期间，把磁能转化成电流 i 继续向负载 R 提供能量输出。C 是储能滤波电容，它的作用是在控制开关 S 接通 T_{on} 期间，把流过储能电感 L 的部分电流转化成电荷进行存储；然后，在控制开关 S 关断 T_{off} 期间，把电荷转化成电流继续向负载 R 提供能量输出。D 是整流二极管，主要功能是续流作用，故称为续流二极管，其作用是在控制开关关断 T_{off} 期间，给储能滤波电感 L 释放能量提供电流通路。

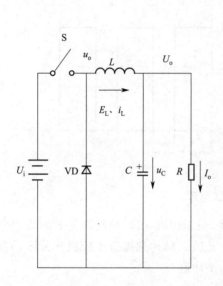

图 1-39　串联式开关电源输出电压滤波电路

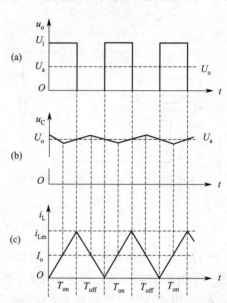

图 1-40　控制开关 S 输出电压 u_o 的波形图

在控制开关关断 T_{off} 期间，储能电感 L 将产生反电动势 E_L。流过储能电感 L 的电流 i_L 由反电动势 E_L 的正极流出，通过负载 R，再经过续流二极管 VD 的正极，然后从续流二极管 VD 的负极流出，最后回到反电动势 E_L 的负极。

图 1-40、图 1-41、图 1-42 所示分别是控制开关 S 的占空比 $D=0.5$、$D<0.5$、$D>0.5$ 时，图 1-39 所示电路中几个关键点的电压和电流波形。图 1-40(a)、图 1-41(a)、图 1-42(a) 所示分别为控制开关 S 输出电压 u_o 的波形；图 1-40(b)、图 1-41(b)、图 1-42(b) 所示分别为储能滤波电容两端电压 u_C 的波形；图 1-40(c)、图 1-41(c)、图 1-42(c) 所示分别为流过储能电感 L 的电流 i 的波形。

3. 并联式开关电源

并联式开关电源的工作原理比较简单，工作效率很高，因此应用很广泛。特别是在一些小电子产品中，并联式开关电源作为 DC/DC 升压电源应用最广。例如，很多使用干电池的手提式电器，由于干电池的电压一般只有 1.5V 或 3V，为了提高工作电压，都使用并联式开关电源把工作电压提高一倍。并联式开关电源的缺点是输入与输出共用一个地，因此，容易产生 EMI 干扰。

图 1-43(a) 所示是并联式开关电源的最简单工作原理图，图 1-43(b) 所示是并联式开关电源输出电压的波形。图 1-43(a) 中，U_i 是开关电源的工作电压，L 是储能电感，S 是控

制开关，R 是负载。图 1-43（b）中，U_i 是开关电源的输入电压，U_o 是开关电源输出的电压，U_p 是开关电源输出的峰值电压，U_a 是开关电源输出的平均电压。

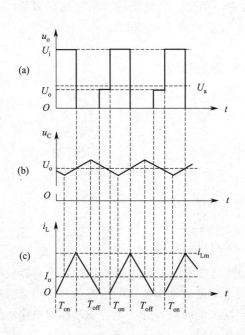

图 1-41　储能滤波电容两端电压 U_C 的波形图

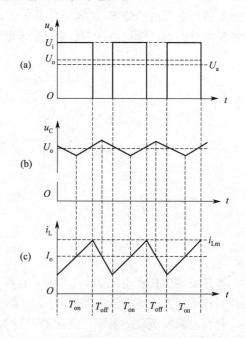

图 1-42　流过储能电感 L 电流 i 的波形图

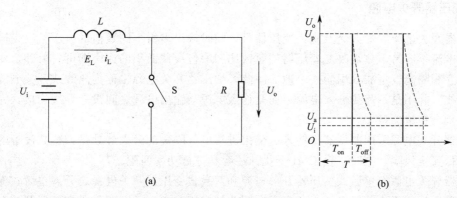

图 1-43　并联式开关电源

当控制开关 S 接通时，输入电源 U_i 开始对储能电感 L 加电，流过储能电感 L 的电流开始增加，同时电流在储能电感中产生磁场；当控制开关 S 由接通转为关断的时候，储能电感产生反电动势。反电动势产生电流的方向与原来电流的方向相同，因此，在负载上产生很高的电压。

当并联式开关电源不带输出电压滤波电路时，输出脉冲电压的幅度将非常高。但在应用中，大多数并联式开关电源输出电压还是经过整流滤波后的直流电压，因此，一般开关电源的输出电路都带有整流滤波电路。

图 1-44 所示是带有整流滤波功能的并联式开关电源工作原理图。图中，U_i 是开关电源的工作电压，L 是储能电感，E_L 为电流 i_L 在储能电感两端产生的反电动势，S 是控制开关，R 是负载。

当控制开关 S 接通时,输入电源 U_i 开始对储能电感 L 加电,流过储能电感 L 的电流 i_L 开始增加,同时电流在储能电感中产生反电动势 E_L;当控制开关 S 由接通转为关断的时候,储能电感产生反电动势 E_L,其与开关 S 关断前的方向相反,但电流的方向相同,因此,在控制开关 S 两端的输出电压 U_o 等于输入电压 U_i 与反电动势 E_L 之和。

因此,在 T_{on} 期间,有

$$E_L = L\mathrm{d}i/\mathrm{d}t = U_i \quad \text{(S 接通期间)}$$

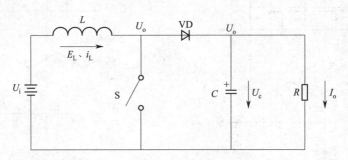

图 1-44 并联式开关电源输出电压滤波电路

当开关 S 工作占空比 $D<0.5$ 时,由于流过储能滤波电感 L 的电流不连续,电容器放电的时间将远远大于电容器充电的时间,因此,开关电源滤波输出电压的纹波将显著增大。另外,开关电源的负载一般不是固定的。当负载电流增大的时候,开关电源滤波输出电压的纹波将增大。因此,设计开关电源的时候要留有充分的余量。

4. 变压器开关电源

变压器开关电源的最大优点是:变压器可以同时输出多组不同数值的电压,改变输出电压和输出电流很容易,只需改变变压器的匝数比和漆包线截面积的大小即可;另外,变压器初、次级互相隔离,不需共用同一个地。因此,变压器开关电源也称为离线式开关电源。这里的"离线"并不是不需要输入电源,而是输入电源与输出电源之间没有导线连接,完全是通过磁场耦合传输能量。

变压器开关电源采用变压器把输入、输出进行电气隔离的最大好处是:提高设备的绝缘强度,降低安全风险,同时减轻 EMI 干扰,还容易进行功率匹配。

变压器开关电源有单激式变压器开关电源和双激式变压器开关电源之分。单激式变压器开关电源普遍应用于小功率电子设备之中,因此其应用非常广泛。双激式变压器开关电源一般用于功率较大的电子设备之中,并且电路要复杂一些。

单激式变压器开关电源的缺点是变压器的体积比双激式变压器开关电源的变压器的体积大,因为单激式开关电源的变压器的磁芯只工作在磁回路曲线的单端,磁回路曲线变化的面积很小。

图 1-45(a) 所示是单激式变压器开关电源的最简单工作原理图。图中,U_i 是开关电源的输入电压,T 是开关变压器,S 是控制开关,R 是负载电阻。

当控制开关 S 接通的时候,直流输入电压 U_i 首先对变压器 T 的初级线圈 N_1 绕组供电,电流在变压器初级线圈 N_1 绕组的两端产生自感电动势 E_1;同时,通过互感 M 的作用,在变压器次级线圈 N_2 绕组的两端产生感应电动势 E_2。当控制开关 S 由接通状态突然转为关断状态的时候,电流在变压器初级线圈 N_1 绕组中存储的能量(磁能)产生反电动势 E_1;同时,通过互感 M 的作用,在变压器次级线圈 N_2 绕组中产生感应

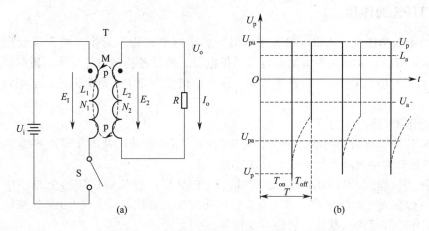

图 1-45 单激式变压器开关电源工作原理

电动势 E_2。

因此，在控制开关 S 接通之前和接通之后，在变压器初、次级线圈中感应产生的电动势方向是不一样的。

任务六 ●●● UPS 供电系统认知

 学习目标 ▶▶▶

1. 掌握 UPS 作用。
2. 熟悉 UPS 分类。
3. 掌握 UPS 的工作方式。

 相关知识 ▶▶▶

一、UPS 设备认知

(一) UPS 的概念

不间断供电系统又称不间断电源或不停电电源，英文缩写为 UPS，是一种含有储能装置（蓄电池组），以逆变器为主要组成部分的，能够实现两路电源之间不间断地相互转换的电气装置。

目前电网存在以下问题：断电、雷击尖峰、浪涌、频率振荡、电压突变、电压波动、频率漂移、电压跌落、脉冲干扰等，这些问题对重要的用电设备会造成无法估算的经济损失。例如，计算机系统对供电质量的要求非常高，要求不间断供电，而且电压稳定、频率稳定、波形无畸变等。

计算机越来越广泛地应用于铁路信号领域的各个方面。对于应用计算机的各信号系统，必须配备 UPS，以保证不间断供电，使系统正常工作。

(二) UPS 的作用

UPS 的主要功能是：当市电输入正常时，将市电电压稳压后供应给负载使用；当市电中断或其他故障时，及时由蓄电池向负载提供电源，使设备仍能持续工作一段时间，保证设备正常运行，避免因市电故障而造成影响。在通信信号专业中，避免因此而影响行车，甚至中断行车。

UPS 的作用归纳为以下 5 点。

① 隔离作用：将瞬间间断、谐波、电压波动、频率波动以及电压噪声等电网干扰在负载之前，使负载对电网不产生干扰；反之亦然。

② 电压变换作用：当市电输入正常时，UPS 将市电稳压后供应给负载使用。此时的 UPS 就是一台交流市电稳压器，通过逆变的转换方法向负载继续供应 220V 交流电，使负载维持正常工作，并保护负载软、硬件不受损坏。

③ 频率变换作用：可根据需要调节输出频率。

④ 提供一定的后备时间：UPS 带有电池，平常它还向机内电池充电；当市电中断（事故停电）时，UPS 立即将机内电池的电能通过逆变器向负载继续供应 220V 交流电一段时间，后备时间可按用户的要求设定。

(三) UPS 分类

按功率大小，UPS 分为小功率（＜10kV·A）、中功率（10～100kV·A）、大功率（＞100kV·A）三种功率容量。

按输出波形，分为方波 UPS、梯形波 UPS 及正弦波 UPS。

按输入/输出方式，分为单相入单相出 UPS、三相入单相出 UPS 或三相入三相出 UPS。

按工作原理，分为动态 UPS 和静态 UPS 两大类。

动态型 UPS 由发电机+惯性飞轮+直流发电机+蓄电池组成，具有笨重、噪声大、效率低、切换时间长等缺点，已被静态不间断电源所取代。

静态型 UPS 分为三类：离线式（OFF LINE，又称为后备式）、在线式（ON LINE）和在线互动式（ON LINE INTERACTIVE）。

(四) UPS 的工作状态

根据市电出现的各种情况，UPS 常见的工作状态有以下 5 种。

① 正常工作状态：当市电正常时（指 UPS 可以接受、认可的电压幅值、频率和波形比负载接受的范围要大），由市电通过 UPS 给负载供电。UPS 对市电进行滤波、稳压和稳频调整后，提供给负载更加稳定和洁净的电源。同时，UPS 通过充电器把电能转变为化学能储存在电池中。

② 市电停电（超限）：当 UPS 监测到市电异常时，切换到电池供电，通过逆变器（INVERTER）把化学能转变为交流电能，供给负载，以保证对负载的不间断电力供应。

③ 市电恢复正常（充电）。

④ 过载或故障。

⑤ 旁路维修状态：在刚开机或机器故障时，把输入经高频滤波后直接输出，保障对负

载供电。

(五) UPS 的发展趋势

UPS 的发展趋势是智能化、高频化、绿色化。

1. 智能化

智能化的 UPS 由普通 UPS 加上微型计算机组成。微型计算机通过综合分析各类信息，完成 UPS 的正常控制功能，而且可以对 UPS 进行实时监测、故障诊断、记录数据、自我保护，实现无人值守，并能根据不同蓄电池的要求，进行不同方式的充电。

2. 高频化

第三代 UPS 的功率开关采用功率场效应管，其开关速度高。变换电路频率的提高，大大减小了滤波电感和电容的容量，提高了 UPS 的效率、精度和动态响应特性，减小了体积和噪声。

3. 绿色化

UPS 除设高效输入滤波器外，还采用功率因数校正技术，消除整流滤波电路的谐波电流，使 UPS 的输入功率因数高达 0.98，减小了对电网的污染。

二、UPS 工作原理

(一) 后备式 UPS

1. 后备式 UPS 原理

如图 1-46 所示，市电供给交流电源，它直接通过 UPS 传输到负载。电池充电器把输入的交流电转换成直流电，维持电池充电。如果市电故障，逆变器将电池的直流电转换成交流电供给负载。逆变器在大多数时间里运行在后备方式，充电器仅保持电池充电状态的功率。一旦市电出现超出规定范围的变化，逆变器从电池获得电能，直到电池耗尽。

2. 性能特点

后备式 UPS 对市电利用率高，可达 98% 以上，输入功率因数和输入电流谐波取决于负载性质，输出能力强，对负载电流波峰因数、浪涌系数、输出功率因数及过载等没有严格限制，转换时间一般为 4~10ms。一般说来，后备式 UPS 具有运行效率高、噪音低、价格较低等优点。常见的小型后备式 UPS 可向满负载供电的时间一般在 12~15min。

(二) 在线互动式 UPS

1. 在线互动式 UPS 原理

在线互动式 UPS 采用变压器或电感器串联在市电电源和负载之间，如图 1-47 所示。这种串联式电感器提供一定程度的电压调节，使 UPS 逆变器能够同输入电源"相互作用"（互动式名称的由来）。

图 1-46 后备式 UPS 原理图

图 1-47 在线互动式 UPS 原理图

2. 性能特点

在多数情况下,在线互动式 UPS 的"双向的"转换器是恒定的电压装置,它用改变输出相位角的方法去调节负载的变化。由于相位角不能够快速变化,需要电池提供功率差,导致电池寿命缩短。在线互动式产品的另一个限制是如果不由电池供电运行,它不能完全地使输入电源隔离负载。公用电源的干扰、频率上的干扰和其他的电源异常情况可能直接传送到关键负载上,因为它不是完全的电气隔离。同后备式 UPS 相比,由于该 UPS 的逆变器和输出总是处于连通状态,因而能对电源起到滤波及削波作用。当市电存在时,市电利用率高,可达 98% 以上。输入功率因数和输入电流谐波取决于负载性质,对负载电流波峰系数、浪涌系数、输出功率因数及过载等没有严格的限制。其逆变器具有稳压、调压作用。当电压过低时,UPS 自动切换到蓄电池供电方式,因而这种 UPS 在电源质量很差的地方照样能正常运行。逆变器的设计使得即使它发生故障,仍然能由交流输入电源直接提供输出,消除了"一处失灵,全局崩溃"的隐患,有效地提供了两个独立的电源通道。应该说,在线互动式 UPS 效率很高、很可靠,同时它具有很优越的电源保护功能。市电掉电时,其输出虽有转换时间,但比后备式 UPS 要短。

(三) 在线式 UPS

1. 在线式 UPS 原理

当输入、负载和 UPS 本身都正常工作时,UPS 电源将输入的交流市电先通过整流器变成直流电,然后通过逆变器将直流电逆变成交流电,输出标准的、稳定的、纯净的正弦波电源。即在一切正常的情况下,负载得到的是由逆变器输出的高质量的正弦波电源,同时,整流器通过充电器为电池充电,如图 1-48 所示。

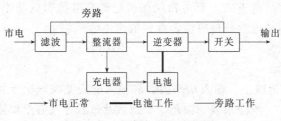

图 1-48 在线式 UPS 原理图

当市电输入故障时,电池的直流电经逆变器变换为交流电后输出给负载,开关状态无需改变,逆变器也不需要重新启动。

逆变器故障时,控制开关接通旁路,由市电直接向负载供电。

2. 性能特点

在线式 UPS 电源与后备式 UPS 电源相比,其供电质量明显优越,因为它可以实现对负载的稳频、稳压供电。在线式 UPS 可以向负载提供稳压精度高、频率稳定、波形失真度小、无干扰的瞬态响应特性好的高质量交流电。当在线式 UPS 的输出端承受 100% 的加载或减载时,其输出电压波动不但小于 5%,而且即便是这样小的瞬态电压波动，也会在 20ms 内恢复到正常稳压值。当市电供电中断时，UPS 中的逆变器利用蓄电池提供的直流电来维持负载正常运转。由于不存在从市电供电到逆变器供电的转换步骤，就不存在转换时间长短的问题。可以向用电设备提供高质量的电流，这是在线式 UPS 的最大优势。不论市电正常与否，负载都由逆变器供电，所以当市电发生故障的瞬间，UPS 的输出电压不会产生任何间断，且在由市电供电转换到蓄电池供电时，其转换时间为零。

总的来说，离线式 UPS 对负载的保护最差，在线互动式相比较好，在线式几乎可以解决所有的常见电力问题。

三、蓄电池认知

UPS 要求所选用的蓄电池必须具有在短时间内输出大电流的特性。现阶段市面上常见的蓄电池主要有铅酸电池、镍镉电池、镍氢电池和锂离子电池等。铅酸电池由于具有较高性价比而应用最为广泛。目前，UPS 普遍使用的铅酸蓄电池基本上有两种：防酸隔爆铅酸蓄电池和阀控式密封铅酸蓄电池（VRLA）。铅酸蓄电池的电化学反应原理是：充电时，将电能转化为化学能在电池内储存起来；放电时，将化学能转化为电能供给外系统。其充电和放电过程是通过电化学反应完成的，电化学反应式如图 1-49 所示。

$$\text{正极：} PbSO_4 + 2H_2O \underset{\text{放电}}{\overset{\text{充电}}{\rightleftharpoons}} PbO_2 + H_2SO_4 + 2H^+ + 2e^- \tag{1-4}$$

$$\text{副反应} \quad H_2O \xrightarrow{\text{充电}} 1/2O_2 + 2H^+ + 2e^- \tag{1-5}$$

$$\text{负极：} PbSO_4 + 2H^+ + 2e^- \underset{\text{放电}}{\overset{\text{充电}}{\rightleftharpoons}} Pb + H_2SO_4 \tag{1-6}$$

$$\text{副反应} \quad 2H^+ + 2e^- \xrightarrow{\text{充电}} H_2 \tag{1-7}$$

图 1-49　铅酸蓄电池电化学反应式

1. 防酸隔爆铅酸蓄电池

这种电池在早期 UPS 系统中使用较多，具有较长的使用寿命，但由于在运行中大量电解液水分散失，需经常性地测量电解液的温度、密度，往电池内部添加蒸馏水，维护工作量极大，现在的 UPS 系统中已很少配用。

2. 阀控式密封铅酸蓄电池（VRLA）

阀控式铅酸蓄电池分为 AGM 和 GEL（胶体）电池两种。AGM 电池采用吸附式玻璃纤维棉（Absorbed Glass Mat）作为隔膜，电解液吸附在极板和隔膜中，贫电液设计，电池内无流动的电解液，电池可以立放工作，也可以卧放工作；胶体（GEL）电池采用 SiO_2 作为凝固剂，电解液吸附在极板和胶体内，一般立放工作。

3. 电池容量（A·h）

蓄电池容量（A·h）是指在标准环境温度下，每 2V 电池单体在给定时间放电至 1.80V 终止电压时，可提供的恒定电流值（A）与持续放电时间（h）的乘积。给定持续放电时间

为 10h 的容量称为 10h 率容量，用符号 C_{10} 来表示。蓄电池容量可用 20h 率、10h 率、8h 率、5h 率、3h 率、1h 率、0.5h 率等多种方法表示。一般采用 C_{10} 作为蓄电池的额定容量来标称蓄电池。

4. 蓄电池性能的均一性

理论上，蓄电池的电压、内阻、寿命等性能应该是一致的，可以无限多组数地并联，以达到要求的容量。但在实际生产过程中，由于存在所用材料纯度、生产工艺、工作人员、生产环境温度等差异，即使同一品牌、同一型号、相同生产日期生产的相同批次蓄电池，性能也不可能做得完全一致。

5. 蓄电池的维护

阀控式铅酸蓄电池（VRLA）从一开始便被称为免维护电池，很多电池厂家标称的使用寿命都很长（大多数都达到 10 年），这就给维护人员一种误解，似乎 VRLA 既耐用又不需要维护。但事实上，UPS 电源内部的蓄电池长期闲置不用，或使蓄电池长期处在浮充状态而不放电，会导致电池中大量的硫酸铅吸附到电池的阴极表面，形成电池阴极板的"硫酸盐化"。由于硫酸铅是一种绝缘体，它的形成必将对电池的充放电产生极不好的影响，因为在阴极板上形成的硫酸盐越多，电池的内阻越大，电池的可充放电性能越差，从而导致电池"老化"，"活性"下降，使蓄电池的使用寿命大大缩短，这是 VRLA 电池的特有故障。应该每隔 3～4 个月，人为地通过中断市电或通过软、硬件控制手段将 UPS 的整流器/充电器置于关闭状态，让 UPS 中的蓄电池放电。对于这种为"激活"电池而进行的电池放电操作，应尽量避免深度放电。深度放电会造成蓄电池内部极板表面硫酸盐化，导致蓄电池内阻增大，严重时会使个别电池出现"反极"现象和电池永久性损坏。建议 UPS 的放电时间控制在正常放电时间的 1/4～1/3。

（1）月检

项　目	内　容	基　准	维　护
①蓄电池组浮充总电压	测量蓄电池组正、负极端电压	单体电池浮充电压×电池个数	将偏离值调整到基准值
②蓄电池外观	检查电池壳、盖有无漏液、鼓胀及损伤	外观正常	外观异常，先确认其原因；若影响正常使用，则更换
	检查有无灰尘污渍	外观清洁	用湿布清扫灰尘、污渍
	检查机柜、架子、连接线、端子等处有无生锈	无锈迹	出现锈迹，进行除锈、更换连接线、涂拭防锈剂等处理
③连接部位	检查螺栓、螺母有无松动	连接牢固	拧紧松动的螺栓、螺母
④直流供电切换	切断交流，切换为直流供电	交流供电顺利切换为直流供电	纠正可能的偏差

（2）季检

除与月检相同的项目外，再增加以下内容。

项　目	内　容	基　准	维　护
每个蓄电池的浮充电压	测量蓄电池组每个电池的端电压	温度补偿后的浮充电压值±50mV	超过基准值时，对蓄电池组放电后，先均衡充电，再转浮充观察 1～2 个月。若仍偏离基准值，更换电池组

(3) 年检

除了与季检相同项目外，增加以下内容。

项 目	内 容	基 准	维 护
核对性放电试验	断开交流电带负载放电，放出蓄电池额定容量的 30%～40%	放电结束时，蓄电池电压应大于 1.95V/单格	低于基准值时，对蓄电池组放电后，先均衡充电，再转浮充观察 1～2 个月。若仍偏离基准值，更换电池组

四、UPS 维护

(一) UPS 操作维护注意事项

① 操作 UPS 前应详细阅读 UPS 的使用说明书，严格按照操作指引操作 UPS。
② UPS 逆变器在工作状态时，严禁转动手动维修旁路开关，否则将损坏 UPS。
③ 当 UPS 在运行中，面板上的故障指示红灯时，表示有故障发生，请检查面板上的报警信息。如是 UPS 故障，并做好故障记录。
④ UPS 在工作状态下，不能进行 UPS 内部检修，以防触电。
⑤ 为使电池工作在最佳状态和延长电池的使用寿命，要求每 3 个月放电一次，方法是将 UPS 上的电源输入开关断开。
⑥ 放电 30 分钟后结束放电维护，然后闭合电源输入开关，UPS 自动对电池充电。要求此后 10h 市电满足 UPS 的工作条件。
⑦ 为保证电池正常工作和延长电池使用寿命，建议定期进行电池保养与维护。

(二) UPS 测量

为了避免蓄电池内阻测试仪或被测电池受到损坏，UPS 测量要遵循以下准则：
① 使用前，先检查仪器的外壳是否有断裂或缺少配件。特别注意连接器附近的绝缘。
② 检查测试针是否导通。如果测试针有损坏或断线现象，需更换后再使用仪器。
③ 两个测试针不得相接触，以防短路。
④ 切勿在爆炸性的气体、蒸汽、酸性环境或灰尘附近使用蓄电池内阻测试仪。
⑤ 测量时，电池的内阻和电压必须在仪器所测量的范围之内，否则读数不准。超过额定电压，会烧坏仪器。
⑥ 通过测量已知电阻的方式确认仪器工作正常。如果仪器工作不正常，按仪器说明书指定的方法进行校验；如仍有疑问，应把仪器送去维修。
⑦ 把连线端子插入仪器端口以前，应先将仪器的电源关闭。

(三) 测量步骤

① 首先将仪器和测试架放置于水平的工作台上。
② 将测试接线端子插入仪器面板的插座。
③ 将仪器电源线插入 220V/50Hz 电源插座。
④ 把电池的正极和负极分别用正极测试针与负极测试针顶住，使电池的中心与测试针的中心保持一致，且电池与测试针正、负极完全相接触。

⑤ 打开仪器的电源开关，显示屏读数会跳动数次，约 100ms 后其读数自动稳定下来。

⑥ 根据所测电池内阻的大小按切换键，选择适当的量程（如量程太大或太小，其读数都不准确），记下准确的读数。

(四) UPS 开机关机操作

1. 开机操作

① 闭合 UPS 在电源屏上的输出空开（注意，要断开电源屏下面的液压输出开关，以免冲击电源屏输出端设备）。
② 闭合 UPS 旁路输入开关。
③ 闭合 UPS 市电输入开关。
④ 闭合 UPS 电池开关。
⑤ 按住 UPS 面板"INVERTER ON"按键 2s，面板上"5"位置逆变指示灯闪烁，UPS1 正常启动。

2. 关机操作

① 断开 UPS 的输出所有负载。
② 按住 UPS 面板"INVERTER OFF"按键 2s，逆变器指示灯熄灭。
③ 断开 UPS 市电开关。
④ 断开 UPS 旁路开关。
⑤ 断开 UPS 电池开关。

3. UPS 紧急关机与恢复

① 紧急关机：常按面板上的"紧急关机"按钮 2s，系统将关闭整流器、逆变器，并迅速切断负载供电（包括逆变和旁路输出），且电池停止充电或放电。
② 恢复：按"故障清除"按钮，或 UPS 完全下电，再重新上电。

(五) UPS 维护内容

① UPS 状态检查：检查 UPS 面板指示灯和蜂鸣器，看是否有报警；确认 UPS 工作在市电逆变状态；检查 UPS 当前告警和历史告警。
② 易损件日常维护：主要易损件为风扇。定期检查 UPS 风扇运转情况，是否有风从机器顶部吹出，在温度高的地方尤其重要。
③ 环境检查：
- 观察机房的空调运行是否正常，机房温度是否较高。如果温度超过 40℃，要立即解决；
- 观察机房是否潮湿。如果湿度超过 90%，或身体明显感觉到湿度大，应启动抽湿设备；
- 观察机房的灰尘、气味等情况。如果有不利于安全运行的因素，应及时排除；
- 检查交流供电情况，看是否有超压、超频的迹象。

项目一　电源屏基础知识

项目一思考题 ▶▶▶

1-1. 简述信号设备对供电的要求。
1-2. 简述变压器结构及功能。
1-3. 画出开关、按钮、隔离器及断路器符号。
1-4. 画出继电器线圈符号和接点符号。
1-5. 简述稳压器分类及不同点。
1-6. 简述开关电源主电路组成及各部分功能。
1-7. 说出生活中常见的开关电源应用情况。
1-8. 简述 UPS 分类及功能。
1-9. 使用电流互感器应注意什么？为什么？
1-10. 交流接触器触头有哪几种？有何区别？
1-11. 交流接触器与继电器有何区别？

项目二
电源屏图纸识读

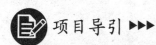

在铁路现场电源屏工区要求的岗位能力中,电源屏图纸识读是非常重要的能力,是掌握电源屏操作、测试及故障处理能力的基础。

本项目介绍了电源屏技术要求及智能电源屏特点,并针对国铁、客专、地铁等部门常用的几种电源屏讲解了图纸识读方法、实物认知及操作,包括中站电源屏、大站电源屏、计算机联锁电源屏、区间电源屏、提速电源屏、25Hz 轨道电源屏、DSG 智能电源屏、PKX 智能电源屏、PMZG 型智能电源屏等。

现场使用的电源屏多种多样,但是只要掌握了图纸识读方法,就可以自主识读其他电源屏图纸,因此在图册中给出多种型号的电源屏图纸供学生课业练习,进一步巩固图纸识读能力。

 相关知识 ▶▶▶

一、电源屏技术要求

电源屏用来为信号设备供电,供电要求可靠、稳定及安全。电源屏技术标准中规定了信号电源屏的技术要求,主要有如下内容。

1. 输入电源

电源屏应有两路独立的交流电源供电。对于两路输入电源允许偏差范围,单相电压 $AC220^{+33}_{-44}V$,三相电压 $AC380^{+57}_{-76}V$,频率 $50Hz\pm0.5Hz$,三相电压不平衡度$\leqslant 5\%$,电压波形失真度$\leqslant 5\%$。

2. 供电方式

(1) 一主一备供电方式 可靠性较高的输入电源为主电源,另一路为备用电源。正常时,由主电源向电源屏供电;当主电源断电时,备用电源自动投入运行。主备电源应能自动或手动相互转换。

(2) 两路同时供电　两路电源同时向电源屏供电；当一路电源断电时，另一路自动承担全部负荷供电。

3. 转换时间

无论何种供电方式，两路电源的切换时间（包括自动或手动）不大于0.15s。

4. 电气参数

(1) 额定工作电压　电源屏常用的额定工作电压优选值为：
① 输入回路：AC220V、380V。
② 输出回路：AC6V、12V、24V、36V、48V、110V、127V、180V、220V、380V；DC6V、12V、24V、36V、48V、60V、110V、220V。
(2) 额定功率　电源屏常用的额定功率优选值为2.5kVA、5kVA、10kVA、15kVA、20kVA、25kVA、30kVA、50kVA、60kVA。
(3) 额定工作制　正常情况下，继电器电源、信号机点灯电源、轨道电路电源、道岔表示电源、稳定备用电源、不稳定备用电源为不间断工作制；电动转辙机电源为短时工作制；闪光电源为周期工作制。

5. 悬浮供电及隔离供电

电源屏的交流、直流输出电源采用对地绝缘的悬浮供电，输出电源端子对地绝缘电阻应符合要求。

6. 闪光电源

对于电源屏的输出闪光电源，其通断比约为1∶1；在室内使用时，闪光频率宜采用90～120次/min；在室外使用时，闪光频率宜采用50～70次/min。

7. 三相电源供电及相序监测

电源屏供给各种负荷的容量应合理分配。当输入为三相交流电源时，各相的负荷力求平衡。

当车站有三相交流转辙机时，电源屏的三相交流输出电源供电，必须设置相序监测装置，在三相断相或错相时发出报警信号。

8. 不间断供电

对于有不间断供电要求的场合，应设置不间断供电电源。电源屏的不间断供电功能应符合GB/T14715的规定。

9. 过流、短路保护

① 电源屏的各供电回路电源、各功能模块必须具有过流及短路保护功能。
② 当采用断路器作为过流保护时，断路器应符合GB/T 14048.2的规定。
③ 过流保护器件应能满足额定电流下长时间正常工作的要求。
④ 当负荷发生短路故障时，保护器件应立即切断电源供电。
⑤ 电源屏的短路保护器件之间应具有保护选择性，即当任一个输出回路短路时，应利用安装在该故障回路的开关器件将其切除，而不影响其他回路正常供电。

10. 雷电防护

① 电源屏应考虑对雷电感应过压的防护措施（不考虑直接雷击电源屏的防护）。

② 电源屏的雷电防护应满足以下要求：
- 电源屏防雷元件的选择应考虑将雷电感应过电压限制到被电源屏的冲击耐压水平以下；
- 防雷元器件不应影响被防护电源屏的正常工作；
- 采用多级防护时，多级防护元件要合理配置；
- 被保护电源屏与防护元件间的连线应尽量短，防护电路的配线与其他配线应分开，其他设备不应借用防雷元件的端子；
- 电源屏防雷系统应统筹考虑，雷电防护器件可设在电源屏外。

11. 防护接地

① 电源屏的变压器铁芯、电流互感器的二次回路、电机以及其他金属外壳部件应在电气上相互连接，并连接至保护接地端子。

② 电源屏的保护电路可由单独设置的保护导体或可导电的结构件构成，接地端子与各保护接地的接触电阻值应≤0.1Ω。

③ 所有电路元件的金属外壳需用金属螺钉与已经接地的金属构件良好搭接。

④ 保护导体应能承受设备运输、安装时的机械应力，在短路故障时产生的机械应力和热应力，其接地连续性不能破坏。

⑤ 保护接地端子应设置在便于接线之处，不得兼作他用；而且当外壳或任何可拆卸的部件移去时，仍应保持电器与保护接地导体之间的连接。保护接地端子螺钉应不小于 M6，保护接地端子不允许连接到三相电源的中性线上。

12. 温升

电源屏的绝缘、元器件、端子、操作手柄的温升不应超过规定的限值。

13. 介电性能

① 绝缘电阻：在温度为 15～35℃，相对湿度为 45%～80% 的气候条件下，电源屏输入、输出端子对地的正常绝缘电阻应不小于 25MΩ。经过交变湿热试验后，其潮湿绝缘电阻值不小于 1MΩ。

② 电源屏额定冲击耐受电压应按规定执行。

③ 工频耐压试验电压应按规定的要求执行。

14. 噪声

在额定输入电压及额定负载的条件下，电源屏的整机噪声不超过 65dB。

15. 指示灯、指示仪表、报警

(1) 指示灯　电源屏应设置清晰可见的指示灯，包括两路电源有电指示、两路电源中工作电源指示、主屏工作表示和备用屏有电指示（采用主备屏工作方式的电源屏）、各种输出电源正常工作状态指示、输出电源故障指示。

指示灯应安装在电源屏前面板或模块前面板显著位置。

指示灯的颜色规定为：白色，输入回路工作、主备屏工作状态指示、输出回路工作；红色，输入有电、电源故障。

（2）指示仪表　电源屏应设置两路输入电源电压、整机输入电流、各主要回路输出电压电流的指示仪表。仪表应安装在电源屏前面板显著位置。仪表精度不低于2.5级。

（3）报警　电源屏应设灯光、音响报警。两路输入电源转换报警是向控制台提供主、副电源工作状态。对输出电源故障、三相电源断相、三相电源错序（有相序要求的输出回路）、稳压（调压）装置故障，设音响报警。

16. 冗余及维护

电源屏各供电电源必须设有备用供电回路。当任一供电回路出现故障或进行维修时，应能转换至备用供电回路，继续保持供电，可采用如下方式。

（1）1+1主备方式　每一供电电源均设有一条备用回路。

（2）$n+1$主备方式　n条供电回路共用一条备用回路，但备用回路同一时刻只能接入一条供电回路。

电源屏应便于维护，易于在线维修及更换故障部件。

二、智能电源屏认知

智能型信号电源屏应用计算机技术，通信技术，替代人工对铁路信号电源系统设备的运行状态、运行参数、各种故障进行实时监测、显示、记录、存储、报警，并向上级管理部门传送相关信息；在直流、交流和25Hz部分均采用开关电源模块。

智能型信号电源屏是一个集先进的电力技术、通信技术、信号技术、电力电子技术、计算机技术为一体的高科技产品。它具体应用的有：双电源同时工作技术、软启动技术、功率因数补偿技术、高频稳压技术、高频隔离技术、高频开关技术、交流逆变技术、交流变频技术、交流锁相技术、交直流模块并联冗余技术、过压和欠压保护技术、过流和限流保护技术、并联模块均流技术、结构全模块化技术、微机采集和监测技术、监测软件编制技术、网络传输技术、模拟显示技术等多项高新技术，可以说是目前信号设备中新技术含量最高的设备，元器件最多的设备，生产难度最大的设备，也是不容易掌握的设备。

上述各种技术对于轨道交通信号电源专业来讲，确实是比较新的，但是，这些技术在国内外电源行业中已经广泛应用，几乎都是成熟的技术。智能型信号电源屏只是将这些成熟技术应用在新的铁路信号电源产品之中，并没有太多技术本身的创新。

（一）智能型信号电源屏的主要技术原则

随着国民经济的发展，中国铁路运输事业及城市轨道交通行业进入了快速发展的时期，为了确保高速度、高密度、高运量的中国铁路运输的安全，铁路各专业的配套设备都在广泛地利用高新技术进行技术改造。铁路信号设备也向智能化、信息化和行车指挥自动化的目标迈进，信号器材广泛地使用了计算机技术及各种微电子技术。例如，计算机联锁设备、微机监测设备、ZPW2000A移频自动闭塞设备、25Hz电子轨道继电器、DMIS行车自动指挥设备、CTC、电子计轴设备，这些电子信号设备对铁路信号电源质量提出了新的要求。

智能型信号电源屏的主要技术原则是：
① 全面符合"TB/T1258.X—2002信号电源屏"新标准的相关要求；
② 全面采用高频电力电子技术，高效节能，绿色环保；

③ 安全可靠，现场不维修，不带电维修，适当维修整机寿命15年以上；

④ 输出电源波形质量和电磁兼容指标应符合相关标准的要求；

⑤ 主接线系统内无切换环节，彻底消除各路输出电源因输入电源切换造成输出瞬间中断的问题，真正使信号负荷达到一级电力负荷中零中断供电的标准；

⑥ 微机监测、记录、存储，智能化管理；

⑦ 结构新颖、合理，工艺先进，造型美观；

⑧ 价格适度，性能价格比合理；

⑨ 努力创新。力争在系统、结构、工艺、技术上有所创新；

⑩ 预留高速铁路线两路电源加蓄电池三电源同时供电的接入条件。

(二) 智能电源屏命名规则

1. 铁路信号电源对外命名规则

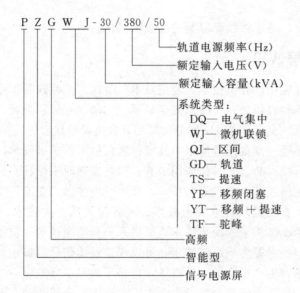

2. 城轨信号电源对外命名规则

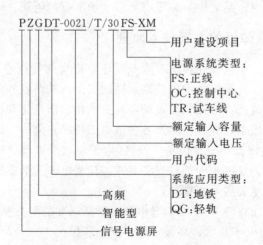

(三) 智能型信号电源技术的基本术语

(1) 智能型信号电源　具有微机智能监测和管理功能的轨道交通信号电源设备。

(2) 智能型信号电源的技术分类　功能变换部分采用的主要技术包括：工频铁磁技术、工频铁磁技术加高频电力电子技术及全高频电力电子技术。

(3) 智能型信号电源的产品技术分代

① 第一代：具有智能监测和管理功能。直流部分采用高频开关电源并联技术；交流部分采用工频铁磁集中稳压分散隔离技术。输入电源和输出模块均为主、备切换运行方式，交流输出不能零中断。

② 第二代：具有智能监测和管理功能。直流部分采用高频开关电源并联技术；交流部分采用高频电力电子技术。输入电源和输出模块均为主、备切换运行方式，交、直流输出利用储能元件，能做到零中断。

③ 第三代：具有智能监测和管理功能；双电源同时工作，无切换静态供电系统，全部采用高频电力电子技术，交流、直流、25Hz部分模块全部并联均流，输出零中断，是综合技术先进的绿色电源产品。

(4) 绿色电源产品　安全可靠、高效节能、电磁兼容符合标准、低噪音电源产品。

(5) 不间断供电系统　在主、备输入电源和主、备输出模块切换时，输出电源零中断的供电系统。

(6) 实现零中断的三种技术

① 在输入电源中断瞬间，利用电容器储能放电补偿，实现输出零中断，主要用于直流部分。

② 在输入电源中断瞬间，利用蓄电池储能放电补偿，实现输出零中断，主要用于交流部分。

③ 不用电容器和蓄电池，依靠双电源同时工作的先进技术实现交、直流输出零中断。

(7) 模块并联均流冗余系统

① 对于同一种功能的模块，控制和功率部分能并联在一起工作，各模块输出电流误差不大于5%，有较大的冗余容量。当其中一个模块故障后，能自动退出系统，不影响系统正常工作。

② AC220V单相交流模块并联的4个条件是：电压相同、频率相同、相位相同、各模块间负荷均流误差小于5%。

③ AC380V三相交流模块并联的5个条件是：电压相同、频率相同、相位相同、相序相同、各模块间负荷均流误差小于5%。

④ AC220V及AC110V，25Hz模块并联的9个条件是：轨道电源电压相同、频率相同、相位相同；局部电源电压相同、频率相同、相位相同；两个模块的局部电压与轨道电压锁相90°（这是两个条件）、各模块间负荷均流误差小于5%。

(8) 全模块化系统　系统的功率器件、监控器件全部采用模块化结构，将屏上全部模块拔下，机柜上只剩下配电开关、配线和端子板。

(9) 无切换接点的静态供电系统　两路输入电源之间，输出电源主、备模块之间，均采用并联均流工作方式，不设置有接点的切换器件。

(10) 电力电子技术　将电子技术用于电能的变换，例如稳压、整流、变频、逆变、锁相、劈相的技术。

(11) 高频电力电子技术　系统功能变换部分，采用 10～100kHz 的频率进行调制的技术。

(12) 容错功能　在供电系统中，允许某一部分出现一处故障，而不影响系统正常工作。例如，两路电源同时工作的系统中，允许一路电源错相、断相和停电故障，而不影响系统正常工作；允许某一个模块故障，而不影响系统正常工作。

(13) 主回路　在供电设备中，输送电能的回路称为主回路。

(14) 辅助回路　在供电设备中，完成采集、控制、测量、报警等功能的回路。

(15) IP 安全标准　国际电工委员会规定的防止人员触电及杂质进入机柜的标准。

(16) 高频隔离技术　采用工作频率 10kHz 以上的隔离变压器进行电气隔离的技术。使变压器的体积降低十几倍。

(17) 功率密度　电源模块的容量与体积之比。工程上的电源不追求高功率密度，因为现场安装空间不紧张。密度高不利于散热，影响寿命，价格贵。

(18) 限流保护　在输出回路发生过载或短路故障时，电源模块的最大输出电流不超过它的额定电流，既不损坏模块，又不中断供电。

(19) 软启动技术　在电力电子电源设备中，采用降低系统启动冲击电流的技术。

(20) 功率因数补偿技术　在电力电子电源设备中，采用对系统中的无功功率进行补偿的技术，可以起到提高功率因数在 0.95 以上，降低系统无功损耗和谐波干扰的作用。

(21) 系统可用性　整个系统可连续使用的能力。对于模块并联均流工作的系统，允许单个模块故障，但是不影响系统的正常工作，因而系统的可用性非常高，可达到 99.999％。

(22) 全绝缘技术　机柜内的电器元件全部采用具备防指触功能的接线端子，对 25V 以上裸露带电部分进行机械遮挡。在机柜带电的情况下，维修人员接触不到任何带电导体，防止人身触电事故。

(23) 全面保护技术　在系统的主回路和辅助回路中全面设置短路保护，防止辅助回路中的故障扩大到主回路中或引发电气火灾。

(24) 全寿命价格　产品的出厂价加上直至产品报废时发生的各种维护费用。

(25) 三电源不中断信号供电系统　采用两路市电加一路蓄电池的供电系统，在对行车安全要求特高的线路上采用。采用三电源系统时，应取消计算机联锁、DMIS、微机监测等设备自带的 UPS 电源设备。

(26) 两路电源同时工作的方式　两路进线电源同时向负载供电，不带切换环节的电路。

(27) 假性并联　对并联在一起工作的一组模块采用一套调制电路，只将功率部件并联工作。当调制电路故障后，所有模块全部瘫痪。

正常做法是在一个模块内有一套独立的调制电路和功率电路，任何一个模块故障都不会影响其他模块的正常工作。

(28) 模拟板显示　利用屏体面板，实时显示系统的主接线结构、电气参数、模块开关状态和故障位置，使运行人员能及时、清楚地掌握系统的工作状态。

(29) 电力电子电源系统可靠性的保证措施

① 采用成熟的技术和优质的元器件。

② 双电源同时工作的主接线系统。

③ 各种模块全面采用并联均流冗余技术。

④ 各路输出模块抗击启动冲击电流的技术。

⑤ 功率因数补偿技术。

⑥ 全模块化技术。
⑦ 全面的安全防范技术。
⑧ 全面的智能监测技术。
⑨ 先进的结构和先进的工艺。
⑩ 严格的质量检测。
⑪ 严格的质量程序控制。

(30) 电源屏系统可靠性的设计原则　一处故障不影响系统正常工作；两处故障导向安全。

不能设想系统两处同时故障，系统能正常工作，这样的情况非常少见，不能作为系统安全设计原则；否则，将无法设计或造成系统过于复杂，投资过高。

(四) 智能型信号电源屏的主要技术要求

(1) 正常工作环境
① 周围空气温度：$-5\sim+40℃$。
② 周围空气相对湿度：小于90%（25℃）。
③ 大气压力：74.8～106kPa（海拔高度相当于2000m以下）。
④ 介质中无导电性尘埃，无足以腐蚀金属和破坏绝缘的有害气体，电源屏污染等级为3级。

(2) 技术数据
① 系统容量：10～60kV·A。
② 输入电源条件：两路单相AC220V　50Hz电源；一路单相AC220V　50Hz电源，一路AC380/220V，50Hz电源；两路AC380/220V，50Hz电源。

- 电源波动范围：AC220V（+15%～-20%），AC380V（+15%～-20%）
- 频率波动范围：50Hz±0.5Hz
- 电压波形失真度：≤5%

③ 输出电源种类及稳压精度：

- 计算机联锁电源：AC220V±10V
- 控制台稳压电源：AC220V±10V
- DMIS电源：AC220V±10V
- 微机监测电源：AC220V±10V
- 信号点灯电源：AC220V±10V
- 道岔表示电源：AC220V±10V
- 站内电码化电源：AC220V±10V
- 稳压备用电源：AC220V±10V
- 25Hz轨道电源：AC220(1±3%)V
- 25Hz局部电源　　AC110(1±3%)V
- 站内继电器电源：DC24V（-0.5V～+3.5V）
- 直流电动转辙机电源：DC220V（-10V～+20V）
- 交流电动转辙机电源：AC380V
- 区间继电器电源：DC24V（-0.5V～+3.5V）
- 区间轨道电路电源：DC24V（-0.5V～+3.5V）

- 区间点灯电源：AC220V±10V
- 区间闭塞电源：DC24（24～60）V±5V
- 区间条件电源：DC24（24～60）V±5V
- 熔丝报警电源：DC24V±3V
- 表示灯电源：AC24V±3V
- 闪光电源：AC24V±3V
- 不稳压备用：AC220V

（3）不间断供电系统

① 两路电源同时工作，即两路电源同时供电方式。正常时，两路电源同时向电源屏供电；当一路电源断电时，另一路电源应自动承担全部负荷供电。当一路电源出现电压过压、欠压、断相、错相时，应不影响系统的正常工作。

② 静态转换系统：本系统应为无触点静态自动转换系统。两路电源同时工作，经滤波、稳压、整流、逆变、隔离、变频、锁相、并联均流、保护、监测后，满足铁路信号直流用电负荷、交流用电负荷、25Hz用电负荷等各种用电要求。当一路电源或任一模块故障退出运行时，系统应自动转换工作方式，保持对负荷正常供电，实现自动转换时不间断供电。

（4）电源屏结构

① 电源屏为组合式机架，全模块化结构。

② 外形尺寸：宽800mm×深600mm×高2000mm。

③ 模块应为立式结构，采用自然冷却、分层散热为主，强迫散热为辅的冷却方式。模块应能带电热插拔，模块与系统的连接采用硬连接插头座。模块应有轻巧的定位和防止误插入机构。在模块的前面板上应设牢固的推拉把手和防松动的专用紧固机构。

④ 电源屏和模块应做到结构牢固，外形美观，字迹明快，显示清楚，配合紧密，维修方便。屏体骨架的颜色为海蓝色，前面板、侧面板为计算机灰色。

⑤ 屏体安全防护等级IP20。各层模块前设圆网孔保护扣板。

（5）悬浮及隔离供电

① 电源屏的交、直流输出电源应采用对地悬浮的供电方式。

② 电源屏的进线与出线间应实现电气隔离；各种输出电源间应实现电气隔离；电源屏的两路电源间应实现电气隔离。

（6）效率及功率因数 电源屏的整机功率因数应大于0.8。电源屏的整机效率应大于85%。

（7）保护设置

① 系统的保护：系统应有完善的防触电保护、防火灾保护、过电压保护、低电压保护、短路保护、温度保护、接地保护。

在系统的主回路、辅助回路中，应设置完整的短路过流保护。当系统任一处发生短路过电流时，应有相应的保护开关迅速地切除短路故障，确保导线、电器不损坏及不发生电气火灾。

② 模块的保护：各模块的进线应设断路器保护，开关装于模块前面板上。各种电源模块应具有输出过电压、过流、过温保护。当短路消除时，自动恢复供电。

③ 保护的选择性：各级短路保护之间应做到有选择性地动作。任一回路中出现短路故障，应由本回路的保护元件动作，切除短路故障，不应影响其他回路正常供电。系统输出部分为浮地系统，各回路开关在断开位置时，必须使输出与输入彻底隔离。

④ 25Hz 输出回路的保护：对 25Hz 电源模块应设防护电路及短路故障切除电路，确保输出相位、频率正确，及任一输出回路故障不会影响其他回路正常工作。

⑤ 雷电感应过电压防护：系统对输入电源和部分输出电源设置防雷过电压保护，应有效将雷电冲击过电压抑制在安全范围内。防雷器件采用模块化防火结构，在屏上预留安装位置。作为选装器件，依据不同雷区由用户选装防雷器件。

⑥ 接地保护：电源屏内所有电器的金属外壳应通过接地端子良好接地。接地端子应用不小于 M6 的黄铜螺栓。

(8) 噪声　在额定输入电压及额定负载的条件下，电源屏的整机噪声在屏前 1 米处不超过 50dB。

(9) 介电性

① 绝缘电阻：在温度为 15～35℃、相对湿度为 5%～80% 的气候条件下，电源屏输入、输出端子对地的正常绝缘电阻应不小于 25MΩ。

② 工频耐压：施加正弦波 50Hz 的工频电压，施加的时间为 1min，施加的电压分别为：
- 对于主电路及与主电路直接连接的辅助电路，电压值为 2500V。
- 对于不与主电路连接的辅助电路，电压值为 500V。

(10) 测量仪表、指示灯及报警

① 测量仪表：在两路电源进线、350V 直流母线进线及主要输出回路中设电压、电流测量仪表。

② 指示灯：对电源设有电指示灯、工作指示灯，对各进、出线开关设开合状态指示灯；对各功能模块设正常、故障状态指示灯，闪光报警指示灯。

③ 闪光、音响报警：对系统各开关故障跳闸、模块故障设置统一闪光、音响报警装置。报警系统应有解除装置。

④ 系统模拟显示板：在电源屏的正面设置电源系统模拟显示板，显示系统进、出线结构，各种模块的功能及配置情况、开关分合闸状态、模块工作状态、各回路电压和电流值、模块和开关型号、各输出回路名称、报警显示。

(11) 主要元器件的选择

① 采用西门子公司 SX5 系列空气断路器及附件，采用 WAGO 系列龙型弹簧接线端子。

② 采用黑色铜芯多股阻燃型导线作为屏内配线。

③ 采用高可靠性、长寿命、有安全阀的滤波用电解电容器，其容量冗余应在 5 倍以上，以确保整机使用寿命达到 15 年。

(12) 智能监测系统功能

① 电源屏应对系统运行参数、模块和开关的工作状态、故障的类型和位置进行实时检测，并向本站信号微机监测系统传输上述信息。

② 车站的信号微机监测设备应完成对信号电源屏信息的存储、事故追忆、声光报警及紧急呼叫。完成电源屏输入/输出电压变化日、月、年曲线，日常报表管理及历史数据保存。系统远程组网，向上一级指挥中心传输电源屏的信息。

③ 传输技术按照 GB/T 13729 中 3.5 的规定执行。

④ 物理接口为串行通信接口 RS-232、RS-485/422。

(13) 电磁兼容性　电力电子模块和监控系统的电磁兼容性能应满足"铁路信号电源标准"的要求。

(14) 系统的可靠性

① 系统应做到一处故障（任何一路电源断电、缺相、错相、过压、欠压；系统中任何一组模块中的任一个模块故障；监测系统中的任何一处故障）不影响主系统正常工作。

② 系统中的所有模块正常工作时，负荷率应在50%以下，应减少损耗，降低温升，延长寿命。

③ 系统中应淘汰有触点的双电源切换环节，淘汰有触点的主、备模块切换环节，彻底地解决由切换环节造成的系统故障。

④ 系统中的主要元器件都应采用国内外名牌产品，在容量上留有足够的冗余。

⑤ 系统应采用社会上成熟、可靠的电力电子技术。

⑥ 系统中电力电子模块的平均无故障工作时间应大于等于6500h。

⑦ 系统为不停电维修系统，故障模块维修时，不影响系统的正常工作。

(15) 系统的寿命　经适当的维修，整机寿命应为15年。

(16) 维护和扩容　模块全部热插拔，维护不影响运行，现场不维护。

(五) 智能型信号电源的技术分类

1. 工频铁磁技术和高频电力电子技术相结合的智能电源屏

高频电力电子技术是指：对由电子元器件组成的电路，高频调制后，达到对电力能量进行变换的技术。

工频铁磁技术和高频电力电子技术相结合的智能电源屏就是在电源屏的不同部位、不同回路中分别采用了50Hz的工频元器件和高频调制的电子器件组合而成的。

在这类智能型电源屏中，目前有以下两种主接线结构：

(1) 交流部分集中稳压型　主接线如图2-1所示，其特点如下所述。

① 有双电源切换装置，两路电源以一个工作、另一个备用的方式工作。双电源切换时，输出电源会出现瞬间中断（小于0.15s）。

② 直流部分模块采用高频开关电源技术，实现稳压、整流和隔离。各路模块采用$N+1$并联均流冗余的方式工作，向用户输出DC24V、DC60V、DC220V等直流电源。直流电源模块具有续流功能，在双电源切换时供电零中断。

③ 交流部分为集中稳压分回路隔离方案。由集中稳压器完成稳压功能，再在各路交流输出回路中设置隔离变压器，向用户输出AC220V信号点灯电源，以及AC220V轨道电路、AC220V微机联锁、AC220V微机监测等交流电源。

④ 25Hz轨道电路电源，不同厂家采用的技术不同，有采用工频铁磁技术分频器的，也有采用全电子技术变频器的，均为1+1备用方式。

⑤ 电源屏的主要特点是：技术比较成熟，工作比较可靠，直流输出电源在双电源切换时能做到供电零中断，价格便宜；不足之处是：交流部分技术较落后，效率低、重量大、噪音高，双电源切换时交流输出电源会瞬间中断供电，可能引起信号误动作。

(2) 交流部分分散稳压型　其主接线特点如下所述。

① 有双电源切换装置，两路电源以一个工作、另一个备用的方式工作。双电源切换时，输出电源会出现瞬间中断（小于0.15s）。

② 直流部分模块采用高频开关电源技术，实现稳压、整流和隔离。各路模块采用$N+1$并联均流冗余的方式工作，向用户输出DC24V、DC60V、DC220V等直流电源。直流电源模块具有续流功能，在双电源切换时供电零中断。

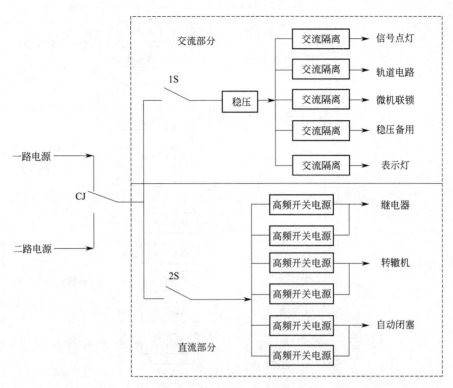

图 2-1　第一代智能电源屏主接线系统方案

③ 交流部分为分回路进行稳压和隔离。在各路交流输出回路中设置稳压器和隔离变压器组成一个模块，各路模块采用 $N+1$ 或 $1+1$ 方式备用，向用户输出 AC220V 信号点灯电源，以及 AC220V 轨道电路、AC220V 微机联锁、AC220V 微机监测等交流电源。

④ 25Hz 轨道电路电源为全电子技术的变频模块，采用 $1+1$ 的备用方式。

⑤ 电源屏的主要特点是：技术比较成熟，工作比较可靠，直流输出电源在双电源切换时能做到供电零中断，价格便宜；不足之处是：交流部分技术较落后，效率低、重量大、噪音高，双电源切换时交流输出电源会瞬间中断供电，可能引起信号误动作。

2. 采用高频电力电子技术，有两极切换接点的智能电源屏

全高频电力电子技术的电源屏是指电源屏各部分的功能器件全部由高频调制的电子电路组成。主接线如图 2-2 所示，其特点如下所述。

① 有双电源切换装置，两路电源以一个工作、另一个备用的方式工作。

② 直流部分模块采用 AC/DC 高频开关电源技术，实现稳压、整流和隔离。各路模块采用 $N+1$ 并联均流冗余的方式工作，向用户输出 DC24V、DC60V、DC220V 直流电源。直流电源模块具有续流功能，在双电源切换时供电零中断。

③ 交流部分模块采用 AC/AC 高频逆变技术，分回路进行稳压和隔离。在各路交流输出回路的模块，采用 $1+1$ 备用方式，向用户输出 AC220V 信号点灯电源，以及 AC220V 轨道电路、AC220V 微机联锁、AC220V 微机监测等交流电源。AC/AC 型电子交流模块具有续流功能，在双电源切换时实现供电零中断。

④ 25Hz 轨道电路电源，为采用全电子技术的变频模块，模块采用 $1+1$ 备用方式。

⑤ 电源屏的主要特点是：技术比较成熟，工作比较可靠，交、直流输出电源在双电源

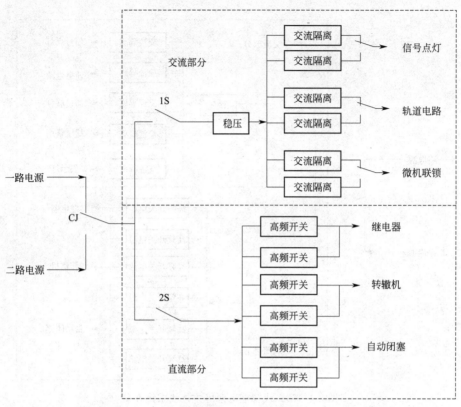

图 2-2　第二代智能电源屏主接线系统方案

切换时均能做到供电零中断，效率高、重量轻、噪音低、价格较高。系统有电源部分和各路模块部分主、备两级切换环节，故障率较高；采用 1＋1 备用方式，备用容量大。

3. 采用全高频电力电子技术，无切换接点的智能电源屏

采用全高频电力电子技术的电源屏是指电源屏各部分的功能器件全部由高频调制的电子电路组成。主接线如图 2-3 所示，其特点如下所述。

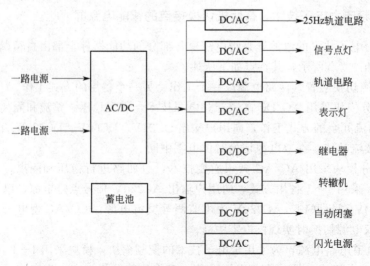

图 2-3　第三代智能电源屏主接线系统方案

① 双电源同时工作，输入电源做到零切换。整个系统中没有带接点的切换环节，成为静态的工作系统，在主接线结构上有较大的创新。

② 双电源经过 AC/DC 模块变换后，形成 DC350V 的直流母线。

③ 直流部分输出模块在 DC350V 的基础上，采用 DC/DC 高频开关变换技术，实现直流电压的变换。各路模块采用 N+1 并联均流冗余的方式工作，向用户输出 DC24V、DC60V、DC220V 直流电源。因为双电源同时工作，不进行切换，所以各路输出做到零中断。

④ 交流部分模块在 DC350V 的基础上，采用 DC/AC 高频逆变技术，分回路进行稳压和隔离。各路交流输出回路的模块采用 N+1 并联均流冗余的方式工作，向用户输出 AC220V 信号点灯电源，以及 AC220V 轨道电路、AC220V 微机联锁、AC220V 微机监测等交流电源。因为双电源同时工作，不进行切换，所以各路输出做到零中断。

⑤ 25Hz 轨道电路电源为采用全电子技术的变频模块。模块采用 1+1 并联均流冗余技术，输出做到零中断。

⑥ 电源屏的主要特点是：实现了对智能型电源屏产品的技术整合。系统全部采用成熟的高频电力电子技术，适应电源能力强，单相、三相电源都可工作，安全可靠性高、环保节能、寿命长、体积小、重量轻、噪音低、现场无维护。交、直流模块均为 N+1 或 N+M 并联均流冗余，与模块 1+1 的备用方案相比，大大降低了系统的备用容量，降低了整机的价格。系统中一路电源中断或断相、错相，任何一个模块故障，都不影响系统的正常工作。在没有蓄电池的情况下，不需要应用电容器储能的方式，实现了双电源切换时供电不中断，彻底解决了多年来由于双电源切换引发的各种故障。

(六) 监测系统采用的不同技术

在智能电源屏中都设有中央监测模块，不同厂家的产品模块中采用不同的监测技术，主要有：可编程控制器（PLC）技术、单板机微电脑技术、工控机微电脑技术及笔记本微电脑技术。

各厂家产品监测系统的方案不同，主要归纳为以下两大类。

① 以单个模块和进出线配电板为单元设置 CPU 监测板，将本单元采集到的模拟量转换为数字量，通过通信总线将信息传送至中央监测模块。中央监测模块将信息显示、存储后，通过有线通信系统和无线移动通信系统将信息向上级管理部门传送，使系统具备远程监测功能。

② 以屏为单元，设置 CPU（PLC）监控板，将一个整屏各回路中采集到的各种模拟量转换为数字量，通过通信总线将信息传送至中央监测模块。中央监测模块将信息显示、存储后，通过有线通信系统和无线移动通信系统将信息向上级管理部门传送，使系统具备远程监测功能。

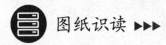

图纸识读 ▶▶▶

任务一 ●●● 中站机械电源屏图纸识读

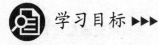

学习目标 ▶▶▶

1. 掌握中站信号机械电源屏结构与功能。
2. 会中站信号机械电源屏图纸识读。
3. 能进行图物对照。

一、电源屏认知

中站信号机械电源屏按所采用的交流稳压方式不同,分为感应调压式、参数稳压式和无触点稳压式。各种稳压方式的中站电源屏各有 5kV·A、10kV·A 两种不同的规格。

中站机械电源屏由 3 面屏组成,分别为中站调压屏 1 面、中站交直流屏 2 面。交直流屏一面主用,一面备用。电源屏实物平面图如图 2-4 所示。其上排为指示灯,指示电源屏工作情况;中间为测试仪表,用来测量电源屏输入/输出电源;下方为开关及按钮,用于电源屏相关操作。

中站调压屏用于交流稳压,由电动机驱动单相感应调压器进行调压,有自动和手动两种控制方式。两路交流电源引入调压屏,并在调压屏中进行切换及稳压,输出一路交流电源为交直流屏供电。交直流屏对电源进行隔离变换后供给各信号设备。

现以 PYT-10Y 型中站调压屏和 PYJZ-10Y 型中站交直流屏为例来介绍。

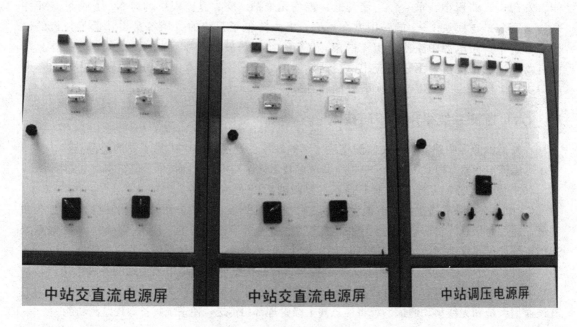

图 2-4 中站机械电源屏

中站机械电源屏流程图如图 2-5 所示。

二、电源屏图纸识读

(一) 调压屏图纸识读

PYT-10Y 型中站调压屏实现两路输入电源的自动和手动切换,并利用交流稳压器实现稳压,为直流屏提供稳定、可靠的交流电源。当调压屏输入电源电压在 220V±15% 范围内变化时,能自动地调节输出电压在 220V±3% 的精度内。

它包含两路电源切换电路及稳压电路。电路如附图 1 所示。

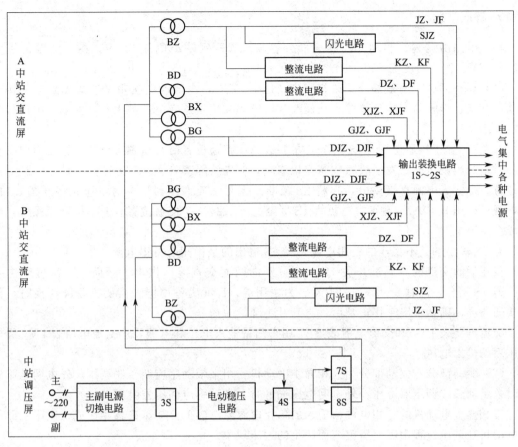

图 2-5 中站电源屏流程图

1. 两路电源切换电路

两路输入电源为单相 220V 工频交流电,采用主备方式供电。

两路都有电时,1S、2S 接通,表示灯 1YLD、2YLD 点亮。开机时,若先将开关 1HK 置于接通位置,则 1XLC 励磁,Ⅰ路电源经 1XLC 主触头 L1-T1、L2-T2 供电。其工作表示灯 1YBD 点亮,表示Ⅰ路电源供电。随后将 2HK 也置于接通位置,因 1XLC 常闭触头 21-22 断开,所以 2XLC 仍处于失磁状态,Ⅱ路处于备用状态,Ⅰ路电源断电时就可转换至Ⅱ路电源供电。

自动转换的过程是,Ⅰ路电源断电后,1XLC 失磁,1XLC 主触头(L1-T1、L2-T2、L3-T3)断开,Ⅰ路电源不再供电,1XLC 的 21-22 常闭触头闭合,2XLC 励磁电路接通,其主触头(L1-T1、L2-T2、L3-T3)接通,即由Ⅱ路电源供电。2YBD 灯点亮,表示由Ⅱ路电源供电。

手动转换是通过开关 1HK、2HK 进行的。Ⅰ路电源供电时,如需转换至Ⅱ路电源供电,确认Ⅱ路电源有电后扳动 1HK 至"断开",1XLC 失磁,此后电路流程同自动转换过程,转换至Ⅱ路电源供电;再闭合 1HK,Ⅰ路电源备用。

Ⅰ路电源主用时,S 置于 1-3 通,若故障后转换至Ⅱ路电源供电,2FMQ 鸣响报警,将 S 置于 1-2 通,2FMQ 不再鸣响。

交流电源输入端设有防雷组合单元 1FL、2FL,用来防雷。

2. 稳压电路

稳压电路由调整、驱动、控制三部分组成。其额定输出电压220V，输入电源范围为176～253V，稳压精度为220（1±3‰～4‰）V。

(1) 调整部分　调整部分即单相感应调压器GTQ，由驱动电机带动感应调压器的转子转动，在定、转子间产生角位移，从而改变转子串联绕组感应电压的大小，使输出电压得到稳定。

开关3S置于接通位置，4S扳至上方1-2,3-4接通位置时，由感应调压器稳压后向交直流屏供电。当调压电路发生故障或需要检修时，应先将隔离开关4S扳至下方$1'$-$2'$、$3'$-$4'$接通位置，由输入电源直接供电，再将3S扳断。恢复感应调压器供电时，应先将开关3S接通，观察电压表PV_2示数正常时再将4S扳至上方1-2,3-4接通位置。若不按顺序操作，会造成全站停电。

经5S输出的是不稳压的备用电源，经6S输出的是稳压的备用电源。

稳压后的交流电源通过开关7S、8S分别向两面交直流屏供电。两面交直流屏一主一备，若7S闭合，同时8S断开，则A屏为主用屏，B屏为备用屏。需要主备屏切换时，要先接通备屏，确认备屏工作正常后，再断开主屏。

交流电压表PV_1和交流电流表PA_1用来测量输入电压和电流，用交流电压表PV_2测量调压后的输出电压。

(2) 驱动部分　驱动部分为三相异步电动机，用来带动感应调压器调压。外电网电压偏高时，带动感应调压器降压；外电网电压偏低时，带动感应调压器升压。

三相异步电动机的三相电源由输入的单相电源经电感L、电容C移相而成，克服了原单相电动机在调压过程中因电压突变而产生的过压现象。

用升压继电器SYJ或降压继电器JYJ的第一、第二、第三组前接点将三相电源接入电动机。电源接入电动机的相序不同，电动机的转动方向就不同。

(3) 控制部分　有自动调压和手动调压两种方式，可通过万能开关WHK选择手动或自动，正常状态下WHK位于自动挡位，自动调压电路自动调压。

自动调压控制电路由变压、整流、滤波、取样、比较、放大和继电器等部分组成，除继电器外，集成为一个控制板盒YKBH。

如附图1所示，调压后的电压一端由WHK的7-8进入控制板盒22端子，另一端进入控制板盒23端子，此取样电压与基准电压范围进行比较，输出电压超上（或下）限时，控制板盒控制JG（或JD）励磁吸起，JG的61-63端子闭合（或JD的42-43端子闭合），此时若WHK位于"自动"挡位，3-4闭合，就接通了JYJ（或SYJ）励磁电路，再利用JYJ或SYJ继电器接点控制电动机反转（或正转），带动感应调压器降压（或升压）。

手动升压时，先将WHK扳至手动挡位，接通5-6，再按下1KA，1KA的3-4闭合，接通SYJ励磁电路，利用SYJ前接点接通电动机，电动机正转，带动感应调压器升压。

手动降压时，先将WHK扳至手动挡位，接通5-6，再按下2KA，2KA的3-4闭合，接通JYJ励磁电路，利用JYJ前接点接通电动机，电动机反转，带动感应调压器降压。

测量自动调压精度时需要使用手动调压。先手动升压或手动降压至超出电压允许波动范围，再将WHK扳至自动挡位，自动调压控制电路启动调压，调压结束根据输出电压结果与220V标准值比较，可计算出自动调压精度，若精度超出技术要求，需要检修自动调压控制电路。

行程开关 3KA、4KA 分别在电压调至下限、上限时动作，1-2 断开，3-4 闭合，断开 JYJ 或 SYJ 励磁电路，不再调压。同时通过行程开关 3-4 接通 DL 报警电路。

保护板盒 HBH 采样调压后的输出电压，升压超上限时，HBH 端子 41-42 断开，41-43 闭合，切断 SYJ 励磁电路，接通 DL 报警电路。

(4) 电动机制动电路　调压结束，电动机依靠惯性会继续转动，若转动时间过长，将导致输出电压偏离 220V，利用电动机制动电路可以使电动机快速停转。在需要制动时，为电动机定子线圈加上直流电，电动机内部产生恒定的磁场，电动机靠惯性转动切割磁力线，产生感应电流，继而产生电磁力。根据楞次定律，此电磁力会阻碍电动机的转动，电动机将快速停转。电路如附图 1 所示，通过整流器 1GZ 获得直流电。

① 不调压时不需制动：SYJ 落下，JYJ 落下，制动继电器 ZDJ 落下，直流电未接通。

② 正在调压时不需制动：SYJ 和 JYJ 总有一个励磁吸起，另一个失磁落下，直流电未接通。此时 ZDJ 励磁吸起，电容 C 正在充电。

③ 调压刚结束，需要制动：SYJ 落下，JYJ 落下，电容 C 放电，ZDJ 缓放（ZDJ 仍为吸起状态），此时直流电电路接通，电动机快速停转。C 的放电电压低至不能使 ZDJ 吸起时，ZDJ 落下，直流电电路断开，制动结束。

ZDJ 缓放时间由电容器放电电路决定。若需要延长缓放时间，可增大电容量或增大放电回路电阻 R_2；若需要缩短缓放时间，可减小电容量或减小放电回路电阻 R_2。

(二) 交直流屏图纸识读

交直流屏将输入电源变换为信号设备需要的交流电源和直流电源。电路如附图 2 所示。参数如表 2-1 所示。

表 2-1　交直流屏电源参数

序号	输出回路	电压/V	电流/A	序号	输出回路	电压/V	电流/A
1	电动转辙机电源	直流 220	12	5	道岔表示电源	交流 220	1
2	继电器电源	直流 24	15	6	表示灯电源	交流 24	2.5
3	信号点灯电源	交流 220	2.5＋2.5	7	闪光电源	交流 24	2
4	轨道电路电源	交流 220	2.5＋2.5	8	闭塞电源	直流 24/36/48/60	2

经稳压后的交流电源由调压屏引出来，用若干台干式变压器进行隔离。其中变压器 BZ 供继电器动作电源、控制台表示灯电源及闪光电源用；变压器 BD 供电动转辙机动作电源用；信号变压器 BX 供信号点灯电源两线路使用；轨道变压器 BG 供轨道电路电源两线路和道岔表示电源用；闭塞方向电源整流变压器 ZBF 供闭塞电源用。

各种电源的输出端分别设有监督继电器 BSJ、JDJ、DDJ、1XHJ、2XHJ、1GDJ、2GDJ、DBJ、1BJ、2BJ、3BJ、4BJ，用来监视控制台表示电源、继电器动作电源、电动转辙机电源、信号点灯电源、轨道电路电源、道岔表示电源和闭塞电源的工作情况。正常时，它们都吸起，分别用前接点点亮各自的工作表示灯（白色）。若某种电源故障时，相应的监督继电器落下，对应工作灯熄灭，通过监督继电器后接点点亮故障表示灯 GHD（红灯），并使蜂鸣器 FMQ 鸣响，通知信号值班人员前来处理，转换至备用屏后，拉断故障屏的输入开关，GHD 熄灭，FMQ 停止鸣响。

两面交直流屏的各相应输出端子并接后向外供电，分别用隔离开关 1S～12S 进行通断，即使用屏的 1S～12S 都扳至接通位置，备用屏的 1S～12S 都置于断开位置。欲转换至备用屏供电时，先将设在中站调压屏的开关 8S 闭合，备用屏的 1S～12S 扳至接通位置，再将原使用屏的 1S～12S 扳断，再扳断设在中站调压屏的开关 7S，就可使非使用的交直流屏完全断电，以便于维修。

转换过程中两面交直流屏同时工作时，两屏的各监督继电器都吸起，它们的前接点并联后，各屏的 4D-1 和 4D-2 端子接通，且串联后，使设在调压屏中的故障表示灯 GHD 点亮，蜂鸣器 1FMQ 鸣响（为了能与上述交直流屏中 FMQ 相区别，故设在调压屏中，如附图 1 所示）。这是正常现象。转换完毕即停止鸣响。

屏面上的测试仪表和万能转换开关配合，可以测试交直流屏的各路输出电源的电压和电流信息。

1. 控制台表示灯电源及闪光灯电源

控制台表示灯电源为 24V 交流电源；额定输出电流 12.5A（包括闪光电源）。它直接由变压器 BZ 副边线圈 Ⅱ1-Ⅱ3 引出，在端子 1D-5、6、7 和 1D-8、9、10 上输出。若电路工作正常，继电器 BSJ 励磁吸起，利用继电器 BSJ 前接点，接通 SBD 工作灯，表示表示灯电源正常。若电路故障断电，则继电器 BSJ 失磁落下，工作灯 SBD 灭，利用继电器 BSJ 后接点接通故障灯 GHD 和故障铃 FMQ 电路，以示报警。

2. 继电器电源

继电器动作电源为直流 24V，额定输出电流为 15A。从交流变压器 BZ 副边 Ⅲ1-Ⅲ2 线圈引出，经 1GZ 全波整流，经电感线圈 L 和电容器 C_1 组成的"L"型滤波后输出，电源输出端设有防雷组合单元 1FL。若工作正常，继电器 JDJ 励磁吸起，利用继电器前接点，接 JBD 工作灯，表示继电器电源正常。若电路故障断电，则继电器 JDJ 失磁落下，工作灯 JBD 灭，利用继电器 JDJ 后接点接通故障灯 GHD 和故障铃 FMQ 电路，以示报警。安培表 PA_1 和分流器 1FLQ 配套测量输出电流。伏特表 PV_1 测量电压。

3. 电动转辙机电源

电动转辙机电源又称为道岔动作电源，直流转辙机需要直流 220V，额定输出电流为 12A。交流电由变压器 BD 副边 Ⅱ1-Ⅱ2 线圈引出，经 2GZ 全波整流后输出。电源输出端设有防雷组合单元 2FL 若工作正常，继电继电器 DDJ 励磁吸起，利用继电器前接点，接 DBD 工作灯，表示继电器电源正常。若电路故障断电，则继电器 DDJ 失磁落下，工作灯 DBD 灭。利用继电器 DDJ 后接点接通故障灯 GHD 和故障铃 FMQ 电路，以示报警。伏特表 PV_2 测量电压，安培表 PA_2 和分流器 2FLQ 配套测量输出电流。

4. 信号点灯电源

信号点灯电源为交流 220V，分为两束向室外信号机供电，每束额定输出电流 2.5A。两线束分别由变压器 BX 副边的 Ⅱ1-Ⅱ2 和 Ⅲ1-Ⅲ2 线圈引出。若工作正常，继电器 1XHJ 及 2XHJ 励磁吸起，利用两个继电器的前接点串联接通 XBD 工作灯电路。若某束电路故障，对应的继电器失磁落下，XBD 工作灯灭，利用继电器后接点接通故障灯和故障铃电路，以示报警。安培表 PA_3 与电流互感器 1LH、2LH 及万能转换开关 2WHK 配套测量信号点灯输出电流，伏特表 PV_3 和万能转换开关 1WHK 配套，在测试点①、②、③、④处测量信号点灯电压。

5. 轨道电路电源

轨道电路电源为交流220V，分两束供电，每束额定输出电流为2.5A。两线束分别由变压器 BG 副边的Ⅱ1-Ⅱ2 和Ⅲ1-Ⅲ2 线圈引出。若工作正常，继电器 1GDJ 及 2GDJ 励磁吸起，利用两个继电器的前接点串联接通 GBD 工作灯电路。若某束电路故障，对应的继电器失磁落下，GBD 工作灯灭，利用继电器后接点接通故障灯 GHD 和故障铃 FMQ 电路，以示报警。安培表 PA_3 测量电流，伏特表 PV_3 测试电压。

6. 道岔表示电源

道岔表示电源从变压器 BG 副边Ⅲ1-Ⅲ2 线圈引出，为交流220V，额定输出电流为1A。若工作正常，继电器 DBJ 励磁吸起，利用继电器前接点，接通 CBD 工作灯，表示道岔表示电源正常。若电路故障断电，则继电器 DBJ 失磁落下，工作灯 CBD 灭，利用继电器 DBJ 后接点接通故障灯 GHD 和故障铃 FMQ 电路，以示报警。电压值与轨道Ⅱ路电压相等。

7. 闭塞电源

闭塞电源为直流 24V/36V/48V/60V 可调，分四束供电。四线束分别由变压器 ZBF 及整流器 4-7GZ 供出，可调节变压器副边抽头改变输出电压。若工作正常，继电器 1-4BJ 励磁吸起，利用 1BJ 和 2BJ 继电器的前接点串联接通 1、2BBD 工作灯电路，利用 3BJ 和 4BJ 继电器的前接点串联接通 3、4BBD 工作灯电路。若某束电路故障，对应的继电器失磁落下，对应工作灯灭，利用继电器后接点接通故障灯 GHD 和故障铃 FMQ 电路，以示报警。4-7GZ 整流器在一块电路板上，直流伏特表 PV_4 和万能转换开关 3WHK 配套，在测试点 ⑨、⑩、⑪、⑫、⑬、⑭、⑮、⑯处分别测得闭塞回路电压值。

三、电源屏操作

1. 两路输入电源切换操作

① Ⅰ路输入电源供电切换至Ⅱ路输入电源供电。断开 1HK，Ⅱ路输入电源供电正常后，再闭合 1HK，Ⅰ路输入电源备用。

② Ⅱ路输入电源供电切换至Ⅰ路输入电源供电。断开 2HK，Ⅰ路输入电源供电正常后，再闭合 2HK，Ⅱ路输入电源备用。

2. 调压器操作

① 甩开调压器。将 4S 开关置于备用位置，再断开 3S，调压器被甩开，可以对其进行检修。

② 甩开调压器。先闭合 3S，再将 4S 开关置于主用位置，接入调压器，调压后的稳压电源向交直流屏供电。

3. 调压操作

① 手动升压：将 WHK 扳至手动挡位，按下按钮 1KA，升压开始，升压结束后松开按钮 1KA，将 WHK 扳至自动挡。

② 手动降压：将 WHK 扳至手动挡位，按下按钮 2KA，降压开始，升压结束后松开按

钮 2KA，将 WHK 扳至自动挡。

4. 导屏操作

① A 交直流屏工作转换至 B 交直流屏工作：先将 B 屏总开关 8S 闭合，闭合 B 屏的各个输出开关。确认 B 屏工作正常后，先断开 A 屏的各个输出开关，再断开 A 屏总开关 7S。

② B 交直流屏工作转换至 A 交直流屏工作：先将 A 屏总开关 7S 闭合，闭合 A 屏的各个输出开关。确认 A 屏工作正常后，先断开 B 屏的各个输出开关，再断开 B 屏总开关 8S。

任务二　大站机械电源屏图纸识读

学习目标 ▶▶▶

1. 掌握大站信号机械电源屏结构与功能。
2. 会识读大站信号机械电源屏图纸。
3. 能进行图物对照。

相关知识 ▶▶▶

一、电源屏认知

大站电源屏按容量分为 15kV·A 和 30kV·A 两种不同的规格。15kV·A 的大站电源屏有感应调压式和无触点补偿式，30kV·A 大站电源屏为感应调压式。下面以感应调压式 15kV·A 大站电源屏为例来介绍。

感应调压式 15kV·A 大站电源屏由 6 面屏构成，分别为转换屏 1 面、交流调压屏 1 面、交流屏主备 2 面和直流屏主备 2 面组成，采用两路三相交流输入，由转换屏完成两路电源切换和主备屏切换；调压屏完成交流稳压；交流屏、直流屏产生各种交、直流电源，再经转换屏输出。

大站电源屏参数如表 2-2 所示。电路流程如图 2-6 所示。

表 2-2 大站电源屏电源参数

回路类别	输出容量	供电电压/V	最大输出电流/A	功率/kV·A	变压器容量/kV·A
感应调压器输出回路		三相 AC380	31	20	
输出回路	信号点灯电源	AC220、180	5×4		2.5
	轨道电路电源　Ⅰ、Ⅱ	AC220、127	20		5
	Ⅲ、Ⅳ	AC220	20(220 V)、5(127 V)		
	道岔表示电源	AC220	4		
	表示灯电源	AC24、19.6	50		
	闪光电源	AC24、19.6		100V·A	
	继电器电源	DC24、26、28	40		
	电动转辙机电源	DC220、210、230、240	30		
	闭塞电源	DC24、30、48、60	1×4		0.35

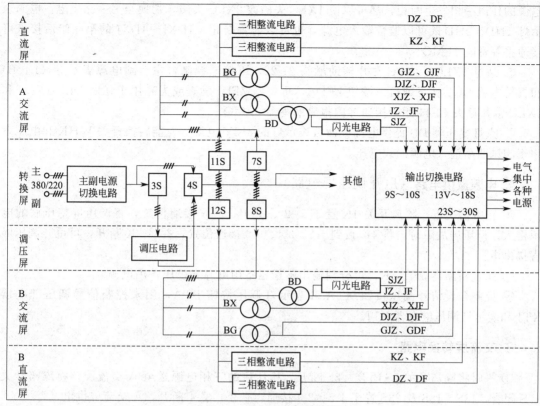

图 2-6 大站电源屏流程图

二、电源屏图纸识读

(一) 转换屏图纸识读

以 PH1 型转换电源屏为例来讲解图纸识读。转换屏的作用为:完成两路电源的转换;交流屏、直流屏的主、备用屏手动转换,可做到备用屏完全断电;调压屏故障或需检修时,可手动切除,并做到调压屏完全断电;输入、输出电源汇接。

转换电源屏电路包括两路电源切换电路、两面交流屏转换电路、两面直流屏转换电路及甩开调压屏电路,其电路原理如附图 3 所示。

1. 两路电源切换电路

① 在转换开关 1HK 闭合、2HK 断开的情况下,依次闭合断路器 1S、2S。此时交流接触器 1XLC 励磁、2XLC 失磁、Ⅰ路工作电源表示灯 1BD 点亮,然后闭合 2HK。

② 闭合隔离开关 3S,Ⅰ路电源经 1XLC 主触头 (L1-T1、L2-T2、L3-T3) 送至调压屏,Ⅱ路电源不能供出。

③ Ⅰ路电源停电或手动切换按下停止按钮 1TA 时,1XLC 失磁落下,1XLC 主触头断开,切断Ⅰ路电源供电,2XLC 主触头 (L1-T1、L2-T2、L3-T3) 闭合,将Ⅱ路电源送至调压屏。Ⅱ路工作电源表示灯 2BD 点亮。

④ 断相监督继电器 1DXJ~4DXJ 分别跨接在Ⅰ、Ⅱ路电源的 B-0 间、C-0 间。任何一路

电源的任何一相发生断相，都可以使1XLC失磁或2XLC失磁，切换至另一路供电。电源表示灯1HD、2HD既可以监督输入电源，也可以监督断相。1DXJ～4DXJ的第4组后接点可接通报警音响1FMQ。

⑤ 通过1XLC、2XLC常开辅助触头21-22，可接通控制台主、副电源表示灯（L、B）和报警电铃DL。按下或拉出按钮ZFDA，可控制ZFDJ励磁或失磁用于切断DL。1XLC和2XLC常开触头43-44用于接通屏内报警蜂鸣器3FMQ。

⑥ 点灯变压器DB提供电源屏面板表示灯的6.3V电源。万能转换开关WHK和电压表用于测试两路输入电源的线电压。

2. 电源直供电路（甩开调压屏电路）

① 正常情况下，隔离开关4K置于1'-2'、3'-4'、5'-6'接通位置，将调压屏稳压后的电源接入。调压屏故障时，将4K扳到1-2、3-4、5-6接通位置，并将3K断开，可甩开调压屏直接供电。

② 闭合断路器5K、6K，可分别输出不稳压备用电源和稳压备用电源。

③ 控制台设信号调压按钮XTA和表示灯调压按钮BTA，用来控制信号调压继电器XTJ和表示灯调压继电器BTJ。

3. 交流屏转换电路

① 平时将隔离开关7S闭合、8S断开，稳压后的三相电源送至A交流屏。将隔离开关10S闭合，13S～18S及23S置于1-2、3-4接通，1'-2'、3'-4'断开，A交流屏供电。

② A交流屏故障或检修时，先闭合8S、9S，并将13S～18S及23S置于1-2、3-4断开，1'-2'、3'-4'接通，然后断开10S、7S B交流屏供电。转换过程中控制台表示灯不间断。

③ 交流屏工作继电器AJZJ、BJZJ分别监督A、B交流屏工作状态。

④ A交流屏工作时，将3HK置于1-2、4-5接通位置。A交流屏中某一输出电源故障时，A交流屏2D-13、2D-14接通，2D-15、2D-16接通，故障表示灯AJHD和蜂鸣器1FMQ报警。B交流屏工作时，将3HK置于1-3、4-6接通位置，B交流屏中某一输出电源故障时，B交流屏2D-13、2D-14接通，2D-15、2D-16接通，故障表示灯AJHD和蜂鸣器1FMQ报警。

⑤ 轨道电源分4束供电，每束设一个轨道供电监督继电器1GDJ～4GDJ。第1组前接点作为6502电气集中联锁轨道停电继电器GDJ工作条件，第2组前接点作为交流屏轨道电源监督继电器1GDJ、2GDJ检查条件。

4. 直流屏转换电路

① 平时将隔离开关11S闭合、12S断开，稳压后的三相电源送至A直流屏。将隔离开关24S闭合，26S～30S置于1-2、3-4接通，1'-2'、3'-4'断开，A直流屏供电。

② A直流屏故障或检修时，先闭合12S、25S，并将26S～30S置于1-2、3-4断开，1'-2'、3'-4'接通位置，然后断开24S、11S，B直流屏供电。转换过程中继电器电源不间断。

③ 直流屏工作继电器AZZJ、BZZJ分别监督A、B直流屏工作状态。

④ A直流屏工作时，将4HK置于1-2、4-5接通位置。A直流屏中某一输出电源故障

时，A 直流屏 1D-13、1D-14 接通，1D-15、1D-16 接通，故障表示灯 AZHD 和蜂鸣器 2FMQ 报警。B 直流屏工作时，将 4HK 置于 1-3、4-6 接通位置，B 直流屏中某一输出电源故障时，B 直流屏 1D-13、1D-14 接通，1D-15、1D-16 接通，故障表示灯 AZHD 和蜂鸣器 2FMQ 报警。

⑤ 转辙机电源 DZ 输出端 3D-11、3D-12 间串联控制台上的电流表。

（二）交流调压屏图纸识读

交流调压屏由调整系统、驱动系统、控制系统组成，完成交流稳压。电路流程图如图 2-7 所示，PDT-20Y 型大站调压屏图纸如附图 4 所示。

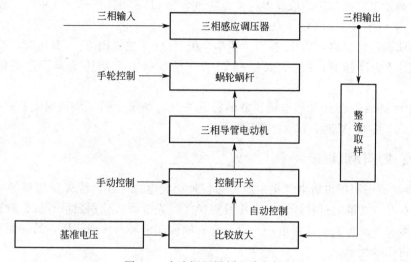

图 2-7　交流调压屏的电路方框图

（1）调整系统　包括三相感应调压器、蜗轮及蜗杆。

（2）驱动系统　包括三相异步电动机和相关控制电路。正常工作时，闭合 1ZK、2ZK、3ZK。

① 升压动作继电器 SYDJ 和降压动作继电器 JYDJ 分别受升压继电器 SYJ 和降压继电器 JYJ 控制，并联后跨接在 W 相、零相间。

② 需要升压时，SYJ↑→SYDJ↑，将三相电源 U、V、W 接到电动机 1、2、3，电机正转，调整完毕，SYJ↓→SYDJ↓→电机停转。

③ 需要降压时，JYJ↑→JYDJ↑，将三相电源 U、V、W 接到电动机 3、2、1，电机反转。调整完毕，JYJ↓→JYDJ↓→电机停转。

④ 断相保护继电器 DXJ 由 3GZ 供电，平时 C_8、C_9、C_{10} 公共点为零电位，3GZ 无输出，DXJ↓。发生断相时，3GZ 输出直流，使 DXJ↑，用 11-13、21-23 切断电机电源，用 41-43 切断 SYDJ 或 JYDJ 电路，用 31-32 接通断相报警灯 DXD 和 FMQ。

⑤ 5GZ 提供制动继电器 ZDJ 电源，6GZ 提供电机制动电源。当 SYDJ↑或 JYDJ↑时 ZDJ↑，调压结束 SYDJ↓及 JYDJ↓。利用 ZDJ 缓放，将直流电压加到电机 1、3 端制动。$2R$、$11C$ 吸收感应电势。

（3）控制系统　包括比较放大电路（电压控制板 1B）和控制继电器电路。

① 将 2WHK 置于"自动"位置（1-4、5-8）。经变压器 1SB～3SB 降压，三相整流器 4GZ 输出直流 28V，经 R_{17} 降压，VZ_2 和 VZ_3 稳压，C_3 滤波，1B 得到直流 22V 工作电源。

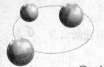

② 由 VZ_1 得到基准电压，分别送至运放 F_1 的正向输入端和 F_2 的反向输入端。

③ 由 R_9、R_{11}、RP_1 串联提供的取样电压送至 F_1 反向输入端；由 R_{10}、R_{15}、RP_2 串联提供的取样电压送至 F_2 正向输入端。

④ 取样电压升高 3% 时，F_1 反向输入端电位降低，F_1 输出高电位→VT_1 导通→高压继电器 JG↑→JYJ↑→JYDJ↑（JYJ：W 相—2WHK5-8—A4—JD1-9—JG8-12—A8—SYJ51-53—JYJ1-2—4KA1-2—3KA1-2—零相）。

⑤ 取样电压降低 3% 时，F_2 正向输入端电位升高，F_2 输出高电位→VT_2 导通→低压继电器 JD↑→SYJ↑→SYDJ↑（SYJ：W 相—2WHK5-8—A4—JG9-1—JD12-8—A7—HBH41-42—JYJ51-53—SYJ1-2—4KA1-2—3KA1-2—零相）。

⑥ 自动调压至标准值后，取样电压恢复标准，F_1（F_2）关闭→VT_1（VT_2）截止→JG↓（JD↓）→JYJ↓（SYJ↓）→JYDJ↓（SYDJ↓）。

⑦ 需手动调压时，将 2WHK 置于"手动"位置（6-7 接点闭合）。升压时，按下 1KA→SYJ↑→SYDJ↑；降压时，按下 2KA→JYJ↑→JYDJ↑。直接转动调压器手轮也可手动调压。

⑧ 电路中 3KA、4KA 为感应调压器的行程开关，转子旋转至极限时动作；HBH 为保护板盒，升压达到 420V 时，41-42 接点断开。

（三）交流屏图纸识读

PJ-15 型交流电源屏供给电气集中所需的各种交流电源。经调压屏稳压后的交流电源由转换屏引至本屏，在屏内进行隔离、变压及转换成闪光电源，分别向信号机、轨道电路、道岔表示继电器和控制台表示灯供电。一套设备有两面交流屏，一面使用，另一面备用。交流屏的电路如附图 5 所示。

1. 信号点灯电源（XJZ、XJF）

① 由信号变压器 BX_1、BX_2 次级得到相互隔离的 4 束电源，对信号机分束供电。

② 夜间可降压供电。在控制台上按下 XTA→1XTJ↑、2XTJ↑，改变次级使用抽头，输出 180V。拉出 XTA→1XTJ↓、2XTJ↓，恢复为 220V。控制台设 L、U 表示灯。

2. 轨道电路电源（GJZ、GJF）

轨道变压器 BG1 的输出 1D-10 和 1D-11 经转换屏分为Ⅰ、Ⅱ束，BG_2 的输出经转换屏分为Ⅲ、Ⅳ束。1D-10、1D-16 输出站内电码化电源。

3. 道岔表示电源（DJZ、DJF）

经轨道变压器 BG_1 次级输出（功耗较小，未单独设置变压器，JPXC-1000 约 0.5W）。

4. 表示灯电源（JZ、JF）

① 经表示灯变压器 BD 隔离、降压后输出，夜间可调整为 19.6V。在控制台上按下 BTA→BTJ↑，改变初级使用抽头，输出 19.6V。拉出 BTA→BTJ↓，恢复为 24V。

② 闪光电源 SJZ 由交、直流两用的闪光板盒 SGBH 输出，电路框图如图 2-8 所示。

闪光板上设置两个 LED 指示灯：供电及过载保护指示灯和闪光状态指示灯。正常工作时，供电及过载保护指示灯为绿色常亮；过载时，为绿色闪亮。闪光状态指示灯与负载的闪

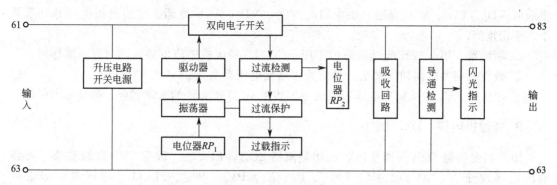

图 2-8 闪光板原理框图

光频率同步，交流供电时，此灯为橙色；直流供电时，此灯为红色。

闪光板上设置两只调整电位器。其中，"电位器 RP_1" 调整闪光频率，"电位器 RP_2" 调整过载保护电流。出厂时已将闪光频率调整在 90 次/min。顺时针调整，频率提高；逆时针调整，频率降低。

变压器 BD 副边还有 22V 和 30V 抽头。

继电器 BSJ、1XHJ~4XHJ、1GDJ、2GDJ、DBJ 并接在各种电源的输出端，分别用来监视各电源的工作情况。通常它们都吸起，用它们的前接点分别点亮 BBD、XBD、1GBD、2GBD 和 DBD，表示工作正常。当某种电源故障时，相应的监视继电器落下，通过其后接点在转换屏中报警，以通知进行人工转换。其中，1GDJ 的吸起还需检查转换屏中轨道电路各线束的监视继电器 1GDJ、2GDJ、3GDJ、4GDJ 在吸起状态。

交流电压表 PV_1~PV_4 分别用来测量信号点灯电源各线束的输出电压。PV_5 用来测量控制台表示灯电源的输出电压。PV_6、PV_8 分别用来测量轨道电路电源Ⅰ、Ⅱ和轨道电路电源Ⅲ、Ⅳ的输出电压。PV_7 用来测量轨道电路电码化电源的输出电压。

交流电流表 PA_1~PA_4 和电流互感器 1LH~4LH 配合，分别用来测量信号点灯电源各线束的输出电流。交流电流表 PA_5、PA_7 和电流互感器 5LH、7LH 配合，分别用来测量轨道电路电源Ⅰ、Ⅱ和轨道电路电源Ⅲ、Ⅳ的输出电流。交流电流表 PA_6 和电流互感器 6LH 配合，用来测量道岔表示电源的输出电流。

5. 其他电路

各路输出正常，监督继电器励磁，后接点断开，2D-13、2D-14 断开，2D-15、2D-16 断开，若有任一路故障，对应监督断电器失磁，上述接点闭合，接通转换屏中的报警灯和报警铃。

（四）直流屏图纸识读

PZ-15 型直流电源屏供出 24V 和 220V 直流电源，分别作为继电器和直流电动转辙机的动作电源；还供出两束闭塞电源和两束方向电源，根据需要，可供出 24V、36V、48V 或 60V。

一套设备中有两面直流屏，一面使用，另一面备用，可通过转换屏人工转换。直流电源屏的电路如附图 6 所示。

1. 继电器电源（KZ、KF）

① 三相变压器 JDB 次级连接三相整流器 1GZ。1GZ 采用 6 个整流管，U_a、U_b、U_c 正

半周时 VD_1、VD_3、VD_5 导通，负半周时 VD_2、VD_4、VD_6 导通。输出直流电压脉动系数小，平滑度好。

② 断路器 1ZK、3ZK 起过流防护作用；C_1、R_1 可吸收感应电势，同时起滤波作用。

③ 改变三相变压器初级抽头，可将直流输出电压提高到 26V 或 28V。

④ 电压表 PV_1 测试输出电压；直流电流表 PA_1 与分流器 1FLQ 配合，测试输出电流。

2. 转辙机电源（DZ、DF）

用三相变压器 DZB 隔离变压，三相整流器 2GZ 输出直流。改变 DZB 次级抽头，可将输出电压改变为 210V、230V、240V。C_2、R_2、PV_2、PA_2、2FLQ 作用同继电器电源电路。

3. 闭塞电源和方向电源

① 由变压器 ZFB 隔离、变压；次级 4 个绕组分别连接 4GZ～7GZ，分别输出闭塞Ⅰ、闭塞Ⅱ、上行方向、下行方向电源。

② 改变次级抽头，可获得 24V、36V、48V、60V 输出电压。

③ 输出端⑤、⑥、⑦、⑧、⑨、⑩、⑪、⑫与万能转换开关 WHK 连接，用伏特表 PV_3 对输出电压分别测试。

每一路输出电源设一个监督继电器：JDJ、DZJ、Z_1J、Z_2J、SFJ、XFJ。吸起时，点亮相应的表示灯；落下时，接通转换屏内的报警电路。

三、电源屏操作

大站电源屏要完成的操作包括开（关）机操作、两路输入电源切换操作、甩开（接入）调压屏操作、交流屏倒屏操作、直流屏倒屏操作等。这些操作需要使用的开关或按钮大部分设置在转换屏平面上，只有各屏的输出开关设置在相应屏后，方便操作。

1. 开/关机操作

开机前，检查电源屏屏面和屏后所有开关，使开关置于断开位置。这里介绍开机操作，关机操作顺序与开机操作相反。

① 在转换开关 1HK 闭合、2HK 断开的情况下，闭合断路器 1S，此时交流接触器 1XLC↑、2XLC↓，Ⅰ路电源灯点亮，Ⅰ路工作灯点亮，Ⅰ路正常供电。

然后，依次闭合 2S 和 2HK，Ⅱ路电源灯点亮，Ⅱ路正常备用。

② 闭合转换屏内部开关 3S，将 4S 置于"主用"位置，即 4S 为 $1'$-$2'$、$3'$-$4'$、$5'$-$6'$ 接通位置，将调压屏接入电路进行稳压。

③ 若闭合 7S 和 11S，此时 8S 和 12S 为断开，则 A 交流屏和 A 直流屏工作，B 交流屏和 B 直流屏备用。

若闭合 8S 和 12S，此时 7S 和 11S 为断开，则 B 交流屏和 B 直流屏工作，A 交流屏和 A 直流屏备用。

④ 将工作的交流屏和直流屏后的各输出开关扳至闭合位置，电源屏各电源正常输出。

⑤ 若为 A 交流屏和 A 直流屏工作，则将 3HK 扳至 A 交流屏位置，将 4HK 扳至 A 直流屏位置。若 A 交流屏或 A 直流屏中某路电源有故障，则转换屏内报警灯和报警铃报警。

若为B交流屏和B直流屏工作,则将3HK扳至B交流屏位置,将4HK扳至B直流屏位置。若B交流屏或B直流屏中某路电源有故障,则转换屏内报警灯和报警铃报警。

2. 两路输入电源切换

① 可使用自复式按钮1TA和2TA。按下按钮为断开,松开按钮,按钮自动闭合。1TA和2TA常态均为闭合。操作方法如下所述。

- Ⅰ路输入切换至Ⅱ路输入电源:按下停止按钮1TA,Ⅱ路工作灯点亮,Ⅱ路正常工作;松开1TA,Ⅰ路电源正常备用。

Ⅱ路输入切换至Ⅰ路输入电源:按下停止按钮2TA,Ⅰ路工作灯点亮,Ⅰ路正常工作;松开2TA,Ⅱ路电源正常备用。

② 可使用开关1HK和2HK,开关竖直为闭合,开关水平为断开。1HK和2HK常态均为闭合。操作方法如下所述:

- Ⅰ路输入切换至Ⅱ路输入电源:将1HK断开,切换至Ⅱ路电源工作,Ⅱ路工作灯点亮;再将1HK闭合,Ⅰ路电源正常备用。

- Ⅱ路输入切换至Ⅰ路输入电源:将2HK断开,切换至Ⅰ路电源工作,Ⅰ路工作灯点亮。再将2HK闭合,Ⅱ路电源正常备用。

3. A、B交流屏倒屏

(1) A屏工作转换至B屏工作 平时隔离开关7S闭合、8S断开,稳压后的三相电源送至A交流屏;隔离开关10S闭合,13S~18S、23S置于1-2、3-4接通,$1'$-$2'$、$3'$-$4'$断开位置,A交流屏供电。

A交流屏故障或检修时,先闭合8S、9S,并将13S~18S、23S置于1-2、3-4断开,$1'$-$2'$、$3'$-$4'$接通位置。此时A、B交流屏同时供电,报警铃响。然后,断开转换屏的10S、7S,A交流屏停止供电,报警铃停止报警。

(2) B屏工作转换至A屏工作 平时隔离开关8S闭合、7S断开,稳压后的三相电源送至B交流屏;隔离开关9S闭合,13S~18S、23S置于1-2、3-4接通,$1'$-$2'$、$3'$-$4'$断开位置,B交流屏供电。

B交流屏故障或检修时,先闭合7S、10S,并将13S~18S、23S置于1-2、3-4接通,$1'$-$2'$、$3'$-$4'$断开位置。此时A、B交流屏同时供电,报警铃响。然后,断开转换屏的9S、8S,B交流屏停止供电,报警铃停止报警。

4. A、B直流屏倒屏

(1) A屏工作转换至B屏工作 平时隔离开关11S闭合、12S断开,稳压后的三相电源送至A直流屏。将隔离开关24S闭合,26S~30S置于1-2、3-4接通,$1'$-$2'$、$3'$-$4'$断开位置,A直流屏供电。

A直流屏故障或检修时,先闭合12S、25S,并将26S~30S、置于1-2、3-4断开,$1'$-$2'$、$3'$-$4'$接通位置,B直流屏供电,然后断开24S、11S,A直流屏断电。

(2) B屏工作转换至A屏工作 平时隔离开关12S闭合、11S断开,隔离开关25S闭合,26S~30S置于$1'$-$2'$、$3'$-$4'$接通,1-2、3-4断开位置,B直流屏供电。

B直流屏故障或检修时,先闭合11S、24S,并将26S~30S、置于1-2、3-4接通,$1'$-$2'$、$3'$-$4'$断开位置,A直流屏供电。然后断开12S、25S,B直流屏断电。

5. 甩开（接入）调压屏

（1）甩开调压屏（电源直供）　正常情况下，隔离开关4S置于$1'-2'$、$3'-4'$、$5'-6'$接通位置，将调压屏稳压后的电源接入。

调压屏故障时，将4S扳到1-2、3-4、5-6接通位置，并将3S断开，可甩开调压屏由输入电源直接供电。

（2）接入调压屏　调压屏检修完成后，先将3S闭合；调压屏输出电压显示正常后，再将4S扳到$1'-2'$、$3'-4'$、$5'-6'$接通位置，接入调压屏，由调压后的稳压电源供电。

操作练习 ▶▶▶

1. Ⅰ、Ⅱ路电源转换

（1）Ⅰ路—Ⅱ路　先观察Ⅰ、Ⅱ路电源指示灯是否点亮。Ⅰ路工作灯点亮，此时按压1TA或扳动1HK至断后，电源导向Ⅱ路工作；Ⅱ路工作灯点亮，Ⅰ路工作灯灭；再将1HK扳至接通位置。

（2）Ⅱ路—Ⅰ路　先观察Ⅰ、Ⅱ路电源指示灯是否点亮。Ⅱ路工作灯点亮，此时按压2TA或扳动2HK至断后，电源导向Ⅰ路工作，Ⅰ路工作灯点亮，Ⅱ路工作灯灭；再将2HK扳至接通位置。

2. 稳供—直供

先将4S接通1-2、3-4、5-6后，再断开3S，调压屏完全断电，由输入电源直接供电。

3. A交流屏—B交流屏

① 平时将隔离开关7S闭合、8S断开，稳压后的三相电源送至A交流屏。将隔离开关10S闭合，13S～18S、23S置于1-2、3-4接通，$1'-2'$、$3'-4'$断开位置，A交流屏供电。

② 交流屏故障或检修时，先闭合8S、9S，并将13S～18S、23S置于1-2、3-4断开，$1'-2'$、$3'-4'$接通位置，B交流屏供电，然后断开10S、7S，转换过程中，控制台表示灯不间断。

4. A直流屏—B直流屏

① 平时将隔离开关11S闭合、12S断开，稳压后的三相电源送至A直流屏。将隔离开关24S闭合，26S～30S置于1-2、3-4接通，$1'-2'$、$3'-4'$断开位置，A直流屏供电。

② A直流屏故障或检修时，先闭合12S、25S，并将26S～30S置于1-2、3-4断开，$1'-2'$、$3'-4'$接通位置，B直流屏供电，然后断开24S、11S，转换过程中，继电器电源不间断。

任务三　●●●　计算机联锁电源屏图纸识读

学习目标 ▶▶▶

1. 掌握计算机联锁电源屏结构与功能。
2. 学会计算机联锁电源屏图纸识读。

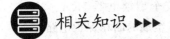

以采用自动补偿式交流稳压器的计算机联锁电源屏为例来介绍。

一、电源屏认知

采用自动补偿式交流稳压器（无触点稳压器）的计算机联锁电源屏，除了三相稳压电源屏外，还有计算机联锁输出屏（或计算机联锁交流屏、计算机联锁直流屏）。计算机联锁电源屏的型号如表 2-3 所示。

表 2-3　采用自动补偿式交流稳压器的计算机联锁电源屏的型号

容　量	5kV·A	10kV·A	15kV·A	20kV·A	30kV·A
三相稳压屏	PW-10	PW-10	PW-15	PW-20	PW-30
A 输出屏	PSW-5-4A	PSW-10-A	PSW-15-A	PSW-20-4A	PWJl（交流屏 2 面）
B 输出屏	PSW-5-4B	PSW-10-B	PSW-15-B	PSW-20-4B	PWZl（直流屏 2 面）

二、电源屏图纸识读

1. 三相稳压电源屏图纸识读

三相稳压电源屏采用无触点稳压器进行稳压。本屏输入两路三相 380V/220V 电源，可选择任一路供电，另一路备用。将供电的电源送到稳压器进行稳压。稳压器的电源分成两路，向 A、B 输出电源屏（或交流屏、直流屏）供电。现以 15kV·A 稳压电源屏为例，介绍其电路原理。

技术条件如下：

① 额定功率 15kV·A。

② 输入电压：三相 380V/220V（−20%～+15%），50Hz±1Hz。

③ 输出电压：三相 380V/220V±3%。

④ 额定电流：22.5A。

⑤ 用人工方法可做到：开机时，选择任意一路电源供电，另一路备用；能对两路电源进行手动转换。当供电电源停电或其中任意一相断路时，能自动转换到备用电源供电。手动转换或自动转换的断电时间不大于 0.15s。

⑥ 屏中设 7 个指示灯。两路电源分别设红色指示灯 1HL、3HL 和白色指示灯 2HL、4HL。红灯点亮表示该路电源有电，并且三相电无断相；白灯点亮表示该路电源供电。白色指示灯 5HL 点亮，表示无触点稳压器工作正常；5HL 灭，表示稳压器故障。红色指示灯 6HL 点亮，表示 A 输出电源屏故障；红色指示灯 7HL 点亮，表示 B 输出电源屏故障。

⑦ 屏内设交流电压表 PV_1、PV_2、PV_3。PV_1 指示 I 路输入电源的电压，扳动万能转换开关 1SA 可依次指示各线电压和相电压；PV_2 指示 II 路输入电源的电压，扳动万能转换开关 2SA 可依次指示各线电压和相电压；PV_3 指示供电电源的电压，扳动万能转换开关 3SA 可依次指示各线电压和相电压。交流电流表 PA 指示供电电源的电流，扳动万能转换开关 4SA 可依次指示各相电流。

PW_1-15 型三相稳压电源屏包括两路输入电源转换电路、稳压电路、输出电源屏故障报警及人工倒屏电路。电路如附图 7 所示。

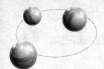

(1) 两路输入电源转换 在两路电源的输入端分别设置由安全型继电器 1KA、2KA、交流接触器 1KM 和安全型继电器 3KA、4KA、交流接触器 2KM 组成的断相保护电路。

在 1KM 控制电路中接入 1KA、2KA 的前接点,1KA 监视 U 相电路,2KA 监视 V 相电路,1KM 监视 C 相电路。只要有一相电源断电,1KM 即失磁。2KM 的工作原理同 1KM 两路。三相电源通过 1QF、2QF 引入本屏。如果由 Ⅰ 路电源供电,先闭合断路器 1QF,1KM 励磁,随之闭合 2QF,使 Ⅱ 路电源处于备用状态;反之,若先闭合 2QF,再闭合 1QF 则 Ⅱ 路电源供电,Ⅰ 路电源备用。

两路电源转换是通过 1KA、2KA、1KM 和 3KA、4KA、2KM 实现的。当 Ⅰ 路电源供电时发生故障,1KM 释放,1KM 常闭接点 21-22 接通,2KM 励磁,即由 Ⅰ 路电源自动转换到 Ⅱ 路电源供电。同理,Ⅱ 路电源供电时发生故障,2KM 释放,2KM 常闭接点 21-22 接通,1KM 励磁,即由 Ⅱ 路电源自动转换到 Ⅰ 路电源供电。

两路电源的手动转换,可通过按钮 1SB 或 2SB 进行。当 Ⅰ 路电源供电时,按下 1SB,1KM 释放,其常闭接点 21-22 接通,2KM 励磁,改由 Ⅱ 路电源供电。同理,当 Ⅱ 路电源供电时,按下 2SB,2KM 释放,其常闭接点 21-22 接通,1KM 励磁,改由 Ⅰ 路电源供电。

屏内设两路电源转换报警电路。Ⅰ 路电源供电时,将转换开关 7SA 的手柄扳向接点 1-2 接通,1-3 断开。Ⅰ 路电源故障自动转换到 Ⅱ 路电源供电时,1KM 的常开接点 31-32 闭合,电铃 1HA 鸣响。信号值班员确认后,将 7SA 扳向下方,电铃停止鸣响。

(2) 稳压电路 屏内设一套三相无触点稳压器 EW。EW 开机前,闭合断路器 3QF,供电电源即送入 EW。如果 EW 工作正常,EW 接点 11-12 接通,3KW 励磁,3KM 主触头 (L_1-T_1,L_2-T_2,L_3-T_3)接通,再将隔离开关 1QS 的手柄扳向上方,接通 1-2、3-4、5-6 经 EW 稳压后的电源供电。此时,将转换开关 8SA 的手柄扳向上方 1-2 接通,使电铃 1HA 不鸣响;再将 5SA 的手柄扳向右方,使其 3-4 接点接通。灯 5HL 点亮,表示 EW 工作正常。

如果 EW 发生故障,其常开接点 11-12 断开,3KM 释放,断开 EW 的输出电源。3KM 的常闭接点 21-22 接通,4KM 励磁,4KM 主触头 L_1-T_1,L_2-T_2,L_3-T_3 闭合,由外电网自动直接由 4KM 主触头及 1QS 的 1-2、3-4、5-6 向负载供电。3KM 的 31-32 接通 1HA 电路,使之鸣响。信号值班员确认后,将转换开关 8SA 扳向下方,1HA 停响。此后,把 1QS 的手柄扳向下方,闭合 $1'$-$2'$、$3'$-$4'$、$5'$-$6'$,接通外电网直供电路。断开 3QF,将 5SA 的手柄扳向左方,4KM 释放,可对 EW 进行检修,故障排除后,先闭合 3QF,EW 工作正常后,将 1QS 的手柄扳向上方,闭合 1-2、3-4、5-6,断开外电网直供电路,恢复由 EW 供电。

(3) 输出电源屏故障报警及人工倒屏电路 本屏与 A、B 输出电源屏的相关元器件组成输出电源屏故障报警及人工倒屏电路。隔离开关 2QS、3QS 的输出端分别设置监督继电器 5KA、6KA,报警红灯 6HL,电铃 1HA,转换开关 6SA。输出电源屏的监督继电器的两组常闭接点分别并联后,2XT-11~2XT-14 与本屏的端子 2XT-1~2XT-5、3XT-3 或 3XT-4 连接报警电路。

如果使用的是 A 输出电源屏,B 输出电源屏备用,闭合隔离开关 2QS,向 A 输出电源,继电器 5KA 励磁,其前接点 31-32 接通。把 6SA 扳至 "A 屏" 位置,其接点 1-2、5-6 接通,报警电路处于预警状态。当 A 屏中各输出电源工作都正常时,其各监督继电器的后接点全部断开,A 屏的 2XT-11、2XT-12 断开,2XT-13、2XT-14 断开,报警电路不工作。当 A 屏中某路输出电源发生故障时,其监督继电器落下,后接点接通,报警电路工作,6HL 红灯点亮,1HA 电铃鸣响。信号值班人员确认后,把 6SA 扳向 "B 屏" 位置,其接点 1-2、5-6 断开,6HL 熄灭,1HA 停止鸣响。此时,6SA 的接点 3-4、7-8 接通,使 B 屏故障报警电路处于预警状态。信号值班人员先闭合 3QS，使 B 屏工作，检查其各路输出电源，待它们工作正常后，闭合 B 屏中各输出电源的隔离开关，断开 A 屏中各输出电源的隔离开关。确认 B 屏的各负载供电后，再断开 2QS。此时，由 B 屏供电，A 屏备用。

B 屏故障报警及人工倒屏的原理与上述相同。

为确保备用输出电源屏处于断电备用状态，当 2QS、3QS 都闭合时，A、B 屏同时工作时，通过 5KA、6KA 的前接点 41-42 串联接通 1HA 电路，使电铃鸣响。

2. 计算机联锁输出电源屏

计算机联锁输出电源屏有 5kV·A、10kV·A、15kV·A、20kV·A 四种不同的规格。它们的电路结构相同，只是容量不同。若使用计算机联锁输出屏，就不使用计算机联锁交流电源屏和直流电源屏。

两面计算机联锁输出屏分别称 A 屏和 B 屏，其中一面使用，一面备用，两面可互为主备用。它们和相应容量的三相调压电源屏组成一套电源屏组，作为采用计算机联锁的车站的专用供电设备。

计算机联锁输出屏的输入电源从调压电源屏引入，根据计算机联锁信号设备的用电要求，进行隔离、变压或整流，向多种用电设施供电。

现以 15kVA 计算机联锁输出屏为例，进行图纸识读。

技术条件如下：

① 信号点灯电源供交流 220V（白天）、180V（夜间）两种电压，输出电流 4×5A。
② 轨道电路电源供交流 220V 电压，输出电流 4×5A。
③ 道岔表示电源供交流 220V 电压，输出电流 4A。
④ 电动转辙机电源供直流 220V 电压，输出电流 30A。
⑤ 微机电源供交流 220V 电压，输出电流 10A。
⑥ 电码化电源供交流 127V 电压，输出电流 5A。
⑦ 继电器电源供直流 24V 电压，输出电流 20A。
⑧ 应急盘电源供交流 220V 电压，输出电流 4A。
⑨ 屏面为 8 种电源各设一个绿色指示灯。绿灯亮，表示工作正常；绿灯灭，表示故障。
⑩ 屏内设交流电压表 PV_1，扳动万能转换开关 1WK，可分别指示 4 束信号点灯、轨道电路、微机电源的电压；设交流电流表 PA_1，扳动万能转换开关 2WK，可分别指示 4 束信号点灯电源的工作电流；设交流电流表 PA_2，扳动万能转换开关 3WK，可分别指示轨道电路、道岔表示、电码化、微机电源的工作电流；设直流电压表 PV_2、直流电流表 PA_3，对电动转辙机电源进行监视；设直流电压表 PV_3、直流电流表 PA_4，对继电器电源进行监视；设交流电压表 PV_4，对电码化电源进行监视。

计算机联锁输出电源屏电路如附图 8 所示。

电动转辙机电源由变压器 ZB 变压，三相全波整流 1GZ 整流，输出直流 220V 电源。

信号点灯电源由变压器 XB 变压，其副边有 4 个绕组分成 4 束，由 5XJ、6XJ 接点进行 220～和 180V 两种电压的转换。5XJ、6XJ 受控制台上的信号调压按钮控制，5XJ 还用其前、后接点分别点亮控制台上的黄灯和绿灯。

轨道电路电源、道岔表示电源、电码化电源、应急盘电源由变压器 GB 变压。其中，轨道电路电源分成 4 束向外供电。

计算机联锁所用微机电源由变压器 WB 变压，供交流 220V 电源。

继电器电源由变压器 JB 变压，单相全波整流电路 2GZ 整流，向外供电 24V 直流电源。

输出电源屏中装有 5 个 ZFD 系列防雷单元 1FL～5FL。在 A 屏中，1FL～5FL 接在 4 个信号点灯电源和电动转辙机电源的输出端；在 B 屏中，1FL～5FL 接在 4 束轨道电路电源和道岔表示电源的输出端。A、B 输出电源屏除了 5 个防雷组合电源的接线不同之外，其余的电路完全一样。

各路电源的输出端设置人工倒屏用的隔离开关和故障报警用的监视继电器。如果各输出电源工作正常，则监视继电器吸起，其前接点接通屏面上绿灯，使其点亮。若电源发生故障，则监视继电器落下，前接点断开，屏面上绿灯灭，后接点接通，使故障报警电路工作。

任务四 区间电源屏图纸识读

学习目标 ▶▶▶

1. 掌握区间电源屏结构与功能。
2. 学会区间电源屏图纸识读。
3. 能掌握电路中的设备状态。

相关知识 ▶▶▶

一、电源屏认知

区间电源屏是自动闭塞的供电装置。先后有多种类型的区间电源屏，如 8 信息移频电源屏、18 信息均流多信息电源屏、18 信息无绝缘均流多信息电源屏、UM71 三相区间电源屏及 UM71 单相区间电源屏等。下面以 PQY-3 型 UM71 三相区间电源屏为例介绍。

PQY-3 型三相区间电源屏是 UM71 无绝缘自动闭塞的专用供电设备，它提供无绝缘轨道电路电源、区间继电器电源、通过信号机点灯电源、方向电源、电码化电源以及站间联系电源。

一套电源设备是由两面相同的区间电源屏组成的，其中一面为主用电源屏，另一面为备用电源屏。屏内有隔离开关和断路器，控制投入运行或切断使用，实现屏内故障时继续供电和完全断电维修。

区间电源屏技术参数如表 2-4 所示。

表 2-4 区间电源屏技术参数

序号	输出回路	电压/V	电流/A
1	区间移频电源	直流 25	30A×5
2	移频继电器电源	直流 25	10
3	区间点灯电源	交流 220	2A×5
4	方向电源	交流 220	2
5	电码化电源	交流 220	10
6	站间联系电源	直流 48～60	2
7	闪光电源	交流 24	2

二、电源屏图纸识读

PQY-3 型三相区间电源屏电路包括两路输入电源转换电路、交流稳压电路、输出电路和表示报警电路。电路如附图 9 所示。

1. 两路输入电源转换电路

两路输入电源转换电路原理与大站电源屏的两路输入电源转换电路相同，当某路电源发生故障或人为需要转换时，能在 0.15s 内转换至另一路电源。

Ⅰ路电源的各相分别设监督继电器 1KA、2KA、3KA，Ⅱ路电源的各相分别设监督继电器 4KA、5KA、6KA，用来监督各相电源。将 1KA、2KA、3KA 的前接点串联在 1XLC 电路中，4KA、5KA、6KA 的前接点串联在 2XLC 电路中。当某相电源断电时，其监督继电器落下，使该路电源的 XLC 失磁，即转换至另一路电源供电。

两路输入电源的手动转换通过按钮 1SA 或 2SA 完成。

2. 交流稳压以及输出电路

本屏采用三相参数稳压器作为稳压设备，具有工作稳定、可靠性高的优点。

经两路输入电源转换电路转换的三相电源从三相参数稳压器的绕组 1、2、3、4 输入三相参数稳压器。从它的 5-6、8-9、11-12、14-15、17-18 绕组分别输出 5 路区间点灯电源；从 20-21 绕组输出方向电源；从 23-24 绕组输出电码化电源；从 23-24 绕组的输出再经变压器 TW、整流器 1GZ 整流后输出站间联系电源；从 26-28、30-32、34-36 绕组输出的交流电源分别经 2GZ、3GZ、4GZ 整流后得到直流电源并联起来，由 L、C_1、C_2 滤波，然后分为 5 路区间移频电源和 1 路移频继电器电源。

站间联系电源出厂时输出电压为 60V，使用时可根据实际需要调整站间联系变压器抽头来获得相应的输出电压。区间移频直流输出电压出厂时是根据 160V 输出调整的，当实际负载不足时，输出电压可能变高。可根据实际情况调整参数稳压器 WY 的输出端子，以满足技术要求。

在各路电源输出端设有监督继电器 7KA~20KA。7KA~20KA 的 6-11 后接点并联起来接入 21KA 电路，只要 7KA-20KA 中有一个落下，21KA 就吸起，接通 1HAU 警铃电路报警。

3. 表示和报警电路

其中，1KA、2KA、3KA 的前接点 6-7 串联点亮表示灯 1HL，表示Ⅰ路电源有电；4KA、5KA、6KA 的前接点 6-7 串联点亮表示灯 2HL，表示Ⅱ路电源有电。1XLC 的 43-44 常开触头点亮表示灯 3HL，表示Ⅰ路电源供电；2XLC 的 43-44 常开触头点亮表示灯 4HL，表示Ⅱ路电源供电。

7KA~11KA 的前接点 6-7 串联点亮表示灯 5HL，表示区间点灯电源正常；12KA 的前接点 6-7 点亮表示灯 6HL，表示方向电源正常；13KA 的前接点 6-7 点亮表示灯 7HL，表示电码化电源正常；14KA 的前接点 6-7 点亮表示灯 8HL，表示站间联系电源正常；15KA~19KA 的前接点 6-7 串联点亮表示灯 9HL，表示区间移频电源正常；20KA 的前接点 6-7 点亮表示灯 10HL，表示移频继电器电源正常。

21KA 的前接点 6-7 点亮表示灯 11HL，表示有某电源故障。此时，由 21KA 的前接点

9-11 接通蜂鸣器 1HAU 电路，使之鸣响。扳动开关 3SA，1HAU 暂停鸣响。故障排除后，21KA 落下，11HL 熄灭，1HAU 再次鸣响。再扳动开关 3SA，1HAU 停止鸣响。1D-82、1D-83、1D-84 所接 21KA 的 1-3、1-4 接点，为屏内故障报警信号输出端子。

1XLC、2XLC 的 13-14 常开触头提供输入电源监督条件。当两路输入电源转换时，通过 1XLC、2XLC 的 31-32 常开触头使蜂鸣器 2HAU 鸣响。扳动开关 4SA，可切断报警。

电压表 PV_1 和万能转换开关 1WHK 配合，可测量两路输入电源各相的相电压。电压表 PV_2 和万能转换开关 2WHK 配合，可测量各路区间点灯电源、方向电源、电码化电源的输出电压。电压表 PV_3 测量站间联系电源电压。电压表 PV_4 测量区间移频电源的输出电压。电流表 $PA_1 \sim PA_7$ 分别测量各路区间点灯电源、方向电源、电码化电源的输出电流。电流表 PA_8 和分流器 RS 配合，测量区间移频电源的输出电流。

三、电源屏操作

主、备用电源屏的转换步骤如下所述。

① 转换前，应确认不影响行车使用。主用电源屏在转换前的断路器 1QF～18QF、隔离开关 1QS～14QS 均在接通位置，备用电源屏的断路器 1QF～18QF 均在接通位置，隔离开关 1QS～14QS 均在断开位置；备屏指示灯点亮且正常。

② 转换时，操作者确认两台电源屏使用的主、副电源一致，即主用屏和备用屏都是Ⅰ路电源工作或主用屏和备用屏都是Ⅱ路电源工作。如果不一致，应按下备用屏的 1SA 或 2SA，使主用屏和备用屏使用同一路电源。

③ 再接通备用屏的隔离开关 8QS～14QS。此时，两台电源屏的区间移频电源和站间联系电源并联使用，而区间点灯电源等交流输出回路仍由主用屏继续供电。

④ 断开主用屏的断路器 1QF～18QF、隔离开关 1QS～14QS，再将备用屏的 1QS～7QS 接通输出，区间点灯电源由备用屏供电。至此，主用屏至备用屏的转换全部结束。

备用屏至主用屏的转换过程与上述相似，只是把主用屏与备用屏互调即可。

任务五 ●●● 提速电源屏图纸识读

 学习目标 ▶▶▶

1. 掌握提速电源屏结构与功能。
2. 学会提速电源屏图纸识读。
3. 能掌握电路中的设备状态。

 相关知识 ▶▶▶

一、电源屏认知

为满足列车提速的要求，中国铁路近来大量铺设提速道岔，较多地使用 S700K 型电动转辙机和 ZYJ7 型电动液压转辙机。它们采用三相异步电动机，需要三相交流电源。为满足交流转辙机对三相交流电源的要求，设计了专用的交流转辙机电源屏。

交流转辙机电源屏按不同容量，分为 PZJTl-5、PZJTl-10、PZJTl-15、PZJTl-30 四种型号，容量分别为 5kV·A、10kV·A、15kV·A、30kV·A，以满足不同规模车站的需要。

二、电源屏图纸识读

各种型号的交流转辙机电源屏电路结构和工作原理基本相同，下面以 PZJTl-15 型为例来介绍。

为使电路简单、明了，便于掌握，将 PZJTl-15 型交流转辙机电源屏按功能不同设计成独立的单元式电路。它由输入电源引入电路、三相交流变压器电路、三相电源相序保护电器电路和报警电路四个单元电路组成。

1. 输入电源引入电路识读

输入电源引入电路如图 2-9 所示。输入电源引入有两种方式，可根据现场实际情况选择一种。

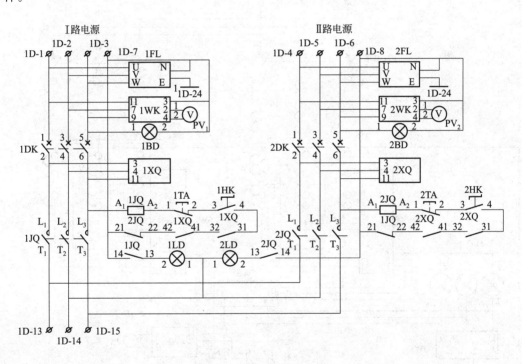

图 2-9 输入电源引入电路

（1）两路三相电源引入本屏　两路三相 380V/200V 外电网电源直接引入本电源屏，分别接至端子 1D-1、1D-2、1D-3、零线 1D-7 和 1D-4、1D-5、1D-6、零线 1D-8。闭合隔离开关 1DK、组合开关 1HK 或 2DK、2HK，可从两路电源中选出一路供电，另一路备用。

通过按压按钮 1TA 或 2TA，可完成两路电源的人工转换。

如给本屏设置稳压电源，则将稳压电源的输入端接至端子 1D-13、1D-14、1D-15、零线 1D-9，稳压电源的输出端接至端子 1D-10、1D-11、1D-12、零线 1D-9。

如不给本屏设置稳压电源，则将端子 1D-10、1D-11、1D-12 与 1D-13、1D-14 与 1D-15 连接。

(2) 不使用本屏的两路电源输入电路　如果不使用本屏的两路电源输入电路，可将其他电源屏经切换的三相 380V/220V 电源引入本屏，接至端子 1D-10、1D-11、1D-12、零线 1D-9，作为供电电源。

2. 三相变压器电路

三相变压器电路如图 2-10 所示。屏内设 1B、2B 两台三相变压器。每个变压器有 360V、380V、400V、420V 四种输出电压可供选择，由万能转换开关 5WK、6WK 分别控制 1B、2B 的输出电压。当 5WK、6WK 的手柄扳至"1"、"2"、"3"、"4"位置时，输出电压分别是 360V、380V、400V、420V。通过万能转换开关 7WK 选择使用 1B 还是 2B。使用 1B 时，将 7WK 的手柄扳至"1"位置；使用 2B 时，将 7WK 的手柄扳至"2"位置。

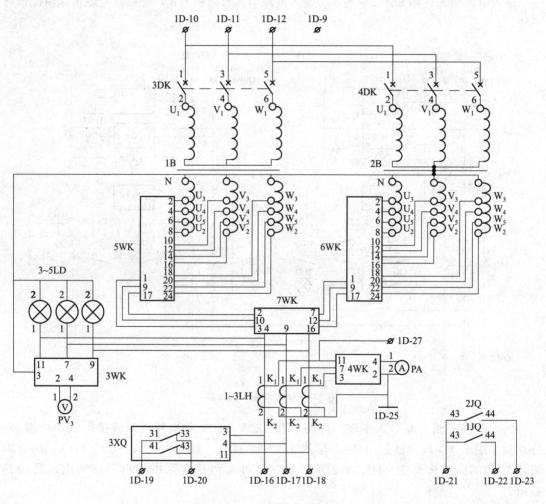

图 2-10　三相变压器电路

3. 三相电源相序保护器电路

屏内设三个 XBQ-1 型三相电源相序保护器 1XQ～3XQ，分别设于两路电源的输入端和本屏电源的输出端。

XBQ-1型三相电源相序保护器对三相电源的相序、缺相具有监控、判断、报警输出功能。当三相电源出现断相或错相时，相序保护器能及时通过指示灯表示，并通过继电器输出报警信号。当故障排除后，相序保护器恢复原正常监控状态。其原理框图如图2-11所示，断相输出电路接继电器J_1，错相输出电路接继电器J_2，J_1和J_2各有两组接点可供输出。输入电压范围为三相300～450V（50～2Hz），三相不平衡度≤13%。每相设一个缺相指示灯，设一个错相指示灯。在正常工作状态下，4个指示灯均亮（对应的继电器均呈吸起状态）。出现缺相或错相时，对应的指示灯熄灭；同时，对应的继电器呈落下状态，并输出报警信号。

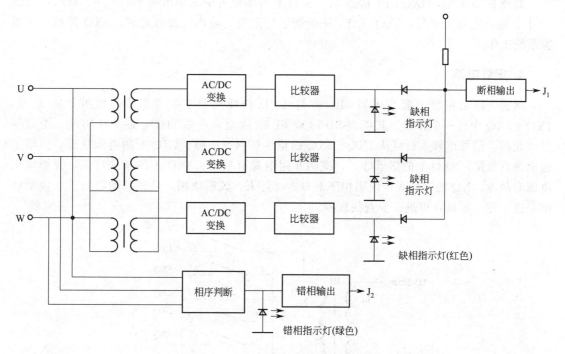

图2-11 三相电源相序保护器原理框图

每相设一个AC/DC变换电路。当本相有电时，AC/DC变换电路有输出，经比较器点亮本相的缺相指示灯（红色）。三相均有电时，J_1吸起；有一相断电时，AC/DC变换电路无输出，本相的缺相指示灯熄灭，断相输出电路无输出，J_1落下。

错相监控由相序判断电路完成。相序正确时，相序判断电路有输出，通过错相电路使J_2吸起，并点亮错相指示灯（绿色）；错相时，相序判断电路无输出，错相指示灯或缺相指示灯熄灭，J_2落下。

相序保护器初始接线时，接入三相电源，如发现绿色错相指示灯不亮，表示初始接线相序不符，应将任意两相接线颠倒重接；当绿色指示灯亮时，表示初始接线相序正确。无论哪种接法，一旦发生缺相情况，会使得相序判断失去意义，此时应先解决缺相故障；缺相故障排除后，相序判断功能自然恢复正常。

如相序保护器应用在（初级是星形接法的）三相变压器电路前端，应特别注意：三相变压器初级公共端"0"不能和供电输入端"零"相接。

如图2-9所示，1XQ、2XQ的主接点3、4、11分别接通Ⅰ、Ⅱ路输入电源接触器1JQ、

2JQ 的主触头 L_1、L_2、L_3 上。输入电源正常时，XQ 工作，4 个指示灯都点亮，用于监督错相的常开接点 31-32、用于监督缺相的常开接点 41-42 接通，接触器 JQ 工作。电源故障时，31-32 或 41-42 断开，JQ 不工作。

若Ⅰ路电源供电，先闭合 1DK、1HK，该路电源正常，1JQ 工作，其主触头 L_1-T_1、L_2-T_2、L_3-T_3 接通，经端子 1D-13、1D-14、1D-15 供电；再闭合 2DK、2HK，为Ⅱ路电源供电做好准备。此时，若Ⅰ路电源故障，1XQ 释放，1XQ 接点 31-32 或 41-42 断开，1JQ 释放，其主触头断开，Ⅰ路电源停止供电，1JQ 的常闭触头 21-22 接通，使 2JQ 工作，改由Ⅱ路电源供电。

Ⅱ路电源供电发生故障时，自动转换过程同上述。

如图 2-10 所示，3XQ 的主接点 3、4、11 接在本电源屏的输出端子 1D-16、1D-17、1D-18 上。输出电源正常时，3XQ 工作，4 个指示灯全亮；输出电源故障时，3XQ 释放，使报警系统工作。

4. 报警电路

报警电路由报警电源变压器 3B、红灯 1HD 和蜂鸣器 FM 等组成，如图 2-12 所示。1XQ～3XQ 中有一个释放，其接点 51-53 或 61-63 接通，点亮 1HD，使 FM 鸣响，予以报警。此时，信号维修人员可从 1XQ～3XQ 的指示灯判断故障。1XQ 上的指示灯灭，说明Ⅰ路电源有故障；2XQ 上的指示灯灭，说明Ⅱ路电源有故障；3XQ 上的指示灯灭，说明输出电源有故障。XQ 的绿灯灭，说明相序不对；红灯灭，说明缺相，且某相的红灯灭，说明缺的是这一相。据此，可进一步查找故障。

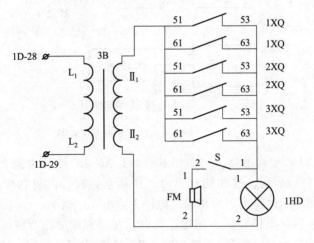

图 2-12 报警电路

如图 2-10 所示，3XQ 的常闭接点 31-33、41-43 引至端子 1D-19、1D-20，作为电源屏外报警电路的启动条件。

如图 2-9 及图 2-10 所示，电压表 PV_1、PV_2、PV_3 分别指示Ⅰ、Ⅱ路输入电压和输出电压，通过万能转换开关 1WK～3WK，可分别指示上述三种电源的三相线电压和相电压。电流表 PA 指示输出电流，通过 4WK，分别指示输出电源的三相电流。

指示灯 1BD、2BD 分别表示Ⅰ、Ⅱ路电源有电，1LD、2LD 分别表示Ⅰ、Ⅱ路电源供电，3LD～5LD 分别表示三相输出电源供电。

任务六 25Hz 轨道电源屏图纸识读

 学习目标 ▶▶▶

1. 掌握 25Hz 轨道电源屏结构与功能。
2. 学会 25Hz 轨道电源屏图纸识读。
3. 能掌握电路中的设备状态。

 相关知识 ▶▶▶

一、电源屏认知

25Hz 轨道电源屏将 50Hz 交流电变频为 25Hz 交流电，作为电气化区段"25Hz 相敏轨道电路"的电源；也可在非电气化区段作为区间长轨道电路的电源。25Hz 是交流电源中最易获得的稳定、可靠的便于维修而无需测量和调整的最低频率。

25Hz 轨道电源屏分别向轨道回路和轨道继电器局部线圈回路提供 25Hz 的 220V、110V 电源。轨道电压是 25Hz、220V，局部电压是 25Hz、110V，要求局部电压相位超前轨道电压相位 90°。

二、电源屏图纸识读

25Hz 轨道电源屏由变频器电路、输出相位保证电路、短路切除电路组成。以 PZT-2000/25 型 25Hz 中站电源屏为例来介绍，电路如附图 10 所示。

（一）变频器电路

25Hz 电源屏之所以能把输入 50Hz 交流电变为 25Hz，主要是靠变频器实现，所以变频器是 25Hz 电源屏的核心器材。

1BP 为轨道变频器，为轨道回路供电，2BP 为局部变频器，为继电器局部线圈供电。1BP 与 2BP 的输入均为 50Hz，220V 电源，但相位相差 180 度，经过变频器变换，两变频器的输出 1、3 端子均为 25Hz，220V 电源，1、2 端子均为 25Hz，110V 电源，且两变频器的输出相位相差 90°，但不能保证局部电源超前轨道电源。

（二）输出相位保证电路

根据二元二位继电器的性能要求，局部线圈电压超前于轨道线圈电压 90°时，二元二位继电器才能吸合，因此要求供此继电器的两个变频器输出电压需有 90°相移，而且供局部线圈的变频器输出的电压要超前供轨道线圈变频器的输出电压。

为了保证电源屏输出的局部电压超前轨道电压，设置了相位检查继电器 XJJ 和转极继电器 ZJ，由局部变频器和轨道变频器分别供给 XJJ 的局部线圈 110V 电压和轨道线圈 20V 电压。当 XJJ 继电器的局部电压超前轨道电压 90°时，XJJ 继电器吸合，输出电压的相位正确，此时 ZJ 继电器断电。当相位不符合上述情况时，XJJ 继电器不动作。

转极继电器 ZJ 线圈通过 XJJ 继电器的常闭接点 31、33 接在直流 24V 电源上。当局部变频器和轨道变频器输出电压相位不正确时，XJJ 继电器不吸，使 ZJ 继电器受电吸合，用 ZJ 继电器的接点改变轨道变频器向外供电的相位，使之极性相反，以保证向外供出的局部电源超前轨道电压。

（三）短路切除电路

短路切除电路由继电器 1GKJ、2GKJ、3GKJ、4GKJ、1FJJ、2FJJ、3FJJ、4FJJ 以及电阻等构成。

当变频器输出回路短路时，由于变频器具有短路停振、且短路故障消除后变频器自动起振的特点，所以当轨道Ⅰ输出回路有短路故障时，变频器自动停振，使继电器 1FJJ 断电，其常开接点 11、12 断开，从而使继电器 1GKJ 线圈断电，其前接点 11、12 及 21、22 断开，切除短路故障线束。短路线束切除后，变频器恢复正常工作，同时通过继电器 1GKJ 的常闭接点 11、13、21、23 把故障线束（包括短路过载）与继电器 1FJJ 线圈并联。因故障线束负载实际阻抗电流较大，使继电器 1FJJ 端电压降低，不能吸起，保证了轨道变频器不再向故障线束供电，使另几束轨道电源能正常工作。

当短路故障消除后，继电器 1FJJ 吸起，使 1GKJ 吸起，于是轨道变频器恢复向此线束供电。

任务七 ●●● DSG 型智能电源屏图纸识读

学习目标 ▶▶▶

1. 掌握 DSG 型智能电源屏结构与功能。
2. 学会 DSG 型智能电源屏图纸识读。
3. 能掌握电路中的设备状态。

相关知识 ▶▶▶

一、电源屏认识

1. 电源屏特点

DSG/25-10kW 智能电源屏由两面配电柜组成，系统输入为一主一备的"Y"型供电模式。电源屏内设有两路输入电源转换电路。当某路供电电源发生故障或需要人为地进行转换时，能在 0.15s 内转换至另一路电源。输出交流电源采用 1+1 热机备用方式。当某一主用模块发生故障时，备用模块能自动投入工作。直流电源采用 1+1 并用方式。智能监测单元模块具有良好的人机界面和自诊断功能，能够监测各供电单元的工作情况及状态信息，可将数据通过标准通信接口上传到微机监测系统，支持历史数据查询。

2. 电源屏技术特性

电源屏由 1#电源屏和 2#电源屏组成，如附图 11 和附图 12 所示。

电源屏输入电源为三相380V、50Hz交流电，送入1#电源屏。

电源屏输出电源为信号机点灯电源AC220V、三相转辙机电源AC380V、继电器电源DC24V，道岔表示电源AC220V、微机监测电源AC220V、25Hz轨道电路电源AC220V及AC110V、计算机联锁电源AC220V等。

二、电源屏图纸识读

(一) 1#电源屏图纸识读

1#电源屏包含输入电路、输出电路及监测电路。其中，输出电源有计算机联锁电源、微机监测电源、继电器电源及三相转辙机电源，电路如附图11所示。

1. 输入电路

电源屏输入电路包含两路输入电源切换模块，输入模块原理电路如图2-13所示。

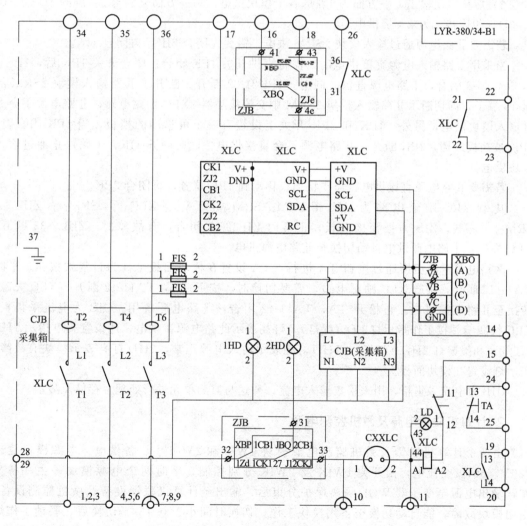

图2-13 输入模块原理图

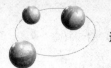

电源屏供电方式有两种，输入电源通过输入模块供电或输入电源直接供电。平时Ⅰ、Ⅱ路输入电源分别同时向输入模块1（1SRM）、输入模块2（2SRM）供电，两个输入模块一主一备设置，故障时可以有手动和自动转换两种方式，以保证设备的正常运转。为保证两个模块不会同时工作，设备会在1SRM中设置交流接触器1XLC，2SRM中设置交流接触器2XLC，1XLC平时是落下状态，当有电时，1XLC吸起，此时，1XLC的21、22端子就会断开，也就相当于切断了2SRM10、11端子的连接，等于切断了2XLC的励磁电路，这样即使Ⅱ路给2SRM供电，也不会把电送到各功能模块，这样就不会出现两个输入模块同时工作的情况。同理，2SRM的2XLC21、22端子也与1SRM的10、11端子相连接，2SRM工作时，1SRM也不会工作。

当采用输入电源通过输入模块1SRM、2SRM供电时，需要直供开关1PK和2PK均断开，此时1PK21-22闭合，2PK21-22闭合。再闭合1IK和2IK，若先闭合1IK，后闭合2IK，输入模块1SRM中交流接触器XLC励磁，Ⅰ路电源通过断路器1IK后，依次接输入模块1SRM的34、35、36端子，在模块内经过交流接触器XLC主触头（L1-T1，L2-T2，L3-T3）后从模块输出，一方面为1#屏各个模块供电，另一方面分别与2#屏的3D-1、3D-2、3D-3相连接，为2#屏供电。

若需要Ⅱ路电源通过输入模块2SRM供电，需要先闭合2IK，再闭合1IK。

当采用Ⅰ路输入电源直接供电时，需将直供开关1PK闭合。闭合开关1PK后，1PK1-2，3-4，5-6闭合，Ⅰ路电源直供。同时，1PK21-22断开，断开了Ⅱ路输入模块2SRM的14-15端子，即切断了Ⅱ路输入模块2SRM中交流接触器2XLC励磁电路，Ⅱ路电源不会通过输入模块供电，另外，1PK和2PK开关上设置有一个可移动的挡板，当1PK闭合时，2PK被挡板遮挡，2PK断开，Ⅱ路电源不会直接供电。此时断开1IK，Ⅰ路停止通过输入模块供电。

若需要Ⅱ路电源直接供电，需要将挡板移动到1PK位置，再闭合2PK。

其中XLC励磁电路为：U相-SRM_{34}-SRM_{14-15}-TA_{11-12}-XLC_{A1-A2}-SRM_{11-10}-ZJB_{33-32}-SRM_{28-29}-零线。ZJB为报警接点板，正常时ZJB32-33闭合，有故障时，ZJB32-33断开，XLC失磁，Ⅰ路电源供电自动切换至Ⅱ路电源供电。

两路电源手动切换通过按钮TA进行，TA设置在模块面板上，为自复式按钮。平时TA11-12闭合，接通XLC励磁电路，需要切换时，按下TA，TA11-12断开，XLC失磁，转换至Ⅱ路电源供电。再松开TA，TA11-12闭合，Ⅰ路电源备用。CJB为电流采集板，XLC线圈上并接工作指示灯LD（绿灯），灯亮表示此路电源在供电。还设置有电指示1HD（红灯）和报警灯2HD（红灯），1HD灯亮表示输入电源正常，2HD灯亮表示模块有故障。指示灯设置在模块面板上。

CJB为电流采集箱，用来采集输入电流，并送与监测单元进行处理、存储及显示。

2. 计算机联锁电源及微机监测电源

由两个计算机联锁及微机监测电源模块1WM和2WM主、备供电。电源模块输出220V、50Hz交流电，由开关1WIK及2WIK分别控制。平时两个电源模块一主一备工作，输出电源至变压器WGL隔离保护分束后，输出至计算机联锁设备及微机监测设备。主用模块故障，能自动切换至备用模块工作，切换时间小于0.15s。切换后，联锁工作灯WD及监测工作灯WCD正常点亮，同时监测模块声光报警。若主、备电源模块均故障，工作灯熄灭，监测模块声光报警。

3. 继电器电源

由两个继电器电源模块1JM和2JM并接供电,电源模块输出24V直流电,由开关1JIK及2JIK分别控制,输出电源至继电器线圈。平时两个模块同时工作,一个模块故障,另一个模块承担所有负荷工作,无切换时间,实现故障时不断电,同时监测模块声光报警。继电器模块输出电源时,继电器工作灯JD点亮。若两个电源模块均故障,工作灯熄灭,监测模块声光报警。

4. 三相交流转辙机电源

三相交流电经空开JZIK接至三相变压器JZB后,为三相交流转辙机供电。供电正常时,工作灯JZD亮;供电中断时,工作灯灭,监测模块声光报警。JZBI采集电流信息送与监测单元。

(二) 2#电源屏图纸识读

2#电源屏提供信号机电源,道岔表示电源、稳压备用电源、25Hz轨道电源等。电路如附图12所示。

1. 信号机电源、道岔表示电源及稳压备用电源

由两个信号道表电源模块1XM和2XM主、备供电,电源模块输出220V、50Hz交流电,由开关1XIK及2XIK分别控制。平时两个电源模块一主一备工作,输出电源分别至变压器XGL、WGL及WBG隔离后,输出至信号机点灯电路、道岔表示电路及稳压备用。若主用模块故障,能自动切换至备用模块工作,切换时间小于0.15s。切换后,信号工作灯、道岔表示工作灯及稳压备用工作灯正常点亮,同时监测模块声光报警。若主、备电源模块均故障,三个工作灯均熄灭,监测模块声光报警。

2. 25Hz轨道电路电源

由两个25Hz电源模块1GM和2GM主、备供电,电源模块输出两路电源,分别为220V、25Hz轨道电源及110V、25Hz局部电源,局部电源相位超前轨道电源相位90°。由开关1GIK及2GIK分别控制。平时两个电源模块一主一备工作,输出轨道电源通过电缆送往室外轨道电路,局部电源直接送与室内25Hz轨道继电器。若主用模块故障,能自动切换至备用模块工作,切换时间小于0.15s。切换后,轨道电源工作灯及局部电源工作灯正常点亮,同时监测模块声光报警。若主、备电源模块均故障,工作灯熄灭,监测模块声光报警。

三、电源屏操作

1. 开关电源屏操作

(1) 首次使用时的操作　使用前,先确认1#屏内输入配电单元中Ⅰ路电源旁路直供开关1PK和Ⅱ路电源旁路直供开关2PK处于断开位置。严禁同时闭合两路电源的直供开关,否则容易造成停电事故。电源屏按新标准设置顶部为输入配电单元、底部为输出配电单元、中间为功能模块单元。闭合1#屏中Ⅰ路电源输入开关,交流接触器1XLC励

磁，则Ⅰ路有电指示灯点亮，Ⅰ路电源投入工作，同时工作指示绿灯点亮；闭合Ⅱ路电源输入开关，Ⅱ路有电指示红灯点亮，Ⅱ路电源处于备用状态。依次闭合各功能单元的输入开关、输出开关，电源屏即可供出所需电源。屏内设有监测报警回路，在输入、输出模块故障时，模块故障指示灯点亮，同时接通声光故障报警回路，此时可转动监测模块上的开关HK至"故障消音"位置并查找故障原因。故障修复后，故障报警器亦会鸣响，提醒值班员将HK恢复至"正常监督"位置。智能监测系统具有良好的人机界面，值班人员可根据汉字提示进行操作。

（2）关机操作说明　关机时的顺序与开机顺序相反。首先是断开各个模块的输出开关及各防雷模块，接着断开各模块的输入电源，最后断开电源屏的Ⅰ路电源和Ⅱ路电源。

2. 两路输入电源切换操作

Ⅰ、Ⅱ路电源是主备工作。两路电平时都处于供电状态，"有电"表示灯都亮，故障时，故障表示灯会亮，屏内的两路输入电源自动/手动转换，转换时间不大于0.15s。手动转换时，只需按下输入模块上的转换按钮即可。在输入模块上有一个检修插口，为以后检修提供一个通道，用于接入外接设备，进行检修和故障分析。

3. 输出模块切换

交流输出模块均为主、备设计，可以显示电流和电压两项，由显示切换开关切换，有正常输入表示灯、工作表示灯以及故障表示灯。

直流输出模块为继电器模块，双机热备，为继电器提供稳定的24V动作电源。模块有电流和电压显示两种模式。显示可以由显示切换开关进行切换，有正常输入表示灯、工作表示灯以及故障表示灯。

4. 输出模块显示窗口操作

输出模块显示窗口可显示输出模块的电压、电流、频率及相位等信息。

通过窗口旁边的切换开关可完成电压及电流信息的显示切换。以25Hz轨道电路电源模块显示窗口为例，如图2-14所示，有两个切换按钮，分别为"1-3灯切换"和"4灯状

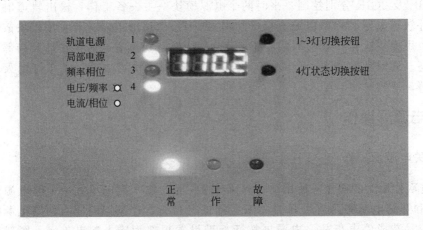

图2-14　25Hz轨道电路电源显示窗口

态切换"。图中左方从上向下有 4 个指示灯，分别为 1 灯、2 灯、3 灯及 4 灯。1 灯亮，表示显示的是轨道电源的信息；2 灯亮，表示显示的是局部电源的信息；3 灯亮，表示显示的是频率或相位；4 灯亮，表示显示的是电压或频率；4 灯灭，表示显示的是电流或相位。

例如，想显示局部电源的电压信息。先控制"4 灯状态切换按钮"，控制 4 灯亮选中显示电压或频率；再控制"1-3 灯切换按钮"，使 2 灯亮，然后选择局部电源。显示窗口显示局部电源电压为 110V。

任务八 ●●● PKX 型智能电源屏图纸识读

学习目标 ▶▶▶

1. 掌握 PKX 型智能电源屏结构与功能。
2. 学会 PKX 型智能电源屏图纸识读。
3. 能掌握电路中的设备状态。

相关知识 ▶▶▶

一、电源屏认知

PKX 系列智能电源屏系统是客专专用的智能电源屏。下面以北京××股份有限公司生产的 PKX 系列电源屏为例来说明。

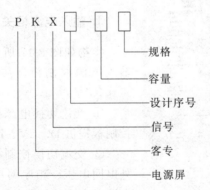

PKX 系列电源屏一般由直流屏、交流屏和提速屏组成，另外配置有 2 套 UPS 系统。如果是大站，需增加一个交流屏。其实物图如图 2-15 所示，UPS 如图 2-16 所示。

直流屏可以供出 DC24V/50A 电源、DC24～60V/2A 电源及 DC220V/16A 直流转辙机电源。

交流屏可以供出 AC220V/16A 电源、AC24V/20A 电源、AC220V/2.5A 电源等。

提速屏可以供出交流转辙机 AC380V/23A 电源、25Hz 轨道 AC220V/11.2A 电源及 25Hz 局部 AC110V/2.5A 电源。

UPS 能稳压，并实现两路输入电源的无间断切换。

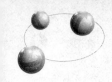

通信信号电源设备维护

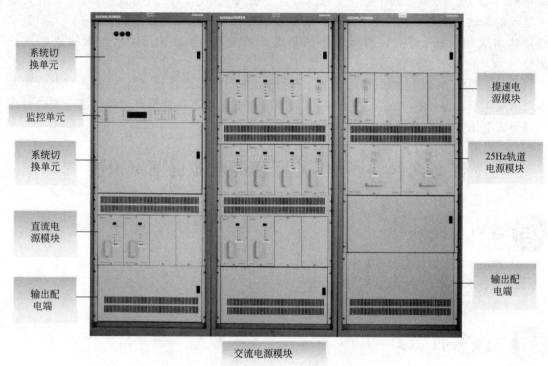

图 2-15　PKX 信号智能电源屏

图 2-16　UPS 两套

（一）电源屏单板认知

1. 输入电源相关单板

实物如图 2-17 所示，包括输入电源切换板及输入电源控制板，共同完成两路输入电源切换工作。

① 交流切换电源板的主要功能：给交流切换控制板提供 DC12V、DC16V 电源。

② 交流切换控制板的主要功能：通过对两路外电网电压、相序的检测，实现两路输入电源主电路中交流接触器的自动切换。

2. 其他板件

PKX 单板还包括电流采样板、配电监控板及 24V 辅助电源组件。直流屏后视图如图 2-18 所示。

（1）24V 辅助电源组件　为监控系统提供 DC24V 工作电源，可提供三路。其实物如图 2-19 所示。

（2）配电监控板　对空开检测板、空开告警节点、C 级和 D 级防雷告警节点等提供的开关量，系统输入的电压电流等模拟量进行处理，并将信号送给监控单元。

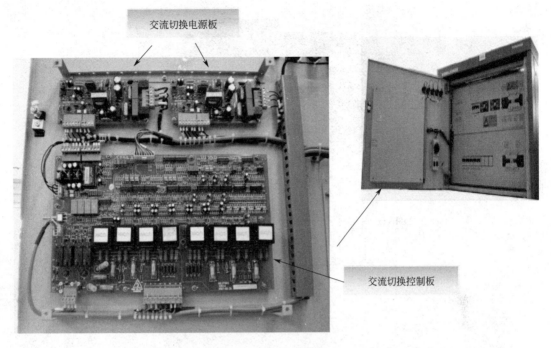

图 2-17　输入电路单板

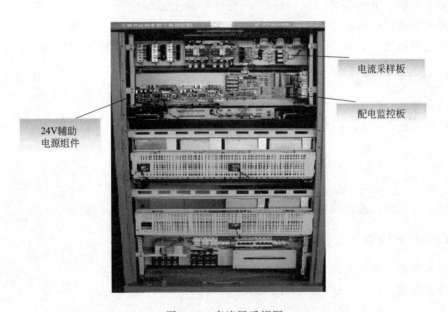

图 2-18　直流屏后视图

（3）电流采样板　实现对输入电源的电流采样。

（二）电源模块认知

PKX 由多种电源屏模块将输入电源变换为信号设备需要的输出电源。模块的命名方式如下：

图 2-19　24V 辅助电源组件

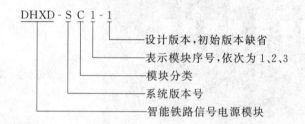

1. DHXD-SE3 模块

① 输入参数：电压为 AC154～286V，频率为 50±5Hz。

② 输出参数：电压为 DC24V，电流为 50A。

③ 功能与用途：提供 DC24V/50A 电源，主要用于继电器电源、ZPW2000 设备电源。

2. DHXD-FT1 模块

① 输入参数：电压为 AC154～286V，频率为 50±5Hz。

② 输出参数：1 路：AC220V/2.5A。

　　　　　　　2 路：AC220V/2.5A。

　　　　　　　3 路：AC220V/2.5A。

　　　　　　　4 路：AC220V/1.5A。

③ 功能与用途：输出隔离模块，主要用于小容量电源的输出隔离。

3. DHXD-FT2 模块

① 输入参数：电压为 AC154～286V，频率为 50±5Hz。

② 输出参数：1 路：AC220V/2.5A。

　　　　　　　2 路：AC220V/2.5A。

　　　　　　　3 路：AC220V/2.5A。

　　　　　　　4 路：AC24V/15A。

③ 功能与用途：输出隔离模块，主要用于小容量电源的输出隔离。

4. DHXD-FT3 模块

① 输入参数：电压为 AC154～286V，频率为 50±5Hz。

② 输出参数：1 路 AC220V/5A，2 路 AC220V/5A。
③ 功能与用途：输出隔离模块，主要用于小容量电源的输出隔离。

5. DHXD-FM1 采集模块

DHXD-FM1 采集模块最多能采集 8 路交流电压、8 路交流电流、8 路直流电压、8 路直流电流，并将采集结果通过 RS-485 通信接口发送到监控模块。

其中，直流电压的采集范围为 +12～+300V，直流电流输入信号的范围为 0～75mA；交流电压采集范围为 24～300V，25Hz/50Hz，交流电流输入信号的范围为 0～75mA。

6. DHXD-FM2 采集模块

DHXD-FM2 采集模块最多能采集 16 路交流电压、16 路交流电流，并将采集结果通过 RS-485 通信接口发送到监控模块。

其中，交流电压采集范围为 24～300V，25Hz/50Hz，交流电流输入信号的范围为 0～75mA。

7. DHXD-FM3 采集模块

DHXD-FM3-2 采集模块最多能采集 16 路直流电压、16 路直流电流，并将采集结果通过 RS-485 通信接口发送到监控模块。

其中，直流电压的采集范围为 +12～+300V，直流电流输入信号的范围为 0～75mA。

二、电源屏图纸识读

（一）原理框图

PKX 系列智能电源屏原理框图如图 2-20 所示。

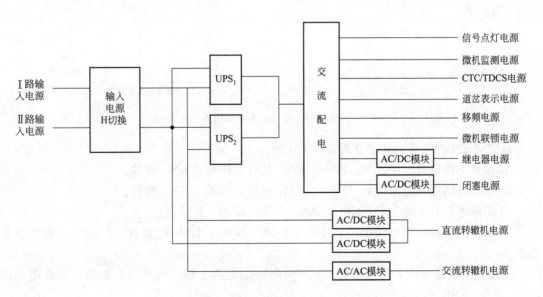

图 2-20　PKX 信号电源屏系统原理框图

两路输入电源经由两路输入电源切换电路后，输出内部 1 路交流总线和内部 2 路交流总线,分别经 UPS 稳压后并接在一起,经交流配电模块供出信号机点灯电源、微机监测电源、道岔表示电源、微机联锁电源、继电器电源等;内部 1 路交流总线和内部 2 路交流总线分别为直流电动转辙机开关电源模块供电,两个模块同时工作,输出并联在一起为直流转辙机供电。内部 2 路交流电源总线通过隔离模块后为交流转辙机提供电源。

监控单元监控电源屏各种电气特性信息,并将信息上传给信号集中监测系统。

(二) 供电原理图

1. 输入电源切换电路

输入电源切换电路如图 2-21 所示,采用 "H" 型供电方式。图中,打叉表示两个继电器不会同时励磁吸起,或两个断路器不能同时闭合。

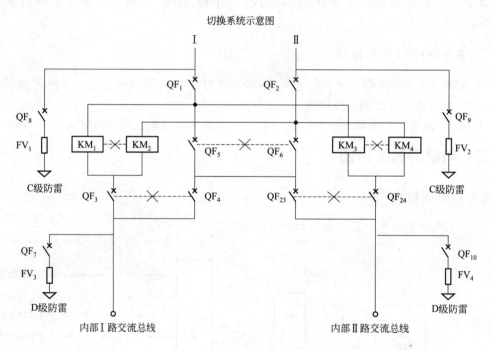

图 2-21 输入电源切换电路

系统交流接触器吸和状态通常有以下 4 种。

① 单独 Ⅰ 路电有电情况下:KM_1、KM_3 吸合,KM_2、KM_4 释放。

② 单独 Ⅱ 路电有电情况下:KM_2、KM_4 吸合,KM_1、KM_3 释放。

③ 两路电都有电情况下:KM_1、KM_3 吸合,KM_2、KM_4 释放。

④ 如果两路都没有电情况下:KM_1、KM_2、KM_3、KM_4 都释放。利用 Ⅰ 路直供或 Ⅱ 路直供。

Ⅰ 路直供电路为:Ⅰ 路电源经 QF_1、QF_5、QF_4 为 Ⅰ 路交流总线;同时,Ⅰ 路电源经 QF_1、QF_5、QF_{23} 为 Ⅱ 路交流总线。

Ⅱ 路直供电路为:Ⅱ 路电源经 QF_2、QF_6、QF_4 为 Ⅰ 路交流总线;同时,Ⅱ 路电源经 QF_2、QF_6、QF_{23} 为 Ⅱ 路交流总线。

2. UPS 供电示意图

UPS 供电示意图如图 2-22 所示。

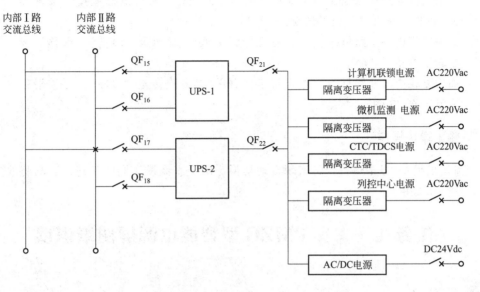

图 2-22 UPS 配电示意图

内部 I 路交流总线和内部 II 路交流总线分别接两套 UPS。两套 UPS 输出并接在一起，向输出模块供电。只有在内部 I 路总线和 II 路总线全部断电的情况下，UPS 才由内部蓄电池供电，并无断电时间。

三、电源屏操作

1. 系统正常/直供转换操作

操作开关实物如图 2-23 所示。

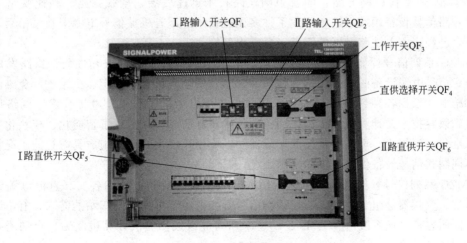

图 2-23 系统操作开关

① 断掉电源屏系统内部两路输入闸刀 QF_1、QF_2。

② 如果选择 Ⅰ 路输入电作为系统直供电源，首先将 Ⅱ 路直供开关 QF_6 旋转至"OFF"。平移滑板，再将 Ⅰ 路直供开关 QF_5 旋转至"ON"。

③ 如果选择 Ⅱ 路输入电作为系统直供电源，首先将 Ⅰ 路直供开关 QF_5 旋转至"OFF"。平移滑板，再将 Ⅱ 路直供开关 QF_6 旋转至"ON"。

④ 如果要将内部 Ⅰ 路母线直供，将工作开关 QF_3 旋转至"OFF"。平移滑板，将直供选择开关 QF_4 旋转至"ON"。

⑤ 如果要将内部 Ⅱ 路母线直供，将工作开关 QF_{24} 旋转至"OFF"。平移滑板，将直供开关 QF_{23} 旋转至"ON"。

2. 输出模块操作

交流输出模块 1+1 热备，可实现自动切换。两个直流模块同时工作。若需将故障模块取下，只需切断相应开关。

任务九　●●●　PMZG 型智能电源屏图纸识读

 学习目标 ▶▶▶

1. 掌握 PMZG 型智能电源屏结构与功能。
2. 学会 PMZG 型智能电源屏图纸识读。
3. 掌握电路中的设备状态。

 相关知识 ▶▶▶

一、电源屏认知

20 世纪 80 年代后期开始，随着中国铁路技术迅速发展，重载铁路、高速铁路工程实施，在铁路信号设备领域引进和开发了许多先进技术。原有机械信号电源屏技术落后，故障率较高，已经跟不上铁路发展的需求，急需更新换代。

PMZG 系列信号智能电源屏是在深入研究铁路信号电源的特点和性质、铁路发展的需要，考虑信号电源设备的抗干扰信息传输和共享、安全、可靠、稳定、少维护、免维修等问题的基础上，根据各种铁路信号的供电要求，应用电力电子技术、电工技术、网络传输技术、电磁兼容技术、计算机技术和通用标准技术研制而成，实现了智能化、模块化、综合化、标准化、网络化。可根据现场的实际需要，应用模块化的结构组成具有智能工况管理的符合不同制式信号设备供电要求的电源系统。

PMZG 系列信号智能电源屏由三相输入转换模块、监测模块和各交、直流电源模块以及变压器、变频器等组成。PNX 2 型铁路信号智能电源屏根据不同车站的需求，有不同的配置和不同的容量。该系统由 A、B、C、D 四面屏组成，提供计算机联锁、自动闭塞、调度集中用的各种电源。

PMZG 系列信号智能电源屏型号描述如下所示：

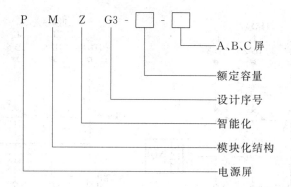

二、图纸识读

(一) A 屏图纸识读

本电源屏包括Ⅰ、Ⅱ路电源输入转换系统、无触点稳压模块（M11、M21、M22）、直流转辙机模块Ⅰ(M12)、直流转辙机模块Ⅱ(M13)、隔离变压器、监测系统等。

A 屏内主要完成两路电源的转换，设置监控模块，供出不稳压备用电源、稳压备用电源、监测电源和直流转辙机电源。

1. 两路输入电源切换电路

两路输入电源切换电路的电路图如图 2-24 所示。

Ⅰ路三相输入电源由端子 1D-1，1D-2，1D-3，1D-7、8 输入；Ⅱ路三相输入电源由端子 1D-4，1D-5，1D-6，1D-7、8 输入。

若选择Ⅰ路电源供电，则先闭合 QFⅠ；Ⅰ路电源正常供电后，再闭合 QFⅡ，Ⅱ路电源备用。

Ⅰ路电源供电主电路为：1D-1/2/3—QFⅠ—1KM—1QS 主用位置 (2-1，6-5，10-9)—QFW—稳压模块 M11/M21/M22—2QS (2-1，6-5，10-9)—1D-13/14/15 稳压输出。

若输入模块故障，可将 1QS 扳至备用位置，4-3、8-7、12-11 接通，由Ⅰ路输入电源直接向稳压模块供电，输出仍为稳压后的交流电源。

若稳压模块 M11/M21/M22 故障，则需要甩开稳压模块，由未稳压电源直接供电。将 2QS 扳至 4-3、8-7、12-11 接通位置，由端子 1D-10/11/12 的未稳压电源供电。稳压模块修好后，将 2QS 扳至 2-1、6-5、10-9 接通位置，由稳压电源供电。

2. 稳压备用电源、监测电源及不稳压备用电源

电路如图 2-25 所示。稳压备用电源由稳压模块输出的 1D-14 和 1D-9 端子供电，输出端设断路器 1QF，由 1D-19 和 1D-20 输出。

不稳压备用电源由稳压模块前的 1D-10 和 1D-9 端子供电，输出端设断路器 2QF，由 1D-21 和 1D-22 输出。

监测电源由稳压后的 1D-14 和 1D-9 端子供电，经隔离器 3QF—变压器 JB—断路器 QFU—UPS—3QS 主用 (1-2，5-6) 位置，经由 1D-25 和 1D-26 端子输出。若 UPS 故障，将 3QS 扳至备用 (3-4，7-8) 位置，由变压器 JB 后的电源向负载直接供电；再将 QFU 开关断开，检修 UPS。修好后，需要接入 UPS。先将 QFU 开关闭合，待 UPS 输出正常后，

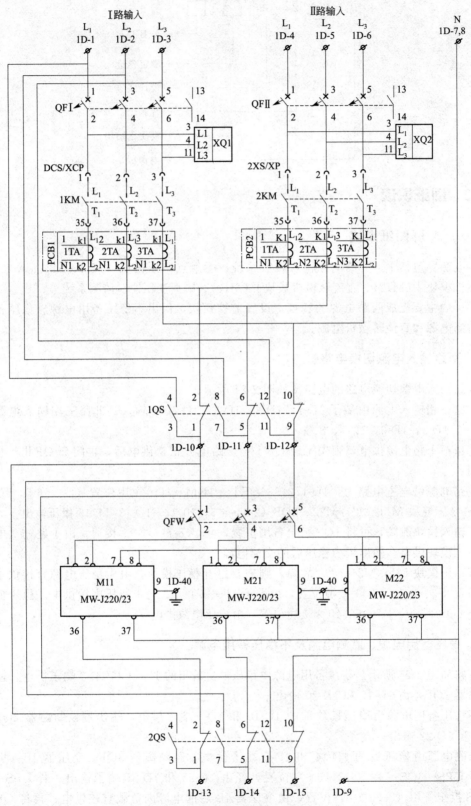

图 2-24 两路电源输入单元电路

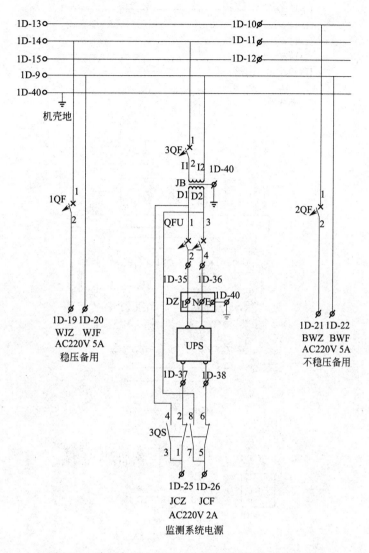

图 2-25 稳压备用电源、不稳压备用电源和监测电源

将 3QS 扳至主用位置，由 UPS 输出电源向负载供电。

3. 直流转辙机电源

电路如图 2-26 所示。直流转辙机电源采用分散稳压 DC220V/16A 直流转辙机标准电路，输出 DC220V/16A。输出端设防雷单元。模块 M12 和 M13 同时供电。若某一模块故障，另一模块自动承担所有负载，供电无中断。

(二) B 屏图纸识读

本电源屏包括Ⅰ/Ⅱ电源主用模块（M11）、信号Ⅰ/Ⅱ电源备用模块（M12）、道岔表示电源主用模块（M13）、道岔表示电源备用模块（M14）、轨道Ⅰ/Ⅱ主用模块（M31）、轨道Ⅰ/Ⅱ备用模块（M32）、电码化电源主用模块（M33）、电码化备用模块（M34）、监测系统等。

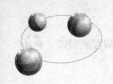

通信信号电源设备维护

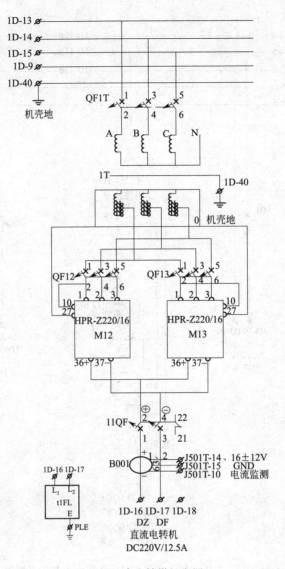

图 2-26　直流转辙机电源

A 屏的三相稳压输出电源向 B 屏供电，A 屏的 1D-13、1D-14、1D-15、1D-9 端子分别接至 B 屏的 2D-1、2D-2、2D-3、2D-7 端子，经由 B 屏模块分别供出信号机点灯电源、道岔表示电源、轨道电源和电码化电源。

1. 信号点灯电源

电路如图 2-27 所示。信号点灯电源由两个 MPR-J220/10 型交流稳压电源模块主备工作供出两束信号点灯电源，每束为 AC220V/5A。每个模块输出端设隔离开关，发生故障时，扳动隔离开关，信号点灯电源输出端设防雷元件。

2. 道岔表示电源

电路如图 2-27 所示。道岔表示电源由 MPR-J220/3 型交流稳压电源模块主备工作供出，为 AC220V/2A。其输出端也设防雷单元。

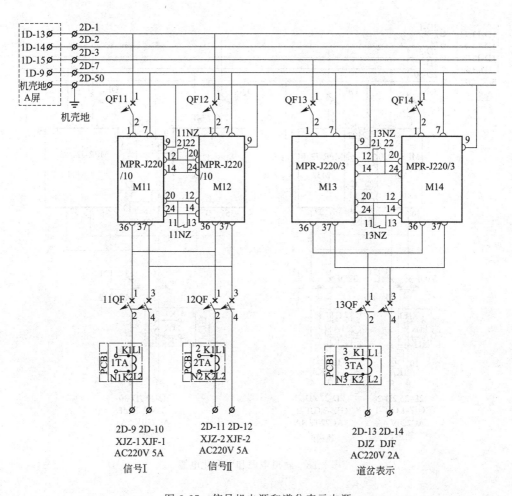

图 2-27 信号机电源和道岔表示电源

3. 区间轨道电路电源

电路如图 2-28 所示，B 屏 2D-1 和 2D-7 端子为单相 220V 稳压电源，经 QF_{31}、QF_{32} 为两个 MPR-J220/10 模块供电，模块输出电源为 220V，50Hz 交流电。两个模块输出并联在一起，通过 31QF 和 32QF 向两个轨道电路供电。两个模块之间接有控制端子。QF_{31} 和 QF_{32} 先后闭合，一个模块主用工作，另一个模块备用。若主用模块故障，通过控制端子自动切换至备用模块工作。

4. 电码化电源

电路如图 2-28 所示。

B 屏 2D-2 和 2D-7 端子为单相 220V 稳压电源，经 QF_{33}、QF_{34} 为两个 MPR-J220/5 模块供电，模块输出电源为 220V，50Hz 交流电。两个模块输出并联在一起，通过 33QF 向电码化电路供电。两个模块之间接有控制端子。Q_{F33} 和 Q_{F34} 先后闭合，一个模块主用工作，另一个模块备用。若主用模块故障，通过控制端子自动切换至备用模块工作。

107

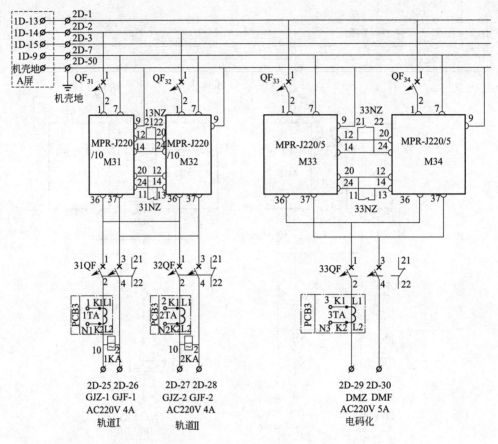

图 2-28 轨道电源和电码化电源

(三) C 屏图纸识读

A 屏的三相稳压输出电源向 C 屏供电，A 屏的 1D-13、1D-14、1D-15、1D-9 端子分别接至 C 屏的 3D-1、3D-2、3D-3、3D-7 端子，经由 C 屏模块供出继电器电源、闭塞电源、CTC 电源、表示灯电源及闪光电源。

1. 继电器电源

电路如图 2-29 所示。C 屏 3D-3 和 3D-7 端子为单相 220V，50Hz 交流电源，经过变压器 1T 降压，经隔离器 QF_{11} 向两个 MPR-Z24/20 开关电源模块供电，模块输出为 DC24V，16A。两模块输出端并联，经过隔离器 11QF 后，经 3D-9 和 3D-10 端子向继电器供电。

2. 闭塞电源

电路如图 2-29 所示。C 屏 3D-3 和 3D-7 端子为单相 220V，50Hz 交流电源，经隔离器 QF_{13} 和 QF_{14} 向两个 MPR-Z24 开关电源模块供电，模块输出为 DC24V（36V，48V，60V），1A。两模块输出端并联，分路经隔离器 12QF、13QF、14QF、15QF 向继电器供电。

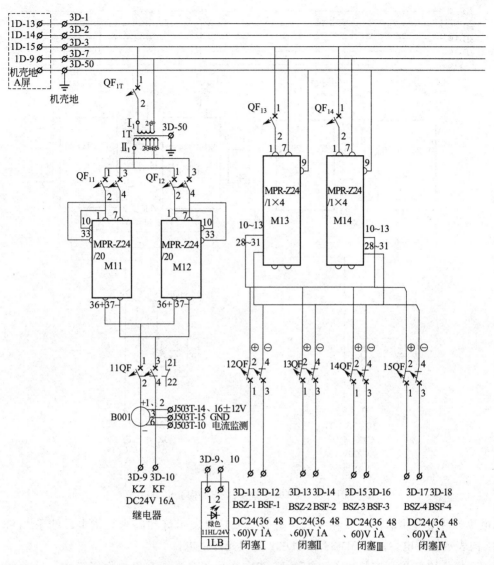

图 2-29　继电器电源和闭塞电源

3. CTC电源

电路如图 2-30 所示。C 屏 3D-3 和 3D-7 端子为单相 220V 稳压电源,经 QF_{31}、QF_{32} 为两个 MPR-J220/10 模块供电。模块输出电源为 220V,50Hz 交流电。两个模块输出并联在一起,通过 31QF 向 CTC 供电。两个模块之间接有控制端子。QF_{31} 和 QF_{32} 先后闭合,一个模块主用工作,另一个模块备用。若主用模块故障,通过控制端子自动切换至备用模块工作。

4. 表示灯电源/闪光灯电源

电路如图 2-30 所示。C 屏 3D-2 和 3D-7 端子为单相 220V 稳压电源,经 QF_{33}、QF_{34} 为两个 MPR-J24/20 模块及两个闪光板 SGB 供电,模块输出电源为 24V,50Hz 交流电和 24V

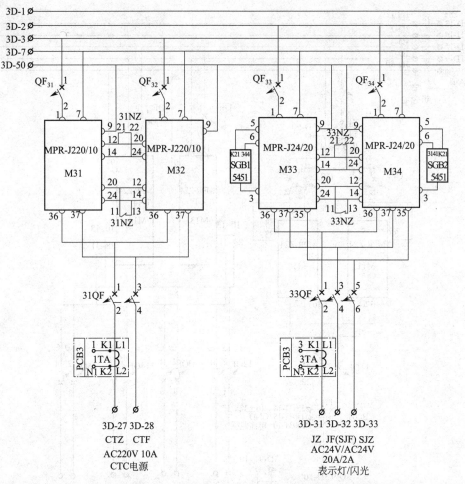

图 2-30 CTC 电源和表示灯/闪光电源

闪光电源。两个模块输出并联在一起,通过 33QF 向表示灯和闪光灯供电,端子 3D-31 和 3D-32 向表示灯供电,端子 3D-33 和 3D-32 向闪光灯供电。

两个模块之间接有控制端子。QF_{33} 和 QF_{34} 先后闭合,一个模块主用工作,另一个模块备用。若主用模块故障,通过控制端子自动切换至备用模块工作。

(四) D 屏图纸识读

D 屏的输入电源由 C 屏供给。D 屏输出 25Hz 轨道电路的轨道电源和局部电源以及稳压备用电源。电路如图 2-31 所示。

25Hz 轨道电路电源采用 MFG 型交流稳压电源模块供电,输出轨道电源为 AC220V,25Hz;输出局部电源为 AC110V,25Hz。

三、电源屏操作

电源屏操作主要包括输入电源切换操作、稳压模块操作及输出模块操作,步骤参考前述操作步骤。在此重点介绍监测模块操作。

监测模块用于显示电源系统的状态和数据,具有故障告警和记录功能、遥测遥信功能、

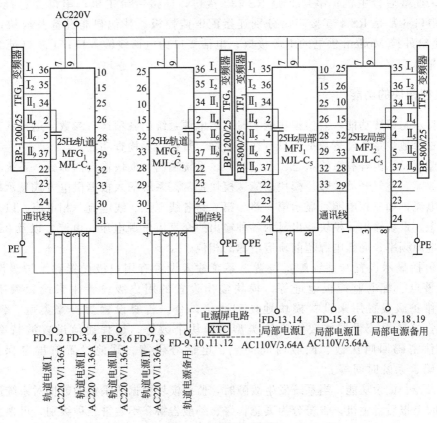

图 2-31 D 屏电路图

与后台主机和下级设备通信功能。

1. 监控模块的特点

① 全汉字显示,具有强大的在线帮助功能。
② 可接上级监控中心,组成电源集中监控系统。
③ 通过声光报警和显示屏,提供各种工作状态、故障类型和故障部位指示。
④ 可存储 100 条历史告警记录。

2. 监控模块的结构

监控模块的结构示意图如图 2-32 所示。前面板上有大屏幕液晶显示屏和操作键盘,用于显示电源系统的各种状态和数据,并进行各项设置;后面板上有多个通信接口,分别用于与电源模块、交直流配电单元、上级监控中心通信。

软键盘的功能键有 F1、F2、F3、F4,用来进行上一页、下一页、菜单、帮助等操作;硬键盘的数字键用来选择菜单或输入参数,确认键用于参数确认;复位键在进行维护级设置或在异常情况下用于使系统重新启动。电源指示灯(绿色)在系统加电时点亮。告警指示灯(红色)在系统故障时点亮。背面通信接口为:输出 1~输出 7 是 1~7 号继电器的输出接点;串口 1 是 RS-

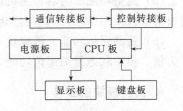

图 2-32 监控模块结构示意图

485接口，连接后台主机；串口2是RS-232接口，连接后台主机；串口3连接Modem；串口4～串口6都是RS-485接口，分别连接配电监控板、其他智能设备及模块；Modem（+-）是给外接Modem供电的电源接口；电话接口为电话线输入口；4芯口是20～24V直流电源输入口。

3. 监控模块的功能

（1）显示与设置功能 监控模块能实时显示电源系统的各项运行参数、运行状态、告警状态、设置参数、系统配置数据，具有在线帮助、数据边界检查功能。

实时监测显示内容有系统状态、系统输入、系统输出、模块输出四部分。系统状态分为系统输入故障、空气开关故障、模块故障、模块正常。系统输入根据供电方式显示单相或三相电压、电流，如三相电源可显示第一路、第二路各线电压、线电流、相电流，以及交流接触器的状态。系统输出、模块输出显示各种输出的交直流电源电压、电流，以及25Hz轨道电路轨道电源频率、局部电源超前轨道电源的相位。

设置包括显示设置和系统配置设置。系统输入设置有用户级设置和维护级设置，分别设置告警点、配电监控板地址等。模块输出设置的用户级设置用来设置频率、相位告警点，维护级设置用来设置模块地址和通信口令。告警设置为告警类型、告警输出接点号的设置。系统设置主要有系统类型、模块个数等。远程通信设置波特率、本机地址、通信密码回叫次数、回收时间间隔、电话号码等。其他设置有屏幕保护时间、用户级密码、系统时间等。

（2）告警、记录功能 当系统发生故障时，监控模块根据所采集的数据对系统进行声光告警，同时上报后台主机。告警分为紧急告警、一般告警、不告警三种级别，可根据实际情况设定，并可为每种告警类型设定对应的继电器输出。

监控模块处理的主要告警量分为配电故障和模块故障两大类。配电故障包括交流输入空气开关跳闸、输出空气开关跳闸、C级防雷器故障、交流输入过压/欠压、交流输出缺相、交流输入停电以及配电监控通信中断。模块故障包括模块输出频率过高/过低、模块保护、模块故障以及模块通信中断。

另外，用户可利用监控模块查阅历史告警记录和当前记录。历史告警记录包括告警类型、发生结束时间。当前记录中只有告警类型和发生时间，显示顺序按发生时间的先后。历史告警记录按循环存储方式保存最多100条。

（3）故障回收功能 在设有监控后台的电源系统中，当发生紧急告警时，监控模块通过Modem向后台主机发出告警信息。用户可设置回收次数、回叫时间间隔、回叫电话号码。设置时，必须通过密码校验。

（4）接点输出功能 监控模块后面共设有7个接点信号输出端。当发生任何告警时，用户可根据需要设置成其中一个接点信号输出。

（5）通信功能 与后台主机通信支持Modem、RS-232、RS-485三种方式，与下级设备的通信支持RS-485方式。与后台主机通信的波特率为1200～19200Baud/s。

（6）遥测遥信功能 该模块可对系统输入、模块输出模拟量进行遥测，并实现配电系统开关量、模块状态量的遥信功能。

4. 监测模块的操作

下面以PSM-C监控单元进行操作介绍。

(1) 各操作键的基本功能及定义 F1～F4 是 4 个功能键,对应显示屏右侧显示的 4 种功能;0～9 和"确认"可用于设置菜单中数字的输入;4 个方向键用于控制菜单中光标的移动,其中→、←键用于选择设置项的值,↑↓键用于改变选择项。按确认键,可使用户的设置生效。复位键用于手动复位监控模块。设置维护级后,必须复位才能生效。当监控模块工作时,可看到电源指示灯(绿色)亮。告警灯用来指示系统的状态,若有告警产生,告警灯点亮。系统使用时,先引 24V 的稳压电源到机箱后面板的插座上,按正、负极性连好,再打开机箱电源开关,监控单元即可开始工作。

(2) 使用环境 PSM-C 监控单元适用于 −5～45℃ 的任意环境。

(3) 操作说明

① 启动说明:监控模块上电时,首先要调入一些配置文件和系统自检工作。若配置文件打开成功,几秒钟后显示:

```
系统正配置下级设备,请稍等…
```

系统设置完毕后,出现主屏幕:

```
系统信息
电源类型:铁路信号电源              菜单
型号:5kV·A 综合系统                帮助
系统状态:正常                      关于
```

在主屏幕上按 F4 键,即可查看"关于"系统的一些信息:

```
北方华为通信技术有限公司
系统型号:5kV·A 综合系统            返回
型本号:1.0                         帮助
序列号:9378058
```

按 F2 键返回主屏。

② 系统主菜单:在主屏上按 F2 键进入主菜单:

```
1 系统输入        2 系统输出
3 模块输出        4 告警数据        返回
5 系统管理        6 远程通讯        帮助
7 其他设备
```

按 F2 键返回主屏幕。也可选择 1～7 数字键分别进入 7 个菜单。

③ 系统输入:在主菜单中按数字键"1",显示:

```
系统输入
1 实时数据                         返回
2 设置                             帮助
```

按 1 或 2 数字键可进入 2 个子菜单；按 F2 键返回到主菜单。
- 系统输入：实时数据。

在系统输入子菜单中按数字键"1"，显示：

```
系统输入：实时数据

                                    返回
供电方式：三相交流相电压              帮助
                                    下页
```

反白显示表示该设备与监控模块通信中断。按 F2 键返回到系统输入子菜单；
按 F4 键，继续查看下一页的实时数据：

```
系统输入：实时数据                   上页
第一路    U 相电压：220V             返回
第一路    V 相电压：220V             帮助
第一路    W 相电压：220V             下页
```

按 F1 键可翻回上页；按 F2 键返回到系统输入子菜单；按 F4 键继续查看下一页的实时数据：

```
系统输入：实时数据                   上页
第一路    U 相电流：0A               返回
第一路    V 相电流：0A               帮助
第一路    W 相电流：0A               下页
```

按 F1 键可翻回上页；按 F2 键返回到系统输入子菜单；按 F4 键继续查看下一页的实时数据：

```
系统输入：实时数据                   上页
第二路    U 相电压：220V             返回
第二路    V 相电压：220V             帮助
第二路    W 相电压：220V             下页
```

按 F1 键可翻回上页；按 F2 键返回到系统输入子菜单；按 F4 键继续查看下一页的实时数据：

```
系统输入：实时数据                   上页
第二路    U 相电流：0A               返回
第二路    V 相电流：0A               帮助
第二路    W 相电流：0A               下页
```

按 F1 键可翻回上页；按 F2 键返回到系统输入子菜单；按 F4 键继续查看下一页的实时数据：

```
系统输入：实时数据                    上页
接触器 KM1 状态：合                   返回
接触器 KM2 状态：断                   帮助
                                     下页
```

按 F1 键可翻回上页；按 F2 键返回到系统输入子菜单；按 F4 键继续查看下一页的实时数据：

```
系统输入：实时数据                    上页
接触器 KM3 状态：合                   返回
接触器 KM4 状态：断                   帮助
```

按 F1 键可翻回上页；按 F2 键返回到系统输入子菜单。此时，有关系统输入中实时数据的内容已查看完毕。

- 系统输入：设置

在系统输入子菜单中按数字键"2"，显示

```
请输入密码：                          返回
```

按 F2 键，返回到系统输入子菜单。密码由 6 位数字组成，输入时以"＊＊＊＊＊＊"显示。密码由用户修改，出厂的缺省值为"123456"。若输入的密码错误，将提示

```
            密码输入错误，
            按任意键返回。
```

此时，按任意键返回到系统输入子菜单；若密码输入正确，则进入下级菜单：

```
系统输入：用户级设置
交流过压告警点：270V                  返回
交流欠压告警点：170V                  帮助
交流缺相告警点：100V
```

将光标移到要修改处，输入数字键，并按"确认"键确认修改。其中，"交流过压告警点"出厂时整定为 270V；"交流欠压告警点"出厂时整定为 170V；"交流缺相告警点"出厂时整定为 100V。以上数值若超出设定范围，确认时系统提示重新输入。按 F2 键返回系统输入子菜单。

若在输入密码时输入维护级密码"xxxxxx"（对用户不开放），则进入维护级设置，系统显示：

系统输入：维护级设置	
通讯地址：80	返回
通讯口号：4	帮助
供电方式：三相交流相供电压	下页

其中，通讯地址和通讯口号的设置至关重要。通讯地址的范围是80～95，通讯口号的设置范围是4～7，设置方法详见系统说明。"供电方式"项有三种选项"单相输入"、"三相交流相供电压"及"三相交流线电压"，通过方向键选择。应根据系统的实际配电情况选择，并与配电方式一致。按F2键返回系统输入子菜单；按F4键继续设置下一页：

系统输入：维护级设置	上页
	返回
	帮助
交流电流互感器系数：133.33	下页

其中，交流电流互感器系数应根据系统的实际情况设置。交流电流显示测量方式有"三相"、"单相"和"隐藏"三种选项，用方向键进行选择。用户应根据实际情况来设置，按F2键返回系统输入子菜单；按F4键继续设置下一页：

系统输入：维护级设置	上页
轨道电路类型：电气化	返回
区间电源空开路数：0	帮助
备用空开路数：0	下页

轨道电路类型、区间电源空开路数、备用空开路数，根据系统的实际配置进行设置。此时，完成有关维护级设置内容。

④ 系统输出

在主菜单中按数字键"2"，将显示：

系统输出：实时数据		
信号机点灯电源		返回
输出电压：220.0	V	帮助
输出电流：5.0	A	下页

此屏数据的有效性应参考模块与监控模块通信状态。按F2键返回到系统输出子菜单；按F4键继续查看下一页的实时数据。

⑤ 模块输出

在主菜单中按数字键"3"，将显示模块类别选择菜单：

模块输出	
输出模块类别：	返回
HXD-H1信号机点灯	帮助
请按左右键选择	

用户选定模块类别号后，按"确认"键完成确认，进入模块选择菜单：

```
模块输出
                              返回
    信号机点灯—模块 1        帮助
请按左右键选择模块
```

用户选定模块后，按"确认"键完成确认，则显示（下面以 HXD-C 类模块为例）：

```
模块 HXD-C
1 实时数据                    返回
2 设置                        帮助
```

按数字键 1 或 2 可进入 2 个子菜单；按 F2 键返回模块输出屏。
- 模块输出：实时数据

在模块输出子菜单中按数字键"1"，将显示：

```
HXD-C-1：    实时数据
模块状态：    工作              返回
25Hz 轨道电源                   帮助
220 V  0.0 A                   下页
```

反白显示表示该模块与监控模块通信中断。按 F2 键返回到模块输出子菜单，按 F4 键继续查看下一页的实时数据：

```
HXD-C-1      实时数据
模块状态：     工作              返回
25Hz 局部电源                   帮助
110 V  0.0 A                   下页
```

反白显示表示该模块与监控模块通信中断。按 F2 键返回到模块输出子菜单，按 F4 键继续查看下一页的实时数据：

```
HXD-C-1       实时数据
模块状态：     工作              返回
轨道电源频率：   25.0Hz          帮助
局部超前轨道相位：   90.0 度
```

- 模块参数：在模块输出子菜单中按数字键"2"，将显示：

```
请输入密码：                    返回
```

按 F2 键返回到整流模块子菜单。密码由 6 位数字组成，输入时以"＊＊＊＊＊＊"显示。密码可由用户修改，出厂的缺省值为"123456"。若输入的密码错误，将提示：

密码输入错误，
按任意键返回。

此时，按任意键返回到模块输出子菜单。若密码输入正确，则进入下级菜单：

HXD-C-1：用户级设置	
轨道电源频率	返回
过高点：26.0Hz	帮助
过低点：24.0Hz	下页

将光标移到要修改处，输入数字键，按"确认"键后确认修改。按 F2 键返回到模块输出子菜单，按 F4 键继续查看下一页的设置数据。

若输入密码时输入维护级密码"xxxxxx"（对用户不开放），则进入维护级设置，系统显示：

HXD-C-1：维护级设置	上页
25Hz 轨道局部电源	返回
通讯口号：6	帮助
通讯地址：12	下页

通讯地址和通讯口号的选择至关重要，其中通讯地址的范围是 0～63，通讯口号的设置范围是 4～7，详见系统操作手册。按 F1 可翻回上页设置；按 F2 返回模块输出子菜单；按 F4 继续下一页的设置。

⑥ 告警数据

在主菜单中按数字键"4"，将显示：

1 当前告警浏览	
2 历史告警浏览	返回
3 历史告警清除	帮助
4 告警级别设置	

按数字键 1～4 进入 4 个子菜单；按 F2 键返回到主菜单。

● 告警数据：当前告警浏览。

在告警数据子菜单中按数字键"1"，将显示：

当前告警浏览	
信号机点灯—模块 1	返回
类型：HXD-A1 通讯中断	消音
时间：2013-11-18　11：33：19	下页

按 F2 键返回到告警数据子菜单；按 F3 键能消除告警蜂鸣器的声音；按 F4 键可翻到上页浏览。

如果系统当前无告警，则显示：

```
                此屏无内容！
```

- 告警数据：历史告警记录。

在告警数据子菜单中按数字键"2"，将显示：

```
历史告警记录    55   HXD-H1 保护        上页
         信号机点灯—模块 1              返回
起始：2013-11-16   08：33：19          帮助
结束：2013-11-16   11：33：19          下页
```

此时显示的是第 55 条告警记录。按 F1 键显示第 54 条告警记录；按 F2 键返回告警数据子菜单；按 F4 键显示第 56 条告警记录。各条记录的格式完全相同，系统最多存储 100 条历史告警记录。超过 100 条时，自动清除最旧的记录。

- 告警数据：历史告警记录清除。

在告警数据子菜单中按数字键"3"，将显示：

```
请输入密码：                          返回
```

按 F2 键返回到告警数据子菜单。密码由 6 位数字组成，输入时以"＊＊＊＊＊＊"显示，密码可由用户修改，出厂的缺省值为"123456"。若输入的密码错误，将提示：

```
              密码输入错误，
              按任意键返回。
```

此时，按任意键返回到告警数据子菜单；若密码输入正确，按确认键，清除历史告警记录。

- 告警数据：告警级别设置

在告警数据子菜单中按数字键"4"，将显示：

```
请输入密码：                          返回
```

按 F2 键返回到告警数据子菜单。密码由 6 位数字组成，输入时以"＊＊＊＊＊＊"显示，密码可由用户修改，出厂的缺省值为"123456"。若输入的密码错误，将提示：

```
        密码输入错误，
        按任意键返回。
```

此时，按任意键返回到告警数据子菜单；若密码输入正确，则进入告警级别设置。

```
告警级别设置
配电监控通讯断：紧急告警1          返回
交流停电：紧急告警1                帮助
交流输入空开跳：紧急告警1          下页
```

告警级别设置有"不告警"、"一般告警"、"紧急告警"三项选择，并可指定一路继电器输出。用户用方向键选择，选定后按"确认"键确认修改。紧急告警不但在本机自动弹出告警屏并发出告警声，而且通过 MODEM 回叫；一般告警只在本机自动弹出告警屏并发出告警声。后面的数字代表告警时将产生某继电器接点输出。允许多个告警对应一个节点输出，也可不设置继电器输出，此时应把继电器号设为"无"。按 F2 键返回到告警数据子菜单；按 F4 键继续下一页告警级别的查看和设置：

```
告警级别设置                      上页
交流输入过压：一般告警1            返回
交流输入欠压：一般告警1            帮助
交流输入缺相：一般告警1            下页
```

```
告警级别设置                      上页
C 级防雷器故障：紧急告警1          返回
系统输出空开跳：紧急告警1          帮助
模块通讯断：紧急告警1              下页
```

```
告警级别设置                      上页
模块故障：紧急告警1                返回
模块保护：紧急告警1                帮助
环境仪通讯断：一般告警1            下页
```

```
告警级别设置                      上页
输出相位差告警：一般告警1          返回
输出频率告警：一般告警1            帮助
```

⑦ 系统管理

在主菜单中按数字键"5",将显示:

```
请输入密码:                    返回
```

按 F2 键返回到主菜单。密码由 6 位数字组成,输入时以"******"显示,密码可由用户修改,出厂的缺省值为"123456"。若输入的密码错误,将提示:

```
            密码输入错误,
            按任意键返回。
```

此时,按任意键返回到主菜单;若密码输入正确,则显示:

```
1 设置                         返回
                               帮助
```

按数字键"1"可进入子菜单;按 F2 键返回主菜单。
- 系统管理:设置(用户级)。

在系统管理子菜单中按数字式键"1",将显示:

```
系统时间设置
2013 年 07 月                  返回
18 日 20 时                    帮助
40 分 0 秒                     下页
```

在要修改处输入数字键,并按"确认"键确认修改;按 F2 键返回到系统管理子菜单;按 F1 键可翻回上一页;按 F4 键继续设置下一页。

用户可输入合法的值来改变系统的日期和时间。若输入的值非法,系统将给出提示。输入完毕按"确认"键确认;按 F2 键返回到系统管理子菜单;按 F4 键继续下一页内容:

```
用户密码修改                   上页
                               返回
输入新密码
                               下页
```

输入新密码后,提示用户修改确认:

密码修改确认	
	返回
确认新密码	

修改成功后，提示修改成功。按 F4 键进入下页设置：

用户习惯设置	上页
	返回
屏幕保护时间：10 分钟	帮助
告警声音：有	

"屏幕保护时间"指若在设定的时间内仍无键盘操作，监控模块将自动关闭背光电源，以延长液晶屏的使用寿命。监控模块每次复位或重新上电后，该值自动设置为 10 分钟。将光标移到要修改处，输入数字键，然后按"确认"键确认修改；按 F2 键返回到系统管理子菜单。此时，完成有关系统管理中的其他内容。

任务十　PZG 系列智能电源屏图纸识读

学习目标 ▶▶▶

1. 掌握 PZG 系列智能电源屏各部分组成及作用。
2. 熟悉 PZG 系列智能电源屏各部分电路原理。

图纸识读 ▶▶▶

一、电源屏认知

PZG 系列信号智能电源屏系统从功能上分为主回路、防雷、智能监测三大板块。

① 主回路又分为输入智能切换系统、模块及其配电、输出配电三部分。

② 防雷系统分为系统输入防雷和输出防雷两部分。输入防雷分 C 级和 D 级两部分；输出防雷由防雷保险熔芯开关、防雷板组成。

③ 智能监控分为系统监控、模块监控两大块，最后通过监控单元进行文字显示；再结合模块面板指示灯和直流屏上的系统电源灯和故障告警灯及故障蜂鸣器，组成电源屏全套的声光报警和数字监控系统。

PZG 系列信号智能电源屏原理框图及输出电源参数如图 2-33 所示。

二、图纸识读

（一）输入智能切换系统

1. 输入切换配电

PZG 系列智能电源屏采用"Y"型切换系统，如图 2-34 所示。外电网Ⅰ路、Ⅱ路经过

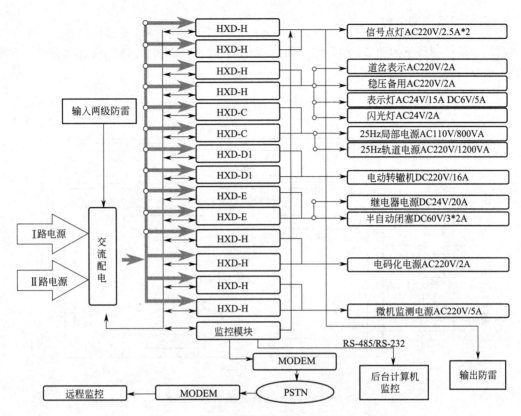

图 2-33 PZG 系列信号智能电源屏原理框图

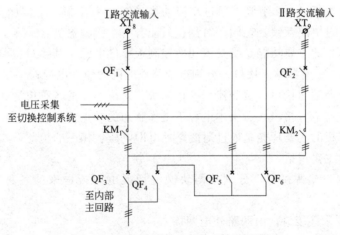

图 2-34 "Y"型输入切换配电原理图

电源屏切换控制系统后输出一路，切换控制系统通过控制接在主回路上的 2 个交流接触器（KM_1、KM_2）的动作，实现"Y"型切换。

（1）作用与组成　QF_1 为系统 Ⅰ 路输入断路器、QF_2 为系统 Ⅱ 路输入断路器。KM_1、KM_2 为交流接触器，KM_1、KM_2 具有电气和机械互锁特性。

（2）电路原理　两个断路器分别与交流接触器 KM_1 和 KM_2 对应相连。系统交流切换控制部分通过控制两个交流接触器，使外电网的两路输入只要一路正常，通过 QF_3 后，内部主回路就有电。

2. 系统切换控制部分

系统切换控制部分如图 2-35 所示。通过控制图 2-34 中 KM_1 和 KM_2 接点状态能进行两路输入电源切换。

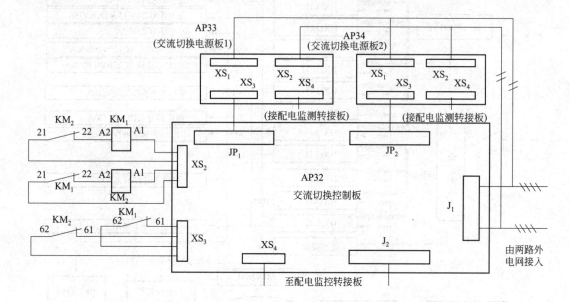

图 2-35 "Y"型切换控制系统原理图

(1) 作用与组成：系统切换控制部分由互为主、备的两块交流切换电源板 AP33、AP34 和一块交流切换控制板 AP32 组成。通过交流切换控制板来控制两个接触器完成切换动作。两个交流接触器通过电路互锁，在同一时刻，只能有一个接触器吸合。

交流切换电源板的主要功能是给交流切换控制板提供电源。其接口主要包括：

① XS_1、XS_2——电源输入接口，分别接两路外电网的输入电源；

② XS_3——电源输出接口，接交流切换控制板，送出所需的各种电源；

③ XS_4——状态节点接口，送出本电源板工作状态的节点信号。

交流切换控制板的主要功能是通过对两路外电网电压、相序的检测，实现交流接触器的自动切换。其接口主要包括：

① JP_1、JP_2——电源接口，分别接两块交流切换电源板送来的各种直流电源，并联备份；

② J_1——电压采样接口，由两路外电网接入；

③ J_2——电压样本送出接口，送至配电监控转接板，用于两路外电网的电压监测；

④ XS_2——交流接触器驱动接口，接两个交流接触器线圈，并与另一个交流接触器常闭触点串联，形成电路互锁；

⑤ XS_3——交流接触器常闭触点接口，为交流接触器吸合启动瞬间提供脉冲直流高压电，以启动吸合，吸合后即断开，以实现低压维持；

⑥ XS_4——监测接口，送出系统输入相序检测告警接点信号。

(2) 电路原理：切换控制板上有交流电压采样、切换逻辑判断和切换驱动三个功能板块，并有Ⅰ路优先、Ⅱ路优先、无优先（谁先上电谁优先，并一直保持，直到出现故障时才切换）选择开关；同时，能对外电网相序进行监测。电压采样板块相当于人的眼睛，实时监测外电网的电压波动情况；切换逻辑板块相当于人的大脑，进行逻辑判断，送出动作命令；切换驱动板块相当于人的手脚，执行切换逻辑板块送来的命令。

电压采样板块采集外电网Ⅰ路、Ⅱ路电压，并将采集到的电压值送给切换逻辑板块。切换逻辑板对电压值进行逻辑判断。如果两路外电网电压都正常，则通过切换驱动板块，让电路板上设置的默认优先的接触器吸合，为系统内部主回路供电；如果有一路不正常，则通过切换驱动板块，让正常的一路电网的接触器吸合，为系统内部主回路供电。

当外电网电压不正常时，如欠压、过压或缺相，切换逻辑板块给出断开信号。切换驱动板块收到信号后，断掉驱动电压，交流接触器在内部弹簧的作用下自动释放，断开其所控制的电路通道。

3. 系统直供部分

系统直供部分工作原理如图 2-34。

(1) 作用与组成　空开 QF_3 和 QF_4 组合形成组合开关，通过机柜面板上的机械互锁板实现互锁，保证不能同时合上，为正常供电和直供供电状态选择开关；空开 QF_5 和 QF_6 组合形成组合开关，通过机柜面板上的机械互锁板实现互锁，保证不能同时合上，为直供状态下的Ⅰ路直供或Ⅱ路直供选择开关。

(2) 电路原理　当 QF_3 合上、QF_4 断开时，系统为通过交流接触器供电的正常状态；当 QF_3 断开、QF_4 合上时，系统为通过直供方式供电的直供状态。

在直供状态下，当 QF_5 合上、QF_6 断开时，系统为Ⅰ路直供供电；当 QF_5 断开、QF_6 合上时，系统为Ⅱ路直供供电。

(二) 模块及配电输出

模块输入直接引自内部主回路（经过交流接触器之后的总线称为内部主回路），经模块输入空开后送到模块转接背板。模块转接背板通过连接器与模块相连。模块获得 220V 工作电压后，将输出电源经过输出配电，再经过液压空开，最后引到输出万可端子。

1. 直流模块及配电输出

(1) 组成　直流模块包括 SD_1（直流转辙机模块）、SE_1（继电器、站间联系模块）、SE_2（继电器模块）、SE_3（继电器模块）、SE_4（继电器、站间联系、电码化模块）、SE_5（站间联系模块）模块，均采用 $N+1$ 冗余备份，直流并联、均流输出配线方式。

其中，继电器、站间联系及电码化电源电路如图 2-36 所示。

(2) 电路原理　对于容量较大的 DC24V 继电器输出、DC220V 直流转辙机电源输出，都是通过汇流排并联后，统一经过不同型号的液压断路器，对不同容量进行过流限制，最后通过万可端子输出。

对于容量相对较小的 DC24~60V 可调的站间联系或闭塞电源，直接经过模块输出转接背板上的印制电路并联后，经输出液压断路器过流限制，最后通过万可端子输出。

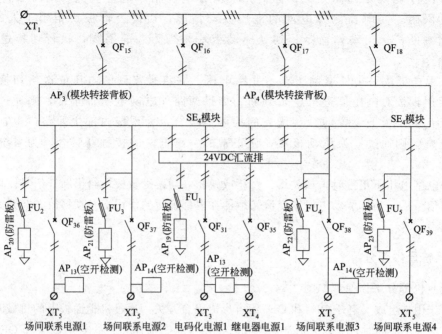

图 2-36 直流模块及配电示意图

2. 交流模块及配电输出

部分交流模块及配电输出如图 2-37 所示。

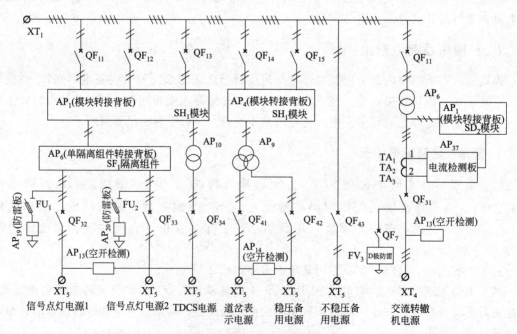

图 2-37 交流模块及配电示意图

（1）作用与组成　交流稳压模块有 SH_1、SD_2、SD_3 三种。SH_1 为交流稳压模块；SD_2、

SD_3 为交流转辙机模块，只有电压、电流和相序监测作用，无稳压作用。SF_1 模块为隔离组件模块，不起稳压作用，只起隔离作用。除不稳压备用电源没有稳压模块和隔离变压器，直接从系统内回路经液压断路器及万可端子输出外，其他各交流电源都是经过隔离组件或隔离变压器隔离后，经液压断路器送至输出万可端子输出。

（2）电路原理　SH_1 模块输出 AC220V 电源，采用"2+1"或"1+1"冗余备份方式的输出。对于采用"1+1"备份方式的模块，两模块互为主备，先上电的工作，后上电的备份。对于"2+1"备份方式的模块，左侧的两个为主用模块，右侧的一个为备用模块。当主用模块出现故障时，自动切换至备用模块上；故障排除后，自动切回主用模块工作。SD_2 为交流转辙机模块，起监测作用，不需要备份。

三、防雷系统电路识读

PZG 系列智能电源屏输入、输出都采用比较完善的防雷系统，同时考虑信号设备复杂的工作环境，系统给室外设备供电的输出也设有一级输出防雷，保证系统在恶劣的环境下能可靠工作。

（一）输入级防雷

系统输入级防雷可以承受 $8/20\mu s$ 电流冲击 20kA，20 次；$8/20\mu s$ 电流冲击 40kA，1 次。输入级防雷系统如图 2-38 所示。

1. 作用与组成

FV_1 和 FV_2 为 C 级防雷，QF_8 和 QF_9 为 C 级防雷的输入开关。FV_3 为 D 级防雷，QF_7 为 D 级防雷的输入开关。

2. 电路原理

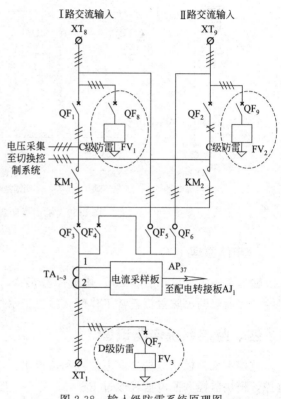

图 2-38　输入级防雷系统原理图

C 级防雷器用以防雷击和过电压损坏电源系统。C 级防雷的位置在系统输入断路器之后，交流接触器之前。当 C 级防雷故障时，会在监控单元中告警。

D 级防雷的位置在交流接触器之后，模块之前。D 级防雷正常工作时，绿色指示灯亮灯；故障时，绿色指示灯灭灯。

通过 C、D 两级防雷，能最大限度地预防雷电危害。

（二）输出级防雷

输出级防雷系统如图 2-39 所示。

1. 作用与组成

AP_{15}、AP_{19}、AP_{20}、AP_{21} 为输出防雷板，输出防雷主要防止输出部分遭受雷电危害；FU_1、FU_2、FU_3 和 FU_4 为输出防雷保险开关。

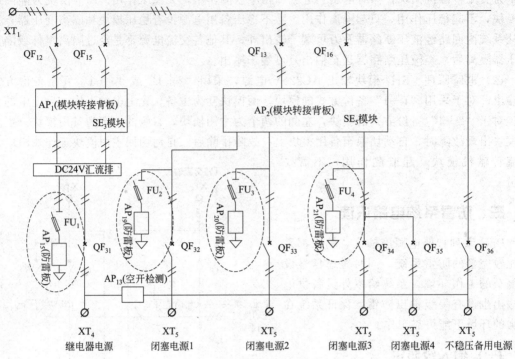

图 2-39 输出级防雷系统原理图

2. 电路原理

输出级防雷可以承受 $8/20\mu s$ 电流冲击 5kA，10 次。其位置在隔离变压器之后，系统输出空开之前。输出防雷板正常工作时，绿色指示灯亮；故障时，绿色指示灯灭。

四、监控系统电路识读

监控系统由模块监控、配电监控和监控单元三部分组成。模块监控和配电监控为最底层监控，模块监控和配电监控通过 RS-485 接口与监控单元通信。监控单元对配电监控和各个电源模块的 CUP 板进行巡检，两者将监控数据上传到监控单元。

(一) 监控单元

监控单元如图 2-40 所示。

1. 作用与组成

监控单元具有实时显示、系统设置、通信三大功能，主要包括 2 个串口、7 个输出结点接口、液晶显示器、键盘等。

2. 电路原理

液晶显示屏完成实时显示功能；键盘完成系统设置功能；监控模块通过串口 4 和串口 5 通信，与配电监控模块进行数据交换，循环向其发出数据上报命令，由后者实时向上传送数据。同时，经过结点输出接口送出需要的常开或常闭触点信号。输出 1 结点接口送出系统故障结点信号,选用常闭触点;输出 2 结点接口送出两路输入电源状态结点信号,2 为公共端,1、2 为常开触点,2、3 为常闭触点。

(二) 配电监控

配电监控电路如图 2-41 所示。

1. 作用与组成

配电监控对整个系统的配电状态进行监测,完成输入、输出配电的数据采集、声光报警、通信等功能。

(1) 数据采集功能　配电监控采集量包括模拟量、开关量。模拟量包括输入的电流、电压值,开关量包括两路输入空开、各路输出断路器、C 级防雷和 D 级防雷空开及交流接触器状态。

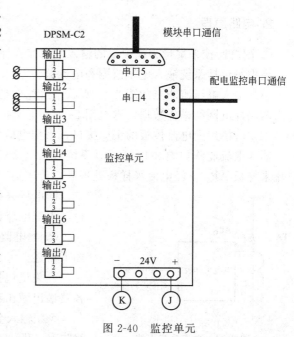

图 2-40　监控单元

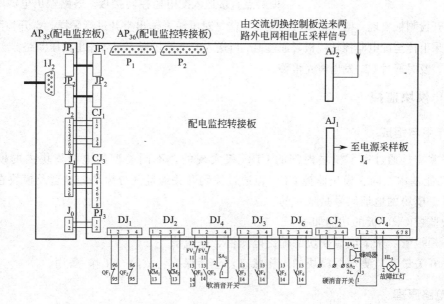

图 2-41　配电监控电路

(2) 报警功能　当系统出现故障时,系统故障灯亮,蜂鸣器叫。两者结合进行声光告警,送出告警结点信号。

(3) 通信功能　配电监控和模块监控接收到监控单元发来的命令后,及时将监测到的系统模拟量、开关量通过 RS-485 通信上传给监控单元。

配电监控板包括配电监控板和配电监控转接板。配电监控板的主要功能是对空开检测板、空开告警结点、C 级和 D 级防雷告警结点等提供的开关量,系统输入的电压、电流等模拟量进行处理,并将信号送给监控单元。

2. 电路原理

① 配电监控采集量为模拟量的输入配电监控原理如下所述。

模拟量包括系统输入电压监测和电流监测。

系统输入电压监测点如图 2-42 所示。由配电切换控制板中的交流电压采样功能模块 J_2 送出两路外电网的采样数据，送至图 2-41 配电监控转接板的 AJ_2 口，经电路板内部转接后，再经 JP_2 转接到配电监控板的 JP_2 接口，由配电监控板进行处理。

输入电流监测如图 2-42 所示，系统输入电流经过电流互感器 $TA_1 \sim TA_3$ 采集后，送至电流采样板 AP_{37}。经电流采样板处理后，传送给图 2-41 中所示的配电监控转接板的 AJ_1 接口。同电压采样一样，经 JP_2 送至配电监控板的 JP_2 接口，由配电监控板进行处理。

② 配电监控采集量为开关量的输入配电监控原理如下所述。

开关量包括系统输入空开状态、交流接触器状态和各路输出液压断路器的状态。

系统输入空开、直供空开及直供Ⅰ/Ⅱ路选择空开、C/D级防雷空开、C/D级防雷器、交流接触器状态等，通过辅助触点直接送入配电监控转接板。各路输出电源断开的告警通过空开检测板实现。空开检测板的主要功能是对电源屏输出空开进行采样。空开检测板检测后，将结果上传至配电监控转接板，通过 JP_1 口送入配电监控板，对各输出液压断路器实时监测，如有故障，及时通过 CJ_4 发出声光报警。

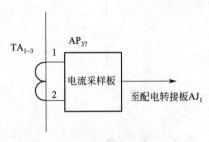

图 2-42　电流采样电路

(三) 模块监控

1. 作用与组成

模块监控是通过每个模块内部的 CPU 板实现的，不同类型的电源模块内的模块监控 CPU 板功能基本相同。模块监控 CPU 板通过拨码开关地址区分模块的类型及模块在系统中的位置号。模块的地址码号是唯一的。

模块监控 CPU 板的功能如下：

(1) 模拟量　采集电源模块的输出电压值、电流值。

(2) 开关量　监测电源模块的工作状态，包括保护、故障、工作/备用。

2. 电路原理

模块监控 CPU 板将监测数据通过 RS-485 接口上传给监控单元的串口 4。

模块监测数据经模块配电转接背板与模块实现互联。最终，系统内的所有模块转接背板全部通过数据线串联在一起，而电路实际是并联连接的。监控单元通过轮巡检测，模块及时向监控单元上报数据，实现对模块的监控。

五、电源屏操作

当电源屏输入电源切换部分发生故障时（输入交流接触器 KM_1 和 KM_2 状态异常），按照以下步骤紧急直供，电路如图 2-34 所示。

① 申请全站停用。
② 断掉电源屏系统内部两路输入开关 QF_1 和 QF_2。
③ 将工作开关 QF_3 旋转至"OFF"。
④ 平移滑板。
⑤ 将直供开关 QF_4 旋转至"ON"。
⑥ 选择电网质量良好的输入电作为系统直供输入电源。
⑦ 如果选择Ⅰ路输入电作为系统直供电源，首先将Ⅱ路直供开关 QF_6 旋转至"OFF"；平移滑板，再将Ⅰ路直供开关 QF_5 旋转至"ON"。
⑧ 如果选择Ⅱ路输入电作为系统直供电源，首先将Ⅰ路直供开关 QF_5 旋转至"OFF"；平移滑板，再将Ⅱ路直供开关 QF_6 旋转至"ON"。
⑨ 检查各个模块工作是否正常。
⑩ 销点。

当电源屏输入切换故障恢复后，按照以下步骤恢复正常供电模式：
① 将直供开关 QF_4 旋转至"OFF"。
② 平移滑板。
③ 将工作开关 QF_3 旋转至"ON"。
④ 合上电源屏系统内部两路输入开关 QF_1 和 QF_2。
⑤ 检查各个模块工作是否正常。
⑥ 销点。

注意以下几点：
① 在系统直供或恢复正常供电操作步骤中，切勿同时将工作开关 QF_3 和直供开关 QF_4 置于"ON"位置，切勿同时将Ⅰ路直供闸刀 QF_5 和Ⅱ路直供闸刀 QF_6 同时置于"ON"位置。防止混电跳闸，烧毁设备。
② 工作、直供开关上面的滑板是防止将工作开关 QF_3 和直供开关 QF_4 同时置于"ON"位置的一个机械互锁装置，切勿拆掉。使用时，左、右滑动即可。
③ Ⅰ、Ⅱ路直供开关上滑板是防止将Ⅰ路直供开关 QF_5 和Ⅱ路直供开关 QF_6 同时置于"ON"位置的一个机械互锁装置，切勿拆掉。使用时，左、右滑动即可。

任务十一 ●●● 通信信号电源屏

作为通信系统的"心脏"，通信电源在通信局（站）中具有无可比拟的重要地位。它包含的内容非常广泛，不仅包含 48V 直流组合通信电源系统，还包括 DC/DC 二次模块电源、UPS 不间断电源和通信用蓄电池等。通信电源的核心基本一致，都是以功率电子为基础，通过稳定的控制环设计，加上必要的外部监控，最终实现能量转换和过程监控。通信设备需要电源设备提供直流供电。电源的安全、可靠是保证通信系统正常运行的重要条件。

一、通信信号电源屏认知

(一) 通信设备对电源的一般要求

1. 可靠性高

一般的通信设备发生故障，影响面较小，是局部性的。如果电源系统发生直流供电中断

故障，则影响几乎是灾难性的，会造成整个电信局、通信枢纽全部通信中断。对于数字通信设备，电源电压即使有瞬间的中断也不允许。因为在数字程控交换局中，信息存在存储单元中，虽然重要的存储单元都是双重设置的，若电源中断，两套并行工作的存储器同时丢失信息，则信息需从磁带、软盘等重新输入程序软件，通信将长时间中断。因此，通信电源系统要在各个环节多重备份，保证供电可靠。这就包括"多路、多种、多套"的备用电源。在暂时没有条件达到"三多"配置的地方，至少应有后备电池。

2. 稳定性高

各种通信设备都要求电源电压稳定，不允许超过容许的变化范围，尤其是计算机控制的通信设备，数字电路工作速度高、频带宽，对电压波动、杂音电压、瞬变电压等非常敏感。所以，供电系统必须有很高的稳定性。

3. 效率高

能源是宝贵的，在耗费巨资完成电信设备投资后，在日常的费用支出中，电费是一笔比重很大的开支。尤其随着通信容量的增大，对于一个母局的各种设备，上百、上千安培直流用电量司空见惯，这时效率问题就特别突出。这就要求电源设备（主要指整流电源）应有较高转换效率，即要求电源设备的自耗要小。

（二）现代通信对电源系统的新要求

1. 低压、大电流，多组供电电压需求

低压、大电流，多组供电电压需求，功率密度大幅度提升，供电方案和电源应用方案设计呈现多样性。

2. 模块化：自由组合扩容，互为备用

提高安全系数，模块化有两方面的含义：其一是指功率器件的模块化，其二是指电源单元的模块化。实际上，由于频率不断提高，致使引线寄生电感、寄生电容的影响愈加严重，对器件造成更大的应力（表现为过电压、过电流毛刺）。为了提高系统的可靠性，把相关部分做成模块。把开关器件的驱动、保护电路装到功率模块中去，构成"智能化"功率模块（IPM）。这既缩小了整机体积，又方便了整机设计和制造。

多个独立的模块单元并联工作，采用均流技术，所有模块共同分担负载电流，一旦其中某个模块失效，其他模块可平均分担负载电流。这样，不但提高了功率容量，在器件容量有限的情况下满足了大电流输出的要求，而且通过增加相对整个系统来说功率很小的冗余电源模块，极大地提高了系统可靠性，即使万一出现单模块故障，也不会影响系统正常工作，而且为修复提供了充分的时间。

现代电信要求高频开关电源采用分立式的模块结构，以便不断扩容、分段投资，并降低备份成本。不能像习惯上采用的1+1全备用（备份100%的负载电流），而是要根据容量选择模块数N，配置$N+1$个模块（即只备份$1/N$的负载电流）即可。

3. 能实现集中监控

现代电信运维体制要求动力机房的维护工作通过远程监测与控制来完成。这就要求电源

自身具有监控功能，并配有标准通信接口，以便与后台计算机或与远程维护中心通过传输网络通信，交换数据，实现集中监控，从而提高维护的及时性，减小维护工作量和人力投入，提高维护工作的效率。

4. 自动化、智能化

要求电源能进行电池自动管理，故障自诊断，故障自动报警等。自备发电机应能自动开启和自动关闭。

5. 小型化

现在的各种通信设备日益集成化、小型化，要求电源设备相应地小型化。作为后备电源的蓄电池，应向免维护、全密封、小型化方面发展，以便将电源、蓄电池随小型通信设备布置在同一个机房内，无需专门的电池室。

6. 新的供电方式

相应于电源小型化，供电方式应尽可能实行各机房分散供电。设备特别集中时，才采用电力室集中供电。大型的高层通信大楼可采用分层供电（即分层集中供电）。

集中供电和分散供电各有优点，因条件不同斟酌选用。

对于集中供电，电力室的配置包括交流配电设备、整流器、直流配电设备、蓄电池。各机房从电力室直接获得直流电压和其他设备、仪表所使用的交流电压。这种配置有它的优点。例如，集中电源于一室，便于专人管理；蓄电池不会污染机房等。但它有一个致命的缺点，即浪费电能，传输损耗大，线缆投资大。因为直流配电后的大容量直流电流由电力室传输到各机房时，传输线的微小电阻也会造成很大的压降和功率损耗。

对于分散供电，电力室成为单纯交流配电的部分，而将整流器、直流配电和蓄电池组分散装于各机房内。这样，将整流器、直流配电、电池化整为零，使它们小型化，相对小容量。但有个先决条件，即蓄电池必须是全密封型的，以免腐蚀性物质挥发而污染环境、损坏设备（现行的全密封型电池已经能达到要求）。

分散供电最大的优点是节能。因为从配电电力室到机房的传输线上，原先传输的直流大电流，现在变为传输 380V 交流。计算表明，在传输相同功率的情况下，380V 交流电流要比 48V 直流电流小得多，在传输线上的压降造成的功率损耗只有集中供电的 $1/49 \sim 1/64$。

二、通信电源系统图纸识读

通信电源系统一般由交流供电系统、直流供电系统和接地系统组成，如图 2-43 所示。

(一) 交流供电系统

通信电源的交流供电系统由高压配电所、降压变压器、油机发电机、UPS 和低压配电屏组成。交流供电系统可以有三种交流电源：变电站供给的市电、油机发电机供给的自备交流电、UPS 供给的后备交流电。

1. 油机发电机

为防止停电时间较长导致电池过放电，电信局一般都配有油机发电机组。当市电中断时，通信设备可由油机发电机组供电。油机分普通油机和自动启动油机。当市电中断时，自动启动油机能自动启动，开始发电。由于市电比油机发电机供电更经济和可靠，所以，在有市电的条件下，通信设备一般都应由市电供电。

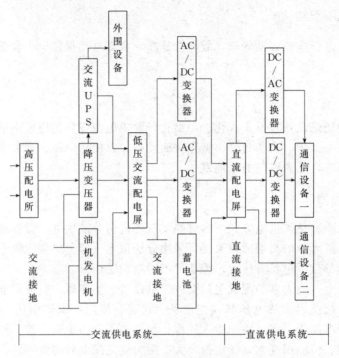

图 2-43　通信电源系统构成

2. UPS

为了确保通信电源不中断、无瞬变，可采用 UPS 不间断供电系统。UPS 一般由蓄电池、整流器、逆变器和静态开关等部分组成。市电正常时，市电和逆变器并联给通信设备提供交流电源，而逆变器是由市电经整流后给它供电。同时，整流器给蓄电池充电，蓄电池处于并联浮充状态。当市电中断时，蓄电池通过逆变器给通信设备提供交流电源。逆变器和市电的转换由交流静态开关完成。

3. 交流配电屏

交流配电屏的作用是输入市电，为各路交流负载分配电能。当市电中断或交流电压异常时（过压、欠压和缺相等），低压配电屏能自动发出相应的告警信号。

4. 连接方式——交流电源备份方式

大型通信站交流电源一般都由高压电网供给，自备独立变电设备。而基站设备常常直接租用民用电。为了提高供电可靠性，重要通信枢纽局一般都由两个变电站引入两路高压电源，并且采用专线引入，一路主用，一路备用；然后通过变压设备降压供给各种通信设备和照明设备；另外，还要有自备油机发电机，以防不测。一般的局站只从电网引入一路市电，再接入自备油机发电机作为备用。一些小的局站、移动基站只接入一路市电（配足够容量的电池），油机为车载设备。

（二）直流供电系统

通信设备的直流供电系统由高频开关电源（AC/DC 变换器）、蓄电池、DC/DC 变换器和直流配电屏等部分组成。

1. 整流器

从交流配电屏引入交流电，将交流电整流为直流电压后，输出到直流配电屏与负载及蓄电池连接，为负载供电，给电池充电。

2. 蓄电池

交流停电时，向负载提供直流电，是直流系统不间断供电的基础条件。

3. 直流配电屏

为不同容量的负载分配电能。当直流供电异常时，要产生告警或保护。如熔断器熔断告警、电池欠压告警、电池过放电保护等。

4. DC/DC 变换器

DC/DC 变换器将基础电源电压（$-48V$ 或 $+24V$）变换为各种直流电压，以满足通信设备内部电路不同数值的电压（$\pm 5V$、$\pm 6V$、$\pm 12V$、$\pm 15V$、$-24V$ 等）需要。

近年来，由于微电子技术迅速发展，通信设备向集成化、数字化方向发展。许多通信设备采用大量的集成电路组件，这些组件需要 $5\sim 15V$ 直流电压。如果这些低压直流直接从电力室供给，线路损耗一定很大，环境电磁辐射也会污染电源，供电效率很低。为了提高供电效率，大多数通信设备装有直流变换器。通过这些直流变换器，将电力室送来的高压直流电变换为所需的低压直流电。

另外，通信设备所需的工作电压有许多种，如果都由整流器和蓄电池供给，需要许多规格的蓄电池和整流器，这不仅增加了电源设备的费用，也大大增加了维护工作量。为了克服这个缺点，目前大多数通信设备采用 DC/DC 变换器给内部电路供电。

DC/DC 变换器能为通信设备的内部电路提供非常稳定的直流电压。在蓄电池电压（DC/DC 变换器的输入电压）由于充、放电而在规定范围内变化时，直流变换器的输出电压能自动调整，保持输出电压不变，从而使交换机的直流电压适应范围更宽，蓄电池的容量得到充分利用。

5. 连接方式——直流供电方式

蓄电池是直流系统供电不中断的基础条件。根据蓄电池的连接方式，直流供电主要采用并联浮充供电方式。尾电池供电方式、硅管降压供电方式等基本不再使用。

并联浮充供电方式是将整流器与蓄电池直接并联后对通信设备供电。在市电正常的情况下，整流器一方面给通信设备供电，另一方面给蓄电池充电，以补充蓄电池因局部放电而失去的电量；当市电中断时，蓄电池单独给通信设备供电，蓄电池处于放电状态。由于蓄电池通常处于充足电状态，所以市电短期中断时，可以由蓄电池保证不间断供电。若市电中断期过长，应启动油机发电机供电。

这是最常用的直流供电方式。采用这种工作方式时，蓄电池还能起一定的滤波作用。但这种供电方式有个缺点，即在并联浮充工作状态下，电池由于长时间放电，导致输出电压可能较低，而充电时充电压较高，因此负载电压变化范围较大。它适用于工作电压范围宽的交换机。

(三) 接地系统

为了提高通信质量，确保通信设备与人身安全，通信局站的交流和直流供电系统都必须有良好的接地装置。

1. 通信机房的接地系统

通信机房的接地系统包括交流接地和直流接地。

2. 交流接地

交流接地包括交流工作接地、保护接地、防雷接地。

3. 直流接地

直流接地包括直流工作接地、机壳屏蔽接地。
局站的接地系统如图 2-44 所示。

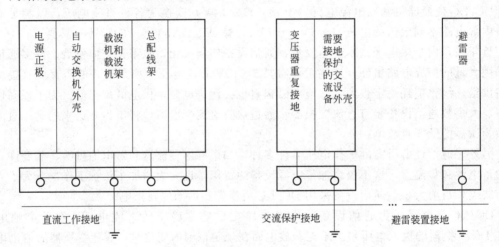

图 2-44 通信机房接地系统

4. 通信电源的接地

通信电源的接地包括交流零线复接地、机架保护接地和屏蔽接地、防雷接地、直流工作地接地。

通信电源的接地系统通常采用联合地线的接地方式。联合地线的标准连接方式是将接地体通过汇流条（粗铜缆等）引入电力机房的接地汇流排，防雷地、直流工作地和保护地分别用铜芯电缆连接到接地汇流排上。交流零线复接地可以接入接地汇流排入地。但对于相控设备或电机设备使用较多（谐波严重）的供电系统，或三相严重不平衡的系统，交流复接地最好单独埋设接地体，或从直流工作接地线以外的地方接入地网，以减小交流对直流的污染。

以上四种接地一定要可靠，否则不但不能起到相应的作用，甚至可能适得其反，对人身安全、设备安全、设备的正常工作造成威胁。

三、现代通信电源

(一) 现代通信电源认知

开关电源成为现代通信网的主导电源。

在通信网上运行的电源主要有三种，即线性电源、相控电源和开关电源。

传统的相控电源是将市电直接经过整流滤波提供直流。通过改变晶闸管的导通相位角来控制整流器的输出电压。相控电源所用的变压器是工频变压器，体积庞大。所以，相控电源体积大、效率低、功率因数低，严重污染电网，已逐渐被淘汰。

另外一种常用的稳压电源是通过串联调整管可以连续控制的线性稳压电源。线性电源的功率调整管总是工作在放大区，流过的电流是连续的。由于调整管上损耗较大的功率，所以需要较大功率调整管并装有体积很大的散热器。其发热严重，效率很低，一般只用作小功率电源，如设备内部电路的辅助电源。

开关电源的功率调整管工作在开关状态，有体积小、效率高、重量轻的优点，可以模块化设计，通常按 N+1 备份（而相控电源需要 1+1 备份），组成的系统可靠性高。正是由于这些优点，开关电源在通信网中大量取代相控电源，应用越来越广泛。

从开关电源的发展看，它最早出现在 20 世纪 60 年代中期。当时美国研制出 20kHz 的 DC/DC 变换器，这为开关电源的发明创造了条件。70 年代，出现了用高频变换技术的整流器，它不需要 50Hz 工频变压器，直接将交流电整流，再逆变为高频交流，然后整流滤波变为所需直流电压。

80 年代初，英国科学家根据以上条件和原理，制造出第一套实用的 48V 开关电源（Switch Mode Rectifier），被命名为 SMR 电源。

随着器件技术的发展，出现了大功率高压场效应管，它的关断速度大大加快，电荷存储时间大大缩短，提高了开关管的开关频率。随着电力电子技术和自动控制技术的发展，开关电源各方面的技术发展迅速。

在各方面的技术进步中，对于开关电源在通信电源中形成主导地位有决定性意义的技术突破有以下四项。

① 均流技术使开关电源可以通过多模块并联，组成前所未有的大电流系统，并提高系统的可靠性。

② 开关线路的发展使开关电源的频率不断提高，其效率也提高，并且使每个模块的变换功率不断增大。

③ 功率因数校正技术有效地提高了开关电源的功率因数。在环保意识不断加强的时代，这是它形成主导地位的关键。

④ 智能化给维护工作带来了极大的方便，提高了维护质量，使它备受青睐。

(二) 现代通信电源技术

1. 功率因数校正技术

由于开关电源电路的整流部分使电网的电流波形畸变，谐波含量增大，使得功率因数降低（不采取任何措施，功率因数只有 0.6～0.7），污染了电网环境。开关电源要大量进入电网，就必须提高功率因数，减轻对电网的污染，以免破坏电网的供电质量。下面介绍提高功率因数的措施。

（1）采用三相三线制整流　因为三相三线制没有中线的整流方式，不存在中线电流（如果有中线，三次谐波在中线上线性叠加，谐波分量很大），这时虽然相电流中间还有一定的谐波电流，但谐波含量大大降低，功率因数可提高到 0.86 以上。这种供电方式的电路如图 2-45 所示。

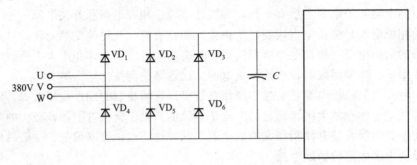

图 2-45　三相无中线整流电路

（2）利用无源功率因数校正技术　这一技术是在三相无中线整流方式下加入一定的电感，把功率因数提高到 0.93 以上，谐波含量降到 10% 以下，电路如图 2-46 所示。适当选择校正的参数，功率因数可达 0.94 以上。安圣公司生产的 100A 和 200A 整流模块采用了这种技术。

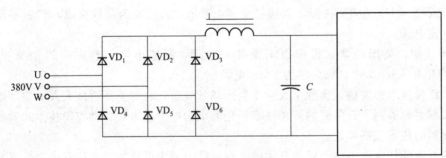

图 2-46　无源功率因数校正电路

（3）采用有源功率因数校正技术　在输入整流部分加一级功率处理电路，强制流经电感的电流几乎完全跟随输入电压变化（输入电压、电流波形如图 2-47 所示），无功功率几乎为 0，功率因数可达 0.99 以上，谐波含量可降低到 5% 以下。图 2-48 示意了这种方法的电路图。可见，采用有源校正后，电流谐波含量减少，接近正弦波。

2. 开关电源的智能化技术

开关电源系统大量应用控制技术、计算机技术进行各种异常保护、信号检测、电池自动管理等等。

有专门的监控电路板分别实时监控交流配电、直流配电的各参数，能实现交流过、欠压保护，两路市电自动切换，电池过、欠压告警、保护等功能；许多开关电源的每个整流模块内都配有 CPU，监测和控制整流器的工作状态，如模块输出电压、电流测量、程序控制均浮充转换等。整流模块本身能实现过、欠压保护，输出过压保护等功能，并能进行一些故障诊断。

电源系统配有监控单元对整个系统进行监控，电池自动管理，作为人机交互界面处理各

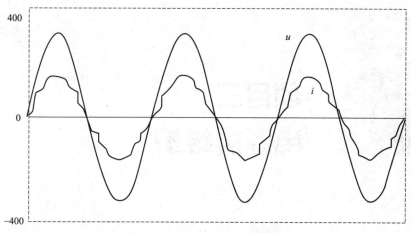

图 2-47　输入电压、电流波形

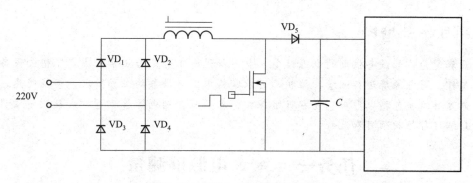

图 2-48　有源功率因数校正原理图

监控板采集的数据、过滤告警信息、故障诊断,并提供通信口,供后台监控和远程监控。

远程监控使维护人员在监控中心同时监视几十台机器。电源有故障,会立即回叫中心,监控系统自动呼叫维护人员。这大大提高了维护的及时性,减小了维护工作量。

这些智能化的措施,使得维护人员面对的不再只是复杂的器件和电路,而是一条条用熟悉的人类语言表达的信息,仿佛面对着一个能与自己交流的新生命。

总之,这些技术上的进步和使用维护上的方便,使得开关电源在通信电源中逐渐占据主导地位,成为现代通信电源的主流。

项目二思考题 ▶▶▶

2-1. 识读附图 13 图纸,并写出电路流程及操作步骤。

2-2. 识读附图 14、附图 15、附图 16 图纸,并写出电路流程及操作步骤。

2-3. 识读附图 17、附图 18 图纸,并写出电路流程及操作步骤。

2-4. 识读附图 19 图纸,并写出电路流程及操作步骤。

2-5. 总结电源屏图纸识读方法。

2-6. 总结信号设备种类及所需电源电压种类。

2-7. 和以往相比,现代通信对电源系统有何新要求?

2-8. 集中供电和分散供电各有什么优缺点?

2-9. 试说明通信电源系统的构成。

项目三
电源屏维护

 项目导引 ▶▶▶

电源屏是为信号设备供电的电源设备。电源屏设备工作是否正常,决定了信号设备是否能正常工作。对电源屏进行测量、维护,可以掌握电源屏设备的工作情况,查找隐患,预防故障。电源屏维护包括电源屏测量和日常维护。本项目介绍电源屏测量方式及测量项目和标准,还介绍日常维护项目和流程。

任务一 ••• 电源屏测量

 学习目标 ▶▶▶

1. 掌握电源屏测量项目。
2. 掌握电源屏测量方法。
3. 掌握电源屏测量标准。

 相关知识 ▶▶▶

电源屏测量方式有人工测量、电源屏监测模块测量及信号微机监测测量等。根据现场电源屏类型不同来选择。在电源屏工区岗位能力中,电源屏测量是很重要的一项。

电源屏人工测量项目主要包括输入电源及输出电源电气特性测量、自动调压精度测量、电源对地电压电流测量、电缆对地绝缘测量及温升检查。利用智能电源屏监控单元和信号微机监测系统,还能测量电源相位、频率、相位差及是否断相等。

一、人工测量

1. 电源电气特性测量

电源屏输入电压有单相220V/50Hz或380V/50Hz,波动允许范围为±15%。根据电源屏容量不同,输入电源电流大小有所不同,$I=P/U$。

根据车站现场设备种类和数量不同，电源屏型号不同，电源屏输出电源种类有所区别，可根据具体情况分析其测量标准。

根据电源屏图纸，找到对应的输入/输出配电端子，利用万用表测量电压，利用钳形电流表测量电流。要注意仪表挡位和量程的选择。

2. 自动调压精度测量

手动升压（或降压）使电压偏离额定值，然后将控制开关扳至"自动"位置，调压屏自动降压（或升压）。降压（或升压）完毕时指示的输出电压即为自动调压精度。要求调压精度为 220V（380V）±3%。

3. 电源对大地电压测量

测量电源对大地电压时，交流电源用交流电压表，直流电源用直流电压表。电压表的一根表棒接地，另一根表棒与交流电源正极相接，所测电压为电源正极对大地的电压值；另一根表棒与交流电源负极相接时，所测电压为电源负极对地的电压值。若正、负极两条电源线对地电压值接近，均约为电源电压的一半时，为正常现象，通常由电缆分布电容所致。各种交流电源未接负载时，两极接地电压之比应不小于3；接入负载时，两极接地电压之比应大于3。若有一极对地接近电源电压，而另一极对地电压为零，则对地为零者有接地现象。此时，应查找接地故障点，并排除故障。

4. 电源对大地电流测量

测量交流电源对大地电流时，先将交流电流表一根表棒串联的 550Ω 电位器调至最大值并接地。电流表另一根表棒串联 0.5A 熔断器后与交流正电源相接，所测电源为交流负电源接地电流参考值。如所测电流大于 100mA，说明交流负电源接地严重，不得再将所串电位器调小，以防电源短路。此时，应查找接地故障点，并排除故障。若所测电源小于 100mA，可将电阻值调小直至零，测出直接接地电流值。若交流表另一根表棒串联 0.5A 熔断器后接至交流负电源，则所测电流为交流正电源接地电流。

测量直流电源对地电流时，使用直流电流表测直流电动转辙机电源时，其串联的可调电阻为 550Ω，测量继电器电源时，串联的可调电阻为 60Ω。正表棒串接 0.5A 熔断器，然后与正电源相接，负表棒接地，所测为负电源对地电流值；负表棒串接 0.5A 熔断器，然后与正电源相接，正表棒接地，所测为正电源对地电流。

当电源输出端接有负载时，各交流电源对地电流均不得大于 20mA，空载时均为零。各直流电源接入负载时，接地电流不得大于 1mA。

5. 温升检查

用点温度计测量交流接触器、变压器、整流器等部件的温升。当环境温度在 40℃，输出功率为额定值时，在长期运行中，变压器温升不得超过 65℃，整流器外壳不超过 70℃。

6. 闪光频率

闪光频率可用慢扫描示波器测量其有无输出周期，然后算出频率；或用目测法测得。闪光频率应为 90～120 次/分，且有明显的暗亮比。

二、智能电源屏监控单元测量

智能电源屏监控单元用来监测电源屏的输入和输出电源信息,用报表、曲线或数字在显示屏上显示,并设有报警电路,若电源屏有故障,监控单元实现报警。

(一)监测单元实物图

监测单元实物图如图 3-1 所示。

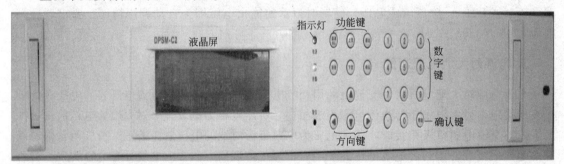

图 3-1 监测单元正面图

① 液晶屏:用来显示各种信息。
② 指示灯:电源指示灯显示监控单元电源情况;故障灯显示监控单元和系统工作状态。
③ 方向键:用于选择。在主屏幕时,左、右键用于调整液晶屏亮度。
④ 数字键:用来设置数据和按数字选择。
⑤ 确认键:单项数据设置完成后,通过确认键来确认数据的更改。

(二)监控单元原理框图

监控单元原理框图如图 3-2 所示。

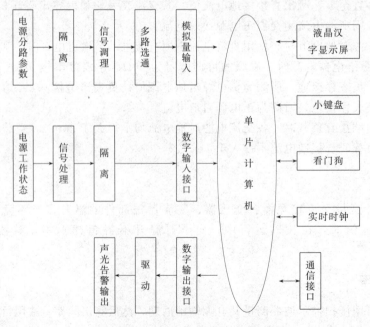

图 3-2 监控单元原理框图

(三) 智能电源屏监控单元功能

1. 数据配置功能

监控模块可以通过 PC "配置终端软件"设置系统所有参数。对于不同的电源屏系统，仅需配置不同的数据，然后加载到监控模块中。

2. 显示与设置功能

监控模块能实时显示电源系统的各项运行参数、运行状态、告警状态、设置参数、系统配置数据。界面友好，具有在线帮助、数据边界检查功能。主要内容如表 3-1 和表 3-2 所示。

表 3-1 显示的实时监测量

类别	显示内容	备注
系统信息	系统类型、系统型号、系统状态、	
系统输入	第一路 UV 电压、第一路 VW 电压、第一路 WU 电压 第一路 U 相电流、第一路 V 相电流、第一路 W 相电流 第二路 UV 电压、第二路 VW 电压、第二路 WU 电压 第二路 U 相电流、第二路 V 相电流、第二路 W 相电流 或 第一路 U 相电压、第一路 V 相电压、第一路 W 相电压 第二路 U 相电压、第二路 V 相电压、第二路 W 相电压 第一路 U 相电流、第一路 V 相电流、第一路 W 相电流 第二路 U 相电流、第二路 V 相电流、第二路 W 相电流 交流接触器 KM_1、KM_2、KM_3、KM_4 的状态	根据供电方式，决定显示单相或三相电压、电流
系统输出	信号机点灯电源、道岔表示电源、稳压备用电源、表示灯电源、闪光灯电源、轨道电源、轨道电源频率、局部电源、局部超前轨道相位、直流转辙机电源、继电器电源、半自动闭塞电源等	根据模块配置，显示对应信息

表 3-2 显示的可更改的设置量

类别	设置量内容	备注
系统输入	交流过压告警点、交流欠压告警点、 交流缺相报警点、供电方式、 配电监控板地址、交流电流互感器系数、 轨道电路类型、区间电源空开路数、 备用空开路数	配电配置
告警	告警干结点输出配置	
系统管理	开关量配置、系统密码、系统时间、 告警静音控制、通信口配置、屏保时间	
其他	远程通信本机地址、远程通信波特率、 UPS 类型、UPS 地址	

3. 通信功能

监控模块具有与配置终端、后台主机、下级设备及微机监测等通信功能。"配置终端"设置电源系统的配置数据，"后台主机"用于远程监控，"下级设备"包括模块、配电监控等单元，电源屏状态和告警数据可上报微机监测系统。通信端口为 RS-232 或者 RS-485，波特率 4800/9600/19200bps 可设。

4. 告警与记录功能

监控模块可根据采集到的数据对系统故障进行声光报警，产生相应的动作。可为每种告警类型设定对应的继电器输出（1~14），也可设为无继电器输出。监控模块处理的主要告警量如表3-3所示。

用户可查阅历史告警记录和当前记录。历史告警记录包括告警类型名、发生时间、结束时间；当前记录中只有告警类型名和发生时间，显示顺序按发生时间的先后来显示。历史告警记录按循环存储方式保存最多1000条，超出1000条则自动清除最旧的告警记录。

表3-3 监控模块处理的告警量

告 警 类 别	告 警 名 称
配 电 故 障	交流输入空开跳
	输出空开跳
	C级防雷器故障
	交流输入过压
	交流输入欠压
	交流输入缺相
	交流输入停电
	配电监控通信中断
模 块 故 障	模块输出频率过高
	模块输出频率过低
	模块保护
	模块故障
	模块通信中断

5. 干结点输出功能

监控模块具有14个干结点信号输出。当系统发生任何告警时，用户可根据需要设置成某个干结点信号输出。

6. 微机监测通信功能

监控模块采集的状态和告警信息可以上报微机监测系统，与信号微机监测间的通信接口为RS-485，波特率为9600bps，通信采用"监控模块定时上报"的方式。

信号微机监测通信协议的解释文档，可以通过监控模块的COM2口自动导出。

三、信号微机监测系统测量

信号微机监测系统利用接口形式或实际采集形式监测电源屏数据信息，并在车站站机显示终端上以报表和图形显示，能提供电源屏电源超限预警和报警。

（一）测量对象

监测对象为电源屏输入电压、电流，电源屏输出电压、电流以及电源屏输入/输出电源的频率、功率、25Hz电源的相位。

电源屏输入电压、电流的监测点均为电源屏输入端子，电源屏输出电压、电流的监测点均为电源屏输出端子或组合架零层电源端子。

对于智能电源屏电压、电流、频率、功率的监测，一般智能电源屏都有接口，无需单独采集，而是通过串口或网络接口把相关信息送至上位机进行显示与存储。

（二）监测内容调看方法

监测终端显示有电源屏信息实时值、日报表、日曲线、月曲线、年曲线等。

1. 实时值

实时值包括电压实时值和电流实时值，在弹出的窗口中显示电源屏所有电源的相关信息。

用鼠标单击“菜单栏”中的“电源屏”，在下拉菜单中选择“实时值”，将出现“电源屏电压实时测试”对话框，如图 3-3 所示。

对话框分为两部分，上面为属性区，下面为表格区。属性区包括窗口名称、模拟量类型选择条、查找输入条。模拟量类型中显示“电源屏电压实时测试”。通过改变选择，可以切换到其他测试数据类型。

表格区的第一行为表头，其他为数据区。每行内容依次为每路设备相应的“序号、设备名称、测试值、端子号”（注意：该端子号是软件文件中的 A/D 路号，不是信号设备配线的端子号）。

表格中的实时报表数据每秒刷新一次，黑色的数字表示数值正常，红色的数字表示数值超限报警。

所有模拟量测试窗口和开关量监视窗口都是“一行显示一路设备”，直观，有条理，消除空行，没有配线、没有数据的设备不再显示。

在所选报表窗口，可根据测试设备的路数智能调整表格大小，在显示器屏幕范围内自动改变窗口长度（只改变路数，不改变行高）。对于所选报表窗口，可人工拉大或缩小。拖动边框线，可以调整报表的大小（鼠标形状为双箭头）；拖动表头行中的列线，可以调整报表的列宽。对于人工调整的报表大小，软件不会记忆，下次选择该表格时又是默认的大小。

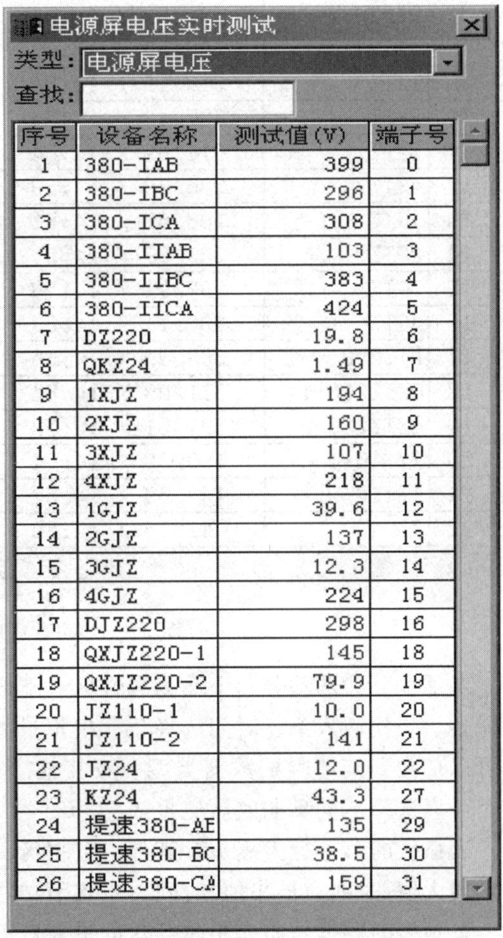

序号	设备名称	测试值(V)	端子号
1	380-IAB	399	0
2	380-IBC	296	1
3	380-ICA	308	2
4	380-IIAB	103	3
5	380-IIBC	383	4
6	380-IICA	424	5
7	DZ220	19.8	6
8	QKZ24	1.49	7
9	1XJZ	194	8
10	2XJZ	160	9
11	3XJZ	107	10
12	4XJZ	218	11
13	1GJZ	39.6	12
14	2GJZ	137	13
15	3GJZ	12.3	14
16	4GJZ	224	15
17	DJZ220	298	16
18	QXJZ220-1	145	18
19	QXJZ220-2	79.9	19
20	JZ110-1	10.0	20
21	JZ110-2	141	21
22	JZ24	12.0	22
23	KZ24	43.3	27
24	提速380-AE	135	29
25	提速380-BC	38.5	30
26	提速380-CA	159	31

图 3-3　“电源屏电压实时测试”对话框

2. 日报表

用鼠标单击“菜单栏”中的“电源屏”，在下拉菜单中选择“日报表”，将出现“电源屏电压日报表”对话框，如图 3-4 所示。

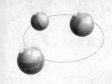

序号	设备名称	最大值(V) / 时间	最小值(V) / 时间	平均值(V) / 时间
1	380-IAB	494.51 / 15:00	0.48 / 14:57	254.55 / 15:00
2	380-IBC	496.51 / 14:52	0.00 / 14:53	246.63 / 15:00
3	380-ICA	498.51 / 14:56	0.00 / 14:56	249.24 / 15:00
4	380-IIAB	487.54 / 14:59	0.47 / 14:56	234.63 / 15:00
5	380-IIBC	494.51 / 14:54	0.00 / 14:50	246.02 / 15:00
6	380-IICA	492.53 / 14:55	0.96 / 14:58	246.31 / 15:00
7	DZ220	493.58 / 14:52	0.00 / 14:51	241.08 / 15:00
8	QKZ24	50.80 / 14:53	0.00 / 14:56	25.37 / 15:00
9	1XJZ	310.19 / 14:58	0.30 / 15:00	157.43 / 15:00
10	2XJZ	307.48 / 14:55	0.00 / 14:53	151.31 / 15:00
11	3XJZ	314.69 / 14:54	0.30 / 14:50	160.09 / 15:00
12	4XJZ	305.70 / 14:59	0.29 / 14:51	148.80 / 15:00
13	1GJZ	306.60 / 14:51	0.00 / 14:58	152.26 / 15:00
14	2GJZ	308.09 / 14:56	0.30 / 14:49	154.95 / 15:00
15	3GJZ	297.91 / 14:59	0.29 / 14:55	147.13 / 15:00
16	4GJZ	302.11 / 14:59	0.29 / 14:56	151.12 / 15:00
17	DJZ220	308.39 / 14:56	0.60 / 14:59	150.77 / 15:00
18	QXJZ220-1	311.09 / 14:54	0.00 / 14:59	158.14 / 15:00
19	QXJZ220-2	301.51 / 14:52	0.00 / 14:58	156.19 / 15:00
20	JZ110-1	150.00 / 14:54	0.00 / 14:49	75.07 / 15:00
21	JZ110-2	150.30 / 14:52	0.00 / 14:54	73.19 / 15:00
22	JZ24	41.75 / 14:50	0.04 / 14:59	20.86 / 15:00

图 3-4 "电源屏电压日报表"对话框

对话框分为两部分，上面为属性区，下面为表格区。属性区包括窗口名称、模拟量类型选择条、查找输入条、时间选择条。模拟量类型中显示"电源屏电压日报表"，通过改变选择可以切换到其他测试数据类型。查找输入条支持"模糊查找"功能。通过操作时间选择条，可以选择不同日期的历史报表。

表格区的第一行为表头，其他为数据区。每行内容依次为每路设备相应的序号、设备名称、最大值/时间、最小值/时间、平均值/时间。

日报表的数据是前一小时存盘的最新数据，黑色的数字表示数值正常，红色的数字表示数值超限报警。

对于日报表窗口，可改为"一行显示一路设备"，也可自动调整窗口大小，还支持"模糊查找功能"。

3. 日曲线

用鼠标单击"菜单栏"中的"电源屏"，在下拉菜单中选择"日曲线"，将出现电源屏电压"日曲线—小时曲线"对话框，如图 3-5 所示。

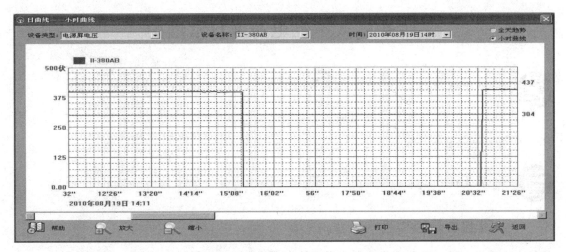

图 3-5 "日曲线—小时曲线"对话框

对话框分为三部分,上面为属性区,中间为曲线区,下面为滚动条和按钮区。

属性区包括窗口名称、设备类型选择条、名称选择条、时间选择条。"设备类型选择条"中显示"电源屏电压设备",通过改变选择可以切换到其他类型的设备。"设备名称选择条"用于选定要查看对象的名称。"时间选择条"用于选择不同时日的曲线。

曲线区显示"电源屏电压"或其他类型模拟量一日内数值变化的曲线。日曲线是以每秒钟的模拟量数值画成的曲线,纵坐标为电压值,单位是 V;横坐标为时间,单位是 s。背景为网格,网格中有绿色的数值曲线,以及红色的电压上限、电压下限表示线。

4. 月曲线

将一个月中每日的最大值连接、平均值连接、最小值连接,就可得到三条曲线,用于观察电源屏设备在一个月中的工作情况。

其操作方式与日曲线部分基本相同。不同之处是:该曲线表示一个月的变化趋势,横坐标为天,满刻度显示为 31 天(广义上的一个月);没有"放大"和"缩小"按钮;用三种颜色分别表示三种曲线,绿色表示每日最大值,蓝色表示每日最小值,红色表示每日平均值。

5. 报警

对于电源屏电压超限、电源屏输入电源切换及电源屏模块故障,监测系统均能报警,如图 3-6 所示。

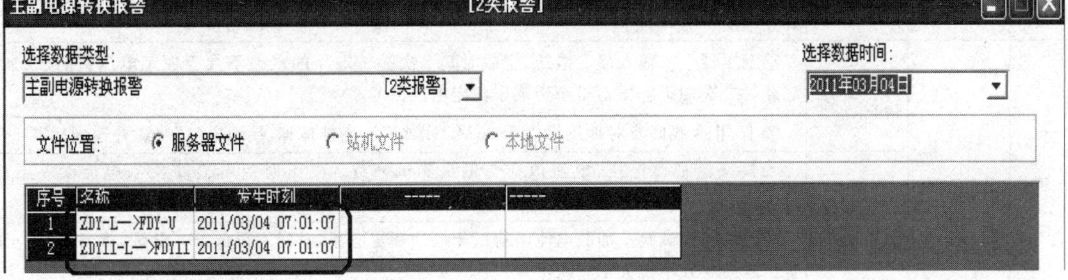

图 3-6 "主副电源转换报警"对话框

任务二　电源屏日常维护

学习目标 ▶▶▶

1. 掌握机械电源屏和智能电源屏维护项目与维护标准。
2. 掌握电源屏维护作业程序。

相关知识 ▶▶▶

一、电源屏静态检查

在电源屏开通前需要进行静态检查,检查项目如表3-4所示。

表3-4　电源屏开通前静态检查

序号	检查项目	检查内容	检查标准
一	图纸审查	图纸	检查电源屏出厂图纸:配置图、端子分配表、地址拨码图、柜间接线示意图、原理图、接线图等。图纸资料应齐全
二	图物核对	图纸与实物相符	①根据图纸,逐个核对模块容量、型号与图纸是否相符
			②根据图纸,核对电源屏各种断路器型号、容量是否符合设计要求。容量设定为额定工作电流的1.5~2倍。模块输入、交流输出电源断路器全部采用延时特性断路器
			③根据图纸,确认机柜、模块标记清晰无误,模块标明用途,标记与实物相符
			④根据图纸,检查防雷地线、机壳保护地与图纸是否相符,应符合防雷设计要求
			⑤根据图纸,检查汇流排、零层端子的设置和配线是否准确
三	工艺检查	外观检查	①各种机柜、模块、表示灯应良好,颜色正确,模块插头、插座无裂纹,插针模块鉴别销正确
			②各种器材、电路板安装牢固,有固定措施,无松动现象
			③模块外观良好,输出插针牢固,无弯曲、变形、掉针问题,引线焊接牢固
		各部配线及模块开盖检查	①引线采用2.5mm²以下多芯线时,端头应加冷压处理
			②检查屏内、屏间、模块间配线无磨卡,按最大电流长时间通电线径满足要求
			③同一端子处引出两根线时应焊接在一起,或用同一冷压端头处理
			④引线安装牢固,不松动,无磨卡
			⑤输入电源零线线径不应小于火线线径
			⑥隔离组件及变压器Ⅰ、Ⅱ次线圈引线端子安装牢固,无磨卡
			⑦开盖检查模块内焊点是否牢固;各种插头应插接牢固,并有防松措施;内部端子紧固,不松动;内部器件及配线与外壳不磨卡
			⑧开盖检查电源屏两路输入模块的交流接触器动作是否灵活,各部引线应无松动,插针及焊点牢固
四	性能检查	变压器检查	①变压器Ⅰ次输入额定电压,空载时其二次端子电压的误差不大于额定电压值的±5%,满载时二次端子电压不得小于端子额定电压值的90%
			②Ⅰ、Ⅱ次线间及对地绝缘大于25MΩ;地线、汇流排检查,接地电阻测试,并达到标准
		模块检查	①模块监视窗电压、电流值应与输出测试一致。电压误差不超过3%,电流误差不超过5%
			②模块加载试验。加载电流不得低于模块额定电流,时间不得低于5分钟,设备工作正常。运用温升不得大于65℃
			③绝缘测试:大于5MΩ

续表

序号	检查项目	检查内容	检查标准
四	性能检查	功能试验	①Ⅰ、Ⅱ路电源切换试验，转换时间小于150ms ②在正常带载情况下，分别进行Ⅰ、Ⅱ路直接供电试验，各模块输出电压应正常。稳压模块直供电试验，各模块输出电压应正常 ③对于N+M并联模块，关闭1个或几个模块，余下的应正常工作并自主均流
		电气特性测试	①输入电源A相过、欠压及恢复值测试 ②输入电源B相过、欠压及恢复值测试 ③输入电源C相过、欠压及恢复值测试
		告警功能试验	①模拟所有电源输入/输出断电故障，监控单元内记录告警位置、内容、时间正确，蜂鸣器鸣响，故障指示灯点亮 ②Ⅰ、Ⅱ路电源转换后，控制台点亮相应灯光，电源故障控制台应报警 ③分别断开Ⅰ、Ⅱ路电源，相对应的输入电源指示灯灭，故障灯点亮 ④拉出或断开模块输入开关，监控单元内记录告警位置及内容正确，蜂鸣器鸣响 ⑤断开输出断路器，监控单元内记录告警位置及内容正确，蜂鸣器鸣响 ⑥相序告警内容：一路相序错、二路相序错（提速屏）
		监控单元测试	①监控单元电压显示值与实测值误差±3；电流值误差±5% ②监控单元和模块显示窗电压显示值与实测值误差±3；电流值误差±5%
五	带载检查测试		①电力引入电源的断路器及电源屏输入电源的断路器分级防护及容量检查 ②电力两路引入电源相序检查 ③室内各种设备正常运用后，测试输入/输出电源电流后复查断路器容量（输入断路器容量不低于实测断路器容量2倍；输出断路器容量不低于实测断路器容量1.5倍） ④室内各种设备正常运用后，输出电源线电流测试 ⑤室内各种设备正常运用后，电源屏各种电源模块带载情况检查（不高于模块额定容量） ⑥自动闭塞、站联、场联与其他邻站的联系电源，进行适应性调整检查 ⑦设备正常运用后，电源屏内断路器及组合架断路器性能检查（电源屏断路器输出容量应高于组合架断路器容量） ⑧提速屏输出相序检查（必须对Ⅰ、Ⅱ路电源进行转换，分别测试） ⑨25Hz相敏轨道电路两路输出电源（局部与轨道）相位检查（主、备模块转换后，分别在输出端子上测试） ⑩输入/输出端子接触及发热情况检查 ⑪时间设置与当前时间是否相同

二、机械电源屏维护作业程序及质量标准

机械电源屏维护作业程序及质量标准如表3-5所示。

表3-5　机械电源屏维护作业程序及质量标准

序号	项目	检修内容及质量标准
一	联系登记	按局《行车组织规则》的要求办理检修登记，经车站值班员同意并签字后方可开始工作
二	电源屏背面的清扫检查	①内、外清扫，各部清洁，无灰尘； ②各种器材元件无异状，无过热。交流接触器、继电器、变压器、参数稳压器无过大噪音。各器材不超期使用； ③配线排列整齐，无破损；各部端子不松动；压紧螺帽、垫圈齐全，线头无伤痕；焊点焊接良好，无毛刺，无混电可能； ④机壳保护地线接触良好
三	电源屏前面的清扫检查	①内、外清扫，各部清洁，无灰尘； ②手柄、闸刀、按钮、表示灯作用良好，接点不发热、不烧损，表示灯显示正确； ③线头焊接良好，配线无破皮，无混电可能； ④各部端子无松动，压紧螺帽、垫圈齐全； ⑤仪表完整无损，显示正确

续表

序号	项目	检修内容及质量标准
四	试验	(1)调压屏： ①自动电压调整器作用良好，用手动方式，按压升压按钮。当输出电压增至规定上限时，过压保护装置应及时动作，切断升压回路，但不应造成停电； ②升压和降压时，调压电机应在按钮松开时立即停转，不应有惯性转动。电机制动电路作用良好 (2)交直流屏： 主、副屏倒屏试验，输出电源的断电监视装置、各屏内表示和声光报警装置均应正常工作 (3)转换屏： 两路电源切换试验正常
五	测试记录	①交流输入电压； ②两路电源相序测试检查应一致； ③交流输入电流，以本屏仪表实际正常运用情况下读数为准； ④各种电源输出电压：直流220V应在210～240V之间；直流24V应稳定在23.5～27.5V范围内； ⑤各种电源对地电压，以部发"电气特性测试方法"为准； ⑥闪光电源的频率应为90～120次/分； ⑦各回路对地绝缘电阻符合维规规定； ⑧填写测试记录
六	清扫、检查电缆地沟	检查各种线、缆无鼠咬、无破损，同时清扫干净，地沟盖板严密，引入、引出孔堵塞良好
七	销记	检修结束，会同车站值班员确认良好，按局《行车组织规则》的要求办理销记手续，经车站值班员签字后方可离开

三、智能电源屏维护

（一）智能电源屏检修程序及检修项目

序号		检修及测试项目	标准
日检	1	检查直流屏面板Ⅰ、Ⅱ路电源指示灯	①在Ⅰ、Ⅱ路都有电的情况下，Ⅰ、Ⅱ路电指示绿灯都应该常亮； ②当某路电停电时，对应指示灯灭
	2	检查切换屏后，交流接触器（KM××）吸合状态是否正确	①PKX系列客专电源屏在Ⅰ路输入电主用时，KM_1、KM_3吸合，KM_2、KM_4释放； ②PKX系列电源屏在Ⅱ路输入电主用时，KM_2、KM_4吸合，KM_1、KM_3释放； ③PZG系列电源屏在Ⅰ路输入电主用时，KM_1吸合，KM_2释放，Ⅰ路工作灯常亮； ④PZG系列电源屏在Ⅱ路输入电主用时，KM_2吸合，KM_1释放，Ⅱ路工作灯常亮
	3	直流屏故障灯	①正常情况下，此灯灭； ②当直流电源屏出现任何一个告警（包括停Ⅰ路电）时，此红灯常亮
	4	告警蜂鸣器	告警蜂鸣器电源开关和告警开关应置于"开"位置，以提示告警
	5	平面巡视各个电源屏各个模块面板指示灯是否正常	①模块正常时，各个模块面板指示灯的"工作"绿灯常亮； ②如果模块出现保护或故障、关机，模块面板指示灯"保护"黄灯常亮或"故障"红灯常亮，关机时，三个指示灯都不亮

续表

序号		检修及测试项目	标准
日检	6	记录各个模块面板数码显示器显示的电压电流	正常情况下,直流模块在带载情况下,主、备模块都会显示电压、电流。如出现有电压无电流的情况,请及时检查。交流主用模块显示电压、电流,交流备用模块显示"——"
	7	检查各个 AC220V 模块背板(屏后侧)主、备切换板工作指示灯	①切换板工作正常时,指示绿灯常亮; ②切换板工作异常时候,指示绿灯灭
	8	检查输入/输出防雷板指示灯及防雷块状态	①正常情况下,输入 C 级防雷块压敏电阻窗口显示绿色,异常时显示红色; ②正常情况下,各个防雷指示灯应该常亮; ③如板件损坏,指示灯灭
	9	检查电源屏系统(包括 UPS 内部)各个开关(包括输入、输出、防雷等)状态	正常情况下,各个开关应该处于闭合状态
	10	检查电源屏监控器告警数据	①正常情况下,电源屏显示无告警; ②若电源屏出现故障,电源屏监控器显示告警数据
	11	记录监控器上输入电压、电流值及输出电压、电流值	和以往数据相比较,正常情况下,各数值不应该出现太大偏差。如出现偏差较大的数据,请关注
	12	查看两台 UPS 面板指示灯	UPS 面板指示灯显示正常。UPS 在正常工作情况下,应该处于主路逆变状态;如果处于旁路或者电池放电,或者输出禁止等异常情况,相应的指示灯会指示。此时,请结合 UPS 上的显示屏告警信息进行排查,并及时通知厂家
	13	查看两台 UPS 显示面板显示内容	查看 UPS 输入、输出、电池、当前记录等内容,输入、输出、电池数据不应该出现太大偏差。如果出现偏差太大的数据,请关注。UPS 当前记录应该显示主路逆变供电
	14	检查有无异常噪音,及风扇运行情况	正常情况下,无巨大异常噪音,风扇运行
月检	1	利用天窗维修点,手动对电源屏输入电源进行切换	①正常情况下,输入电源切换,不会影响正常输出; ②如果出现系统无法正常切换,或切换过程中出现部分电源输出中断,请关注
	2	对输出电源各路进行绝缘测试	①正常情况下,各路输出绝缘应该满足维规需求; ②如果出现异常,断开输出空开,进行电源屏内部绝缘测试和单独负载绝缘测试,并寻找原因
	3	断开输出防雷保险底座,检查输出防雷保险	正常情况下,输出防雷保险应该导通
	4	检查并记录电源屏监控器里的历史告警数据	对于由于电源屏自身问题,多次出现自动告警,并能恢复的历史告警数据,需要关注
	5	实测电源屏输入及各路输出电源电流	实测结果应该满足要求,并且和监控器显示结果基本一致
	6	查看 UPS 显示面板历史告警数据	对于由于 UPS 自身问题,多次出现自动告警,并能恢复的历史告警数据,需要关注
季检	1	利用天窗维修点,手动对各个模块进行主、备切换	①正常情况下,主、备模块能够互相切换,并且不会影响正常输出; ②如果出现模块无法正常切换,或切换过程中出现部分电源输出中断,请关注
	2	手动分别断系统输入电源,断模块输入电源,断输出空开,检查监控器告警是否正确	正常情况下,监控器对每个开关的分断,都会有相应的告警,在开关闭合后,告警自动消失
	3	检查系统防雷,安全地线	测试电源屏外接防雷,安全地线线径,对地电阻是否满足要求(<8Ω)
	4	对 UPS 进行手动逆变,旁路,电池逆变切换。利用天窗点,对电池进行放电测试,并在放电测试过程中测量电池电压。此时,负载不应该低于 UPS 容量的 20%	UPS 在各个状态切换过程中不掉电,并能正常带载。放电测试过程中,记录电池最终放电时间。放电时间应该不明显低于正常后备时间。如果放电时间大大缩短或电池电压降低速度过快,并且 UPS 提示更换电池,则电池寿命降低,需要更换电池

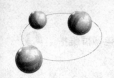

续表

序号	检修及测试项目	标准
年检 1	利用大天窗维修点，停用电源屏设备。拆开电源屏各个面板，检查各个开关及端子上的连线状态，并进一步紧固	需要停电对电源屏各个输入开关及各个变压器端子进行紧固，各个线缆无松动、无老化现象。紧固线缆时，注意紧固力矩合适，避免力量过小，线缆无法正常紧固；同时避免力量过大，拧坏开关及端子
年检 2	利用大天窗维修点，断开UPS电池。检查电池上的连线状态，并进一步紧固	需要断开UPS电池开关，对各个电池端子进行紧固，各个线缆无松动、无老化现象。紧固线缆时，注意紧固力矩合适，避免力量过小，线缆无法正常紧固；同时避免力量过大，拧坏端子。紧固过程中，注意工具绝缘及操作规范。电池电压高达DC500V，切勿短路；否则会烧毁电池，并影响人身安全

(二) 电源屏检修方法

1. 电压电流显示

① 检测标准：监控单元显示的各电源模块输出电压、电流与用仪器所测电压、电流偏差在技术指标范围之内。

② 检测工具：万用表、钳形表。

③ 检测方法：从监控单元读取各电压、电流值，根据以上标准作出判断。

2. 电网波动

① 检测标准：针对380V，范围为304V～437V；针对220V，范围为176V～253V。

② 检测工具：万用表或查阅日常记录。

③ 检测方法：测量点为受电端子，记录电网电压的最大值和最小值

3. 参数设定

① 检测标准：根据上次设定参数的记录（参数表）做符合性检查。

② 处理方法：对不符合既定要求的参数重新设定。

4. 通信功能

检测标准：系统各单元与监控单元通信正常；历史告警记录中没有某一单元多次通信中断的告警记录。

5. 告警功能

① 检测标准：发生故障必须告警。告警指示灯和蜂鸣器正常。

② 检测方法：对现场可试验项抽样检查。可试验项包括：交流停电、防雷器损坏（带告警灯或告警接点的防雷器）、输出空开断等。

6. 内部连接

检测标准：电缆布线应固定良好，保持布线整齐；无电缆被金属件挤压变形；连接电缆无局部过热和老化现象；各种开关、熔断器、插接件、接线端子等部位应接触良好，无电蚀。

7. 重要板件检查

检测标准：切换控制板，配电监控板，2+1切换板，切换辅助电源板，D级防雷板，24V辅助电源板指示LED灯指示正常。

8. 电池维护

① 检测标准：测量电池组正、负极电压等于单体浮充电压×电池单体个数。检查电池壳、盖有无漏液、鼓胀及损伤。检查无灰尘、污渍。检查机柜、架子、连接线、端子等处无生锈。检查螺栓、螺母连接牢靠。

② 检测工具：万用表、绝缘扳手。

9. 备品、备件

检测标准：常用的模块、重要板件、元器件等需要就近留有充足备品、备件，以便在设备发生问题时能够迅速更换，减少故障延时。管理员要对备品、备件定期清点和整理。对于被替换掉的备品、备件，要及时补充。

10. 档案资料

检测标准：为了有效维护电源设备，必须建立完整的维护档案资料。通常的维护档案资料包括电源设备图纸、用户手册、维护日常记录文件等。

（三）接地防雷维护

1. 接地电阻

① 检测标准：接地电阻小于10Ω，且两次测量没有明显差别。
② 检测工具：地阻仪。

2. 接地连接

检测标准：地网引出点焊接良好，无锈蚀；接地排上接地线连接牢固、可靠。

3. 防雷部件

① 检测标准：防雷接地连接良好；C级防雷部件无变色、变形、开裂等；防雷空开工作正常，处于闭合状态。D级防雷器和输出防雷板所有指示灯亮。
② 检测方法：监控单元无防雷告警，目测D级防雷器和输出防雷板指示灯亮正常。

（四）机房环境维护

智能电源屏对机房环境的要求如下。
① 温度：-5～50℃。
② 湿度：相对湿度<90%。
③ 粉尘：无明显积尘。
④ 照明：可以满足机箱内维护。
⑤ 通风：有良好通风，定期开启门窗通风。

⑥ 消防器材：符合布置和有效期要求。
⑦ 密闭性：门窗防风良好；屋顶无渗漏，窗户与管线无进水等。

 项目三思考题 ▶▶▶

3-1. 电源屏有哪些测量项目？
3-2. 简述电源屏测量方法。
3-3. 实际动手进行电源屏测量。
3-4. 电源屏日常维护内容有哪些？
3-5. 简述电源屏维护流程。

项目四
电源屏故障处理

 项目导引 ▶▶▶

电源屏外接交流电网，内接各用电设备，因此其供电可靠性不仅取决于本身的可靠性，而且与外电网的供电质量及各用电设备的正常运用关系极大。在电气集中的各组成设备中，电源屏的故障数约占10%，仅次于转辙机和轨道电路，是较薄弱的环节。因此，准确而迅速地排除故障，尽量缩短故障延时，显得尤其重要。

任务一 ●●● 电源屏故障处理

一、机械电源屏故障处理

机械电源屏基本由转换屏、调压屏、交流屏及直流屏组成。下面针对不同屏的故障进行分析，并针对常见问题给出解答。

1. 转换屏常见故障

（1）两路三相电源在转换过程中有的熔断器熔断　在两路三相电源转换电路中，如果1XLC或2XLC有一只特性不好，失磁时，主触头断开时间滞后于辅助常闭触头闭合时间，在两路电源转换时会发生两路电源并联供电的情况。此时若引入电源有两相不同相，主、副电源至少有一相断路器分断；若三相均不同相，主、副电源的6个断路器将同时分断。

处理方法是：检查引入电源是否同相，可用交流电压表一一检查两路电源的各相引入端是否有电压。如有电压，则不同相，可改变接线端子并测好相序予以理顺。

（2）两路电源转换时间超过0.15s　应检查1XLC及2XLC的释放和吸起时间是否太长。如有内部卡阻或其他故障，应更换或修理。

（3）两路电源不能手动转换　原因是按钮被金属环卡住，或开关、按钮、继电器、接触器接点接触不良。

（4）两路电源自动、手动转换均不成　除与不能手动转换相同的原因外，主要是交流接触器被卡阻，动作不灵活，剩磁过大或触头接触不良所致。

2. 交流屏常见故障

闪光电源不闪光，包括无输出和输出稳定电源两种情况。

① 电容器充放电失调，电容器容量减小或接线断线。

② 晶闸管控制极触发电流发生变化，晶闸管被烧毁，闪光电路板内部配线脱焊或断线，电阻断线。

③ 熔断器熔断，使闪光电源无输出。

④ 晶闸管击穿或电路短路时，输出稳定电源。

3. 直流屏常见故障

(1) 24V电源电压随负载变化较大 24V电源是低电压大电流，电路中任一处接触不良，将造成较大的电压降而影响电压稳定。应检查接线是否紧固，输出开关接点是否接触良好。

(2) 浪涌吸收器中的电容器发热或流油 应测量其耐压及容量是否有变化。发现电容器的耐压和容量降低时，必须及时更换。

(3) 输出电压过低 是三相全波整流电路有一个或两个二极管烧毁所致。

(4) 断路器分断 输出断路器分断，主要是负载短路、过载等造成；输入断路器分断，主要是三相全波整流电路有一个或几个二极管击穿，造成元件短路所致。

4. 调压屏常见故障

调压屏的故障较多，主要有以下几项：

(1) 手动调压失灵 如果按下1KA（或2KA），SYJ（或JYJ）不动作，应该先测量继电器线圈上是否有电压。有电压，则系继电器有内部断线等故障；无电压，须逐点测量电压，检查短路点。原因通常是：行程开关被断开、按钮被卡不能复位等，还可能手轮未推入。应将感应调压器摇回工作区域，修复按钮。

若SYDJ（或JYDJ）动作而电动机不转，可能是蜗轮箱中有卡阻，运转不灵；或电动机内有短路等情况。

若只是升压失灵，系过压继电器吸起所致，先降压使之落下，即能升压。

(2) 自动调压失灵 如果手动调压正常，自动调压失灵，则为自动调压独用部分电路故障，如WHK的1-4、5-8接点接触不良，BT内部短路，熔断器熔断，电压比较电路故障，1KJ、2KJ故障或接点接触不良。

(3) 需升压时反而降压，需降压时反而升压 此系引入交流电源相序接错所致，换接电源引入线即可解决。

(4) 调压过频 系灵敏度过高所致，可调节W_1、W_2予以解决。

(5) 制动电路失灵 浪涌吸收器中电阻断线或电容器短路、断线，无法阻挡驱动电动机的反电势进入整流桥，易击穿二极管或熔断熔断器，以及烧毁制动变压器，都使得直流制动电路无法制动。

(6) 输出电压过高 可能是电压比较电路的调压精度调得过高，以及过压继电器整定电压调得过高所致。

(7) 总升压，不降压 调压器在输出电压偏高或偏低时，总是升压而不降压，故障原因是BT有一个断线，GZ中整流二极管有一个或两个烧毁，使得采样电压总是较低，于是就接通升压电路。

（8）调压时电动机空转　行程开关的接触面因磨损或位置调整不当，会发生转子已转到位，但行程开关未被断开，使电动机空转的情况。此时应停止调压，拉出平齿轮（离合器），重新调整行程开关位置或更换零件。

此外，交流"嗡"声过大时，应将变压器紧固硅钢片夹紧。

5. 常见问题

① 怎样查找转换屏故障。当听到转换屏故障报警 DL 鸣响时，首先观察是 1HD 或 2HD 亮，可能是三相电源断相造成继电器电路故障；AJHD 或 BJHD 亮灯，观察 A、B 交流屏面板哪个表示灯灭，从而判定是哪种电源故障；AZHD 或 BZHD 亮灯，观察 A、B 直流屏面板哪个表示灯灭，确定是直流 24V 或 220V 电源故障。

② 两路输入电源的相序检查。用万用表测量两路电源的对应相端子上的电压。若电压为零或很低，说明是同相连接；如果不是零而且数值较大，说明该组不同相。

③ 在转换屏中，两台交流屏或直流屏均发生故障时，如何处理？

假如 A 交流屏表示电源故障或 B 交流屏道岔表示电源故障，可以采用两台交流屏交叉供电，即在接通 3K 的同时也接通 4K，扳动 5K—11K 中的有关开关，使 A 交流屏输出除表示灯电源以外的电源，而 B 交流屏输出表示灯电源。为不影响设备正常工作，也可使 A 交流屏输出道岔表示电源，而 B 交流屏输出表示灯电源、信号点灯电源、轨道电路电源。注意，此时交流屏故障电铃一直在响，AJHD、BJHD 一直在亮（原因是其监督继电器落下）。应尽快处理、查找故障，恢复正常。

④ 电源屏在倒换时，为什么会出现升压时反而降压，并且有故障报警？

发生这种现象是由于电源的相应顺序错接。大站电源屏是三相供电，主电源的相位 U、V、W 与副电源的相位 U、V、W 是相对应的。如发生错序，就会出现这种情况。一般这是电力部门停电施工后，接电源时，三根线的相位错接而造成的。因此在维修电源屏时，要经常检查相位是否对应，发现问题，及时找电力部门解决。

⑤ 如何处理 I、II 路电源不能切换故障？

电源屏常见的故障是两路电源不能切换。当发生这类故障时，应先观察交流接触器是否接触不良或触头烧损、熔焊，然后用万用表的交流 500V 电压挡分别测量 XLC 的励磁电路。当一根表棒移至某点时电压为零，则是该点接触不良或有断线的可能，应及时处理，恢复设备正常运行。

二、智能电源屏故障处理

现场电源屏故障处理原则是：不扩大故障影响范围，可靠、及时地消除故障隐患。

现场电源屏故障处理步骤及方法如下所述。

① 第一步：查看告警内容　系统出现故障时，一般会有声光告警：故障灯亮，蜂鸣器告警；监控单元故障灯亮，蜂鸣器告警。查看系统监控单元的告警内容，确认故障范围。

电源模块发生故障时，一般还可以根据模块面板上的状态指示灯大致判断模块的故障内容。

② 第二步：根据故障内容，核实故障。

③ 第三步：故障检修。根据故障内容和实际情况，积极地消除故障隐患，保证设备安全运行。

④ 第四步：记录故障系统编号、故障部件编号和故障现象，填写维修单据。

智能电源屏故障分为配电故障、电源模块故障及监控系统故障。

（一）配电故障检修

以 PZGDQ—10/380/25 系统为例，配电故障一般有：交流输入过压、交流输入欠压、交流输入缺相、交流输入停电、空开跳闸、防雷器故障。

配电故障发生时，在监控模块的液晶屏上可以观察到交流故障告警的内容，同时直流柜的故障灯亮，蜂鸣器告警；维修时，先把蜂鸣器（位于直流柜上门内部）的控制开关拨到故障消音位置，再查找相应的故障内容，并进行相应的处理。维修处理完毕，告警回叫，将告警控制开关拨到故障告警位置。

配电故障告警时，请核实告警内容是否和实际相符。如果不符合，可以基本判定为配电监控板或对应空开检测板故障。

输出空开可以手动操作：断开空气开关，使空气开关跳闸，模拟故障发生时的现象，输出告警信号；将空开置于接通位置，告警消失。

C级防雷器输出为一个常闭信号，断开防雷器的任意一个防雷空开，输出告警信号；将防雷空开闭合，告警消失。

1. 交流输入故障检修流程

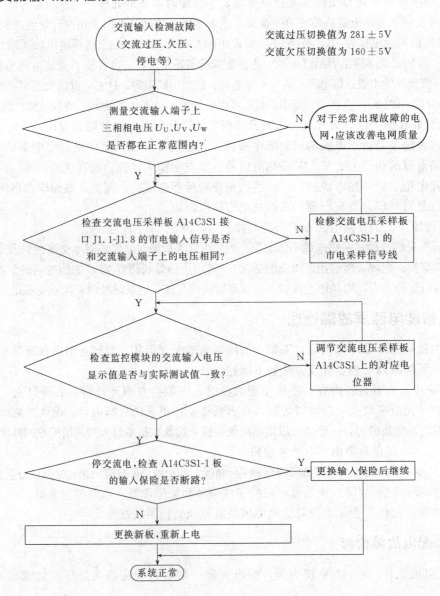

2. 配电通信故障检修流程

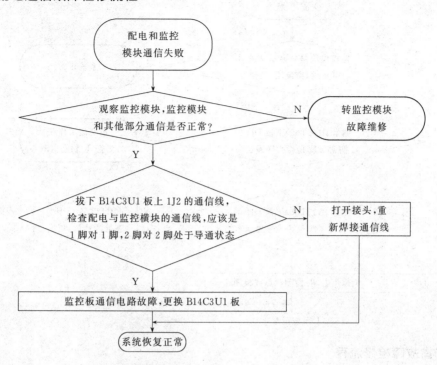

3. 交流输入工作状态检测故障检修流程

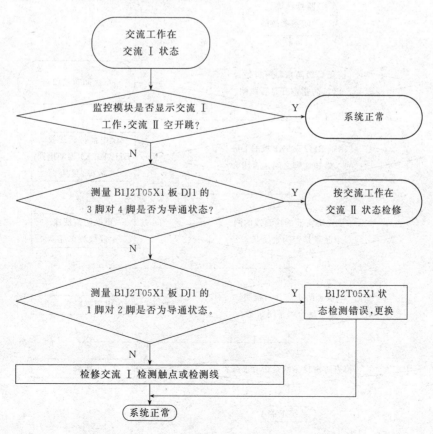

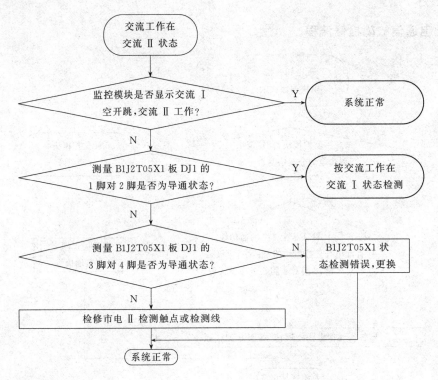

4. 防雷故障检修流程

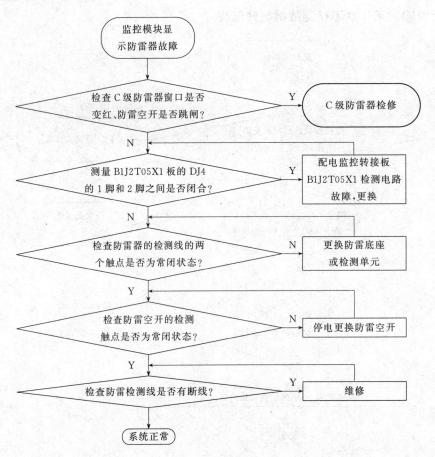

① C 级防雷器检修流程。

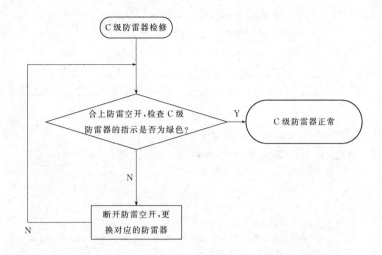

② D 级防雷盒检修流程。

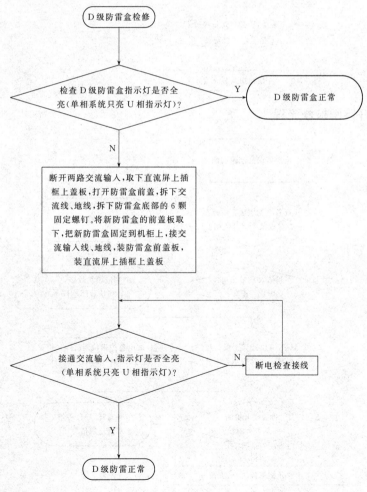

5. 输出防雷板检修流程

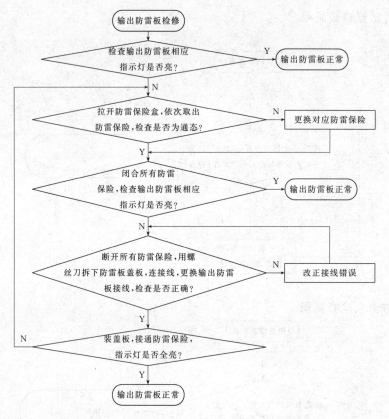

6. 输出空开跳闸检修流程

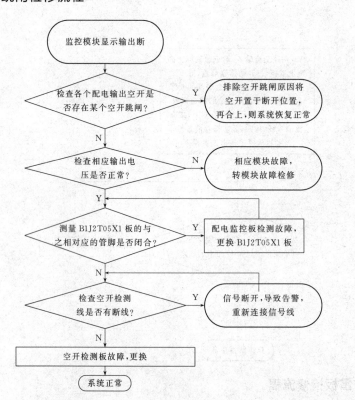

（二）电源模块故障检修

根据监控系统的报警信号、模块自身的状态信号（前面板指示灯），确认模块的故障种类，主要有模块通信中断、输出空开跳。故障原因主要有输入过欠压、输出过欠压、过温、过流、通信异常等。

1. DHXD-B1、B2、B3模块的故障检修流程

① 通信中断检修流程。

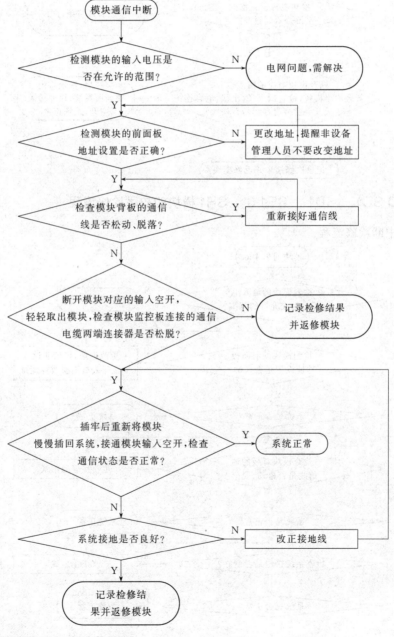

② 模块故障指示灯亮检修流程。

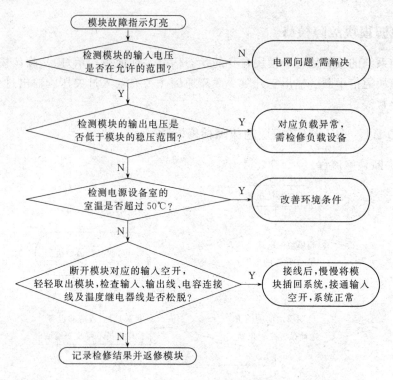

2. DHXD-SC1、SD1、SE1-5、SH1 模块的故障检修流程

① 通信中断检修流程。

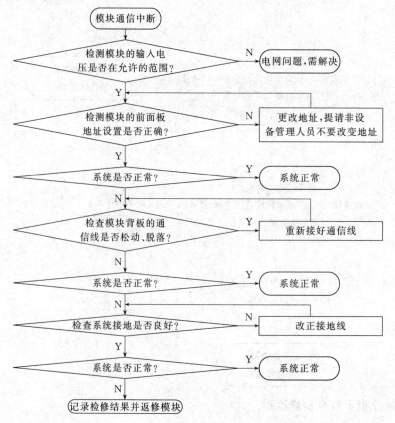

② 模块故障、保护指示灯亮检修流程。

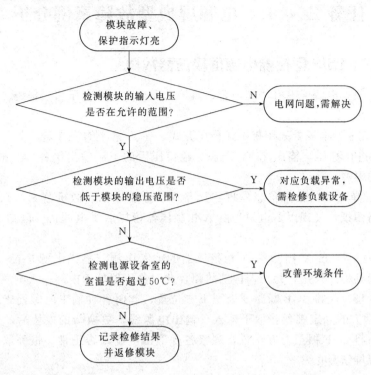

(三) 监控系统故障检修

监控模块的故障主要有液晶屏显示不清晰、无显示，按键无反应，不断翻屏等。监控模块检修流程如下。

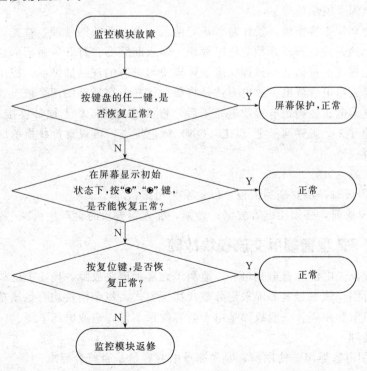

任务二 ●●● 电源屏典型故障案例分析

一、PWZ1-15/3 型智能电源屏稳压器故障

（1）故障现象　电源屏上有声光报警，监控单元出现电源电压超限报警。

（2）分析原因

① PWZ1-15/3 型电源屏采用集中式稳压方式，在 A 屏上有三个稳压器，分别对 A 相、B 相、C 相电源进行稳压，输出 220V 电源。经稳压后的电源输出给各屏。根据实际需求，每相输出不同的电源。

② 根据监控单元上的报警信息发现稳压备用、道岔表示、微机监测、TDCS 电源超限报警。根据电路图纸，发现以上电源是由 A 相稳压器稳压后供电的，可以初步判断 A 相稳压器发生故障。

③ 用万用表交流 250V 挡测量 A 相稳压器的输入电源与输出电源是否一致。如一致，说明稳压器未起到稳压作用，稳压器内部故障，此时稳压器处于内部输入电源直供状态。

（3）故障处理　先将 3QF 断路器扳至下方位置，此时各种输出电源处于直供状态。松开 A 相稳压器后方的固定螺丝，取下输入、输出电源线，更换新的模块后，将输入、输出线及螺丝固定；将 3QF 扳至上方位置，观察各种输出电源是否正常。报警取消，说明此故障已排除，电源屏恢复正常。

二、PQD 型智能区间屏 24V 开关电源模块故障

（1）故障现象　电源屏有声光报警，24V 开关电源模块面板上的保护 RF 红色 LED 灯亮。

（2）分析原因　模块故障。

（3）故障处理　更换模块。操作时，最好两人一前一后共同处理。首先，确认故障模块后，先关模块上的开关，再断开相应故障模块的输入断路器。打开屏后面的盖板，一定要确认故障模块与电容的连接插针。拔掉相应故障模块与电容的连接插针后，拔出故障模块。插入新模块前，要先给电容放电。放电方法是将负载接在电容插针的两个极上。放完电后，用电压表量一下电容电压，确定电容放电完毕后，将插针与新模块上插针连接，合上断路器，再合上模块上的开关。观察面板上（AL，ON）绿色灯亮，再观察负载指示灯与其他模块负载电流显示是否一致。

更换时要注意：

① 打开后盖板时，不要碰到铜板，以免发生短路；

② 插入新模块前，必须给电容放电；否则，插入新模块时会产生火花，容易打坏插针。

三、鼎汉 PZ 型智能屏交流模块故障

（1）故障现象　电源屏有声光报警，监测单元显示模块故障，模块上的故障红灯亮。

（2）分析原因　该型号电源屏采用分散式稳压方式，每个模块均有稳压功能，内部由一台变压器及一组电容相连。一般故障是由于电容效果不好，造成电压下降。

（3）故障处理

① 携带备用电容器组。使用前，要先测量电容容量是否符合要求。

② 断掉故障模块的输入断路器，松开该模块上的固定螺丝，拔出模块。

③ 打开模块内部的电容盒，拔掉电容上的连接插头，取出电容，换上新的电容组，插上连接插头；将电容盒固定后，检查线头连接处有无松动。

④ 将模块插入原来的位置，合上输入断路器；等待约半分钟后，电源屏停止故障告警。观察监测单元上该模块的输出电压是否恢复正常，并进行主、备模块切换，然后实际测量输入电压是否正常。

四、PD1-15型大站屏调压屏调压系统故障

（1）故障现象　自动调压系统无法调压。

（2）分析原因　应先将2WHK扳至手动位置，检查手动调压是否正常。若手动调压失灵，应先检查驱动系统及调整系统部分。若手动调压正常，可以断定故障在控制系统部分的运算放大板，则先检查1SB-3SB取样变压器和6RD-8RD熔断器是否正常。如正常，则测量运算放大板上C_3两端电压，判断整流稳压部分是否正常。如正常，则观察自动调压板上升压继电器和降压继电器的吸起和落下是否正常。发现问题，应及时处理。

（3）故障处理　如问题出在运算放大板上，应先将2WHK扳至手动位置，更换运算放大板。更换后，需进行手动/自动调压试验。

五、PD1-15型电源屏道岔动作电源输入电压低

（1）故障现象　道岔动作直流220V输出电压降至170V，直流转辙机扳动时动作缓慢。

（2）分析原因　用交流电压500V挡测量道岔动作的三相输入保险4RD-6RD。用交叉法测量，可判断出保险有无熔断。如保险正常，则用直流电压250V挡测量三相整流二极管的压降，正常电压为110~120V。只要6个二极管压降电压相同即可。如发现二极管有损坏，应及时更换。

（3）故障处理　需更换时，应联系要点，倒至备用屏后方可处理。处理完毕后，应进行倒屏试验，并测量实际输出电压。

六、模块故障

（1）故障现象　模块电源灯亮，工作灯灭，故障灯亮，备用模块投入工作。

（2）分析原因　电源灯亮，模块不工作，表明模块内部损坏，需更换模块。

（3）故障处理　当某一型号的模块主、备全部故障而影响输出时，型号完全相同的模块可以互换。如果有备份模块，可以直接更换；如果没有备份模块，而机柜上有同一型号作为备份的其他模块正常，可以临时取下更换。更换后，地址码按原模块地址码拨动即可。

模块可以不关闭输入空开而热插拔，但如果非紧急情况，建议如下步骤操作：断开模块输入空开；用螺丝刀拧下模块前面板上方的皇冠螺钉；向外拉模块前面板上的拉手，把模块取下；将新模块安装到模块插框上，并紧固皇冠螺钉；按原模块地址码拨新模块地址码；合上模块输入空开。

七、系统输出故障

（1）故障现象　对应模块工作正常，但输出端子上无电源输出。

（2）故障分析　模块工作正常，有输出；最后端子上无输出，系模块与端子板连接线路有问题，需要查找故障点并更换。

(3) 故障处理　系统的所有输出中，相同的电源可以通过没有占用的输出端子紧急输出（例如，AC220V 道岔表示电源可用没有占用的 AC220V 微机监测电源代替）。

50Hz 电源可以临时通过不稳压备用端子输出。

八、配电监控板故障

(1) 故障现象　监控系统无信号显示。
(2) 故障分析　有可能是配电监控板故障。
(3) 故障处理　更换配电监控板，步骤如下：

① 拆下直流屏后侧靠监控单元上方的盖板，固定在机柜左方的板件便是配电监控板。
② 仔细观察此板各个插头及线头位置，适当做好标记。
③ 关掉监控单元。
④ 首先拔掉此板 24V 电源插头 J_0，然后依次拔掉插头 J_1、J_2、串口 $1J_2$ 及 50 针插头 JP_1、JP_2（先拨开 50 针插座两侧的固定销）。
⑤ 拆下配电监控板的 4 个固定螺丝，把故障板取下。
⑥ 换上新板。先插好 50 针插头 JP_1，JP_2（固定好 50 针插座两侧的固定销），然后插好串口 $1J_2$。安装配电监控板的 4 个固定螺丝，使该板固定到机柜上；然后依次插好 J_1，J_2；最后，插好 24V 板件工作电源插头 J_0。在插 J_1，J_2，J_0 时，请注意插头正、反方向，切勿插反。
⑦ 重新启动监控单元。
⑧ 当配电监控板上 LED_3 二极管常亮，LED_1、LED_2 二极管分别闪烁后，该板工作正常，监控单元告警应该消失。
⑨ 盖上盖板。

项目四思考题 ▶▶▶

4-1. 列举转换屏常见故障并分析。
4-2. 列举调压屏常见故障并分析。
4-3. 智能电源屏输出模块保护灯亮，分析原因。
4-4. 简述智能电源屏故障处理步骤。
4-5. 分析智能电源屏输出切换类故障现象及故障原因。
4-6. 分析智能电源屏系统配电类故障现象及故障原因。

参 考 文 献

[1]　中华人民共和国铁道部著.铁路信号维护规则.技术标准Ⅰ(铁运〔2008〕142号).北京：中国铁道出版社，2008.
[2]　中国航空工业规划设计研究院等编写.工业与民用配电设计手册.第三版.北京：中国电力出版社，2005.
[3]　林瑜筠主编.铁路信号电源.北京：中国铁道出版社，2007.
[4]　林瑜筠主编.铁路信号智能电源屏.北京：中国铁道出版社，2006.
[5]　张立群主编.城轨控制电源设备维护.成都：西南交通大学出版社，2011.
[6]　冀常鹏主编.现代通信电源.北京：国防工业出版社，2010.
[7]　徐国家主编.UPS电源维修手册.北京：电子工业出版社，2008.
[8]　周志敏，纪爱华主编.开关电源功率因数校正电路设计与应用实例.北京：化学工业出版社，2012.
[9]　常仁杰主编.信号基础设备.北京：化学工业出版社，2013.
[10]　李国锋主编.电源技术.大连：大连理工大学出版社，2010.